書畫名家年譜大系

滕固年譜長編

沈寧 編著

上海書畫出版社

滕固(1901—1941)

目　　録

《滕固年譜長編》凡例 ……………………………………………… 1

滕固年譜長編…………………………………………………………… 1
 1901 年　辛丑　光緒二十七年　一歲 …………………………… 1
 1907 年　丁未　光緒三十三年　七歲 …………………………… 6
 1912 年　壬子　民國元年　十二歲 ……………………………… 6
 1914 年　甲寅　民國三年　十四歲 ……………………………… 6
 1915 年　乙卯　民國四年　十五歲 ……………………………… 7
 1916 年　丙辰　民國五年　十六歲 ……………………………… 7
 1917 年　丁巳　民國六年　十七歲 ……………………………… 8
 1918 年　戊午　民國七年　十八歲 ……………………………… 10
 1919 年　己未　民國八年　十九歲 ……………………………… 15
 1920 年　庚申　民國九年　二十歲 ……………………………… 17
 1921 年　辛酉　民國十年　二十一歲 …………………………… 28
 1922 年　壬戌　民國十一年　二十二歲 ………………………… 64
 1923 年　癸亥　民國十二年　二十三歲 ………………………… 71
 1924 年　甲子　民國十三年　二十四歲 ………………………… 78
 1925 年　乙丑　民國十四年　二十五歲 ………………………… 99
 1926 年　丙寅　民國十五年　二十六歲 ………………………… 121
 1927 年　丁卯　民國十六年　二十七歲 ………………………… 165
 1928 年　戊辰　民國十七年　二十八歲 ………………………… 182
 1929 年　己巳　民國十八年　二十九歲 ………………………… 204
 1930 年　庚午　民國十九年　三十歲 …………………………… 230
 1931 年　辛未　民國二十年　三十一歲 ………………………… 247
 1932 年　壬申　民國二十一年　三十二歲 ……………………… 259

1933 年	癸酉	民國二十二年	三十三歲	273
1934 年	甲戌	民國二十三年	三十四歲	288
1935 年	乙亥	民國二十四年	三十五歲	321
1936 年	丙子	民國二十五年	三十六歲	368
1937 年	丁丑	民國二十六年	三十七歲	395
1938 年	戊寅	民國二十七年	三十八歲	432
1939 年	己卯	民國二十八年	三十九歲	452
1940 年	庚辰	民國二十九年	四十歲	485
1941 年	辛巳	民國三十年	四十一歲	518
2001 年				527
2016 年				528

主要參考文獻 ··· 529
  主要參考書目 ··· 529
  主要參考報刊 ··· 533
  主要參考篇目 ··· 534
人名音序索引 ··· 535
滄海橫流急，斯人何處尋（編後記） ·· 587

《滕固年譜長編》凡例

一、本譜正文叙述譜主本事，以生平、交遊與文學創作、學術研究爲主體，兼及與之相關的人物、事件情況。對於譜主的思想言行，儘量引述原文，作如實記録，概不評論，以便客觀地反映譜主一生的原始風貌。

二、對譜主目前所見之著譯全部列目，并擇要摘録原文或編寫提要，同時酌情引用相關圖書、檔案、報刊等文獻，對一些同代人及當今研究者的著述、回憶和評論文字亦審慎擇取，摘録入譜。

三、譜主生平按年、月、日次序編排。凡有年、月可考而日無可考者，列於各該月之末；凡有年可考而月、日無可考者，列於各該年之末。所標的季，以陽曆 2 至 4 月爲春，5 至 7 月爲夏，8 至 10 月爲秋，11 月至翌年 1 月爲冬。

四、譜主著譯按寫作日期編次，日期無法考訂者，則按發表的日期編排。書刊無法確定出版日期者，則參考其他資料暫列相關年月份，以俟日後修訂之。

五、引用譜主的著述一般僅列標題。對其他參考文獻則儘量註明出處，以供查考。出處注於每段正文之後括號内，列有作者、圖書報刊名稱、出版項；如重複引用，則祗列作者和書篇名。

六、引用文獻儘量保持原貌，并一定程度保留異體字，僅對個别文字及標點符號酌情作了統一處理。

七、摘録原文中如有錯字，將訂正之字置於錯字之後 [　] 内。疑有訛誤但難以確定者，用 [？] 表示。凡殘缺或模糊難辨之字，用 □ 表示。編者據文意推斷之字，用 "□" 内加文字表示。相關外國文字無法確認者，一仍其舊，期冀高明正誤。

八、與譜主相關人物、事件、詞語及有異議需加考訂者，置於按語之内。因資料來源龐雜，梳理辨析後而歸納言之，難以逐一註明出處，望讀者鑒諒。

九、譜後附録《主要參考文獻》《人名音序索引》以便檢索。

滕固年譜長編

1901年　辛丑　光緒二十七年　一歲

10月13日(農曆九月初二)，誕生於江蘇省寶山縣月浦鎮(今屬上海市)。原名滕成，更名滕固，字若渠。

　　按：據張仰先回憶，滕固原名滕學成，參見1933年3月條。張仰先(1897—？)，名蔭祖，別署荷香館主，祖居上海市大場鎮西街。幼隨父親讀私塾、小學，1916年入江蘇省立商業專門學校，1919年畢業後，旋考入江蘇省立第二師範第二部。1924年經同鄉寶山真如人葛餘德(葛建時)介紹加入國民黨，曾任寶山縣第三區黨部常務委員、寶山縣縣黨部組織部長等職務。從其就學履歷看，似與滕固為小學同學。(參見《大場里誌》)此處據《上海美專研究專輯》(南京大學出版社2010年)刊登簡歷。

寶山縣本嘉定縣之吳淞所地，清初析置寶山縣，屬太倉州，民國十七年，國民政府劃縣境之吳淞、高橋、殷行、江灣、彭浦、真如六區入上海市。其疆域東與南借界上海市，西界嘉定，北瀕大江對崇明縣境。東北距三十里，南北距六十五里，面積八萬平方公里。地勢平坦，河流四達，主要河流有蘊藻浜，自南翔東北流至吳淞；荻涇河，自羅店經劉行至上海，皆為黃浦江支流。物產以棉、稻為大宗，水產亦豐。寶山產花紅，楊行產梅，均為著名之果品。工業品以棉布、毛巾為主。縣城有汽車通吳淞，接上海市。西通羅店，接滬太路斜貫縣之西南境。淞滬鐵路之炮臺灣站，距縣城亦僅五六里。

　　柳肇嘉《江蘇人文地理》述江蘇新舊文化之發達，茲錄之如下："江蘇文化，自漢晉以來，代有文人，號稱文物淵藪。以清代論，經學家之鉅子，有昆山顧炎武、徐乾學，吳縣江聲、惠士奇父子，無錫秦蕙田、顧棟高，陽湖孫星衍、洪亮吉，武進張惠言，嘉定錢大昕，金壇段玉裁，丹徒柳興恩，江都汪中，甘泉焦循，儀徵阮元、劉文淇父子，高郵王念孫父子，寶應劉台拱，興化任大椿，上元程廷祚。史學家之鉅子有無錫顧祖禹，嘉定王鳴盛，陽湖趙翼、李兆洛，鎮洋畢沅，上海鹿耳熊。古文家有長洲汪琬，吳江潘耒，上元梅曾亮、管同，陽湖惲敬。詩詞家有太倉吳偉業，常熟馮班，長洲沈德潛，宜興陳維崧，無錫顧貞觀，丹徒王豫，江陰蔣春霖。書畫家有太倉王時敏、王鑒，武進惲壽平，常熟王翬、蔣廷錫、翁同龢，句容笪重光，江都禹之鼎，興化李鱓、鄭燮，山陽邊壽民，金壇王澍，丹徒潘恭壽、王文治、顧鶴慶、張崟。藏書家有吳縣黃氏士禮居，上海郁氏宜稼堂，常熟瞿氏鐵琴銅劍樓，揚州阮氏文選樓，淮安王氏小方壺齋，江陰繆氏藝風堂。而乾隆之四庫七閣江蘇有其二：曰金山文宗閣，揚州文匯閣，尤為東南異彩。今則私家藏書惟鐵琴銅劍樓巋然獨存。官家藏書惟南京國學圖書館所守丁氏八千卷樓秘笈，堪與北平圖書館對峙南北，焦山藏書創於阮元，亦江蘇文化地也。清季江蘇學政黃體芳創南菁書院於江陰，提倡經史詞章，王先謙繼之，輯續經解，其中人才輩出，蔚為國光，亦江蘇之特色。江蘇舊文化如此發達，可以窺見國粹。

"江蘇自上海開埠，賈舶雲集，歐西文化，相因而至，遂為科學之先進省。寖淫至於今日，八十七年間影響所及，由學說而變法，而立憲，而革命，溯其歷史，皆與上海有密切的關係。今考江蘇新文化獨早之原因，蓋有三端：一曰教會之提倡，自利馬竇入中國，徐光啟承其學，翻譯《幾何原本》，為西學東漸之始。其後徐家匯建立教會，遂為天主教東方根據地，三百年來，建築精美，一仿西式，有藏書樓、天文臺、博物院，藏書樓西籍甚富，供學者之探討，因傳而傳學，吾蘇遂受其沾漑；二曰譯書之盛，上海製造局附設翻譯館，延西士偉烈亞力傅蘭雅、瑪高溫，中士徐壽、華蘅芳、王德均、徐建寅等，專譯西書。日本聞之，派柳原前光等來訪，購取譯本歸國仿行，遂致富強。廣學會亦迻譯西籍，以饗學者，風氣由是大開矣；三曰書院之獎勵，上海格致書院徐壽、傅雅蘭集中西紳商捐資建設，以便有學之士，講習格致各科學。有博物院，聘西士教習化學礦學，復由南北洋大臣各海關道名格致題課試給獎，嘉惠士林，西學乃益昌於吾蘇。且方言學堂始於同治二年，《申報》始於同治十三年，皆江蘇宣傳新文化之利器。辛亥而後，江蘇文明益仿歐美，論者謂革命之故，而不知其由來者漸也。"（引自《分省地誌·江蘇》，上海中華書局1936年11月出版。第118—121頁）

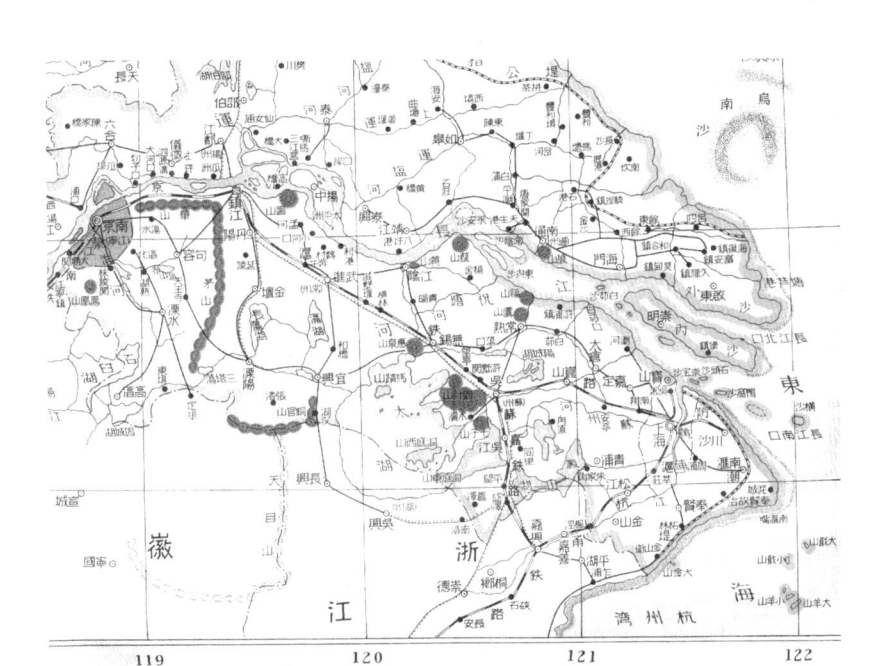

民國時期上海及周邊地區地圖

曾祖滕協，育鳳鳴（梧岡）、鳳飛（傅天）二子及一女。祖父滕鳳鳴。父親滕子項（潤岩，約 1864—1923），原配夫人潘氏爲盛橋鎮潘家宅人，育有新華、福珠二女；副室劉氏（1883—1916，即滕成母親）爲通州人，育有長子滕成（若渠）、次子（早殤）、三子滕敬渠及女兒阿妹（乳名，病故於 1934 年）。這是一個務農經商的殷富家庭。祖父二代喜詩文、善藏書。

按：據上海寶山月浦鄉誌等資料及 2000 年 12 月 16 日在上海採訪滕固親屬譚文彪、滕芝芳夫婦記錄整理而成。

朱孔文《滕氏一家佚存稿序》：“月浦自昔多風雅士，而滕氏尤盛，往往主持壇坫。清咸同間，梧岡先生購西溪草堂，偕其弟崧甫先生，時集諸名流爲文酒之宴。論者以西園雅集擬之。”“《滕氏一家佚存稿》存梧岡、崧甫詩篇，皆流露性情，得敦厚溫柔之旨。”（《國風》（南京）1934 年第 5 卷第 8/9 期，第 60—61 頁）

“滕鳳飛（生卒年不詳），學［字］傅天，號崧甫，寶山縣月浦鄉滕巷村人。清道光三十年（1850 年），考中秀才，愛好文字，詩古文不多作，偶作也不存稿。童試時與太倉錢鼎銘伴在一起，相與討論文學，鳳飛語語中肯，鼎銘奇其才，就訂金蘭之好。後錢仕至巡撫，鳳飛淡然自若，未嘗以一事相託。曾

滕氏家系略表

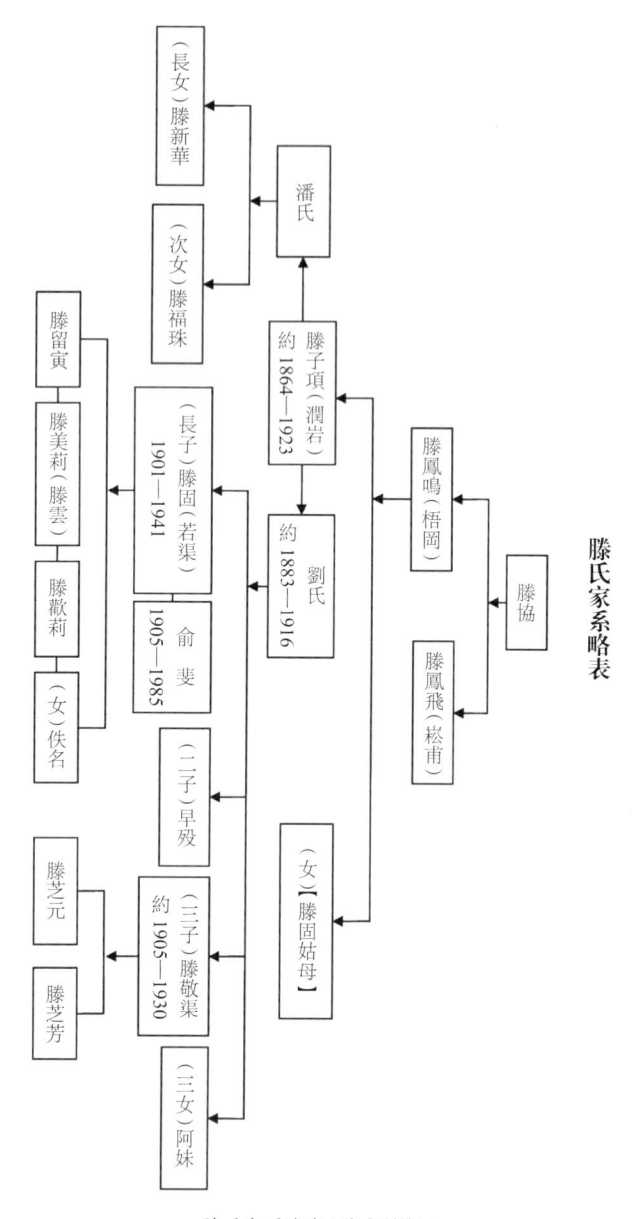

- 滕協
  - 滕鳳鳴（梧岡）
  - 滕鳳飛（崧甫）
  - （女）[滕固姑母]
  - 滕子項（潤岩）約1864—1923
    - 潘氏
      - （長女）滕新華
      - （次女）滕福珠
    - 劉氏 約1883—1916
      - （長子）滕固（若渠）1901—1941　俞斐 1905—1985
        - 滕留寅
        - 滕美莉（滕雲）
        - 滕歡莉
        - （女）佚名
      - （二子）早殁
      - （三子）滕敬渠 約1905—1930
        - 滕芝元
        - 滕芝芳
      - （三女）阿妹

滕氏家系略表（沈寧編製）

繪《五柳圖》、《歸詠圖》，掛在牆上，以見其耿介的志趣。但鳳飛對地方公益，率先提倡，鄉間有訴頌［訟］爭端，必多方勸解。"（錢運健等編《月浦鄉誌》，1988年12月內部印行，第189頁）

自述：道光三十年庚戌（一八五〇）蔣劍人先生"復來月浦，住滕鳳鳴（按即作者之先祖）家。鳳鳴宅前有井一眼，水源清冽，恒汲以釀酒；築亭其上，先生顏曰桑落。請同邑朱燾書篆勒石，又為張人鏡家所藏明精刻本《韓柳集》（按，是書現藏我家）作跋。月浦為練川支流，離寶山邑城十里，風景絶佳，傳為元楊維楨（鐵崖）玩月舊址。明末陳瑚（言夏）亦時過其地，徘徊不忍去。先生來月浦，或寓淨信講寺，或住滕鳳鳴、張人鏡家，詩酒流連，一時傳為佳話。其《月浦即事詩》有'細雨綠挑羅漢菜，晚潮紅上小娘蟶'一聯，遐邇傳誦。"（《蔣劍人先生年譜》）

按：楊維楨（1296—1370），字廉夫，號鐵崖、東維子，諸暨（今屬浙江）人。元代文學家、書法家。泰定進士，官至建德路總管府推官。晚年居松江。善屬文，工書法。

自述："先祖的遺築西溪草堂——我的家鄉——右面臨着明月溪的長流，兩岸夾着森森的樹木；左面一片田野；前面是先祖閉門種菜的園地；後面是蕉桐竹柏，晚翠秋紅的花木。南向百餘步，土阜重重地屏障着，也是有名的南塘梅花塢。西寺的晚鐘，是當年楊鐵崖在此地對月懷人，低徊不忍去的地方。我還記得五年前，父親教我作西溪草（堂）詩，第一首是：

"家住江南明月溪，桃花流水小橋西。詞人老去留鴻爪，將士生還駐馬蹄。廡下曝書千萬卷，門前種菜兩三畦。劇憐詩酒風流盡，空剩先人舊榜題。

"本來這裏先祖先叔們娛晚景的別墅，也曾招集過當時的所謂名士歌詠其間。現在呢，情隨事遷，這些空閒紳沒有了，祇是風物依然。觸動了我'故鄉無限好'的情感；每一次回來，覺得別有一番依戀的情懷。"（《秋祭》）

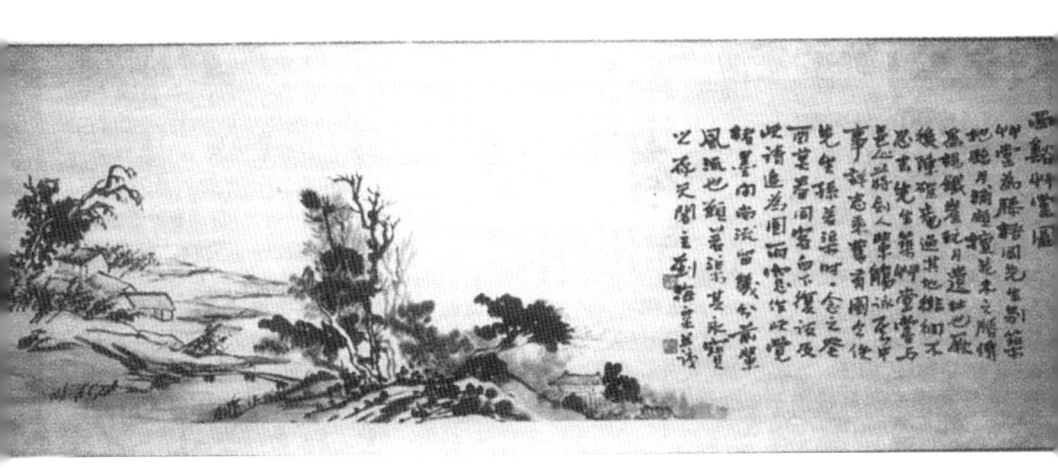

劉海粟作《西谿草堂圖》

幼年讀私塾，曾從鄉賢陳觀圻問學。"余家與陳氏世有葭莩誼，先生之尊人與先大父爲石交，先生出從祖崧甫公之門，而余之諸姑伯父又多從先生遊。先生告歸之年，余方齠齡，猶嘗從而問學，自恨童呆，罔識緒餘。"(《陳息盦先生家傳》)

  按：陳觀圻（1841—1917）字鴻吉，號起霞，晚號息盦。家住月浦鎮北弄。工古詩文，精通醫理，尤擅尺牘。光緒八年（1882年）考中舉人。先後調任陽谷、范縣課農講學，以儒生本色，諄諄教導。曾任東昌府同知，因治河有功，保加知府銜。宣統時以年老告退還鄉。

1907 年　丁未　光緒三十三年　七歲

約是年，進入遠離家鄉十餘里的城中小學讀書，寄膳姑母家中。

1912 年　壬子　民國元年　十二歲

是年，考入國民學校高小學習，寄宿到學校裏。

1914 年　甲寅　民國三年　十四歲

約是年，與黃中先後受學於鄉賢邵心箴先生。"心箴先生精研宋儒理學，身體力行；邑人士畏敬而不敢晉接的。"(《燃燒低微的炭火——三角戀愛的序文》)

  按：黃中，字花奴，筆名華傑、黃花奴、黃葉詩人等，上海寶山縣白沙鎮人。從事文學創作，著有《妖媚的眼睛》、《三角戀愛》等。

  邵曾模，字心箴（一作心烱），號默庵。清末江蘇寶山（今屬上海市）人，歲貢。肄業上海龍門書院。究心經史子集，造詣益深。光緒末年，與潘鴻鼎等創立學校，商定課程規則，任校務幾二十年。恒謂："造就人才，當自尊重人格始。"曾於1907年東渡日本遊歷。民國元年（1912）任寶山縣首屆市鄉教育會會長。辛年五十八歲。著有《課餘詠草》等。

1915年　乙卯　民國四年　十五歲

是年，受伯父的引導，開始讀納蘭容若的《飲水詞》。

　　自述："説起納蘭的詞，我總要聯憶起我十五歲的時候，在先伯父案頭，聽他講邵心炯先生的遺事；我於是開始讀邵先生的《艾廬遺稿》。先伯父説：'艾廬最歡喜納蘭的詞，因爲處境有點相同；但艾廬的處境比納蘭更苦，所以他的詞比納蘭更刻。'我於是在書室裏找到一本小倉山房所刻的《飲水詞》來翻看。其實當時我并不懂什麽，祇是一種好奇心。邵先生生前是先伯父的知交，又是我的師伯，好像和我有些關係的；因此《飲水詞》也像有些間接的關係。以至今日，無論到東到西，都把這二書帶在行篋中的。"（《納蘭容若》）

高小畢業後，考取太倉縣東門内江蘇省立第四中學。

　　按：該校前身爲清光緒三十三年（1907）太倉州和鎮洋、嘉定、寶山、崇明四縣士紳蔣伯言、錢通三、袁希濤、黄光之等發起創辦之太倉州屬中學堂，校址在城廂鎮樊涇村旁的太倉州試院基礎上改造而成。宣統元年（1909）一月正式開學。袁希濤爲監督，學生95人，教職員11人。學制5年。民國元年（1912），改名太嘉寶崇公立中學，學制爲4年。次年（1913）六月改名江蘇省立第四中學，項鎮方爲校長。顔文樑曾於1917年赴該校擔任圖畫教員。（參見太倉縣誌編纂委員會編《江蘇省地方誌·太倉縣誌》、太倉博物館編著《封塵的記憶太倉老照片》及顔文樑藝術年表等。）

1916年　丙辰　民國五年　十六歲

秋，母親病故，享年三十三歲。

　　自述："我母親三十三歲的短生涯，前十七年的生涯，我一點不知道；祇是聽得人家説：我母親通州的人，是一位年輕的寡婦；在這一年——十七歲——我父親遊通州，再嫁給我父親做副室；她姓劉，或者是前夫的姓，也不知道。過了一年生我，所以她後十七年的生涯，隱隱約約刻在我的腦裏。她縱有勤以操作儉以自給的賢德；有知書識字諳熟女紅的才能；但她小心地敬孝我嫡母，嫡母總不諒解她，時時委曲她的。她小心地厚待鄰里，鄰里指著她鄙夷地説：這是某人的副室，指著她所親生的兒子説：這是某人的庶出子。一切苛刻的待遇，輪到她的身上，她總是逆來順受；她隱忍著多少委曲，也深知我父親的性格，從沒對他提起。咫尺天涯的故鄉，祇是可望而不可歸；獨自在暗室中吞聲飲泣。到了忍無可忍的地位，告訴我仁慈的伯母或姑母，她們總是勸她看兒的面上；除了她兒子之外，沒有一個親近她的人。……聽得她病了，倉皇歸家，伏在她的床前，她沒有話對我說了；望著我嘔了盈斗盈盆的熱血而長逝了。"（《秋祭》）

1917 年　丁巳　民國六年　十七歲

6 月 23 日，端午節。得知姑母病危迅速趕回家鄉，姑母即長逝。

自述："姑母早年寡，中年斷足，銜恨茹苦，撫我表兄，人間痛楚已備嘗了。她本是同里陳起霞孝廉的女弟子，有文學的天才；當我父親幼時，家遭中落，祖父母早棄養，姑母實撫教之。我在小學讀書，寄膳姑母家裏，尤加意扶掖。她最期許我的，與先母一樣要望我成名立業。啊，啊，我先母死後，尚有姑母；其後遠出讀書，回家時必到姑母家。姑母多病，我坐床前，往往述曾祖的爲人及我父親少年的刻苦來勵勉我，我尤覺得愛我之摯。"（《生涯的一片》）

9 月，上海圖畫美術學院"以造就高小學校師資"，添設初等師範班，招考高小畢業及具有同等學歷者，學制一年。滕成入考該校進行學習。

《圖畫美術學院添設術科師範班》：西門外白雲觀圖畫美術學院自辛亥開辦迄今已閱六載，畢業生散處四方，或創辦美術學校，或辦理美術事業，或擔任教務，惟均係專門人才，不適合於高小學師資之用，茲聞該院長張聿光劉海粟君特於今夏暑假後，添設師範一班，以造就高小學術科教員，專授高小學應用圖畫手工等術科，現已擬就簡章，從事招考矣。（1917 年 6 月 29 日《申報》）

按：又據肖百吉《上海美專音樂教育紀年》：1917 年 9 月 11 日，上海圖畫美術學院新學期在西門外白雲觀東側的寶隆里新址開學。學生較上學期驟增一倍，添設師範科，以造就高小學校之師資；正科課程內增設博物學、體功學，聘請專家擔任教授。（《上海美專研究專輯》第 559—597 頁，南京大學出版社 2010 年）

10 月 21 日，《申報》副刊《家庭常識》刊登署名"若渠"《新書去繩捆影》短文，介紹如何清除新書購買時包裝繩印的小竅門。收入 1918 年 6 月出版《家庭常識彙編》第 5 集第 1 部"服用"之第 11 類"文房"欄目內。

按：見天虛我生：《家庭常識彙編》第 5 集，上海文明書局，1918 年 6 月，

上海圖畫美術學院添設術科師範班消息（1917年6月29日上海《申報》）

第18頁。

11月26日，《申報》之《家庭常識》欄目發表若渠《假湘妃竹之製法》，收入1918年6月出版《家庭常識彙編》第5集第4部"工藝"之第18類"小工藝"欄目內。

約11月,從天虛我生(陳蝶仙)學習古詩文,成績在中等。

　　按:陳栩(1879—1940)原名壽嵩,字昆叔;後改名栩,字栩園,號蝶仙,別署天虛我生,杭州人。生平寫詩幾千首,著譯小說百餘部,并旁及音樂、醫學等等。此時在滬佐史量才編輯《申報》,并刊印《文苑導遊錄》,"以導我從遊之人"。

約12月至1918年1月間(丁巳十一月),《文苑導遊錄》第三集《苔岑錄三》刊登陳蝶仙最新弟子名單,其中:"滕成,號若渠,別署藿廬,現年十七歲,江蘇寶山人,寶山縣高小學畢業,現肄業於上海圖畫美術學校。通訊處:西門外圖畫美術學院。"

1918年　戊午　民國七年　十八歲

3至5月,舊體詩由天虛我生潤文後,刊布於上海時還書局印行之《文苑導遊錄》第五、六册。計有《遊學校園偶成》、《北風》、《雪夜偶成》、《歲暮書懷》、《杏花》等。

　　胡亞光《感憶天虛我生》:"他能詩文,能填詞製曲,能寫小說,他是文學家而兼實業家。他慘澹經營創立實業之外,仍不廢文事,常以文墨爲消遣。天文地理,三教九流,哲理常識,無所不知,知無不言,言無不盡。那時的《機聯會刊》,特辟一欄,親自主答各界的質詢,他那樣不憚繁瑣的啓迪後進,真使人油然起敬。他主編的《文苑導遊錄》和《家庭常識》,讀者常奉爲金科玉律,獲益匪淺。"(《永安月刊》1945年116期)

6月10日,上海圖畫美術學校附設師範科第一屆畢業生約二十人,至第二師範附屬小學及萬竹、尚文等小學,進行教學實習。

　　《圖畫美術學校師範生參觀各校》:"本埠西門美術學校附設技術師範科創辦已經一載,成績斐然。第一屆學生行將畢業,現正從事教授練習。聞日内擬參觀二師附屬小學及萬竹、尚公等小學,以資將來出任教授時借鏡。此次畢業生約二十人左右,多數學生爲徐州及常、錫等處學校聘定云。"(1918年6月10日《時事新報》)

6月13日,《申報》刊登若渠《自製匾額》一文。

1918年 戊午 民國七年 十八歲 11

天虛我生像及《文苑導游錄》第五冊中刊印由其潤色之滕若渠舊體詩

6月29日，上海圖畫美術學校舉行正科第五屆、技術師範第一屆畢業典禮，滕成獲高中畢業成績證書。

《各校畢業彙誌△圖畫美術學校》："該校於前日舉行正科第五屆、技術師範第一屆畢業典禮，首由校長張聿光給憑訓詞，次由副校長劉海粟勉詞，略謂諸生平時在校確能遵守規則，此次畢業成績較前屆為優，將來出任職務，當各抱定誠實、忍耐、敬事三種宗旨，庶不負平日厚望之意云云。次由教務長丁君慕琴演說，大致謂學無止境，諸生畢業後，仍須潛修學業，與在校時同一勤勉，并宜竭力提倡，使一般人羣增進審美之觀念，以盡己職。旋由畢業生何君笠農答詞。禮畢，當即全體攝影，振鈴散會。茲將正科畢業列下：沃玉塵、謝之光、梁潮楷、梅景修、褚昌言、凌澡祥。師範科畢業生列下：何笠農、張道宗、翁誼、何燿秋、金士彥、孫友蘭、申汝揖、徐琳、滕成、陸永森、王

赫、沈惜粹、王天福。"（1918 年 7 月 1 日《時報》）

6 月，滕成自上海圖畫美術學校初等師範科畢業。獲高中畢業成績證書。

  按：據《上海美專名人傳略》引《上海美術專科學校自開辦之結束歷屆學生姓氏索引表》第 0195 頁。

6 月，天虛我生主編《家庭常識彙編》創刊，不定期家庭常識刊物。該刊內容分：服用、飲食、人體、工藝、動物、植物、集益錄等各部分。由文明書局發行。滕若渠曾參與編輯。是月出版第五集第一部：服用，第十一類：文房：新書去繩捆影、硬薄面保護法，署名天虛我生、若渠、孟申。第五集第四部：工藝，第十八類：小工藝：假湘妃竹之製法。署名天虛我生、若渠。1919 年 1 月出版第七集第四部：工藝，第十二類：小工藝：自製匾額。署名天虛我生、若渠。

  《天虛我生自傳》："七年　戊午　公年四十，編輯家庭常識成，刊印十萬冊，半年而罄。世人始識公精於格致理化之學，不獨以文字稱也。是年創辦家庭工業社，其目的欲以手工代機器，而使平民生活間人人有飯吃。發明無敵牌擦面牙粉，嫩雲夫人司杳，小蝶飾粉，家庭子女，皆爲工人，半年之間，遍大江南北，而詩文著述遂稀。"（1940 年 5 月 19 日《申報》"陳栩園先生紀念號"）

《滬江月》1918 年 3 期"文苑"欄目發表若渠《十六字令》。

  按：《滬江月》1918 年 4 月創刊，在上海出版，月刊。由羅溪沈枕綠主編。滬江月社發行，第五期改由振社發行。

加入同南社爲社員。

  按：同南社成立於辛亥（1911 年）9 月，據 1921 年同南社編《同南》第 10 集，《同南社社友錄》滕若渠入社時間爲"戊午五月"，聯繫地址分別爲"寶山月浦西市"和"日本東京小石川大塚洼町二四松葉館"。

  范煙橋《同南社》："辛亥革命，里中少年負笈四方者咸賦歸去來歟，乃有讀書之會，其地爲袁氏復齋，雅有林木之勝，在同里之南，故號'同南社'，或言慕南社聲名文物之盛，或言志在同於國風二南，皆非也。初僅六七輩，亙十年，達三百餘，著籍以江浙爲多，文字之刊布者都十集，南社外，允以斯社爲最悠久而最有微績矣。社無長，主其事者余與徐穉穉也。自余遷吳下，乃告散歇。其間多執教鞭於各級學校，而以專長稱者，如孫時哲之於社會學，金侶琴之於經濟學，薛噓雲之於童子軍，龐京周之於醫，趙漢威之於化學，凌誠身之於駕駛，沈銘之於工程，陳子清之於畫，沈體蘭之於教育，唐忍菴之於新聞學，皆卓然可傳，爾時常熟有東社，阜寧有詩社，相與通聲氣。有郭竹書者，阜寧詩社之健才，近爲蘇炳文將軍之秘書，轉輾至吳下，語其友吳聞天，謂與余有文字之雅，余已不復記憶，不速而來，相顧茫然，及說淵源，乃知當日曾以詩簡往來，固千里神交也。"（范煙橋編著《茶煙歇》，上海：中浮書局，1933年）

周子美《同南社小史》："民國初元，江南詩社成立頗多，希社、淞社、南社之外，尚有同里之同南社。同里在江蘇吳江縣，其地人文秀起，詩才輩出，如金松岑、陳去病最爲著名。在民初同里有青年文人徐平階與范煙橋創立同南社，號召青年學子入社，亦有五六百人。余其時年二十餘，亦爲友人招致，加入此社。徐、范兩君借同里任家花園集會，觴詠其間。任君名傳薪，字味知，亦爲積學之士也。此社共刊有社集十册，社員多爲青年學子，比起南社諸君，當然有所不及，但青年富有創造性，余當時年少氣盛，亦將拙稿投入，流布丑拙。今徐、范兩君均早謝世，同南社刊亦難見到，幸當時社友鄭逸梅君曾有一篇叙述同南社情況之大文，載入《鴛鴦蝴蝶派叢刊》，可以略見始末。余與逸梅同爲其社友，同爲南社社員，又同爲金松岑丈之國學會會員。余今九十有二，鄭老長余一歲。"（顧國華編《文壇雜憶初編》，上海書店出版社，1999年9月第一版，第126—127頁）

鄭逸梅《辛亥之同南社》：以文會友，昔人所尚。我友范君煙橋與徐君稚稚，有同南社之結合。其時在辛亥之際，煙橋等輟學歸來，家居多暇，重九佳日，約知己八九人，觴詠於袁氏之復齋，命名曰同南社，蓋復齋在吳江同里鎮之南，而煙橋爲同里人，故有是稱也。社集年刊一册，分文錄、詩錄、詞錄，而社友錄、感逝錄，及社友照相銅版附入焉。及民國十年，刊布社集凡十册，社友已達三百有餘，予與趙眠雲君同時加入。諸子於社集徵求題詠，如煙橋之回首煙波第四橋圖、楊佩玉之孤室讀書圖、蕭伯逢之寒宵展卷圖，及印水心夫人史劍塵之海棠軒遺詩、唐友儂之三十初度詩，彼此唱和，滿目珠璣，予愧未之能也。其他社友之以著作發表社集者，有孫本文、郭竹書、姚民哀、龐京周、顧悼秋、凌莘子、曹澧蘭、柳炳南、張錫佩、趙雨蘇、許盟孚、江紅蕉、唐忍庵、趙漢威、金孟遠、華吟水、胡長風等，皆一時之俊。予亦有詞二闋刊布。一《菩薩蠻·集韓冬郎句》云：'愁腸殢酒人千里，中庭自摘青梅子。粉淚玉闌珊，幽窗自鮮歡。歡顏惟有夢，臺鏡應嫌重。繡被擁嬌寒，那知本未眠。'一《浣溪紗·集薛太拙句》云：'床上樗蒲宿未收，七條絲動風修修，未聞詩句解風流。記得玉人初病起，緩梳簪朵事登樓，見吹楊柳便遮羞。'拾人成句，聊以塞責而已。既而煙橋移家吳中溫家岸，社集乃告停止，與眠雲、明道、君博、菊高、賡虁、守拙、紀于及予，別結星社，月一雅集，同文紛紛來歸，至今猶未替也。(芮和師、范伯羣、鄭學弢著《中國文學史資料全編·現代卷·鴛鴦蝴蝶派文學資料·上》，知識產權出版社，2010年3月第1版。)

7月6—11日，上海圖畫美術學校第一次成績展覽在本校舉行，展出師生美術作品二千二百九十餘件，分二十室陳列。滕成有作品參加。

  自述："八年前美專第一次展覽會，我是會中的主人之一。"(《洋畫家與國民藝術復興》)

7月，暑假期間住在友人家中，作些情致纏綿的小說和許多哀感動人的詩詞，并翻譯歐洲偵探小說、戲劇本事陸續在報紙上發表。

  自述："我從前在中學時代，我的表兄自U.S.A.寄來幾種劇本；教我當做會話讀。那時候全不懂戲劇是什麼？祇覺得有一層空漠的思想。後來轉到大學時，和同人輩相從爲譯事；那麼從小說又牽引到戲劇，可是當時的社會，很

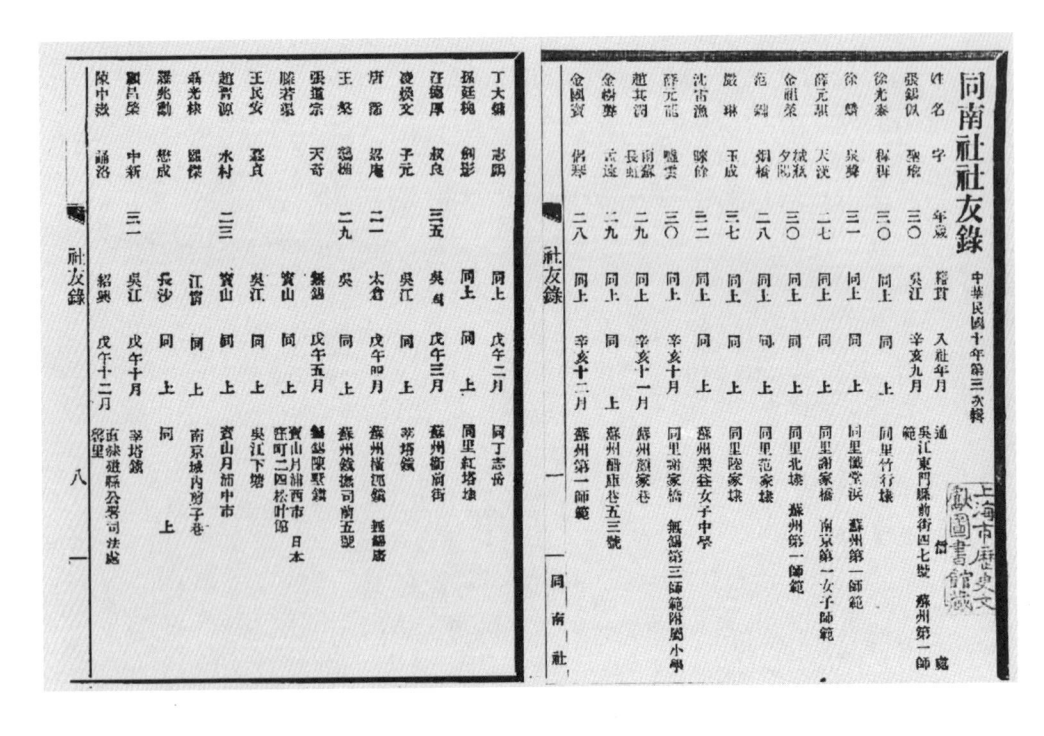

同南社社友錄(1921年第3次輯)

歡迎 Couan Doyle 派的小説，還沒有注意西洋戲劇；我雖與戲劇有意氣投的感情，有時祇把戲劇的本事，譯做小説，以博時好，實在不應該的。同時曾譜《鳳女臺傳奇》載某誌，適表兄歸國，他説：模仿 Romantic 文學，很無意味的，便爾中止。"（《紅靈·序》）

8月，《同南》1918年第7集由滕固題刊并發表署名滕若渠恨根《詠梅次馥根女史韻》《題美人彈琵琶圖》《自嘆次覺聾韻》。

《滬江月》1918年5期"文苑"欄目發表若渠《長相思》。

11月25日，上海圖畫美術學校創辦、上海商務印書館發行之《美術》雜誌創刊。沈恩孚題封面，扉頁爲校訓"誠實"兩字，分美術、記載、雜俎、美術思潮四大欄目，第一期書後《增刊》中附有《本校技術師範科第一屆畢業生》情況表，其中（姓名）滕成、（字）若渠、（現時年歲）十七歲、（籍）寶山、（現任職務）教員、（通信處）寶山月浦。

　　按：《美術》第一期目錄及書眉題《上海圖畫美術學校雜誌》，爲上海圖畫美術學校的校刊。第一卷爲半年刊，共出二期。第二卷改雙月刊，共出四期。第三卷改不定期，出若干期未詳。

12月10日，《文友社第二支部月刊》第15期發表若渠《洞仙歌·感夢》。

12月31日，發表哀情小説《嗚呼命也》於上海《先施樂園日報》，署名滕若渠。（參見劉永文編著《民國小説目錄 1912—1920》，上海古籍出版社，2011年）

1919年　己未　民國八年　十九歲

2月10日，《文友社第二支部月刊》第17期發表若渠《詠菊次韻》、《漁者》（詩）、《搗練子·春草》（詞）三首。

4月19日，上海《申報》刊登《情海慈航》預約廣告，介紹本書内容共六册，其特色爲：男女各撰述員皆情海過來人，各就經驗著爲文章，事有根據，語皆心得，無向壁虛構之弊，足爲世界之信史，并請大文豪藥聾先生主任編輯，詳加點綴，其文字之風流，蘊藉優美高潔，尤足獨步坊間，誠説海之翹楚也。第三册《情之媒介》滕若渠著。泰東書局發行。

8月，義俠小説《骷髏洞》(短篇小説)發表於《小説新報》1919年5卷8期，署名若渠。

9月23日，上海《申報》刊登《人生萬事秘訣》出版廣告，滕若渠列爲該書編輯之一。

　　《人生萬事秘訣》：本書特請海内文學鉅子三十七人共同編著，舉凡天文學地理學哲學化學物理學心理學催眠學生理學測量學算學醫學家政學法學商學等聲光化電以及九流三教莫不廣輯宏搜，奇秘玄奥確能切合實用，并非紙上空談，迷信無據者可比所謂人生萬事都有絶妙秘訣，而爲男女人人應知之知識，人手一編，對於自己對於家庭對於社會課應用無窮，而得無限快樂無盡幸福，能永立於不敗之地，所述防弊秘訣尤爲驚艷之談，名貴之作誠空前絶後之謀生秘笈，極有價值之新萬寶全書也。

　　該書編輯主任蘇海若，編輯有王天一、黄花奴、釋太玄、滕若渠等。該書計十六卷，全書洋裝兩大册，定價洋一元四角，由上海志成書局、大東書局代售。

9月28日，天馬會成立。由江新、丁悚、楊清磬、劉雅農、張辰伯、陳曉江等發起。因鑒於我國美術未能從根本上改革，爰集同志發起天馬會徵集會員，以資互相研究，促進我國美術之真藝術爲宗旨。會中不設會長，僅設幹事、會計各一人，會徽圓形金地青文，以大方磚爲之，上鑴飛馬，取天馬行空之意。滕固日後參加爲會員。

　　按：江新(1894—1939)，字小鶼，江蘇吴縣(今蘇州)人。中國近代雕塑家。江標之子。少年時即好六法，後赴法留學，攻畫外又習雕塑。

12月，社會小説《酬勞品》(短篇小説)發表於《小説新報》1919年5卷12期，署名若渠。

是年，滕若渠、蘇海石合著之《九十六女俠異聞》(文言筆記集)，由上海交通圖書館出版，平裝2册。内收96篇，每篇叙述一個俠女故事，實爲短篇武俠小説。

1920年　庚申　民國九年　二十歲

1月4日，上海圖畫美術學校改名爲上海美術學校。

約2月，《新趣味》1920年第2期刊登滕若渠《一封帶血和淚的信》。講述一位十六歲女子在新文化運動影響之下，與封建家庭包辦婚姻展開抗爭無果，感到活在世上已經沒有什麼新趣味憤而自殺的故事，具有強烈的反封建禮教意識。

約春夏之際，鄉里張政卿膺縣誌局之聘，續修里誌，邀滕若渠參議，建言需嚴訂體例，博考文獻。

　　自述："時不佞有東行之役，遜謝不遑，第建言於丈曰：吾鄉濱海僻地，在昔蒙韃南侵，嘉靖倭患，乙酉屠城，英夷入侵，洪楊事變，胥當其沖，而海通以還，以接壤滬瀆，生計習尚，旦晚數變，載筆爲誌乘，非嚴訂體例，博考文獻如章實齋、錢竹汀、孫淵如者，何以信今而傳後也。"（《月浦里誌序》）

4月30日，《美術》第二卷第二號"通訊"刊滕若渠與唐雋通函，開始對中國現代美術產生關注。
唐雋同學兄：
　　你寄我的信，《美術》第二號和底稿，都收到了，謝你！緩幾天空閒的時候，我一定做一篇稿子，請你指教，我擬好一個題目，叫做"現在中國藝術的批評"。
　　不過美術的範圍很大，像戲劇啦，音樂啦，建築啦，雕刻啦，都歸他美術管的。第二號的《美術》講的是畫學，當時怎樣不加"畫學號"三個字呢？這也是我一種疑問的地方，請你指教。滕若渠。

若渠同學兄：
　　寄我的信，讀悉了。你很願意投稿，這是我們極歡迎的！你做的"現在中國藝術的批評"甚麼時候可以竣稿？我很盼望你多做點文字發表，來救濟現代中國的美術！
　　美術的範圍，確是很廣。前號裏面，關於畫學的比較是多，但是大體的"美"或"美術"，也是講得有的。如果加上"畫學號"三字，那就不概括了。前號裏面，關於畫學的雖多，確是自然的趨勢，沒法想。因爲現在中國的美術,可算是萌芽時代。——就現形說——關於其他的美術,研究的還少。我們刊行這本《美術》,就是拿他作我們逐漸研究美術的機構;不過不能一時研究得怎樣的完善就是了。

還有一層:我們一面研究美術,一面就要拿所研究的來改造社會,陶化人生,這就是我們刊行《美術》的旨趣。但是怎來[樣]的研究美術,怎樣的改造社會,陶化人生,就是要我們大家來討論的。既是這樣,我們《美術》裏面所研究的,當然不止圖畫了。——這段不是對於你的正式答案,是我別有的感想,請觀下文——但是我們遇著有機會的時候——如有關於圖畫,音樂,戲劇,雕塑……一部分的集中討論——我們還是要刊行"特刊號"的。前號所以不能加"畫學號"的,實是因爲裏面所研究的不止畫學;不過關於畫學的,較多罷了。

若渠兄!在你沒有來信以前,曾有朋友問我道:"你們刊行的《美術》,怎麼關於畫學的那樣多?既是專門研究畫學,怎麼不出《畫學雜誌》而出《美術雜誌》呢?"又一個 C.S. 君他投了一稿到編輯部說:我們《美術雜誌》,不應該爲研究藝術而刊行,應該爲改造社會而刊行。——他們這兩個疑問,與你所懷疑的,是有很大的區別;但是也有點相仿。所以我把他兩個疑問分析的解答,解答給你聽聽:

解答 1. 我們刊行《美術》的旨趣是:"研究真實的美術,以創造人的生活,和美術化的社會。"如單單辦一個《畫學雜誌》又怎麼能達到我們的宗旨呢?況且現在研究美術的,又不止圖畫一科。又何必舍大道而行小徑呢?這就是我們要刊行《美術》的原因。

解答 2. C.S. 君的懷疑,很有研究的地方,已在"讀者欄"裏面登出;請參看。此處就不多講了。

以上兩個解答,若渠兄你以爲怎樣?還請教我!

唐雋

5 月 31 日,雜錄《畫苑瑣談》發表於上海《申報・自由談》,署名若渠。介紹歐美畫家作品。

6 月 14、15 日,筆劄《寫照記》連載於上海《申報・自由談》,署名若渠。寫少年畫師胡生與師妹畹英相戀,畹英設計胡生隨兄赴法學習美術,以待功成名就歸國結爲百年之好,熟料胡生客死巴黎,畹英肝膽如割,悔恨不已,面對胡生小影,嗚咽自語,汝欲爲我寫照,今汝照我將爲汝寫之,永永存於我家,特我死之後,已無人爲我寫照矣。該文以勤工儉學熱潮爲背景，描寫赴法學習美術青年生活，具有鮮明的時代特色。

6月23、24日，筆劄《毀約記》連載於上海《申報·自由談》，署名若渠。

7月14、15日，筆劄《賃廡記》連載於上海《申報·自由談》，署名若渠。寫一學習美術青年曾君仇賃廡某里，對鄰居一女子產生戀情，爲之拍照繪影。日後賃廡滬北雷氏家，再遇該女子，始知即爲房主婦。同居友人剪秋意外發現君仇早年爲女子畫像，剪秋弗爲外人道。君仇病，女乃囑婢送藥往，未數日起牀，自是君仇憔悴無人色，女以溫言慰之，并以妹妻之。未幾忽得女書云：其妹染疫卒。君仇哭之慟，然亦譬諸天耳。

7月31日，筆劄《三嫁記》發表於上海《申報·自由談》，署名若渠。寫一蒙古邊塞婦人，年十四即爲父母包辦嫁一醉漢，備受凌辱，醉漢死後又遭轉賣一工人，因體羸不勝做工，旋爲所逐。即又許配一年長嗜烟者，靠拾柴所得供其食用。其將幼時父母所佩白璧堅不出售：若我夫死，則我將售之，爲棺槨資耳。

7月（庚申六月某日），作隨筆《西溪濯纓記》，發表於1920年8月12日上海《申報·自由談》，署名若渠。描寫幼時在故鄉西溪草堂生活情境。

8月18日，譯叢《山茶曲本事》發表於上海《申報·自由談》，署名若渠。述英格蘭少年報之新聞記者格羅尼愛情生活。譯者曰：老蒼胡憤憤乃爾，將曇花一現，倩女離魂，以換幾許才人血淚，其殘酷爲何如耶。

9月1—3日，閒話（隨筆）《海壖偶感》連載於上海《申報·自由談》，署名若渠。記述蹴居滬西傭書謀溫飽時，對思鄉、交友、戲場、文獻批評等感觸。其中涉及在滬文友事略謂："與予日相過從者，則[平]襟亞、[張]海若、[朱]鴛雛、[吳]虞公、[黃]花奴諸友，數人者俱操筆墨生涯，可謂志同而道合矣。朋儕中時作宴會，我數人必與焉，抵掌談笑，狂放不覊，蓋酒家亦識予等之爲人者。予與襟亞不善飲，每爲所窘，則沈醉不省人事。既醒，他人歷歷言醉中所爲，予實茫然，有時行爲，取憎於人者頗多，酒所以宜戒也，而今而後，我知免夫。"

9月25日，筆劄《畫靈記》發表於上海《申報·自由談》，署名若渠。曰：

是吾友何君鏡芙病中爲予述者，且囑爲之記，予憫其不能超越情網，自苦乃爾，爲拉雜書之，以質我友紫蘭主人。

10月6日，乘日本郵船會社之山城丸從吳淞出海赴日本留學。舟中與同行者耕雲居士談畫論詩，互相評騭，以破岑寂。作詩有"行行重行行，我家從此遠"之語。（參見《東行漫記》）

  按：據1920年9月7日《申報》《本埠新聞·各輪船進出口消息》："▲東洋日本郵船會社之山城丸Yamashiro Maru，昨從日本來華，……刻已定明日開往門司神戶大阪。"而10月該號輪船進出口消息查未見；11月1日該船來滬，3日開船赴日。從譜主《東行漫記》一文發表時間及12月29、30日《申報》刊登譜主筆削《疑雲記》中有"去國二月，棲流海外"句分析，應當在10月間赴日。

10月7日，舟如東海，得詩云："思親時十二，去國路三千。帆沒已無岸，濤奔欲拍天。客心隨轉舵，秋思嫋飛煙。故國知何處，青山一髮邊。"

10月8日，抵日本海，依舷望高麗山，觸景生情，不能無慨。記以長句云："高麗山色如眉黛，橫掃遠峰雲靉靆，秋色媚人人倚舷，秋山合與春山妲。日光漏出曉煙飛，海水橫流山自在。獨有高麗山上人，沈埋海底頭顱碎，江山如此可憐生，敢問老蒼何憒憒，山自巋巋人自愁，悲歌擊柱一長嘆，滄桑於我亦何尤，我猶當時之故態。嗟籲乎！畫畫高麗山，百年興廢天之緯。"午泊馬關。薄暮，得詩一律云："港中靜物畫難真，對岸山光忽近人，秋水綠添遊子淚，夕陽紅點美人唇。十年湖海三都賦，萬里關山七尺身。舟出馬關回首望，桅檣林立似絲綸。"

10月9日，及午，舟抵神戶。賦一絕云："瀲灩波光淨客船，風吹帆影落尊前。者番不是求仙去，仙島崔嵬遠插天。"登岸謁徐福墓，入某神社，"驀見庚子一役，吾國之炮及子彈，陳列廡下，嗒然而出"。夜乘車赴東京。

10月10日，抵東京。與田漢（壽昌）同住松葉館。曾進過神田的預備學校，旋廢學，自學日文和德文十個月。（參見《銀杏之果》）

  自述："初來東京見沈澤民、張聞天、田漢，方日夜不倦的作劇，又引起

我舊時的感想,決計將現代名作,廣讀一過,又復三日兩頭,踏到戲園裏去,當作我預備作劇的圖書館。"(《紅靈·序》)

按:據《田漢年譜》:1920年9月上旬,開始創作四幕話劇《梵珴璘與薔薇》,於10月1日晚完成。10月20日首演於東京有樂座。11月5日,譯成英國王爾德的獨幕劇《沙樂美》。(張向華編《田漢年譜》,北京:中國戲劇出版社,1992年12月)

11月20日,作《對於藝術上最近的感想》一文。文章就"藝術上客觀的心理和本身的位置""我們以後怎樣運動"兩方面進行論述,前者認爲普

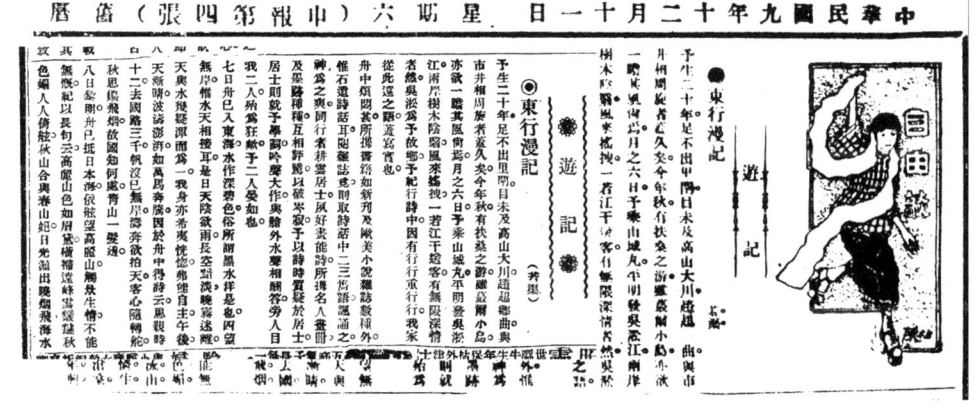

上海《申報》、天津《益世報》刊登滕若渠赴日遊記

遍受歡迎的"光潔"和"鮮豔"之"時裝美女畫",起源廣告,"配不上稱藝術的"。而對於我們的作品,雖是不像普通人的"不滿意";卻有個"懷疑"這個原因,也是沒有完全懂得"藝術是什麼?""繪畫是什麼?"爲此要趕緊介紹幾種藝術的專門著作和西洋最近運動的概況。"我想將來從歷代帝王建都和有名的地方,考察藝術的作品;做成一部大著作。這總是非一朝一夕的事情。"其次要多開展覽會,打破社會上對於我們"不滿意"和"懷疑"的力量;使得社會上能夠瞭解"藝術是什麼?"發表於《美育》1921年6期,署名滕若渠。

12月10日、15日,遊記《日比谷公園遊記》分別發表於上海《申報·自由談》、天津《益世報》,署名若渠。

12月11、12日,遊記《東行漫記》連載發表於上海《申報·自由談》,署名若渠。天津《益世報》也於17日連載刊登。

12月12日,作《詩歌與繪畫》一文,認爲"詩歌與繪畫換一句説就是文學與美術,也是二而一的。現在研究文學的,還少兼事美術,從事美術的更懂不得文學是什麼?我替他們又氣又愧。這一小篇文字算引起諸君文學與美術同時研究的興趣,是我的微意。"該文刊登在《美術》第二卷第四號,1921年3月出版。署名滕若渠。

文學家王統照(1897—1957),《曙光》雜誌編輯,文學研究會發起人之一。

12月19日,得到北京曙光社來函,即復書王統照,介紹赴日學習主要目的在"美術"和"哲學"兩項。對上海美術界活動現狀深表不滿,"研究美術的大多數沒有譯述書籍的能力,真可發一嘆!"表示在藝術研究上除留日俞寄凡、上海美術學校學生唐雋外,願意與王統照成爲朋友。對藝術見解,認爲"美術和文學是二而一的"。該信署名滕固,信及王復信發表於1921年《曙光》第二卷第二號。

統照先生：

　　今天得到貴社的來信，才知道先生的通信處。好久想來一封信件，沒有機會；先生關係美術的大著，發表很多，極佩！極佩！現在冒昧上書，想同先生做一個朋友；因為我也很喜歡美術和文學的。自從上海美術學校畢業之後，瞧見上海美術界活動的幾輩，都是為個"利"字。他們也不懂得美術是什麼？全無常識！所以我很灰心，也沒有同志切實的研究。現在東京祇有俞寄凡一人，在上海也祇有同學唐雋一個，時時做私人討論；其他雖是有許多相識研究美術的人，他們很缺乏藝術的基本知識，無從研究。會了幾筆畫，便稱起"畫家"，其實祇配得稱"畫匠"。不論東洋西洋畫家，都不是自己稱的；假使稱了畫家，也該對於文學有相當的學識，譬如從前中國的畫家，做《畫史》、《桐陰論畫》一流人，研究的非常周到，祇是偏於理想，到現在"時代"上的不合罷了！

　　我所以說"美術和文學"是二而一的，好久想做一篇論文沒有時間，恰有朋友來論"詩歌與繪畫"——已寄《美術》，大約三或四期登出——這一個問題，便借瞎說了一下，把二種的"描寫""內容""結果"定一個簡單的表，今錄後，請先生指教；

```
                  性靈現狀……哲學的  ⎫
   詩歌                                ⎪
        ╲╱                             ⎬
        ╱╲        自然現狀……科學的    ⎬  美
   繪畫                                ⎪
                  社會現狀……人生的    ⎭
```

　　這個問題，德國 Goethe 也講過，還源於希臘的 Laocoon，等《美術》上發表之後，還請指正！前次替《美育》裏做的——第六期裏還沒出版——中間有一段叫做"我們以後怎樣運動？"擬好二個法子："（一）多開展覽會，（二）編譯藝術書籍。"因為上海社會，非常信崇"淫畫"，對於我們很懷疑，不得不用這二個法子去補救，先生看來是否？不過第二個法子很難說。研究美術的大多數沒有譯述書籍的能力，真可發一嘆！

　　上面都是沒有統系，夾夾雜雜的感想，如蒙不棄，請先生答復我，我極願多一個朋友研究藝術。我在此目的：也是"美術"和"哲學"兩種。貴社諸君都很有毅力，極佩！下次談，祝

　　先生藝術的愉快！

　　　　　　　　　　　　　　　　　　滕固十二，十九。

按：王統照（1897—1957），字劍三，山東諸城人。中國文學家。1918年考入中國大學英國文學系，1919年11月1日，與宋介等友人創辦的綜合性期刊《曙光》出版，爲主要撰稿人。1921年1月4日文學研究會在北京中央公園來今雨軒成立，王爲發起人之一，曾任該會書記幹事，負責編輯北京《晨報·文學旬刊》。同年7月畢業後留校任教。

該信署名爲"滕固"，是目前所見最早使用者，大致可以推斷其更名日期在赴日留學之初。

12月26日，王統照復滕固函，讚同滕固所言美術和文學是二而一的，該函发表於1921年《曙光》第二卷第二號。

滕固先生：

十二月十九號來函，收閱後，使我精神上添了無窮的快慰！獎譽和期望過當；一面使我對於自己研究的淺薄，發生慚愧！一面又藉你的話引起我努力的希望！

我常與友人談及或偶爾零碎發表的文字，都對於中國人藝術性的薄弱，及研究藝術的缺乏，都可令人嘆慨！我想人生不能止營機械式的生活和刻板的事務，必先求得精神上的滿足，和生命的安頓，然後人生之花，方開得璀璨有趣。科學，宗教，固然是可以利用厚生，與使人心神有所崇仰寄託，但科學研究，雖令若何高深，若何精密，而比較上總易使人生倦怠之想。至於宗教，在古今社會裏，都有一分的勢力，然末流所趨，多歸於迷信，虛僞，儀式，偶像崇拜之弊。——宗教影響於人心者，自有其正當之勢力，但現在的宗教，大都是迷信虛僞，聊以自娛的騙人工具，此事關係較多，不及詳言。——故欲安慰人生的情緒和提高人類的精神，當然要偏重到文學與藝術。——我認文學，亦爲藝術之一種，不過其外延較廣。——你説美術和文學是二而一的，我很贊同。文學上有名的創作，即作者無心於藝術，而自有其真摯的藝術存在其中。即如現代有名詩哲 Tagore 的詩，哪一首裏不是天然的、具體的、有靈思的繪畫和美妙的音樂。我們念著，看著，想著，宛同名畫佳音，在我們的視覺聽覺裏，映現顫動似的。——這不過舉其一例。我想凡有文學嗜好的人，説起來都當首肯。即如中國舊説："詩中有畫，畫中有詩"，以及"不知手之舞之，足之蹈之"，這種感人的印象，與可興奮的技藝，還不是藝術嗎？反而言之，則無論何種的美術，如繪畫，雕刻，舞蹈，音樂等，或使人靜觀沉思，或以動作的聲音形態引起人情感，也都多少含有文學的趣味。所以"名畫可當臥遊"以及"音者生於人心"，由這些道理上，也可以見得出文學美術，二者相須，相應，相成的由來，是一個結晶體，而不可分離。中國以畫家兼治文學的，固有其人，即在西洋也是有的，不過二者以分功之故，多專其所長罷了！然詳細論起，則文學多偏重於内部的想象，美術多偏重在外形的表出，文學當流傳不居，雖無聲色的外形，而自有變化無端的力量，而美術則須藉作出之實體，以使人生想象的情感，此二者的微異處，然其有密切的相關，亦可不繁言而解。

　　Willard Hunting tan Wright 他説："藝術外形的基本，是依次序，以達到感動的產生，而這種外形的反射，與我們的感覺，是有更多的内部聯合。"這幾句話，我以爲確可將藝術作品與人生情緒相調和吸引處的真意義，詮解得當。我們由他論藝術外形的理論上，也可以藉此推論，而找出文學的旨趣來。實則文學藉字體，章句，節奏，描叙記述出人生的種種事實，種種情緒，與我們的内部聯合的感覺，是絕對不能分離而無關的。從前歐陽詢——或是我誤記——出遊，見有古碑，因愛玩其字體，遂至流連徘徊，去而復返，露宿其下。又如俄國小説家卡倫辛(Karamzin)作《麗薩》(Liga)一書，稱農女麗薩與一個貴族的少年相戀愛，後來這個少年棄之而去，她就投水而死，當時也震動了許多的人，有些人并且由很遠的地方，趕到書中所説的所在，找那個池子來憑吊麗薩的。(見我的友人鄭振鐸君，所作的《俄國文學發達的原因與其影響》)這類事實，在古今頗不少見。我寫到這裏，我記起一段談話來，就是我前在《曙光》第一卷一號内，所作的小説《真愛》前曾有個外省的女學生，和我的一個友人説起，她説：這内中事實，大約是作者親經過的吧！不然，怎麼説得這樣真呢！慚愧得很！我那篇小説，確是事實，不過我替人家記了下來，但是作的實不見得好！由此可見，無論什麼文學和美術的作品，其中足以感人的，二者都有互相涵容的性質在内。德國黑格兒 Hegle 他主張藝術是表現到現象的現實的一個真，而這個真，是由於心意的產出 "A reality that is born of mind" 是要經過藝術的陶冶，不止是類似，且是最高的真實。由此我們也可以見出藝術，簡直是藉著彩色，式樣，聲音等，赤裸裸將人生的感覺，感情，理解，想象，都從一筆，一畫，一個舞的式子，一個音調的顫動裏，表示傳達出來，反射到人的心靈深處，使之生喜怒哀樂的同情，起超越高妙的思想。這與文學的感人，大體説來，總歸一致。不過二者，表現的手段，與使人興感的變化，是有些不同罷了！然有志於藝術的，的確至少要具備文學思想，方可以使其作品能以有生氣動人，不然的時候，真可以止於作個"畫匠"。目爲思想是文學的骨子而文學的思想，又是藝術的本質，不但不可分離，也是不能分離的。這等例證甚多，不能一一遍舉。

　　中國的文學的趨勢，——嚴格説還夠不上趨勢二字——自從五四運動以後，似乎少有點改革的動機，但多作爲一種時髦學問的裝點品，很少去真心專門研究的。至於真正有點成績，恐怕至少還要待幾年以後，現在連介紹外國文學時代還說不上，真正有思想有價值的文學創作品更是寥如晨星。現在北京頗有幾個朋友，想專從事於此，這也是可喜的事！說到藝術啊，不要說有什麼偉大作品出現，我以爲社會上一般人，連這兩個字瞭解的也怕不多，可憐中國人，不能有大哲學家科學家出來，就連文學藝術的事業，也是這樣委靡消沉，能不令人短氣！所以我曾說：中國人的生命之花，簡直未曾開過。

文學，藝術，影響於社會非常之大，支配人心的力量，比一切都要加重。況且在中國這等沉悶，乾枯，委瑣，污穢的現象之下，我認爲此二者，最是治療中國麻木病的良藥，想你也以爲然。

二者之必須調劑，以求實現美化的人生，這是我平生的志願，也是我不自量力而欲從事的。我希望你們專心研究藝術的，要努力致志，以無前的精神，註定於此！

我現在對於文學，美學，都從事研究，祇可惜心思紛亂，瑣務勞人，又加上學識太淺，不能有所心得，自覺非常的慚愧！

你願意與我作朋友，討論這些事，我很喜悦！我們雖没晤面，你那種志願，實可令人佩服！至於你的著作，俟美術美育登出後，再當細讀。

你作詩歌與繪畫分的簡單表式，自是無誤，美有關於哲學，科學，人生，也是自然的道理。我待讀過你的全文以後，再談吧。

你所說，"我們往後怎樣運動"，第一個法子，多開展覽會，尚比較易辦。第二個法子，多編譯藝術書籍，倒是最要急的著手處，然困難之點，亦如你來信中所述。我想研究美術的，大多數没有譯述書籍的能力，這也是自然的情形。或者將來即有些美術家，也或許他們要"用志不紛"，没有譯述的工夫。我以爲這最好是由研究文學的和研究美術的，通力合作，尚易於成功。我雖關於美學的理論，少有點研究，但關於藝術的本身，可惜我也没有多大工夫去學習他，這也是，我常常自以爲恨的！但我抱了極端的熱誠，希望你們將來的藝術，突飛猛進！

唐雋兄在一年前，便與我通信多次，作爲神交。但自今夏日，我居家中，病了多日，重複來京，曾與他一信，未得回音。但現在是往哪裏去？在四川嗎？或是已去法國？——他曾來信有志往法研習美術——你與他既是相熟，可否示知他現在的去處，俞寄凡君前閱美術是在上海，現在又回東京了嗎？

接你來信，就燈下拉雜寫來作答，不能有什麼精確的理論，望爲見諒！

爐中的火光；窗前的明月，都似表現出一種靜微而清潔的美惠來。想東京這時的天氣，不能像北京的朔風凜冽啊！匆匆的寄此，不能詳盡。

王統照

九，十二，二六，夜十鐘。

12月29、30日，筆劖《疑雲記》連載於上海《申報・自由談》，署名若渠。寫同學金沈二君，因戒指而產生誤會的故事。

年底，作劇本《自畫像》，因入學考試未完稿。
  自述："去年的年底，大著膽，作《自畫像》一劇；因爲入學試驗的一個問題，沒有完稿。"（《紅靈・序》）

是年，在《新潮》上讀到蔡元培《美術的起源》，留下深刻的印象。
  自述："二年前在《新潮》上讀蔡元培先生的《美術之起源》，引有吾國古民族的身體裝飾等；近來梁任公先生在所著《中國歷史研究法》中，也頻頻説起吾國歷史的藝術，所給予我的印象的這二文最深刻。"（《藝術學上所見的文化之起源》）
  按：《新潮》係北京大學新潮社社刊，創刊於1919年1月1日，月刊。蔡元培《美術的起源》發表於1920年4月《新潮》雜誌第2卷第4號，提出了關於藝術起源的主張，即"美術的衝動"，這是關於藝術產生的本源問題。
  梁啟超《中國歷史研究法》原係1921年秋在天津南開大學的講演稿，同年

著名教育家、政治家蔡元培（1868—1940）

11月、12月《改造》雜誌第四卷第三、四號曾部分摘登。上海商務印書館於1922年1月初版。初版時以"中國文化史稿第一編"為副題。

是年，滕固成為上海家政研究會會員。

1921年　辛酉　民國十年　二十一歲

1月4日，文學研究會在北京成立。
　　按：據《田漢年譜》1920年年底條："'文學研究會'籌組者來信邀請加入該會。未予回信，也未轉告一併被邀入會的郭沫若、成仿吾等人。"

1月6日，作致王統照書，介紹自己"現在也從多方面的研究：哲學、文學、戲劇、繪畫。而繪畫偏重批評一方面。"信中感嘆國內缺少有藝術價值的新譯著。信尾附Oscan Wilde散文詩裏的The Artist譯文。該信及王復信發表於《曙光》第二卷第二號。

劍三先生：

　　上個月底，我寄上郵稅購書，不料昨天已得到《曙光》二卷一號，異哉！何神速如是？今天接著你的回信，才知道你寄來的；我很感激你的厚意！

　　你的回信我讀過了三遍；所論藝術和文學，也是我心頭舌底欲說的話，——我們現在成了朋友，再也不作無聊的酬應話，你可以認明——你説"文學上有名的創作即作者無心於藝術而自有真摯的藝術存於行間字裏"真解了多少人的懷疑！便是合乎Goethe所謂："凡最高尚的美術品，是把人性描寫出來"，那末無心於藝術，而自有藝術的表現，誠哉！Tagore一流人的作品，我們開卷讀之，我們的靈魂仿佛被他們的作品奪去的一般。

　　《曙光》二卷一號，你的著作我都看過，這Revolution in art我存心已久，從此我可跟著你做去。你信裏二次提及："望你們專心致志，藝術的進步。"我敢不努力？我現在也從多方面的研究：哲學、文學、戲劇、繪畫。而繪畫偏重批評一方面，去年上海青年會和天馬會的展覽會，——見《美術》三號《三個展覽會》——有許多批評的人，不去管是否合乎Logic的Critique；簡直不是批評，是漫罵。這二個展覽會，我也去看過；我可以斷定他們批評的程度還幼稚哩！你《葛拜爾》一篇很有價值的介紹文學，我希望你多做這類文字，使讀者受無量的好處，這你也總高興的。

　　可憐！偌大的中華，藝術上有價值的新譯著，一本沒有，後起的青年，幾個人瞭解得"藝術是什麼"？可是這種"雕蟲小計聊以糊口"的思想還洗不乾淨。劉仁航譯《近世美學》卻是算部美學的門徑書；他作的《譯餘贅言》是什麼東西？前幾天有個朋友寄我一本《美學綱要》，還是六七年前應該出的，真可憐不可憐呢？

　　你的信今天午前得到，今天天氣很暖，又是新年；有幾個朋友來作"竟日談"，所以到晚間才細細讀過；現在十點鐘也過了，聽[讀]你的長篇談話；忘了我一人的岑寂！所以還把 Oscar Wilde 散文詩裏的 The Artist 草草譯了，當做尾聲！也可見得我的歡喜藝術，請指教！

　　一天早上他發生一個印象，到他靈魂裏，要立刻留住愉快，那末他到世界上，去看古銅色；而且他祇想古銅色，

　　但是世界上沒有古銅色，無論何處也找不到古銅色；不過保存古銅色在印象中，為永久存心的顏色！

　　現在他自己有這印象，和他的手，創作；相依到死！是他一生所愛的東西；死後相依；最愛的印象，自己的作品服從他的權利和不死一樣！表現永久存心的顏色，可是世界上沒有別的古銅色，祇保存古銅色在印象中，

　　他帶這印象，好像坐在火爐旁邊得到火，

　　古銅色，印象，和永久存心的顏色之外；他發生這印象，原來立刻留住愉快！

　　From Wilde's Poems in Prose

　　唐雋兄仍在上海，不久要到法；俞寄凡在東京高師圖畫手工科的，我知道你很忙，Writer 的生活，很煩惱的嗎？但是許多讀《曙光》者，非常愉快。你是胡適之藝術——《新青年》八卷三號——詩裏的 Fordes Robertson，一笑！請你有暇多給幾封信與我，祝你

　　藝術的愉快！

滕固一，六，晚十一時

1月15日，上海《申報》"閒話"欄刊登《旅東雜感》，署名若渠。

　　《旅東雜感》："予初來東京，偶行市肆，其間最惹人注意者，莫書肆若矣，每一大學之四周，或來人最多之處，相比連者，幾盡為書肆，至人跡稍稀處，亦必數十步一書肆也。肆中陳列者，新舊皆有之，歐美東方書籍，錯雜其間，一任觀者選購。始於予就學海上，治歐洲文學，購求西籍，往往不得，以故歐洲文化運動，頗形隔膜。東京有九善西籍店，舉歐美最近出版之書，□不□第即到，而日人迻譯者亦極速，往往此月新到，而下月已有譯本，以視中國轉譯日人數十年前之譯本，相去幾何。

美術一類書籍，予亦最注意者，日人固有之著作與譯本，不下千種，我國美術之新譯者甚少，雖有二三種，亦多迻譯日本數十年前之著作，時代上之不合，不問也。日人於歐美科學書籍，已云完備，近來刻意運進美術書籍，定價極貴，每一閱而盡，此足見其美術思想之發達矣。

日人通漢文者甚衆，若大學畢業生，俱能閱我國古典籍，而我國之古典籍，日人翻版者恐已及十之七八，又以科學方法整理而重編者亦頗多。日人之治中國哲學，將我國經史百家之學，必悉心參究，絲毫不苟。就予所見，於老子莊子陽明之學，各持一説，多所發明。北大故教授楊昌濟云，胡適之之哲學史大綱，好在以科學方法整理舊學，日人所著杜甫與彌爾敦（Milltou 英國十六世紀之大詩人），有我國人所勿能者。誠哉是言，蓋知杜甫者，不知彌爾敦，知彌爾敦者，不知杜甫之爲杜甫也。"

1月中旬，田漢移居東京府下户塚町字諏訪八十二號月印精舍。

張向華編《田漢年譜》："得知易象遇害的消息，不勝悲痛。爲了經濟上節約開支，精神上互相慰藉，遂與易漱瑜同居結婚。兩人住東京府下户塚町字諏訪八十二號月印精舍。"

按：據1921年3月25日滕固致王統照函："田漢去年和我同住松葉館，現在他住到市外去了，我碰見他，當爲介紹，他的通信處是'日本東京府下户塚町一七三山本方'。"

1月26—28日，譯述《情場片斷録》連載於上海《申報·自由談》"譯叢"，署名若渠。

1月29日，王統照復滕固函，發表於1921年《曙光》第二卷第二號。
滕固先生：

我上月因事務匆促得很，草草的回了那封信與你，自覺異常的抱歉！好在我們還都可彼此諒解。後來我因事東歸，由曙光社轉到你的來信：知道《曙光》二卷一號，與前次的信，皆已收到。又讀過你的來信，使我生出無限的快慰與同情！文學與美術品，都一樣是人們個性的完全表現。人人以其天才的特質，經過學力與經驗的陶冶，所產出的作品，萬不能從同。這個人的詩與文，絕不能移用到那個人的作品上去。比如繪畫，雕刻，所顯出的表象，是作者個性的分劑。不要説：如牛普郎以十幾歲的童子，偷了牛布衣的詩稿，刻爲己作，是欺人自欺的把戲。（見《儒林外史》）就是所謂摹王石谷仿惲南田的那種繪畫，我以爲也是無聊，無益。文學與美術，是人們心靈表現的符號，哪能説可以標榜他人，蒙卻自己的面目。所以"真"與"美"，是不可判分的。——然研究美學，也有一種非真實的美，不過所謂非真實，不是拘於物質的現時的真實，其實還不能離去人精神上真的範圍。——所以如你所說："Tagore 一流人的作品，我們開卷讀之，我們的靈魂，彷彿被他們的作品奪去一般。"這種見解，可見你對於文學的嗜好，尤可見真正的文學與美術品，都可使人感覺到雖"聲聞寂寥，而耳聽常滿"的程度。在不自覺中，便使心思靈性，都浸在他們的作品裏。所若昔時的老年人，不教幼小的子弟閱《紅樓夢》《西廂記》，這等消極的防閑眼光，固無足評論，那末也可看出這等文學作品的文學勢力來了！

  Revolution in art 在中國是現在須急起直追的事業。我那篇文字，是一種短評性質，簡率的很。後來有機會或能作一篇有比較而有統系有引證的文字再引申這篇不完的意思。我寫到這裏，我感觸到現在的中國人，對於凡百的事物制度，都要加上 Revolution 這個字。其實這個字，何曾錯了，祇是凡作 Revolution 的事業，第一要有積極的破壞，第二要有消極的建設。這兩種關係，須同時預備同時進行。不然瓦礫去了，剩下沙泥，華美的房屋，連個堅固的基礎還沒有，卻待怎樣？所以我們想想這種事業——Revolution in Art 的事業——我們眼看著中國藝術這樣消沉，不能不并力前進。且不論積極破壞的阻力若何，而我們消極的建設，直到現在還沒點基礎，令人爲之失望！所以我們在苦悶中，作一種細微而熱望的呼聲，希望一般的青年，同來建設這個未來的藝術之宮。然而談何容易！你們的努力，我誠懇的相信，至少總有點適當的效果！

  哲學，文學，與藝術等，都有很密切的連鎖。你能從這各種學問中，綜合的研究，先立定藝術的根本，所見非常遠大，我很佩服你的見地！有一部西洋研究藝術的書上，我記得他論及美學上教育的效果，大意有一段說："在人性的深處，是因爲種種，而有欲望，普通就可以說是美。Beautiful——并且藝術一種的真實理解，與一種的自由，使他們重演到美學的情感上去，不過是借重這些無意識欲望的教育上與哲學上的擴張。"這幾句話，雖是簡短，然也可見藝術與各種科學，差不多都有關連，而哲學與文學尤其是連鎖的中心點。

  中國人沒有創作的精神，就連批評的精神，也還不能振作。這是由於學力與素養的淺薄，非從根本上想法救藥，是無能爲力的。在西洋無論是文學上的批評，藝術作品的批評，非專家莫辦，且有終身去作這種事業的。中國各種學問，連引人向研究室內走的興味還沒有，你說"批評程度的幼稚"，還不是無可如何？但這一點，也絕不必悲觀，祇要希望有真正的藝術作品出現，我以爲那也就是有真正的批評出現的時候。

  近世美學，還算可以看得去，實在他那段譯語贅言，我從前看時，就令我懷疑不少！我常想翻譯本有統系而詳明西洋美學史，祇是卷帙浩繁，又加上我閒暇太少，譯時又要慎重，不願潦草將事慚愧！至今還未能下手。去年想譯那本 Sense of Beauty 譯了起首，後因他事耽誤下，也未得著筆。

你譯的 Oscan Wilde 的 The Artist 很好！我讀了兩遍，實具有優美與清切的印象，在我心裏！

我對於藝術的見地，淺薄得很！承你的厚望，自覺生愧？至於上一號《曙光》中的印度詩人葛拜耳的略傳及其詩之表象，雖作了好多字，但不完與疏略的地方太多，你囑我多作這類文字，我也是很願努力的！

新春快要到了！日本溫和的風景，想常常激動你精神的快樂！先此作復，望你客居的安健，與學業的日進！

王統照十，一，二九

2月8日，自松葉館移住到東京小石川冰川下町四四金澤方，與俞寄凡同住。完成《紅靈》劇本。春假中曾給東京的朋友看過，後寄王統照，發表於6月《曙光》二卷三號。

2月17、18、19日，譯述《一宿記》連載於《申報·自由談》，署名若渠。

2月20日，在東京作《梵文學》一文，發表於3月10日出版的《東方雜誌》第18卷第5號，署名滕若渠。談及寫作目標："梵文學是印度遼古時代的文學；因為被他們的哲學遮掩了，所以沒有人介紹過。現在有許多人介紹印度近代的作家：如台莪爾（Tagore）和葛孳爾（Kabir）等，蔚然！燦然！要知他們的文藝，所以到這個地位，淵源極古。我做的這一篇《梵文學》，也算是研究東方文化的人所應該知道的。"

3月3日，作致王統照書，論及"我們現在不得不想到我國向來的藝術和我們處到這一個地位，受多方的攻擊，雖是一個障礙，恰好再興的時機。"并告知"我現在很不寂寞，東京一方面有田漢，大家研究劇本，很有興致，還有個范壽康，同他研究美學，加了北京新交的你，使我精神上無限的愉快！"隨信附近作散文詩《夜》一首請王指疵，自認為"從前受舊詩詞的毛病，很重很重，尤歡喜填詞如命，像這一首，還脫不落詞的調子。"發表於《曙光》二卷三號。

劍三兄：

你的長信，我在正月初得到的，當時我也有一封信給你，恐怕你回去了，没有得到。這幾天我因爲搬了家，和本月中上海的朋友，到東京來受入學試驗，我做了暫時的東道主人，便沒有工夫給你信，今天得到你的來片，快活之極！

前個月的一朋友寄來一本《小説月報》，你的著作很多，其中創作《沉思》尤是至情的流露。我給同住的朋友俞寄凡看了，當時相對唏噓，很有些刺戟！我去年做過沒有完稿的《自畫像》，也有同樣的傾向，這是藝術家受環境Umschlssung 的壓迫斷送到這一條傷[喪]心病狂的路中，不知道有多少了！法國 Cesave Lombross 所著的《The man of genius》裏面，論狂天才很詳，有一節説：

"就我觀察一般的學者，得到一個研究結果的比較，凡有藝術傾向，而中神經病的有百〇八人。其中畫家四十六人，雕刻家十人，雕金家十一人，音樂家八人，建築家五人，詩人二十八人。我們比較起來，還是畫家和詩人最多。"他又説：

"近世畫家，成狂病者，有其爾，向莫，器利高，漫卿等尤甚。"我還記得，O.Wilde 的《The English Renaissance of art》有一節説：

l remember Wmonris saying to me I hane tried to make each of my workers, an artist, and when I sat an artist I mean a men. For the worker then, handieraftsman of whatvere kind he is, Art is no louger to be a purple robe woven by a slave and thrown over the whitened body of a leproushing to hide and to adoun the sin of his luaury.

我們現在不得不想到我國向來的藝術和我們處到這一個地位，受多方的攻擊，雖是一個障礙，恰好再興的時機，你説是否？夜深了，糊裏糊塗，不知道講到什麼了。

我有一首詩，請你指疵，剛才我寄到東京的朋友田漢，教他指正。我現在很不寂寞，東京一方面有田漢，大家研究劇本，很有興致，還有個范壽康，同他研究美學，加了北京新交的你，使我精神上無限的愉快！

夜（散文詩）（略）

你不要客氣，替我指謬，因爲我從前受舊詩詞的毛病，很重很重，尤歡喜填詞如命，像這一首，還脱不落詞的調子。

《曙光》二號，出版請寄我一本，你要東京什麼東西，我可以寄給你，償你，請你復我一封信！

我住的地方搬了，以後來信，寄"東京小石川冰川下町四四金澤方"。

祝你藝術

愉快！

滕固三月三日夜十一時

3月13日，王統照復滕固信，談及北京近來文化事業非常消沉，遂與朋友發起文學會事。評論滕固的散文詩《夜》描寫細密，最能與靈思妙感的心理相接觸。信中還談到了田漢、范壽康等人的情況。發表於《曙光》二卷三號，收入《王統照全集》第六卷第343—344頁。

若渠兄：

　　昨天剛將第二卷第二號《曙光》付郵去，今午後接來函，方知你又移居。想近來是和俞寄凡君同屬。時方初春，想你生活的趣味，必與溫煦的春風，美麗的景致，共有新鮮的增進！我仍屬舊處，除在校上課外，隨便研究點學問，忽忽送日，良爲可惜！北京近來文化事業上非常消沉，暮氣極深，實無可說者。惟有幾位朋友共想於文學上努力，——即《小說月報》所載之文學會，我亦爲發起人之一——頗爲可喜，其紀事章程，後繼續在《小說月報》登刊。《沉思》登在《小說月報》後，曾經過李石岑先生在《時事新報》上評批過。《民國日報》上亦有相仿的批評，不知你曾見過否？此刻在中國文學界，真正批評的精神，非常缺乏，若能有人精心殫思作這種事業，我們是非常希望的！

　　你的《自畫像》做完否？將來擬在何處發表，能否寄我一看，或如你願意，可否在《曙光》上發表，如得你許可，可做完寄來否？

　　詩人，畫家，非天才莫能，而狂天才的創作品，尤爲人生的最寶貴的生活趣味之表現。知中國的李太白——我以爲中國的舊體詩，李太白的著作實有極高超的思想。固然他的浪漫性，非常豐富，若論起思想，比杜甫、陸遊、蘇東坡輩總高。——俄羅斯的梭羅古勃，陀夫妥夫斯基，愛爾蘭的夏芝，印度的泰戈兒，他們雖是天才，卻真也不能不算狂天才呀！就如最近我們所知的荷蘭的谷廬（Gogh），以瘋狂的藝術家而出名，他的繪畫，爲後期印象派（Daot—Impressionism）的鉅子，後來竟用手槍自殺，一些批評家，說他是以身殉藝術。又如法國的莫泊桑（Maupassant）以健康的小說家，至末年竟得了狂病膽怯怕鬼，於是他的作品也與從前純粹寫實派大不相同，而多表現幻的思想。我以爲像他們，都不能不說於蓋代的天才，然多畢竟至爲喪心痛狂，世人或以爲其可惜，我則以爲如無其特殊的狂恐亦無其偉大的天才。且人如用思過度，尤易使精神迷亂，其實他們的價值永遠存在，他們才思揮發的餘瀝，永遠灌漑到人們的生命之花上去，你以爲是否？

　　O. Wilde 的話的確可作我們的借鏡，可惜中國人，多未曾夢見。

　　《夜》的散文詩，是否事實？我看一定是非憑空杜撰的，這等微小細密的事實，最能與靈思妙感的心理相接觸。你描寫得如見，已竟不容易了。若論到新體詩上；我看得現在的新體詩實有很大的失望。你說中國現在的新詩，好得多麼？舊體詩固然是，"葉宮調商""描眉畫眼"不能適合人生真正文藝的表現，然而新創作的作品，確是有許多令人讀之欲嘔，看之可嗤，這等情形固然也是過渡時代不能免的，但我不能不爲中國文學上的消沉嘆息！

田漢君我讀他的著作很多，我真佩服他那種執筆不倦的勇氣，令人望而卻步，他的思想也非常超越。你們研究劇本，有何種心得，現在是研究哪國哪個作家的，可以和我說知嗎？我們在北京發起的文學會，也有戲曲組，祇是也還沒有什麼成績可言。

范壽康君是哪裏人？能告我嗎？

《曙光》二卷二號，已寄往一本，是用你的舊日住址，恐怕寄不到，又奉上一册，可查收。東京需用的東西我刻下還沒有什麼，或將來關於文藝的東西，有勞你調查的地方，那我絕不客氣，不過目前是沒有什麼需要，謝你的好意，何用說什麼報償不報償呢！

我刻因諸務倥傯得很！先此寄復，盼你回函！願你學業的進步！

　　　　　　　　　　　　　　　王統照十，三，十三日

3月19日，上海《禮拜六》週刊復刊，續出第101期的編輯者署瘦鵑，理事編輯署鈍根。復刊號上約請的撰稿者有天虛我生、王西神、朱鴛雛、朱瘦菊、江紅蕉、李涵秋、李常覺、吳靈園、沈禹鍾、范君博、陳小蝶、徐半梅、許指嚴、張碧梧、張舍我、張枕緣、程瞻廬、程小青、葉小鳳、趙君豪、劉麟生、劉鳳生、劉雲舫、劉豁公、嚴獨鶴；海外通信記者有王一之（奧國）、江小鵝（法國）、滕若渠（日本）、傅彥長（美國）。

按：其中有的人實際上并未撰稿。8月6日該刊第121期封底又開列出《小說週刊〈禮拜六〉撰述者》名單，除朱鴛雛於該年6月去世，日本通信記者滕若渠缺席外，其餘諸人都名列在上，并增加了主編周瘦鵑等8人，總人數達到了38人。《禮拜六》以消遣、遊戲爲宗旨，是鴛鴦蝴蝶派的代表性刊物。以致"禮拜六派"成了鴛鴦蝴蝶派的别稱。所刊作品在内容上，多追求風流放縱，製造離奇情節，表現淺薄庸俗，從總體上說，文學價值不高。（參見郭浩帆《張毅漢——一位被遺忘的小説家》，上海大學中國近代文學與文化研究中心網http：//cla.shu.edu.cn/deptMess/jdwx/2005—9/200592893621.htm）

3月25日，作致王統照書，發表於《曙光》二卷三號。論及狂天才的見解："天才可説寓於狂氣之間，使智力奮發，無忌，而狂氣之中，自然會發現真的天才。西哲也有論及之。他們的藝術作品，精細中固有超脱的思想，而粗暴中也有不滅的精神。以至題材結構，在在可見天才的特徵，從心理學上講到狂的起源，又非十幾頁不濟……"對於詩歌，深認

"郁於中而發於外",是"是"的。"無病而呻",是"非"的。至於對戲劇的研究:"起初對於愛爾萊的 Nes-Romantic Movement 裏,夏芝輩的劇本讀過最多,俄國德國的作品,祇能讀英譯。——德文在學習中,尚不能直接看讀。——和日譯的德國 Sadermann 及 Hanptmann 的名劇,日本演的和影戲中常常可以享到眼福。但是我總歡喜比利時 Maeterlinck 的劇本,他的《青鳥》《羣育》《侵入者》《貪人之寶》等劇,我在英譯日譯中都讀過的,而且又在影戲中看過,他一種沉靜飄渺的美感真欲刺入心脾。可惜我不懂法文,不能夠完全讀他的作品。"隨信附有新創作的獨幕劇本《紅靈》,請王統照指疵。

劍三兄:

《曙光》二冊都已接到。你去年第二次給我的信,也在《曙光》上讀悉了。本月十三號你發一信,也早收到,當時我因爲預備到橫濱去訪朋友,——昨天回來的——匆匆給你一片,你收到了嗎?今年的新雜誌,除《曙光》《小説月報》外,祇看見《東方》《時事新報》和《民國日報》,耶教青年會雖備,可是常常缺而不全的,所以對於國內文化事業,很是隔膜。《沉思》的批評,在二禮拜以前,青年會有種《新民國報》上看見過天石的批評,其餘不曾見過的。

《自畫像》是嘗試的劇作,因爲考試問題,耽擱到現在,還沒續下。在《曙光》上發表,我很贊成,下個月初可以寄你,仔細的商量一下,以決可否發表。

你對於狂天才的見解,卻又進一層,天才可説寓於狂氣之間,使智力奮發,無忌,而狂氣之中,自然會發現真的天才。西哲也有論及之。他們的藝術作品,精細中固有超脱的思想,而粗暴中也有不滅的精神。以至題材結構,在在可見天才的特徵,從心理學上講到狂的起源,又非十幾頁不濟,今從略。

《夜》的散文詩,卻不是盡屬虛無的。我對於詩歌的問題,深認"郁於中而發於外",是"是"的。"無病而呻",是"非"的。——這是我國的舊見解——我們一翻 Tagore 的《新月集》, Wilde 的《獄中曲》或 Dante 的《神曲》或 Milton 的《失樂園》,推至 Hcine 的風情蕩漾夏芝的異想天開,沒有一個不是"郁於中而發於外"的。現在我所以不敢恭維新詩,——好的也有但極少——原來大半"無病而呻"的,你説是否?

田漢去年和我同住松葉館,現在他住到市外去了,我碰見他,當爲介紹,他的通信處是"日本東京府下户塚町一七三山本方"。

你問我研究劇本的心得,我實在慚愧,我起初對於愛爾萊的 Nes—Romantic Movement 裏,夏芝輩的劇本讀過最多,俄國德國的作品,祇能讀英譯。——德文在學習中,尚不能直接看讀。——和日譯的德國 Sadermann 及

1921年　辛酉　民國十年　二十一歲　37

Hanptmann 的名劇，日本演的和影戲中常常可以享到眼福。但是我總歡喜比利時 Maeterlinck 的劇本，他的《青鳥》、《羣育》、《侵入者》、《貪人之寶》等劇，我在英譯日譯中都讀過的，而且又在影戲中看過，他一種沉靜飄渺的美感真欲刺入心脾。可惜我不懂法文，不能夠完全讀他的作品。

范壽康是浙江的上虞人，在帝大文科。

《紅靈》附上，我已給東京友人看過，你千萬指其疵處別客氣，隨詩寄還，以決發表。閱文學會的讀書會章，可以推想到你們的生涯了，豔羨不置！便頌你文藝的快感！

滕固三月二十五日

3月末，應徐半梅約請作《最近劇界的趨勢》一文。

自述："得到徐半梅信，囑我做一篇，在第一期《戲劇》上發表，須十日以前寄到。因在晚間，作了一篇《最近劇界的趨勢》，不過略略介紹，使讀者有些常識。"（4月12日致王統照信）

目前所知滕若渠更名滕固後公開發表的文章《最近劇界的趨勢》（開頭、結尾署名處），刊《戲劇》1921年第1卷第1期

3月，上海美專校刊《美術》第二卷第四號刊登《詩歌與繪畫》、《戲劇革命》二文，署名滕若渠。在《戲劇革命》一文中給出的革命方案：A，推翻現在的所謂新劇。B，創造民衆藝術真精神的新劇。介紹西洋名劇，表演文藝新作品。C，解放社會上的舊觀念。引導他們識别戲劇的好處。D，建設民衆劇場。以藝術改造社會。

　　按：《戲劇革命》一文署"一九二〇，一，一五，在東京"恐係有誤。

春，考入東京私立東洋大學，居白山植物園。開始閱讀英文詩集。

　　按：參見《銀杏之果》，另據《履歷》："從1921年起本人在東京的東洋大學註册，學習了3年的藝術學，并於1924年獲得了畢業文憑。"（參見1932年6月11日條）

　　章克標《世紀揮手》："他大約在國内已進過大專，來日本是考察進修性質，雖則在私立的日本大學報個名，但去學校裏聽課的時間也不多，首先因爲初來，日本語還聽不大懂，他更加要致力於學習日本語，其次是這些大學對學生管理也不嚴格，祇要學期考試去參加，能够及格就好了，學生的功課如何，全在他自己是否勤奮。他有病住進了醫院，我們就是他在醫院治病時相識的。"（章克標《世紀揮手》，海天出版社，1999年7月版）

4月3日，《譯小説一席談》發表於《申報·自由譚》"小説特刊第十二號"，署名若渠。認爲"翻譯則絶對不容羼雜己意，一任我之增益。須憑原作之東則東之，西則西之，此世界翻譯家所共認，不獨譯小説然也。……二三年來，譯風一變，周作人所譯，超胡適之上，而新近之翻譯者，恐皆以周氏爲歸，其洵可觀者不少，誠好現象也"。

4月5日，王統照復滕固信。談國内的文藝界、文學會的狀況及對新詩的看法，對《紅靈》則認爲該劇"象徵到人的生死，似乎有點死之讚美者的神髓在内。同時也使人有種親母之愛的最大感覺。若使出演，必可博得人無限熱淚"。同時也提出修改意見。信中還表示願意介紹滕固加入文學會："你雖遠在東京，我雖没有和你晤面，依我想，你入會後，定有所貢獻，且是我們也很願多有這樣的同志啊！"該信發表於《曙光》二卷三號，收入《王統照全集》第六卷第345—348頁。

若渠兄：

　　寄來一片，早收到，日望你的詳函劇本寄到，以遂先睹爲快之願，所以也未曾回信。又因我小病一場，諸事忽忽，請你原諒；今晚春陰沉沉，微微的和風，吹人如醉。我回到寓中，適接來件，急急拆閱，不勝歡喜！《紅靈》已粗閱過一遍，後面敘敘我對於此篇劇本的意見，先談我們別的話。

近日國內有什麼文化事業可說？有一晚上我同一位朋友談起。他說："現在中國的青年，想起來令人痛嘆，志行的不堅；思想與行為異致，事過境遷還都如玩戲法的一般，祇願博得一時臺下人的喝彩，哪知自己有多少缺陷……"還有社會上，對於文化運動的事業，也似乎止作為一時的興奮劑。近來北京就雜誌說：已不過還剩了奄奄無生氣的變種，而簡直銷售不了，說是內容壞吧，不見得比從前是淺薄，而一般人早已視等過眼雲煙，不如以前購買力的大了。其他各處，多是類似這樣，所以我屢說消沉的話，絕不是無病而呻，是有為而言的呀。《新民國報》是哪地方的報紙？其批評我所作的《沉思》如何？未曾見過，你如記得，再通信時，可約略的告知盼甚！

因你說起詩來，我想現在的人爭論，——怕是最少數的——什麼人生的藝術，藝術的藝術，各執一見，相持不下。我則對於此二者，都不偏執一端，就是任我的情感的揮發，與思想的凝結點，憑自己創作的能力作去。若未下筆之先，便先有一種"致君堯舜上，再使風俗醇"（杜少陵的詩），或"裝點山林大架子，附庸風雅小名家"。那種意味，老是在腦中盤旋，一定沒有天真的自然的能以完全代表心聲的詩出現。——單指文學的藝術而言——你說："形于中而發於外"這實是作詩的惟一的動機。本來人們的思想、情感最為發達，不過因生性有異便有畸輕畸重的區別。論到文學上——尤以詩的文學為要——古今來祇有生活哀樂於情思——廣義的——中的詩人。絕沒有在完全的理性，與意志中的詩人。詩人多帶有羅曼諦克的特性，我是敢決定在無論什麼樣的進化的時代還有詩的存在，便還有羅曼諦克的寄生處。我自以為此絕非妄言不過欲申論其理便可成一部極厚的著作，我不過先說出這樣一句肯定的話，你以為是否？

有舊的偶像，便有新的偶像，種種事物，莫不如是，詩也是這樣。近來漸漸作新詩翁人也多了，說幾句呢，呀，寫幾行長長短短的字，也自以為有傳播新文學的能力，以為時代前頭的人物。將來恐怕還要結社出題呢！我固然是說笑話，然而宇宙中的事，哪裏不是一場空花，大家蒙上種種新舊的面具，聊以自娛罷了！——或者我們也在內——有什麼真正的是非，"無病而呻"也是自欺欺人的一種良好而適當的工具。

天才對於人生，究不能不說他是有益的，他是灌溉人類生命之花的雨露。然對於天才的己身，也可謂不祥之極已！不知安分守己，卻用種種方法；或變相的自殺方法，冞殺卻己身，泄宇宙之秘密，到後來夭亡，狂死，有什麼好結果？不過這些人，因為其意識的欲望的壓迫，也是莫能自製，我很望你做篇狂性的起源給我看看。

　　以上所說的，拉雜無章的話，也不曉得是怎麼有這種感想？我自前幾年，頗懷了一種真誠的厭世思想幻思重重，在我腦海中，包收不住。值此春宵，萬聲都寂，因你的來信，觸起了我無限感思寫這些話，自覺的心弦也有點顫動！

　　你看的戲劇不少，當然可有心得。Materlinck 所作的《青鳥》去年在北京曾有燕京大學的女生試演過，我因事未得往看，後來聽見我的朋友鄭振鐸他說演得還好。這種象徵派的戲劇，是近代文學的最新鮮而有興趣的產品，可惜中國大多數人，還不能領略其中意趣。

　　近來因文學會將擬即行叢書，我打算譯一部 *Deuolepment of Drama*，惟其中關於古代的戲劇，很有研究，不甚易譯，也未曾著筆。我對於 Yeats 的著作，也很愛讀，因爲他的字裏行間有一種自然的 Inspiration 賦予我們絕非同蒲松齡紀曉嵐輩，徒以炫奇說怪，聊爲消遣的閑文可比。（其實《聊齋》的意味，比較《閱微草堂筆記》還深長些，其中也有一兩篇，稍有文學上的價值。說鬼說狐尚不足爲其大病，此處惜不能詳言。）同人囑譯我平常看的他所作的 The Celtic Twilight 爲文學曾獲書之一，我亦喜其簡短的著作（冊有多短篇），不過多由叙愛爾蘭神怪入手，恐一般人不能十分瞭解，其著作的特色，反以爲我們故意提倡無意義的迷信。

　　我以爲我們的創作品，絕端不受外界的批評，與趨勢的影響更不爲某某主義派別影響，我們創作中，自有個人的生命在內，何苦爲他人作嫁衣裳呢。

　　《紅靈》是獨幕劇主義自然是很好的。由《紅靈》而象徵到人的生死，似乎有點死之讚美者的神髓在內。同時也使人有種親母之愛的最大感覺。若使出演，必可博得人無限熱淚。并非我說恭維話呀，但是依我所見，雖有小疵，當不甚關緊要，我們好在以誠相見，那末我也可以寫出，對否我亦不自知（將來在何種雜誌登出，祈先見告）。

　　布景上似少加叙述。雙琴死母靈所說之話，尚似少有突死。

　　這兩種俱不要緊，然布景也必不可少，若是他們排演時，太隨意了，一則爲戲劇減色；再則與劇中人身分不稱。雙琴之母，固是一個靈魂，然似乎說話少加和緩，而帶點淒感的意味，以見雖其死後，難將引導其女往自由之鄉，而此種自然的悲哀也宜表現出來方好。總之此劇，實無有大缺點。而雙琴之父，表示其尊嚴冷淡的言語面孔，殊足爲其心理的解剖。此等表情法，最爲優勝，將閉幕時的表象，也非常沉靜玄美。我以爲如《紅靈》這類戲劇，在現在中國的舞臺上扮演必易感動人。因爲完全象徵派的劇本，爲《青鳥》《沉鐘》等，中國大多數看的劇者，尚莫名其妙，或者不終劇而去，或則視爲好玩的景色而已。若爲普通起見,則如 Glasworthy,如蕭伯納派的社會劇,比較上尚易得人的同情而予以反抗舊勢力與舊道德的刺戟。再則如俄郭郭里的《巡按》等一類劇,亦最適宜。我對於象徵派的戲劇,有很大量的讚美,不過因欲求由戲劇上能以有真正迅速的教訓,使人民有所覺悟,則寫實劇與社會問題劇,及帶滑稽意味的喜劇,殊不可少。然後再加演象徵派的戲劇,也可不至有所扞格不入。這也是關於人民智識的問題,殊無他法。自然,我們可以憑藉個人的天才,隨自己的精神揮發處,努力創作去,也萬不能因環境便改易個人創作的志趣啊!

《紅靈》即寄回,《自畫像》務望作成,從速寄到,以便登入二卷三號的《曙光》以內,盼極!

這封信,因爲諸事匆匆,寫了三次,方寫成,我在春假中,也出外旅行一次,往觀長城及八達嶺那裏的古迹,朔風怒號山巒叢疊,自然有種壯美表示於我們,可惜我也不能再一一的詳寫了!

去年我曾譯了一篇現代的詩,頗有道理,抄在後面你可批評。但實在是沒譯好,譯詩大是難事,文言白話,一樣的往往不達意。且人各一譯法,更是不能從同。

文學會你如願入我可以介紹的。你雖遠在東京,我雖沒有和你晤面,依我想,你入會後,定有所貢獻,且是我們也很願多有這樣的同志啊!

遲遲的春日,已經西下,軟溫的晴風,送些隱隱的市聲從空中飄來,我覺得有點手倦了!就此達知,祝你的客居安健!

王統照

一九二一年四月五日由北京

4月12日,作致王統照書,對國內文藝界的消沉加以分析:"大概有很多的原因,真的批評產出後,那些濫竽充數者,也知斂跡。多少人赴歐赴美不免也受應響。而中堅分子,也有豐功已建,近歸林下之概。——或者不是這種原因,總之一般讀者的熱度,迅速下降,是使我人的灰心所謂環境啊!我現在所望少數的幾個結社;并且真摯的相信文學會有鞏固的建樹!"表示願意加入文學會。信中論及夏芝、蕭伯納等人的詩歌、戲劇。提及"我有個空想在家鄉吳淞,現已開商埠,將來去造個藝術的劇場。"發表於《曙光》二卷三號。

劍三兄:

你的信昨天得到。恰巧我們開學,在禮堂上做了半天機械的動作,晚間又外出買了幾本學校中的用書,今天早上有課,直到下午三時完結,上帝賜給我復信你的時候,在三時四十分。

國內文化事業漸漸的消沉，我也略略知道。大概有很多的原因：真的批評產出後，那些濫竽充數者，也知斂跡。多少人赴歐赴美不免也受應響。而中堅份子，也有豐功已建，近歸林下之概。——或者不是這種原因，總之一般讀者的熱度，迅速下降，是使我人的灰心所謂環境啊！我現在所望少數的幾個結社，并且真摯的相信文學會有鞏固的建樹！

　　《新國民報》我也不知何處出版。大概不是上海的，他的評《沉思》也記不得了。總之還稱許杜少陵趙甌北云云，是一般詩人的大毛病，附庸風雅，最是詩人的壞處。由附庸風雅，而創出千篇一律應酬式的詩，壞極！壞極！新詩人——多數的——還不能盡脫他們的遺傳性，因是去詩的本旨很遠了。我們將來可以發行一種"詩"的雜誌，——日本有七八種專門"詩"的月刊，是新詩運動。——可是我們有此精神，社會絕不願及，我們很願有人指摘批繆，促進我們攻究的毅力。

　　你對於北京一方面和他處不滿意；并且抱殷憂，這是我們地位的關係必不免的。厭世之想，不是自己發生的，是由環境 Enuironment 介紹來的，便是所受刺激 Sitnafion 的反響。Response 我深願你在自我心靈的世界中，渡 Beautiful 和 Loveble 的生命。天才與狂氣，我們可以擱起，我當別爲論文。

　　《青鳥》一劇，前聞沈澤民說：在北京女高師的某君譯出了，你看過他的譯文否？不消說他國，在日本也有五人的譯本，感人之深，也可見得。而觀者不能領略旨趣，卻是一個重大問題。田漢也講過，我很望有力者，施一補滋劑，使的漸漸穩健。現在上海有個民眾劇社，其中有多人富於經驗，將來當有貢獻，上月底得到徐半梅信，囑我做一篇，在第一期《戲劇》上發表，須十日以前寄到。因在晚間，作了一篇《最近劇界的趨勢》，不過略略介紹，使讀者有些常識，文字不十分長的。

　　你譯 Development of Drama 是不是 B. Matthews 做的？我在朋友處，略略讀過，實在簡賅而有序的好書。你快快動手，萬弗遲緩，我很熱的望著你在夏芝，批評家稱他爲夢的詩人。他的著作，很容易引起我敏捷的感覺，春假裏一個日本人在文藝講演會中介紹很詳，他舉出夏芝的著作如下：

　　The Wandering of Oisin, and Other Poems.

　　The Wind Among the Ruds. Responsibilities & Other Poems.

　　The Countess Kathleen and Vaious Lyends and Lyrics.

　　Plays for an Inish Theave. The Cettic Twilight.

　　Ideas of Good and Evil——etc.

　　你譯的 The Celtic Twilight 也是夏芝重要著作。我前想將梅特林與夏芝輩詳細介紹國內，近有《東方》四號，已刊《梅特林評傳》，——尚未見——那末我決意做篇《劇作家的夏芝》將來在《東方》或《戲劇》上發表，你看如何？

我們創作，應該如你所說，既不營利，又不沽名，再沒有疑義了。

你對於《紅靈》的指出疵處，我實實在在的感激！因爲金錢買不到的話，在我們自宜開誠相見。我寄你的初意如是，我現在決意重修一過，再寄你在《曙光》上發表。——初意寄上海胡愈之兄，在《婦女》發表，但《婦女》未必能用。——一個日本人對於此劇，他說：第二場嫌冷淡，不如將雙琴祖父母，直接出場，施威嚇手段。我意不必，因爲著重雙琴之父，如明非明，代表現在的中年人，你說是否？總之我 Maid 的嘗試膽子極小，所以《自畫像》，不知道什麼緣故，間斷了四個月，現在竟不能接下，自己也莫名其妙。而且這幾天來，東奔西走，思想極不純粹，索性慢慢做好，再行寄你。

我深感知己的劍三兄，讀到你"同時使人有親母之愛的最大感覺！"害我落了一場的熱淚！我固不是雙琴，又無雙琴之父，而雙琴的母卻有些像我的母呀！長眠五年了！我再不忍説！

爾加思胡司與蕭百訥筆的社會劇本，甚緊要，因爲演劇進步的順序，是不可忽略的。若一直裝演象徵劇，斷不能使觀者，普通的領會。我有個空想在家鄉吳淞，現已開商埠，將來去造個藝術的劇場。

All Souls 的譯詩，原作是誰？解剖秘密的，黑暗的，恐惶的——是不滅的精神。我雖沒見過原文，當是很難譯，而譯到如此，讀原文也不過爾爾。對於譯事，最近見鄭振鐸先生在《小説月報》有一篇——題目已忘，是期有兄之《遺音》我沒有看，因爲當時在青年會有多人爭看此書，我便讓給他們。——是良好的藥石。

你介紹我入文學會，我很願意！不過會章有二人介紹，我別人不熟悉，如何！果許入會，我可以得到研究文學的正軌，十分滿意！

課畢走三里的歸途，既值細雨，夾道的櫻花，也如雪般的亂落。我穿過這神秘之路，精神焉得不疲，再談，祝你
幸福！

滕固四月十二日

你的信寄還，我們信儘可發表，好在沒有虛飾的。此稿甚草，乞恕劇稿下星期寄上，又及。

4月15—16日，筆記《獄婚記》發表於上海《申報》，署名若渠。寫一青年女子施琬貞之未婚夫李望之因私造紙幣嫁禍於人，被送入警署長期監禁，曾對施謂：我必死於獄中，我負汝矣，汝他嫁可也。施不忍聞，致書縣長，陳述與未婚夫相戀過程，慨乎專制婚姻之不良，因舉李平日崇

拜自由戀愛而實行之，自問亦無背禮叛約，況又得堂上之許可，願請於獄中成婚。遂以其忠貞感動縣長，許以獄中成禮。婚後，李望之仍入獄，女返望之家，為佐家事，五日或旬日，每至獄中，賄司獄者一視望之，習以為常，無所苦焉。今望之父母，方慶得賢婦，不暇悲其子之入獄矣。
滕若渠曰：海可枯，石可爛，此志不可易，其然豈其然乎？我作獄婚記，不禁重有慨焉。

4月16日，修訂重錄劇本《紅靈》於東京冰川樓，并作序言。致王統照信，談論對《紅靈》劇本的修改情況。該信發表於《曙光》二卷三號。

劍三兄：

　　十二日給你一封信，想可收到了。我們開學後，平日真沒有閒暇時間，惟今天下午無課。《紅靈》一劇，粗粗增益的一次，也是強弩之末了。現在重錄寄上。我既應兄以《自畫像》在《曙光》發表，因《自畫像》還沒續完，所以先寄此劇。尚請兄細細的一看，可以發表則發表。《自畫像》完後，再當寄上。我們別的稿子，都可隨便發表，惟創作品要稍微鄭重。然否？《紅靈》在《曙光》發表，我很願意，因為已和你商量過，大家意思，也不相差。假如一篇劇作品，勉強在別處發表，定有幾方面的不自然。

　　國內近來的創作壇，我敢說《小說月報》收穫最豐。葉聖陶是不是當小學教員的？而且社會情形也很熟悉，他的地位，不是我們所處的地位，所以讀他的著作，有異樣的感覺。我深悔幼年環境，在紅綠式的家庭。和學校度日，與社會接觸甚少，見聞甚狹，所以還不能脫掉浪漫性。《遺音》我已見過，寫小學教員追想影事，在短時間中，使他回到昔年的生命裏，真是哭不出笑不出，以現在之妻襯托，也致妙境。計我最先看見你的創作：《她為什麼死？》及《是藝術殺了他》——俱在《曙光》——最近《曙光》的《歌女》、《夜》，《小說月報》的《沉思》、《遺音》而創作的過程，和一種個性，也可約略見得。可惜夜已深！還有許多話，下次說。

滕固十六日夜十一時

4月25日，《柯洛斯美學上的新學說》發表於《東方雜誌》第18卷第8號，署名滕若渠。文章分為柯氏美學的位置、柯氏的思想、柯氏美學、直觀和概念、直觀和表現幾部分來概述柯氏美學。是國內較早介紹評述柯氏美學的文字。

　　按：柯洛斯，今譯貝奈戴托·克羅齊（Benedetto Croce，1866—1952），義大利著名文藝批評家、歷史學家、哲學家。《美學原理》（1902）、《邏輯學》

(1908)、《歷史學的理論與實踐》以及《實踐活動的哲學》(1908)四部書，代表其最有成就的哲學觀點。"一切歷史都是當代史"即其名言。

4月30日，王統照復滕固信，談及詩歌、戲劇創作。發表於《曙光》二卷三號，收入《王統照全集》第六卷第348—349頁。
若渠兄：

　　復函及《紅靈》皆已收到。你又重改重謄一遍，費事不少，然而你對於創作品的精神，努力與精細的功夫實在可佩！同人皆感謝你給《曙光》這篇新的創作的劇本！

　　葉聖陶是在蘇州任小學教員，將來要到北京來。其小說實有異味，近今不可多得的。

　　你說將來可以發行一種"詩"的雜誌，這的確是近時中國文學界最需要的輔劑品。此一二年中，一時衝動，無組織、無定程的雜誌及旬刊、週刊等出版品，漸漸的銷減了。自然我們對於雜誌界，不能不感到比較五四運動後半年中的情形，有一落千丈的慨想。但同時尚有可以使我們引爲樂觀者，就是比較上，雜誌的數雖大減，而其內容的質與量，反純正精粹了好些！而專門性質的雜誌也漸漸產生。當這等文化幼稚的時代，淺薄與草率固所難免，然也不可謂非中國學術界的平旦之光。學術日精，分類日細，故專門雜誌，尤不可少。中國文學類的雜誌，本來少極，詩的雜誌，實是最需要的。不道取材尤難，出版實非易易，將來有人，有機會，我也力望其實現。

　　你囑我在心靈的世界裏度過愛與美的生命，良友之言實與我的心思正同。不過"人生實難"，然以胸無點塵，經營這種"聖而化之之謂神"的生活，度這種"光風霽月"，了無罣礙的日子，我從真誠的心底裏，發出急切而要求的呼聲來。願將愛與美，滲透融合，醇化，在我的全部心身裏，使我的靈魂，永不離去這個世界！可是人的幻想，能夠穿透事實的圍壁否？能夠打破萬有的羅網否？自由之鄉果在那裏？"乘彼白雲兮，以返帝鄉。"浪漫思想的"魂芳歸來"，深沉的，與舊的，使我們作空花的想。然而我們究不能不努力去辟開 Beautiful，Loveble 的光明之路使我們內部的心靈，永燃著火光！

　　Devolepment of Drama 正是 B. Meltaews 所作的。那是本論戲劇的源流的統系的書，從希臘的悲劇，及希臘，羅馬的喜劇，到十九世紀，可使人得戲劇的歷史上的發達的順序。其中又論及戲劇上的藝術，及戲劇的將來，尤爲特色。你熱心的希望我譯成，我也很願努力作去！但成功與否，及所譯的無懊否可不敢知了！

　　你願作劇作家的夏芝，最好！此刻在國內文學界，最宜先有這種體裁的論文,使一般人先有賅括而統系的,對於各作家的智識。我望你早日成功!

我説作品,至容易將個人的境遇化在文字裏,不必然有意是那樣作,而人的思想,往往受所經過的事實與環境的支配,這是不可譯言。所以你説《紅靈》中,雙琴之母,有些像你的母親,這的確是受你以前的經過的暗示,所以自然將這種思想融合在你的作品裏面。

《青鳥》聞爲北京燕大女生某君所譯,我也未曾見過譯文。

你想將來在你的家鄉吳淞,造個藝術的劇場,我熱誠的希望,在將來中能夠實現!

All Souls 詩,是 Gordon Bottamly 於一九一四年作的,詩最不容易譯,承你獎勵,尤增我的慚汗,鄭振鐸兄在《小説月報》所作的那篇《譯文學書的三個問題》,確爲有價值的論文。

上月見《東方雜誌》上,有你作的《梵文學》一篇,想近來常常研究些印度的文學書嗎?

我日來比較忙點,先此答復,想你在東京,繽紛燦爛的櫻花,必然格外添上些愉快呀!

王統照

一九二一年四月三十日晨

《禮拜六》1921 年 107 期發表 Torp Moote 作、若渠譯《薔薇》(詩歌)。

5 月 2 日,作致王統照信,後經節錄以《梅德林克的〈青鳥〉及其他》爲題,發表於 6 月 30 日出版的《戲劇》第一卷第二期,署名滕若渠。

劍三兄:

前有一信寄你,而且《紅靈》一劇,隔了六七天也就寄你的;至今未有回復,焦急萬狀!前面一詩,是夏芝的 Rose 集裏的,我們學校中的英文學教授,教我們隨便譯一首;我不能譯作日本詩,祇好譯漢詩給他;匆促間差誤的地方還多!你最好替我悉心校過一遍,因爲這首詩也是夏芝的情感和藝術過渡時代的代表作;我不願竟輕輕放過他。現在寄給你這首詩的時候,便悟到平時刻刻掛在心的内疚;就是我們前次通信,提起梅德林克的《青鳥》和愛爾蘭詩人夏芝,實在因時間的關係,前信所以含糊過去,今日下午社會學教授不到,正好我們隨便談談!

《青鳥》一劇我最初見者,是 Mattos 的英譯本《Blue Bird》;其後見日譯本三種:

一、島田元磨所譯——島田氏當時留學俄國,在 Moscow 的藝術座數見演此劇；所以也從俄文譯出，後由東草水參照英譯本校正！

二、村静上人所譯——載《梅德林克傑作集》中。

三、南山正雄所譯——載《現代名劇選集》中；南山氏譯後，曾作《青鳥的解釋》一篇；載去年六月的《新潮》中。

聽説尚有二種，沒有見過；這三譯本，與英譯的沒有多少出入，我可惜不能把原文對照。劇中本事，是耶穌誕節的前一夜，在樵夫家中 Tylty 和 Mytyl 兄妹倆做的一個夢！西俗的耶穌誕節，是一年中大概一般小兒最有希望的一日；由希望而成夢，夢中的所經所歷，加以 Fairy 的魔法，便有不可思議的靈魂，不可思議的境地！此劇為 Fairy Play，日本譯為童話；因為梅德林克的論文中，也常引古代傳説，及中世紀劇中故事，所以他的作品，也多童話的傾向。

第二幕（一）的《仙女殿》（At Fairy's）乃是童話開場，極有趣味的叙述。（二）的《回想之國》（The land of memory）一場，描寫生者回想死者，既為幼年心理的解判，而亦梅德林克哲學的表現；他嘗論"過去"説：

"過去是延長我人背後的遠景，恰如荒廢的都市，而長眠於地平綫之上！——我人而漸漸發生回想，使離開活動；所以'過去'是一件全無生氣的東西！"

第三幕以下，如《夜宮》Palace of night 的一場，充滿空想的，幻夢的，猶為童話式的結晶，若睡、死、病、恐怖種種，都寓於慘白的月光之下；陰鬱之氣，直欲逼人僵立不動！

第五幕（二）的《墓地》（Graveyard）是死的讚美的極綫。我看《青鳥》全劇：《回想之國》、《夜宮》、《墓地》及第三幕（二）的《森中》（The Forest）四場；實在使我時刻不忘，不消説常常做夢，就是一閉目間，其境立現我前；在電影中表現更好，以至靜無可再靜！這所謂梅德林克的"靜劇"。

《青鳥》以外，像《室内》（Interieur）、《羣盲》（Les Aveugles）、《丁他格爾的死》（La mort de Tintagile）、《白梨哀和梅立桑》（Pelleaset melisande）等諸劇，沉默幽遠之景，陰深奧妙之致，也是這樣的；實在梅德林克受辣非愛爾（Raphael）的前派畫，和滕德 Dante 的《神曲》（Divina Comedia）的影響真是不少！他作品的内容：死的恐怖、深秘的思慮、運命的感想，和舞臺上希臘羅馬的沉靜，中世紀僧院的深秘，騎士絢爛的悲哀，都重行翻到梅氏劇中。

就《青鳥》大體而論：是宗教的，倫理的；細察之：幸福觀，自然觀，生死觀，一齊搜羅其中。使觀者在短時間，各方面的思想頓時沸騰腦中；這是非物質主義文學的特長，所謂靈的覺醒（riveli de L'ame）。

梅德林克本是個神秘家，運命論者；不單是劇界革命的健將。他的論文：

如《智慧與運命》(Weisheit und Schicksal)、《貧者之寶》(Der Schatz der Armen)等好多種；我所見過的：惟日本粟原古城所譯的三種；尚記他對神秘和運命所論的一片一斷，在我看他的劇本時所不會忘記的。他說：

"最恐怖，最強有力的神秘，是死和運命——所以人間本性，有崇拜運命的特質。"

"我人今日處於可知的世界有物質科學的圍繞，使吾人的心的身和昔所稱的運命相匹敵；不可抗的運命，果為何物？——而吾人的生，或未來，或死，或死後的生活，往往不可解，而有永久的法則。"

這是梅德林克以死和運命為神秘的中心論，顯而易見了。梅德林克所謂神秘者何？他又說：

"我人所處的世界，是沒有神秘的。我人所畏縮的，是別一個世界的神秘。換言之：沒有物質的謎，而有精神的謎。"

梅德林克的思想大概如此；我因為《青鳥》而七顛八倒，不知不覺的將要講到別處去了。反過來想：《青鳥》一劇，如果在中國的舞臺上演，有幾層的困難。你說：振鐸先生見過北京文匯女生排演；我也確信學生排演，有幾分真表現；因為我前年在上海見過中西女塾演的希臘古劇，聖瑪利亞女生演的 Arabian nights；他們的表情，很有點可取的地方，而且純用英語，觀者普遍的瞭解，固是萬萬不能，大概指導者是外國人，其人雖不是專究戲劇，而在本國劇場接觸較多，或者有點戲劇的知識罷了。《青鳥》一劇，在中國舞臺上試演的困難：舞臺問題，角色問題，還有最大的觀者的問題，我前次也提起過，所以你說：還是先做蕭百訥或加爾司胡司輩的社會劇；的確！的確！

我們談了梅德林克而再談神秘的象徵的詩人夏芝 Yeats 真是有趣之極，其實兩個人雖不是同產一國，也許有靈感的相同，而且同是新浪漫主義的重鎮。夏芝生於 Celts 族，乃是歷古以來，多感想象的種族；那族人纖細的感性，與非物質的想象的生活，是特有之質。夏芝生產其間，便脫卻英國的影響，而造 Celts 的文藝復興，何等利害！

夏芝神秘主義的特質，有一種偉大的情感和偉大的記憶。以有限的現象，照見不朽神靈的世界；就是借想象的助力，與不朽無限的世界相交通。所以和自然主義，論理的論議，物質主義和形而下科學的事實，全然反對，在幻念幽遠冥想深秘的時候，其恍惚狀態，可以免我人心的意志的壓迫。在想象的能力自由發展之時候，乃至偉大的情感，偉大的記憶，從象徵而顯現到吾人心眼之前；這是夏芝的長處。

我們論起象徵主義的要素，不外暗示與喚起，如果喚起香、色、音、形、味的情感，則為情緒的象徵主義；有一種觀念的暗示，在諷喻童話之中，是知的象徵主義，我們都知道的。或者兩主義混合一體，其作品的內容，實不能明確的區別，則是情緒的知的象徵主義。據夏芝的作品；喚起情緒，暗示無限不朽的世界，開創絕對的眞美的世界；所以和梅德林克同是情緒的知的象徵主義。

夏芝的詩，就《奧廂的漂泊》(Wanderings of Oisin)一集中：如《牧者歌》寫從前素樸的信仰和美滿的夢想，使讀者印著多少的悲哀。《肖像島》的詩劇，亦於夢中實現那不滅的靈魂和理想的生活！《探訪者》一詩，後來也成詩劇，其布景的陰鬱，實不亞於梅德林克的作品。就《薔薇》(Rose)的一集中：有設爲化而格司和杜伊德的對話一詩，是政治的劇詩，爲夏芝創造人格的作品。此集尤多戀愛之作；靈的熱情爆發，所以浪漫的思想也極富；以現在的戀愛和美，是靈的事物的象徵。就《葦叢的風》(The wind Among the Reeds)一集：其中都是似戀愛而非戀愛的詩，所點綴的動物、植物、器具的一部分，以神秘語言，成獨立的生命；所以詞致晦澀，有許多簡直不懂他。《恩格司的漂泊歌》完全古代愛爾蘭神話的表現，音律的妙，思想的奇，乃是 Celts 族人一種美的衝動。批評家説：夏芝此詩，是夏芝與勃萊克 W. Blake 的混合體。我寫到此地，記得周作人先生譯勃萊克詩；見《虎》(The tiger)、《小羊》(The lamb)等詩，亦稱不易；我們有時真冒險啊！

夏芝受勃萊克的影響極多；一八九三年，他所著《勃萊克的研究》出版，可以瞭然無疑。他的一種偉大的情感，偉大的記憶，去支配道德的、知的及靈的事物；神的美，靈的愛，靈與物質事物的結合；和一切創造，一切生命；其極點：以人間與此不朽的世界結聯鎖不解之鍵。所以他的抒情詩的詩境，可以説達到絕頂了！

我說了許多牽絲攀藤的話，實在浮泛之極！你也笑話我否？原是説隨便談談，我別的 Work 到了，勢不能再談，關係夏芝的劇作，我上次對你説過：決意另做一篇。再想把他 The Land of Heart's Desire 一劇譯下來寄你。外有《愛之循環》拙詩奉上；小小的創作品，日本人居然把它譯了！但是我還要請你一評。春去了，我的煩悶與氣候的熱度同時增高了！望你早復，我總當做給我一劑的清涼散。

滕固　五，二，自東京投郵。

5月8日，王統照(劍三)《民國十年日記》五月八日條："回寓接滕固又由東京來長信與予討論比國梅德林克與愛爾蘭夏芝之著作，其人浪漫思想甚爲豐富，亦不可多得。"

5月10日，王統照復滕固信，談論梅特林克與夏芝及《青鳥》劇的演出。并告知將二人的通信收集起來，刊登在《曙光》二卷三號内："因爲你的批評，研究，實在可以爲中國文學界，發一種求知的呼聲。"信中提到已與宋介及另外二人作爲介紹人介紹滕固加入文學研究會。鼓勵滕固今後給會裏以最多的助力。該信發表於《曙光》二卷三號，收入《王統照全集》第六卷第350—354頁。

若渠兄：

　　昨天收到五月二日寄來的長函，始知我收到《紅靈》後所發的信片，你尚未見到，現在應可閱悉了。

　　你此次來信，可謂專作梅特林克與夏芝的討論，你所說的，批評的，差不多將他們的全體精神與作品主義都給他們發揮出來，可見你研究的努力了！所譯 Yeat's The land isle of Innisfree 三首詩體雖用文言，亦能將原文之景與意，完全達出。唯我以爲既用文言譯詩，如第三首譯文，爲 "我今行將往，且終日終夜以聞兮。湖水擊於岸，而發細流之聲兮" 可否將第二句譯文，置之第一句，則於中文之意境爲順。且與原作，無非少一轉換其次序，并不損其真意。你以爲怎樣呢？

　　你所解釋《青鳥》的一劇，如沉靜，病，恐怖，死，幽暗等，的確是這種象徵劇的骨子。尤以你所說的幸福觀，自然觀，生死觀，一齊搜羅其中，"靈的覺醒"，這幾句話，確能將梅氏著作完全揭出。因爲這類作品，出現於舞臺之上，雖似夢幻迷離，而自有其最大之神感。使真心觀劇者，能與在舞臺上所表現的思想與事實，融合無間，不但於藝術方面，能易奏美滿的功效，即其靈秘的想象力，亦能使人忘卻片段的生命，而追尋玄境的源泉。我想你讀梅氏的著作，必已不少，將來希望你多介紹點出來。《青鳥》刻爲一李君正在閱譯。(李君爲文學會會員)女學生演此等劇，至爲合宜，因爲其中静的表象與兒童的扮演，以女性代表，容易細密熨貼。本來這種戲劇，富有最豐美的女性呢。然而宗教派人道觀念最重的大文學家 Tolstoy 去批評 Macterlinck 的作品，爲無意義，不明瞭，那末若使他見過 Yeats 的著作，不用說更是批評得一錢不值，身無完膚。所以一樣是文學，一樣是藝術，而見智見仁，相離實遠，迷於物質，執著現在，也無非把人的生命，活動，思想，緊束在一個小的範疇裏，又有什麼意味？況且現在的哲學，亦趨於直覺之一途，法國 Scgand 所著《直覺與友誼》中 Intuitin ct Amitie 回憶藝術，多及於易卜生及梅特克林諸神秘派之著作。(見某君在晨報上所譯文) 蓋人生生命的幻想，與靈慧的思想，自由發揮，萬不能有所阻礙。前三四日文學會開會，關於 Art for Life，and Art for Art 的問題，爭論殊甚。我則以爲簡直不必有爭論的必要；且亦非辯駁所能決者。

我是主張仍如前次與你之信，惟吾心意傾流的所在，即憑自己的才能發抒，更不必先有此人生的藝術，藝術的藝術，容於心中啊！

　　Celts 族原是英國的先民，自古代便有好多關於許多神仙與靈秘的故事，所以夏芝長其地，其作品中，亦多此類故事的敘述。不過他於故事附會的本身而外，卻有他最奇烈，幽玄的人生觀在的，你說："他和自然主義等等，完全反對……其恍惚狀態，可以免吾人心意的壓迫……從象徵表現到人心眼之前。"可謂道著他的癢處。

　　他在 Silgo 著作時，得力於自然的啓發者甚多。他自幼時便有許多創作。如他有一篇十四行詩（Sonnet），名爲 She who dweLt among the Sycamore 是他十六歲作的，描寫情景，以及用語的靈動，已可見出他那種文藝的天才。他的諧和的音節，美麗的顏容，奇異的風度，都能自幼時滲入他的思想裏。由 Flowers of Tancy 中發出寫之爲詩，戲曲，及小說，遂能使色勒族文學的光明，幾彌滿於各地。我以爲像他那樣高妙的意思，可謂在"瓊庭玉宇"中的"藐姑仙人"，他著作的塵垢秕糠，也可以"陶鑄堯舜"。這不是虛誇的話，因一個人真能使生活的精神上，遺世獨立，而其精神的流布，還能以使人有興奮，清潔，靈妙的感動，若惟說浪漫中的迷途者，也未免眼光太窄隘了。所以夏芝詩的標點便是憂鬱美 Melyancholp beauty 與細緻澈美 Impalpable beauty 的喚回，由夢幻象徵到人的心底便生一種不可言說的同情。固然就文學說，進程是沒有止境，夏芝也不過在文學中獨樹起新的浪漫的旗幟罷了。而他那種高超與靈秘的思想，也不愧爲當代文學界中的一個安琪兒。

　　夏芝有幾句話，在他所著的 Ideas of Good and Evil 中，將靈秘二字，可謂解得透徹。他說：

　　"（一）我們心意的邊界，是常常移動；且是許多的心意，由這個流到那個裏去，像這樣能夠創造且啓發出單一的心意，單一的精力。

　　（二）我們好多記憶的邊界，是像移動，而此等許多記憶，乃是一個大記憶中的一部分，而此大記憶，即自然的己身。

　　（三）此最大的心意，與最大的記憶，能爲象徵所啓露出來。"

　　看他這些話，簡直是說象徵哲學。近代柏格森的學說，卻也間有這等同樣的議論。夏芝是最主張情感的發越，當然對於理性有所排斥，所以他曾說：

　　"我真確在真誠上的光明之路，是有幻想，那是理性所不能的。但是像這樣，他的戒律，是當人在靜止以及理性啞默的時候，他能夠發現是有許多的束縛，我們能常知道的。"

　　若柒，我們知道人類生命是有限的，宇宙究竟是無涯的有涯。Mind 與 Heart 的表象，在展露與隱秘中，是不可思議的，不可限制的。情感是人類導引的燈塔之光。所以中國昔日的學者，文學家，講理性的尊崇與物欲的排斥，及因果報應之說，固然他們救世的苦心，也不能無微功於人們，但是太執著了，太膚淺了，哪裏及得上提高人類的精神生活，自然，肉體的生活，能夠得所安慰，靈的勢力，能以籠罩住全人類的行為及思想。我相信人的善性，究竟還存得幾分，文學的影響，究竟不是微末，若真正有靈思妙感的文學，比較衹知從事於完全客觀的寫實文學，其感化人們的勢力，當更偉大，熱烈，迅速，不過這是很難的罷了！

關於夏芝的研究，我還有多少話答復，可惜為時間所限，再等到下一次吧！

《愛之循環》詩，極好！就登入第三號的《曙光》裏。我們來往的函件，我收集起來，全刊在此期的《曙光》裏，因為你的批評，研究，實在可以為中國文學界，發一種求知的呼聲。

前幾天落了一場春雨，我於黃昏時，便也作了一首詩，抄來一看，不要客氣，請為指點。

春夢的靈魂

春夢的靈魂，
被晚來的細雨，打碎成幾千百片。
生命的意義隨著點滴的聲音消去。
幻彩的燈光，
微微搖顫顫。
是在別一個世界裏嗎？
淒感啊！
紛思啊！
幽玄的音波，到底是觸著了我的哪條心弦？
玄妙的微聲中，已經將無盡的世界打穿。
我柔弱的心痕，哪禁得這樣的打擊啊！
春晚的細雨，
我戀你的柔音，
便打碎了我的靈魂，我也心願！
我更願你將宇宙的一切靈魂，都打碎了！
使他們，都隨著你的微波消散！
花架下的薔薇落了春將盡了

你潤澤的心思，尚要保存他們的生命！
一點，
一滴，
你祇管衝破了我的靈魂的夢境，
　　但那架下已落的薔薇卻醒了沒曾？

這首詩的思想，是突如其來，也不知所以然，糊塗寫了出來。《愛之循環》，日人譯了，刊在什麼地方。你這首詩，以死象徵愛之覺醒，令人生無窮的感想！

The Land of Heart desire 爲夏芝戲曲中之名作，你何日譯成，得使我一飽眼福。關於夏芝的劇作，盼早早寄下，我亦將於少暇時，作一篇夏芝評傳，你以爲若何呢？

文學會事，照新改章程，須四人介紹，有文學文字發表者，提出經大衆決定。但我同宋介君作你的介紹，我又找了兩位，已介紹了常會公決，那是當然手續，沒有什麼。兹將會章及會員錄寄來一份，收閱。請你將年齡、籍貫、通信處、通何國文寄來，就妥了！此後我望你給會裏以最多的助力！

你說你的煩惱，同氣候日漸增高，那是無可如何的事，現代青年，有幾個不是如此。我對於煩悶，也可謂有十二分的瞭解與嘗試。但我總希望往前途努力呀！我在此祇好引兩句舊語，來告你。便是：

努力崇明德。隨時愛景光。

《曙光》因人數太少，亦時延期，現在的雜誌，除商務印書館者外，大約總得隔幾個月見一回面。

一氣寫來，已到了早餐時候，再談，祝你客居的愉快！

王統照復

　　　　　　　　　　　　　　　　　　　一九二一年五月十日

按：王統照《民國十年日記》五月十日條："晨起已晏，回滕固一長信約數千言附予前所作《春夢的靈意》一詩。"

5月上旬，經王統照、宋介等人介紹，滕固加入文學研究會爲會員。據《會員錄》登記號數爲 50 號。

按：據仲源編《文學研究會（資料）》附錄《文學研究會會員錄（部分）》：（入會號數）50、（姓名）滕固、（字號）若渠、（籍貫）江蘇寶山。(《新文學史料》第三輯，第290頁，1979年5月内部發行）

5月11日，王統照《民國十年日記》："晚復滕固信付郵有文學會章。"

按：滕固被編入文學研究會讀書會之詩歌組。

5月14日，作散文詩《野人之歌》。

5月31日，與沈雁冰、鄭振鐸、陳大悲、歐陽予倩等十三人發起成立民眾戲劇社，出版《戲劇》月刊。爲新文學運動期中國第一個戲劇月刊。發行二卷。中華書局出版。

《戲劇》創刊號及所刊民眾戲劇社社員題名錄（1921年5月31日發行）

《最近劇界的趨勢》發表於《戲劇》第一卷第一期，文首署名滕若渠，文尾署名滕固。

5月，上海文學研究會編《文學週報》創刊，爲《時事新報》副刊之一。

6月8日，作散文詩《靈魂的漂泊》。

6月上旬，由郭沫若、郁達夫等人發起之創造社成立。得到滕固、章克標等人的響應，希望跟他們一道來做點工作。

章克標《世紀揮手》："那時正好是創造社初建時候，郭沫若到東京來商談

1921年　辛酉　民國十年　二十一歲

刊物，同郁達夫、張資平、田漢等人接觸，并且招呼對同調的人，要廣泛團結擴大聲勢，我們也得到了這種消息，并且郁達夫和滕固也見了面，談了天，大家興致很高。我們想跟他們一道來做點工作。"

6月11日，因事錯過了在"佛蘭西同好會"舉行法國象徵派詩人凡爾倫逝世二十五週年紀念祭。一周後參加"新詩人社"在學校禮堂上舉行紀念祭會，聆聽了和辻教授的"象徵主義之本質"、田部教授的"凡爾倫的藝術"演講，感到極大的滿足。事後，滕固在《法國兩個詩人的紀念祭》一文中謂："這些事情，我曾寫信到國內的幾個朋友；雖是外面的形式，但因此可引起研究凡爾倫。他們對我說：'恐怕沒有幾個人知道凡爾倫罷！'後來壽昌到我處，他要作篇長文，把所譯的《秋歌》《雨歌》《皓月》送給我當紀念！我處備有英譯的及法文原文，大家對照了許久。"

　　按：凡爾倫今譯保爾·魏爾倫（Paul Verlaine 1844—1896），是一位反叛既有傳統的詩人，也是象徵主義文學的代表人物之一，與馬拉美、蘭波并稱象徵派詩人的"三駕馬車"，在法國詩歌史上佔有重要地位，有"詩人之王"美稱。

6月中旬（11—18日），王統照《民國十年日記》："滕若渠來信即復。"

6月，《美育》1921年6期刊登滕若渠《對於藝術上最近的感想》。文章分爲兩節：（1）藝術上客觀的心理和本身的位置；（2）我們以後怎樣運動？後者擬好的兩個方法，A，編譯藝術書；B，多開展覽會。表示"我想將來從歷代帝王建都和有名的地方，考察藝術的作品；做成一部大著作。"

7月8日，作致王統照書。談及研究心得，商討出刊新詩雜誌。
　　劍三兄！昨天早上到學校，得到你的復信，我充滿了愉快！下午便到青年會去看書，如今先復你信中的話，再說別的。
　　我大概再過十天，便要上船，今天上午剛才考完德文，明天還有半天的功課算完畢。我再在東京勾留七八天，校中提出論文，祇好到家裏去做了。到了上海，再行拜望會員諸君。
　　戲劇在草創期，實在人才太少，我那篇東西膚淺得極！因爲在黃昏，隨便寫的。做一篇論文，非有空閒工夫，及各方參考書，平日的心得，聚精會神而爲之，庶幾人家看起來動目。夏芝一篇東西，也犯同樣毛病，此我所以佩服壽昌的做論文，卻要退避三舍。新近他有篇法國詩人Veilaine的論文，刊《創造》中。他寫給你信，寫了一半，我會面的時，他說要重寫，那是他正在作論文的時候。

創造在九月出版，我想做篇《古詩神 Euterpe 像的發掘》，這篇想由 Art—impuke 追溯詩之起源，完全根據美學家，考古學家的說法，在參以義大利美學家 B.Cioce 的學說，論詩的內在的 Rhythm。此等做法，最是根本的詩論，可惜我要買的參考書，德文英文的，都是十元以上，我買了書，不能歸國，真可笑，所以沒有買到。但是我在此數日中，就我所有的參考書，小小的作一篇，恐怕來不及給創造。沬若處，我祇寄去幾首詩及散文詩教他選登。

你繼續研究美學真好，一研究美學，批評藝術作品，就有把握了。我現拼命弄德文，也是這個緣故。學校中的哲學參考書，都用德文。你能通法文，最妙有新美學家義大利人 B.oiece 的學說與柏格森之哲學相近，正是時代上的學者，我同你一同研究，先此作約。

男女性的美學，你曾做過論文，可惜我不曾見過。《曙光》沒有到，我下午到青年會去看《小説月報》，《曙光》也有。你的《春雨之夜》與《遺音》那篇，同一調子，色彩則異。我所評你者是：熱情與憂鬱的產物，致爲藝術的藝術而作，不要管他，創作家并不知道，詩批評家的責任。信端散文詩兩首，我本早寄沬若，今錄。後首上尤爲我半夜起來，閉了電燈寫的，是鬱憤的結晶。請爲一評。我進來從 Note Book 上，錄下許多詩及散文詩。東京朋友都教我從此道走去，深感同情。將來我還要出本創作的散文詩集，便叫野人之歌。他們看見我印象，骷髏的呻吟，霧中諸詩，不來罵我，教我好好的做象徵詩。《曙光》昨天在朋友處拿了一本，你不必寄，明天我到學校，總會收到。我便把《愛之迴圈》的末句，改爲"領你到不滅之愛的路上"，稍佳。夢神當時忘記原文，也改爲 Moypheus。我們倆通信，竟占了 21 面 Page，也算厚遇。我的信中有二個誤點，第一通上 Cesaue Lombro s the men of genius，原爲義大利人誤寫法國。第三通以貧人之寶誤採入劇作，這一時的倉卒，對你聲明。《紅靈》重讀一過，缺點百出，今不必論，已跟你到了大庭廣衆之間，她尚未成年，面兒漲的飛紅了！大膽！大膽你的二篇作品，夢描寫較細，我尤愛鞭痕，因爲有種同情。我在十二歲時離家，到現在卻八九年了，雖是有衣有食，也是一樣流落。所以我此次回去，在家住二十天，在上海住十多天，便要回東。家中探母不能見，我的撫我如己出之嫡母，身體既羸弱，又是居恒幽憂，我不得不有以慰之。生有天才的大弟，早死了，我的二弟，今年我要送他到高小讀書，也須搬住十二里遠的學校宿舍中，像我七八年前，嘗一樣的滋味。他比我聰明得多，我寫信與他，他會摹我的字呢。

我此刻尚須想做篇夏芝論，不多幾天我去問日本有位研究夏芝的詩人山宮允，他譯夏芝的 Udeas of Good and Evnil，夏芝有信給他，可惜譯本不在手頭——他爲我舉出四部參考書，我到丸善去看，一本沒有，已寫信與倫敦大學的朋友，教他代買，非二三月不得答信，現在想做篇小論罷了。此爲謝六逸兄督促我的。

在我近來的事情，及暑假中的事情趕完後，下半年我又要譯安倫坡的Taies 及他的詩，再做一篇安倫波的論文。他是我向來崇拜的！詩象徵主義的，祖國內人并未提及，對他太冷淡了。我去年曾讀他的詩甚多，今年又買了他的著作不少，我曾經給求詩的信中，對你說及，此等詩人哲學家，對於我研究美學，得有許多暗示，然否？

《詩》的雜誌，我便想創辦。東京朋友前我說過，多贊成，你也應幫助我的！我想將來在上海去印刷，九月中發刊。我一篇詩神 Euterpe 像的發掘，及夏芝論搬在創刊中。你的詩可寄幾首，我不管他銷得下不，出了一期再說，且待人家的批評。我理想中封面上畫一攜笛的詩神，書名叫《未來》，是去年回國的朋友，朱君同想的。你以爲如何？不能再寫了，此信你復到我家裏便是了。

滕固八日

詩人的作品，偶載一二佳譯，求你同意！況你也在文學會的詩歌組。但雜誌不要厚，祇一薄本足矣。

7月9日，在東京作致瞿世瑛書，發表於 19 日出版上海《時事新報》"通訊"欄。

菊農兄：

前幾天得到文學會的通告，便親寫信給你，因爲我住的地方搬了！我們同是詩歌組的組員，此後對於詩歌方面，正欲有所討論研究者；今天到青年會，見學燈欄你的一篇《天才》的感想文；如你所說："天才看透人生，猜中宇宙之迷！"其佩卓見！《曙光》中本隨便寫的，我曾允王統照兄作《狂性的起源》，但我不曾深研究過變態心理，單靠直覺，不免惹出笑話來呢！況天才是一種不可思議的神秘；又非科學所能解剖，竟公然食言了！

記得十八世紀英國詩人 R，H，Horie，有一首詩，叫做《天才》Genius 也可得到一種暗示；其第六解說：

He dies unjike his mste，I wien，Perhaps not seoner or worse Crossd；

Ard be hoth feit thought known an degun

Alarger life and hope——thoaghe lost Far ont at seal。

上月底我曾寫了一首詩，名《悲劇作者》；談起天才，所以錄後，請指謬點！

"你闔住了一雙眼睛，

用淚綫看宇宙的萬形；
他塞住了二隻耳朵，
用血管聽人們的聲音；
他蘸了淚和血，
灑到大地的舞臺上！
宇宙正覆著晦暝，
人們從夢中哭醒！
他并不患聾盲的病，
Melponene 是附著他的生命！"

我以爲生有天才而中狂者，没一個不是 Meipomene 附著他的生命！不知你也有同樣的感想否？死後百年的 Keats 也是一個天才；他 Eniymion 作成後，取巨人 Titans 消滅光與歌之神 Apollo 出現的題材；及 Hyperion 作成，他超越時代的思想顯現了！二十六歲死於羅馬的逆旅中。他影響百年後的思想界如何！不要説別國，日本的雜誌上，關係 Keats 的論文刊了多少！不要説別處，我的學校裏的"詩人會"也設過一次紀念祭！國内恐怕祇有《小説月報》及《東方》中雁冰愈之兩君的短篇報告罷！

但丁 Dante 不是天才嗎？九歲知戀愛，十八歲作戀歌；中年遭了流刑作《神曲》。他到今年死了六百年，六百年後的思想界如何！我碰到日本的幾位詩人，他們説：在九月又要設六百年的紀念祭；雜誌中預告出特别號。吾國有幾人研究西洋詩者，深思探索，著爲論文。有幾人敬仰前賢，而爲設祭。連自己國裏的先哲，有幾人考據他們死後百年二百年呢？祇有東坡生日，幾個京師詩棍，置酒陶然亭而已！

西諦君在《文學旬刊》上説：現在而譯但丁的《神曲》莎士比亞的《哈謨萊德》，如何不經濟！其實不儘然！他又説：世界文學界中有多少朵鮮明美麗的花，是中國人已經見過的？《神曲》及《哈謨萊德》，不僅世界文學的鮮花，可説莊嚴яные寶塔樓臺！不僅給人們的朗吟，又是研究歐洲思想淵源的寶庫！梅德林的思想出自神曲；夏芝的劇本有《哈謨萊德》的成分！自然主義科學萬能的時代長逝已久！理智的哲學也要破産了！藝術救濟的聲浪漸漸高起；此後正那般詩人哲學家的世界。況翻譯《神曲》等，也須有點天才；非淺嘗的翻譯家做得到的！

我國的研究西洋詩者，既未聞有誰？而新進詩人，又哦啊式的膚薄之作；評詩者更哼腹而像盲人騎瞎馬！新友郭沫若兄給李石岑先生信中説："評詩至少研究些人類考古學"；最有見地！我想做篇《神曲 Euterpe 像的發掘》，發揮郭兄的話；由 Art—impuis 而述詩之淵源，參以近代美學家的學説；而述詩的內容及內在的 Rhythm。冀作評詩者的一助！此篇本想給郭兄編入《創造》的創刊中；因學校考試，未成！或將來刊入詩的專刊《未來》中，此詩我在去年與歸國的朱君發動的；曾與王統照兄説及，東京的朋友也都贊助我的；在九月可創刊。我們有同組之誼，所以請你幫助我！寄篇《泰戈爾詩》的論文，及你的大作來，萬勿見吝；此刊載詩的論文，以新進詩人的作品爲主，間載一二佳譯，你以爲何如？

因一時感想所及，不覺説了許多囉囉嗦嗦的話！請你原諒，并希早復！

滕固自東京七，九，晚

按：瞿世瑛（1901—1976）字菊農，江蘇武進人。中國近現代教育家。早年與鄭振鐸、瞿秋白、趙世炎等創辦《新社會》旬刊、《人道》月刊。五四運動中爲北京學生聯合會代表。1920 年底，與鄭振鐸、茅盾、王統照、葉聖陶等發起成立"文學研究會"。1922 年畢業於燕京大學研究科。

7 月 21 日，瞿世瑛復滕固函，討論文學翻譯、哲學與科學諸問題。相互介紹鄭振鐸及郭沫若的文學創作主張。後以《與滕若渠書》爲題刊登於 7 月 27 日北京《晨報》第七版"通信"欄刊。

若渠兄：

來信敬悉。《天才》本係雜感，乃蒙獎飾，慚愧之至。《悲劇作者》詩感情濃厚的很。你説悲劇作者是 Melpomene 附著他的生命，這話很對；但那作悲劇的人何嘗管你 Melpomene 附著生命不，他衹知道看見什麽説什麽，老老實實的表現人生的苦痛。他就是受苦痛的人，也就是 Melpomene——神呀——Keats 自然是非常人，你説他在中國衹有雁冰和愈之的短篇，言下表示不滿足的意思，然而 Keats 已經走了運氣，在這九位 Muses 從不降臨的中國，也已經有人替他説話，其餘還不知有多少位連名字也不知道呢！但丁六百年紀念，我想在九月十四日文學研究會開一個紀念會，不知能辦成否。會的內容很不容易辦。你有什麽意見麽？希望你指教我。但丁不但是在文學上重要，即在中代的政治思想和哲學上也可以作代表。如果我們以 Geethe 作近代的代表時，但丁便是中代的代表。就思想的歷程看，中代雖然是遺傳的，拘拘於經院哲學，然而没有中代的醖釀，那裏有光明燦爛的文藝復興；没有文藝復興，那裏來的"現在"。那麽我們還是受賜於中代。即此可見但丁之重要。弟譯 Prof Norten 選譯之新生 Vita Nuova 已竣事，現因他事匆忙，尚未復看，不敢貿然發表也。

振鐸主張現在叮暫不譯但」的《神曲》及莎士比亞的《哈謨雷德》。這句話如謂事實上譯才發生問題，譯的不好，不如不要害人，則我亦相對贊成，若原则上我竟主张译希腊悲剧与喜剧。今夏我译《西洋古代哲学史》，因为要每章预备几本参考书——原书不注明参考书——所以各处翻找希腊的东西，觉得希腊真是伟大。即以文学而言，那种体裁没有，其作品真是没一种没有斤两。弟近在《希腊文学研究》一文（现在交给蒋百里先生了，不能给你看），从荷马的叙事诗起直到亚里斯多德的时代。真佩服希腊人。既是这样，所以我主张如果友人能译几种 Aesoylus、Soph cle、Euripedes 和 Acistophaues 的作品出来，其功绩实在不小——百里先生的意见亦是这样。至于但丁《神曲》，是中代数百年的灵魂，那能说不译。

我不反对科学，我更承认科学的好处，我们的生活受赐於科学者甚大，决不能说他不好。他本身并没有毛病；现代若没有科学，便不能过活。不过从科学万能的前提上一部分人推论演绎的结果，弄成一种惟物的机械主义，却实在危险。救济的法子，祇有使人领会文学的好处，承认有精神的生活，潜移而默化之。兄以为如何？郭沫若君弟不认识，然读他作品已不少。他说"谭诗至少研究些人类学考古学"的话，我赞成。我素来主张文学最重要的是本质，体裁是其次者。所以我竭力主张以统系的哲学作文学的本质，其实无论那位文学家，那一个不是哲学家。我所谓哲学家自然不一定指那些沉迷於宇宙本体、知识来源、老死不回头的专门哲学家。我在《小说月报》上发表的《创作与哲学》一篇文章，即此意，不知见到否？

太戈尔诗文，弟确常读，惟祇能领会，也说不出什么来。今天写的已太多，下次当再特别通一次信。我和振铎关於太戈尔的通信，见了么。现在事忙，又暂停了。惭愧惭愧。余俟下次再谈。

七月二十一日

7月25日，《时事新报·学灯》刊登《散文诗呈剑三兄》，系《野人之歌》《灵魂的漂泊》两首，并附致王统照书一通。王识语："以上这封长信，是若渠由东京寄我的，但我复他的信，却早已发出，故祇将他的来信，在此登出。剑三。"

7月末，因患寒热病（即疟疾）回乡养疴，同时照料病中嫡母。

  自述："我的生涯都在病中……，疟疾变成秋瘟。这时我的嫡母也病了，她身体本羸弱，年年到秋天发病；我利用暑假来服侍嫡母。自从我的母亲死后，凡六七年，我觉得年年暑假，有多少日子守嫡母的病床；因为她也不欲我离开。母亲死后，我才从梦中哭醒，认识母亲之爱，幸而嫡母抚我如己出，使我一面感激，一面更悲伤。"（《生涯的一片》）

7月，病中作《愛爾蘭的詩人夏芝》一文，未完成。

8月15日，《悼朱鴛雛》(調寄念奴嬌)發表於《申報·自由談》"文苑"，署名挹芬。

  悼朱鴛雛(調寄念奴嬌)

  鴛雛歿且期月矣，往日以肺腑相示者，今但問諸天耳。去秋予遊海外，會鴛雛養疴里閈，蒙邀祖餞，予以時促，固辭之。先是予應以先師伯邵心炯先生艾廬遺稿相贈，既題款識，未寄，洎歸國聞訃，而墓門掛劍，為時已晚。檢其遺著，更不勝人亡琴在之痛焉。辛酉初秋記於張氏攬芳室。

  素心人去，算者番有意悲秋怨別。一樣天涯淪落感，若個朱門近接。末路長卿，祇愁空舍，有賦總拋撇。名場逐鹿，只今都化蝴蝶。

  記否掉臂歌臺，對花拚醉，往事成飄瞥。曾幾何時歸宿草，賸有離愁難滅，一卷艾廬，墳前掛劍，又恐魂消絕。但看今夕，淚痕早透紅牒。

滕固以"挹芬"為筆名所作《悼朱鴛雛(調寄念奴嬌)》(1921年8月15日《申報·自由談》"文苑")

按：朱鴛雛（1894—1921）號葊兒，別署爾玉、銀簫舊主。江蘇松江人（今屬上海），南社社員。善詩詞，喜戲劇，旅居上海，操筆墨生涯，有《二雛餘墨》、《朱鴛雛遺著》等行世。

約8月末，因朋友之約，曾力疾到吳淞訪孟龍、黃中諸友。

9月20日，抵上海準備赴東京。

9月24日，自上海乘八幡丸出發赴日本。同船遇上海美專同學陳傑。

9月26日，抵神戶。與陳傑到田中屋旅館休息良久，乘夜車往東京。

10月10日，據田漢《薔薇之路》："下午，友人某君來談；遍及藝術、社會、戀愛諸問題，尤以愛之當靈的肉的，爭論得興奮。友人是主張靈的，我則主張人的。因爲人是有靈有魂的，同時是有血有肉的，不能偏榮靈魂而枯血肉。某君於我初不反對，然自以趣味理想偏於靈的，大家都不願強同。"

按：田漢《薔薇之路》，1922年5月上海泰東圖書局出版，內收1921年10月10日至31日日記。另見《田漢全集》第二十卷，花山文藝出版社2000年出版。

10月18日，往訪田漢，取回幾種詞曲書。
田漢《薔薇之路》："下午滕若渠君來，談至晚飯後始歸。"

10月，《同南》第10集發表《病中雜書》（辛酉九月）、《如此江山：題煙橋鴟夷釀詩圖》二首，署名滕固。同時刊登《社友錄》內列有"滕若渠"項。

11月2日，在日本東京小石川白山禦殿町之上完成《愛爾蘭詩人夏芝》一文，發表於21日《文學旬刊》第20號，署名滕固。收入1923年民智版《新文藝評論》時略有刪節。文章在介紹了夏芝生平及藝術思想及創作後，認爲："夏芝的思想藝術，固然可使我們欽服，但尤所欽服者，他對於社會的活動，愛國的熱忱！當時他對於新劇運動，非常出力；愛爾蘭的所以得文藝復興——鄉土藝術與民族藝術的恢復民族的覺悟——的勝利；夏芝的功勞很大！最後我希望產出一個我國的夏芝，這是我病後勉強續成此篇的初旨！"

11月6日，約了幾個朋友，去參與早稻田大學舉辦的法國詩人鮑桃來爾的百年誕辰紀念祭活動。聆聽有法國人演講"鮑桃來爾論"，吉江喬松演講"鮑桃來爾與象徵主義"，還有多人朗讀他的作品。

按：鮑桃來爾今譯夏爾·皮埃爾·波德賴爾（Charles Pierre Baudelaire, 1821—1867），法國十九世紀最著名的現代派詩人，象徵派詩歌先驅，代表作有《惡之花》。

滕固發表於《文學旬刊》上的論文《愛爾蘭詩人夏芝》

11月7日，作《法國兩個詩人的紀念祭——凡爾倫與鮑桃來爾》一文。"這些片段的、零星的，本從我的《挹芬室劄記》上摘出，不成文章！但他們的紀念祭，雖不及但丁、獨斯透夫斯基的熱鬧；也可使我們注意文學的同志曉得曉得，便大膽寄《學燈》，請賜教！"發表於11月14日《時事新報·學燈》，署名滕固。

11月17日，《時事新報·學燈》刊登散文詩《失路的一夜》、《失戀的小鳥》。

11月29日，《時事新報·學燈》刊登散文詩《生命之火》、《殘廢者》。

是年，《曙光》二卷三號出版，刊登滕固新詩《愛之循環》及與王統照通信七通。通信冠以《文藝的討論》，并有王統照題記曰："下面這些信件，全是滕若渠君與我好多次的通函。其中有討論戲劇的，研究西洋詩的，而尤以討論梅特林克、與夏芝的著作占多頁。雖是我們平常的通函，但或者也能夠爲現在研究文學的人，作點參考。所以我便按著先後的次序，收集起來，名爲文藝的討論。固然我們所說的話，都是隨筆寫來，沒有秩序，定多浮泛。然或者也能給閱者添點少許的興趣。"

1922年　壬戌　民國十一年　二十二歲

1月20日，《嚶聲月刊》第4期發表滕若渠《別抱師友詩詞集·漁者》詩一首。

　　滄浪水若何，任我濯纓足。避秦不記年，早已忘榮辱。(二首選一別抱注)

　　感懷和社弟若渠原韻并呈花奴先生以卜一笑史別抱
　　馬革平生志，男兒仗此身。聞雞須起舞，試馬正當春。滄海流方急，天涯遠倍親。狂吟詩幾首，無那不驚人。
　　投筆書生事，貧窮何足憂。江山多古恨，歌哭解新愁。彈鋏非吾志，磨刀報國仇。倚樓頻悵望，日落暮煙浮。

2月1日，《論散文詩》發表於《文學旬刊》第27期，署名滕固。該文係讀到1921年11月1日《文學旬刊》第24號發表的西諦(鄭振鐸)之《論散文詩》一文後所作。文中鉤稽古今中外有關散文詩的名稱的起源及代表作，認爲"散文詩是'用散文寫的詩'。詩化的散文，詩的內容亘於散文的行間，刹那間感情的衝動，不爲向來的韵律所束縛，毫無顧忌的噴吐，舒適的發展，而自成格調。這便是作散文詩的態度。"

3月9、10、12—15、17日，《時事新報·學燈》連載刊登散文《生涯的一片——病中雜記》，記述去年夏秋之際歸里養疴及赴日經過。收入詩文集《死人之嘆息》。

4月2日，出發赴京都一帶旅遊，沿途畫了一些速寫。歸後作有日記體遊記《關西之素描》。收入詩文集《死人之嘆息》。

4月3日，抵達京都，居友人朱小蚓寓所。

4月4日，登吉田山，望太極殿、動物園、常盤堂。

4月5日，往圓山公園賞櫻花、畫素描。遊清水寺。訪鄭伯奇，到其寓所閒談，借了《學藝》二册，《少年中國》一册，《海涅詩集》譯本一册而歸。

　　按：鄭伯奇（1895—1979）原名鄭隆謹，字伯奇。陝西長安人。1910年參加同盟會和辛亥革命。1917年赴日本先後入東京第一高等學校、京都第三高等學校、京都帝國大學。1920年在《少年中國》1卷9期發表第一首詩作《別後》。次年與郭沫若、成仿吾、張資平、田漢發起成立創造社。1926年畢業於日本京都帝國大學文學哲學科。著有回憶錄《憶創造社及其他》。

4月7日，往帝大圖書館借閱圖書。"借了一部Lubke的Outlinns of the Hsstory of Art，這書圖很精緻；我就古代方面，平日聽講所懷疑的數處，考查一過，錄在另一筆記簿上。"晚上由鄭伯奇陪同遊禦所（從前的禁城）。

4月8日，再遊圓山，往丸善支店去翻書。

4月9日，遊嵐山。

4月10日，往帝大圖書館，讀借Lubke的《美術史大綱》；翻看劄記。午後偕友遊太極殿、動物園、圓山公園。

4月12日，自京都站，乘九時的快車赴奈良，遊東大寺、春日神社、博物館等地，晚返京都。

4月13日，自京都返東京。

節譯完成英國威爾士（H.G.Wells）論文集《文化救濟論》（The Salvaging of Civilization）。後以《威爾士的文化救濟論》爲題，發表於《東方雜誌》第20卷第11號（1923年6月10日），署名滕固；又以英國威爾斯著、滕固譯《文化救濟論》爲題連載於1923年9月13—22日《順天時報》。各節標題分別爲：一、文明救濟之諸學説；二、人類將來的預測；三、世界國；四、文化的聖經；五、世界的教育。文首有滕固所作序言。

　　威爾士（H.G.Wells）這個人，我們至少曉得他是一位小説家，他在文學史上的地位已經不小了，從一九二〇年發刊了他的大著《史綱》（The Outline of History）後，或者也曉得他是一位大教育家，以改造世界爲終身的事業，他所持的教育主旨，在一八九五年所著科學小説《驚異的訪問》（The Wonderful Visit）裏可以看出，後來劇作家替他改成劇本，幾經演試，批評家也一致公認了。

　　前年（一九二一）五月，他的論文集《文化救濟論》（The Salvaging of Civilization）（一）出版後，他的旗幟尤其鮮明了，這書是他在戰後視察各地以後，發表他所主張的"世界國"，預防文化的滅絕，保證永久的和平，開示新生命的路的，所以我讀後覺得有介紹的必要，雖然三四年來，西方學者對於此問題的論著很多，大抵痛定思痛，或不免偏激，或不免消極，像威爾士這樣抱積極的建設，有具體的方法的，都還不曾見過。

　　一八九八年他所著小説《世界的戰爭》裏面所講的，如飛機的神異，潛水艇的橫行，毒藥的使用，在當時以爲是一種空想，但不久都一一發現，那末這大預言者，他現在所主張的"世界國"，當然有獨特的先見之明，況且他自己也申明不是一般所講的"烏托邦"麽。

　　這書的内容分爲八節，一、人類將來的預測；二、世界國的提案；三、到世界國爲止愛國心的放大；四、五、文化的聖經；六、世界的教育；七、大學新聞與書籍；八、後記。我這篇文字，是介紹他的主張的，在每節裏舉出他重要的議論外，并且參考別位學者的主張，以互相印證，錯誤的地方請讀者指教。

4月21日，《獨唱六首》（詩）、《異端者的懺悔》（詩）發表於《文學旬刊》第35期，署名滕固。

4月27日,完成自傳體中篇小說《銀杏之果》。序言曰:"寫好了後,我也沒有重讀的勇氣;朋友中張資平、方光燾、郭沫若三君,先後看過;他們都給我許多很好的助言,教我努力改作。尤其郭沫若為我指出許多重要的病點。"

5月1日,《創造》(季刊)創刊,標誌著創造社作為團體從事文學運動的開始。

  章克標《世紀揮手》:"《創造》季刊創刊了,[郁]達夫拿了一本來交給了滕固,并且要求批評批評,提提意見,大家努力來把雜誌辦好。"

5月21日,在白山作小說《壁畫》,8月25日發表於《創造》(季刊)第1卷第3期,署名滕固。

  張資平《讀〈創造社〉》:"民十一年五月,由東京回粵,帶了幾篇短篇小説稿件[原注:其中有我的《木馬》、《一般冗員的生活》兩篇,滕固君的《壁畫》,(上面還題著"送資平兄回家紀念"字樣,我把它塗去了。)及方光燾君的一篇,(忘記了題名,好像是敘小貓的故事)],送到福岡給沫若審查一下,後至上海即交給泰東書局。"(見朱壽桐編《張資平自傳》,江蘇文藝出版社1998年9月1版,第254頁)

5月,《地學雜誌》1922年13卷4/5合期刊登若渠《東行漫記》。記述1920年秋留日行程及遊覽日比谷公園等感受。

6月30日,作《論短詩——英詩壇上的短詩》。8月1日發表於《文學旬刊》第45期。作者認為:"詩的長短沒有分別的必要;感情是詩的母親!在受胎時間的不同,這瞬間其爲長形者則成長詩;其爲短形者則成短詩。譬諸同胞兄弟而長短各異,稟受母質是一樣的。都在若有若無的意識間而成,強而爲長詩,強而爲短詩,都是不可能的,須隨作者感情的所致。""刹那間外界的印象,與内界的衝動,捉摸而使之永遠存在。這是短詩在藝術上唯一的價值。"

約上半年,在東京聞邵心箴師逝世,"草了一篇祭文寄呈師叔心傳先生。又在寓中設為先生之位,日日馨香以祭;東京朋友們都笑我愚陋,惟是往來較密的方光燾張水淇兩兄,明白我們不是尋常的師弟之誼。第二年我歸國,拜於先生之靈。"(《燃燒低微的炭火——三角戀愛的序文》)

按：方光燾（1898—1964），原名曙先，浙江衢州人。中國語言學家、文學家。留學日本東京高等師範學校，1929年留學法國里昂大學專攻語言學。

張水淇，字洗桑，江蘇南匯人，時在日本東京高等工業學校學習紡織專業，中華學藝社會員。

7月2、3、4、6日，《時事新報·學燈》連續刊登日記體遊記《關西之素描》。

7月，受好友俞寄凡委囑，在上海美專暑期學校代授美學課程，據呂澂所編講義，講到藝術學時，多人以"文化的起源"相質，故開闢此專題的講座。

《美術學校暑期學校之内容》："西門方斜路美術專門學校，現利用暑假，增設暑期學校，其中共分三部，第一部期在增進本校畢業生學業，專收本校卒業生。第二部期在充裕一般學校美術教師之教授力，專收學校教師。第三部期收一般有志研究美術者之學生。第一部科目，爲美學、美術史、西洋畫三種。美學學程，爲美意識、藝術、美的價值、美的原理五[四]種；美術史學程，爲原始美術至現代美術；西洋畫學程，分静物實習，與人體實習兩種。静物實習，爲水[彩]畫；人體實習爲木炭畫，及油畫。第二部科目及學程分兩組，甲組科目，爲藝術教育論、美學、美術史、色彩學、解剖學、西洋畫六種，藝術教育論學程，爲藝術教育原理，及實施方法；美學及美術史學程，與第一部同；色彩學學程，爲色之原來、色感、色相及調和；解剖學學程，爲骨骼、筋肉，及畫法；西洋畫學程，爲静物實習、石膏模型實習，及人體實習三種。静物實習，爲鉛筆畫，及水[彩]畫；石膏模型實習，爲木炭畫；人體實習爲木炭畫，及油畫。乙組科目，爲藝術教育論、美學、美術史、音樂四種。藝術教育論，及美育[學]等學程，與甲組同，音樂分樂理、聲樂、器樂三種，其學程爲音樂通論、和聲樂、樂式學、作曲法、風琴洋琴等使用法。第三部科目，爲色彩學、解剖學、透視學、西洋畫四種。色彩學，及解剖學之學程，與第二部同，透視學之學程，爲各彩體之學說，及影與反影之原理；西洋畫學程，與第二部同，擔任以上各科教授者爲呂鳳子、呂秋逸、李超士、李毅士、吳法鼎、陳曉江等，并聞該校校長劉海粟，亦親自擔任油畫教授云。"（1922年6月16日《申報》）

約8月13日，梁啓超在上海美術專門學校講演，題目爲《美術與生活》。
　　按：據王洪偉《民國美術史家滕固與梁啓超會面時間考及所涉問題討論》

一文考證,滕固與梁啓超會面時間約在是日。(刊《解放軍藝術學院學報》2013年第3期)

8月19日,《時事新報·學燈》刊登詩歌《梵唄外六首》。

8月22日,《時事新報·學燈》刊登詩歌《荒城的一夜》、《蘆間之屍》。

8月25日,《時事新報·學燈》刊登《文化之曙》一文。此係在上海美專暑期學校演講稿。作者認爲文化的建設是社會改造的根本問題,"民衆藝術與藝術教育,這種文化事業在我國是急須建設的。音樂、舞蹈、演劇都是藝術,以此安慰人生的不安與煩悶,比較宗教的儀式來強迫人生的信仰,效力且大。新生命的希望、愉快的欲求,在民衆藝術的創造就是藝術教育,也是根本的設施:——使人生固有的愛美的觀念、創造的本能,自小培養保護,增進將來文化的程度;免去乾燥無味的生活,永遠在文化的道上來往"。

9月6日,夏曆七月十五中元節。按照鄉土與家族的舊例,舉行"秋祭"。在母親墓前追憶往事,"母親,我要告訴你,你的兒子大了,'無恙'呢我不好意思講;幸福抛在我的後面,荆棘橫在我的前路;今天在故鄉,明天在异域;一足掉在深淵,一手攀住津梁,進有不得,退又不得,黝黑籠罩在我的頂上,惡魔圍在我的周身。在這人生荆棘的路上未脱身以前,我總不能安慰你在天之靈;我更不承認 Magna est veritas, et praevalebit.(真理萬能終必奏凱)的古訓"。

10月,從日本第二次歸鄉時作散文《秋祭——呈亡母的靈前》,發表於11月11日《創造週報》第27號;收入詩文集《死人之嘆息》。文章分孩子的呼聲、生命之廢墟、遺憾三部分。"近年來我覺得有二件終天的憾事,盤縈在我的心窩上。第一我枉受了母親的偉大的藝術教育,後年又枉學了幾年的畫,竟不能圖出一張母親的遺像。……第二我枉受了母親的文學的陶冶;母親死後,竟沒有一首詩可以宣一切隱秘的愛與恩感。我最是痛心自責,就是這些事還如此;母親望我成名立業,我更覺得汗顏無地了"。

11月2日,新詩《聰明》《寄H·W》《死的消息》《西園》發表於上海《時事新報·學燈》。

11月13日,《何謂文化科學》一文發表於上海《時事新報·學燈》。該文著重評述了德國西南學派(弗賴堡學派)的歷史哲學理論,作者更傾向於李凱爾特所作"自然科學"與"文化科學"的分類,進一步從藝術史的立場出發,認爲文化科學應該是一個更大概念:"我覺得歷史科學,爲文化科學中的一部分是有理的。"

11月24日,夜,完成小説《鄉愁》初稿。1923年10月28日發表於《創造週報》第25、26號。

  瞿秋白曾評論道:"《創造週報》的滕固先生有一篇小説《鄉愁》,真正説老實話:'L夫人因爲戀愛者的死而另嫁了;可是她的戀愛者竟没有死,是故意拍的假電,爲了成全她和L先生的好事;她發覺了……怎麽辦呢?'滕固先生的藝術很好,也没有'外古典主義',就這'L'一個字母(我想外國文的N城,尚且應當譯成某城,何況中國人的姓,然而一個字是小事)。雖然……外表雖然没有'外古典主義',内容卻有些嫌疑。"(文木、郁華編:《瞿秋白散文》(下册),北京:中國廣播電視出版社1997年3月第1版,第6頁。)

《時事新報·學燈》刊登詩歌《顫音》。

11月26日,完成小説《石像的復活》初稿。發表於1923年2月1日出版的《創造》(季刊)第1卷第4期"雪萊紀念號",署名滕固。

11月27日,新詩《海上悲歌》《湖水》《記憶》發表於上海《時事新報·學燈》。

12月3日,完成小説《百足蟲》。

12月24日,作《藝術學所見的文化之起源》一文,發表於1923年4月1日《學藝雜誌》第四卷第十號,署名滕固。文章略謂:"所謂藝術學,就是包括藝術史與藝術哲學而成的;併合歷史的事實哲學的考察,而爲科學的研究。所以藝術學才成獨立的一種科學,占文化科學中的一位置了。"進而對現代藝術學上的特色、造型美術的起源等問題作出探討。

丙辰學社旅東京社員在東京召開紀念學社成立六周年大會,討論社章草

案及其他社務情形。(《學藝雜誌》第四卷第八號，1923年2月1日出版)

　　按：丙辰學社，由留日東京帝國大學、早稻田大學、高等工業專門學校、高等師範學校、千葉醫學專門學校學生陳啓修、王兆榮、吳永權、楊棟林、楊梓林、周昌壽、文元模、屠孝實、鄭貞文等四十七人發起組織，於1915年12月5日成立。以研究眞理、昌明學藝，交換智識、促進文化爲宗旨。對於有關科學藝術之事業，皆量力次第興辦。1917年4月出版社刊《學藝雜誌》。留日學生郭沫若、張資平、郁達夫、章克標、鄭伯奇、歐陽予倩、張水淇等均爲會員。滕固約在是年加入該會。1923年該社改名中華學藝社。

是年，於《納蘭詞集與艾廬遺稿》之後書詩作《病中雜書》之一："刻骨纏綿生死別，拊膺抑塞短長吟；自從濕遍青衫後，傳出人天裂帛音。"(《納蘭容若》)

1923年　癸亥　民國十二年　二十三歲

1月22日，在白山完成小說《二人之間》初稿。5月1日發表於《創造》(季刊)第2卷第1號，署名滕固。

1月29日，作《三昧魔之文學》一文。發表於《留日學生學報》1923年第1卷第2期，署名滕固。文章認爲："所謂耽昧，一切酒的味，煙的味，甚至美與歡樂的味；酒有酒中的三昧，煙有煙中的三昧，美與歡樂有美與歡樂中的三昧。那末三昧魔之文學，所以爲藝術至上主義。"

2月1日，《創造》(季刊)第1卷第4期封二廣告刊登滕固著《圖書館學》一書在印刷中消息，爲"創造社新智叢書"之一。

2月4日，午後，丙辰學會在東京本鄉帝國大學校第二學生休息所開春季懇親會，幷歡迎許崇清(曾任駐日幹事)及新會員大會。會後攝影，五時散會。(《學藝雜誌》第四卷第九號，1923年3月1日出版)

約2月，《留日學生學報》第1卷第2期發表新詩《無題》、《一張Sketch》兩首，署名滕固。

創造社叢書

本叢書自發行以來。一時如狂飆突起，即為南北文人所推重，新文學史上因此而不得不劃一時代。各書之已出者，皆將三版，未出者亦已多有定購。餘書無幾購者從速。

一	女神（三版）	郭沫若著	定價實洋五角五分
二	革命哲學（再版）	朱謙之著	定價實洋四角（發賣禁止）
三	沉淪（三版）	郁達夫著	定價實洋四角
四	沖積期化石（再版）	張資平著	定價實洋四角五分
五	無元哲學（再版）	朱謙之著	定價實洋三角
六	一班冗員的生活	張資平著	印刷中
七	迷羊	郁達夫著	印刷中
八	星空	郭沫若著	印刷中

創造社科學叢書

1	科學概論		
2	近代物理學概論	張心沛著	印刷中
3	生物哲學	費鴻年著	印刷中
4	海洋學	張資平著	印刷中
5	漩轉汽機	成仿吾著	印刷中
6	社會學	郁達夫著	印刷中
7	雜種及遺傳	汪厥明著	印刷中
8	放射能	劉文藝著	印刷中
9	工業數學	成仿吾著	印刷中
10	地球史	張資平著	印刷中

創造社新智叢書

1	天文講話	沈璿著	印刷中
2	人類之進化	歐陽恒著	印制中
3	新農村	丁穎著	印刷中
4	人力論	龔學遂著	印刷中
5	世界活力之起源	劉文藝著	印刷中
6	人類的起源	張資平著	印刷中
7	人生與微生物	汪厥明著	印刷中
8	圖書館學	滕固著	印刷中

《創造》（季刊）第 1 卷第 4 期封二廣告刊登滕固著《圖書館學》一書在印刷中消息

春，同屠模、趙伯顏、王道源等發起演劇活動，邀請芥川龍之介來指導批評。

　　自述："那年春天，我和屠模、趙伯顏、王道源諸兄，發起演劇；我親自到有島［武郎］的邸中請他來批評。暑假我回到上海，聽到他的自殺消息。——當時我不相信有這麼一回事，等到看見報紙雜誌上的紀載，才像看見棺材般的使我悲傷起來了。"（《聽說芥川龍之介自殺了》）

　　按：王道源（1896—1960），湖南常德人。1916年入川端畫學校，師從藤島武二。時在日本東京美術專門學校學習，後任南京美術專門學校教授。

4月，《藝術學上所見的文化之起源》一文發表於《學藝》四卷十至十一號。

5月4—5日，《藝術家的藝術論》發表於上海《時事新報·藝術》（藝術學會定期刊物）。內容為1. 引言；2. Vinci 的畫論；3. Rodin 的忠於自然論；4. Wilde 的藝術獨尊論。

5月12日，中華學藝社東京事務所假神田中國青年會開會改選幹事，劉文藝、楊希慈、滕固、吳岐當選本年幹事，并改事務所於本鄉追分町八，劉寓。

　　按：該社設總事務所於上海，設事務所於各省區及各外國。各地方事務所幹事一至四人，司本社與各地方社員之聯絡，辦理該事務所一切事務及總事務所委託事務。（《學藝雜誌》第五卷第二號，1923年6月1日出版）

5月13日，創造社主辦《創造週報》創刊於上海。

　　按：該週刊由郭沫若、成仿吾、郁達夫等主編，泰東圖書局發行。1924年5月19日終刊。共出52號。最高發行量達8000餘份，并屢次重印。撰稿人有聞一多、梁實秋、張資平、何畏、周全平、敬隱漁、王獨清、田漢、滕固、淦女士（馮沅君）、袁家驊、洪為法、鄭伯奇、劉海粟等，而主要是編者郭沫若、成仿吾、郁達夫自撰文章，郭沫若翻譯的尼采作品尤多。辟有小說、論說、雜記、翻譯、詩、批評、答辯、信劄、雜感、寓言、童話、素描等欄目。以評論與翻譯為主，兼及創作，力求及時、迅速反映文壇上的論爭。郭沫若的小說《鷓鴣》，郁達夫的論文《文學上的階級鬥爭》、《藝術與國家》，成仿吾的《新文學之使命》，以及聞一多的《〈女神〉之時代精神》、《〈女神〉之地方色彩》等，均發表於此。

6月10日，丙辰學社更名中華學藝社。滕固參加東京事務所同人假神田日華學會舉行東京社員會。

《東京事務所報告》：六月十日下午一時，東京事務所同人假神田日華學會舉行東京社員會，慶祝"丙辰學社"改名中華學藝社并歡迎上海總事務所幹事鄭貞文君，暨新入社員。到會人數達六十餘人。女社員到會者，有劉映荷、王淑英等，此時各校方在試驗，在東京社員，幾全體到會，尤爲難得。由幹事劉文藝主席。

開會後由劉文藝君報告開會宗旨及改名經過；幹事滕固君致歡迎詞，略述鄭君爲人及對於該社之貢獻等。繼由鄭君演説，并述該社過去歷史、現在之情

《學藝雜誌》刊登滕固參與中華學藝社活動的報道（局部）

形及將來之希望,周密詳盡,(大致與前號《丙辰學社之回顧》相同不贅)在座社友,莫不為之感動云。

次社員丁乃剛、馬伯援諸君,相繼演說。次討論社務,林本、李宗武、方樂周、譚勤餘、張水淇、錢鶴孫、孫以毅、黃世光、吳岐諸君,先後發表意見,極形踴躍。四時攝影,旋即歸座,一面用茶點,一面繼續討論,對於學藝之內容,有主張提高程度者,有主張降低程度者,有主張文理分科者,有主張多出專號者,又有提議舉行暑期講演及發行小冊子者,由鄭貞文君一一加以申說,最後決定數事如下:

1.《學藝雜誌》內容仍以現在之程度為標準,不必更求低降;但過於專門之著作,另刊論文集,不在《學藝雜誌》上發表。

2. 隨時發刊專號,如社員中見有某種問題可以發行專號時,即由發起人召集同志,分任題目,議定辦法,負責募稿;一面通知學藝編輯處,分函素習此科之社員,廣徵稿件,以底於成。

3. 隨時刊行小冊子,或用《學藝彙刊》名義,或用《學藝小叢書》名義,請總事務所酌定。

4. 利用暑假聯合社員隨地舉行講演會,詳細辦法,由總事務所擬定。

此外并由各社員自由認定擔任《學藝叢書》若干種。(歸學藝叢書委員會報告)至七時許,討論尚未有艾,因所租會場晚間尚有他會,不能久延,遂即閉會,并由鄭貞文君以個人名義,於月之十九夜,另訂各社員茶會,繼續討論社務云。

東京事務所幹事劉文藝、楊希慈、滕固、吳岐六月二十日

(《學藝雜誌》第五卷第三號,1923年7月1日出版)

《東方雜誌》第20卷第11號(1923年6月10日)發表譯述《威爾士的文化救濟論》,署名滕固。

6月17日,上海《時事新報·學燈》發表章克標《創造二卷一號創作評》一文,其中"滕固的二人之間"一節中寫到:"作者是要寫出人人之間的一層隔膜。(上)的描寫小學生,(下)的前半寫吳明的心理。但(下)的後半,引入一千元匯票事件之後,就鬆懈了。這恐怕是作者受了要急於結束,這一篇的心思所擾亂。於吳明的心理,不曾仔細觀察之故。吳明在這時,對於王彥,祇便仍是半信半疑的態度,至少不至於單身去對正文贖長說明自己的失錯。但是這樣下去,這篇結束又要延長了。所以我以為不如把這件事省去,就是從(五八頁)有一天……以下完全刪去。這二人之間的一層

隔膜，已經可以看見了。更不必在原作的末段，由王彥去想出來。"
暑假，自日本回國。

7月4日，於月浦作《體驗與藝術》一文，刊7月21日上海《中華新報·創造日》創刊號。略謂："所謂體驗，不管學問上義解分歧，以我看來，一個藝術家聚精會神去咀嚼一切，體會一切，一切都被藝術家人格化了，這就稱體驗。……謝赫立出繪畫批評的標準凡六；就是世稱六法。第一'氣韵生動'，這不但適用於繪畫，也可當做求一切最高藝術的標準。據我看來，氣韵生動這四字，無非指天地間鴻蒙的氣體，微妙的韵律，萬物生生不息的動態。藝術家將天地間的氣體，綿縵於自己的胸中；將韵律震盪於自己的心中；萬物也生動於自己的脈絡中；於是發於楮墨，發於絲竹，發於色彩，無往而非大藝術品了。董其昌說：'畫家以古人爲師已自上乘，進此當以天地爲師。'王石谷說：'畫家六法，以氣韵生動爲要；人人能言之，人人不能得之；全在用筆用墨時，奇取造化生氣，惟有烟霞丘壑着癖者，心領神會。'在這裏我們可以曉得先代藝術家，在大自然中發見自我，以有深刻的體驗自然；那末Rodin忠於自然的體驗工夫，我國先代藝術家早有此精神。就是現代後期印象派的精神，要把捉潛在自然背後的神靈；我國先代藝術家也早有此精神了。……所謂個性的創造，生命的表現；無非全人格的反映。"

7月19日，上海美專暑期學校開學，滕固擔任藝術論課程及課外講座之講授。

8月8日，《時事新報》刊登天馬會畫展及諸聞韻、俞法三、潘天授、榮玉立、滕固、何明齋相繼入會消息。

8月，完成小說《水汪汪的眼》。

約8月，父親病故。
　　自述："民國十二年秋，余還自扶桑，遭先君之喪，輟學里居，檢先人藏書，又得蔣[劍人]遺著若干種。昕夕披覽，感其遭際之困，與夫性情之真，於是有年譜之試撰。屬稿兩月，粗具規模。"（《蔣劍人先生年譜後記》）

9月1日（日本大正十三年，土曜日），日本關東大地震。滕固寓所内數十册貴重書籍及五本筆記失去。

自述:"我的白山上的寓所,雖倖免於難,而已被充爲難民收容所的了。在這時,我失去了數十册貴重的書籍,不足爲奇!又失去五 Note Book,至今心中刺刺不安。這五册 Note Book 裏,有未完成的小説稿,日記稿,雜文隨筆稿,詩稿,一大半没有發表過的。"(《死人之嘆息·自記》)

9月8日,上海美專就日本東京等地發生地震刊發吊唁。劉海粟、俞寄凡、王濟遠、陳抱一、汪亞塵、滕固、諸聞韻等發起籌辦振濟日災美術展覽會。

《美專吊唁美術界》:東京市國美術院美術學校暨美術界公鑒:頃誦報章,驚諗貴國於三日猝遭奇災,東京橫濱各要半地成瓦礫,損失當以數十億計,誠亘古未有之浩劫,敝校逖聽之餘,靡深惋痛,而於美術一物,爲東亞文化之碩果,爲貴國維新之元氣,同遭奇禍,泯滅靡存,更爲悲悼,特此致書,藉申吊慰,上海美術專門學校啓。

美術界公鑒:敬啓者,此次日本巨災,亘古未有聞者,莫不驚悼,各界賑濟之聲奮起,同人等厠身美術界,雖能力薄弱,鑒此浩劫,安忍袖手,爰擬發起日災賑濟美術展覽會,特定於本月十四日(即星期四)下午二時假西門方斜路江蘇省教育會開討論會協議辦法,届時敬請全國美術界個人團體蒞會加入討論,是爲至禱。劉海粟、俞寄凡、王濟遠、陳抱一、汪亞塵、滕固、諸聞韻同啓。(1923年9月8日《時事新報》)

9月9日,下午三時,中華學藝社上海事務所假漢口路廣西路口同瀛社,開上海社員會,到者爲何菘齡、高銛、周昌壽、夏桂徵、資耀華、林遵雄、余祥森、朱念祖、滕固、陳掖神、鄭貞文、江鐵、温晉城、阮湘等十餘人,由鄭貞文主席,報告日本震災,該社派員東渡慰問,及發起中華教育團救濟日災會事等。(《學藝雜誌》第五卷第五號,1923年9月1日出版,當延期出版。)

9月13—22日,《順天時報》連載英國威爾斯著、滕固譯《文化救濟論》。

10月10日,作新詩《蜜蜂的讚歌——贈木天及其新人》,收入法國法朗士著,穆木天譯長篇童話故事《蜜蜂》,上海泰東書局1924年6月初版。

11月3日,在日本東京作《死人之嘆息·獻本之詩》。作者將此集題獻方光熹、宗白華。

11月8日，在日本東京澀谷作《死人之嘆息·自記》。

11月15日，作《詩畫家 Dante G.Rosstti》一文，11月25日發表於《創造週報》第29號。文章對英國拉斐爾前派的重要代表畫家、詩人、插圖畫家和翻譯家但丁·加百利·羅塞蒂（Dante Gabriel Rossetti 1828—1882）的繪畫作品進行分期評介，對其詩作名篇也作了相應點評，認為"Rossetti 的藝術，所謂美之具體的表現，這是神秘的唯一的關鍵，他的一生事業可說是熱情之神秘的體現。他的藝術上經驗的結果，有二個傾向。早年時代，他的詩與畫都覺得有輕快的精巧的樸質，這是純粹從悅樂自然而發生的，批評與傳統一點不管，也并沒有什麼大的出世心，倒是輕靈而優美。後年的作品，全是自然的清新，由悲哀的經驗與靈肉的苦悶，而成陰慘的產物，不但技巧方面的發達，其結果摒斥以前簡樸的直截的手法，以華麗的語言，鮮明的色彩相為經緯，織成美妙的詩毯，與歷來英國詩人的趣向大异，他究竟不失意大利的家風"。

12月5日，在月浦作《心醉之鄉》譯後記。
　　附記——這篇原名 The Land of Heart's Desire，按 Heart's Desire 譯"心願"為巧，第究其原意，則"心碎"之為愈也。此稿在二年前的夏裏臥病在家時所譯，到東後原書譯稿俱不知失在何方。這次在家中找到了，略加改正，但誤處尚多，所望方家指正。本來這篇詩劇我用散文譯的。原文的麗藻這裏沒有了，這是我對讀者與作者須請罪的。他的詩劇演時有時重寫一遍 Acting version 的。此譯對於舞臺上適用否我更無資格去問，衹要讀者有些印象，我再把他的名作 Shodowy watera 譯出來。十二月五日記於月浦

12月，徐大純、呂澂叔、滕若渠、惟志、鴻譯、唐雋、戴嶽著，東方雜誌社編輯，商務印書館發行《美與人生》一書，收入滕若渠《柯洛斯美學上的新學說》一文。該書為紀念《東方雜誌》二十周年編印。

1924年　甲子　民國十三年　二十四歲

1月7日，在《申報》上為遺失田契方單登報啓事。

《遺失方單》："茲者年來本宅屢遭失竊，其間受抵寶山縣月浦鄉發號四十八圖玉字圩六十七號八坵業戶陸錫榮則田一畝六分零四厘方單一紙亦已遺失，遍訪不得，當向冊單局請補，先此登報聲明，舊單作廢。滕若渠啓。"

按：7月17日《申報》刊登黃鑄新啓事

固弟即滕若渠鑒：

你的方單何以到吾手裏，是否寄存抑有別種原因爾？吾以前交情如何，你竟反面都忘，可嘆可嘆！吾如有侵佔産權行爲，既違犯法律請即起訴，吾總看你的亡父與生母面上，又念你初畢業之學生不知世情，易爲匪人蠱惑利用，故雖行爲乖方，還可原諒也。你的（心哥 My Heart's Brother）黃鑄新啓

1月26日，於寶山月浦作《藝術與科學》一文，發表於2月29日出版之《創造週報》第40號。文章略謂："美學與藝術學是哲學的科學。哲學是歸類於文化科學的，那末研究美學藝術學應該用文化科學的方法。——這是顯而易見的。"

1月下旬，攜友人觀看畫家吳法鼎創作林肯畫像，"每以其畫之肅穆莊靜方其人。"不料吳於不久後的2月1日北上途中因病去世。（《新吾之死》）

按：吳法鼎（1883—1924）字新吾，河南信陽人。1911年被河南省選派爲首批留歐公費生，赴巴黎學習法律，後改攻美術，成爲留法學生中習美術第一人。1919年歸國後，先後任教於北京大學畫法研究會、北京美術學校、北京美術專門學校、上海美術專門學校。1924年2月1日夜半在滬寧快車過常州時突發腦溢血去世。

2月4日，舊曆新年，東渡前夜，得友人黃中賦詞《浣溪紗》："風雨雞鳴送子行，悲歡細數忒癡情；你儂自己不分明。刻骨纏綿春化蛹；消魂離別夜啼鶯，忽驚雙鬢露星星。"（《煽熱低微的炭火——三角戀愛的序文》）

2月5日，東渡日本。

3月2日，上海《時事新報・藝術》刊登《新吾之死》一文，悼念吳法鼎病逝。

3月23日，出席在東京帝國大學第二控所舉行中華學藝社舉行懇親會，歡迎總幹事鄭貞文及新入社社友兼歡送畢業將歸國社友。推定劉文藝爲主席，報告開會趣旨，吳岐略述一年來社務經過，滕固致歡迎歡送詞，

創造週報

第四十號

◀ 目　　錄 ▶

1. 科學與藝術（論說）　　　　　滕　固
2. 黃昏（小說）　　　　　　　　貽　德
3. 讀都德的小物件（讀書錄）　　為　法

藝　術　與　科　學

滕　固

科學的責任是在按著論理去整理經驗的事實。以科學的方法去研究美與藝術，則美學與藝術學當然成立的了。　科學的分類歷來不一，據最近 Rickert 的主張，以為自然科學與文化科學，二者在質料上形式上都是根本對立的，牠們的方法因而不同。所謂自然科學是用普遍化 Generalisation 的方法，剔去異質的東西，聚集同質的東西，在普遍的法則上用工夫的。文化科學則不然，除去同質的東西，搜集附有價值的異質的東西，用個別化 Individualisation 的方法在特殊的法則——只一回的發見——上用工夫的。美學與藝術學是哲學的科學，哲學是歸類於文化科學的，那末研究美學藝術學應該用文化科學的方法，這是顯而易見。

在既成的藝術品之下用科學方法去研究，或對藝術創作的心理用科學方法去研究，牠的能力所及只限於合理的部分，以外牠的能力就不夠了。若藝術家創作時根據科學的方法，從這裏產出的作品，決不是真的藝術品。近來偶讀「人生觀之論戰」，見唐鉞氏對梁啟超氏的辯難，附帶著這一個問題。梁氏說：「關於感

滕固發表於《創造週報》上之論文《藝術與科學》

鄭貞文詳述上海、北京社友提議組織大學及第一屆募捐之經過。會上共商東京方面募捐辦法，并改選幹事。

《東京事務所報告》："去秋因受地震影響，社友流離遷徙，聚散不恒，迄未邀集大會，共策社務。茲於三月二十三日下午一時假帝國大學第二控所舉行懇親會，歡迎總幹事鄭貞文君，及新入社友兼歡送畢業將歸國社友。

是日天氣倏晴倏雨，正午陰霾密布，大雨驟至，而男女社友聯袂到會者竟至六十餘人之多，不為天候所阻，尤足表現我社同人堅毅不拔之意志。入席後，推定劉文藝君為主席，報告開會趣旨，由吳岐君略述一年來社務經過，由滕固君致歡迎歡送詞，隨後鄭貞文君詳述上海、北京社友提議組織大學及第一屆募捐之經過，與現在進行狀況，聞者達感，勇氣為之一振。是時攝影師來，便離席攝影，留為紀念。返席後共商東京方面募捐辦法，佐以茶點，由到會社友一再討論，結果以此間情形與國內不同，不能照總事務所提案，須另行採用特別組織，方便進行，當即推定鄭貞文君為本隊隊長，新舊幹事處理其事，各社友則盡力將事雖無限格，總期得款多多益善。討論既畢，即行改選，結果楊希慈君連任，此外江勉君孫祖蔭君范陽君當選，時已五下，旋即盡歡而散。十三年四月一日，東京事務所。"（《學藝雜誌》1924年第六卷第一號）

3月25日，得到友人佐藤春夫的介紹，到田端去拜訪日本著名作家芥川龍之介，談論範圍很廣，"從日本文藝談起，談到中國文藝，歐洲文藝，追溯上去甚至中國文化，希臘文化，不過隨隨便便，想說什麼便說什麼，沒有一貫的系統罷了"。臨別時，芥川將自己的新作《傀儡師》簽名贈送給滕固。此次拜訪給其留下深刻的印象。（《聽說芥川龍之介死了》）

按：據芥川龍之介致齋藤貞吉："今天我遇到一個名叫滕固的中國留學生，他是上海《創造》雜誌的同仁，又懷念起中國來，想再次走在有豬的街道上。……我寫的書，由春陽堂和改造社出版的部分都化為灰燼了。託您的福，乾淨利索的《羅生門》與《傀儡師》之類作為罪孽卻沒有消失，依然留在書店裏。"（高慧勤、魏大海主編《芥川龍之介全集》第五卷，第498—499

日本文學家芥川龍之介

頁。山東文藝出版社，2012年9月。）

　　芥川龍之介（1892—1927），日本近代著名文學家，是新思潮派的代表作家，創作上既有浪漫主義特點，又具有現實主義傾向。作品以短篇小說爲主，其他有詩、和歌、俳句、隨筆、散文、遊記、論文等多種，代表作有《羅生門》《河童》等。1927年7月24日，由於健康和思想情緒上的原因，在自家寓所服用致死量的安眠藥自殺，枕邊擱置有《聖經》、遺書與遺稿。

3月，滕固自日本東京東洋大學畢業，獲文化學科學士學位。

4月中旬，自日本返國，在上海寄居友人家中。

　　自述：“我於四月中回到上海，寄居友人的家裏；像是别一世界，百凡不習，手足無所措。回想到東京白山上的舊居，斗室中獨唱獨和，如同隔世的了！……解去了學校的制服，我的學生的資格，也從此剝奪了。紳士呀，學者呀，藝術家呀，我一樣都夠不上；祇是彷徨在歧路之間，此後的生涯也莫測其爲哀爲樂。”（《壁畫·自記》）

滕固自日本東洋大學畢業照（1924年）

5月10日，作《壁畫·自記》，認爲是留學生涯上告一段落時的紀念。

　　自述：在友人的勸説下編就小説集《壁畫》。“照我現在的情形想來，那種操筆爲文的餘閒，何時回復，自己也莫名其妙。……至於説我，要在現在龍蟠虎踞的文壇上争一席地，那我萬不敢當；我這蕞爾一蟲，自慚形穢且不暇，遑論乎此了，朋友們總當諒解我的。”（《壁畫·自記》）

5月17日，上海美術專門學校第八次自由講座，由滕若渠演講《文化史與美術史》。

約5月，偕黄花奴、張敏蓀到無錫遊玩，在梅園與友人范煙橋吟詩相和：“夢裏湖山入抱來，相逢一笑萬戀開。六載相思今證所，故人應比歲寒梅。”

1924年　甲子　民國十三年　二十四歲

6月15日,《時事新報·藝術》56期刊登滕固《中世紀的時代思潮與藝術》。

6月30日,《申報》刊登上海美術專門學校聘滕固等爲理論學科教授。

《美專暑期學校之近聞》:"上海美術專校,於每年暑假期利用休業餘暇,舉辦暑期之學校,已經五屆,今年第六屆,定於七月五日開課,分設西洋畫科、國畫科、音樂科、圖案科四科,所有各科教授,俱係專家,如西洋畫科爲該校校長劉海粟、李毅士、李超士、彭沛民、汪亞塵、普特爾斯基、温景美、蓋大士、俞寄凡、王濟遠,國畫科教授爲國畫專家陳伽盦、諸聞韻、潘天授、朱蓉莊,音樂科教授爲音樂專家劉質平、張湘眉、潘伯鷹,圖案科教授爲王乃振、何明齋,其他擔任各種理論學科教授練爲章、滕若渠、朱天梵、黄主心、黄頌林等數十人。該校先前函請各省教育廳,及省教育會,保送學員來校修習。由教育機關保送者減收學費四元,日來外埠各省如山東、浙江、廣東、安徽、及本省各縣最爲多數,紛紛來校報名,而遠道來滬學員,刻已繳費入校住宿云。"(《申報》本埠增刊二"學務叢載")

按:據《上海美專名人傳略》引《教育部立案上海美術專科學校一覽》(民國十三年)(Q250—1—299 P037—039):滕固,字若渠,江蘇寶山人,美術史教授。通訊處寶山月浦。

6月,平襟亞著短篇小説集《中國惡訟師》由上海公記書店出版,滕若渠等十一人爲之作序。

7月12日,上海美術專門學校第六屆暑期學校舉行開學式。

《美專暑校》:"西門斜橋徐家匯路口,上海美術專門學校,本屆第六屆暑期學校,於昨日上午十時,在第一院禮堂舉行開學式,各省男女學員及全校教授,全體列席行禮,濟濟一堂,頗極其盛,振鈴開會後,即依照秩序奏樂,全體起立對國旗校旗行三鞠躬禮,劉海粟校長致詞,教授李毅士、汪亞塵、王濟遠、俞寄凡等,先後演説,并由王君報告分組教授等等,説畢,奏樂散會。已逾十二時矣。下午二時,接開教務會議,商議支配教程及編訂各組日課表,以便於下星期一(即十四日)開課,該校現設西洋畫科、中國畫科、音樂科三科,圖案科因人數較少,不另開班。而三科中編入西洋畫科水彩畫組者,最占多數云。"(1924年7月13日《申報》本埠增刊二"暑校新訊";《民國日報》"學校消息"亦有類似報導。14日開始授課。)

7月15日,由滕固、方光燾(曙先)、章克標、張水淇(洗桑)、沈端先

（宰白）、孫伯剛等留日學生組織之獅吼社同人刊物《獅吼》（半月刊）創刊。擔任主編的先後是滕固、張永淇和方光燾。由上海國華書局發行，出滿十二期後停刊。第一期刊登滕固散文《遺忘之彼岸》。

《獅吼》廣告："在平庸的藝術界上發一聲怪異的獅吼！Sphinx 原爲古代埃及人雕刻，人面獅身。有人說：人性的原素一半是獸性；是古代人煩悶的象徵。我們現在要建一座近代人的 Sphinx。所有的稿子，都是奇醜的呼聲。"（1924 年 7 月 17 日《民國日報》）

章克標《世紀揮手》："那時我們出了一個同人刊物叫《獅吼》，也算步創造社的後塵，是模仿了他們的做法。這個刊物是由滕固主編的，是他發動并且接洽出版、發行的。有一家書店叫卿雲圖書公司，他們想出版一種雜誌來作自己的招牌，以廣宣傳，同滕固洽談好了這筆交易，也許其中還有黃花奴的力量，總之是由書店拿出一筆錢來，由獅吼社承包，出一種刊物。好像是每月由書店付錢一百元作爲編輯費及稿費，而紙張則由書店負責。我們對此也很滿意，在條件談妥之後，大家還在四馬路的一家春西餐社吃了一頓，以示慶賀。

這個刊物《獅吼》的名字，不知是否滕固的即興之作，也不知是不是取義於佛家的獅吼。寫文章的人，就是滕固、張永淇、黃中（即黃花奴）、倪貽德、滕剛、方光燾和我等等約十來個人。我們這一班人，當時有點醉心於唯美派，是標榜爲藝術而藝術的藝術至上主義者。我們拾取了外國波賴爾、梵哈倫、王爾德的餘唾，大事模仿效尤，講些死和愛，化腐朽爲神奇的種種論調，想以此來獨樹一幟，在文學藝術界裏開放奇花異草。

這本《獅吼》竟然行銷到了新加坡，大約那裏華人很多，中國報刊有點銷路，所以也能在那裏的報刊市場上露面，恰好被邵洵美買到了。他是從歐洲回家來結婚的，在英國學習了幾年之後，還到巴黎去了一陣，家裏命令他回來結婚。在新加坡停船時上岸看看，在書報攤上無意中看到了《獅吼》，覺得這個名字很奇，就隨手取來翻閱，覺得大配胃口，正合脾氣，就買了一册。在船裏仔細看，更覺得都是自己也想說的話，這樣的同調，竟然會是在上海出版的刊物。他一到上海，就照刊物上的位址來訪問我們了。因此我們就成了朋友。尤其滕固同洵美氣味相投，友情濃厚，常被邀請過去聚晤。大抵因爲他們都是出身書香門第及家底豐厚的大家庭，共同的語言更多了些，而且後來滕固遇難時，也全虧了洵美的幫助，逃過了厄運。

我們都是爲《獅吼》義務提供文稿，但也可能因此而難以爲繼了。出版了不多幾期，大約是三期五期罷了。不知由於何種原因而停止，出版人方面不願再辦下去，但決不是我們這個團體渙散了之故，因爲我們隨後還出過一種叫《新紀元》的刊物，也是由滕固主持的。後來滕固轉而加入了國民黨，熱心去

1924年　甲子　民國十三年　二十四歲

（第一次） 　　（第二次）

（第三次） 　　（第四次）

（三年的獅吼）

由滕固、方光燾、章克標、張水淇、沈端先、孫伯剛等留日學生組織之獅吼社同人刊物《獅吼》書影

搞政治運動了，我們這個烏合之衆的小集團，就無聲無息地自動消滅了。"

作《失業與失德》一文。發表於 7 月 30 日出版《獅吼》1924 年第二期。對友人來函中指責"滿腹經濟文章，不能一用而反墮落"進行辯解，認爲當前的失業沒有什麼大辱奇恥，因爲一種職業要有本領去幹，"先君一生最恨寄人籬下，他早年爲人記室，憤而營商自立其身。這種精神還留存於我的心情中，説不定我依舊斷承我先君的事業呢"。在道德破產的中國，就是服從社會因襲的規則，也不過一重裝飾品罷了。"盜賊爲萬人所吐罵的，而我獨同情於他們；反叛的藝術家，人皆稱作無行文人的，而我獨敬仰他們；然而二者我都趕不上，我祇是一個平常人。我這平常人還是不容於朋友們，此中複雜，非我所知了，非我所知了"。

7 月 23 日，郭沫若致滕固信，以《再上一次十字架》爲題發表於《獅吼》半月刊第三期。
若渠：
　　獅吼一號接讀了，信亦同時收到，謝你。
　　我自四月初旬來日後在四月尾間曾往東京一次，到東京時候知你已歸國，好像是何畏兄告訴我的。
　　我一人在東京的廢墟裏坐著電車跑了三天，銀座也去過，淺草也去過，在淺草公園裏看了一場 "Euo Vadis"（《往何處去》）的電影，羅馬皇帝奈羅把全羅馬城燒毀了，爲助自己讀 Homeros（荷馬史詩的）的詩興把羅馬全城燒毀了，他把一切責任轉嫁給耶穌教徒，那時使徒彼得正在羅馬，他看見全城燒毀了，看見奈羅皇帝虐殺耶穌教徒，他説主道不行，他便翻然離開羅馬逃去，他在途中，突然遇見耶穌的幻影從對面走來，他跪著問他：
　　——主喲，你要往何處去？
　　耶穌對他説：你要離開羅馬逃走時，我祇好再去上一次十字架！
　　啊，看到這裏，我的全部心神都感動了呢！我此次出國放浪，誓不復返的決心從根本上發生了動搖，"我要再去上一次十字架！"——一種嚴厲的聲音在我內心的最深處叫出了。"我要再去上一次十字架！"——我坐在觀音堂畔的池亭上沉思了一點鐘的光景。……
　　我初來時本是想在此地的生理學研究室裏作一個終身的學究，我對於生理學是很[有]趣味的。我自信我在生理學裏祇要研究得三五年定能有些發明；但是一從現實逃出來，愈離現實遠的時候，它對於我的引力卻反比例地增加了。一句話的覺悟：我現在不是當學究的時候。——我自從把這種志願拋去之後，我決心把社會經濟方面的學問加以一番的探討，我近來對於社會主義的信仰，對於馬克思列寧的信仰愈見深固了。我們的一切行動的背景除以實現社會主義爲目的外一切都是過去的，文學也是這樣，今日的文學乃至明日的文學是社會主義傾向的文學，是無產者呼號的文學，是助成階級鬥爭的氣勢的文學，除此而外一切都是過去的，昨日的，我把我昨日的思想也完全行了葬禮了。

"我要再去上一次十字架！"——這句話的精神是我數月來的生命。若渠，我不久又要回國了。武昌師大的同學們要找我當教授，當教授雖不是我願意的事情，但是能跳到中國的中央，跳到中國人生活的海心裏去嘗鹽味，這是我樂於幹的。我覺得中國的武昌好像俄國的莫斯科呢。就在九十月間說不定要去，資平也應了該校的地質學教授的聘，我們在那兒又有伴侶了。

仿吾到廣東後也有信來，他此次南遊衹能經歷兩三月，待他回滬後我們可要重振旗鼓了。到那時我們一切詳細的計劃自然要通知你和曙先——曙先的通信處我忘卻了，請你告訴我。

"獅吼"是我們的兄弟，請儘管放大聲音吼吧！總有人認識你們這個"SPHINX"（斯芬克斯，希臘神話中的獅身人面像）的呢！

末了我祝你康健。

郭沫若七月二十三日

按：上海《獅吼》半月刊第三期，1924年8月15日出版。該信收入黃淳浩編《郭沫若書信集》（上）第286—287頁，中國社會科學出版社，1992年12月第1版。

張偉《第一聲"獅吼"——獅吼社與〈獅吼〉半月刊》："郭沫若和夏衍，他們均未參加獅吼社，卻都在《獅吼》上發表了重要作品。郭沫若在《獅吼》上發表的是1924年7月23日從日本致滕固的一封書信，1924年是郭沫若的思想發生重大變化的一年，這年4月他重返日本以後，集中翻譯了日本河上肇所著《社會組織與社會革命》一書。這本書的翻譯，使郭沫若更深刻地瞭解并逐漸堅定了對馬克思主義的信仰，對此他在8月致成仿吾的《孤鴻》一信中有明確說明，有意義的是，在致滕固的信中，郭沫若爲我們提供了關於他思想變化的更多的材料。郭沫若在譯書過程中極少有娛樂活動，偶然的一次例外是在淺草公園看了一場《往何處去》的電影，影片中耶穌爲拯救羅馬城人民，決心"再上一次十字架"。這一場面極大地震撼郭沫若的心靈。這裏的"耶穌"和"十字架"已完全失去了原有的宗教涵義。他在信中說："'我要再去上一次十字架！'——這句話的精神是我數月來的生命。"他剖白自己的心靈："我現在不是當學究的時候。——我自從把這種志願抛去之後，我決心把社會經濟方面的學問加以一番的探討，我近來對於社會主義的信仰，對於馬克斯列寧的信仰愈見深固了。我們的一切行動的背境除以實現社會主義爲目的外一切都是過去的，文學也是這樣，今日的文學乃至明日的文學是社會主義傾向的文學，是無產者呼號的文學，是助成階級鬥爭的氣勢的文學，除此而外一切都是過去的，昨日的，我把我昨日的思想也完全行了葬禮了。"（張偉著：《封塵的珍書異刊》，第169—172頁）

7月26日，作《銀杏之果・序》。

　　這篇"銀杏之果"，我在一九二二年四月寫的。當時學校裏春假初開學，教授們旅行沒有回來，我乘著休課的時間，在圖書館裏寫了四個下午，便也脫稿。

　　寫好了後，我也沒有重讀的勇氣；朋友中張資平、方光燾、郭沫若三君，先後看過；他們都給我許多很好的助言，教我努力改作。尤其郭沫若爲我指出許多重要的病點。於是我藏在箱篋裏，時時想要改作，可是爲了課業所困，不能如願以償！

　　這一年暑假，回到上海，住北車站近旁。同住的方君東亮他看見這篇東西，勸我出版；我有待於改作，不敢冒昧發刊，依舊安放在箱篋裏。

　　到今年隔了二年了，我幾乎忘去了我曾做過這篇東西的。方君又提醒了我，於是打開箱篋，把這篇重讀一遍；想要動手改作，而我近來創作的氣氛完全沒有了，對著它時時抱著"從何改起"的疑問！

　　篇中我所懸擬的主人公秦舟，啊！我究竟不是秦舟，我沒有他那種深刻的體驗，如何會表現周到呢！我雖然不是秦舟，然而我不知道爲了什麼緣故，沒有勇氣去想象秦舟所體驗的。我懷著這種心情，這篇作品怕永遠不能成就的了。現在我祇是改正了幾處差錯的字句，因方君的好意，把它去出版了。

　　這篇出版，正是當世君子所譏爲粗製濫造的東西；我橫豎不要在現在的文藝界上占一席地，可不去管它了，祇是有負三位朋友的諄諄規勸，內疚實深！

　　以後我有改作的機會，總想用心改作，一洗躁急之罪，那是我萬幸萬幸了。現在呢，祇望朋友們恕我祇有作的氣力，而沒改的氣力。

一九二四，七，二六，滕固記

　　按：方東亮原爲泰東書局職員，1923年創辦羣衆圖書公司於上海福州路300號。

作《民衆的教養》一文。發表於8月15日出版《獅吼》1924年3期。文章以與朋友對話的方式,探討了民眾缺乏知識的教養和美的教養原因,但認爲在我國"穢物積蓄年代",一位暴君在施其淫虐的時候,盡有諫臣,也不過供他殺戮罷了。

7月28日,《申報》頭版刊登張敏蓀致滕固、程君廣告。
　　滕固(即若渠)鑒程君(即寫無名信者)鑒:
　　余數次找汝不見,不知汝住在何處,今無別事,因程君連日來信,信上不留名字,彼言與汝有事,余易修信通知之家屬,至今無回音,故今報告汝,倘日後有甚意外之事發生,願諒與余一些無涉,恐後有事,特此聲明并請諸友均鑒,并請注意下一啓事　　張敏蓀啓
　　來字均已收到,信内據汝所言,因蔣少卿醫士之女公子蔣仲珊女醫也。此事余不知細底,但也略知一二,該蔣仲珊事非滕君自爲,内中卻是黃花奴君及陳雲柯君二人引綫,滕君年輕不知世事,請勿誤會,滕君與余乃是朋友,并無別的關係。余與汝從未有一面之交,汝與滕君有仇,可向彼三人盧綸,不必時常打電話及寫信給余,自今日起請汝與彼等直接交涉,以前電話中之言,一概作廢。再彼等通信處四馬路國華書局沈頌華轉　　張敏蓀啓

7月30日,《獅吼》半月刊第2期發表《文藝批評的素養》一文。作者認爲:"批評家有二種:其一根據於學問的批判,什麼科學的批評哲學的批評;搬出許多學問上的術語來開展覽會,往往令人生厭的。其二要具有創作的精神,在作品中發見自己;這才是真的批評家。論美的原理者,不必是藝術批評家。理解作品者,不必是美學家。""真的批評家,也可説是創作的批評家"。

8月4日,自該日起,由滕固在上海美專暑期學校每天下午一時至三時講藝術概論。

8月11日,《申報》"本埠新聞"刊登《登報誹謗名譽之交涉》,披露滕固戀情經過。
　　《登報誹謗名譽之交涉》:"滕固,字若渠,昔曾遊學東瀛,歸國後,執教鞭於滬埠某學校,其友名黃花奴者,嘗介紹滕與張梅蓀女士相識,感情極洽,過從亦密,嗣有蔣少卿之女仲珊,亦因黃花奴而相識滕若渠,蔣女習岐黃術,現已懸壺,滕自獲此女友後,甚覺氣味相投,遂與張梅蓀遂漸疏闊。近來張女士忽接一函,具名者爲程某,函中備述滕蔣二人近況,而字裏行間,復多流露

別種言詞，張得函，乃即致書於她母蔣父，告以外間對於滕蔣嘖有煩言，請各將子女訓誡，并一面登報聲明，謂滕蔣二人如將來發生任何事件，概與本人無干，又登報通告投函之程某，以若對於滕蔣有何意見，請程直接向之交涉，嗣後勿再浪投尺素，此項廣告，爲滕蔣二人閱見，認爲張梅蓀登報譭謗名譽，即與交涉，因不得圓滿結果，故滕蔣二人現已同延日本辯護士村上氏進行法律解決之手續矣。"

8月13日，滕固登報辟謠。

《滕固來函》：閱貴報八月十一日本埠新聞欄內，登報譭謗名譽之交涉一節，與事實不符，所謂張梅蓀女士，鄙人并無此女友，或爲張敏蓀女士之誤。查張敏蓀女士，與鄙人并無戀愛關係，蔣女士亦係普通朋友，事關各方名譽，應請登報更正，不勝幸甚。滕固啓。（《申報》）

自述："我爲了此事：各家報紙上詆毀我；識與不識者相率譏笑我；先輩以側目視我，朋儕以鼻息嗤我；親戚昆弟以揣測疑我；母親涕泣述先人的遺訓，以大義責我；我還有怎樣面目序《三角戀愛》呢！我自從遭此不測，如同冷水灌懷，閉門伏匿，夙夜戰慄。事後，我雖然覺得自己沒有涼德惡行，於我兀傲自尊的性情，絲毫無損；而我祇在明鏡的前面，向著自己訴怨。我對於別人一點沒有抱怨，我在日記上早已說過，'別人不諒解我也罷，祇要我諒解別人，因爲我體驗了諒解別人的困難；誰願嘗這種困難的滋味！'……"（《煽熱低微的炭火——三角戀愛的序文》）

據章克標回憶："滕固經黃中（華傑）介紹與一（寡婦）女醫生相戀愛，因對方家族反對，委託律師在《申報》上刊了一條警示廣告，同時還在報紙發了地方新聞，作爲一件社會醜事加以揭發，以造成輿論制裁。滕固因此失望到企圖自殺。後與該女之女僕結婚。"（參見《世紀揮手》P144—145頁）

8月15日，《時事新報》刊登沈祺《滕固的戀愛與記者》一文。

8月16—22日，因病住醫院，其間所作日記後經整理發表於《吼獅》第六期，冠名《無窮的痛創》。

8月21日，《申報》刊登《上海大學之新聘教授》消息中滕固受聘中國文學系教授，該校校長爲于右任，中國文學系主任爲陳望道。

《上海大學之新聘教授》："上海大學新添學系延聘教授，進行甚力，其已聘定者，已見昨日報，頃聞該校原有之'中國文學系''英文學系''社會學系',除原有教授不動外,又新聘十餘人,中國文學系新聘者有任仲敏、嚴既澄、方光燾、滕固數人,社會學系新聘者有彭述之、李達、蔣光赤、張太雷數人云。"(《申報》)

《上海大學學務之改進》:"上海大學鑒於學生人數日多,職員責任日重,學務方面猶有增加負責人員之必要,議決從本學期起,將學務處改由學務委員會,負責理事。學務委員會即以中國文學系主任陳望道、英國文學系主任瞿秋白等,及新設經濟政治等各系科部主任充之,日内正舉行入學考試者甚衆,所定委員亦已全體負責辦事矣。"(1924年9月2日《民國日報》)

8月24日,《民國日報》、《時事新報》等刊登上海美專消息:校舍方面,已將各院合併一起,所有新屋工程已陸續告竣,各科共有卅二個教室,教授添聘日本東洋大學文化學院畢業滕固擔任美術史藝術論,國畫專家許醉侯擔任國畫科主任,音樂家沈淑清女士擔任鋼琴等。本屆第一次投考新生共有一百三十餘名,第二次招考定於二十五日起聯試三日。

《上海美專近訊》:"……各科教授,教務長李毅士,西洋畫科主任王濟遠,師範科主任俞寄凡,西畫教授汪亞塵、李超士、普特而司基、溫景美、丁悚、彭沛民、劉海若、顧久鴻,國畫教授諸聞韻、潘天授、朱天梵、陳伽仙,音樂主任劉質平,教授潘伯英、張湘眉均蟬聯外,添聘日本東洋大學文化學院畢業滕固任美術史藝術論,國畫專家許醉侯任國畫科主任,音樂家沈淑清任鋼琴,新進青年畫家倪貽德、顧敦詩、馬施德、薛珍等。"(1924年8月24日《時事新報》)

8月30日,愛爾蘭劇作家葉芝(W.B.Yeats)著,滕固譯《心醉之鄉》劇本連載於《獅吼》1924年4、5期。

《獅吼》1924年4期發表水淇《吹灰錄:若渠之事》一文,談及滕固戀愛情形,認爲"初入社會的若渠,即爲黑暗所包圍。使他於社會的黑暗方面有深刻痛切的體驗,爲藝術家的他得此一番深刻的體驗,於他的藝術上,必有偉大的收穫"。

水淇《吹灰錄:若渠之事》:"余自東京歸到上海,遇朋友無不談若渠戀愛事。過數日,各新聞都登出他的事,而事實有不符之處,似要中傷他而爲之者。此種男女私情的交涉,不當宣布於羣衆,并且混淆事實而宣布,更爲不可;於此可見上海新聞記者程度之低。

若渠是文才中帶直的狂氣的人。沉悶煩惱了好幾年,Libids作用於其胸中,是他對於異性孕熱烈之渴望。他常要求——他所理想的異性,癒他的Eros

的箭瘡。他是主張於醜惡中尋出美的；要於馬糞中尋出蘑菇，於牛屎中覓出香精的。他像馬朝霍 Masoch 一樣，要他愛人用鞭打他，他才覺著愉快的。他愛人的鞭，不但不使他體膚起苦痛，反使他有無上的快美，這種性情，據 Freud 學派的學說，是起於受動的對他性慈的；他人於自己之肉體上加以苦痛而覺著愉快。所謂馬朝霍主義 Masochism 的人，就是這種性情的人。他既具了這種性情，對於異性又渴望而崇拜，見了某女士，就以爲他所想的愛人，捧了全身全心給與她。曾在東京接著她的病訊，哭了一夜。此次歸國，他滿擬她必有一番熱烈的愛，不料爲沙漠中的流浪兒的戀愛，變轉無常。她見了他，已如中了 Eros 的鉛箭一樣，祇有逃避的心。他爲此哭了幾次，《獅吼》中的《犧牲》怕就是他的戀愛史。

今次之事祇不過是男女交情之變化，卻又一種人欲備以威脅若渠，誣陷若渠，使他失去社會上的地位，以滿足其嫉妒，怨恨的心。初入社會的若渠，即爲黑暗所包圍。使他於社會的黑暗方面有深刻痛切的體驗，爲藝術家的他得此一番深刻的體驗，於他的藝術上，必有偉大的收穫。他受此苦痛，必能於他的作品上，奏凱旋之歌，得勢之曲。我不爲他悲，反爲他慶。欲陷害他的人，實是鍛煉他，造就他的人。藝術是苦悶之花，生命之流；平常之生命，祇能有平常之作品；非常之生命，纔有非常之作品，我願若渠嘗味這事件中的種種。"

朱謨君鑒：本刊現在暫時由水淇滕固二人負編輯責任，第三四期因滕君抱病，由水淇一人負責，至於各作者的文字由作者自行負責，因問此復。水淇

按：原刊爲民國十三年七月三十日出版，又有將"七"改"八"手跡，據所刊內容觀，當爲延期出版。

9月1日，上海美專在斜橋西首法租界徐家匯路口校址行秋季開學禮。下午召開上海美專本學期首次教務會議，李祖鴻主席。議決滕固等十六人爲修正考查成績規程委員。

按：本編摘錄上海美專檔案內容，均據《美專風雲錄（上）》，不另註明。

9月11日，《申報》刊登消息："上海美術專門學校昨日已開始上課，全部校舍均遷在法租界貝勒路天祥花園隔壁，大門在法租界徐家匯路口，分爲二院，第一院設有各科教室，及辦公廳，函授學校等，第二院設有全部寄宿舍，及圖書館、美術[館]食堂等。全部校舍，經暑假期內鳩工裝飾，煥然一新云。"幷刊登緊要啓事："本校已於九月十日正式上課，新

舊各生亦已陸續到校，未到諸生務希即日到校，按級上課，免廢學業，本校校址在上海法租界，安逸如常，絕不受江浙影響，盡可安心求學，特此通告。"

《城內學校將陸續上課》："江浙戰事發動之初，城內各學校紛紛停課，戰機既開，學務益形停頓，各校教員，大都發一個月薪金，散歸原籍，茲聞各學校生家屬，因戰事與上海地方小學無甚關係，兒童長此曠課，殊屬可惜，均紛紛向學校請求照常上課，聞市立學校校長，曾作一度之商榷，大致不久將照常開課。"（1924年9月15日《民國日報》）

孫中山誓師北伐。

　　按：1924年9月28日《民國日報》刊登有《中國國民黨北伐宣言》。

9月21日，上海美專教授劉海粟、李毅士、王濟遠、汪亞塵、李超士、俞寄凡、滕固、丁悚、普特爾司基、許醉侯、顧畦人、陳摩、倪貽得、劉海若、諸聞韻等四十二人在《藝術》週刊第70期發表啓事。

《啓事》："閱本月15日《民國日報·藝術評論》上所載全國藝術家聯合展覽會重要通訊一則有'因本會出品人實多該校——文前注明有本埠美專字樣——各科主要教授'云云，深為駭異！同人等身許藝術，忝任上海美專重要教職，當對於國內美術界尤願盡提倡之責。惟察滬上近有少數無恥之徒，動輒假借藝術界名義，淆惑眾聽，窒礙新藝術之進展。故同人等對於各處展覽會出品，無不謹慎出之，此次所謂全國藝術家聯合展覽會，同人等深知內容，并未出品；即有一二人一二件舊作陳列其間，亦係輾轉借去者，本人并不負直接責任！深恐假借名義，淆惑聽聞，特此鄭重聲明！"

9月28日，江蘇省教育會致本省省立學校函，鑒於蘇浙兵興，教育面臨中斷，希望各校比照私立學校，酌增學費，教職員酌盡義務，省署就原定維持費外，酌量加撥，照常開課，俟事平再將原定經費補發。

《學校停頓之救濟蘇教育會致各校函》："敬啓者，蘇浙兵興，和平失效，省公署不得已曾有省立學校暫停兩月之令，然開戰以來，已將匝月，雙方堅持，結束無期，兩月以後，欲求恢復原狀，殆不可能，節令趲日停戰，謂能如期開學，亦屬疑問，惟念教育為立國要素，國民精神所寄，豈容長此停頓，日本維新之役，流亡載道，而弦歌不輟，歐洲大戰，成人盡赴前敵，而教育未曾中斷，其堅韌不拔愛護國家之精神有如是，吾國頻歲內爭，元氣斷喪殆盡，惟吾蘇省亦曾經兵禍，教育從未停頓，差堪自慰。此次雖創鉅痛深，大非昔比，然與其坐耗光陰，教青年之志氣，何如上下交奮，繼續此精神事業。近聞省立學校中已有節儉薪膳，酌加學費，先行開課者，見義勇爲，彌覺可佩，竊思行政當局愛護教育，夙具熱忱，決能於無可設法之中，勉爲維持，我教育同志，尤富自動精神，必能當仁不讓，在家屬愛惜子弟學業，更可諒解苦衷，共盡義務。本月二十六日本會幹事員常會提議救濟省立學校停頓辦法，僉以爲亟宜參照上項辦法，建議於官廳，并陳述意見於各校，當經議決省立各校在本學期內，師範得酌收膳費，其餘各校，均得比照私立學校，就地方情形，酌增學費，教職員酌盡義務，省署就原定維持費外，酌量加撥，照常開課，俟事平再將原定經費補發，即分別函達等語，除函陳省公署教育廳財政廳外，用特函告貴校，即祈察酌辦理，如荷贊同，則不絕如縷之教育，庶尚有一綫維持之希望，江蘇幸甚，學子幸甚。"（1924 年 9 月 30 日《國民日報》）

10 月 10 日，啓程赴日本東京養病。

10 月 11 日，作《壁畫・再記》。
　　此集無足稱述之習作，在印刷所中擱幾半載，是半載中，我降志辱身爲百千人所嗤笑，今雖印刷完竣，不及見裝訂發行，我又被迫出國門。
　　自投滄海流方急，來共魚龍哭失聲。駿馬美人今去也，隻身萬里任縱橫。
　　誦曩年舊作，悠悠此去，我心實痛。
　　　　　　　國慶日後一日記於東海舟中（收錄於陳子善編《壁畫》）

10 月 22 日，《申報》刊登黃中著滕固序《三角戀愛》（小說）廣告，稱其爲"唯美的抒情的浪漫的悲哀的"，"作者仗著狂放的天才，纏綿的文字，描寫精神的戀愛和失戀的痛苦，甜蜜處極迴腸盪氣之能悲騷處有婉轉哀鳴之苦。這原是作者自寫悲哀，比較旁的著作深刻得多。而思想高超。言論怪癖，尤其是言人所不敢言。道人所不能道，直把隱秘的人心，虛僞的世界大聲喊破，是何等大膽的筆杖啊！"該書擬由國華書局總發行，分精平裝兩種。

10 月末，完成小說《古董的自殺》。1925 年 1 月 10 日發表於《小說月報》第 16 卷第 1 號。

在日本東京澀谷作《煽熱低微的炭火——三角戀愛的序文》，署名滕固，發表於《獅吼》第七、八期合刊。

按：長篇小說《三角戀愛》（第一集），黃中著，上海金屋書店 1929 年 1 月初版。經查上海圖書館藏（219130）該書中未收錄此文，編者認爲：導致滕序沒有收入《三角戀愛》的原因有二：一則在該書正式出版時，滕固已經成婚，往事不便再提起；二則此時的滕固已任江蘇省黨部指導委員要職，地位的提升，亦不願因此影響聲譽。

10 月，滕固著短篇小說集《壁畫》由上海獅吼社初版。
　目次：自記（1924 年 5 月 10 日）/ 再記（1924 年 10 月 11 日）/ 壁畫 / 石像的復活 / 鄉愁 / 二人之間 / 水汪汪的眼睛 / 少年宣教師的秘密 / 百足蟲 / 犧牲

11 月 3 日，於東京澀谷作《獻本之詩》，收入《死人之嘆息》。

滕固著短篇小說集《壁畫》

11月4日，於東京作《中世人的苦悶與遊仙的文學》一文。發表於《小說月報》17卷號外《中國文學研究》，1926年6月出版。作者認爲宗教是藝術創造的——要解脫生的苦悶，不得不嚮往藝術的世界。中國近乎"天國"與"極樂世界"的思想，就是道家的"仙界"。"這種思想，是老莊一派思想的副產品；譬如像《列仙傳》一類神仙傳說，與老莊一派的思想，表面上看來一點沒有關係；其實把老莊一派的思想具體化了，通俗化了，浪漫化了，就有神仙傳說出現。在中世文學裏，魏晉六朝人的詩歌中，渴慕老莊的精神，隨處可以看出。而在這時，以神仙傳說爲材料的文學，產出不少；那可以明白二者的關係了。這種東西，我假定一個專名，叫做'遊仙的文學'。"中世人的苦悶突出表現爲對於富貴榮華的厭煩，對於人生短促的失望。"這種苦悶的解決，如諸作者的豔歌，及劉伶的《酒德頌》等的刹那間歡樂的讚美；其他陶謝一流的優遊行樂，歌頌自然。而最能在有限中顯示無限，就是遊仙的文學。他們特地發揮純粹中國的傳說，使神仙的思想，在藝術上留一永久的價值。所以在中世文學的園地裏，是一種異樣的花朵"。

11月8日，於東京澀谷作《死人之嘆息・自記》。

《死人之嘆息・自記》：一九二三年的暑假，我回到祖國，日本大地震；我的白山上的寓所，雖倖免於難，而已被充爲難民收容所的了。在這時，我失去了數十冊貴重的書籍，不足爲奇！又失去五冊 Note Book，至今心中刺刺不安。這五冊 Note Book 裏，有未完篇的小說稿、日記稿、雜文隨筆稿、詩稿，一大半沒有發表過的。蒼天厚我，教我不要獻醜，我當然感激它的。然而區區心血所寄，譬如自己生的兒子惡劣，不願人家把他打死；我這不能免俗的傷感，也是人之常情。

於是我想起整理舊稿。在這名著如林的出版界上偷耽耽地挨進一脚，湊個熱鬧，一樣是脚，人家是套上絲光襪，穿上漆皮鞋；我是創痍斑剝、紅腫不堪，殘疾者的赤脚。相形之下，美醜彰然！假使人家的脚脫去了鞋襪，是否和我一樣的殘疾破爛？那我不得而知。我也是染著評頭論足者流的傳統習慣，"祇重衣衫不重人！"以此推想看官們，對於人家的脚當然恭而敬之，對於我的脚掩鼻而過之；就是鞋襪先生們也感到羞與爲伍，憤而斥之，從此我的脚，沒有立足之地了。那末我硬要挨近去的原因，究竟何在？一層是尋那和我同患惡毒的病人來憐憫。一層尋那天醫國手來診治。

人類本來是赤脚的動物，鞋襪的發明，爲了裝飾嗎？爲了遮羞嗎？這一個問題的考察，要起 Carlyle 先生於地下了。若是 Carlyle 先生在世，聽得這個問題，他的思想會動搖了；他對於衣裳哲學的考察，進而做鞋襪哲學的考察了。我於是翻出《史記》，把張良圯上進履的故事，翻成英文交給他。當此支那學說盛行於歐洲的時候，他老先生撫了鬍子，一定萬分歡迎。著一部"納履者"，與拉丁文爲名的"Sartor Resartus"先後媲美！在這時，或者我也可得到一個博士銜。可惜 Carlyle 先生早作古人，這博士的夢想，終竟沒有實現的時候了。

閒話休提！這一隻爛腳上的瘡疤血跡，也是三四年來殘病的成績。一大半，在地震時被人家無意之間剝刷去了。這一大半柯一岑兄爲我保留在幾年前的《學燈》上；和其他朋友爲我保留在別的雜誌上。在這裏，我不盡的感謝他們那種嗜痂的好意。

窗外紅葉蕭疏，顯出秋娘的嫵媚，她是譏笑我浪費青春，她是惹起我晚秋的傷感。我撫著自己的爛腳一看：還在流出膿血。啊！我的殘疾永不會療治的了。一切願望，一切……一切的一切，衹有流涕長嘆息。

一九二四，十一，八。自記於東京澀谷

按：湯瑪斯·卡萊爾（Thomas Carlyle，1795—1881），英國歷史學家和散文作家，主要著作有《法國革命》（3卷；1837）、《論英雄、英雄崇拜和歷史上的英雄事蹟》（1841）和《普魯士腓特烈大帝史》（6卷；1858—1865）。他的人生態度：我們沒有能力去阻止已經發生的事情，但我們卻有能力去改變已經發生的事情對我們現在生活的影響。接受已經發生的，改變可以改變的。

11月10日，《申報》刊登《上海美專之擴充》消息中該校美術史美學藝術論藝術思潮等學科，由劉海粟、俞寄凡、滕固分任各科教授。

《上海美專之擴充》："上海美專、近又聘新從巴黎回國之美術家陳宏君擔任西洋畫科、高師科人體畫教授，陳君又精於梵啞鈴，故於課外亦請陳君爲梵啞鈴指導。至美術史美學藝術論藝術思潮等學科，本由劉校長、俞寄凡、滕固分任各科教授，刻爲提高程度計，又添聘華林君擔任希臘講座及美術評傳二種，華林君亦係留法十年，專門研究美術學理者。"

11月30日，讀書札記《物質繁榮藝術凋落》發表於《獅吼》1924年11、12期。作者謂："這篇東西讀 Morris 著書 P.105—132 Art and Socialism 時，隨筆寫下的。既不是全文的介紹，又不是我來借題發揮；是一段讀書劄記。"

按：威廉·英里斯（William Morris，1834—1896）是19世紀英國設計師、詩人、早期社會主義活動家，亦是拉斐爾前派的重要成員，但極少留下畫作。

12月5日，完成小説《迷宫》。

12月，完成小説《葬禮》初稿。1925年5月10日發表於《小説月報》第16卷5號。

約是年，《華國》三卷第一期刊登寄生《鉛槧餘録》，介紹滕固致函附詩，并對時流作品專以恣肆爲能，而粗獷凌亂，韻味枯索抨擊，欲以綿密冲秀之筆救之。

寄生《鉛槧餘録》："寶山滕若渠固歸自日本，投刺請謁，并先之以書云，向在《華國》，讀大君子之文，心嚮往之。比者曾赴東京，考察日本藝術，得晤令兄衮父公使，數數往還，相從論學，臨别，公使殷殷介見先生，并屬以舊撰《樂記今釋》，爲《華國》補白。末媵近所作詩二首，其一《贈汪公使》云：昔聞黎遵義，今見汪蘇州，後先持使節，來作扶桑遊，詞壇推盟主，儒雅亦風流，旁搜梵典證，博古事敏求，音均發微突，首席奪前修，櫻花春爛漫，江楓波上秋，驅走龍蛇筆，奚囊萬彙收，此中有天趣，殊勝萬户侯。其二《京都畫家橋本關雪招宴於其别墅，即席贈詩》云：洛陽景物掌中收（日本人稱京都曰洛陽），一霎風流萬古愁，細雨釀紅春酒暖，遠山點黛莫雲浮。安排吟席常臨水，款待幽篁獨倚樓，銀閣寺前梅萼笑，舊遊重認費踟蹰。滕君今爲上海美術專門學校教授文學史，尤精畫理，嘗病時流作品，專以恣肆爲能，而粗獷凌亂，韻味枯索，故欲以綿密冲秀之筆救之，此真切要之論矣。"

受聘擔任南方大學教授。該校校長江亢虎，校址位於上海戈登路大有廠旁，後遷麥根路、荆州路等地。

按：據《教育部立案上海美術專門學校一覽》（民國十四年十二月）（Q250—1—298D）：滕固，字若渠。江蘇寶山人。日本東洋大學文化科學士，前南方大學教授。現任秘書長。（《上海美專名人傳略》）

《南方大學之進行辦法》："上海專科大學現經改組爲南方大學。昨日議事會期，校長江亢虎與該校學生自治會代表商决進行辦法。（一）因校長不能時常在滬，擬請劉樹梅碩士任教務主任，定今日到校任事。（二）第二院併入第一院，而别覓新房爲寄宿舍，舍務概由學生自治會自理。（三）教職員重訂新關約，採用時間報酬制。又聞自明年起，除原設文科商科外，將新添社會科學一科，凡政法經濟社會學等皆屬之。"（1922年10月25日《民國日報》）

1925 年　乙丑　民國十四年　二十五歲

約 1 月，鄒酒丐詩《滕若渠以感遊四絕囑和即次其韻》發表於《婦女旬刊彙編》1925 年第 1 集。

《滕若渠以感遊四絕囑和即次其韻》："經濟文章世莫知，揄揚未遇鄭當時。何期紅袖憐才藻，肯學元人十體詩。向平五嶽幾時遊，世事奔潮赴下流。我亦銷聲香粉獄，險尋摘句竟如囚。"

按：《婦女旬刊》於 1917 年在杭州創刊，李幻音、陳蘭言編輯，《婦女旬刊彙編》由中華婦女學社編輯并發行。

2 月 4 日，乘船赴日本。

按：據滕固日記體小說《舊筆尖與新筆尖》中描述："我和我的半生不熟的家室離別了""向來沒有家室的我，這半生不熟的家室，開辦了還不過兩個月，糊裏糊塗過去，也不覺得甚麼異樣。"由此推斷出滕固與俞斐（1905.9.16—1985.11.16，浙江蕭山人）結婚時間當爲是 1924 年末前後。該文描寫遊歷日本時間及經歷，實則以自身生活爲依據。

2 月 7 日，晚八時由神户車站搭火車前往東京。

2 月 8 日，早抵東京。

2 月 9 日，到駒込訪友，途經白山，在南天堂書店選購新出版書籍。晚間接待來訪 S 女士，相互談了各自的生活情況。

2 月 16 日，拉了兩三位朋友到咖啡店。

2 月 20 日，晚九時乘火車赴京都。

2 月 23 日，應橋本畫師約請到酒家飲酒。

2 月 25 日，上海美專舉行春季始業式。

《上海美專舉行春季始業式》："法租界徐家匯路口上海美術專門學校，昨晨十時，舉行春季始業式，教授學生聚集禮堂數百人，校長劉海粟致詞，次教授李毅士、謝公展、王濟遠、俄人斯都賓、俞寄凡、汪亞塵、錢瘦鐵等相繼演說，末復由劉校長報告，十二時散會，再聞該校自今學期起，改訂新學制，設三學院，三專修科，新生報考者，頗爲踴躍，刻以遠道來滬投考者紛紛不絕，特展緩日期，尚在續行招考各科新生。"（1925年2月26日《申報》）

2月26日，下午四時自日本返抵上海。繼續任教於上海美術專門學校。
  自述："從楊樹浦到西門的路程，像比京到上海的路程更遙遠。"家中器物凌亂，現出一種屍骸暴露沒人收拾般的悲涼之狀。"我也忍不住滴出沒中用的眼淚來了。——假如我死了，我的一批辛苦搜集的書籍，將怎樣結局？朋友來收拾去嗎？圖書館來購買去嗎？拍賣店家來經理嗎？收舊貨販，計斤計兩的換去嗎？小販來拿去拆下來，襯油豆腐，熏肚臟，醬雞⋯⋯嗎？工廠裏來收去爛化嗎？身後的事，何忍想下去呢。"（《舊筆尖與新筆尖》）

3月1日，出席江蘇省教育會美術研究會召開職員會議。評議員俞寄凡、滕若渠、王濟遠報告已在日本徵集作品。

3月10日，滕固譯德國藝術史學家庫爾特·格拉澤（Curt Glaser）著《歐洲之東方美術研究的主題與方法》一文，刊登於29日上海《時事新報》附刊"藝術"週刊第96期。又於7月6日重新刊登《時事新報》"藝術"週刊第106期。

3月13日，上海美專西洋畫科第一次科務會議，議決各級學生學業成績考查、推定實習、理論各學科擔任考查各教授諸件，滕若渠擔任理論科藝術史、美術史教授。

3月30日，由滕固介紹方光燾來上海美專作題爲《精神分析與藝術表現》自由講座。
  《時事新報》"教育"《上海美專之自由講座方廣濤講精神分析與藝術表現》："上海美術專門學校自十一年秋設自由講座後，每學期必敦請國內外專門學者及名流於每星期到校公開演講，已有五十餘次，今春該校開課後，曾由劉校長演講一次，明晚七時，特將由該校教授滕固氏介紹請方廣濤氏講精神分析與藝術表現，至九時始散云。"（1925年3月29日《時事新報》"教育"）
  按：方廣濤疑爲方光燾之誤。又據3月28日《時事新報》"教育界"消息："前晚滕固介紹方廣濤演講"，當爲26日事，或爲分次演講，待考。

3月，作《納蘭容若》一文。發表於《小説月報》第十七卷號外《中國文學研究》，1926年6月出版。文章簡述納蘭容若生平及摘錄其詩詞作品加以分析，如："他生長在華貴的家庭裏，年紀輕輕，便束帶立於朝廷；現在看來，沒有稱述的必要，然而直接影響於他的生活上，卻是一件重要的文獻。徐乾學稱他作侍衛時，'出入扈從，服勞惟謹！'這種不自然的被束縛的生活，和他藝術家的根器，——放縱不羈的情性，兩不相容的。這種生活逼迫他，使他外面強作尊嚴，而内面的哀愁，至於無窮期無盡期了。"

滕固著中篇小説《銀杏之果》由上海羣衆圖書公司初版。目次：序（1924

滕固自傳體中篇小説《銀杏之果》，上海羣衆圖書公司1925年3月初版。此爲1928年5月重印本書影

年 7 月 26 日)/ 銀杏之果

4月12日，上海《時事新報》附刊"藝術"週刊第98期刊登滕固《洋畫家與國民藝術復興》一文。作者認爲：兩種文化的相互交融可以產生新的文化，發出異樣的色彩。現今洋畫闖入中國的文化圈了，國人執著傳統思想來加以渺[藐]視排斥，乃是意中之事！"當世中國的洋畫家，正找出全智全神在創造濟渡的慈航。他們的精神這樣的清明，他們的任務這樣的重大；換言之：他們就是助成未來的國民藝術的先驅者；轉移時代的努力者。"

4月27日，劉海粟作中國畫《巒樹草堂》，題云："愚畫無師并無法，不爲形役，不求合矩，但求筆與物化，心與天遊。"王一亭(震)題詩："毫端圓勁意蒼蒼，巒樹回環擁草堂。仙境倘能開畫稿，紆回深處見劉郎。乙丑(1925年)夏初白龍山人(王氏別號)。"滕固也爲題跋："翁作畫，始也深謀默運，靈機忽伏；俄而恣意狂掃，若有神助，及其成也，雄奇卓犖，前無古人。予侍翁多年，窺其奧秘者如是，度千百後後，秉筆述畫史之士，論列及翁必戛然驚余言之精當不刊也。"此跋未見年款，從跋語內容來看似比王震題詩要稍後數年。該畫後爲日本青浦奎吾子爵收藏。

5月14日，出席上海美專本學期第四次教務會議。決議事件有：(1)本屆暑期學校共設四系，并決定添設旅行特別班，公推滕若渠先生起草簡則。(2)定6月25日至7月1日舉行本學期全校成績展覽會。推定劉海粟、滕若渠、李毅士、王濟遠、俞寄凡、許醉侯、姜敬廬、汪亞塵、李超士、陳肇宏、顧久鴻、普特爾斯基、斯都賓、劉海若、王陶民、謝公展、潘天授、顧敦詩、薛席儒、馬施德、倪貽德、王隱秋、徐貽叔、黃肇培、薛演中、吳培德、劉利賓等爲委員，并公推劉海粟爲委員會總主任。

5月24日，日本春陽會聯合天馬會籌劃在滬展覽，滕固被推定爲中方委員之一。

《藝苑雜記》：日本春陽會聯合天馬會於陽曆七月中間在滬舉行美術展覽會，會場擬假外灘正金銀行樓上，我國方面已推定劉海粟、王濟遠、李毅士、汪亞塵、張辰伯、俞寄凡、滕固、李超士八人爲委員。(1925年5月24日《時事新報·藝術》第104期)

1925年　乙丑　民國十四年　二十五歲

5月30日,《申報》刊登上海美專籌備第七屆暑期學校各教授名單,俞寄凡、滕固、何明齋、黃頌林等擔任理論學科教授。

《美專籌備第七屆暑期學校》:"上海美術專門學校暑期學校,已辦六期,今年前經教務會議議決,繼續進行,籌辦第七屆暑期學校擇其現時之需要,分設西洋畫系、國畫系、音樂系、工藝圖案系、西湖旅行寫生系五系,共學程六十二種,業經編定課程刊印章程,行文各省教育廳令知各縣教育局保送學院到校補習,至本屆之各教授,俱為國內外專門名家,如該校校長劉海粟、教務主任李毅士、西洋畫主任王濟遠、俄人普特爾司基、斯都賓及李超士、陳宏、汪亞塵等擔任西洋畫教授,國畫專家許醉侯、王陶民、錢瘦鐵、潘天授、謝公展擔任國畫教授,俞寄凡、滕固、何明齋、黃頌林等擔任理論學科教授,音樂專家劉質平、潘伯英、沈淑清等,專任音樂教授,規定七月十九日開課,自六月一日起報名註冊,刻各省紛紛函索章程及郵校報名者,頗見踴躍云。"

按:據《上海美術專門學校同學錄》(民國十四年五月)(Q250—1—154 P0085—0087):滕固,字若渠,江蘇寶山人。美術史、藝術論教授。通訊處寶山月浦或上海貝勒路禮和里一號。(《上海美專名人傳略》)

5月末,完成小說《摩托車的鬼》。發表於《小說月報》十六卷第七號。

5月,滕固著詩文合集《死人之嘆息》由上海挹芬室初版。前題:"此集謹獻方光燾宗白華兩兄滕固",係滕固作集第三種。目次:自記(1924.11.8)/獻本之頁/獻本之詩/[第一輯:詩]瀨戶內海/異端者之懺悔/一個Sketch/海上悲歌前曲/海上悲歌後曲/黃金時代/湖水/記憶/聰明/寄HW/梵唄外五首/悲劇作者頌/死的消息/顫音/荒城的一夜/蘆間之屍/和田山之秋/死人之嘆息/[第二輯:散文]小品(靈魂的漂泊/歌聲/旅中)/生涯的一片/關西素描/秋祭/遺忘的彼岸/無窮的創痛/低微的炭火

按:賈植芳、俞元桂主編《中國現代文學總書目》作"上海光華書局1925年5月初版。"查光華書局於1925年冬創設,1926年5月1日正式開業,發刊《新藝術》半月刊、發售《創造百期彙刊》預約等。

6月2日,上海美專召開臨時緊急教務會議,議決提案多件,其中提議五三〇上海南京路慘殺案,激動滬上,學校全體罷課,從事援助。議決除各部主任於每日上午常駐外,凡屬教授,應每日到校,以便接洽,并糾察及協助學生行動。

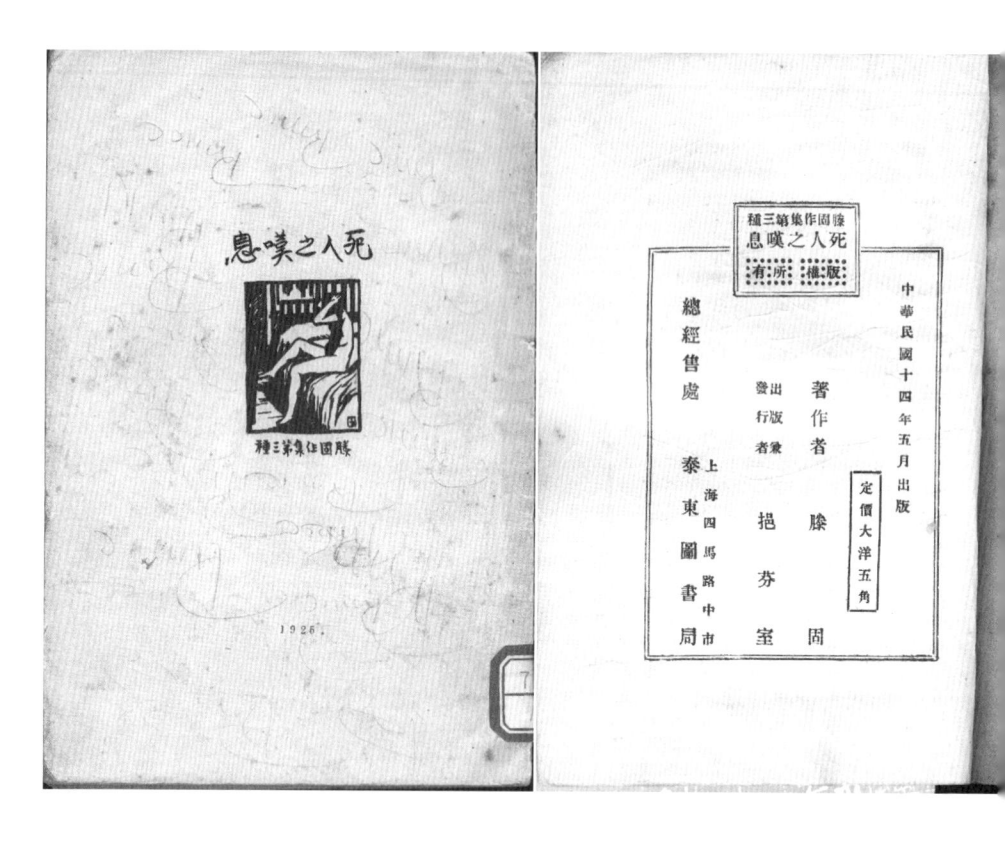

滕固著詩文合集《死人之嘆息》由上海挹芬室初版

6月3日，上海美專學生會對於五月三十日南京路慘殺案極為憤慨，舉行罷課。滕固參與遊行宣講活動，因散發宣傳品被上海老閘捕房監禁數小時。（參見《国立艺专校长滕固关于该校学潮经过情形致教育部呈》）

《上海美專學生會罷課》："上海美術專門學校，對於三十日南京路慘殺案，極為憤慨，已於一日上午，全體開會、議決（一）即日罷課；（二）參加學生總會；（三）全體每日遊行宣講。"（《申報》）

6月15日，下午，滕固與劉海粟會晤剛留學回國的雕塑家、詩人李金髮於上海五馬路惠中旅館。隨後李金髮被暫時安頓在法租界呂班路一個俄國人家中食宿。李受劉海粟之聘擔任教授，并與劉討論開辦雕塑科計劃。

7月5日,《時事新報》、《申報》等刊登上海美專增設雕塑、音樂系、組織考試委員會并聘請相關人員消息。

《美專組織考試新生委員會》:"上海美專於上學期起,遵照部章,改辦新學制後,增設雕塑、音樂系。爲便利入學考試起見,特組織考試委員會,聘請本校專科教授滕若渠、俞寄凡爲評閱論文委員,李毅士、王濟遠、劉海若爲評閱西洋畫委員,許醉侯、潘天授爲評閱國畫委員,劉質平、潘伯英爲評閱音樂委員,黃肇培、俞寄凡爲評閱圖案委員,姜丹書、何明齋爲評閱手工委員,李金髪爲評閱雕塑委員。并定每星期三、六日蒞校閱卷一次。"(1925年7月8日《時事新報》"教育界"、《申報》)

7月14日,《時事新報》"學燈"版刊登滕固《死人之嘆息》廣告曰:"死人之嘆息滕固作集第三種此編內容第一輯詩集,第二輯散文集,作者滕固氏的作品世有定評,無庸多説。此集其詩如午夢的幽夢、濃烈的微醉、處子的啜泣、惡獸的怒喊,大半未經發表過的,尤覺可珍。其散文也充滿了詩意,如秋祭等篇刊布了後,得到讀者同情的函件百餘通,於是文壇上散文的作者一時蠢起,滕君實爲先驅者。舉凡現今青年的苦悶怨抑,一切説不出的隱情,他的詩文中宣洩盡了。定價洋五角上海泰東書局經售。"

按:廣告內所提之詩,於刊本中均未見。可參見5月條。1928年4月光華書局出版第三版。

7月19日,上海《時事新報》附刊"藝術"週刊第108期刊登滕固《國民藝術運動》一文。文章以德、英國家從事國民藝術運動爲例,強調:"民族精神,是藝術的血肉;外來思潮,是藝術的滋養品,血肉乾枯,雖有滋養品,人没用處;實肉健旺,不在滋養品,而在自己鍛煉,我們是欲造中國文藝復興了,請先從事國民藝術運動!"

上海美專第七屆暑期學校舉行開學式,劉海粟、滕固、王濟遠、俞寄凡等作演説。滕固擔任美術史、美學、藝術論等課程講授。

劉海粟在上海美專開會歡迎海外中國美術展覽會巴黎總事務所代表王代之,討論徵集作品參加在巴黎舉行萬國美術展覽會開會事宜。在當晚消閒別墅歡宴上又討論籌辦一種大規模之藝術雜誌,共推滕固擔任主撰。

《藝術界新事業之發展中國美術之海外宣傳》:"海外中國美術展覽會巴黎總事務所代表王代之君,去冬歸國,徵集中國美術品,參與此次萬國美術展覽會在巴黎開會時之出品,乘機宣傳中國之精神文化,此半載中,王君來往北京上海暨其他各大埠,接洽此事,已有端倪,前日由京返滬,即由海外美展駐滬辦事處主任劉海粟君,會同名藝術家在美專開會歡迎,討論此事進行之步驟,及以後中國美術在海外宣傳之標的,并將本屆天馬會一部之精品,由王君運往巴黎加入,第二次萬國美展之出品,又計議著手徵集海外美術名作,運到中國展覽,俱有具體辦法,期以短促時間内完成國際上文化交換之事業。席終共攝一影,當晚在消閒別墅歡宴,列席者王劉二君外,有李超士、王濟遠、滕固、俞寄凡、李金髮、陳宏、劉海若等十餘人,席間又討論籌辦一種大規模之藝術雜誌,共推滕固君擔任主撰,即將著手進行。"(1925年7月21日《申報》,另見7月24日《時事新報》)

7月24日,王代之在劉海粟宅約李超士、王濟遠、滕固、李金髮、陳宏、俞寄凡等商議籌備藝術雜誌發刊辦法。(1925年7月26日《時事新報·藝術》第109期)

8月7日,《天馬會第七屆美術展覽會出品目錄》出版,内有精印中西畫件多幅,分中國畫部、西洋畫部及雕刻部,滕固名列中國畫部出品人内。

8月9日,上海《時事新報》刊登《省教育會美術會預誌》,内引滕固《陳請教廳設置藝術科指導員提案》全文。同期《藝術》111期中發表滕固新詩《墮水》,并消息云:美專校長劉海粟氏教授滕固氏,定於十一日北上至山西,出席中華教育改進社美育組年會,按劉氏爲中華教育改進社美育組主任,此次赴晉,擬順道赴大同雲岡,一視古代石刻,并由滕氏編成遊記,公諸同好。

《省教育會美術研究會預誌》:"蘇省教育會美術研究會,定於是日在學藝大學舉行年會,本屆提案,有王濟遠、張辰伯等之舉辦江蘇省第二屆美術展覽會一案,及滕固等陳請教廳設置藝術科指導員一案。滕固君之提案原文云:我蘇教育,夙稱完善,良以長官倡導於先,省士人奮起於後,其用心也勤,其致效也速,然教育潮流,日新月異,昔之視爲急務者,漸見履行,今之認爲必需者,猶未計及,若以智德體美四育衡吾蘇教育,則偏頗畸重之失,灼灼以明,何以故,我蘇人惑於智德體三育之説,斤斤焉惟三育之是重,擯美育而不究,以是各地美育之成績,寂焉無聞,抑知美育之在歐美各國,有列於智德體之上者,有并重而不相異視者,故藝術教育之潮流,爲現代文化之一大重鎮,非無因也。我蘇誠欲以教育先進自居者,請急起直追,彌縫前失,矧我蘇藝術教育專家不乏其人，若得其長才而擘劃之，有造於藝術教育，寧有涯涘哉。茲擬援理科教育及其他各科指導員之先例，陳請教廳遴選派充，以專責成，是否有當，敬候明教。辦法（一）由本會會長陳明教廳設置藝術科指導員之理由，（二）由本會會長推薦專家若干人請教廳選擇。"（《時事新報》）

　　按：從"并由滕氏編成遊記，公諸同好"句推斷，日後發表於《申報》之《改進社社員赴晉途次之見聞》等文章作者"天馬"即為滕固筆名，含"天馬會成員"及"天馬行空"之意。

8月10日，天馬會第七屆美術展覽會在上海靜安寺路赫得路（今常德路）320號學藝大學內開幕。展出劉海粟、王一亭、吳昌碩、潘天授、吳杏芬、許醉侯、滕固、王陶民、唐吉生、查煙谷、王師子、胡汀鷺、錢瘦鐵、李祖韓等的中國畫作品和劉海粟、汪亞塵、李毅士、王濟遠、李超士、陳宏、張邕、朱屺瞻、楊清磬、俞寄凡、李金髮以及德、法、意、俄、日等國畫家的西洋畫作品，并首次展出雕塑作品。16日出版之《藝術》第112期為天馬會第七屆展覽會特刊。載有劉海粟《天馬考》，汪亞塵《天馬會感言》，滕固《天馬會之信條》、《天馬頌》，王濟遠《天馬會務誌略》，謝公展《天馬會歌》等。展覽會舉行8天，至17日閉幕。

《天馬會美術展覽會明日開幕》："天馬會第七屆美術展覽會準於明日在靜安寺路赫德路學藝大學內開幕，繼續舉行八天。該會出品有繪畫、雕塑，實為創舉。經嚴格審查，擇定四百餘件，皆係精品。國畫部如劉海粟諸作，才氣橫溢，獨闢天地。吳昌碩、王一亭、錢瘦鐵、俞寄凡、吳杏芬、許醉侯、徐朗西、李祖韓、潘天授、滕固、王陶民均有佳作。西洋畫部亦有劉海粟、汪亞塵、王濟遠、李毅士、李超士、李金髮、薛珍、馬施德、倪貽德、陳宏、楊清磬、榮玉立、朱屺瞻、俞寄凡等之極佳作品。雕刻部李金髮及李祖韓等之作品，具係稀世之珍。會場上備有精美之目錄、明信片、贈刊，以應觀者之需要。屆時觀者之踴躍，當不待言而可知矣。"（1925年8月9日《申報》）

下午，在學藝大學內舉行江蘇省教育會美術研究會本年大會。到會20餘人。主持討論議案3件：一、滕固提議呈請教育廳委派藝術科指導員案，議決由本會呈請教育廳准予設置藝術科指導員，并由滕固、俞寄凡起草意見書。二、王濟遠、李毅士、謝公展等提議舉辦江蘇省第二屆美術展覽會案，議決定1926年1月舉行，并推王濟遠、俞寄凡、李毅士、劉海粟、沈恩孚、潘天授、汪亞塵等組織籌備委員會。三、謝公展等提議組織調查（江蘇藝術教育狀況）及編輯委員案，議決根據本會章程組織調查及編輯委員(附當選職員名單中有滕固等),細則另訂。

　　按:參見袁志煌、陳祖恩編著《劉海粟年譜》,上海美專會議記錄,1925年10月8日、10月11日《申報》。

8月11日,劉海粟、章伯寅、滕固、黃炎培夫婦等赴山西出席將在太原舉行的中華教育改進社第四次年會。會議自17日至23日。

　　《黃炎培日記》:"晨七時,偕糾思起程赴太原,同行者章伯寅、劉海粟、章君疇、滕固(如渠)、過無錫,張鎬加入。午後三時到寧,住於花園飯店。偕糾思坐馬車入城,訪朱琛甫,遊秀山公園。"

　　"中華教育改進社蘇省社員黃任之、王糾思、鄒秉文、劉海粟、章伯寅、辛君疇、張寄周、滕固等十餘人,於十一日紛紛由上海、蘇州、無錫等站乘車來寧,三時抵下關,即往花園飯店休息,各社員因是日在上海北火車站購買減

1925年8月天馬會第七屆展覽會期間滕固(左二)、王濟遠(左三)、劉海粟(左六)、劉海若(左七)、李金髮(左八)、俞寄凡(左九)等合影

價車票時,手續繁多,且有人因路局尚未接到交通部所發半價乘車證存根,皆仍照原價購票,恐津浦路免票亦發生問題,故公推章君疇張寄周二君先往浦口與車站接洽免票事宜,并預定舖位,五時半各社員咸往秀山公園納涼,九時返寓。"(1925年8月13日《申報》)

8月12日,自南京渡江,搭浦口十時開行之快車赴津。

《黃炎培日記》:"晨八時渡江,陸禮華到,楊賢江、胡家傑、徐碧金(瑞鈺)加入。十時,津浦開車。有假王將軍名欲奪預定之臥車房,卻之。王將軍者,王占元也。至檢票處,某旅客為檢查行李,受東北陸軍執法處八十號勤務兵之掌頰,不敢作聲。車晚過徐州,邳縣徐在瀛(東雲)、魏遲年(復彝)加入,併章、韋、劉、滕、張、楊、胡、徐、陸、余夫婦,約十四人。"

天馬《改進社社員赴晉途次之見聞》:"茲悉十二晨由寧渡江北上者有黃任之、王糾思、陸禮華、劉海粟、章伯寅、滕若渠、章君疇、張寄周,及商務書館編輯楊賢江、東南大學職員胡家健、程宗潮、福建廈門大學社會學教授徐瑞紅等十二人,聞鄒秉文是日因有要事,未能成行。十二日晨天雨,七時餘赴會社員陸續購票渡江,車至江邊時,有奇臭隨江風送來,蓋自南京和記蛋廠罷工風潮發後,各地運到之蛋,均停頓江邊,因天熱關係遂發生奇臭,旅客至此掩鼻而過,亦受五卅慘案之所賜也。輪渡近岸時,腳夫蜂擁登船,爭奪行李,其勢洶洶,令人可怕。此亦麵包問題之影響也。津浦一路,橫貫南北,自去秋軍興以來,權屬丘八,秩序紊亂,商旅裹足,經交通部一再交涉,東北軍總執法處始另派專員,管理軍人無票乘車事宜。自七月一日後,全路秩序,漸復原狀,惟臥車不多,床位票即先期預定後,屆時亦需早到,才生效力。是日各社員經許多交涉,始各得鋪位。晨十時,汽笛一鳴,車輪轉動,同時軍樂大作。記者疑是軍人熱心教育,歡送改進社社員北上,後悉非也,乃江蘇兼督鄭鳴之省長歡送王上將占元也。聞王將軍此行,係赴某方解釋八省同盟一事,未識確否。津浦路年久失修,車行時擺動劇,而各社員談笑自若,無一暈車者,談話間或論東大校長問題解決之經過及江蘇省立校長與教廳相持問題之將來者,或談某大校長與復興關係者,亦有講述歐美風景者,長途旅行,得同伴眾多,亦一樂事也。車行頗速,氣候尚涼,惟無情煤屑從窗隙飛入,桌鋪間常滿陳點點黑色,旅客頗感不便,路旁多荒地,田間所種植者,多高粱花生、大豆、棉麻等物,風景不若滬寧路沿綫之多春夏氣也。三時半過蚌埠,五時半經南宿州,此處水漲,車站兩旁一片汪洋,已成澤國。七時三十三分抵徐州,約於十三號下午三時四十分左右可達天津總站。

十二日暮車過徐州,暝色四下,兩旁景色,已模糊不清,由徐州上車赴晉出席年會者，有郓縣魏遐年、徐在瀛二君。九時半抵臨城，此小都市，於二年前，因孫美瑤而名震全球，回想當年劫案，及交涉情形，不但毛骨俱悚，幷興無窮感慨。

十時後，與同車江浦吳君大濂閒談，吳君此次赴京，係出席交通部召集之扶輪小學校校長會議，會議期間約一星期，八月十五日開起，地點在北京阜城冰窖胡同扶輪第二高小學校內，交通部扶輪學校，於民國七年時，由交通部葉總長及津浦京奉京綏京漢四區局長所發起創辦，其宗旨專爲路員子弟求學而設，吳君爲浦鎮扶輪小學校長，該校共十二級，每年經費七千八百元，經費由交通部撥發，故尚無欠薪等事，現時津浦全路共有浦口、浦鎮、蚌埠、徐州、兗州、泰安、濟南、德州、唐官屯、天津等處扶輪學校十所，聞京奉、京綏、京漢、太倉、膠濟、道清各路扶輪學校，亦頗形發達，此次扶輪小學校校長會議，係由交通部全國鐵路同人教育委員會所召集，其目的爲改進學校行政及訓教方法，會議議案，共十四件。"（1925年8月15日《申報》）

8月13日，經濟南抵天津。

《黄炎培日記》："午後三時半抵天津，住於永和旅館。"

天馬《改進社社員赴晉途次之見聞》："十三日早五時三十八分至濟南，車站極雄壯，德人之建築物也。七時二十八分抵禹城，沿站小販特多，銅元價格甚廉，大洋一元，可換銅元三百枚，北方小銀圓一枚，可換銅元二十二枚，各種物價亦不貴，南北生活程度之不同，於此可見。津浦路各站均駐有東三省軍隊檢查旅客行李，而禹城檢查手續特嚴，旅客無不叫苦。七時五十分車近張莊站時，車中保安隊捉得販賣海綠因及煙土者二人。吾國鴉片之盛行，由此可見。禁絕二字，不知何日始可辦到。八時五十九分抵德州，停十八分鐘，復開行北上。

天津總站左近，無新式上等旅館，以明早須搭車赴豐臺，故各社員即分住大經路永和泰安二棧，棧中設備雖簡，尚清潔，惟房飯金以每客計算，價格未免稍昂，此次留津時間，不滿二十小時，觀察所及，於上次通信中未曾說過者，兹再略述一二。津地員警，服裝整齊，精神飽滿，勤務成績亦不差，不愧爲北洋員警中之大拇指。回顧蘇省警界中，不乏北洋出身者，而一至蘇境，精神方面，往往不若在北方時之振作，是否水土關係，亦一問題。吾國治水方法，素不講究，天津水路較鐵道爲多，沽河河槽，本甚深闊，近以永定河中近多泥沙，大沽口外又被泥沙壅阻，故一遇洪水爆發，便成巨災，今夏多雨，水災復發，農民大苦，自津站至落垡，沿路農田，已成澤國，如水勢再漲，車路將没，俗所謂之旱火輪，將一變而爲水火輪矣。由楊柳青至津地一帶，已加高堤岸，聞所費已數十萬元，此僅治標之計，治本之計，如何規劃，責在管理治水諸公，但當此國貧如洗之秋，即有辦法，恐亦難實行耳。自浦口北行，上海通用鈔票及廣東江南等小銀元，應用時價格較低，有事竟不通用，貨幣不能統一，爲吾國特殊情形，試問吾國貨幣須至何日始有統一希望，恐質之財政部，亦無確切之答復也。"（1925年8月19、21日《申報》）

8月14日，自天津抵北平豐臺站，午後啓程赴石家莊。
　　《黃炎培日記》："晨七時上京奉車。自津至落垡間，路旁大水，一望皆白。午至豐臺，喝茶、水果。行李自津站誤入京，乃少留。車務員某君大盡力，午後取得。上京漢車，過盧溝橋至長辛店換車。夜至保定車站憩息。保定第二師範校長來招待。夜四時上車。"
　　天馬《改進社社員赴晉途次之見聞》："十四日早七時，由津起程赴豐臺，津站寄運行李，手續最爲麻煩，行李到站後，（一）須經東三省總執法處稽查員檢驗後，始能過磅。（二）須費銅元二枚，至天津常關買一放行票，填寫行李件數。（三）至行李房付款領行李票（每件行李收費十八枚）。據云，行李均須結票，係京奉新路新章，考其實在，無非爲生財計耳。九時四十分抵豐臺，劉海粟君行李未到，黃任之、王糾思、陸禮華三君行李被天津行李房誤寄北京，以上諸人暫留豐臺，晚車再行，其餘各社員均搭十二時零六分車赴長辛店，再換車至石家莊，天津站同行者有奉天社員王紫宸、劉貴德、徐樹玆三君，由豐臺加入同行者，有終年爲教育奔走，不辭勞瘁，精神矍鑠之七十老人袁觀瀾君，談話間聞南京東大近被軍人帶警到校檢查，奉天教廳壓迫省校校長，天津當局逮捕學會代表，解散學生聯合會等事，以上各節，如屬確實，皆非教育界前途之福也。又聞中華教育改進社董事部方面，有人主張改進社大會改爲三年舉行一次者，此案亦將提交本屆大會討論云。京漢車，窗少車悶，宜冬而不宜夏，車身路軌，均失修理，其外表酷似江蘇之寧省火車，所幸者路旁多山水森林，風景幽雅，令人忘悶熱之苦。太行山與路軌蜿蜒并行，爲直隸山西之天然界綫也。西望山色，見羣峰高聳，俱如仙掌插天，山光受晚霞映照，青紫萬狀，娟然可愛。五時過保定，有北京社員衛挺生君偕其夫人上車同行，七時經望都，即前日撞車處也。十一時半抵石家莊，是晚宿正太飯店。
　　八月十四日晚宿石家莊正太旅館，該旅社係新近開設，布置清潔，價亦不貴，石家莊屬獲鹿縣，氣候較熱，爲正太路發軔之點，市面繁盛，煤棧極多，市內有清末革命家吳祿貞之墓，建築華美，以限於時間，未及往觀，亦憾事也。"（1925年8月27日《申報》）

8月15日，自石家莊啓程赴太原。

《黃炎培日記》："午前十時至石家莊，誤點至三小時，不及轉正太車。宿於正大飯店。"

天馬《改進社社員赴晉途次之見聞》："八月十五日早七時往車站接洽免票事宜，八時登車，別石家莊，起程赴太原，改進社總幹事陶君知行亦乘此車赴會，正太路隨山道盤旋而行，軌道狹窄，車亦較小，內部頗清潔，較之京漢車，有天壤之別。車行萬山之中，沿路綠槐白楊，密如竹林，濃蔭如屋，風景絕佳，山民依山耕田，田形作階級式，山谷居民壘土爲屋，屋頂作平面形，以便供起坐及曬雜糧之用，間有鑿石爲室者，層疊而上，形似蜂房，此種天然安全之住宅，可以永遠不保火險，山崖斷面，常露黑塊煤層，山西產煤之富，可供世界數千年之消費，誠話不虛傳也。九時車過第七山洞，長約五里許，抵井陘西行，火車繞溪而行，風景極似西伯利亞鐵路中，火車繞行貝加爾湖時之印象。十時零五分至娘子關，此處聞悉唐時平陽公主曾領娘子軍駐紮斯地故名，井陘一道，貫通東西，娘子關貼近長城，爲燕晉界綫，均爲險隘之區，井陘附近，多泉流，此水發源於娘子關，居民藉水力以磨麥粉者甚多，自娘子關而西道路崎嶇，山勢凹凸，參差疏密，姿態萬狀，風景奇特，非筆墨所能形容。十時半經程家龍底站，兩旁滿植大麥。十一時二十分過白楊墅，十一時四十分至陽泉站，陽泉屬平定縣，按平定境內不但產煤極盛，且亦製作鐵之中心地也，據云，平定昔陽兩縣，每年可採銑鐵八萬噸，占全省產額之半，他日煉法改良，運往各縣，以供應用，亦晉省歲入之一大富源也。十二時三十分至測石驛，山石漸見平坦，泉流較多。一時十分過芹泉，一時半抵壽陽縣，站之南首，有禁賣煙丹之大廣告，上書"有賣煙丹的可殺，殺殺殺"等字句，見此廣告，可以推知晉城黑籍居民尚多。三時過榆次，三時四十分抵太原、正太路，全綫共有山洞二十餘處，建築工程之大，可想而知。沿路農舍牧場，平原田疇，森林山水，參差兼有，風景處入畫，頗得自然點綴之天趣，車行頗速，佳景之過，如觀活動影片，視仰高峰，足壯吾之志，俯視山泉，足養吾之神，遠景拓吾懷，清風沁吾心，所以抒發精神，裨益身心者，不一而足，古今志士，不遠千里，務求足遍天下，身登五嶽者，亦良有以也，此次藉開會之便，得瞻勝景，信可樂也。"（1925年8月27日《申報》）

8月16日，黃炎培等抵達太原。

《黃炎培日記》："午前八時上正太車，過井陘以上，山景大佳，共過二十四洞。午後三時抵太原。宿山西大飯店。"

8月17日，中華教育改進社第四屆年會舉行開幕式。

《黃炎培日記》："午前，中華教育改進社第四屆年會行開幕式，假山西大學，校長王錄勳（獻丞）。午後，職業教育組談話會，定日程。各組會議。夜，董事會。"

8月18日，出席中華教育改進社美育組第一次會議，劉海粟爲主席，書記王濟遠。劉海粟提議籌設國民美術館案和舉行全國美術展覽會案。經討論，通過舉辦全國美術展覽會案，組織籌備全國美術展覽會委員會辦理，推舉李榮培、金夢疇、熊連城、王濟遠、蔡元培、李祖鳴、汪亞塵、張華宗、孔張悌、任恒德、王悅之、滕固、俞寄凡、錢稻孫、王弘章、劉海粟等爲委員。

按：據《各組推定之職員》：改進社年會分組會議談話會各組推定之正副主席及臨時書記，美育組爲劉海粟、滕固、金咨甫。（1925年8月19日《申報》）

8月19日，出席美育組第二次會議，討論籌設國民美術館案。

《教育改進社年會之回顧》："美育組第二次會議：籌設國民美術館案，本案補充說明：查第一屆年會時，曾議決設國立美術院一案，第三屆年會議決擬請於英國庚款中劃出一百六十分之一建造美術館及各省設立美術館二案，此三案因時局關係俱未實現，茲以本組徐圖進行，揆厥所由，第一案以計劃太大，政府未遑及此。第二案英國庚款運動未有端倪，何從見效。第三案範圍廣泛，何由統一，此三者沉滯之由，責不在本組，今茲案鑒諸往失，縮小範圍，集中情理，期以必成，一切辦法由本組委員會討論。"（1925年8月25日《申報》）

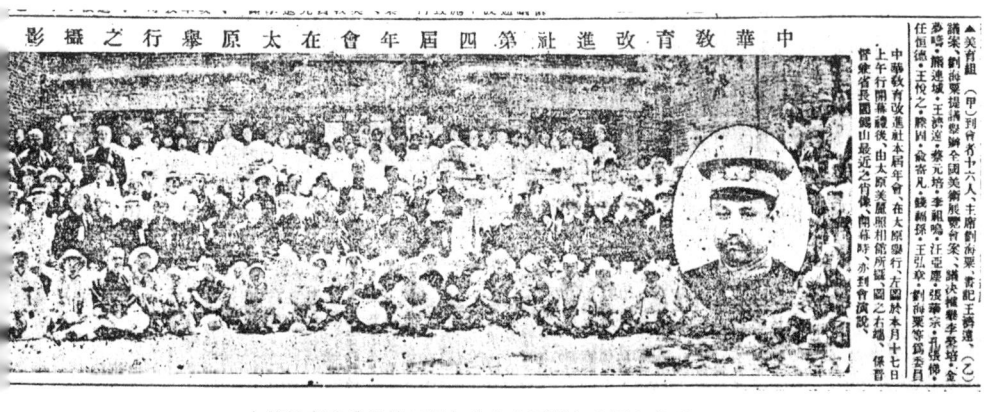

中華教育改進社第四屆年會在太原舉行之圖文報道

8月20日，出席美育組第三次會議，討論組織中華古美術品調查委員會案、張華張悌任恒德宗孔四人提議請陝西省政府保護大同雲岡石佛寺案。

《教育改進社年會之回顧》："美育組第三次會議：（一）組織中華古美術品調查委員會案。議決，請願提案人起草中華古美術調查意見書，由本組函請各省圖書博物館古物陳列所美術學校，以及其他美術機關，就各所在地組織古美術品調查委員會，隨時隨地調查，報告本組，匯印成書，以爲中國美術史之草創。（二）張華張悌任恒德宗孔四人提議請陝西省政府保護大同雲岡石佛寺案。議決，由本組具公函請閻［錫山］兼省長照辦。"（1925年8月25日《申報》）

應山西美術研究會之請，在文廟圖書館大會堂講演。劉海粟講演《藝術與人生》，滕固講演《六朝石刻與印度美術之關係》。（袁志煌、陳祖恩編著《劉海粟年譜》）

  天馬《參觀古物陳列所紀略》："太原收藏家乘本屆中華教育改進社年會在晉集會之盛，特於年會期內，徵集出品，開會展覽，票價定價每人五角，改進社社員往觀，一律八折以示優待，所收券資，悉充援助滬粵工人之用。地點在文廟圖書館，共陳列古物書畫等物三百三十五件，其中以三千年前'殷墟甲骨'文字、周代'三羊鼎''中士劍'銅器、漢朝畫花之瓦瓶、漢磚、漢鏡、唐琴、宋徽宗琴、明朝之瑪瑙大碗、于小軒一方寸刻八百字之象牙雕刻品、法國一百年前之水彩畫，又四十年前之裸體美人油畫，及唐宋元明清歷朝書畫軸冊墨筆等物，最爲可貴。其餘當代名流如吳稚暉、章太炎、吳佩孚、于右任、康南海、梁啓超等所有作品，另列一室，以供展覽，琳瑯滿目，均佳品也。"（1925年8月27日《申報》）

8月23日，上午十時，山西省教育會議學會請陶知行講培養學風問題，山西美術專門學校請劉海粟、滕固講藝術。下午六時，年會閉幕式。劉海粟、滕固等一行啓程赴石家莊。

8月24日，滕固隨同劉海粟、陳寶泉、馬寅初、李勉仲、張見庵同車來北京後，下榻於西安飯店。

8月25日，偕劉海粟赴大同雲岡，考察古代石刻史跡。

8月27日，《時報》刊登江蘇省教育會評議員大會記，滕固提案編江蘇新志。

8月30日，在天津作"歸途散記之一"《一條狗》。由友人投寄《晨報副鐫》，於9月17日刊登，"引起某君的非難"。

鶴逸《一條狗》附記："吾友滕君茗〔若〕渠別已三載，前月滕君歸自太原，與我遇於京師，索他的近作，無何，自天津以《一條狗》見示，滕君自來的作品，嘗帶一種 decadent modernism，他居嘗最喜歡讀的是西蒙士（Authur Symons），及戈提（Gautier）等人的作品，尤於 De Quincey 的 Confessions of an English Opium—Eater，嗜讀不倦，但他的為人，卻沒有 Wildw（王爾德）的那樣的裝瘋，戈提的那樣的立異，實不過想借 Dexadent，來表現他的反抗時代的精神；古今稍稍能傳的文人，大都無有不對時代表示反抗的，戈提評詩人威蘭（Verlaine）說：'一般社會的法則，大都常人為常人所作成的，天才多不受他的束縛，要表示反抗，應為天才生來就是異乎常人的'，此篇雖屬小品，也可以看見他的反抗時代的精神。9.12.1925."

按："某君的非難"指於成澤《給鶴逸先生的一封信》，略謂："就《一條狗》的文藝色彩來說：鶴逸先生是承認它為頹廢派的。我也承認它是帶有這種的氣味。不過滕固先生的藝術手腕太弱了。"該文作於1925年9月18日，刊1925年9月22日北京《晨報副刊》1277號。

9月上旬，兒童教養院院長徐朗西創辦《兒童報》，注重兒童文藝。王濟遠、張辰伯、潘天授、滕固、俞寄凡等被聘為撰稿人。

9月8日，劉海粟致江蘇省教育會函。

前見報載貴會本屆大會有禁止模特兒之提議，通過在案。鄙人未見是案之詳細說明，辭義含糊，大惑不解。

夫模特兒之為物，歐洲藝術家在習作時代為必須之輔助。蓋欲審察人體之構造，生動之歷程，精神之體相，胥於焉借鏡。以故各國美術學校以及美術研究所中，靡不設置模特兒，以為藝術教育上不可或缺者也。凡曾涉足歐美，或稍讀藝術書報者，聞模特兒其名，必聯想及科學上之化驗用具同一作用，事極泛常，當無驚奇之足言。返顧吾國今日淺見者流，滔滔皆是，借禮教為名，行偽道其實，偶聞裸體等名詞，一若洪水猛獸，往往驚訝咋舌，莫可名狀。是猶曾聞日月經天，而未聞哥白尼之地動說，可憫孰甚？

當民國初元，鄙人創辦美專，首置模特兒，開宗明義，亦既宣之。而世人不察，目為大逆，譏笑怒罵，百喙叢集。鄙人為學術尊嚴計，不惜唇焦舌爛，再四辯白，有識君子，欣為有得。方謂世有是非，竊自慶幸，詎於曩年江西警廳有查禁裸體畫之事，官命皇皇，不可終日。其禁令中誤解藝術，荒謬絕倫，辱罵鄙人，無所不用其極。鄙人本不願與是輩作無謂之爭辯，第念真理弗揚，以訛傳訛，其爲害也，伊於何底。輒詳述美術之真價值與模特兒之必要，致函教育部與江西省教育會，文見當時各報，有心之士，當能憶之。

今不圖貴會亦有是種類同之動議，此鄙人之所以大惑不解者也。雖然，凡事創業艱而流弊易，鄙人首倡模特兒，光明正大。而一般無賴市儈托其美名，以之裨販，若今日上海所發現之裸體妓女照片及惡劣畫報等，實爲害羣之馬，自宜嚴禁，毋得寬宥。然貴會議案，辭弗謹嚴，未分黑白，將遺世人以惶惑無措，是非不辨。茲本君子愼思明辨之義，請貴會明白其辭，修正前議，布之天下，曷勝感禱之至。（載1925年9月8日上海《時事新報》，收入《劉海粟藝術文選》第481頁。）

9月10日，上海美專開學。滕固擔任美術史藝術論、文學、音樂史課程，并任校長室秘書，負責校務進展。

9月11日，劉海粟、滕固返抵上海，帶回大批古物，擬闢古物學教室以陳列之。

9月13日，《香草》週刊出版。該報係顧明道、姚賡夔主任，趙秋帆、劉恨我編輯。自10月5日第四期始改爲五日刊，逢五逢十發行，用上等道林紙，紫羅蘭色精印，內容注重圖畫照片，由黃文農、胡亞光、胡同光擔任，文字除二編者按期執筆外，再請周瘦鵑、何海鳴、姚民哀、徐卓呆、沈禹鍾、鄭逸梅、程小青、嚴芙孫等撰述。每期刊有懸賞詩謎徵攝等，以增興趣。社址暫設上海八局界中州路富潤里十三號。

9月19日，上海美專教授滕固、王濟遠、俞寄凡等起草《中華教育改進社籌辦中華民國第一屆美術展覽會章程》公布。

《民國第一屆美術展覽會之籌備中華教育改進社舉辦十五年秋季開會》：中華教育改進社第三屆年會議決舉辦民國美術展覽會，當經公推滕固、蔡元培、劉海粟、李榮培、王濟遠、李祖鴻、汪亞塵、熊連城、俞寄凡、錢稻孫、王敬章、宗孔、張華、張悌、任恒德、王悅之等爲籌備委員，在晉時即開籌備委員會一次，當議決大綱數則，推劉海粟、滕固、俞寄凡、李祖鴻等爲展覽會章程起草員，劉君等回滬後，已將章程二十四條起草完畢，寄北京中華教育改進社，即日設立事務所，入手籌辦。并聞該社明年專門注意辦理此事，預定籌劃經費一萬元，開幕之期約在秋季。茲將其章程草案錄下。

《中華教育改進社籌辦中華民國第一屆美術展覽會章程》：第一章總綱，第一條，中華教育改進社，根據第十四年年會之議決案，籌辦中華民國第一屆美術展覽會，一切事務，依本章程辦理。第二條，本會於民國十五年秋季，在北京舉行，以一個月爲期，在北京舉行後，得移向其他都會舉行之。第三條，會場地點，於開會前二個月公布之。第二章出品，第四條，展覽會之出品人不限國籍，第五條，出品分下列四類，（甲）國畫，（乙）洋畫，（丙）雕塑，（丁）書法。第三章職員，第六條，本會設名譽會長五人，會長一人，副會長一人，由中華教育改進社敦聘之，主任幹事，文書科幹事，會計科幹事，庶務科幹事若干人，此外得依事務之繁簡，酌設徵集科陳列科會場科幹事若干人，均由會長聘任之。第七條，會長總攬會務，副會長襄助之，各科幹事受會長之指示，辦理一切事務。第八條，遇有重要事項，由會長推舉委員組織各種委員會辦理之。第四章經費，第九條，本會經費預算一萬元，由中華教育改進社呈請政府撥給并募集之。第五章徵集，第十條，徵集事項，由徵集科幹事辦理之，徵集細則另訂之。第十一條，應徵出品之運送費，由出品人擔任。第十二條，應徵出品，應按照本會規定之數量辦理之，否則本會得拒

籌備民國第一屆美術展覽會之報道

絶收受。第十三條，應徵出品，本會收受後，負保護之責，但遇有不測之損失，概不賠償。第十四條，應徵出品，由本會給發護照，於往返期間，經過關卡，一律免稅。第六章審查，第十五條，本會徵得之出品，須經嚴密審查，合格者始與陳列。第十六條，審查事項，特設審查委員會辦理之。第十七條，審查細則，由審查委員會訂定之。第十八條，審查委員會委員，由會長聘任之。第十九條，審查委員之出品，不受審查，但不得超過一定限數。第七章給獎，第二十條，入選出品，經多數審查委員認爲優良者，得分等給獎。第二十一條，會場事宜，由本會會場科幹事辦理之，會場細則另訂之。第二十二條，開會期內，由會場科特設管理員，以負保護之責。第九章陳列，第二十三條，陳列事宜，由本會陳列科幹事，令訂細則辦理之。第十章附則，第二十四條，本章程有未盡善處，得由本會籌備委員會修正之。(1925 年 9 月 19 日《申報》，23 日北京《晨報》轉載)

9 月 24 日，徐志摩致劉海粟信中提及"滕固兄處代致意"。
　　按：該信收入晨光輯注《徐志摩書信》，湖南文藝出版社 1986 年 10 月第 1 版。

9 月 25 日，晚，劉海粟宴送即將赴日的上海美專教授錢壽鐵，席間商議在日本宣傳中國繪畫與金石并考察日本美術，委託錢壽鐵代表其與日本畫家接洽。李毅士、汪亞塵、王濟遠、滕固、唐吉生等赴宴作陪。翌晨，錢壽鐵離開上海赴日本。

9 月 28 日，滕固等於課餘組織俱樂部，并附設研究室。
　　上海美專教授李毅士、汪亞塵、王濟遠、俞寄凡、滕固、陳宏、李超士、潘伯英等於課餘組織俱樂部，即在校之左近新建之三層樓洋房爲集會之所，并附設研究室，聞該校校長力表贊同，加入爲發起人之一。(1925 年 9 月 28 日《時事新報·藝術》第 118 期)

10 月 5 日，滕固作詞《誤佳期》發表於《香草》第四期。
　　《香草五日刊昨日出版》："劉恨我、趙秋帆主編之《香草》第四期，已於昨日(五號)出版，內容文字有周瘦鵑之《香草與紫羅蘭》、沈禹鍾祝詩、謝鄂常之《伶淫》、滕固之《誤佳期》、姚廑夔之《蛛來記》、姚民哀《燕子金飛》、章悔魂之《春明漫識》，圖畫有任直督時之袁世凱、交際之花秀琳女士小影、任蟠隱攝之紫羅蘭花。，函索附郵二分至本埠八局界中州路富潤里十三號云。"(1925 年 10 月 6 日《申報》)

10月12日，國民大學校刊《國大週刊》創刊號出版，由章太炎、李石岑、何炳松、胡樸安、滕固、胡懷琛諸人主纂。

  《國大週刊出版》："國民大學校刊國大週刊，由章太炎、李石岑、何炳松、胡樸安、滕固、胡懷琛諸先生主纂，內容甚爲豐富，創刊號頃已出版，團體學校，函索即寄，個人須附郵票一分云。"（1925年10月12日《申報》）

10月29日，徐志摩致劉海粟信中談到"滕固兄小説胡尚遲遲"。

  按：該信收入晨光輯注《徐志摩書信》，湖南文藝出版社1986年10月第1版。

11月2日，《時事新報·藝術》第122期"藝苑雜記"：日本旅滬青年會聘請滕固演講中國書法，每週四一次，分九次。

11月9日，偕友人劉友惠、何熙曾、何公敢、鄭心南等人訪察上海臨近區縣，自滬太汽車站沿途，瀏河鎮之四周，環繞寶山縣境，調查九至十一月間遭受軍閥蘇浙地方部隊姦淫燒殺民衆災情，由滕固（焜）執筆寫有《戰場北部兵禍記》發表於《孤軍》1925年2卷"臨時增刊"。

  按：《孤軍》月刊，孤軍社編，1922年10月創刊，上海泰東圖書局印發。該刊係政治性刊物，主張以"約法"爲中心，恢復"約法"以維繫中國之大局，并達到中國的"大同"。主要參與者陳慎候、何公敢、鄭心南、周頌久和林靈光等，多是日本東京帝國大學出身。該文文首注明"記者：滕固"，而各節標題處均加蓋藍色鉛活字"焜"字。疑爲滕固欲用之筆名。

11月10日，偕友人何公敢、劉友惠前往瀏河西北二圖、六里橋、茜莖等鄉村。

11月11日，偕友人劉友惠前往何家橋、長橋、陸渡橋、新鎮。晚歸上海。

11月13日，偕鄭心南、劉友惠由滬乘長途汽車到羅店、盛橋、月浦、寶山等地，訪問商會會長朱鈞伯。晚六時，到月浦西市梢滕巷，是晚，宿在滕固家裏挹芬室中。

11月14日，全月浦、楊行、寶山、吳淞鄉村公所訪問。晚歸上海。

  《調查記》："十四日，早上八時起身，看見室中器物錯亂，書籍横在地上。

滕固等撰寫發表蘇浙兵禍調查記

當時兵到這室裏凡二次，室中藏的舊板書籍很多，整部的書，如《江南通志》，都被兵士撕破了幾册。壁上懸掛的古書畫，也被兵攜去了。"

按：據本日《時事新報·藝術》第125期"藝苑雜記"："開洛無線電臺今日請滕固講文藝思想之流布。"時間重疊，待考。

11月16日,《申報》刊登畫家江小鶼由法歸國消息。

《畫家江小鶼由法歸國》:"洋畫家江小鶼氏,爲天馬會責任委員之一,曾任上海美專教務主任,於民國十年春,赴歐考察美術,歷有五載,兹已於前月(十一月)十六日,由法都巴黎取道德俄,乘西比利亞火車返國,沿途在新俄京莫斯科留兩天,赤塔留三天,哈爾濱四天,適值奉戰,一俟京奉綫通行,准到京後先抵天津省親,即行南下。"(1925年12月29日《申報》)

按:江小鶼與陳曉江於1921年3月25日赴歐洲考察美術。

1926年　丙寅　民國十五年　二十六歲

1月1日,滕固與方光燾、章克標等編輯出版《新紀元》(半月刊)第一期創刊,并發表了滕固《藝術之節奏》一文。

《自己紹介》:今年光燾和滕固在上海受了許多舊友的敦促,想把它回復轉來;剛巧克標從京都回來,水淇從福岡回來,大家想起這事,發念復活;同時又得到新加入的同志一二人,方得到此田地。至於我們這《新紀元》命名的微意,在克標的《Sphinx以後》一文中,略宣一端的了。

按:該刊僅維持出版二期。因滕固赴日養病,又宣告停刊。"我們的失敗,一則因爲没有財力,二則因爲我們聚散不恒,不能集中精力。"(《屠蘇·弁言》)

1月10日,《魔術》(短篇小説)發表於《小説月報》第17卷1號。

1月12日,江蘇省公署發布一〇五號指令,委託上海美專西洋畫系主任王濟遠、藝術教育專修科主任唐藴玉、藝術史美學教授滕固赴日考察藝術教育,藉謀精進,同時並已咨照駐日公使館,屆時指導協助,并附第二百二十七號訓令,交該專員到日本時,轉江蘇留日學生經理員切實協助。

《蘇省署委員赴日考察藝術教育》:"蘇省長派美專教授赴日考察　上海美術專門學校校長劉海粟呈請江蘇陳省長,遣派該校教授王濟遠、唐藴玉,藝術史美學教授滕固赴日考察藝術教育,已奉省長指令照準,並訓令留日學生經理員隨時指導協助,以利進行,其令留日經理員文云:案據上海美術專門學校校長呈稱,竊敝校辦理十有四載,早經教育部立案,復蒙鈞座時加扶掖,求進之心,無時或已,查西洋畫科主任王濟遠、藝術教育專修科主任唐藴玉、藝術史美學教授滕固等三人,藝學精純,勞績夙著,現擬派赴日本考察藝術教育,以資考鏡,而輔精近,惟以私人資格徑往,殊少根據,與彼邦碩學晉接,多所不便,即公團學校,亦難求開放。歷來吾蘇派赴日本考察之士,恒請得官廳名義,與彼邦疏通情誼,獲進行順利之效,有案可稽。我省長蒞任伊始,首整教育,舉拔英才,不遺草野,該主任王濟遠等三人,俱係蘇籍,服務蘇地,現已摒擋就緒,束裝待發,例即呈請鈞座,予以派赴日考察教育委員之明令,俾該主任等抵東而後,按計進行,無所阻礙,他日考察所得,自當繕就報告文冊,呈請察核,用備蒭蕘之采,是不第本校之幸,抑亦吾蘇教育之幸也。等情前來,除批委派該校西洋畫科主任王濟遠等赴日考察藝術教育外,應候令行江蘇留日學生經理員,隨時指導協助,以利進行外,合行抄發該主任王濟遠等履歷,令仰該員尊照此令。"

《省委專員赴日考察藝術教育》:"江蘇省長陳陶遺,昨發一〇五號指令,委託上海美術專門學校西洋畫系主任王濟遠、藝術教育專修科主任唐蘊玉、美術史美學教授滕固赴日考察藝術教育,藉謀精進,同時并已咨照駐日公使館,屆時指導協助,并附到第二百二十七號訓令,交該專員到日時,交江蘇留日學生經理,切實招待,訓令從略。"(1926 年 1 月 13 日《時報》、《申報》)

1 月 16 日,小說《十字街頭的雕刻美》發表於《新紀元》第 2 期。小說中描寫一個叫尹先生的,從小愛美,"可是從沒有滿足過一次";成年後,他把凡能構成美的一切材料都不憚其煩地搜集來,"可是美仍舊不來接近他"。於是他遍訪各地去尋找美,結果是一無所獲,最後尹先生精神崩潰了。

1 月 20 日,下午二時,出席江蘇省教育會美術研究會臨時會議,到者另有劉海粟、汪亞塵、王濟遠、俞寄凡、薛演中、張辰伯、倪貽德、潘天授、劉利賓、宋壽昌、劉質平等。劉海粟提議,我國小學藝術教育幼稚,應宜徵集外國小學繪畫成績開會展覽以資借鑒,而期改進案。決議:推請本會評議員俞寄凡、滕若渠、王濟遠三君赴日本考察藝術教育之便,向日本全國小學徵集繪畫成績來華開會展覽,藉供各縣小學教員學生觀摩。

1 月 21 日,《申報》刊登赴日考察藝術專員名單及準備情況。
《赴日考察藝術專員行將出發》:"江蘇省特派赴日考察藝術教育委員王濟遠滕固唐蘊玉三人,已向日本郵船會社定就艙位,定一月三十日出發,同行者有江蘇省立一女藝術科教員張辰伯、省立五師藝術科教員楊清磬、省立四師藝術專科教員薛珍、圖畫家潘天授等。聞此行日本方面,由日華學會招待該委

1926年　丙寅　民國十五年　二十六歲　123

員。昨接日華學會理事山井格太郎來電,膳宿等事,已預備妥帖,同時江蘇留日經理員,亦已有信來歡迎云。"

1月24日,上海美專在第一院禮堂舉行西洋畫系第十六屆藝術教育系第四屆畢業式,陳陶遺省長派上海道尹傅疆赴校參與典禮,教育廳長胡庶華專程來滬親蒞給憑,此外由劉海粟校長請康南海、胡適之、張君勱、趙厚生到校演說,并遍請之外名流觀禮。

1月26日,上海美專校長劉海粟假一品香西菜館歡宴即將赴日藝術教育考察專員王濟遠、滕固,暨同行者楊清磬等,列席有政治大學校長張君勱、交涉使許秋帆及其秘書主任金堯松、教育廳長胡春藻、滬海道傅疆,席間曾談及現今教育之弊病與其救濟方策,希望該專員等分別留意。(參見1926年1月28日上海《時報》、《時事新報》)

1月30日,《申報》再次刊登江蘇省特派赴日考察藝術教育委員名單,計有王濟遠、滕固、唐蘊玉,同行者另有江蘇省立一女中師藝術科教員張辰伯、省立五師藝術科教員楊清磬、省立四師藝術科教員薛珍及畫家潘天授等。

1月,滕固著《中國美術小史》由上海商務印書館出版,係百科小叢書第九十種。以後又編入"萬有文庫第一集708"種,收入多種叢書中,再

上海美術專門學校舉行西洋畫科第十六屆、高等師範科第四屆畢業式合影,第二排左四為滕固
(1926年2月21日《晨報・星期畫報》)

版重印。該書將中國藝術史劃分爲"生長時代"、"混交時代"、"昌盛時代"和"沉滯時代",不僅運用了"進化論"的觀點,并且在標題中明確地體現出他的觀點:中國藝術之所以能達到它的"昌盛時代",原因在於:"混交時代"將侵入的外來文化與本國"特殊的民族精神"進行了"微妙的結合"。

2月5日,晨,江蘇省特派赴日考察美術專員王濟遠、滕固、楊清磬、張辰伯、薛珍一行,乘上海丸出發。在神户下船,停留兩日後,改乘火車赴東京。

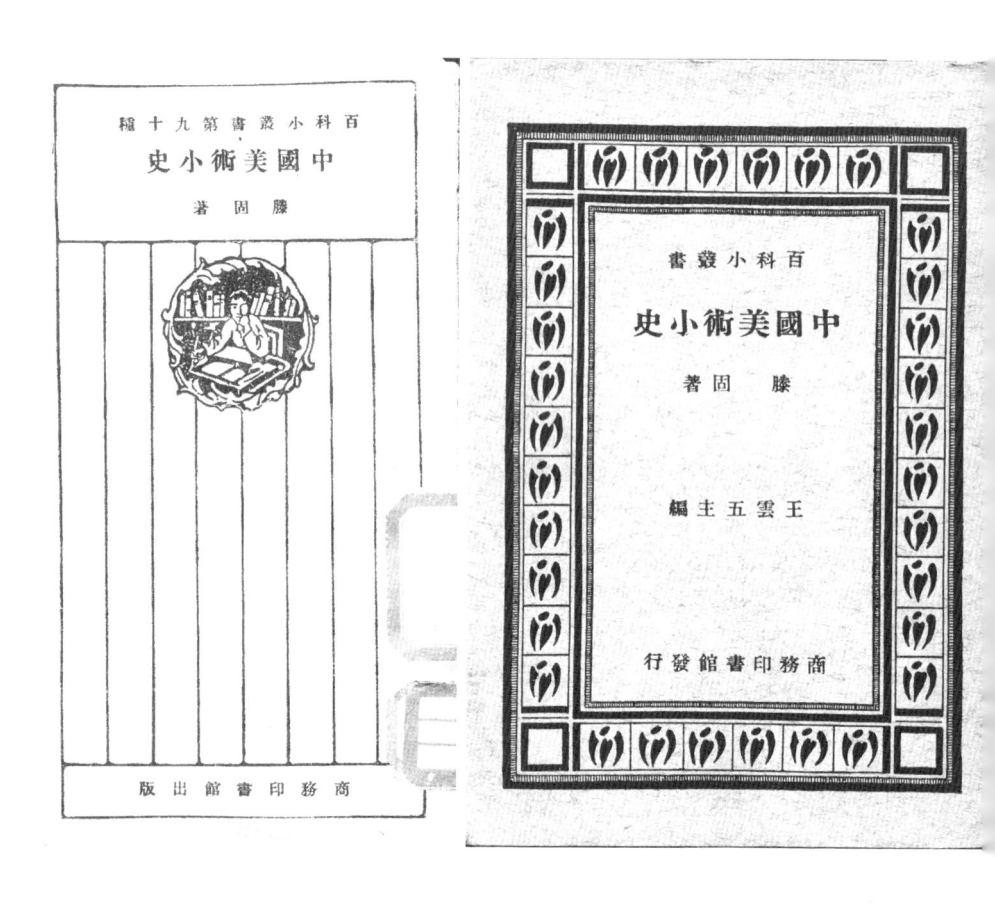

商務印書館出版滕固著《中國美術小史》書影

1926年　丙寅　民國十五年　二十六歲　125

江蘇省特派赴日考察美術專員滕固等一行啟程圖文報道

2月8日，赴日考察美術團一行抵達日本東京，由日華學會派員至車站迎接赴會，即有東京《朝日新聞》記者尾校氏訪問此次來日任務。是晚，又有東京《中外商業新聞》記者松澤氏來訪。東京報紙上俱有記載。

2月9日，赴日考察美術團一行會同留東上海美專教授錢瘦鐵，參觀上野美術展覽會三所，并訪問日本現代名畫家石川柏亭、小杉未醒等，交換意見。日方邀請中國美術家將攜來之作品，加入在上野舉行之中央美術展覽會陳列，以供日人觀感。專員等以中日美術界有提攜之必要，坦然應之，即選出劉海粟、王濟遠、楊清磬、張辰伯、薛珍等若干幅，送交該會專室陳列。
　　赴外務省務亞細亞局長木村氏暨文化事業部長岡田氏處，陳明來日任務，并洽商中日藝術提攜之方案。又赴文部省訪專門學務局長，詢問藝術設施之近況及其未來之計劃等。

2月12日，王濟遠、滕固合作"考察日本藝術筆記"之《藝術與國民性之爭論》一文，刊登於19日上海《時事新報》。

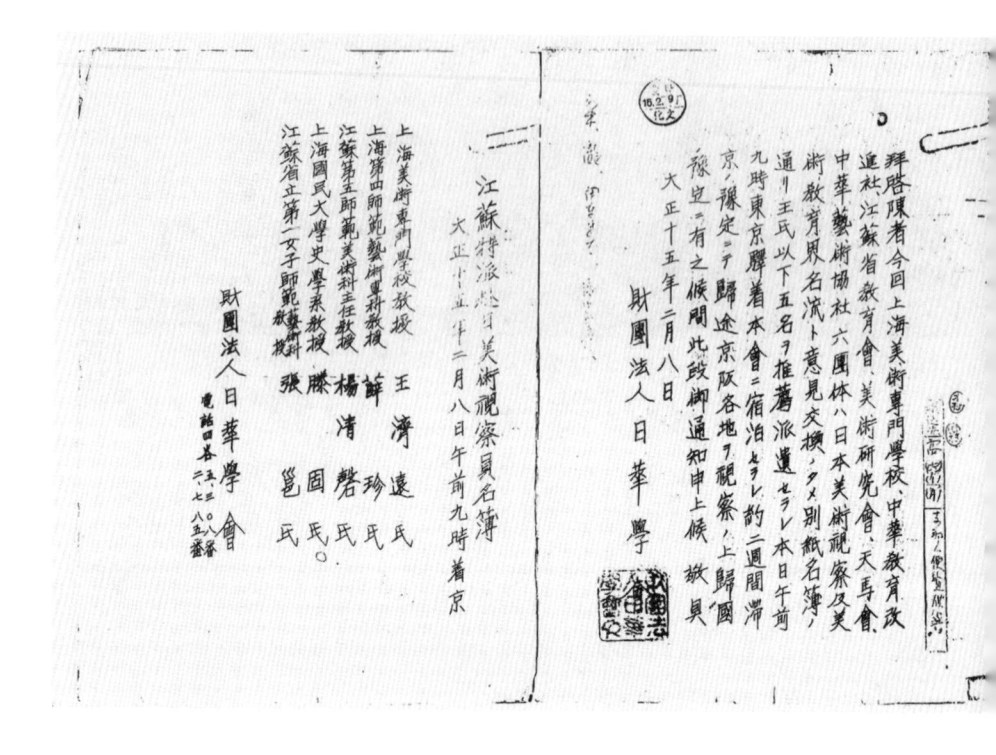

江蘇省特派赴日考察美術專員名單及行程（日本外務省外交史料館檔案："上海美術專門學校外四團體"編號 H-0602-0083）

按：原文作"十五、二、二自東京寄"有誤。

2月15日，日本外務省在華族會館宴請赴日考察美術團一行，出席者有岡部長景部長、日華學會理事石井滿吉、山井格太郎、東京美術學校校長正木直彥、畫家藤島武二、石川柏亭、小杉未醒和田英作、石川寅治等，席間對中日藝術上之交流，加以討論。

2月16日，駐日公使汪榮寶宴請赴日考察美術團一行，并對該團提出加強中日藝術交流極表認同，即請專員等草擬辦法，一面呈請本國政府，一面照會日本政府辦理。

2月18日，王濟遠、滕固致函劉海粟，告知已在東京爲上海美專圖書館徵集到日本美術家等著作，文部大臣并允命令各處文化事務局，代爲徵求。

《美專美術圖書館徵求圖書》："上海美術專門學校美術圖書館，創辦已有數載，現有圖書七千餘種，茲值該校新校舍落成，美術圖書館擬大爲擴充，已由劉校長聘任王濟遠、滕固二君爲圖書館正副主任，王滕二君此次由江蘇省派赴日本考察藝術教育，并赴日徵求各著作家美術家各大學各專門學校出版之書籍雜誌，以實該館。昨日劉校長得王君來函，謂到東京後，私人方面已徵得美術家石川柏亭、小杉未醒、木工下山太郎、木村莊八、山下新太郎等著作二百餘種，文部大臣并允命令各處文化事務局，代爲徵求，結果可望徵得大宗圖書云。國內方面，亦擬向全國各學校各書局及著作家徵求，其通啓如下：

本館開創歷有年所，荷蒙邦人不棄，贊助時加，得以軒宇肇開，規模初具，惟是美術圖書館與普通圖書館微有徑庭，同人等忝列發起之席，略陳舊有計劃，維海內外宏達追而教之。一、本館名爲美術圖書館，於普通圖書之外，關於美術一類，充量容納，多多益善。一、本館徵求材料，於普通圖書之外，第一，凡有中外美術史料上直接間接關係之書籍及作品；第二，近今美術上之著畫及作品。一、本館庋藏圖書，於普通圖畫外，關於美術一類圖書，另建石室，別立門類，以爲專門圖書館之始基。一、本館陳列美術上之作品，悉仿歐洲美術館之先例，詳加稽考，分別題識，以爲美術館之始基，同人等本茲原則，勗勉從事，念細流可匯滄溟，拳石可成泰岱，期以十年，中此鵠的，敢乞海內外熱心之士，惠捐圖畫製作或現金，無分鉅細，勒碑存念，是不第本館之幸，抑亦東方文化之大幸也。"（1926年2月19日《時報》、《申報》）

按：據日本外務省外交史料館所藏《上海美術專門學校美術圖書館募捐啓》，正文後列有上海美術專門學校美術圖書館董事、委員名單如下：

董事　蔡元培、黃炎培、蔡方震、張東蓀、康有爲、袁希濤、王一亭、郭秉文、梁啓超、范源濂、吳昌碩、張嘉森、熊希齡、趙正平、沈恩孚、李鍾玉

委員　俞寄凡、歐陽予倩、劉質平、潘天授、劉海粟、滕固、李超士、諸聞韻、李毅士、王濟遠、陳宏、許醉侯、汪亞塵、錢瘦鐵、吳經熊、潘伯英

（日本外務省外交史料館檔案："上海美術專門學校外四團體"編號H-0602-0082）

2月中旬，赴日考察美術團一行赴京都，寓關雪之別莊，除考察京都工藝美術外，從事美術創作。（參見1926年2月23日上海《申報》）

3月1日，《時事新報》刊登王濟遠、滕固《考察日本藝術筆記》，介紹日

本展覽會與畫風。

江蘇省教育會美術研究會職員會議上，議決 6 月 26、27、28 日在江蘇省教育會三樓舉行日本小學美術展覽會。滕固與劉海粟、汪亞塵、王濟遠、李毅士、俞寄凡、張辰伯被推爲審查委員。

上海《時報》、《時事新報》、《申報》刊登《中日藝術國際交換之先聲》一文，介紹駐日公使館致江蘇省長公函內容。

  《中日藝術國際交換之先聲》："江蘇省派考察日本藝術專員王濟遠滕固等，到東後，對國際上交換接洽尤力，駐日公使亦頗表同情，爲之後助，願作正式之交涉，現該專員等，方從事草擬方案，茲探得駐日公使館寅字第三十九號公函致江蘇省長云：逕啓者，據貴省委派考察日本藝術教育事宜，王濟遠楊清磬滕固張邕薛珍等五人呈稱，濟遠等奉江蘇省令暨上海美術專門學校、中華教育改進社美育組、天馬會、江蘇省教育會、美術研究會、中華藝術協進社等五公團之委託，考察日本藝術，凡所聞見，略能推測隱微，竊以爲晚近日本藝術，欣欣向榮，得與世界爭美者，雖爲國民努力之結果，然國際間之交換，影響所及，亦非淺鮮，如近者伊法德比諸國時運藝術作品，來日展覽，胥由駐在公使總攬其成，而日本藝術作品，運至歐洲展覽者，亦由各國駐在公使協助之力，前年吾國駐法陳公使，亦曾派員搜集國中鉅製，運法展覽，深得彼方讚許有案，嘗稽史册吾國六朝前後西域文化輸入，藝學上頓生異彩，日本明治維新，容納西方文化，得至今日，即歐洲各國，亦靡不截長補短，相互因緣，以造成今代之偉觀，吾國近年兵戈擾攘，民德霾落，非有藝學以善導之者，似不足言救國，欲祈垂念國際文化溝通之重要，援先進諸國之成例，一面呈請本國政府，遴選賢能，撥款辦理，搜集藝術作品，運至日本展覽，以及其他藝術上交換事件，一面照會日本政府，從事預備，隨時應付，庶幾他山攻玉，廣益集思，兩國文化，共受其惠等語，查藝術進化，端賴國際觀摩，近年以來，歐美各國特運藝術作品，來日展覽，時有所聞，我國尚付闕如，該考察員等，所陳各節，自係應辦之事，據呈前因，相應函請貴省長查核辦理，並祈見復爲荷，此致江蘇省長。"（《申報》）

3 月 2 日，王濟遠、滕固聯名致函日本外務省文化事業部岡部長景部長，聯絡日本各界爲上海美術學校圖書館捐書事宜。

  拜啓 僕等觀光貴邦，辱承優禮有加，暢聆宏教，銘感曷勝。茲已於前日由京都返滬，當將考察貴邦藝術之盛况宣諸國內，以樹中日藝術聯合之基，而

《申报》《时报》刊登《中日艺术国际交换之先声》报道

副厚望上海美術學校圖書館捐書一節，當遵囑抄備目錄由貴國駐滬領事轉呈，即希慨允捐助以孚大信而敦邦交，肅此道謝，敬頌　岡部長景先生臺祺　王濟遠滕固仝頓首　三月二日

（日本外務省外交史料館檔案："上海美術專門學校外四團體"編號H-0602-0080）

3月6日，王濟遠、滕固作《考察日本藝術筆記》之《日本洋畫界之現狀》，介紹日本帝國美術院會員情況。刊登於3月8日《時事新報》。

晚，劉海粟等數十人到埠迎接由神户乘上海丸返滬之江蘇省所派考察日本美術專員王濟遠、滕固及上海美專國畫教員錢瘦鐵、西洋畫教員張邕（辰伯）、江蘇第五師範藝術教員楊清磐、江蘇第四師範藝術教員薛珍，并在方斜路寓所設宴爲王、滕等洗塵。席間由專員等詳述此次在東京及京都等處考察種種狀況，并攜有駐日公使之公文，日内須晉省，面謁省長。

3月10日，上海美術專門學校行春季始業式，王静遠、滕固、張辰伯講演赴日考察情形。滕固、練爲章、何明齋、黃頌林、劉庸熙擔任本學期理論課程。

3月11日，《時事新報》刊登王濟遠、滕固《江蘇省藝術設施芻議》，内分四項（一）省展生命之永續；（二）省立美術館之創開；（三）教育廳設藝術科指導員；（四）公共娱樂之改造。

3月14日，王濟遠、滕固作《日本藝術考察筆記》之《日本現代之洋畫界》，介紹日本帝國美術展覽會之委員情況。刊登於3月18日《時事新報》。

3月23日，《申報》載："江蘇省委派考察日本藝術教育專員王濟遠、滕固歸國編就考察日略，附江蘇省今後藝術設施芻議，内分四項（一）省展生命之永續；（二）擴充古物陳列所爲省立美術館；（三）教育廳設藝術科指導員；（四）公衆娱樂之改造。此外帶回駐日公使館之公文等，日前由上海美專校長劉海粟轉呈省長。茲探悉劉校長得陳省長一○九八號批示云：呈件均悉，該員等考察所載，關於國際上藝術交換事宜，深資接洽，自

屬可嘉。察閱駐日公使轉函，該員等所陳藝術交換意見，并該員等逕陳之藝術設施芻議，均不無可采，應俟令行教育廳察酌辦理，除諮復駐日公使外，仰即轉知，此批。"

3月25日，《申報》刊登光華書局發行新書消息，内有滕固《死人之嘆息》一種。
  《新書消息》："四馬路光華書局最近發行新書，有創造社出版之《創造月刊》第一期，每册二角八分；《洪水》第二卷第一期，改正定價七分；郁達夫作《小説論》，每册二角五分；滕固作《死人之嘆息》，每册四角；又豐子愷作《子愷漫畫》，重印本每册五角；譚正璧編《中國文學史大綱》，每册四角；又有北京新到梁任公著《要籍題解及其讀法》，每册五角，均由該局獨家發行云。"

3月27日，參與組織發起上海藝術學會。該會是以上海晨光藝術會爲基礎，再聯合上海中華藝術大學、上海藝術大學、中華美術會、太平洋畫會、東方畫會、國立大學藝術研究社、漫畫會、中華美術攝影學會等十餘個藝術團體而聯合組成，俞寄凡任會長，會員多達幾百人。負責人有劉海粟、汪亞塵、滕固、倪貽德、朱應鵬、俞寄凡、張聿光等人。（據許志浩《中國美術社團漫録》、《申報》等）

3月末，完成日記體小説《舊筆尖與新筆尖》。發表於4月26、28日北京《晨報副刊》第1383—1384期。該刊由徐志摩主編。

4月2日，江蘇省教育廳嘉獎上海美術專門學校。
  《蘇教廳嘉獎上海美專》："上海美術專門學校，昨接教育廳五百七十四號公函云：案查本年一月間，本廳長赴蘇滬各處視察教育，查該校規模宏大，學風寧静，成績斐然，殊堪嘉許，除呈報省長嘉獎外，合行函知云云。"（1926年4月3日《申報》）

4月4日，《申報》刊登光華書局之新出版物消息稱：自開辦以來，營業日見發達，其發行之新文藝書籍，均係郁達夫、郭沫若、倪貽德、周全平、滕固等之創作集論文集，爲文學界所贊許。
  《新書消息》："四馬路光華書局，自開辦以來，營業日見發達，其發行之新文藝書籍，均係郁達夫、郭沫若、倪貽德、周全平、滕固等之創作集論文集，爲文學界所贊許，定期刊物如《新女性》、《洪水》、《創造月刊》，銷行極廣。

該局現爲優待學生界起見，舉行星期廉價，祇限星期日一天，凡向該局購書者，無論其爲代售書本版書，或定期刊物等，不論多少照實價外均有折扣。又聞該局在本星期內，將有潘公展譯《兒童愛》，即《結婚的愛》之續編，每冊二角；張廷灝講《不平等條約的研究》，每冊五角，二書出版曾有郭沫若之《三個叛逆的女性》、郁達夫之《文藝論集》、王獨清之《聖母像前》、徐公美之《現代戲劇論》諸書，亦將於最短時間內出版云。"

4月8日，作小說《一條狗》附記。

4月9日，報載：上海美術專科學校新校舍內特闢之美術史研究室，由美術史教授滕固、金石考古學講師顧鼎梅指導研究，對所藏古物珍品詳加稽考，纂集《中國美術史料集萃》發刊。

《時事新報》："上海美術專科學校新校舍內特闢之美術史研究室，將學校及劉校長歷年所藏東西珍品數十件陳列，以供學生之觀摩。新近由校董徐朗西捐贈大批古物，計漢王公墓門一件，魏楊義造像一座，魏曹皇甫造像一座，魏劉根造像一座，魏鑿大同佛像一尊，隋香木觀音一尊，唐瓦塔一座，唐太子所行木雕一座，唐石獅二座，宋景定皇帝金頂玉葬一件，楊泉石攔陽刻一件，及清宮中銅器多件。由美術史教授滕固、金石考古學講師顧鼎梅指導研究，該教授等現將所藏各品詳加稽考，纂集《中國美術史料集萃》發刊。聞校外篤學之士，願研究該項古物者，與學校接洽後，亦可入室參觀云。"

4月12日，出席上海美專本學期第二次總務會議。

4月14日，上海美術專門學校圖書館委員王濟遠、滕固聯名致函日本外務省文化事業局長，附捐書目錄一份。

　　謹肅啓者　濟遠等前奉江蘇省令暨各藝術團體之委託考察貴國藝術，荷蒙優遇，銘感實深，又蒙面許撥款購贈貴國出版之書籍，庋藏於上海美術專門學校之美術圖書館，尤紉高誼，茲謹繕請求日本文化事業局購贈書目一件，敬煩貴國駐滬總領轉行遞上，務希查核，早日購辦，以惠藝林，是不第上海美術專門學校之幸也。謹上　文化事業局長臺鑒　上海美術專門學校圖書館委員王濟遠、滕固　中華民國十五年四月十四日

　　（日本外務省外交史料館檔案："上海美術專門學校圖書館"編號 H-0798-0203-0204）

1926年　丙寅　民國十五年　二十六歲　133

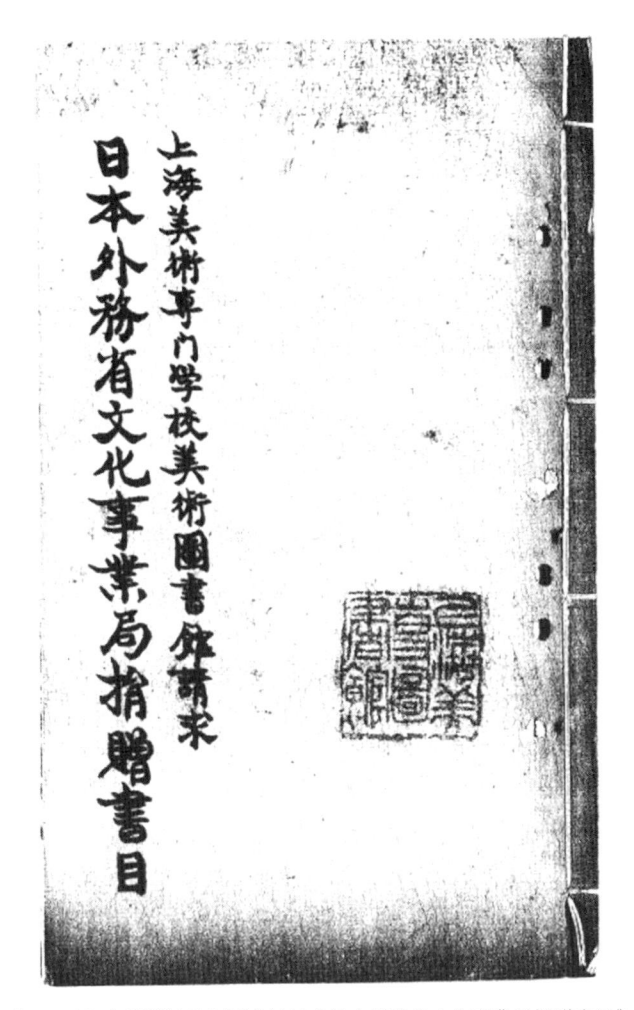

《上海美術專門學校美術圖書館請求日本外務省文化事業局捐贈書目》

4月16日，出席江蘇省教育會美術研究會舉行常會，討論議案多件，其中包括委託本會會員就近調查各地學校藝術科設施實況案，議決：根據提案人理由，推定俞寄凡、滕若渠、楊清磬、潘伯英草定調查表格，分發各地會員，實行調查報告本會，匯集發刊。王濟遠提議組織藝術名詞審查會案，議決推定俞寄凡、謝公展、滕若渠、汪亞塵、楊清磬起草組織大綱，提交職員會，討論組織之。(參見1932年4月17日《申報》)

4月17日，由上海美專暨天馬會發起"旅外繪畫展覽會"在虹口蓬路日本人俱樂部三層樓開幕。陳列旅日旅歐各作家中西畫百餘件，其中有王濟遠、張伯辰、滕固、楊清磬等在東京所作小品，江新自巴黎帶回創作十餘件，并有後援劉海粟等名家書畫作品數十件。前來觀看者，日本領事矢田松太郎與旅滬名流等。展覽於 18 日結束。

《又一繪畫展覽會將在日人俱樂部舉行》："旅外繪畫展覽會由上海美專暨天馬會發起，陳列王濟遠、張辰伯、滕固此次赴日考察之餘所作之小品畫件，及江新由歐洲帶回歷年得意之作多幀，又有後援劉海粟、曾農髯、王一亭、汪亞塵、俞寄凡等之作凡百餘件，定於本月十七、十八假蓬路日本人俱樂部舉行，聞入場不需門券，任人觀覽云。"（1926 年 4 月 15 日《時報》）

《旅外繪畫展覽會今下午六時閉幕》："旅外繪畫展覽會假蓬路日本人俱樂部三層樓全部爲會場，軒宇宏敞，陳列幽雅，昨日上午九時開幕，來觀者絡繹不斷。因該地此次陳列旅日所作者居多，故日人來觀者尤形踴躍，全部中西作者有一百數十件，各具獨特之長處，第一第二室陳列江新氏新由巴黎帶回之作品，擇其尤者十餘件，一號之《夢》，二號三號之《裸體》，五號《匈牙利女士像》，意境獨辟，用筆設色，更饒南國之風趣，允爲傑作。王濟遠氏所作共四十餘件，四十四號之《閨秀》，四十五號油畫靜物，二十二號之《京都春雨》，其他旅日小品，畫風變輕靈典雅，已達圓熟之境。張辰伯所作十餘件，大抵旅日所作，富於裝飾意味，頗受日人歡迎。錢瘦鐵氏所作二十餘件，五十七號《奔泉》結構奇秀，用筆渾樸，五十六號《訪友》，構圖雄偉，而畫筆周密，六十五號《京都美人卷》，劉海粟氏評爲東方之瑪提斯。此外滕固、楊清磬等諸作，秀麗無倫。第三室陳列後援者之件，如劉海粟近作三幀，冷拙渾秀，獨標奇景境。王一亭、曾農髯、唐吉生、汪亞塵、俞寄凡、潘天授、諸聞韻，日本畫家橋本石川、石川小杉等之中西畫品，高古精絕，不可多得。昨日來觀者，日本領事與旅滬之名流外，有杜錫珪等，盛加讚揚，許爲中國今代藝術之光榮。聞該會祇有今日一天，下午六時閉幕云。"（1926 年 4 月 18 日《時事新報》）

4 月 23 日，滕固偕日本内田伯爵山井理事等同車抵南京。滕此行目的爲晉謁江蘇省陳省長、省教育廳長，面陳考察詳情與改進江蘇藝術教育之意見。

4 月 24 日，滕固於省立四師講演《今日藝術之文化史的檢查》。

《日名人與上海美專教授到寧》："南京通訊，上海美專教授滕固，昨日與日本内田伯爵山井理事等同車來京，記者昨訪内田等因晤滕君，係前省委考察日本藝術教育員，詢其來意，得悉此來晉謁陳省長江教育廳長，面陳考察詳情與改進江蘇藝術教育之意見。今日(二十四日)下午省立四師特請滕君講演《今日藝術之文化史的檢查》,歷三小時之久,聽者甚爲滿意。同時省立一女師,亦定於二十六日下午,請滕君講演文藝。内田伯爵等來寧後,寓下關飛龍飯店,略事周旋,明日下午一時乘輪赴漢,因漢口同文書院甚爲發達,視察一過,將定對於日人華僑教育之發展計劃云。"(1926年4月24日《申報》)

5月1日,光華書局正式開業。《新藝術》半月刊創刊,上海藝術學會編輯,由俞寄凡、劉海粟主編。上海光華書局出版兼發行。小三十二開本,毛邊綫裝。

《光華書局今日正式開幕》:"四馬路光華書局,自去冬創設至今,已經半載,兹經將門面裝修完竣,定今日正式開幕,并舉行開幕大廉價二十三日,在廉價期間内購本版外版各書滿洋五元以上者,贈給常年廉價券一份,可照規定廉價辦法,用至本年底止。此次廉價折扣,本版書照實價打八折,外版書照折實價外,再打九折。該局昨前二日,到有北京北新書局、晨報社、未名社等新書五十餘種,又有新出之郭沫若《三個叛逆的女性》、華林《新英雄主義》、潘公展譯司托潑女士著《兒童愛》,及《新藝術》半月刊第一期等書,并發售《創造百期彙刊》預約券,祇收一元云。"

5月3日,上海美術專門學校致書上海日本總領事館,告知日方捐書兩箱已驗收完竣,專鳴謝悃。

逕復者 接准大函,當即派敘校職員王春山劉思訓二君趨貴署領得貴國文化事業部捐贈圖書二箱,回校按照目録點收無誤,當即謹敬庋藏,以備瀏覽金檢,玉牒寵錫,遥頒錦襲,牙籤瓊瑶之報從此多文爲富機篋有光矣。肅泐寸函,專鳴謝悃,敬頌 公安

上海美術專門學校啓 五月三日

(日本外務省外交史料館檔案:"上海美術專門學校圖書館"編號H-0798-0201)

5月5日,《申報》刊登《姜懷素請禁模特兒》,略謂:"爲滬埠風化正本清源之計,必先禁止裸體淫畫,欲禁淫畫,必先查禁堂皇於衆之上海美專學校,西洋畫模特兒科,欲查禁以人體爲模特兒,則非嚴懲作俑禍首之劉海粟,不足以儆效尤。"

《姜懷素請禁模特兒》:"閘北市議員姜懷素,昨爲請禁裸體畫集以少女爲模特兒事,具呈聯軍孫總司令,其文如下:

呈爲呈請嚴禁裸體畫及人體模特兒，以維禮紀而敦風化事，竊維世風不古，禮紀蕩然，淫佚放浪，於今爲烈，滬地爲華洋雜居，歐俗東漸，耳濡目染，不隨善化，祇效靡風，而智識階級中含有劣根性者，復繪爲裸體淫畫，沿路兜售，青年血氣未定之男女，因被此種淫畫誘惑而墮落者，不知凡幾，在提倡之者方美其名曰模特兒、曲綫美，初不知作俑何人，造惡無量。迨上年九月八日《時事新報》投上海美術專門學校校長劉海粟爲模特兒事，致省教育會書，自示爲效法西洋，首置人體模特兒之人等語，夫美術範圍至廣，山水木石，花卉翎毛，均屬資料，并可藉以開豁胸襟，陶冶性情，何必注重於裸體畫，更何必獨重於女身之繪摹，即使神似而能生動，亦不過一裸體少女耳，究其於青年之學子，有何裨益，充其極足以喪失本性之羞恥，引起肉慾之衝動，蓋飲食男女，人之大欲存焉，敦禮防閑，猶恐逾越，何可再誘以此種淫畫，使其目接心移，況歐西各國所稱爲模特兒者，即指石膏像而言，初雖亦有以人體爲型，但覆之以巾，圍之以布，尚繫一絲，以顧羞恥，近各國且嚴謹矣，乃該傷害美術學校竟利誘少女爲諸生範楷，貧而無恥之女子，貪三四十元之月進，當衆裸體，一絲不掛，纖微畢現，斜倚橫陳，曲盡姿態，此境此情，不堪設想。查美專係男生居多，而以女體爲模特兒，倘各女校亦以男體爲活動範本，忘形若此，則舉凡羣衆集合之處，以及公共道路，際此炎夏，盡可露體往來，蓋該校之裸體，絕非祇陳於該校，當然以銷行爲目的，不至家懸户設不止，否則該校爲一專研究女子肉體之場所矣，即可家懸户設，則公衆集合之處及道路，更可無論矣。試問成何體統，成何世界，成何人類。最近租界會審公廨取締裸體跳舞，惟該跳舞女子，腰間尚繫布遮羞，且被罰鍰，乃我中國數千年禮教之邦，今竟淪爲淫逸之域，且此裸體之怪狀，不發現於娼妓之家，而公然位於教育青年之學校，熱心世道者，能不失聲痛哭耶。懷素與該校長劉海粟未謀一面，并無瓜蒂，祇以禮紀淪亡，廉恥道喪，既具良心，何忍緘默，曾於上年九月，呈請執政府暨教育部省署等各級官廳，請予嚴禁，嚴懲作俑禍首劉海粟，以挽頹風，旋於十月間奉前江蘇省長鄭批第四一五三號准即令飭教育廳查禁上海美術專門學校模特兒在案，并於同年由前執政府交內務部通令全國各省各教育廳，轉各縣各教育局，飭知各學校一律禁止在案，本年二月間上海縣教育局奉上海縣知事公署訓令内開，案奉江蘇教育廳令開，案奉省長訓令，案准内務部咨開，奉臨時執政府交姜懷素呈一件，請查禁上海裸體畫及取消上海美術專校模特兒一科，以維風化等因，除咨復已令教育廳通飭所屬切實查禁外，合亟抄發來文，令仰該廳遵照辦理，此令，并發抄件等因，奉此。查此案前准有省教育會函請取締各地方裸體畫之發售，以挽頹風等因，業經通令查禁在案，茲奉前因，合行抄發原呈，令仰切實查禁辦理，此令，計發抄件等因到署，奉此，查裸體畫等事關風化，自應從嚴查禁，除分別咨行外，合行令仰該局長即便遵照，從嚴查禁以維風化，此令云云，載在報章，懷素以爲官廳迭令查禁，當可遵照取消，乃上月二十二日報載參觀美專模特兒紀，窮形極相，不堪污筆，是該校導淫之畫，變本加厲，官廳禁令，視如具文，素仰鈞座關懷風化，道德高尚，翊扶禮紀，夙著賢聲，今爲滬埠風化正本清源之計，必先禁止裸體淫畫，欲禁淫畫，必先查禁堂皇於衆之上海美專學校，西洋畫模特兒科，欲查禁以人體爲模特兒，則非嚴懲作俑禍首之劉海粟，不足以儆效尤，爲特敘呈，檢同參觀美專模特兒紀之報紙一份，呈請鈞鑒，仰祈轉令切實查禁，嚴懲禍首，并懇布告周知，以維風化而敦本俗，毋任企禱，謹呈聯軍總司令兼淞滬商埠督辦孫，上寶兩縣閘北市議事會議員姜懷素。"

5月6日，《時事新報》"上海美術專門學校旅杭消息"中報導：此次日本帝國美術院委員滿谷國四郎等五委員來華，遊蘇錫後，前日赴杭，持有滕固之介紹信，訪劉海粟、汪亞塵、王濟遠等，同遊湖山。該委員等本係考察中國美術，將發展中日美術上之聯絡。

5月15日，《新藝術》半月刊第二期刊登滕固《偉大的藝術》、《氣韻生動略辯》二文。

5月16日，劉海粟搭滬杭快車回上海，就上海縣知事危道豐發令嚴禁上海美專裸體畫，請李毅士、滕固、俞寄凡等幾位教師來家商量應付對策，請他們回校作安定師生情緒工作。并撰文申訴危道豐，送申報館史量才先生請予刊發。（參見袁志煌、陳祖恩編著《劉海粟年譜》、《申報》等）

《危知事嚴禁美專裸體畫》："閘北市議會議員姜懷素，昨奉上海縣公署指令第七六號開，呈一件，請嚴禁裸體畫及人體模特兒，以維禮紀由，呈及粘報均悉，本知事自到任以來，即聞上海美專門學校有人體標本之事，因其校址在法租界，即擬諮請查禁，惟恐傳聞不確，曾經派人前往參觀，旋據復稱，實有其事，重重穢惡情形，不堪寓目，已經據情諮請法租界及會審公廨從嚴查禁，如再抗違，給予發封在案，據呈各節，足見關懷風化，力挽狂瀾，候再出示嚴禁，以儆將來，仰即知照，此令，粘報存，中華民國十五年五月十一日，上海縣知事危道豐。"（1926年5月13日《申報》）

按：1926年5月16日《申報》再次刊登《查禁裸體畫與模特兒》，除錄前文外，"粘報存印發外，合行出示嚴禁，仰商民諸色人等，一體知照，須知裸體畫片，實爲風俗人心之害，最易引誘青年，無論男女，一經失足，百悔莫返，自示之後，務各父勉其子，兄勉其弟，勿再受其誘惑，倘有無知愚民，仍敢當街兜售裸體畫片者，定即拘案，從重究罰，各宜禀遵毋違，特此布告。"

5月17、18日，《劉海粟爲模特兒事致孫陳函》在《申報》發表。

《劉海粟爲模特兒事致孫陳函》："上海美術專門學校校長劉海粟昨致函孫傳芳云：

本月五日，《申報》載閘北市議員姜懷素請禁裸體畫之呈文，關於敝校各節，含沙射影，砌詞破壞，當經鄙人辯正在案。復見十三、十五日《申報》載上海縣知事危道豐第七六[號]指令暨布告稱：（已見報載從略）["本知事自到任以來，即聞上海美術專門學校有人體標本之事，因其校址在法租界，即擬諮請查禁，惟恐傳聞不確，曾經派人前往參觀，旋據復稱實有其事，種種穢惡情形，不堪寓目，已據情諮請法租界及會審公廨從嚴查禁，如再違抗，即予發封]云云。案敝校西洋畫科高年級人體實習，置生人體模特兒，資學理之參考，已歷八載，呈部有案。其目的在明察人體構造、生動歷程、精神體相，表現人類偉大之生命力，事極泛常。遠者著諸史册，近者定爲學制，稍識文化史者，莫不知有希臘奧靈比亞祀典之裸體競技，以及藝術家所造裸體神像；自羅馬時代經中世紀至文藝復興，關於宗教上繪畫雕刻之傑作，紹述希臘遺意，亦多裸體之作。蓋以男體象徵人類剛毅之節概，女體象徵人類純潔之天性，命意深長，令觀者肅然起敬，上感神明，下圖奮勵。近世科學昌明，凡百學理，悉以實是爲始基、求是爲指歸。自醫學學校有人體解剖，美術學校即有生人模特兒，二者久定爲必修之學程，備學理之參考，達實是求是之鵠的。且也人體作品，爲藝術上主要部分，歐、美、日本各國美術學校，不計其數，美術館總計有百數十所，陳列先賢近人之人體作品，不下萬千。其尤著者，如法國巴黎之羅浮宫，盧森堡國柏林之國民藝術院、新藝術院，伊大利佛洛稜司之國民美術館、古今美術館，英國倫敦之國民美術館、大英博物館，美國紐約之國都美術館，舊金山之藝術宫，支加哥之藝術學院，是或政府撥款建造，或國民踴躍捐輸，創爲鉅觀，昭示來兹，蓋藝術發達，足以提高國家文化。

吾國興學二十年，截長補短，昌言已久。敝校爲吾國首創美術學校，求教授上設備之周詳，置生人體模特兒，數年以來，國人容有誤解，必婉辭申説。乃該議員，不學無術，不明事理，以敝校學程之設施，與市儈營利之事，强提并論，每遇新任長官蒞臨，必招摇造惑，遞呈虚文，關於敝校各節，歷届長官深明黑白，未事舖張。該知事危道豐不揣冒昧，揚長出令，大言不慚，虚張空架，若辭中"種種穢惡情形，不堪寓目"云云，"如再違抗，即予發封"云云，希圖破壞敝校名譽，視敝校正實之學理研究，爲逆犯之事，不一而足。鄙人辦學,明申約束,素主嚴厲,十五年來,履冰臨淵,校內既無一切集會,值茲學潮多難之秋,從未捲入漩渦,師生肅穆,專心德藝,此中外人士所共見共聞,歷任長官嘉獎在案,亦鄙人可告無罪於天下也。比讀鈞座整頓學風,禁止學生加入政黨等令,具見關懷教育,衛護學校之至意,敝校校章上,明載學生不得入黨,不得騖外,不得有學術以外之結集與舉動等,行之五六年,不稍假借,得至今日,寧靜無嘩,別開風氣,而市上流行之裸體淫畫,及遊戲場上之裸體淫舞等,操業卑鄙,莠害良風,可惡已極,鄙人數年前,早請官廳嚴禁,有案可稽。近晤傳道尹許交涉員等,又請其會同查禁,至再至三,蓋與敝校學程設施截然二事也。視美術學校之人體模型爲導淫爲穢惡,情形無異,視醫學學校之解剖人體爲盜屍爲慘無人道,揆諸情理,寧有是耶?該議員信口雌黃,輕舉妄動,已屬不堪造就、不可教訓!而該知事從而和之,忘其身處中外觀瞻所繫之上海,出言無稽,謬妄不倫,騰笑萬邦,莫此爲甚!此輩不學之徒,狼狽廁議席,靦顏爲邑宰,其貽害地方,遏除真理,罪不容赦!夙仰鈞座明察時勢,學有淵源,下車以來,勵精圖治,值此宏獎學術,整頓吏治之秋,即乞迅予將該議員姜懷素、該知事危道豐嚴加申斥,以儆謬妄而彰真理。其於市上流行之裸體淫畫及遊戲場之裸體淫舞等,有壞風化,亦乞迅予傳令警廳嚴加取締,以杜後患而明黑白。臨穎不勝急迫待命之至云云,致陳省長函,辭句相同從略。

按:該函收入《劉海粟藝術文選》第483—484頁,更名《請孫傳芳、陳陶遺兩長申斥危道豐函》。原注:"原載1926年5月17日、18日《申報》"。經與《申報》原文核對,錯訛刪減處較多,故據原文重加整理,以存史料。

孫傳芳(1885—1935)字馨遠,山東歷城人,北洋直系軍閥。1925年驅逐蘇皖等地奉系勢力,稱浙、閩、蘇、皖、贛五省聯軍總司令。

5月20日,出席上海美專教務會議,另有劉海粟、俞寄凡、王濟遠、劉質平、劉庸熙、劉海若、郭谷尼、汪亞塵、許醉侯、劉利賓、潘伯英、姜敬廬、潘天授、張宜生等。議決舉行新校舍落成典禮及本學期成績展覽會日期、籌辦暑期學校諸件,推請滕若渠、俞寄凡、劉質平、劉海粟、潘伯英、許醉侯、潘天授等負責修改暑期學校章程,盡本星期內完畢。

6月3日,孫傳芳就模特兒事爭論復劉海粟,隨後劉海粟復孫傳芳,兩函以《孫傳芳與劉海粟論模特兒書》爲題刊登於6月10日《申報》。

孫傳芳致劉海粟函　海粟先生文席,展誦來書,備承雅意,敝飾過情,撫循漸荷。貴校研精美術,稱誦泰西古藝,原本洞悉,如數家珍,甚佩博達,生人模型,東西洋固有此式,惟中國則素重禮教,四千年前,軒轅衣裳而治,即以裸裎爲鄙野，道家天地爲廬，尚見笑於儒者，禮教賴此僅存，正不得議前賢爲拘泥，凡事當以適國性爲本，不必徇人舍己，依樣壼盧，東西各國達者亦必不以保存衣冠禮教爲非是，莫特兒止爲西洋畫之一端，是西洋畫之範圍，必不以缺此一端而有所不足，美亦多術矣，去此莫特兒，人必不議貴校美術之不完善，亦何必求全召毀，俾淫畫淫劇易於附會，累牘窮辯不憚煩勞，而不能見諒於全國，業已有令禁止，爲維持禮教防微杜漸計，實有不得不然者，高明寧不見及，望即撤去，於貴校名譽有增無減，如必怙過強辯，竊維賢者不取也，復頌日祉，孫傳芳啓，六月三日。

劉海粟復孫傳芳函　馨帥麾下：恭奉手諭，雒誦循環，敬悉帥座顯揚儒術，教尚衣冠，振紀提綱，在兹一舉。昔曾文公莫平髮亂，坐鎮東南，勸學禮賢，講信修睦，至今東南人士，稱誦勿衰，今帥座武繼先賢，發揮光大，此不第粟一人景仰之私，即我五省人士聞之，當亦歡忻雀躍，鼓舞同情。粟束髮受書，研經鑽史，長而問業於有道君子，默識乎微言大義，平昔詔戒諸生，悉本儒者之教。賜教各節，在粟固無絲毫成見，荷蒙厚愛，曉喻周詳，粟非木石之儔，敢不俯首承命。惟學術爲天下公器，興廢繫於歷史，事蹟在人間耳目，毀譽遑惜一時？吾帥英明，檢討義理，不厭求詳，願從容前席，略再陳之：

現行新學制，爲民國十一年大總統率同總理王寵惠、教長湯爾和頒布之者。其課程標準中，藝術專門，列生人模型，爲繪畫實習之必需，經海內鴻儒共同商榷，粟廁末席，親見其斟酌之苦心也。敝校設西洋畫課，務本務實，勵行新制，不徒模仿西學已耳。自置生人模型以來，亦既多年，黌宇森嚴，學風肅穆，與衣冠劼教，從無抵觸之處。比讀帥座與方外論佛法之書，救世深情，欽遲彌切。夫佛法傳自印度，印度所塑所畫之佛像，類皆赤裸其體，而法相莊嚴，轉見至道。自傳中土，吾國龍門、雲岡之間，佛像百千，善男信女，低徊膜拜者歷千年，此袒裸之雕像，無損於佛法。矧今之人體模型，但用於學理基本練習，不事公開，當亦無損於聖道。此二者等是外來，并行不背，并育不害，蓋可也。吾帥以爲不適國情，必欲廢止，粟可拜命。然吾國美術學校，除敝校外，寧滬一帶，不乏其數，蘇省以外，北京有國立藝專，其他各省，恐無省無之。學制變更之事，非局一隅而已也；學術興廢之事，非由一人而定也。粟一人受命則可，而吾帥一人廢止學術，變更學制，竊期期以爲不可也。

伏念吾帥下車以來，禮重羣賢，凡百興舉，諮而後行。直道秉公，舉世無匹。關於廢止此項學理練習之人體模型，願吾帥垂念學術興廢之巨大，邀集當世學界宏達之士，從詳審議，體察利害。如其認爲非然者，則粟誠無狀，累牘窮辯，干瀆尊嚴，不待明令下頒，當先自請處分，刀鋸鼎鑊，所不敢辭！率爾布陳，伏惟明察，肅此敬請勛安。

按：劉函收入《劉海粟藝術文選》第485頁，原注："曾載1926年6月10日《申報》、《新聞報》。"經核對《申報》原文與之出入較大，故校訂重錄，以存史料。

6月7日，上海美專召開中西音樂演奏會籌備委員會會議，議決添推王邨山、王濟遠、薛演中、張辰伯、滕若渠五先生爲籌備委員。

6月13日，上海美專新校舍舉行落成禮。先期由教育部、各省教育廳、教育會，當世名流學者，贈送祝詞額聯數百種，其中有教育總長王寵惠博士，寄贈親書含英咀華區額一方；蔡元培校董寄到橫額一方，撰陽明二字，并函劉海粟校長，允屆時躬詣演説叩賀。此外由劉海粟函邀校董、

孫傳芳與劉海粟論模特兒書

長官，各領事，各大學校長，各報記者等，屆時蒞會演說。

"上海美術專門學校，因原有校舍，不敷應用，爰於去年秋間，在法租界貝勒路與新菜市路之間，購地建築各系西洋畫教室，歷時半載有餘，工程宏大，建築費約在五萬金以上，全部分三層，皆用鋼骨水泥築成，極爲華美，內容凡百餘室，最高一層，特建西洋畫室十餘間，屋頂開玻璃天窗，取光適宜，（一）存天閣畫室，（二）劉李教室，（三）陳宏教室，（四）李普教室，（五）亞塵教室，（六）濟遠教室，每室擬遍請國內外名家作壁畫，以壯觀瞻，并由劉校長蒐集世界各國名作，陳列其間，以供參考，已得關同[全]沈石田真跡兩大幅。下層有石膏模型室、自修室以及男宿舍約百間，與原有校舍毗連，共分五進（一）女宿舍，（二）大會堂及國畫教室，（三）辦公室及國畫教室，（四）藝術教育系各教室，（五）藝術教育專修科各教室以及閱報室等，并附設圖書館。全校規模偉大，共有學員七百餘人。"（1926 年 3 月 31 日《申報》）

6 月 15 日，作《迷宫·自記》。

我的第一作集《壁畫》絕版了後，還有人問及；於是選出六篇，又加進六篇，便成這小小的一册子。這些習作，自己看了，頗有些嫌惡之情；別人看了，自無待言！

藝術二個字，有時我也要談論的；人家的作品，有時我也要談論的；用尖刻的話來譏笑人家，我也不免的。但是我有自知之明，這些習作中，我所犯的毛病，自己早已看出了。有人笑我罵我，我一點不怪的；好在我不把這些東西當爲藝術品。

近一二年，我總算正式在社會上尋飯吃了。要尋飯吃，不得不把自己潔白的身子，躍入沸騰的油鍋裏被煎熬。在這種生活狀態之下，決不會產生出好東西來。這不是我的遁詞，我相信豐富的藝術品，從豐富的內的生活而產出。回說到我現在的生活，饑餓不恒，心懷惡劣；不消說是笑謔的故智早已失掉，連歌哭的餘情都沒有了還說什麼！

十五年六月十五日滕固

6 月 19 日，江蘇省教育會美術研究會會長劉海粟聘定俞寄凡、王濟遠、滕固、張辰伯爲日本小學繪畫成績展覽會審查委員會委員，并對展品進行審查，展品六百二十五件。

出席上海美專教務會議，主席劉海粟，議決本學期結束事宜案。

6月20日,《時事新報》刊登滕固在南京第一女子師範的講演稿《藝術之質與形》,另刊於8月出版《新藝術》第七期。

江蘇省教育會美術研究會職員會議在上海舉行。出席者有劉海粟、汪亞塵、滕若渠、俞寄凡、王濟遠、李毅士、薛演中、劉利賓、韓傳煒、劉質平等。討論日本小學美術成績展覽期内并擬邀請教育名人來會舉辦講演會。決議照辦,即日由會函請沈信卿、章伯寅、俞寄凡、滕若渠、姜敬廬、張辰伯在開會期内來會講演兒童繪畫及小學藝術教育實施方法,并函請江蘇省教育廳通令各地小學派員來參觀聽講。

作小説《龍華道上》,發表於《小説月報》第17卷8號,署名滕固。

完成《平凡的死》一文。

《申報》刊登孫傳芳、危道豐關於淫畫與模特兒之兩復函。
　　孫傳芳　民福學校校長翁國勳,為滬上盛行裸體淫畫,攸關風化,函請孫總司令飭令停止,該校昨得復書云:接誦來函,所陳請禁止淫畫,以維風俗,立論甚是,業經飭令停止矣,此復即頌台祉,孫傳芳啓。
　　危道豐　上海縣知事危道豐,昨為請禁人體模特兒事,復各路商界總聯合會函云:逕啓者,接到大函,以上海美術專校,并不遵禁人體模特兒,請即禁止等因,查該校採用人體模型,引誘青年,有傷風化,前奉總司令部令飭查禁,業經遵令布告,并轉行在案,茲准前因,又經呈請特派江蘇交涉員,轉行法廨,并照會法界當局,取銷該校執照,立予封禁,以儆藐玩,而維風化,相應函復,即希查照為荷,此頌台祉,危道豐啓。

6月26—28日,由江蘇省教育會美術研究會、上海文具製造公司等團體發起之日本小學繪畫成績展覽,在上海西門外林蔭路江蘇省教育會三樓舉行。該展品係王濟遠、滕固等考察日本藝術教育時親向日本小學搜集的,費時半載,共計徵得成績品千餘件,以資我國小學之參考。并由劉海粟聘請俞寄凡、王濟遠、滕固、張辰伯等詳加審查,共選出作品六百二十五件,内含東京、名古屋、長崎、橫濱及僑華滿洲、北京、汕頭、上海等地之小學出品,都有創作之精神,足以發見兒童之個性。畫展最後一日,特邀沈信卿、章伯寅、俞寄凡、滕固、姜丹書(敬廬)演講"兒童的藝術"、"小學生藝術科設施方法"等。

《日本小學繪畫展覽會之第一日》："昨日係江蘇省教育會美術研究會舉行日本小學繪畫成績展覽會之第一日，集外國小學成績於本國開展覽會，此爲第一次，故參觀者甚衆，尤以小學教師更逗留會場，細心研究，每一市爲一組，內分色蠟畫、水彩畫，共有七十餘種，所作活潑新穎，各有個性不限，實爲見所未見，大足資小學教授之參考，會場正中，懸會長劉海粟親書"與人爲美"四字。會期尚有今明二天，明日午後，聞尚有名人講演云。"（1926年6月27日《申報》）

《日本小學繪畫展覽會》："上海文具製造公司、江蘇省教育會及美術研究會等團體合組之日本小學繪畫展覽會，自前日（二十六）起在西門江蘇省教育會三樓舉行，至本日爲止。按該會籌備凡經六月之久，徵求日本全國及在華日本小學一萬餘校之兒童作品，結果應徵者有東京、橫濱、西京、名古屋等大都會及上海、北京、天津、漢口、青島、滿洲各地之日本小學校多處，陳列作品，計有鉛筆畫、水彩畫、色蠟畫等類共約一千件，會間并有章伯寅、俞寄凡、滕固、沈信卿、姜丹書、張辰伯等關於兒童繪畫及小學藝術科實施辦法之演講。開會前曾函約江蘇各處小學及教育界人士來滬參觀，故連日甚爲熱鬧云。"（1926年6月28日《申報》）

6月，論文《中世人的苦悶與遊仙的文學》、《納蘭容若》發表於《小說月報》第17卷號外《中國文學研究》。

7月1日，《申報》刊登《取締美專模特兒案近訊，法總領事已定即締辦法》消息。

《取締美專模特兒案近訊，法總領事已定即締辦法》："五省聯軍總司令孫傳芳，日前下令上海縣知事，取締美術專門學校之模特兒，各情已迭誌前報，茲據縣公署消息，孫總司令前數日又下令危知事，催其從速辦理，危氏接令後，即會同許交涉員，往法領事署，晉謁法總領事，請其會同辦理，當經法總領事允許照辦，其辦法分爲二步，第一步先令該校[校]長劉海粟，將人體寫生一科取銷，如不遵行，即實行第二步，將該校發封停辦，法總領事并謂，華界亦須取締，方稱平允，危知事亦即允許回署剋日查辦。上月二十八日法捕房探目到縣署報告，華界聘用模特兒者有三校，即閘北青雲路之中華藝大、江灣路之上海藝大、北四川路之某女校，危氏誠恐不確，另行派員前往該三校調查，如係確實，即行取締云。

又《危道豐將取締租界大學》：

上海縣知事危道豐，因在租界內之各私立大學，大都設備不完，辦理不善者，貽誤青年學子，實非淺鮮，爲地方長官者，爲教育前途計，學生本身計，應負取締監督之責，危氏有見及此，主張實行取締，日前已與公共租界當局，接洽一次，租界當局，極端贊成，今明日再與法租界當局接洽，請其協同辦理，并於日内召集省教育會、縣教育局，以及各有名教育家，開一討論會，擬一創辦大學必須之條件，俟擬定後，即派員會同租界當局，調查各大學，若與所擬定條例相合者，准其開辦，不能相合者，令其停辦，對於以後創辦者，須具有擬定之條例，并須得當局之審查許可後，始能開辦云。"

7月4日，下午二時，上海美術專門學校在徐家匯路菜市路口第一院禮堂，舉行中國畫科第一屆、西洋畫科第十七屆、高等師範科第五屆、初級師範科第十屆畢業式，江蘇省教育會會長蒞校給憑致訓，有張道藩、邵洵美參加。

《上海美專昨行畢業典禮》："上海美術專門學校，昨日下午二時在徐家匯路菜市路口該校新建之三層樓上大禮堂舉行中國畫科第一屆、西洋畫科第十七屆、高等師範科第五屆、初級師範科第十屆畢業典禮，到者有江蘇陳省長電派滬海道傅道尹代表到校，許交涉員代表朱步瀾及校董袁觀瀾、張君勱、張伯寅及來賓新自歐洲回國專攻美術之張道範[藩]，在劍橋專攻文學之邵恂[洵]美等數十餘人，二時開會，劉校長報告後，即由袁觀瀾演説，大致謂中國古昔美術家，大抵品格高超不同，凡人因彼等天稟獨厚此彼藝術家之作品，即爲一國文化之表徵，故我欲視察某國文化，祇須考查藝術家之作品，無論古今中外，皆可用此原則，而美術之事，尤無窮止之境。我遊法國意大利，見彼邦之美術學校，孳孳研究，在校十年十餘年不等，無畢業之可言，今本校諸君之畢業，不過學制上告一時期耳，仍望諸君繼續努力云云。次張君勱演説云，藝術家與他種人士不同，第一條件要有自由，常人嫖賭之事，我不贊成，惟藝術家要嗜我則聽其自然，常人晏起，我不贊成，惟藝術家晏起，我則聽其自然，然我要求藝術家在未死之前，要有一貢獻於人類，譬如裸體模型，有處要禁止，有處不可禁止也。次張伯寅述參觀各處學校之感想與參與當道禁止裸體模型之經過。次陳省長代表致詞，次交使代表致詞，次張道範[藩]演説，次省長代表給專門部中國畫科西洋畫科文憑，許交涉員代表給師範部高等師範科、初級師範科文憑，末西洋畫科畢業生鄧靖代表專門部高等師範科畢業生、宋壽昌代表師範部致答辭，禮成散會，已逾五時矣。"（1926年7月5日《申報》）

按：邵洵美回憶陰曆六月初抵達上海，有誤，因陰曆六月爲陽曆7月10日，而是日已前往上海美專參加活動。又據1926年7月8日《申報》："東亞藝術協會、中華藝術大學、上海新聞學會三團體，訂於今日下午四時半假三馬路二十一號社交堂（即中西女塾舊址），同請倫敦大學美術科畢業第一人貴州張道藩演講人體美。"

作《詩人乎？畫家乎？》一文，係《濟遠水彩畫集》代序。文中讚美王濟遠是畫家，更是詩人，因爲他的畫給人以高遠的意境，能激勵人從名利欲望中得到超脫，使心情變得平和。滕固借用裴德論茉莉思《地上樂園》文中的一句話，作了文章的結束："由死的意誠，激成美的願望。"該書於 8 月 20 日由天馬出版部出版印刷，上海美術用品社王瑾發行，紅色封面，大 8 開，封面上有畫家江小鶼的一幅木刻，題寫著"中華民國十五年七月，濟運水彩畫集出版，鐫此祝之"字樣，內收作者王濟遠的自畫像一幅、隨筆九則和水彩畫二十幅。

7 月初，劉海粟在"一品香"設宴，到邵洵美、江小鶼、徐志摩、張道藩、滕固、吳經熊等二十餘人。經張道藩介紹，邵洵美與滕固相識，決定了他們之間的終身友誼。於是這年 8 月出版的《屠蘇》上立刻引人矚目地刊出了邵洵美的四篇著譯。這是邵洵美回國後首次發表作品，從這時起，標誌著獅吼社從以滕固爲中心的前期階段開始逐漸過渡到以邵洵美爲中心的後期階段。

邵洵美《〈天堂與五月〉作者的供狀》："說起來是很有趣的，我的《天堂與五月》的出版，實在是偶然的，那時我方才歸國，由張道藩的介紹，認識了《死人之嘆息》的作者滕固，因爲我們對於文獻的嗜好相近，不久便成了莫逆，天天不是他來，便是我去，有時談著史文朋，有時談著羅捷梯，我們都是先拉斐爾派的崇拜者，我們崇拜他們的詩，我們崇拜他們的畫。那時他恰好在編獅吼同人叢著《屠蘇》，我便將我的舊作幾首給了他，他又翻得了我的舊稿，便慫恿著我交給他由光華出版，於是不久《天堂與五月》便出版了。"（1927 年 10 月 20 日《申報》）

邵洵美《儒林新史》之"一品香"："這時候他在美專行政上很有勢力，教學上很受歡迎；而在出版界裏，他也因了他的一本《死人之嘆息》而得到許多人的頌揚。……滕固和我的談話卻是實在的，他談英國文學。原來他所知道有關英國文學的要比我豐富得多；他講得又有秩序，又有見解；他有著極好的文學史家的修養。他又正談著我當時最熱狂著的'先拉斐爾派'。他更能詳細地分析羅塞蒂（Rossitti）的詩和畫的關係，我祇得也伸長了項頸點頭了。……吃完飯道藩要接洽在美專演講的事情，所以讓我先走；可是我和滕固卻有著一種依依不捨的情景：這幾分鐘的談話，已經決定了我們終身的友誼了。"席間，滕固向邵介紹法學家吳經熊，稱讚吳在法學會上有很多新議論："他藏有幾千本外國書，幾千本中國書，他能隨時引用古詩去證明他法學上的見解。他是志摩的好朋友，和我也很熟。我們最近出版的一本文學週刊裏便有一篇文學論文是他寫的。"（連載於1937年6月18日至8月3日上海《辛報》）

7月7日，上海美專招生委員會議，議決推定各股職員，滕若渠、俞寄凡、劉庸熙任閱卷股論文項。

7月10日，《茉莉曲》（詩）發表於《小說月報》第17卷7號。

7月12日，《申報》刊登《取締美專模特兒案已解決》消息，謂上海美術專門學校已將模特兒一科完全取消。

《取締美專模特兒案已解決》："上海縣知事危道豐，為維持風化起見，月前呈請五省聯軍總司令孫傳芳主張禁止美術專門學校聘用青年女子為模特兒，當經孫總司令核准，並訓令由該知事就近商同許交涉員，請法租界當局共同辦理，嗣因該校校長劉海粟多方辯護，故尚未解決，現下孫總司令又訓令危知事，催其進行禁止，危知事接訓令後，即轉呈江蘇特派交涉公署，由許交涉員轉達法總領事，現法總領事已令法捕房勒令該校取銷人體寫生科，該校校長劉海粟，亦經允可。茲將孫總司令訓令，浙閩蘇皖贛聯軍總司令部訓令仁字第五二二號（已見危知事致警廳函刊載昨報，從略）江蘇交涉公署第一次指令，呈一件為遵令陳請函催飭美術專校不良科程由，呈悉，查此事前據該知事以上海美術專校，并不取銷人體模型，顯違禁令，請照會法租界當局，立予封禁等情，當經函致法總領事，轉飭捕房，嚴加取締，勒令即日取銷，以正風化，并經指令在案，茲又據錄令呈請前來，除再緘法迅飭捕房立予嚴謹，俟得復再行令知外，仰即知照，此令。江蘇交涉公署第二次訓令，案查上海美術專門學校利誘少女為模特兒一案，迭據該知事呈請取締，均經先後函轉法總領事，迅飭捕房勒令取銷，并指令在案，茲准法總領事緘稱，查勒令上海美術專門學校取銷模特兒一事，曾疊接來緘，并面談在案，茲據法捕房報告，該校已將模特兒一科完全取銷，今復飭令法捕房隨時加以注意，俾上海美術專門學校恪遵命令，并希貴交涉員派人調查華界研究美術之學校，是否亦有模特兒一科，因據報在華界之學校中亦設有此科也，相應函致，即希查照見復等由，除呈復浙閩蘇皖贛聯軍總司令部外，合就令行該知事，仰即知照，此令。"

7月17日，出席上海美專暑校委員會議，議決製定課程表、行開學典禮時間等件。

7月18日，天馬會同人假座大西洋菜館歡迎新由歐洲回國之江小鶼，列席者劉海粟、王濟遠、俞寄凡、張辰伯、丁悚、滕固、鄭振鐸、王伯祥、葉紹鈞、洪深、嚴獨鶴等四十餘人。劉海粟主持致辭，次由江小鶼發言，鄭振鐸、洪深、嚴獨鶴、李毅士、滕固、王濟遠相繼發言，散席已夜十二時。

《天馬會歡迎江小鶼紀》："天馬會同人昨假座大西洋菜館，歡迎新由歐洲回國之江小鶼君，因江君爲手創天馬會之一人，列席者，天馬會在滬會員劉海粟、王濟遠、俞寄凡、張辰伯、丁悚、滕固等外，有鄭振鐸、葉紹鈞、王伯祥、洪深、嚴獨鶴等四十餘人加入。公推劉海粟爲主席，略謂江君天才出衆，赴歐之前，曾在日本美術學校畢業，其藝學上之根柢已深，後留法五年，刻苦用功，今日歡迎江君，不特天馬會同人之微意，文藝界亦所同情也。次由江君起立，略謂兄弟去國五年，與諸君闊別已久，例當陳述個人在外國之情形，與歐洲藝術界之現勢，以答在座諸公之盛意，惟以時間關係，不能暢所欲言，祗得略談由衷曲耳。兄弟去國，係自費，時受經濟上之壓抑，在表面上固使兄弟於物質上有所節制，而背面反使兄弟自鞭自策，因爲無論何人，多受一次激刺，必增一次自己反省，此點兄弟前已報告在座中幾位知友矣。至歐洲藝術現勢，非一言可盡，繪畫建築雕刻俱有思想上一致之傾向，據現勢而論，蓋從印象派以後，已爲巨變之時代，派別紛繁，每一派別中，必有領袖人物，其作品確有可傳者也。因巨變而異説繼起，流弊亦在所不免，兄弟去歐，已在歐戰之後，因人心厭亂，傾向於和平之東方，對於東方藝術之醉心，可謂至熱，在現存作家之作品中，可驗出一二。兄弟時晤彼邦人士，訊及兄弟來法旨趣，若謂學校美術，彼必詫曰：中國爲美術國，何必捨己從人，後兄弟遇有時種詰質者，答以來此學習洋畫，以備他日中國畫之參考，而助長中國之新藝術，其人乃稱善而退。兄弟雖作此誇言，但頗自愧，蓋外人之迷戀吾國美術，乃吾先人之遺產，此後吾人之責任如何，吾人如何努力於產生新藝術，以爲國光，則在座諸君當有賜教云。繼由鄭振鐸、洪深、嚴獨鶴、李毅士、滕固、王濟遠相繼致詞，詼諧百出，散席已夜十二時矣。"（1926年7月19日上海《時事新報》）

7月19日，上海美專暑期學校開課，聘滕固、俞寄凡、顧鼎梅等爲理論教授。

《上海美專暑期學校之内容》："上海美專本屆暑期學校，開辦五系，一國畫系，二西洋畫系，三音樂系，四工藝圖案系，五旅行寫生系。現聘定劉海粟、王濟遠、李毅士、汪亞塵、陳宏、李超士、張辰伯等為西洋畫教授，潘天授、諸聞韻、許醉侯、謝功[公]展、吳仲熊、陳傑仙等為國畫系教授，劉質平、潘伯英、韓傳燁等為音樂教授，司托賓、姜丹書、張宜生、何明齋等為工藝圖案教授，劉海若為旅行寫生主任導師，滕固、俞寄凡、顧鼎梅等為理論教授。聞該校定於七月十九日開課，五月二十日起開始報名云。"（1926年5月28日《時事新報》）

8月15日，《時事新報》刊登"美術研究會明日舉行"報導，先行發表會議議案三項，其中包括呈請教育廳派遣藝術科指導員、舉辦江蘇省第二屆美術展覽會案。

呈請教育廳派遣藝術科指導員案

藝術教育之功能，其有陶冶人格，培植美感，提高工藝諸端，與他科學種所含成分，初無輕重也。歐美各邦重視之，不遺餘力，故其製作富麗，工藝優良，為國家文化之標幟。吾蘇教育，夙冠全國，各種教育漸入正軌，惟藝術教育尚屬幼稚，非有官廳加意提倡，殊難進展，茲擬遠稽歐美專科視學之制，近援吾蘇理科體育等指導員之例，呈請教育廳委派藝術科指導員，隨時視察，隨時指導，冀致改進藝術教育之宏效，是否有當，應候公決。

提議人王濟遠、滕固、俞寄凡、江新、張伯辰

舉辦江蘇省第二屆美術展覽會案

本會於前年曾舉辦江蘇省第一屆美術展覽會，於藝術教育上之貢獻，良非淺鮮。照章年一舉行，并由省長核准，撥款舉辦有案。嗣以經費無著，停頓二年，殊非發揚藝術之初旨。現當東南文治日隆之際，應由本會重行建議省方，撥款續辦，以重美術，而符正章，是否有當，應請公決。

提議人李毅士、汪亞塵、張伯辰、楊清磬、滕固、俞寄凡

8月16日，下午二時，出席在林蔭路該會三層樓舉行之江蘇省教育會美術研究會本屆年會，討論各項進行事宜。晚七時半，由天馬會責任會長江小鶼演講歐洲名畫，同時放映幻燈片，以說明之。

《蘇省教育會美術研究會開會紀》："會議情形蘇教育會美術研究會，昨日（十六）下午二時在該會三樓舉行常會，到會者王濟遠、俞寄凡、潘伯英、滕若渠、謝公展、楊清磬、潘天授、薛演中、曹振鷺、朱屺瞻、吳承燕、吳學培、林世添、何崧培、王人鏞、余秉鈞、張伯辰等。首由王濟遠報告，今日會長劉海粟在普陀未歸，副會長沈信卿因病缺席，應推定臨時主席，當即公推

王濟遠爲臨時主席。報告事件（一件）報告去年年會議決開第二屆本省美術展覽會案，嗣因省公署批，值省款支絀，不能照撥經費，以致停頓。（一件）報告去年年會議決呈請教育廳委派學校藝術科指導員促進本省學校藝術教育案，因教育廳批，因省經費支絀關係，暫時緩辦，亦以此停頓。（一件）報告今年六月曾徵集日本小學校繪圖成績開展覽會，結果甚佳。提議事項（一件）委託本會會員就近調查各地學校藝術科設施實況案，議決，根據提案人理由，推定俞寄凡、滕若渠、楊清磐、潘伯英草定調查表格，分發各地會員，施行調查報告本會，彙總發刊。（一件）舉辦江蘇省第二屆美術展覽會案，議決，由本會據情再行呈請省廳繼續舉辦以資提倡。（一件）潘伯英、劉質平提議，中小學校之音樂所注意賞鑒封面案，議決，請原提案人將應注意各點，具一說明書，交由本會印發各校音樂教員。（一件）王濟遠提議組織藝術名詞審查會案，議決推定俞寄凡、謝公展、滕若渠、汪亞塵、楊清磐起草組織大綱，提交職員會，討論組織之。（一件）俞寄凡提議每年一次徵集國內及日本全國小學校藝術科成績，在蘇省各地開展覽會案，議決，照提案每年一次，由本會籌備辦理。（一件）本屆選舉出席人少，應否仍照上屆辦法通信選舉案，議決，照上屆通信選舉辦理。（一件）謝公展、朱屺瞻、楊清磐、潘天授提議根據會長第七條戊項編輯藝術雜誌，由本會刊發行案，議決，交由職員推定編輯委員辦理。"［下略］（1926年10月17日《申報》）

8月19日，上海美專董事會對於各美術學校西洋畫系所用人體模特兒事發表宣言。

《上海美專董事會之宣言》："上海美術專門學校董事會，前舉行常會時，對於各美術學校西洋畫系所用生人模型事，議決由董事會董事發表宣言，當由沈信卿黃任之兩董事起草，由各董事簽名發表，宣言如下：茲據劉校長報告官廳因禁止市上淫畫淫舞，而涉及校內西洋畫系高年級學理參考之生人模型一事，尋繹其詞，諄諄然致意禮教國性，冀遏末流之弊，未嘗不具有苦心。慨自市上淫畫淫舞流行而後影射模特兒之名詞，以欺不學無術之儕輩，士大夫深惡痛疾者久矣。今官廳嚴予查禁，爲風俗人心計，疇不稱慶。惟美術之有西洋畫系，西洋畫系之有生人模型，實爲先進各國共有之設施。當茲中外文化溝通之際，學術久定爲世界之公器，試舉二十年來吾國教育之成績觀之，其資鑒於外國者，所在皆是，如謂生人模型，因淫畫淫舞之利用其名，以爲非作惡，既噎矣不妨暫時廢食，猶可言也，如謂淫畫淫舞，既利用模特兒之名詞，以爲非作惡，而西洋畫系之置有生人模型者，皆當負敗壞風俗人心之罪戾，是何異盜以武器傷人，而謂兵工廠之武備模型，即爲誨盜之具文不可言也。要之生人模型，爲描寫人體真相者，最後必須經歷之工夫，無之即藝術上留一缺點，而畫科中將永無人體之真相可見。官廳本非研究學術之機關，其誤會之處，不妨曲諒，深恐海內外笑中國竟無確能研究學術之人，故不敢不披露經過情形，以公告熱心美術之同志。負責董事梁啓超、袁希濤、李鍾珏、沈恩孚、黄炎培、張嘉森、阮性存、徐朗西、張東蓀、章慰高、屠方同啓。"（1926年8月19日《申報》）

8月21日，江蘇省教育會評議員會上，王濟遠、滕固提議官廳禁模特兒有礙教育進行。

8月22日，上海美術專門學校第八屆暑期學校舉行散學禮，江小鶼、王濟遠、滕固等作演說。

8月24日，出席上海美專本學期各科系級各部主任會議，議決組織評議會案。

8月25日，《新漆的偶像》（小說）發表於《東方雜誌》第22卷第16號。

8月28日，作《屠蘇·弁言》。延宕了一年半的《屠蘇》終於問世（延期至12月出版，不定期刊，僅出一期而止），刊物以"獅吼社同人叢著"的名義由上海光華書局出版，滕固和張水淇主編，收稿通訊處爲上海立達學園方曙先（光熹）。第1輯刊登滕固作《屠蘇·弁言》、新詩《我記起你的一雙眼》、《The Lonely Road — 在 S 的室讀 Capp 的畫》。

　　《屠蘇·弁言》："我們在東京時曾經有一回小小的無形的結集，談論文藝上的事情；大家有了作品輪流傳看，互相督勵讀書；有時高興起來，計劃一種刊物。前年曙先和我回國，克標到京都去，洗桑到福岡去，我們四散了。爲要保持舊有的夢想起見，在上海出版了一種半生不熟的半月刊叫做《獅吼》，勉強支持了半年就此夭折。去年新年曙先從寧波到上海和我同住，他發起出一本特刊叫做《屠蘇》，以紀念我們在東京時幾次新年約會痛飲的舊事，克標、洗桑都同意的，但沒有出世。不久克標、洗桑也回國了，大家同住在上海，又計議繼續出版刊物。今年新年，出版了二期《新紀元》；我到東京去養病，同時克標、洗桑也到北京去，這《新紀元》也就殤亡了。我們的失敗，一則因爲沒有財力，二則因爲我們聚散不恒，不能集中精力。這些經過情形告白出來，不過給人家多添一些譏笑我們、輕視我們的資料。

我們所有的計劃，祇是水面上的浮漚，我們所做的事，祇是沙灘上的足跡。我們并沒有野心要占這神聖的文藝界中之鞏固的地盤，我們的動機不過是友誼的玩耍，好比孩子們把嚴冬的積雪，大家堆成一尊"雪菩薩"，太陽偷眈眈地伸出灼熱的舌尖來把這"雪菩薩"舔得精光，孩子們也無所眷戀了。所以我們的失敗，也處之泰然！不過人是有感情的動物，在生的渾沌中一天一天的推移，不得不有幾種遊戲的勾當，以增多怯懦的記憶。

在這兒我記起一件事了，近代英國文藝史上不是有個"先拉斐爾派"（Pre—Raphaelite Brotherhood）嗎？這個運動的中心人物，祇有五六人。當初他們有個出版刊物的計議，這是在一八九四年的秋天，他們相約到 Cleveland Street（克利夫蘭街）的恩德（Hunt）的家裏叙會，商議刊行一種機關雜誌。托

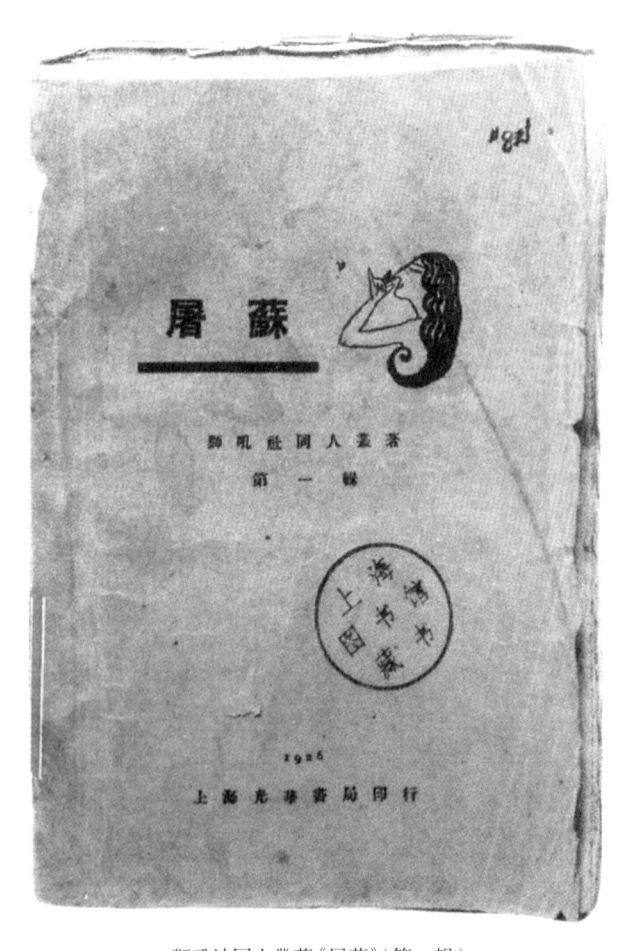

獅吼社同人叢著《屠蘇》（第一輯）

馬司（W. C. Thomas）給它題了一個名目叫做《萌芽》（The Germ），每月一期，就在這年出版。他們的同志各拿出插圖、詩歌、小說、評論來發表。出了二期，銷路不好，書店老闆屠伯（G. F. Tupper）疑這雜誌的名目太不顯豁的緣故；就請他們率性改稱《藝術與詩歌》（Art and Poetry），他們俯首承認了。內容比前更豐富，作家不以同人為限；但因財力不繼，出版到第四期便也夭殤了。近代英國文藝史上論到唯美主義（The Aesthetic Movement），總要溯述"先拉斐爾派"；他們像野花、野草，像葡萄酒，像紅玉、綠玉般的故事，還保持在人間健忘的腦袋裏。那末我們可以明白失敗不是一件恥辱的事情了。雖然我們并不想和"先拉斐爾派"冒昧比擬，也并不想借他們的故事來自己解嘲，我們祇是說："彼何人也？予何人也……"

閒話說夠了，為了以前有過出版刊物的計議，有過出版刊物的事實；自從中斷了後，有許多積稿都放在我處。我經過兩三次的遷家，有的給我失掉了去，有的送還原主人了；剩下的一束，棄之可惜，存之可憎！承光華主人的好意，教我們理出來出版，我們無可無不可地交出去印行了。書名《屠蘇》，是用曙先題給沒出世的特刊的舊名。所有文稿，沒有選擇過，把剩下的一起摻入了。這書蕪雜淺薄的頭銜，我們樂於承受，請大家放心。一九二六，八，二八，滕固"

8月30日，《時事新報》刊登《新藝術》第七期出版消息：其目次有汪亞塵《近代藝術的特徵》、滕固《藝術之質與形》、劉思訓《羣衆意識的評價》、江小鶼《素描》、潘天授《中國繪畫史略》等。

8月，滕固著短篇小說集《迷宮》由上海光華書局初版。1927年10月再版。目次：自記（1926年6月15日）/壁畫/石像的復活/鄉愁/二人之間/水汪汪的眼/百足蟲/古董的自殺/摩托車的鬼/葬禮/新漆的偶像/一條狗/迷宮

據藏書家姜德明介紹："以綫裝印的現代小說，我祇見過滕固的《迷宮》，一九二六年八月上海光華書局出版，厚達二百餘頁，用的是粉連紙，拿在手中卻很輕，這是作家的第二本創作集，共收短篇小說十二篇，其中一半選自他的第一本小說《壁畫》。《迷宮》封面原有紅色灑金的書名簽條，可惜我的藏本祇殘存一角。"（《姜德明書話》，北京出版社1998年1月初版）

約8月，黃葉《浣溪沙（滕固赴口敏亦在作於東亞旅館步滕固韻）》："風雨雞鳴送子行，悲歡細數忒癡情。你儂自己不分明。刻骨纏綿春化蛹，

滕固著短篇小說集《迷宮》，1927年10月再版本

銷魂離別夜啼鶯。（夜鶯指敏）忽驚雙鬢露星星。"刊《民衆文學》1926年13卷17期。

  按：黄葉即黄中筆名之一。

9月2日，《申報》刊登復生介紹滕固《迷宮》文章，包括目録及摘録滕固序文。

9月4日，出席上海美專各科系及主任會議，議決本學期課程編製辦法案。

9月8日，上海美術專門學校在第一院大禮堂舉行秋季始業式，王濟遠主席并報告本學期聘請教授情況，隨後江小鶼、俞寄凡、汪亞塵、滕固等相繼演說。

9月10日，滕固譯《小泉八雲的文學講義》（論叢）發表於《小說月報》第17卷第9號。內容爲：一、關於文學的讀者；二、文章論略；三、文學與輿論。

9月17日，下午，分別出席上海美專西洋畫系系務會議及藝術教育系系務會議。

9月21日，報載上海美專本學期課程安排，滕固任文學、藝術論、美術史等理論方面課程。

　　按：《時事新報》"學校雜訊"刊登上海美專本學期課程安排：滕固擔任藝術教育系文學、藝術論、美術史等課理論方面課程。另見《申報》"上海美專本學期之課程"。

10月2日，邵洵美在上海美專自由講座演講"我對於英國詩歌之意見"，由滕固加以闡發。

　　《美專昨日之自由講座》："上海美專公開自由講座每星期一次，延請名人主講，已成定例。昨日下午七時，該校特請英國康橋大學專攻文學之邵洵美君來校演講，題爲"我對於英國詩歌之意見"，先將詩之內質與外形，詳盡解釋，次略講英國十九世紀詩歌大勢，復次對於我國詩歌略加批評，歷二小時之久。邵君講畢，又由該校教授滕固君將邵君所講各節，加以闡發云。"（1926年10月3日《時事新報》）

10月7日，上海美術專門學校十五周年紀念籌備委員會，特由劉海粟於最近三年內捐得古今名人書畫四千餘件，編製目錄，刊載樣圖，推汪亞塵、滕固爲編印部主任。

劉海粟等具函上海日本總領事矢田七太郎，商談將組織藝術考察團赴日事宜。

　　逕啓者　海粟等或受敝國政府使命或受全國藝術團體之委託考察貴國美術教育事宜，因組織正式考察團體獎於今冬啓程，預計除往返外滯留二月，以饗平昔文化親善之願。桑海粟等此行日的略分三項，第一，關於貴國美術教育之現行設施，以及發展之素因，詳察其真，尋求之實歸而報告敝國人士，俾敝國人士對於貴國新興文化有進一步之徹底理解。第二，貴國美術教育界名流耆宿，前此本有私人往還，每感提攜連絡之不可或缺，今將正式交換意見，共圖兩國美術教育上之進展。第三，貴國外務省對華文化事業方期發展，海粟等擬具方案，用備採納關於美術教育事業之設施，如中日聯合展覽會之改進中日美術館之建設等，凡此三者，海粟等願勖勉力行，以期不負敝國政府暨全國藝術團體之重托，對於第三項尤願襄助擘畫不辭勞瘁，以副貴國對華文化事業之盛意，竊稽史册中日兩國同文同軌而文化交流歷千載而未嘗稍塞，其源關係之深，不啻唇齒車輔且也學問藝術本為公器，取之無盡，用之不竭，彼此截長補短，相助相成，靡有窮匱，比年自貴國外務省對華事業裁定後敝國人士渴望與貴國作學藝上之提攜至深且摯，海粟等服務於敝國美術教育界有年，謬負虛聲，此次觀光貴國任重致遠，謹掬至誠，依照原定計劃與貴國朝野周旋，夙稔貴總領事明察敝國美術教育界之實況而於中日文化交換事宜熱心倡提，尤歷有年所，為此函請貴總領事一面電告貴國外務省亞細亞局長賜以晉接，一面電請貴國外務省對支文化事務局長援今春南京森岡總領事與江蘇教實考察團接洽之成例賜撥旅費萬金以壯行色而利進行，至紉公誼，此致　日本矢田總領事

　　考察日本美術教育團
　　教育部特派前赴日本歐美各國考察美術教育專使劉海粟
　　中華教育改進社美育組代表潘天授、謝公展
　　上海美術專門學校代表江小鶼、諸聞韻
　　天馬會代表王濟遠、張辰伯
　　江蘇省教育會美術研究會代表俞寄凡、王瑾
　　藝術學會代表汪亞塵、朱增鈞
　　江蘇省派委員滕固、唐蘊玉

十五年十月七日

（日本外務省外交史料館檔案："上海美術專門學校外四團體" 編號 H-0156-0440-0445）

10月17日,《申報》刊登《美術研究會新職員選出》消息，經票選滕固當選為江蘇省教育會美術研究會評議員。

《美術研究會新職員選出》："江蘇省教育會美術研究會，本屆舉行常年大會，照章改選職員，當時因議案過多，時間侷促不及逕舉，議決通信舉，該會遵即函發選舉票，去後旋接本外埠各會員陸續填舉，到會開票結果，得票最多數者，劉海粟當選為會長，沈信卿當選為副會長，汪亞塵、王濟遠、張辰

1926 年　丙寅　民國十五年　二十六歲　157

伯、俞寄凡、潘天授、滕若渠、李毅士、江小鶼、楊清磐、謝公展、陳肇宏、潘伯英等十二人當選爲評議員；薛演中、劉利賓、王春山、劉庸熙、何明齋、許醉侯、湯少棠、朱屺瞻等八人當選爲幹事員，刻由該會開示新當選職員名單，函送省教育會查照云。"

10月28日，出席上海美專教務會議，議決停止本屆旅行寫生。

11月8日，江蘇省教育廳長江恒源（問漁）在上海美專演講"藝術與道德"，由劉海粟、滕固迎接。

《上海美專請江教廳長演講》："上海美術專門學校，前日下午四時請江蘇教育廳長江問漁蒞校演講，江氏準備抵校，當由該校劉海粟校長滕固教授迎入三層樓存天閣略坐，旋即至大會堂，先由劉校長致介紹詞畢，即由江氏登臺演講藝術與道德。"（1926年11月10日《申報》）

江蘇省教育會美術研究會新職員名單

11月10日，參加天馬會同人歡迎日本畫家橋本關雪晚宴，合影發表於12月15日《晨報·星期畫報》。

《花間雅宴記》　瘦鵑

月之十日，老友楊清磐畫師見過，歡然語予曰："今夕天馬會同人設嵩山路韻籟家，歡迎日本大畫家橋本關雪先生，業專柬奉邀矣，此盛會也，君不可不至。"予曰："諾。"是夕，既與北京大戲院何挺然先生與本報炯炯先生大加利之宴，即飛車赴韻籟家，至則華堂中張三宴，裙屐盈座。甫就坐，忽鶯聲嚦嚦起於門次，語誰爲姓周者，羣以指指予。予大窘且愕，顧又不能拒，詢之鄰座滕子石渠，始知江小鶼惡作劇。一紙花符，遂破我十年之戒矣。來者一雛，禦水紅色之衣，自稱小花園寄春，秋深矣，春乃寄於斯耶？已而石渠爲予介紹諸上客，首席和服者，橋本關雪先生也。年四十餘，有微髯，對坐則爲橋本夫人，意態頗靜穆。中座一美少年，與一麗人并坐，似夫也婦者，則新詩人徐志摩先生與其新夫人陸小曼女士也。其他座客，有前朝鮮領事張小樓先生，法學博士吳德生先生，均爲初覯。他如余大雄、劉海粟、俞寄凡、王濟遠諸君，則皆素識也。步林屋先生與瘦鐵、小鶼、吉生、慕琴、清磬諸子方聚飲樓頭，初未之見，繼乃續續來。步先生善飲，飲酣，則詩思濆湧，灑灑而來。座有東瀛老妓竹香，係橋本先生偕來者，亦豪於飲，與步先生對酌，盡十餘盞，乞詩四首。已而有醉意，婆娑起舞，鞠清磬同舞，繼復引吭作歌，啁啾如鳥鳴，蓋東瀛之漫舞與小曲也。時老友江子紅蕉、名畫師汪亞塵先生與吾師潘天授先生同在鄰室座上，均起視莞爾。橋本先生視予刺，即以鉛筆作書相示曰：“弟前日讀新聞紙，知先生之名，瘦鵑二字甚奇，貴國人用字至妙。”先生又堅約作東瀛之遊，謂明春櫻花開時，好把晤也。

橋本先生雖日人，而與吾國人士至爲浹洽，絕無虛僞之氣，席間走筆書示吾輩云：“前身爲中國人，自稱東海謫仙，恨今生不生貴國。”時徐志摩先生與先生接席，先生因相徐先生面，謂與彼邦名伶守田勘彌氏絕肖，徐先生則自謂肖馬面，聞者皆笑。先生因又書曰：“山人饒舌。”有進先生以酒者，先生一飲而盡，拈筆書紙上云：“酒場馳驅已久”，其吐屬雅雋如此。前數日，嘗遊虞山，謂虞山之美，令人消化不了。又言虞山趙氏家，有紅豆樹，絕美，云係由錢牧齋拂水山莊舊址分栽者。先生賦詩云：“風流換世癖爲因，千里尋花亦比鄰，無恙一株紅豆樹，於今幽賞屬詞人。”宴罷，合攝一影，即魚貫登樓，樓心已陳素紙與畫具以待。韻籟詞史丐先生畫，先生時已半醉，戴中國瓜皮之帽，潑墨畫一馬，駿骨開張，有行空之致。題字作狂草，自署關雪酒徒。繼又爲陸小曼女士繪一漁翁，亦蒼老可喜。而彼式歌且舞之老妓竹香，此時已臥於壁座間矣。已而先生倦，遂醒竹香，偕夫人興辭去。徐志摩先生爲印度詩聖太谷兒氏詩弟子，有才名，此次攜其新夫人南來度蜜月，暫寓靜安寺路吳博士家。夫人禦繡花之襖與粉霞堆絨半臂，以銀鼠爲緣，美乃無藝。夫人語予：“聞君亦能畫，有諸？”予遜謝，謂嘗從潘天授先生遊者一月，塗鴉而已。徐先生時與夫人喁喁作軟語，情意如蜜。予問徐先生，將以何日北上。徐先生曰：“尚擬小作勾留，先返硤石故里一行，仍當來滬。顧海上塵囂，君蟲處其間，何能爲文？”予笑曰：“惟其如此，故吾文卒亦不能工也。”

韻籟詞史，年逾三十，而風致娟好，仍如二十許人。性喜風雅，特備一精裱手冊，倩在座諸子題字題畫，以爲紀念。海粟首題四字，曰“神韻天籟”，并畫一蘭，并皆佳妙。予不能畫，而爲小鶼所戲，漫塗“雅韻欲流”四字，擲筆而遁。夜將午，群謂南市戒嚴，不能歸，予不信，亟驅車行，抵家走筆記

1926年　丙寅　民國十五年　二十六歲　159

之。(《上海畫報》1926年11月15、18日第173、174期第3版)

按：上文及《吳湖帆文集·醜簃日記》中所寫"滕石渠"均指"滕若渠"，或以滬音"石""若"發音近似所致。參見1937年2月13日條。

1926年11月10日劉海粟與天馬會成員宴請日本畫家橋本關雪合影，前排左一爲劉海粟，左三爲橋本關雪；二排右三爲王濟遠；三排左三爲潘天授，左四爲滕固，左六爲汪亞塵，左七爲江小鶼；後排左四爲丁悚。(1926年12月5日《晨報·星期畫報》)

11月23日，上海美專學生以教師侮辱學生爲由，組織學生會，聲言打倒王濟遠。遂發生革新運動。汪亞塵、江小鶼、滕固、俞寄凡、張辰伯、薛演中、湯少棠等教師竭力勸阻，雙方不聽。校長劉海粟即開除學生張學儒、郎應年、湯飛三人。

11月25日，晨，學生又開會，請校長劉海粟答復，劉氏未到校，學生改換要求八條，一，撤換王濟遠；二，學生集會結社言論出版自由；三，學生會代表得出席校務會議，有表決及保留權；四，免收建築費；五，校友有借住校舍暫住之權；六，不得任意增加學費；七，學生所繳膳費須全數包付伙食,有剩餘時,須按數退還,不得從中獲利;八,恢復湯飛張學儒郎應年三同學之學籍,如開除學生時,須徵得學生會同意。并議決如學校於是日下午五時以前,仍無答復,則用其最後手段。至晚學校不答,又開大會,即宣布罷課,在罷課期間,組織校務維持會,表示與學校脫離關係,凡表示所剩膳學費,須一律退還。

出席上海美專臨時教授會議。議決王濟遠提出辭職書案:一方面專函安慰王濟遠,一方面函致評議會一致挽留。其次討論忠告學生誠意求學案,議決:推俞寄凡、滕若渠兩教授起草,經在座諸教授同意,簽名發布。

11月26日,下午一時,學生會又召集會議。會議時,到有武裝巡捕與包探數人,劉海粟與教員數人入場,登臺謂:學校既未准學生組織學生會,自無承認要求之理,同時學生會辦公處即行封閉,至教授王濟遠業已辭職,亦有一部份學生,以事屬細微,不願牽入漩渦,組織臨時學業救濟會,要求早日上課,教職員特開臨時會議,議決勸告各學生,早日上課。

11月27日,王濟遠辭職。晚,上海美專學生會假大西洋歐菜館招待新聞界,報告風潮情形,謀求新聞界支持。
《上海美專風潮在相持中,教授王濟遠聲明已辭職,無暇聞問該事矣》:"上海美專風潮,昨仍在相持中,校中有武裝警士,學聯會派代表疏通,教授王濟遠君昨來函云:主筆先生大鑒:昨日將貴教育欄,載上海美專風潮,有謂起於鄙人訓誡學生所致,在鄙人所任教室中,訓誡不端之學生,係責任上事,他非所知,現鄙人感於學生不願承教,藥石苦口,深堪惋惜,已向評議會辭職,鄙人研究藝術,恒有來日無多之感,早擬退藏山林,獨行我是,今幸得如願,此後關於該事,鄙人已無暇聞問矣,即希明察,賜登來函欄內,至禱至禱,專此,即請著安。王濟遠謹啟,十一月二十七日。"
《上海美專風潮昨聞》:"上海美專風潮,迭誌本報,二十七日晚七時美專學校學生會假座大西洋歐菜館,招待新聞界,主席胡子隴,記事盧冠豪,由主席報告風潮情形,請新聞界援手,至十時散會。又學生會幹事馬蘭階於昨早(二十七日)八時,忽然失蹤,安徽同鄉會及學生會派人四出找尋,不見蹤跡,連日校中各同鄉會皆開緊急會議,討論應付風潮辦法,其結果各同鄉會會員簽名蓋印,全體擁護學生會,如學生會之要求條件,不得答復,各同鄉會會員即

一律退學。至學校對付方法,靜候學生上課,否則寧不辦學云。"(1926年11月29日《申報。》)

按:1926年11月30日《申報》刊登學生會尋人啓事。

11月29日,上海美專風潮持續。

《上海美專風潮續聞》:"昨日爲上海美專風潮發生後第七日,兩方皆無調停餘地,學校則始終不承認學生會,學生則堅決擁護學生會,要求承認八條件,已組織宣傳隊,用圖畫文字及口頭之宣傳,以引起外界注意。校內各牆壁上,皆貼有'不達到目的誓不上課'等等標語,并貼有諷刺之圖畫。又兩廣福建四川湖南安徽等同鄉會,皆組有募捐團捐款,以補助學生會之經費云云。另有一部分學生組織臨時救濟學業會,發出宣言,不主張罷課云。"

11月30日,天馬會臨時會議在靜安寺路邵洵美宅舉行。到會者有江小鶼、劉海粟、王濟遠、汪亞塵、錢瘦鐵、滕固,并有新會員邵洵美、徐葆炎、高樂宜、顧蒼生等列席。議決舉行第八屆美術展覽會事,推王濟遠爲籌備主任。

12月1日,《申報》刊登《上海美專發表風潮情形》。

《上海美專發表風潮情形》:"上海美術專門學校,昨發表該校風潮情形云,本月二十二日本校西洋畫科主任王濟遠先生,在實習教室授課時間,忽有他級旁聽生郎應年,入室蹀躞挪揄,且與學生交頭接耳,王先生問其在此何爲,并謂上課時間,宜歸自己教室,不宜來此交談。郎生抗言'看看何妨',王先生爲執行教室規則起見,令其退出,於是郎生憤然而出。事已過去,亦未追究。次日(二十三日)爲學校紀念日休業,上午十時,全體學生齊集大會堂,練習校歌,劉校長及訓育主任薛演中均在大會堂,至十一時許,王先生同江教務長到校,入西洋畫科主任室,尚未安坐,郎生即闖入誣稱王先生侮辱我人格,不待置辯,出言無狀,盛氣迫人,王先生見此情形,知難理喻,憤而辭職,教務長出而以善言開導,亦無效。時又有西洋畫科學生張學儒,率同十餘學生,□擁入訓育室,因訓育室與西洋畫科主任室僅一壁之間,中有床廂,張生即推開此窗,鑽望隔壁,指王先生而謾罵,時訓育主任在大會堂聞報,趕回室內,竭力勸阻,該生等拒而不聽,其時練習校歌時間將終,校長亦回校長室,於是郎生等,即用口號,一擁而出,乘練歌人衆退散之際,邀攔再入大會堂,郎生大聲亂喊'王濟遠罵我侮辱我開會',其他學生不知何故,從而羣集開會,張學儒在旁作證曰'王先生侮辱我們人格,請同學援助',并用種種激烈言語,挑激衆怒。訓育主任見事無可制止,報告校長,校長遂即至大會堂,本擬善爲規勸,詎張學儒不待校長發言,即拒之門外,郎張二生即於是時發起組織學生會,聲言打倒王濟遠等,有意尋口,要挾羣衆。是日下午七時,郎張二生振鐘亂鳴,大喊開會,二人登臺煽惑,言辭激烈,狀如病狂,於是羣衆心理遂爲鼓動。又次日(二十四日)晨起,校中遍貼謾罵王先生之文字及譏笑之圖畫,開大會之布告具名爲上海美專學生會,有許多學生看守,不許校中職員撕揭,十時將上課,又振鐘亂鳴,聲言開學生大會,即有十餘學生,在教室門口把守,勒迫各學生集會,計議打倒王濟遠之辦法,并聲言奉上海學生總會命令,成立美專學生會,其時適劉校長到校,方入辦公室,即有學生張學儒、郎應年、湯飛、馬蘭塏,排闥直入,向劉校長說:'今日我們開學生大會,要叫你到會',劉校長問其何事開會,未經學校許可,不應如此,正欲勸導,詎張雪瑞、郎應年、湯飛三人,將校長擁扯而出,暴行脅迫,譏笑謾罵,侮辱情狀,不一而足,未幾辦公廳内外學生諠囂嘯聚,秩序大亂,幸經教職員江小鶼、滕固、俞寄凡、汪亞塵、張辰伯、薛演中、湯少棠諸先生竭力解圍,由是學生羣入會開[堂]開會,主席即爲馬蘭塏,決定向學校提出三條件,(一)撤换王濟遠,(二)學生參加校務會議,(三)經濟公開,限二十四小時答復。校中教職員見學生行動越軌,各向爲首諸學生開導,諸生皆言辭激烈,置諸不理,校長遂將張郎湯三生開除。校長受此激刺,即日臥病回家。次日上午九時,又開會聲言學生會爲學校最高機關,由學生會組織校務維持會,舉定委員執行校政,凡學校教職員以及校役,均須聽從學生會命令,如不與學生會同情者,一律遣去,實行罷課,向學校提出之條件,更添加五條,從此疊次開會,并有學生總會代表到校演說,法捕房包探來校詢問,而學生言辭激烈,遂引起捕房注意,派法人二人,來校質問,劉校長力疾到校接見,其時學生正在開大會,校長教務長即入會場勸令上課,不料始終不聽,捕房派來之法人不及久待,亦入會場登臺宣述租界警旅,不許開會,并允舉代表二人,至校長室共同談判,終無結果,及至晚餐時散去。次日學生雖無大集會,但不許同學上課,發出鉛印通告數千多,均係煽惑激烈之辭。上午有學生二十餘人陸續請劉校長設法取締少數擾亂分子,劉校長以勢既如此,良莠難辨,校令不行,勸令靜候,自當解決。下午有學生胡子隴、許慕蘭、王乃慎等,分尚[向]教授李毅士、俞寄凡、汪亞塵諸先生,請爲雙方調解,經諸先生向劉校長轉告學生所陳,劉校長答以本人對於學生會,并非反對,惟本校情形不同,學生不得有學術以外之結集,明載學校招生簡則與學生入校願誓,且本校亦曾有學生會,於去年九月該學生會開會議決,自行取銷,登報聲明,衆所共知,使此時再設學生會,本人與學生人格上雙方皆不容,且校中多數教授,聲言本校學生,如有學術以外之結集,不願擔任教職,故學生會之設立,實難辦到。至其他學術上研究之集會,既合本校規則,本人無不贊成。此爲本諸校規而行,非任何人因喜怒而得興廢者云云。時學生總會代表周致遠王垣等,亦來調解,劉校長亦以上述之意答之,然爲首諸學生尚未覺悟,而多數被迫之學生,至今不能上課,此本校風潮之經過情形也。"

12月8日,上海美專汪亞塵、江小鶼、張辰伯(江小鶼代表)、潘天授、劉厥銘、高樂宜、郭谷尼、宋壽昌、王隱秋、黃啓元、李毅士、湯少棠、沈在鎔、滕固、徐葆炎、李思科、王祝軒、劉庸熙、王春山、王心梅、姜丹書、劉利賓、劉質平(春山代)、謝公展(劉海粟代表)、方介庵、馬孟容、普特爾斯基、丁悚、陳宏、許醉侯等聯合發表聲明:"本校此次風潮始末,諒各界人士早已洞察,比見報紙所載,揭貼所示謂:全部教職員有另組新校之舉,不勝驚駭。同人等供職美專歷有年所,此次風潮發生,曾一再勸告學生恪守校規,早日上課,所云同人等共同發起了另組新校,絕無此事,恐外界不察,特此聲明。"

12月10日,上海美專校方提出設立臨時教職員會,以平息學潮,不問其他。當時簽名者有:徐葆炎、滕固、沈在鎔、湯少棠、王春山、王祝軒、王隱秋、宋壽昌、郭谷尼、高樂宜、汪亞塵、劉厥銘、潘天授、江小鶼、張辰伯(江代)、姜丹書、李恩科、方介庵、馬孟容、李毅士、劉利賓、普特爾斯基。推李毅士、姜丹書爲臨時主席。

12月11日,出席上海美專臨時教職員會議。首由李毅士宣布本會同人將處於不偏不倚之地位以平息學潮,其次擬起草致學生會函徵求大家意見。

12月13日,下午一時半,出席上海美專第二次臨時教職員會議。李毅士、姜丹書被推爲主席。一、首先報告學生會函。二、應否發表態度。議決:發啓事聲明。三、本會調停風潮不得要領,以後是否繼續。議決:本會本屬臨時性質,應即停止。四、應表示何種態度?議決:擬定啓事稿如下:"本校此次不幸發生風潮,相持已逾旬日,本會同人爲愛護學校與愛護學生起見,臨時出任調停,擬得雙方諒解,早日恢復原狀。惟接到學生方面來函,不受調停,則本會已無法進行之可能。即經公決解散。此次同人出任調停,出自至誠。不幸愛莫能助,深爲惋惜。即經公告解

散，特此聲明。"（據上海美專檔案；1926年12月16日《申報》）

12月14日，上海美專董事會決議提早於本月二十日放假。
　　《上海美專提前放假校董會之決議》："上海美術專門學校校董會，於十四日中午在功德林舉行，到校董蔡元培、袁觀瀾、黃炎培、沈信卿、張君勱（王賡代表）、章慰高、徐朗西，暨校長劉海粟、教務長江新等。由蔡元培主席，首由劉校長報告風潮經過情形，繼由各校董討論良久，以此次風潮雖經各方面調解，學校儘量容納，而少數學生并不諒解，且多數學生已紛紛回籍，即能上課，功課亦難整齊，議決提早於本月二十日放假，并發還原定放假前之膳宿費，所有未完功課，准下學期提前開學補授，當經列席校董一致贊同，討論畢，即在功德林蔬食，散會已下午四時矣。"（1926年12月16日《申報》）

12月15日，出席上海美專教職員會議。江小鶼代主席，報告校長提出董事會通過之議案，謂："校長報告學校風潮經過情形，雖經各方面設法調停，尚有少數學生未能諒解，且一部分學生業經離校，即照常上課亦難整齊，擬提早放假，併發還膳宿費一個月若干元。"即經到會者一致贊同。

12月17日，上海美術專門學校提前放假通告發表，學生會籌備新校。
　　《申報》刊登《上海美術專門學校通告》："本月十四日校董會議暨十五日教職員會議僉以本校此次風潮雖經各方面設法調停，學校儘量容納而少數學生并不諒解，且一部分學生則已紛紛回籍，即能上課，功課亦難整齊，議決提早於本月二十二日放假，俾整理一切併發還原定放假前膳宿費，所有未完功課准下學期提前開學補足，此布。"
　　在該報"教育新聞"版刊登《美專學生會籌備新校之進行》："上海美專學生會，籌備新校，新校制度，純取委員制，由教職員、藝術界名流、學生共同組織之，校址在金神父路法政大學對面，學生除原有者外，有某大學學生一班，請求加入，將設文學系以收容之，藝術界名流張競生、華林、丁衍鏞等，終〔經〕校學生會一再請求，皆願實力援助，共同努力於新藝術之創造云。"

12月21日，出席上海美專教職員會議，劉海粟主席。首先，通過教職員啓事："頃見本月二十一日報載《上海美專學生會啓事》云云。查本校提前放假係董事會議決，經校長提出，於本月十五日教職會通過，而風潮之中臨時教職員會曾出面調解，為該生等所拒絕，學校當局之愛護諸生至矣盡矣，而該生等，復不自訟，一誤再誤，何以對家長命，就外傳之至意，事實具在，其各察之。"又議定暫緩三日放假至 25 日爲止，27 日停止伙食。該啓事第二天在《申報》刊出，滕固等列名。(據上海美專檔案、《申報》)

歲暮，在上海作《唯美派的文學‧自記》。
　　《唯美派的文學‧自記》：一、寫本篇之前，我沒有發願把這幾家的作品作組織的深入的研究。去年某校的朋友們，要我去講關於這個流派的話，我便匆促起稿，化了幾個黃昏，不意積成本篇。二、白天爲饑寒所驅，沒有執筆的餘閒。晚上精神萎頓。提起筆來有時有興，有時沒興，以致全篇章法淩亂，氣分不一。有幾處應該修改的，爲了不耐重抄，祇好聽其自然。寫本篇的動機，原是一時備忘的底稿；現在更無閒暇和存心來修改。三、本篇對於各家的論列，大半採自外人的著作，小半參有自己的貧弱的意見。當時所用參考書，現在不能一一復查，這是我對於讀者非常抱歉的。四、本篇的發刊，不是宣傳什麼主義；不過發表一些關於前世紀英國文學史中一個支流的小小的檢察。五、我本身不是一個英國文學的專攻者，祇是一個起碼的愛好者。六年前在東京，和方曙先兄共讀 Walter Pater 的論著，才啓示我對於英國近代文學的愛好。近來和邵洵美兄時時談論先拉飛爾派的詩歌，使我不間斷夙昔的愛好。這是我對於給我參考的諸作者表示感謝外，對於方邵二兄也該致謝的。
　　　　　　　　　　　　　　　　一九二六，歲暮，滕固記於上海

是年，完成《唐宋繪畫史》寫作，存講篋。

劉海粟作《西湖寫景》，滕固題："一抹遠山橫豔黛，幾行疏柳掛離愁。無邊春色無邊意，鑽入先生禿筆頭。"

子滕留寅出生。歿於 2001 年 7 月 26 日。

1927 年　丁卯　民國十六年　二十七歲

1 月 5 日，出席上海美專教務會議，江小鶼主席。議決修改本校學則及旁聽生存廢案。

1 月 8 日，出席上海美專教職員會議。議決成立上海美專整理校務委員會，推定汪亞塵、姜敬廬、馬孟容、方介庵、湯少棠、沈在鎔、程桂菽、李毅士、劉質平、王春山、滕若渠、劉利賓、劉庸熙、江小鶼、高樂宜、黃啓元、王心梅、王祝軒等爲委員。(據上海美專會議記録)

1月15日，邵洵美與盛佩玉舉行婚禮，馬相伯證婚，滕固等友人參加，并當場作畫誌喜。滕固以墨筆繪《美玉》漫畫一幅題贈。

《婚禮誌》：文學家邵洵美君，爲邵月如先生令嗣，富有天才，有詩集，爲藝林推重，兼擅美術，作畫傾向於歐洲表現派，新穎含詩趣。月之十五日，與盛杏蓀孫女佩玉女史，在卡爾登行結婚禮，由馬湘[相]伯證婚。翌日在静安寺路本宅喜宴，賀客盈門，并有文學家徐志摩及其夫人小曼女士、法學家吳經德[熊]博士及江小鶼、吳[高]樂宜等數十人，公份有飛飛團和合班，劇目由志摩手書，粉牡丹打花鼓、高連芬吊金龜、緑牡丹實蟾送酒，并有客串江小鶼邵小松演梅龍鎮，鄒佩珍女士清唱彩樓配玉堂春，終晝絲竹，達旦始已，誠盛會云。(1927年1月19日《申報》)

懷怡《美玉婚淵記》："邵君洵美，長於文學，著作頗富，所作小詩尤雋永絶倫，常散見各刊物，讀之靡不令人讚嘆。前曾在英國劍橋大學研究文學多年，故中西文字俱有根柢。日前(即陽[陰]曆元宵)與盛澤丞之女公子佩玉女士行婚禮於卡爾登飯店，一時往賀者冠蓋如雲，其中尤以文藝家居多數。婚後三朝，由新郎之友江小鶼、徐志摩、陸小曼、丁悚、滕固、劉海粟、錢瘦鐵、常玉、王濟遠等發起公份，在静安寺邵宅歡宴，堂會有江小鶼之《戲鳳》，緑牡丹、粉牡丹等之《送酒》、《打花鼓》、《朱砂痣》、《吊金龜》等戲。今日本報封面所刊之儷影即邵洵美君與盛佩玉女士也。"(1927年1月27日《上海畫報》195期)

1月18日，出席上海美專教職員會議，議决即日成立整理校務委員會，推定姜敬廬、馬孟容、方介庵、湯少棠、沈在鎔、程桂菽、李毅士、劉質平、王邨山、滕若渠、汪亞塵、劉利賓、劉庸熙、江小鶼、高樂宜、黃啓元、王心梅、王祝軒等爲委員。

1月22日，上海美術專門學校風潮平息。

《上海美術專門學校教職員啓事》："此次敝校偶因細故突起風潮，少數學生受人利用，致滋糾紛，重勞各界人士殷殷慰問，撫循感愧，莫可言宣，現已完全結束，從事整理，嗣後同人等益當奮勉圖進，用副海内外知音之厚望。"

1927年　丁卯　民國十六年　二十七歲　167

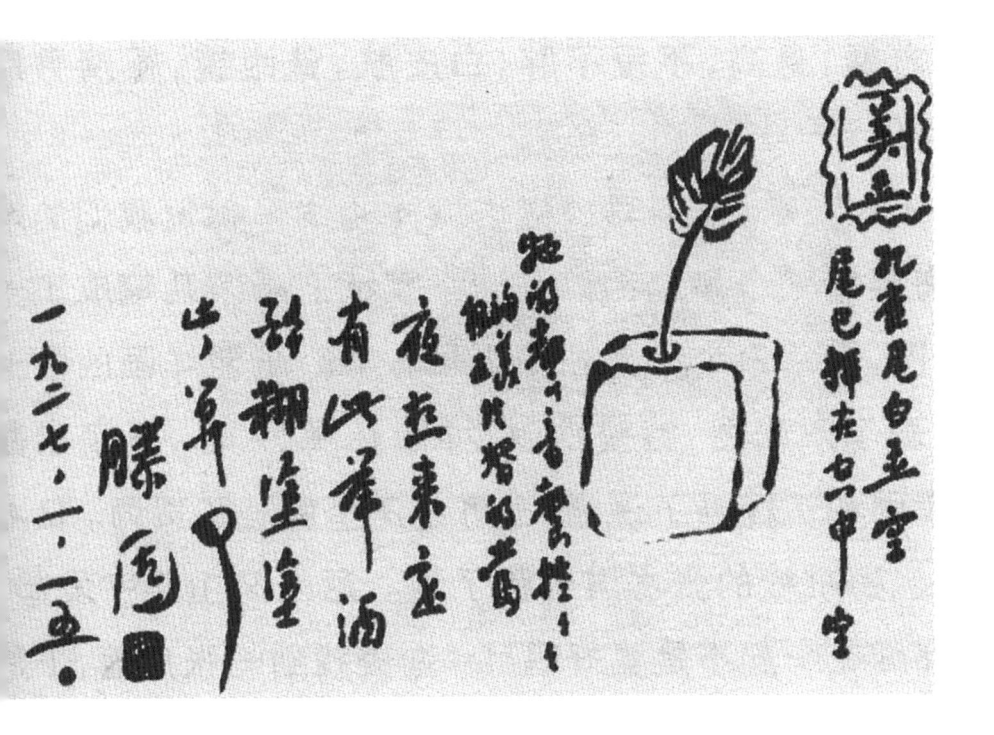

滕固繪"美玉"漫畫贈邵洵美夫婦，選自《盛氏家族·邵洵美與我》

《上海美術專門學校同學會啓事》："此次敝校不幸少數學生偶因細故掀動風潮，後經各方調停，本可早日結束，不意教授某某等忽然組織某藝術學院，宣言與學生合作，青年意志不堅，聞言一任血氣往前，遂致一發難收，越軌舉動不一而足，多數同學潔身自愛，不願與暴力相抗，故學校放假即陸續回籍，所有盤踞校內之人亦於昨日一律出校，今後我同學爲校爲己自當格外嚮學，以副各界慰問之殷。"（1927年1月22日《申報》）

2月1日，除夕，在上海旅店作《平凡的死·自記》。

"在這狹窄的生的旅途上彷徨的我，對面有無數的人頭鬼頭，在譏笑我，怒罵我：醜、惡、頹廢、肉欲、不道德、沒人格等，凡字典上所有一切不祥的字眼，幾乎都要堆在我一個人的頭上，教我一個人替人類出醜，做一個最齷齪的榜樣；我無可無不可的接受了。但是生的旅途上有我這一類的穢物，也是你們人鬼先生之恥。那麼一旦自己意識一翻，怕也要把自己靠不住的清白丢掉罷！

　　這些話，和此集沒有關係的；不過我別的話說不出來，隨便寫上一點。這集的命名，雖則其中有一篇叫作《平凡的死》，全集的習作，没一篇不是已死的東西，而且是平凡的死。

　　　　　　　　　　一九二七年，除夕，在上海旅店。"

2月7日，《申報》刊登上海美專新聘教員情況，滕固任圖書館主任，教授美學、美術史、藝術會、文學等。添聘課外講師有徐志摩、邵洵美諸人。

　　《上海美專之新氣象》："上海美術專門學校，創立十六年，成績卓越，聲聞國外，去年風潮後，該校同人，益為奮進，刻已將全部嚴密組織一新，兹將該校各部支配及新聘教員錄下：教務長汪亞塵，汪君任該校教授十餘年，藝術聲望，為衆所共知，西洋畫系主任，由劉校長兼任，因該科主任王濟遠，已赴日考察，國畫系主任許醉侯，音樂系主任李恩科，李君留美，演講音樂十年，學識巨集富，藝術教育系因學科性質之不同，改設分組主任，音樂組主任劉質平，圖畫組西洋畫主任劉海若，國畫主任錢瘦鐵，手工組主任姜丹書，藝術教育專修科主任，由劉質平兼任，總務長江小鶼，圖書館主任滕固，辦事員劉思訓，訓育主任江翼時，江君曾任江西四中輔導主任，安徽五中訓育主任多年，事務主任王春山，舍務主任湯少棠，教室主任劉庸熙，文牘主任劉觀光，會計主任黃言，其他各部職員仍舊，教員方面亦已分配妥帖，各學科擔任教師如下：西洋畫實習教授劉海粟、李毅士、江小鶼、汪亞塵、普特而司基、高樂宜、陳宏、劉海若、張辰伯、郭谷尼、沈在鎔、唐藴玉等，國畫實習教授許醉侯、錢瘦鐵、謝公展、馬孟容、孫松鄭、岳黃曉汀、傅鐵年、何[賀]天健、汪仲山等，音樂教授為劉質平、李恩科、湯鳳美、潘伯英、程桂孫、陳小村、并新聘劉洪君，劉君新由義大利歸國，在羅馬學院研究音樂多年，得有文學士學位，手工教授姜敬廬、王隱秋、朱蘇典等，美學美術史藝術會文學教授滕固、劉榮熙、鄭曼倩，透視學圖案教授張議，色彩學藝術教育教授劉洪，金石學講師顧鼎梅，國畫史錢厓、葉清、辛書法，外國文及藝術概論教授徐葆炎，藝術史思潮教授劉海粟、汪亞塵，其他又添聘課外講師多人，已接洽者為徐志摩、邵洵美諸人云。"（1927年2月7日《申報》）

2月15日，邵洵美與盛佩玉結婚滿月日，滕固及徐志摩、陸小曼、戈公振、丁悚、倪貽德、常玉、郁達夫、劉海粟、張水淇、江小鶼、汪亞塵、王濟遠、喬文壽等前往祝賀，盛佩玉回憶："這些人談笑風生，興致勃勃，飯畢又去書房領會了洵美書架上的書——洵美的書很多，做了一隻頂天立地的大書架來陳列——直到盡興而散。"

3月1日，上海文科專修學校開學，滕固受聘國文系教授，講授小説課程。

《文科專修學校聘定教授》："新閘路成都路文科專修學校，准於陽曆三月一日開學，國文系已聘定蔣梅笙、聞野鶴、陳佩忍、黃葉、滕固、潘公展、郭步陶，英文系仍由邱培浤、葉頌蕃、王季梅、胡景逸教授。蓋校地處安靜區域，自可安心上課，惟道途阻塞，遠道學生，尚未到齊，特展期於三月七日正式上課，如有避難來滬之相當程度學生，而欲轉學者，尚有餘額可以酌補云。"（1927年3月2日《申報》）

3月6日，出席上海美專教職員聯席會議，劉海粟主席。議決音樂系應設特待生、應照往年戰期例通融收費案等。

3月8日，出席上海美術專門學校行春季始業式。

《美專昨行春季始業式》："上海美術專門學校，於昨日上午十時在法租界菜市路南段，該校之第一院大禮堂行春季始業式。由劉海粟校長，總務長江新，教務長汪亞塵，教授滕若渠、李毅士，音樂系主任李恩科，國畫系主任錢匡相繼讀演説及報告本學期校務之刷新改進云云，迨散會已逾十二時矣。并聞該校除函催未到學生迅速到校外，并自即日起各科系一律開始上課。又悉該校音樂系添招特待生十名，其餘各科系，均有餘額可插。近又添聘豐子愷為圖畫理論教授，沙輔卿為國畫教授。國畫方面，今後每月每星期請曾農髯王一亭諸名家到校揮毫云。"（1927年3月9日《申報》）

3月9日，出席天馬會責任會員會議，討論籌備舉辦第八屆展覽會事宜。滕固、邵洵美被推為展會文書。

《天馬會籌備展覽會》："天馬會於本月九日在靜安寺路一百二十四號開責任會員會議，到者高劍父、張辰伯、江小鶼、汪亞塵、丁悚、王濟遠，議決於夏曆三月初一日起開第八屆展覽會，凡十日，會場借海軍聯歡社，在上海開會後再運往武昌、廣州開會十日。又開展覽籌備委員會議，到者江小鶼、丁悚、張辰伯、邵洵美、滕固、王濟遠、汪亞塵，當通過展覽會章程二十二條，又推定展覽會期之會計汪亞塵、江小鶼，文書滕若渠、邵洵美，駐會幹事王濟遠、張辰伯，交際劉海粟、丁慕琴等，即日起從事籌備"。（1927年3

月 12 日《時報》）

3月13、14日，在靜安寺路124號邵洵美宅舉辦之王濟遠洋畫展覽會中，召開責任委員會會議及籌備天馬會八屆展覽會委員會議，出席者有責任會員丁悚、劉海粟、高劍父、江小鶼、汪亞塵、張辰伯、王濟遠等，議決本屆畫展積極籌備組織展覽會委員會，加推邵洵美、滕固爲委員，決定在夏曆三月初五（4月6日清明）舉行畫展。即日起徵集作品。以本埠西門林蔭路十九號藝苑爲收件處、徵集期以陽曆三月三十一日爲限，徵集種類分㈠中國畫、㈡西洋畫、㈢彫塑、㈣攝影四部，所有出品，取公開態度，不以會員爲限，出品之形狀、裱裝不拘格式，惟出品須以創作爲原則。該會印有展覽會規程，以備出品人函索。（參見1927年3月15日《時事新報》《申報》《時報》）

滕固（站立左一）與上海美術家合影（選自劉新編著《中國油畫百年圖史（1840—1949）》）

1927年　丁卯　民國十六年　二十七歲　171

3月21日，上海美專爲慶祝北伐軍抵滬停課三日。

《各學校之慶祝國民革命軍勝利·上海美專》："北伐軍抵滬，該校二十一日起停課三日慶祝，校門結彩，交叉懸卦[掛]青天白日旗。昨日上午九時，召集全體大會，由主席吳清玠報告開會宗旨，推舉代表十六人加入市民會，昨并發出宣言。"（1927年3月24日《申報》）

3月22日，上海美術專門學校學生，於上午十一時在該校大會堂開全體學生會，對於學校前途發展事宜，多有討論，并推舉學生委員會代表，前赴學生聯合會接洽一切，并停課歡迎革命軍。（1927年3月23日《申報》）

3月24日，出席上海美專教職員聯席會議，劉海粟主席。首先討論爲本校前途擴充計，擬改組爲上海美術大學案。議決即日籌備組織臨時委員會，并推定前校董會主席蔡元培及投票選定汪亞塵、劉海粟、滕若渠、江小鶼、李恩科、李毅士、姜敬廬、江翼時等九人爲臨時委員。其次本學期因發生戰事，學生到數極少，經濟大受影響，討論維持辦法，議決減少教職員薪水。

3月25日，出席上海美專續開教職員聯席會議，劉海粟主席。議決本校爲分任校務，集中精力起見，改設校務委員會制。

3月26日，上海美專前被迫離校學生返校，與學校當局發生衝突。劉海粟辭職，由校務委員會主持校務。

《美專離校團之復校運動》："美專學生，自去年十二月二十日被劉海粟要求李寶章軍隊驅逐學生離校後，該校學生遂組織被迫離校團，繼續努力驅劉工作。現革命軍已來上海，對於市民之利益與自由，已有所屏障，於是該離校學生，於昨日（二十六日）復全體返校作復校運動，蒞校時，美專學生，即大呼'歡迎離校同學復校'口號，詎美專當局，竟引警兵百餘人，將學生驅出校外，該生等即趨赴市民政府請願，聞政府方面已派員至捕房交涉，請勿再干涉學生行爲，并允許該生等復校云。"（1927年3月27日《申報》）

3月27日，上海美術專門學校因校方鎮壓學潮，學生流失，無法維持，發表啓事，稱"本校爲集思廣益起見，已改組委員會，一切校務概由委員會負責辦理"，署名爲委員蔡元培、江新、汪亞塵、高銛、滕固。（袁

志煌、陳祖恩編著《劉海粟年譜》、《申報》）

《各學校改爲委員制之紛起・上海美專》："上海美術專門學校由全體教職員聯席會議票選蔡元培、江新、汪亞塵、高銛、滕固等五人爲委員，處理校務。日前該校教職員具函，公推教授滕固親向蔡氏接洽，當經面許即日就職，并親筆復函。"

3月29日，出席上海美專教員會議，江小鶼主席。討論本校經濟如何維持案，議決由委員會將前校長移交之本校債權及產業一覽表兩種，開會詳細審查後再行報告教職員會。

3月30日，上海美術專門學校委員會發布第一號公函，滕固等當選爲委員。

　　徑啓者，接准校教職員聯席會議公函內開：蔡元培、江新、汪亞塵、高銛、滕固當選爲上海美術專門學校委員等，因准此遵，即於本日就職視事，并組織上海美術專門學校委員會，除分行外，特此函達，即希查照爲荷。

3月31日，出席上海美專教職員聯席會議，推李毅士爲臨時主席，繼續討論本校善後應如何辦理。議決應由總務長、教務長負責辦理。隨後該校校務委員汪亞塵、高樂宜、滕固、江新致全體教職工公開信："全體教職員諸公均鑒：此次本校改組委員會，承推選同人爲委員，任事伊始，內勞案牘，外費周旋，困難之情，不一而足。雖駑馬十駕，亦屬無補，本日委員會議，同人認爲對於校務前途，無能爲役，敬向諸公辭謝委員之職，即希另選賢能。"

袁志煌、陳祖恩編著《劉海粟年譜》載：蔡元培、江新、汪亞塵、高銛、滕固在報上發表啓事，宣布辭去上海美專校務委員會委員職務。

4月1日，上海美術專門學校停辦。

4月2日，國民黨江蘇省黨部機關從上海遷南京。省黨部設在南京安徽公學，同市黨部在一起辦公。

4月9日，黃中經孫鋤雲、滕固介紹，與周麗華女士訂婚於東亞酒樓。

　　《黃中訂婚誌》："剛從日本留學歸國之黃中，由孫鋤雲滕固介紹，與顧志筠夫人之令媛周女士互訂婚約，前日在東亞酒樓開筵宴客，作爲訂婚之宣布，計到男女賓客七十餘人，觥籌交錯，頗極一時之盛。聞周女士係江蘇一女師高材生，對於文學，亦有相當之研究，蓋得諸母教爲多云。"（1927年4月17日《申報》）

朱方《雙華并蒂記》："丁卯桃月八日，時憲書上所謂黃道吉日，最宜嫁娶，親友中多有以喜柬相邀者。友人黃中一華，亦於是日午間與女文學家顧志筠夫人之令媛麗華女士訂婚於東亞酒樓。女士幼承家學，長入師範，能爲美文。截髮長袍，風姿綽約，體態端凝，與一華堪稱雙壁，正不止嘉名之雙合也。予知黃君交遊多名下士，顧老夫人亦多能文閨友，席中必饒佳趣，因謝去他約，而赴雙華之宴。其時春雲靉靆，絲雨簾織，天亦若作成人間之雲雨者。至則老名士余天遂、蔣箸超兩先生已先在，招待員爲滕固夫婦、張水淇及公素勤女士。滕夫人一經修飾，容光煥發，嬌若新人矣。既而郭步陶、鄭振鐸、劉海粟、邵洵美、江小鶼、王濟遠諸文藝家絡續蒞止。女賓到者亦衆，惜予多未稔，不克舉其芳名，一時高朋滿座，談笑風生。雙華并肩挽臂，周旋賓友之間，喜氣溢於眉宇，手捧訂婚儷影，及五色彩箋，向賓友索文繪。急若索逋以予腹儉尤爲所窘，搜刮枯腸，成醉桃源一闋以塞責，口福雖享，而腦經苦矣。時寫畫者有吳杏芬女畫師之并蒂蘭，唐吉生畫師之三生石，填詞者有顧志筠夫人、唐吉生夫人、周佩蓮女士、一華舅嫂葉華女士。中席滕招待員忽發奇想，要賓朋演說，四座之訥於言者，咸抱怨不置，殊不知滕君之別有苦衷焉。先是滕君夫婦，名爲招待員，實未盡招待之義務，以其夫婦之間，急於自爲招待，情話綣綣，幾置來賓於不理，爲予嘲責。滕君恐無以對主人之付託，更無功銷此宴享，欲藉此博賓主之歡，而補前愆也。於時席中推諉再三，始由天遂先生起而演說，引周禮之言，證明新人於訂婚後，不妨實行眞個。莊諧雜出，談笑風生，掌聲雷動。旁坐某君，謂雙華者，固已相需甚殷。初無庸嘉賓之勸勉粉飾，而始思實行眞個也。斯言也，予亦韙之。繼而張水淇君，引申余君之意，赤裸裸地說出。於以知舊文學家之言，與新文學家之言，固有婉直之分，而異曲同工也。張君辭畢，四座譁然。滕君視綫，乃及於予，予逆知其將報適間嘲責之仇，而尋釁於予矣。既而辭果及予，予知不免，因將去歲與一華同客東京時，平日一華之急色情形，略爲露布，竟至哄堂，而予圍始解。然而滕君亦惡作劇嘎。嗣陶君樂勤，自述其向日媚婦之經驗，囑一華學步，聞者絶倒。且復介紹性史及結婚的愛諸書，囑雙華購閲。説者謂陶君任職泰東書局，隨時隨地，不忘推廣其營業，誠善於招徠者。來賓説畢，殿之者爲顧志筠夫人，一華之泰水，而麗華之慈母也。夫人態度從容，吐屬嫻雅，詞意之間，頗贊美一華之文采風流，父多雅士，而自詡爲能識拔才俊於風塵，爲其愛女得快婿，而老懷亦彌滋快慰云。聞者咸佩夫人之獨具隻眼，不同凡俗，擊掌之聲不絶。比席散，已三時許。一華云：今日尚有佳客楊了公、朱天梵、嚴獨鶴、周瘦鵑、胡寄塵諸君，因事未至，否則當更增興趣。一華本字花奴，善文學，長小說，風流倜儻人也。緣周女士閨字麗華，故易字一華，以符雙華并蒂之義。予因爲泚筆記之。"（1927年4月15日《申報》）

  按：孫鋤雲係德國陸軍大學畢業，久隨孫中山奔走革命。曾充韶關重砲隊司令。

國民黨右派搗毀國民黨江蘇省、南京市黨部和市總工會。

4月15日，北伐軍總司令蔣介石委任總部審計處長劉紀文爲南京市長。

  按：約4月上旬，劉紀文回國，任南京特別市市長，邀邵洵美擔任秘書長。邵邀滕固、顧蒼生和毛冬生作助手，赴南京上任。（參見王京芳《邵洵美年表》，刊《新文學史料》2006年1期。）滕固又經南京市政府教育局局長陳劍翛推薦參加南京特別市黨部工作。

4月18日，南京國民政府成立，發表《定都南京宣言》。

4月24日，南京市政廳行開幕禮，市長劉紀文宣誓就職。

4月26日，江蘇省政務委員會成立。

約春，受聘任金陵大學講師，主講中國藝術史。

  按：金陵大學前身是1888年在南京成立的匯文書院（Nanking University），書院設博物館（文理科）、醫學館（醫科）和神道館（神學科）。1890年設成美館爲中學部。1907年，美國基督會於1891年創立的基督書院（Christian College）和美國長老會於1894年創立的益智書院（Presbyterian Academy）合併爲宏育書院（Union Christian College）；1910年，宏育書院併入匯文書院，成立私立金陵大學（Private University of Nanking），有"江東之雄"美譽。1937年因抗戰遷至四川成都華西壩，1946年還寧。約翰·福開森、師圖爾（G.A. Stuart）、包文（A. J. Bowen）、陳裕光、李方訓先後擔任校長。1951年9月，私立金陵大學與私立金陵女子文理學院（原金陵女子大學）合併爲公立金陵大學。1952年院系調整，金陵大學和原南京大學一部組成新的南京大學，新南京大學位於金大鼓樓崗校址。

5月1日，邵洵美主編《獅吼》(月刊)第一卷第一期出版(靜安寺路124號獅吼社)，金屋書店發行。該期刊登滕固論文《今日之文藝》、小說《眼淚》。另有邵洵美《再生的話及其他》介紹該刊出版經過。

按：《獅吼》月刊的出版，標誌著以滕固為核心的前期時代開始轉移到以邵洵美為核心的後期時代。據刊後介紹："下一期當在六月一日出版，已收到的稿子……滕固的詩《流星》及《獰笑》二首，小說《鵝蛋臉》。"該期延至翌年3月出版第二期後停刊。

6月13日，南京國民政府中央決定組織大學院，以蔡元培為院長。

7月22日，江蘇省黨部特別委員會舉行第二十九次會議，出席委員余一心、廖上炎、葉秀峰、葛建時、李壽雍、劉嶽峙，主席劉嶽峙，記錄王劍虹，討論通過事項包括：由宣傳部長葛建時提出該部秘書凌夢痕辭職，以原任編纂幹事滕固遞補。原任社會股幹事胡夢華調任編纂幹事，并請以沈汾為社會股幹事、張志澄為文書股幹事案議決通過。(參見1927年7月25日《申報》)

7月23日，報載：江蘇省黨部特別委員會利用暑期開辦小學教員黨化訓練講習，聘請劉紀文、吳稚暉、葉楚傖、胡漢民、戴季陶、陳銘樞、蔡子民、滕固等為教師。

《蘇省黨部實施黨化教育》："總政部情報股消息：江蘇省黨部特別委員會，利用暑期開辦小學教員黨化訓練講習，所以培植小學師資，養成黨化青年，自籌備以來，頗為順利，所聘教師，有劉廬隱、郎醒石、王人麟、趙棣華、相菊潭、唐啟宇、余井塘、劉紀文、桂崇基、丁惟汾、吳倚滄、吳稚暉、葉楚傖、胡漢民、陳劍修、廖世劭、戴季陶、劉文劦、陳銘樞、黃居素、胡夢華、蔡子民、張君謀、滕固、劉霆、羅志希、王邁羣、李石曾、王錫禮、郭任遠、薛仙舟、周曙山、周蓮潔、凌夢痕諸君，類皆黨國先覺當代名流，至學員方面，待遇甚優，聞其校址假定四師附小，各縣市黨部保送學員，近已陸續報到，刻聞該所因遠道學員一時未能到齊，已延長五天，議定本月二十五日開始上課，章程可向該所索取云。"(1927年7月23日《申報》)

7月24日，日本文學家芥川龍之介在家中服毒自殺。上海報紙發表了消息。

7月25日，江蘇省特別區黨部第一次執監會議決滕固擔任宣傳委員。

"江蘇省特別區黨部舉行第一次執監會，推張明主席，祝兆覺記錄。主席恭讀總理遺囑，報告開會詞，議定各案如下：（一）訂定本部組織大綱案，決議先表決大綱中組織案，決議設常務組織宣傳文書財務事務交際委員七人，由執行委員分別任之。（二）推張明、祝業殷、祝兆覺爲本部組織大綱起草委員。（三）選舉委員，分任各項工作，推張明任常務，祝業殷任組織，滕固任宣傳，祝兆覺任文書，余壁香任財務，許世芳任交際，陸士鈞任事務。（四）議決假三民導報館爲本部辦公地點。（五）推吳菊秋爲監察委員會常務委員。（六）經費問題，由各委員擬定預算，交由財務委員編定總預算，提出會議通過，再呈請省部核發。（七）定每星期一四下午四時開執行委員會一次，每星期二下午開監察委員會一次，每月開執監聯席會議一次。（八）劃分各分部範圍案，議決共分五個分部，秘書處爲第一分部，組織部爲第二分部，宣傳部爲第三分部，婦女青年運動委員會爲第四分部，農工商運動委員會爲第五分部。"（1927年7月29日上海《時報》）

7月28日，受江蘇省特別區黨部委派，以監選委員身份出席第三分部成立會，并發表訓詞和演說。（參見1927年8月3日上海《時報》）

7月，滕固著《唯美派的文學》由上海光華書局初版（獅吼社叢書之一），1930年7月再版。目次：自記/小引/近代唯美運動的先鋒/一、勃萊克的藝術/二、基次的唯美詩歌/先拉飛爾派/一、先拉飛爾派的由來二羅塞帝的畫與詩/三、牛津的先拉飛爾派/世紀末的享樂主義者一、丕得的思想/王爾德與比亞詞侶/三、西門司

8月8日，參加崑山縣黨部第一次公共紀念週并發表演說。
"上午八時，崑山縣黨部假圖書館舉行第一次公共紀念週，到會者除該黨部全體工作人員外，有縣政府、公安局、偵緝隊、水上警察、教育協會、農民協會等團體及民衆五百餘人。縣特派員朱永傑主席，開會行禮後，由縣黨部特別委員會報告組織及工作情形，縣長吳相融報告政治情形，教育協會代表吳粹倫農民協會代表王仁涵報告工作情形。次省黨部秘書滕固、三十三軍參謀鍾子剛等演說，禮成而散。"（1927年8月10日《申報》）

8月30日，在南京作《聽説芥川龍之介自殺了》一文，文章回憶了與芥川龍之介的交往，認爲："他用蘊藏的筆路，一層一層渲染日本社會的醜惡，可謂至乎其極！我想他是傳説中的人物，有不甘和帝國主義者并存

1927年 丁卯 民國十六年 二十七歲 177

滕固著《唯美派的文學》書影（左爲初版本，右爲再版本，中央戲劇學院圖書館藏本）

的可能，帝國主義者的鬼臉越是兇惡，他的自殺的信念會越加强烈"。該文發表於10月5日出版的《一般》第3卷第2號。

8月，《無敵週報》1927年第8期刊登滕固《黨與政府》一文。略謂："總理一再說：要把黨字放在國上，那個以黨建國以黨治國的主張，就在這裏確立的。在這個原則上，黨與國，不但不能有須臾的分離；且成了有機的組合物了。我們的國早沒有了，早不知丢到甚麽地方去了；我們國民黨把他再造起來，纔有國，纔有管理國家的政府。黨建造好國家，政府以黨的意旨來管理國家，在這一點上，黨與政府的關係，不待伸言，已是十分明白的了。"

按：該週報爲滕固編輯，曾發表《荒謬絶倫之統一兩黨部運動》評論文章。

9月11日，寧漢滬（山西會議派）三方代表分别召開"國民黨中央執監委員臨時會議"，宣告寧漢合作實現和"國民黨統一完成"。

9月20日，國民政府發表成立宣言。國民政府的重新改組，標誌著寧漢兩個國民政府從此正式合二而一。

9月24日,上海《申報》發表《蘇省黨部滕固之縣長人選論》,請民政廳長鈕永建嚴懲貪汙,起用廉吏。

《蘇省黨部滕固之縣長人選論》:"江蘇省黨部宣傳部秘書滕固,前日致函民政廳鈕廳長,請起用廉吏,懲辦貪汙,原函云:月前因黨務宣傳事宜,奉命赴青浦崑山兩縣視察,念黨務與社會實情,爲車輔唇齒之關,於是親接民眾,博訪周諮,關於吏治一端,爰亦有所聞及,請爲廳長陳之。我蘇連年兵苦,青崑兩縣,適當其衝,人民憔悴呼搶之際,固日望我黨予以澄清之治,逮我軍克蘇,師抵青崑,兩縣人民,歡欣鼓舞,以爲日月重光,此其時矣。不意長青者顧某,長崑者秋某,不諳黨紀,不審民隱,對公款則囊刮肥私,對人民則不賞惟罰,對紳豪則接之彌暱,對黨部則漸加淩辱,兩縣人民,吞聲銜恨,無所控訴,而耿耿於衷,反日望前知事吳邦珍之復職,如同前次望我軍之速臨。此係實情,固所親聞,不但得之一二人,且得之衆口同聲,嗚呼!在黨治之下,民眾苦念軍閥所委之知事,寗忍聞之,固痛心驚愕,爲之抑鬱不解者數日,還寗而後,修函託兩縣同志,蒐集吳邦珍治蹟,并檢省黨部崑山特派員朱永傑同志對省方有關吳邦珍之報告,始恍然於吳邦珍爲兩縣人民心注弗釋之由,查吳邦珍在孫逆時代,曾先後充任代理青崑兩縣知事,在青半載,於教育實業司法財政諸端綱舉目張,有條不紊,復節政費以修衙署,解私囊以助公益,存崑數月,整頓教育,經濟公開,勤除蝨害,勵行拒毒,青崑兩縣得以去積弊而入建設者,吳邦珍操守廉潔奮勉從公之力也。尤足述者,時吾黨同志在境內秘密工作,嫉之者向縣告密,吳不但置之不理,且陰加維護。又聞渠前在省公署第三科長任,力爭教育經費,致不得軍閥歡,其過去之行爲如是,既無反革命之嫌,謂似賢於今日黨治下若干所謂新官吏者亦不爲過也。竊思建設廉潔政府,爲吾黨策略之一,亦爲民眾昕夕禱祝之事看,故黨治下政府用人,悉本人才爲原則,用示天下爲公之旨,廳長爲吾黨先覺,革新史治,求賢若渴,若吳邦珍不愧爲一廉吏,爲一人才,使廳長早知其人,必已羅致藥籠,無待今日之□□,剡固於吳邦珍無所私好,第感於兩縣民眾之呼籲,不忍不爲廳長一言,敢乞明採蒭蕘,向省政府提議,嚴懲類似顧某秋某之貪污,即日起用吳邦珍并甄拔廉潔有爲之士分發各縣,以慰民望之殷,如邀贊許,不第爲吾蘇慶得廉吏,吾黨與有幸焉。"

10月3日,中央議决委派鈕永建等五人爲改組江蘇省黨部特別委員,又南京特別市黨部范冰雪等同時改組。(參見1927年10月5日上海《時報》)

10月14日,題贈《唯美派的文學》:"二五老哥指正,滕固,1926,10,

14日。"

　　按：受贈者待考，簽署時間當係筆誤。據周愛武《民國圖書簽名本外延研究——以安徽師範大學圖書館館藏為例》，刊《大學圖書情報學刊》2009年12月第27卷第6期。

11月5—12日，天馬會第八屆美術展覽會在法租界霞飛路尚賢堂舉行。
　　《天馬會昨日開幕》："天馬會第六[八]屆展覽會，籌備業已多日，所徵出品，約有三百餘件。昨日在霞飛路尚賢堂開幕，門票售小洋二角，參觀者紛至沓來，約有三百餘人。會場計分兩部，樓下左首二大室為西洋畫部，其右為攝影部，樓上則為中國畫部及雕刻部。攝影為歷屆所無，本屆所徵攝影名作，有四十餘幀，最有名之攝影家陳萬里君，特自杭州來滬，有蘭玉等六幀，其餘如郎靜山君蔡仁抱君，出品甚多，陳山山君之飛鳥及曉霧二幀，極為觀衆所欣

馬會第八屆美術展覽會圖文資料，中下圖為滕固作詞、王濟遠書《天馬會會歌》（選自《圖說上海美專》）

賞。西畫部之最有思想者爲張辰伯君之《世幻》、龍亦鵬君之《窘》、丁悚君之《遲暮》，表演之幽美者，有江小鶼君畫像多幀，及楊清磬之《幻想》、《午夜》等，色調之最縉[絢]爛引人者，有汪亞塵君之玫瑰花，王濟遠君之湖上幽居等。此次西畫以油畫爲多，而中國畫之最有名者，如吳昌碩、王一亭、吳杏芬諸君，出品亦多。該會會期尚有七日，每日自上午九時起至下午六時爲止，全日開放參觀云。"(1927年11月6日《申報》)

11月26日，《離家》(小説)發表於《現代評論》第6卷第155期。

12月1日，作短篇小説《爲小小者》，發表於1928年1月5日出版《一般》第4卷第1號。

12月3日，滕固題畫詩："沙漠有駱駝，據石化爲鳥，四望無人煙，但叫了了了。蒼生兄將清磬爲小歡所做駝背鳥囑題，口占四語，手殭寫得不好十二月三日滕固"。發表於上海《良友》畫刊第21期。

按：該期原作"中華民國十六年十一月三十日出版"，據同頁刊登邵洵美"十六年十二月十二日節錄近作"手跡件，可知係延期出版。

12月7日，滕固作致金陵大學記者函，對匿名來函中指摘自己爲西山會議派進行辯駁。發表於該校學生會主辦《金陵周刊》1927年第3期。

　　記者諸君公鑒

　　前天我接到用金陵大學信封的匿名來函一通，内指摘我是西山會議派，并有污衊我的言辭；我無從答復，可應借貴刊的空白來作個答復？如其我是西山會議派，那末無論在此十目所視象矢集

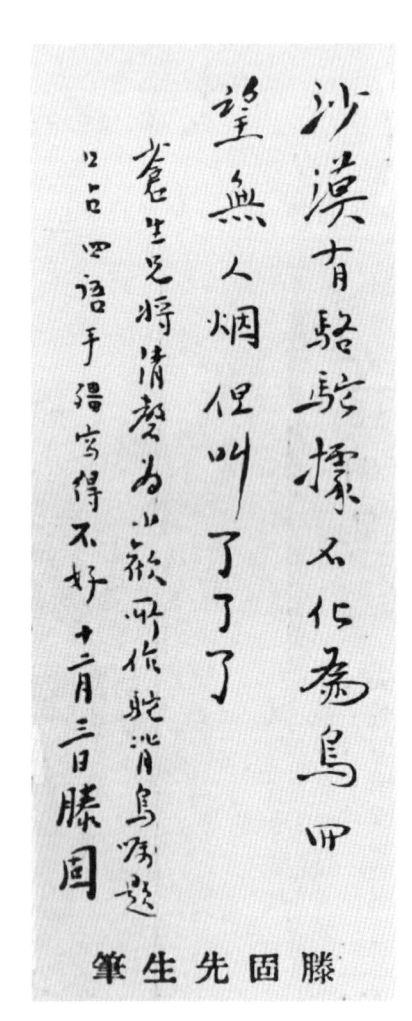

滕固題畫詩手跡

註的時候，我也直認不諱的。可是我素爲自稱西山派的人所嫉視的；本年七月間，上海有統一寧滬兩黨部的空氣；當時我在黨部服務，我編的無敵週報上，雖刊有《荒謬絕倫之統一兩黨部運動》的小評；他們，至今借此口實來同我過意不去；這有事實可稽。就是我這回到特別市黨部服務，也不是所謂西山派叫我去的，是宣傳部長陳劍翛同志招我去的。陳同志過去的奮鬥歷史是否是西山派？這是親歷"五四"運動和熟悉陳同志最近行動的同志們，都很明白的，無庸贅言。我在宣傳部裏工作，從未參加過所謂壟斷公意的黨團活動；試檢閱宣傳部的會議錄和出版的宣傳品，就可曉得像我這種人是否和西山派可牽連一起？總之我自從在東京從事青年運動以至今日，爲黨工作，雖力量薄弱，但祇知有黨不知勾結個人或派別，此刻自信，幷可告愛我的同志們！敢語匿名賜函的那位先生，你認錯了人！你所給我的光榮的稱號，和率辣的污衊，我沒有資格來受領。你所化去的一個信封，二張信箋，一分郵票，幾分鐘時間，一肚皮怒氣；我也無從報答你。請你安心，我決不致像你說的那樣人！我的聲明止此，敬煩貴同志賜刊，以明黑白，感激無量。順祝撰祺。滕固十二月七日

按：該刊於1928年12月21日被教育部下令停刊，理由是發表"批評國府領袖，殊屬非是"。

陳劍翛（1897—1953），名寶鍔，字劍翛，江西遂川人。中國教育家、心理學家。早年留學英國，獲倫敦大學碩士學位。返國後，任教於北京大學、武漢大學、浙江大學等。1927年起，歷任南京市政府教育局局長、國民政府大學院社會教育處處長、教育部參事、社會教育司司長、蒙藏教育司司長等職。曾任江西、湖北省教育廳長，廣西大學校長。

12月15日，滕固作《海粟小傳》一文發表於《上海畫報》"海粟畫展特刊"，論曰："中國藝術，唐宋二代，已臻盛境，元明而後，雖有作者，沿襲棄曰，不出古人繩墨，夫斯道之不昌也久矣。先生起而矯之，合中西而開創新局，體古今而轉移時勢，擬之韓昌黎文起八代之衰者，無多讓焉，無多讓焉。"同時發表有王一亭、經子淵（亨頤）、胡適之題詞及蔡元培《海粟近作》、徐志摩《海粟的畫》、久保得二《贈劉海粟》等詩文。17—23日，劉海粟近作展覽會在上海尚賢堂舉行，展出中國畫50幅、油畫35幅。

是年，《民權報》編輯蔣箸超去世後，舊友葉楚傖、陳蝶仙、嚴獨鶴、鄭子褒、滕固、徐小麟諸人，特爲發起遺孤撫育會，分頭募捐。

《戴季陶關懷亡友》："會稽蔣箸超先生，爲俞曲園老人之入室弟子，文名

滿大江南北，嘗主民權報筆政，并與革命先烈譚嗣同、唐才常及現任中央委員之戴季陶、蘇省指委之葉楚傖諸君，參加革命工作有年，去年滬上光復後數日，先生患勞瘵病去世，遺孤纍纍，家境蕭然，其舊友葉楚傖、陳蝶仙、嚴獨鶴、鄭子褎、滕固、徐小麟諸君，特爲發起遺孤撫育會，分頭募捐，適以時局不靖，所獲甚微，蔣氏子女之衣食教養，仍時慮不給。今年三月間，戴季陶氏來滬，由徐朗西、鄭子褎二君，爲述蔣先生死後之困苦情形，戴氏與先生交稱莫逆，聞言爲之不懌者移時，并慨然曰，箸超係我老友，伊事即我事，我當先助若干元，爲其遺孤充教養費，俟遇舊日民權老同志，當再設法捐募云云。後戴氏以事赴粵，故此議未曾實行。現戴氏又重涖海上，蔣氏方面，擬於日内赴戴氏寓邸，向戴先生請願并道謝云。"（1928年9月5日《申報》）

　　按：蔣箸超（1881—1927），名子庄，號抱玄，浙江紹興人。1912至上海，任《民權報》、《民權素》編輯，有《聽雨樓隨筆》、《箸超叢刊》等行世。

約是年，在南京時晤冒鶴亭先生，告以編有《蔣劍人先生年譜》，得冒稱許，并勉其更撰毛生甫先生年譜，與蔣氏年譜同時刊行，則於鄉邦文獻尤有神益。滕固以衣食之累，不遑寧息，未能實現。（參見《蔣劍人先生年譜·後記》）

1928年　戊辰　民國十七年　二十八歲

年初，在金陵大學教書和從事黨務工作。創作小説《睡蓮》。

　　自述："這篇東西在十七年初春開始寫的，那時還在南京某校裏教書。那時期裏生活異常不規則，時而回到若干年以前，時而憧憬著未來；饑寒，奔波，憂患則環迫而至；尤可笑的，自己躍入那個俏皮的圈套裏，在無力地作似是而非的追逐。有一天，課畢，走到學校附近平倉巷一帶，站在枯了的高原上，遠山，林木，屋宇疏落地浮到眼前來，在那裏悲戚的色調裏隱著和自己不相諧和的微響。遼遠火車的汽笛當刺進耳朵時而車站，列車，車廂的一角，鐵道，長途也同時鑽集到心上。回上海去——纔這樣想如同真的回到了上海，因爲關於上海的近聞也被勾起了。於是抱頭回寓，開始寫這篇東西，但不久擱置了起來。"（《睡蓮·自記》）

1月28日，經中央執行委員會議決派葉秀峰、李壽雍、祁錫勇維持江蘇省黨部部務。

《江蘇省黨部啓事》："本部經中央執行委員會議決派葉秀峰、李壽雍、祁錫勇維持部務,業於一月二十八日到部啓用鈐記,開始工作,嗣後凡關於本省各縣市黨部黨務以及民衆運動,須向本部接洽,以昭劃一而資整理,除呈報并分行外,特此通告。"(1928年2月5日上海《中央日報》。)

2月22日,上海《申報》"藝術界"欄目刊登《金屋書店將開幕》消息。

《金屋書店將開幕》:"金屋書店,定三月一日開幕,歡迎各界參觀。出有新書多種如下:滕固著小説集《平凡的死》、邵洵美著論文集《火與肉》、張若谷著評論集《文學生活》、黄中著小説集《妖媚的眼睛》、章克標譯劇本《愛慾》等等,《獅吼》月刊第二期亦於三月一日,由金屋書店出版。"

2月23日,上海《時事新報》刊登經中央第一百二十次常務會通過之各省黨務指導員考察條例:"各省黨務指導員人選,由(一)現任中央執監委員;(二)曾任中央執監委員;(三)政治會議委員介紹之,介紹時間,限於三月十日以前,介紹表内須填具左列事項,并由介紹人簽名蓋章:(1)姓名;(2)籍貫;(3)職業;(4)出身;(5)以前在黨的工作;(6)現在在黨的工作;(7)志願到何處辦黨。"

2月27日,上海《中央日報》刊登《蘇省黨部忙於結束衹待中央訓令》消息。

3月5日,《申報》刊登周菊人《"金屋書店"訪問記》。

3月10日,《申報》刊登金屋書店新書預告,原定一日開業之書店改爲是日。書店位於静安寺路斜橋路口1902號半。

3月30日,中央常委會一百廿四次會議通過各省黨務指導委員,其中江蘇省:錢大鈞、葉楚傖、李壽雍、顧子揚、狄膺、鄷悌、汪寶瑄、倪弼、滕固。

朱家驊《悼滕若渠同志》:"若渠年少即加入中國國民黨,努力革命。民國十七年,他和狄膺、冷欣諸同志,任江蘇省黨部委員。他站在文藝立場上,力辟所謂左翼作家。那時普羅文學風靡一世,而他獨立不倚,提倡民族文藝。"(《文史雜誌》1942年5—6期)

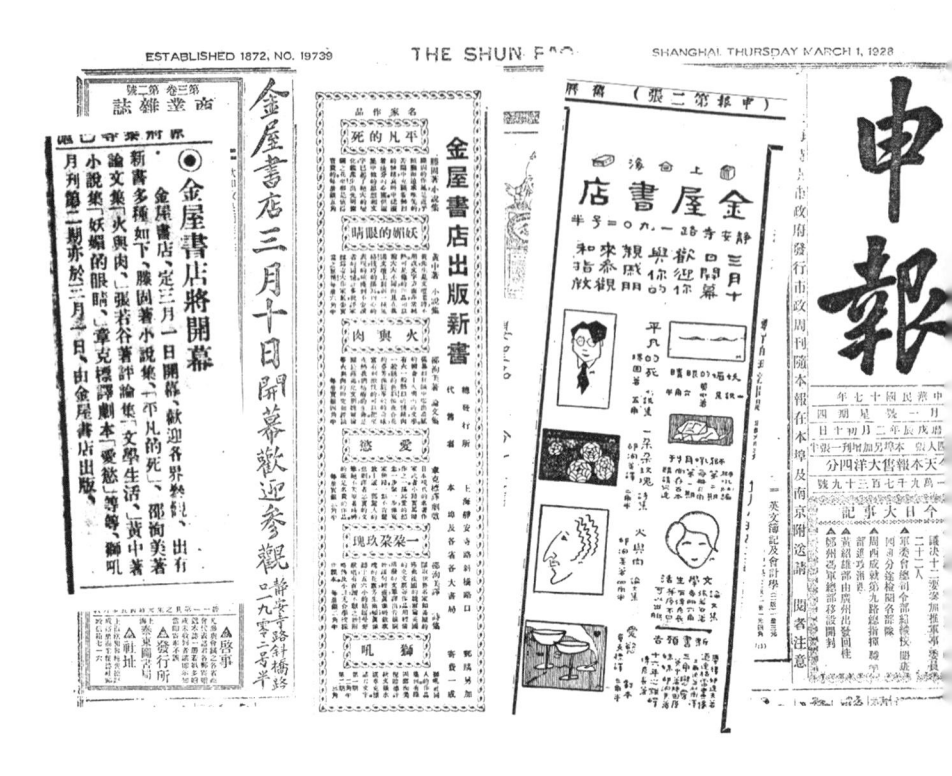

金屋書店開業報道及新書廣告

3月31日,《申報・藝術界》刊登書報介紹,署名直《一朵朵玫瑰》文中言及：金屋書店開幕日出版的書籍,共有邵洵美譯詩集《一朵朵玫瑰》、論文集《火與肉》、黃中著小說集《妖媚的眼睛》和滕固著小說集《平凡的死》四種書。

  按：由於《平凡的死》封面設計爲黑色底上繪朱棺一口,在銷路上不免命運多舛。爲此,1928年5月1日《申報》刊登《金屋書店爲滕固新著小說平凡的死啓事》："敬啓者本店出版滕固先生新著《平凡的死》自於三月十日發行以來銷路異常踴躍,但屢接本外埠各界來函,聲稱紅棺材封面於一部分讀者家庭間及習慣上稍有不便,能否請求另印,茲爲答副[復]讀者雅意起見,提早再版一千本,特請顧蒼生先生設計,用深藍色封面,富麗堂皇,蓋一切現已出版,特此鄭重聲明。上海靜安寺路斜橋路一九〇二號半金屋書店謹啓。"

3月,滕固著短篇小說集《平凡的死》由上海金屋書店1928年3月初版。

1929年5月5日再版，1929年9月9日三版。目次：自記（1927年除夕）/ 舊筆尖與新筆尖 / 平凡的死 / 眼淚 / 下層工作 / 離家 / 爲小小者

《獅吼》第二期由上海金屋書店出版，刊登滕固論文《文藝批評的素養》、

滕固著短篇小説集《平凡的死》，上海金屋書店1928年3月初版

小説《下層工作》。封底《本刊啓事》宣告"停刊",并在雜誌的末頁附有《老著面皮説話》一文,作爲説明。

《老著面皮説話》:"這也許祇有我們才老著面皮做得出吧?在去年六月出了第一期,直到今年二月方出第二期;第一期創刊,接著第二期便休刊。不瞞你們説,我們雖都不是没有家室的人,但不知怎的一年四季也還是東西南北地流浪。水淇在杭州,滕固、洵美在南京,貽德在日本,克標在病院,常玉又到巴黎去了。要有團結才辦得起的東西,怎經得起四處分散?加之重重由第一期出版後得到的經驗,所以我們決計將他停辦了。立達 paradox 説:'起初是人辦雜誌,到後來是雜誌辦人。'不肯受束縛的我們,怎原一[願意]被雜誌來壓迫?祇是回心想想,狠是對不起我們的熱心的讀者而已。

"不過獅吼月刊雖暫時停辦,克標與朋史又經營起個半月刊來,那便是將由金屋書店出版的金屋半月刊,撰述者還有滕固、邵洵美、張水淇、方光燾、張若谷、夏萊蒂、傅彦長、倪貽德、滕剛等,我在此地謹爲愛讀獅吼者介紹。

"非必要的閒話,情願少説,我們的獅吼月刊,便從今天起暫時停辦了,不多幾時,便有金屋半月刊出版,請你去買來讀吧。"(《獅吼》月刊第二期,1928年3月)

4月7日,上海《申報》、《時事新報》刊登金屋書店出書廣告,介紹滕固小説集《平凡的死》:滕固的作風,是近乎頽廢而追求唯美的,苦悶中充滿熱烈的情緒,哀叫中泛溢著清芬的心靈。但這集中他的思想和文字已起了絶大的變化,能産生出光明燦爛之花來!那是值得寶貴的。每册銀五角。

4月10日,上午十時半,在南京中央黨部參加各省黨務指導員宣誓典禮,計到中央執委監委蔡元培、于右任、丁惟汾、陳果夫及來賓等百有餘人,于右任主席。其中江蘇省指導委員有狄膺、葉楚傖、酆悌、倪弻、滕固、汪寶瑄、李壽雍、顧子揚。

下午三時,由中央訓練部與各省市黨務指導委員開談話會。部長丁惟汾報告訓練部自成立以來三星期的工作,今天談話會之意義,及對於各指導委員的希望。

4月17日,出席在南京大倉園江蘇省黨部召開的第一次指導委員會常會,當即票選葉楚傖、倪弼、汪寶瑄爲常務委員，酆悌、李壽雍、顧子揚爲組織、宣傳、訓練各部部長。

《中國國民黨江蘇省黨務指導委員會通告》：逕啓者案奉　中央執行委員會委任令内開兹委任錢大鈞、葉楚傖、顧子揚、李壽雍、狄膺、汪寶瑄、酆悌、倪弼、滕固等爲江蘇省黨務指導委員等因，奉此委員等於本月十七日下午一時在太倉省黨部内開第一次會議，當即票選葉楚傖、倪弼、汪寶瑄爲常務委員，酆悌、李壽雍、顧子揚爲組織宣傳訓練各部部長，并於是日啓用印信，除呈報中央外特此通告。（1928年4月20日《申報》）

4月20日，江蘇省黨務指導委員會，舉行第二次常會，到會委員倪弼、李壽雍、滕固、顧子揚、酆悌、狄膺、汪寶瑄，由倪弼主席，滕固記録。其議決要案如下：（一）本會職員未經甄選以前，先行試用，但不得超過組織細則定額之半數；（二）推定顧子揚、狄膺、滕固爲甄選委員；（三）二十三日正式辦公；（四）通過修改本會辦事細則；（五）通過甄選委員會條例。

《蘇黨務指導會職員選用規則》："第一條，本會爲慎重黨務嚴守職責起見，製定職員選用規則，凡各處部會助理幹事以上職員，均須按照本規則甄選合格者，始得任用。第二條，本會爲執行職員甄選，設立甄選委員會，由委員中互選三人組織之。第三條，本會職員人選、標準如左，㊀曾在本黨認可之各地黨部加入本黨一年以上者；㊁曾在中等以上學校卒業、服務各級黨部，或其他研究實施黨務之機關團體三個月以上、著有成績者；㊂對於本黨絶對忠實、對於主義絶對信仰、現未加入其他政治團體者；㊃操守純潔、無惡化腐化之思想及行爲者。第四條，各處部會僱用職員，由處會委員或部長開列名單，送交甄選委員會，聽候甄别。第五條，甄選委員會、甄别職員之程序如左，㊀按照黨員總登記條例，令其履行登記手續；㊁用談話方式、測驗其思想及經歷；㊂用多方考證法，考查其成績及行爲。第六條，甄别合格之職員，由甄選委員會將其結果，送還各部處會，分别派定職務，提交本會議通過任用之。第七條，本規則經本會議決施行。"（1928年4月22日《申報》）

4月23日，出席江蘇省黨務指導委員會第一次臨時會議，并擔任記録。議決事項四件，（一）遵照中央通告，臨時成立民衆委員會案；（二）通電各省市黨部，領導當地民衆，作反日出兵山東運動；（三）通電擁護北伐軍，完成國民革命；（四）發函警告出中内閣。

4月24日，出席江蘇省黨務指導委員會第三次常會，討論事項五件。其中第一項：依據中央組織條例，成立臨時民衆訓練委員會，除組織、訓練、宣傳三部長爲當然委員外，另推狄膺、滕固共五人組織之。

到嘉定，晚下榻於西門外陳豐茂內建設廳長聘臣家中。

4月25日，晨入見吳縣長，有所接洽，即午乘輪離嘉定赴南翔。

4月27日，江蘇省黨務指導委員會第四次常會，主席王寶瑄報告："滕固委員自南翔電告，赴各區調查。"其中幾項議決均作"秘密"。

4月28日，午後三時，江蘇省政府在該府洋花廳招待黨務指導委員，商榷黨政事項。

4月30日，《申報》刊登江蘇省黨務指導委員會反日出兵電文。
　　《蘇黨務指委會反日出兵電》："各省市黨部鈞鑒　此次我軍北伐。疊奏膚功。山東全省指日底定，可見本黨所領導之國民革命，即將完成其初步工作。乃日本田中內閣爲爲移轉其國內民衆之倒閣目標計，爲貫徹其壓迫中國之主張計。竟悍然不顧我全國民衆之公意。二次出兵山東，明目張膽，聲援奉逆，其藉口曰保護日僑。其目的殆欲摧殘我革命勢力之進展。而延長其走狗奉系軍閥之生命。簡言之，是直欲障碍中國民族之獨立，是直欲阻撓中國被壓迫民衆之求得解放，而不欲吾黨總理孫中山先生手創救中國救世界之三民主義實現。夫本黨所領導之國民革命運動，乃求中國民族之獨立，繼而謀世界一切被壓迫民族之獨立，而進於世界大同。故被壓迫的日本民衆。對於此次阻礙中國國民革命之進展之出兵舉動，亦深切厭惡。而田中內閣昧於世界進化之潮流，迷信其武力侵掠政策，是不獨爲中國民族之敵人，亦且爲全世界一切被壓迫民族之公敵。吾人爲中國爲全世界民衆之幸福計，對於公敵，自無遲疑的予以嚴切反對，堅決抗爭。回憶本黨所領導之國民革命運動，每次猛烈鬥爭中，敵人均形成一強固聯合戰綫，以阻碍革命進展。本黨軍隊統一廣東時，大英帝國主義與反動軍閥密切聯合，以與本黨抗。……江蘇省黨務指導委員會。"

5月1日，上午十時，江蘇省農工廳合作社指導員養成所行開學典禮，到黨政各級機關代表各界來賓五十餘人，本所教職員二十餘人、學員百餘人，主席何玉書，滕固代表省黨務發表演說。

5月4日，出席蘇省黨務指委會開第六次會議。

"蘇省黨務指委會開第六次會議，出席委員狄膺、葉楚傖、汪寶瑄、李壽雍、顧子揚、滕固，主席汪寶瑄，討論事項：㈠組織部提出各縣市黨部保管員服務條例審查案，議決修正通過。㈡訓練部提出訓練各縣市黨部指導委員計劃案，議決推倪弱、李壽雍、顧子揚審查。㈢江蘇學聯會請領積欠經費案，議決由訓練部復查。㈣審查預算案，議決由滕固、顧子揚審查後交秘書處呈報中央。五時散會。

"各縣市黨部保管員服務條例如下：第一條，根據中央頒布之省黨務指導委員會工作大綱之規定，委派各縣市黨部保管員各一人。第二條，各縣市黨部保管員，由省黨務指導委員會組織部提交委員會會議通過、委派之。第三條，各縣市黨部保管員職責如左：㈠保管各該縣市黨部卷宗用具房屋等；㈡接收上級黨部各種命令，并轉知下級黨部或全體黨員民眾團體等；㈢向上級黨部報告各該縣市黨務情形，或臨時特別重大事故；第四條，各縣市保管員，除前項規定外，不得有任何其他活動。第五條，保管員任期，自委任之日起，至各該縣市黨務指導委員會成立之日止。第六條，各縣市黨部保管員保管費，暫定每月六十元。第七條，本條例由省指導委員會通過、頒布施行之。"（1928年5月5、6日《申報》）

5月7日，作雜文《貘》，發表於5月19日上海《中央日報》"海嘯"第三號。

5月8日，出席江蘇省與南京特別市黨部指導委員聯席會議，決議案如下：一，慰勞傷病案，議決，由省市黨部聯名召集各機關團體，於九日下午二時在省黨部共同討論。二，領導民眾對付外交案，議決，甲，擴大宣傳喚醒民眾的民族意識；乙，通電國軍各將領，堅實團結，一致對日。

5月9日，出席江蘇省黨務指導委員會第七次常會，議決事項創辦江蘇民報等四件。

對日經濟絕交設計會成立。滕固主席第一次會議，議決案包括公推滕固起草組織法等。

《對日經濟絕交設計會成立》："首都各界反日運動委員會以經濟絕交，為抵制日本之唯一辦法，特組織一經濟絕交設計委員會，以利進行。該會在省黨部開第一次會議，出席者：市政府、中央大學、金陵大學、總商會、江蘇省黨部，主席滕固，議決案如下：㈠公推滕固起草組織法；㈡每星期二、四、六午後二時開會，地點中央大學科學館；㈢徵求設計方法：（甲）請中大金大兩校教職員負責，（乙）登報徵求設計意見；㈣推中央大學向反日執委會商籌進行經費。"（1928年5月10日《申報》）

5月12日，上海《中央日報》"海嘯"第二號刊登Waler Paier著，滕固譯《王爾德的一篇小說——道連格雷畫像》一文。附記：道連格雷畫像已有金屋書店出版，我本想將這篇評文附在原書的後面，過後想想還是單獨在這裏發表的好。

  按：英國王爾德作長篇小說《道連格雷畫像》，杜衡譯，由金屋書店1928年5月出版，其廣告：是英國王爾德O. Wilde生平最偉大的傑作。他是文學上唯美運動的領袖，享樂主義的謳歌者，尤其在這部書中，把他所有的中心思想，用全力傾注出來。狂熱的享樂，靈肉的衝突，描寫的熱烈，意境的靈妙，和他的獨幕劇莎樂美，同為世界著名的不朽作。經杜君運用玲瓏活潑的文筆，把全書譯成中文，此句的美麗生動，不減原者，是最上乘的譯作。（1928年5月26日《申報》）

5月13日，出席江蘇省黨部及省政府各委員舉行的第二次談話會，議決事項五件。

5月15日，出席江蘇省黨務指導委員會第九次常會，議決事項二十一件。

5月18日，江蘇省黨務指導委員會第十次常會上，討論事項十則，其中對第九項"訓練部提出本省各縣市黨務指導委員會訓練工作提要草案，請審查案，決議：推滕固同志會同顧（子揚）部長審查"臨時動議二則。
  按：參見1928年5月20、22日《中央日報》報導，滕固未出席此會。

5月25日，出席江蘇省黨務指導委員會第十二次常會，議決事項五件。

5月29日，出席江蘇省黨務指導委員會第十三次常會，議決事項五件。其中包括滕固、狄膺兩委員提議："五卅"烈士公墓於明日落成典禮，本會應發電致祭案；決議：通過，交民訓會辦。

5月31日，出席江蘇省黨務指導委員會臨時會議，由葉楚傖主席，議決准灃悌辭去組織部長職務，並票選常務委員倪弼繼任。

6月2日，出席江蘇省黨務指導委員會第十四次常會，議決事項二件。

6月3日，李宗武作《漫談一束》，暗諷滕固放棄文學創作而從政。
"聽說曾經有人反對滕固做省黨務指導委員。什麼理由呢？說：滕固是文學家，文學家必浪漫，浪漫即不革命，不革命便不該做黨指委。"（《語絲》1928年4卷29期19—22頁）

6月6日，出席江蘇省黨務指導委員會第十五次常會，議決事項十件。

6月8日，出席江蘇省黨務指導委員會第十六次常會，議決事項六件。

6月10日，病後改舊作短篇小說《Post Obit》（死後應驗）。

6月12日，出席江蘇省黨務指導委員會第十七次常會，議決事項十件。

6月15日，出席江蘇省黨務指導委員會第十八次常會，議決事項二件。

6月17日，出席江蘇省黨務指導委員會第四次臨時會議。

出席江蘇省黨務指導委員會第十九次常會，議決事項五件。

6月21日，出席江蘇省各縣指導委員假中央大學舉行宣誓典禮，並在談話會上發表演講。
"江蘇省各縣指導委員假中央大學舉行宣誓典禮，到蘇省黨務指導委員倪弼、葉楚傖、汪寶瑄、滕固、狄膺、顧子揚、李壽雍等暨各縣指導委員二百餘人，共四百餘人，葉楚傖主席，行禮如儀。各委員宣讀誓詞，由省黨部代表顧子揚監視，中央代表余井塘致詞，省黨部代表汪寶泉，市黨部代表張厲生均有演說，各縣指委代表謝兆熊致答詞畢，奏樂。主席領呼口號，攝影散會。下午二時，仍在原地開談話會，葉楚傖演講中央對民眾運動態度，及處理濟案方針，并希望傳達各縣民衆勿爲奸人所愚。狄膺、李壽雍、滕固等相繼演講至六時散會。"（1928年6月23日上海《中央日報》、《申報》）

6月24日，主持江蘇省黨務指委會、民訓會在中央大學大禮堂召集各縣指委談話會，并報告國民黨民衆訓練之計劃，關於原則及運用。于右任、倪弼也在會上發表了講演。

6月26日，出席江蘇省黨務指導委員會第二十次常會，議决事項三十二件。其中决議事項：一，提出登記審查結果，分別合格、否决、待查三種，推汪、滕、倪三同志審查。另有數項爲秘密。

7月1日，邵洵美主編《獅吼》（半月刊）復活號第一期出版，刊登滕固小説《Post Obit》。

邵洵美《我們的話》："《獅吼》半月刊變成新紀元，新紀元變成《獅吼》月刊，獅吼月刊現在又變成《獅吼》半月刊了。此中的經過與我們的苦衷也用不到在這裏講了，好在從此我們當重新做起。我們祇有三個希望，（1）從此不再停頓或脱期，（2）能一清這混亂的文壇，（3）多得到幾位同志。"（《獅吼·復活號》第一期，1928年7月1日）

《獅吼》復活號廣告："王爾德説：神聖的文藝之宫中，不許一切暴亂的東西擅入。但是今日我國這混亂的文壇，邪説横行，還成個什麽樣子！爲要使人們了解文藝的真諦，《獅吼》半月刊又復活了！復活號七月一日出版。每期售洋四分。"（1928年6月22日《申報》）

按：該刊至同年12月共出12期停刊。

7月4日，出席江蘇省黨務指導委員會第二十三次常會，議决事項包括"請中央令國府飭外交部長不得任用反動分子"等十六件。

7月7日，出席江蘇省黨務指導委員會第三次黨政談話會。

"下午五時，蘇省指委會開第三次黨政談話會，出席省政府委員鈕永建、茅祖權、葉楚傖、陳世璋、陳和銑、繆斌、何玉書、劉雲昭、張乃燕代表劉藻彬，省黨部委員狄膺、李壽雍、汪寶瑄、顧子揚、滕固、倪弼、冷欣，主席倪弼，報告開會宗旨後，繼續報告黨務過去工作，及將來計劃。狄膺報告民衆團體整理委員會進行情形。鈕永建、茅祖權報告行政設施狀况，隨時討論黨政相互問題，决定縣指委會經費，省府再電令各縣迅撥，特種刑事訴訟，黨部與特種刑庭相互關係，定一星期後實施。以後紀念週，黨政兩方輪流派員出席，分

別報告黨務及政事。六時餘散會。"（1928年7月8日《申報》）

7月8日，上海《申報》刊登由常務委員滕固署名之《江蘇省黨務指導委員會民衆訓練委員會通告》。

《江蘇省黨務指導委員會民衆訓練委員會通告民字第一號》："爲通告事，本會遵照中央決議開始整理本省各級民衆團體，初制定省縣市民衆團體整理委員選派規程及考查規則公布外，兹定七月十日以前爲省民衆整理委員候選人證明及介紹日期，十二日爲填表及談話日期，十三日爲考查日期（均於每日上午七時起報到，八時起開始填表或考查），凡曾任省民衆團體職員或適合考查規則第二條之規定，而願受考查者，均須來會攜取證明書介紹書志願書等（須有江蘇省黨務指導委員二人至證明或介紹）於十日以前填就交來，以便分別存記，特此通告。常務委員滕固。"

7月12日，江蘇省黨部考查省民衆運動整理委員，應考者四十七人。先填寫考查表，後由委員滕固、倪弼、李壽雍分別談話。

7月14日，出席江蘇省黨務指導委員會第二十五次常會，議決事項包括"呈請制止黨員任意轉他處登記"等十件。

7月16日，下午二時，江蘇省農民銀行行開幕禮。到各機關各團體代表及合作社全體學員等約三百餘人，鈕永建主席，農礦廳長何玉書報告籌備經過，省黨部代表滕固、省政府代表葉楚傖、農礦部代表陳郁先後致詞，均希望實行改良農業經濟，增進農民利益，來賓亦多演說，滕固致詞略謂國民革命，第一要爲農民革命。農民銀行，係爲蘇省二千萬農民謀利益之金融機關，經濟上之組織，既然完備，將來成績定能優良。總經理過探先、副經理王志華相繼答詞，攝影後散。

7月17日，江蘇省政府第九十次例會決議：定鎮江爲省會，丹徒縣改名鎮江縣，并呈報國民政府備案。據《江蘇省誌大事記》載：其理由有三：一、根據總理孫中山的主張；二、根據交通狀況；三、根據省政府與國民政府之間關係。

7月18日，下午三時，江蘇黨務指委會委員、暨江蘇省政府委員在省黨部大禮堂，開第五次談話會。省黨部方面出席者滕固、倪弼、汪寶暄、李壽雍,省政府方面出席者劉雲昭、何玉書、葉楚傖、張乃燕(劉藻彬代)、張壽鏞,主席倪彌。

7月19日,出席江蘇省黨務指導委員會第二十七次常會,議決事項包括"在押土劣不准託病交保、呈封顧維鈞王輯唐財產"等十三件。

7月25日,出席江蘇省黨務指導委員會第二十八次常會。討論事項二十一則。

7月27日,《申報》刊登以滕固具名之《中國國民黨江蘇省黨務指導委員會民衆訓練委員會通告民字第三號》。

《中國國民黨江蘇省黨務指導委員會民衆訓練委員會通告民字第三號》:"爲通告事,查江蘇省商民協會籌備委員會在停止民衆運動期間非法成立,一再違令活動,業經本會遵照省黨務指導委員會第二十八次常會決議於七月二十七日派員接收在案,嗣後如有該會鈐記證章或重要文件流落在外者,一概無效,至各縣商民協會如係合法組織,仍仰靜候本會派員整理,無庸驚擾,恐未週知,特此通告。常務委員滕固。"

7月,武昌私立美術專門學校校刊創刊。在創刊號上,公布了校董會成員名單:蔣蘭圃爲校董會主席,唐義精任校長;著名畫家、美術理論家陳樹人、張道藩、王祺、滕固、聞一多、陳之佛、唐一禾、陳影梅、張啓銘、許太谷、王霞宙等人,先後擔任了校董。本刊是武昌美專第一份綜合性美術期刊,發表學校教師和學生的美術作品和藝術雜談。設有繪畫作品、藝術論述、專論、導報等專欄,內容極爲豐富,僅出版一期便告夭折。

8月4日,出席江蘇省黨務指導委員會第三十一次常會。討論事項包括"請宣布辦理五卅慘案方針、決定非正式會社不予備案"等十四件。

8月8日,出席江蘇省黨務指導委員會第三十二次常會。討論事項五十四件。

按:8月8—15日國民黨在南京召開了二屆五中全會。會議宣布軍政時期結束,全黨應著手做訓政時期的工作。并決定按孫中山五權憲法精神,爲設立司法、立法、行政、考試、監察五院做準備工作。會議明確規定了中央政治會議的職權範圍，指出中央政治會議委員由中央執行委員會推定，并推定譚延闓、蔣介石、汪精衛、胡漢民等46人爲中政會委員。會議還改選了中央常委，推選蔣介石、丁惟汾、于右任、譚延闓、孫科、胡漢民爲常委。會議最後決定1929年3月召開國民黨第三次全國代表大會。

8月9日，出席江蘇省黨務指導委員會第五次臨時會議，討論事項六則，其中有：滕委員提案已修改之《江蘇省區黨部指導員派遣條例》請通過案，決議，通過。

8月11日，出席江蘇省黨務指導委員會第三十三次常會。討論事項三十九件，其中多條爲秘密。

8月17日，出席江蘇省黨務指導委員會第三十五次常會。討論事項十五件。

8月18日，江蘇省第五次黨政談話會在省黨部大禮堂舉行，黨部方面：滕固、倪弼、汪寶瑄、李壽雍，省政府方面：劉雲昭、何玉書，主席倪弼。

8月22日，出席江蘇省黨務指導委員會第三十六次常會。討論事項十六件。

8月30日，江蘇省黨務指導委員會民訓會召開重要會務會議，工作人員全體列席，主席滕固，記錄滕剛，開會如儀。(一)報告事項：主席報告上星期派赴各縣協助辦理甄選民衆團體整委者，約十人。未派各縣亦正紛紛舉行甄選，在省民衆團體成立以後，本會工作驟形緊張，將來各縣市的民衆團體，成立以後，當然更加忙碌。繼由秘書張志澄報告，此次出發各縣情形。次王柏春報告。(二)討論事項五則。

9月6日，《申報》刊登《革命民衆》第一期出版廣告，滕固撰寫發刊辭《何謂革命民衆》。該刊由江蘇省黨務指導委員會民衆訓練委員會編印，半月刊。

9月初，在上海飯店作短篇小説《甜味之夢裏的逐客》。刊11月1日出版《獅吼》(半月刊)復活號第九期。收入《外遇》時更名《逐客》。

《我們的話》："滕固，現任江蘇省黨部指導委員。上月三十日來滬，本月

四日晨車返寧。下期本刊當有一篇他最近做的小說。"(《獅吼》(半月刊)復活號第六期,1928 年 9 月 16 日)

9 月 12 日,出席江蘇省黨務指導委員會第四十一次常會。討論事項十件。

9 月 13 日,下午二時,滕固以省黨部代表身份出席在省政府大禮堂舉行之江蘇省農鑛廳合作社指導員養成所第一屆學員畢業禮,農鑛廳長何玉書主席及滕固致詞。

9 月 19 日,《申报》刊登《省委调查工整会》报道,涉及滕固前往無錫調查無錫總工會整理委員會常務委員矛盾事件。
　　《省委调查工整会》:"無錫總工會整理委員會常務委員馮琴泉、王民峯、毛祖鈞,指導科主任惠紀之,調查科主任陳祥春,日前同時提出辭職,支持會務者,僅有柳醒吾、謝青白兩委員。翌日即有絲紗麵粉等各職工會,先後電呈省縣指委會,對於五委員懇切挽留,歷時旬日,未有解決,而内部日益糾紛。省指委會特派組織部長滕固來錫調查眞相,滕到錫後,寓新世界旅社,先至縣指委會詳詢經過情形,午後三時許,各分工會已得到省委來錫調查消息,即分別開會,各推代表計共一百餘人,至新世界請見滕省委,請願挽留馮琴泉、王民峯、毛祖鈞、惠紀之、陳祥春等五委員,并聲明請願意旨。經滕省委允於赴甯後,將情報告省會,再行答復,在個人未便何表示,勸令各代表暫行散歸,各代表遂分別散歸,依舊繼續開會,僉以滕委員未有切實表示,認爲不能滿意,主張多推代表繼續請願。至六時後,滕省委在西城脚聚豐園晚餐,各分工會代表五六百人,繼續前往請願,滕仍勸各代表先行散回,詎各代表聲言須得到圓滿答復,方允散歸,至是滕省委乃當衆演說,謂諸君請願意旨,在個人不能擅作主張,當報告報會,必有滿意答復云云,語極懇摯,各代表方始分道散歸。"

9 月 23 日,作短篇小説《奇南香》。刊 10 月 16 日出版《獅吼》(半月刊)復活號第八期,署名滕固。
張水淇作致朋史信:
　　難得,昨天是星期日,我和若渠住的地方,不過幾十步路的相隔,但平日裏大家忙於做工,不大會見。昨天早上,他到我家裏來,夾夾雜雜的談了半天;忽然提起了那位"絶頂聰明的末朝女王",他發狂似的亂叫起來。留他吃飯,他也拒絶了,并且不快意地回他的寓居了。當晚我去看他,他已化了半天的時光,寫成這一篇《奇南香》。

那個女主人公,我也曾遇見一二面,的確值得讚美的!這篇文字,雖則潦草,我要抄他的話"剜挖了肝腎,找到了可以做永久紀念的禮物"來同情它。所以我搶來寄給你,希望你也不要輕視它!

聽說那位女主人公,現尚在上海,請你向黃中兄打聽些關於她的近況,以便供給若渠做材料。即祝

撰祺!

水淇　九,二四

按:該期《我們的話》欄目:"滕固的《奇南香》據水淇的信,可知實是得了極大的刺激後寫的,像他現在所處的環境,能有寫這篇文章的機會是不容易的。水淇的原信登在獅吼郵箱裏。"

9月26日,出席江蘇省黨務指導委員會第四十四次常會。討論事項十八件。

9月28日,《申報》刊登《革命民眾》第三期出版廣告,內有滕固作《從混戰到鬥爭》一文。

9月30日,出席江蘇省黨部第八次臨時會議。討論事項八件。

10月4日,出席江蘇省黨務指導委員會第四十五次常會。討論事項十四件。

10月5日,下午二時,蘇州總工會特開會歡迎省黨部委員滕固暨省府委員何民魂,前來爲吳縣黨指委王兆傑證婚。

10月7日,江蘇省黨部訓練部召集各縣訓練部長聯席會議,討論議案時,各縣訓練部長皆儘量發表意見,精神極其振作,并有省指委會民訓會常務委員滕固,於討論之前,出席報告省民訓會最近工作情形,及所感之困難。午後休息時間,舉行攝影。(參見1928年10月8日《中央日報》)

10月12日,上海《中央日報》刊登由常務委員滕固署名之《中國國民黨江蘇省黨務指導委員會民眾訓練委員會通告民字第十九號》。

《中國國民黨江蘇省黨務指導委員會民眾訓練委員會通告民字第十九號》:

"爲通告事,查江蘇省反日會籌備委員會自南通移寧後,以内部不健全,業經江蘇省黨務指導委員會第四十五次會議議決,另委凌龍孫、黄其起、周小溪、梁存仁、邱鶴年等五人爲該會籌備委員,並已由本會派員於十月四日將該會全部文卷先行接收在案,此後關於江蘇全省反日運動事宜,應俟新任籌備委員就職後負責處理,除由省黨務指導委員會函知全國反日會外特此通告。常務委員滕固。"

10月15日,由陳望道、馮三味、汪馥泉組織開設大江書鋪創辦的雜誌《大江月刊》出版。有魯迅、陳望道、茅盾、謝六逸、沈端先、胡仲持、馮三味、汪馥泉、滕固、汪静之、章鐵民、邱望湘、葉鼎洛、施存統、李平凡、趙景深、裘桂常、諸保時等數十人撰稿。(參見1928年10月28日《申報》)

10月17日,上午九時,出席江蘇省黨務指委會假省指委會大禮堂舉行宣誓典禮,到江蘇省政府、首都反日會、省農協、市農協、省工整、省青整等各機關代表數十人。開會如儀,首由主席倪弼報告省反日會產生之經過,并將反日工作分爲積極消極兩方面説明,極爲透澈。次由監督員汪寶瑄訓詞,説明反日二字的意義及其工作之要點,言辭頗爲沈痛。復次由省指委滕固訓詞,詳述改組前省反日會之原因,及今後反日工作之步驟。嗣由省政府代表余夫覺、首都反日會代表蔣明祺、省工整委代表張際高先後演説,最後由省反日會籌委黄其起代表答詞,至十一時半始攝影散會。

10月21日,出席江蘇省黨務指導委員會第四十九次常會。討論事項二十五件。

10月23日,出席江蘇省黨務指導委員會第五十次常會。討論事項包括"滕固提出審查漣水縣指委會呈轉高瑞瀛呈控王蔭庭等一案,摘譯案由,擬注辦法,請予察核案(決議)照辦"等多件。

10月27日,出席江蘇省黨務指導委員會第五十一次常會。
"江蘇省黨務指委會以訓政開始,新居初張,國本黨基,均待鞏固。該會委員汪寶瑄、倪弼、李壽雍、顧子揚、狄膺、滕固,曾於本星期一(22日:編者注)同赴中央,陳述一切,當由中央委員戴季陶氏接見,約談二小時許。戴氏對於該會建議各節，頗爲首肯，故於昨日中央開常會時，特囑該會代表列席報告一切，該會遂公推倪委員弼屆時前往。兹將該會陳述內容略誌如下：

（甲）報告事項分黨內與黨外的兩種，黨內的爲（一）過去黨務的缺點，（二）最近黨務的整理，（三）將來黨務的進展。黨外的爲（一）民衆團體的整理，（二）反動勢力的猖獗，（三）土豪劣紳的橫行，（四）貪官污吏的黑暗。

（乙）建議事項：一、尊重黨權提高黨的地位。二、集中人才充實黨的力量。三、增益黨費優待工作同志。四、慎選人材實現清明政治。五、嚴整民衆訓練。……

（丙）請求事項：一、確定區黨部區分部經費。二、規定民衆團體輔助費。三、嚴令政府尊重黨部，保護黨委及保障黨員。四、賦予黨部以剷除反動勢力及土豪劣紳之較高權利。五、嚴懲無錫鹽城武進等縣縣長。報告時間歷四十分鐘，中央各委員對之極爲重視，定有相當之解決也。"（1928年10月28日上海《中央日報》）

10月30日，作短篇小說《期待》。發表於12月15日《大江月刊》12月號（第3期），署名滕固。

秋，滕固著《訓政之理論與實際》（江蘇省黨部宣傳部叢書）由南京中央書局出版。該書介紹孫中山革命建設的三個步驟、訓政的創立及訓政時期方案等。

11月1日，《獅吼》復刊第九期刊登滕固著小說《酣味之夢裏的逐客》；另在《我們的話》介紹滕固到上海行蹤。

"這真是難得的機會，滕固忽然能抽空到上海來住一天，黃中也在上海，洵美還沒有到杭州去，維琪又暇著，世侯也巧好畫興勃發；一夕的暢談，便決定在第九期多加些篇幅，作一個將來《獅吼》獅吼的前兆。"

11月12日，江蘇省政府委員宣誓就職，戴季陶、胡漢民監誓。到鈕永建、張乃燕、何玉書、張壽鏞、繆斌、陳和銑、葉楚傖、王柏齡、陳輝德九人，吳藻華、顧祝同、錢大鈞皆未在京。（參見1928年11月13日《申報》）

11月16日，《獅吼》（半月刊）復活號第十期出版，介紹滕固寫作近況。

《金屋談話六則》：（四）滕固的夫人

什麼人都愛聽關於著作家的私事逸聞，那麼本節的題目惹人注意是不必説。滕先生自從擔任江蘇省黨部指導委員的職務以來，雖然對於文藝仍是一樣的努力，但終難免有時以公忙而無暇作文。但他生性懼內，夫人命，無不聽，因此一般熟悉這種情形的人，常向其夫人轉求文章，於是滕先生立刻一揮而就（當然是在他一剎那公餘之暇中）。近來動筆的是《大江》月刊所索的《期待》，與《獅吼》第十二期中的小説一篇，題目或者叫做"一個追記"，是滕先生第一次直寫的自白。我們於是不得不深感滕夫人的對於文藝的熱心。

（七）金屋書店的將來

邵洵美編金屋叢書，滕固編獅吼叢書，尚有小叢書的計劃，亦撥請邵滕二君擔任編輯。（略）

劉海粟歐行展覽會假西藏路甯波同鄉會爲會場，展出最近作品七十幅。其《蘭竹》一幅自題頗長，滕固題詩云："揮□忽寫湘妃怨，展紙空招屈子魂。胸有憂天愁萬斛，化將涕泗復何論。"

按：據柯定盦《記海粟去國展覽會》（1928 年 11 月 20 日《申報》）

11 月 17 日，出席中央黨部秘書處奉命召集蘇浙皖三省及京滬兩市黨指委談話。

"上午十時，中央黨部秘書處曾奉命召集蘇浙皖三省及京滬兩市黨指委談話，到蘇省指委滕固、顧學揚、周致遠、汪寶瑄、李壽雍，浙省指委許紹棣、周炳琳、葉朔中，皖省指委金維繫、劉眞如、羅兆修、陳訪先、賀揚靈、李蔚唐，京市指委邱河清、洪陸東、段錫朋、靳鴻聲、張厲生、劉季洪，滬市指委王延松、吳開先、劉蘅靜、許孝炎二十四人，由書記長王陸一偕同組織部秘書張道藩、余井塘，宣傳部秘書朱雪光招待各黨委，當將各本地黨務情況，詳爲報告，并提交呈請中央文件多種，王書記長接受後，允爲轉呈常會，再由常會決定日期，正式談話。散後由秘書處設宴成賢街教育館欸待。"（1928 年 11 月 18 日《申報》）

"江蘇省指委報告：（甲）工作，（一）選派各縣指委，其不稱職者已另行補充，現已開始第二次審查；（二）民衆團體已根據中央條例，成立整委會；（三）訓練班尚未辦；（其他已有書面報告）。（乙）困難，（一）各地土豪劣紳猖獗，阻礙黨務進行；（二）登記完畢，因無經費，下級黨部難以進行。又提出意見，經費問題請中央迅予設法。"（1928 年 11 月 22 日《申報》）

11月20日，晨九時，中央召集蘇浙皖京滬省市指委訓話，中委到有譚延闓、胡漢民、戴傳賢、孫科、何應欽、周啓剛、邵力子、王寵惠、陳果夫九人，指委到有蘇省狄膺、顧子揚、汪寶瑄、倪弼、滕固、李壽雍，浙省許紹棠、葉溯中、周炳琳、王漱芳，皖省羅兆修、金維繫、劉眞如、李蔚庚、賀揚靈、陳訪先，魯省葛覃，京市吳保豐、厲生、邱河清、洪陸東、陳劍翛、段錫朋、劉季洪、靳鶴聲，滬市王延松、許孝炎、劉蘅靜等。譚延闓致訓詞後，首由京市指委段錫朋報告，并希望兩點：㈠黨治在行使黨的權力，而黨的權力，必以極有組織極有紀律之方法表現之；㈡訓政必養成人民之能力，黨與民衆應發生密切之關係。次蘇省倪弼、滬市劉靜蘅、浙省周炳琳、皖省劉真如等均依次報告各該省市黨務情形及其意見，末由戴季陶、胡漢民訓話，對一七九次決議解釋頗詳，并希望各黨員對中央意思，須特別尊重與諒解，如有不明瞭者盡可呈請解釋，對各指委所要求各項，允轉中央於日内作書面答復，最後何應欽并有訓詞，至下午二時始散。

會後蘇省指委滕固、汪寶瑄赴江蘇民政廳晤繆斌，請撤換武進縣長，解散漣水商團。(參見1928年11月21日《申報》)

11月24日，出席江蘇省黨政第六次談話會，由葉楚傖主席，首由倪弼、繆斌等報告黨務工作，及實行蘇省訓政計劃，次由汪寶瑄請省府通令各縣，對黨部經費，應在地方公款支出項下，儘先撥付等案，繆斌、滕固、王柏齡等亦有提議，其中滕固提出：請省府對各縣政府解釋民衆運動。討論均極詳盡，并決由雙方提出常會，分別辦理。

12月1日，江蘇省黨務指導委員民訓會常務委員滕固偕同秘書一人蒞崑山縣視察黨務。

《獅吼》(半月刊)復活號第十一期出版，《我們的話》稱："有一個很好的消息，便是我們將用我們的全力去爲金屋月刊撰稿，但《獅吼》則不得不從第十二期後停刊，將來要是時間多的話再來。《金屋月刊》第一期准十八年一月一日出版。關於撰稿人名請可參閱本期金屋談話。""金屋談話"：《獅吼》半月刊從第二卷起，當改爲《金屋月刊》。撰稿者爲滕固、章克標、黃中、張水淇、方光燾、朱維琪、傅彥長、張若谷、邵洵美、滕剛、葉鼎洛、徐霞村、葉秋原、張嘉鑄、張嘉蕊女士、徐慰南、梁宗岱等。"

12月2日，午後一時，召集崑山縣各機關團體代表開談話會。出席者縣政府公安局、教育局、建設局、公安隊、縣中學等代表十餘人，主席陳品（縣指委），行禮如儀，主席報告省指委滕同志欲明瞭地方政治情形，故請諸位前來報告一切。主席報告畢，吳縣長、公安局長、建設局長相繼報告經過工作情況。次由滕固致詞，略謂頃聆各代表報告殊爲滿意，因我人衣食住三項，全取給於民衆，希望諸同志爲民衆謀利益、謀幸福，并謂各代表如對於黨部有不滿意的地方，希望提出報告。致詞畢，因無人提出，即宣告散會。

12月3日，江蘇省黨部執行委員滕固、倪弼、汪寶瑄、李壽雍分道出發赴各縣視察黨務。上午九時，滕固在昆山縣指導委員會召集全體黨員談話會。首由滕固出席紀念週次談話會，縣指會陳品主席，行禮如儀，主席介紹黨員與滕固相見後，由滕固報告中央召集各省市黨務指導委員談話會經過情形及對於革命理論提問進行了詳細解說，至十一時高呼口號而散。下午五時，滕固乘車往南翔再轉赴嘉定視察。

北平《河北週刊》1928年20期刊發消息："蘇省黨務指委汪寶瑄、滕固、李壽雍、倪弼等分區視察各縣黨務及民衆運動狀況以樹立黨的基礎。"

12月4日，上午十一時，同楊放視察嘉定縣。下午二時，參加該縣指導委員會召集的歡迎會。縣指會以民運未發表前之救濟辦法爲請，滕固面囑先委保管員，以維持現狀，計劃進行。

12月5日，上午九時，在嘉定縣召集縣指導委員談話會，勉勵各同志振作努力。繼開黨員談話會，答復黨員們發表的意見。

12月8日，在上海旅社作短篇小説《獨輪車的遭遇》。1929年1月1日發表於《金屋月刊》第1卷第1期。

12月15日，《申報》刊登《蘇省黨部催四委回京》消息："蘇省指委會因中央一八七次會議之第三次全國代表大會選舉法第五條，有各省或特別是執行委員會或指委會應於十八年一月一日起通告所屬各區分部開始辦理初選，惟須先行呈報中央核准之規定，須於月內準備一切，已分別電催出外視察之四委務於二十日以前會回，開始籌備。"

12月17日，視察松江縣黨務工作，演講黨務進行方法。

"上午，江蘇省黨務指導委員滕固抵松江縣，即赴縣指委會，與各指委開談話會，演講黨務進行方法，并解釋各指委提出之困難問題，歷時約二小時。繼召集各機關代表開談話會，到金慶章縣長暨各機關代表十餘人。金縣長以次均報告各該機關工作狀況，經滕委員指導解釋。滕氏此來攜有發表本縣工商整理委員張夢醒等委任狀六份，即由民訓會召集各整委，於晚七時舉行宣誓就職典禮，行禮如儀，滕委員監誓，并致訓詞。縣指委張小通、金縣長等演說，整委推楊天鐸致謝詞。"（1928年12月19日《申報》）

12月18日，上午九時，松江縣召集黨員大會歡迎滕固，并聆受訓話。

12月20日，作短篇小說《外遇》。1929年2月1日發表於《金屋月刊》第1卷第2期。

12月26日，江蘇省指導委員第一期往各縣視察工作結束，返回南京，參加籌備江蘇省各縣代表大會代表選舉工作。蘇省黨務指委會通電，擁護編遣會議，有"本黨武力爲救國救民始者，即應使本黨武力，爲救國救民終"等語。

是年，《海角》叢刊創刊，余世鵬編輯，海角社出版，南京書店發行，僅出1期。該刊爲文藝刊物，撰稿人除編者外有凱西、耕石、伍夢蓮、陳受康、汪錫鵬、虞孫等，滕固《從高爾基的六十歲說到中國文藝》發表於創刊號。

《海角》創刊號

1929 年　己巳　民國十八年　二十九歲

1月1日，邵洵美、章克標主編《金屋月刊》第一期出版，此係《獅吼》（半月刊）復活號之延續。但出版時間經常延期。於1930年9月出至1卷12期後停刊。至此，獅吼社基本停止了活動。

1月5日，參加江蘇省黨部執行委員第二期視察工作。前往蘇常一帶各縣，參觀指導縣執監省代表全國代表選舉事宜。

《蘇省指委會第二期視察》："[南京]蘇省黨指委會委員第二期視察，定五日出發。倪弼往通海，滕固往蘇常，李壽雍往淮揚，汪寶瑄往徐海，此行并參觀縣執監省代表全國代表選舉事宜。（四日下午十鐘）"（1929年1月5日《申報》）

《蘇省代表大會積極籌備》："蘇省指委會組織部以第三次全國代表大會舉行在即，省縣正式黨部亟應早日成立，以便進行一切，故特決定一月五日至十五日，爲各縣代表大會代表選舉大會，省代表大會初選代表選舉大會，第三次全國代表大會初選代表大會舉行日期。一月十六日至二十五日，爲縣執監委員選舉大會，省代表大會代表選舉大會，第三次全國代表大會第一次復選代表選舉大會舉行日期。監選人員。除由指導委員倪弼、滕固、李壽雍、汪寶瑄分區擔任外，并由組織部派六人，宣傳部訓練部民訓會各派五人，秘書處二人助理之。其分區如左：第一區，第一組吳縣上海；第二組啓東海門；第三組南通如皋；第四組泰興靖江江陰；第五組揚中鎮江；第六組高淳溧水；第七組句容江浦江寧。第二區，第一組崇明寶山川沙；第二組南匯金山松江；第三組青浦奉賢；第四組常熟吳江；第五組無錫武進；第六組溧陽宜興；第七組丹陽金壇；第八組太倉嘉定崑山。第三區，第一組江都泰縣東台；第二組興化鹽城阜寧；第三組淮陰淮安；第四組寶應高郵；第五組儀徵六合；第六組漣水泗陽。第四區，第一組宿遷睢寧；第二組沭陽灌雲；第三組贛榆東海；第四組蕭縣邳縣；第五組銅山碭山；第六組豐縣沛縣。"（1929年1月6日《申報》）

1月8日，省黨務指導委員滕固晚蒞溧陽視察。

《省指委蒞溧視察》："省黨務指導委員滕固，昨晚（八日）蒞溧視察。今日上午[二]時，召集城市全體黨員在縣黨部訓話。各黨員臨時提出重要黨務問題甚多，經滕委員均一一解釋。"（1929年1月12日《申報》）

1929年 己巳 民國十八年 二十九歲 205

1月10日，江蘇省黨部執委會對各縣初、復選省代表大會及全國代表大會分別派人進行指導，滕固負責第二區監選工作。

《蘇省各縣趕辦選舉》："蘇省指委會對各縣執監委員，省代表大會全國代表大會之初選復選，均定本月二十五日以前分四區同時舉行，刻派定黃文初等為一區監選員，由倪弼領導。賀其燊等為二區監選員，由滕固領導。米堅白為三區監選員，由李壽雍領導，滕仰文等為四區監選員，由汪寶瑄領導。（九日下午十鐘）"（1929年1月11日《申報》）

1月12日，出席武進縣黨部代表大會，并訓辭：對於武進以往黨務之錯誤，及朱縣長之顢頇，深致不滿。

《縣黨部之代表大會》："武邑縣黨部代表大會，於十二日上午舉行開幕典禮。下午選舉候補執監委員。上午開會時，先推主席團，計張淵揚、吳和鈴、張璞堂、蘇鴻銓、孫士偉五人當選，并由主席團推定張璞堂為主席。開會一切如儀後，由主席報告開會宗旨。次者黨部所派監視員滕固訓辭，對於武進以往黨務之錯誤，及朱縣長之顢頇，深致不滿。最後縣指委及各機關代表致辭。旋即攝影散會。[下略]"（1929年1月24日《申報》）

省指導委員滕固在丹陽縣視察黨務工作，召集各機關代表在縣指導委員會開談話會。（1929年1月13日《申報》）

1月15日，在無錫縣視察黨務工作，召集各機關代表在縣指導委員會禮堂開談話會，并出席監選該縣執行委員候選人。

1月18日，出席無錫縣黨部召開全縣代表大會，并致訓詞。

《國民黨無錫全縣代表大會》："中國國[民]黨無錫縣黨部，於昨日（十八）上午十時，開全縣代表大會，出席代表四十餘人，公推徐赤子、周鳳甸、莫義樂為主席團，行禮如儀。蘇民政廳長繆斌，暨監選員滕固，先後各致重要訓詞。下午一時起，開縣代表初選大會，選舉結果：史漢清、周鳳鏡、徐赤子、楊召伯、胡彬、何續友、姚鴻治、鄭武旌、孫君修、陸士銘、劉行之、張銘、繆鈺、張子勤、胡念倩、張杰藎、強化民、馮文光、沈濟之、馮君毅、華鴻毅當選為候補執行委員。胡相蓀、張錫昌、陳炎公、吳善樂、蘇渭賓、楊昌學、薛瑞章、錢君斅、錢允中當選為監察委員。史漢清、姚鴻治、周鳳鏡當選為省代表。張錫昌、蘇渭賓當選為團[國]代表，選畢散會。"（1929年1月20日《申報》）

1月25日，參加監選縣黨部選舉復選省代表大會，結束後返回南京。

《縣黨部選舉省代表》："武邑縣黨部，於二十五日上午，舉行省選復選大會，各區分部，當選省選代表，挨次入府後，由省指委滕固監視。旋即散票，結果張淵揚、王建今、王章、于懷忠、王振先、孫有光、吳和鈴、王祖燮、黃公望、高梓才、蘇鴻銓、謝應徵等十二人當選。最後將當選人開明呈報省黨務指導委員會圈定。省指委滕固，亦即回京。"（1929年1月27日《申報》）

1月28日，江蘇省執委會第六十八次常會，議決舉行省代表大會事宜，票選狄膺、汪寶瑄、滕固為省代表資格審查委員會委員。

《蘇省執委會常會》："（南京）蘇省指委會六八次常會，決議要案：㈠省代表定二月五日以前報到，八日舉行省代表大會。全國代表定五日以前，函送當選證書報到。㈡票選狄膺、汪寶瑄、滕固為省代表資格審查委員會委員。㈢推祁錫勇為省代表大會秘書，劉漱石為文書科主任，張瀛曾為事務科主任。㈣各縣執監委員選舉，定三十一日截止。省代表大會二月二日截止。（十二二十八日下午十鐘）"（1929年1月29日《申報》）

約1月，《革命的江蘇》周刊（江蘇）1929，No.1刊登滕固講辭。

2月4日，江蘇省政府開始遷鎮江，18日起全部在鎮江辦公。

2月12日，出席江蘇省代表大會第六次會議，主席張修首，汪寶瑄報告指委會工作，計分七個時期。次倪弼、李壽雍、顧子揚、滕固等相繼報告各該部會工作經過。午後續開第七次會議，主席狄膺。

《蘇省代表大會》："（南京）蘇全省代表大會，十二日六次大會，出席百零二人。主席張修首，汪寶瑄報告指委會工作，計分為七個時期。次倪弼、李壽雍、顧子揚、滕固等，相繼報告各該部會工作經過。午後續開七次會，出席百二十人。主席狄膺。（一）確定下級黨部經費并指定的款案。決議：（一）關於經費之來源數量，交議案審委會。（二）用大會名義，函省縣政府對各縣區分部區黨部經費，切實照撥。（二）下級黨部工作人員，應增加生活費案。決議：交省執委會酌辦。（十二日下午十鐘）"（1929年2月13日《申報》）

2月14日，出席江蘇省代表大會選舉執監委會議，史漢清主席，中組部派黃宇人、鈕師愈監選，投票畢，當場將票匭加封，移至中央黨部開票，各代表均蒞場監視，結果汪寶瑄、滕固、倪弱、顧子揚等當選爲執委候選人。

《蘇代表會選出執監》："(南京)蘇省代表大會，十四日上午舉行選舉大會。出席代表百四十六人，史漢清主席。中組部派黃宇人、鈕師愈監選。投票畢，當場將票匭加封，移至中央黨部開票，各代表均蒞場監視，結果汪寶瑄、滕固、倪弱、顧子揚、周傑人、朱堅白、王建今、葛建時、王公璵、方元民、巫寶三、陳石泉、陳康和、賀其燊、祝平、滕仰支、葉楚傖、陳秋實、洪爲法、史漢清、江康黎、周厚鈞、祁錫勇、孫伯文、蔣達秋、張修、婁子明、楊宗炯當選爲執委候選人。李壽雍、余井塘、武葆岑、沈德仁、駱繼綱、張淵揚、周紹成、周履直、張志澄、盧印泉、張炎、段本貞、喬公鋒、吳保豐、李先良爲監委候選人。又大會定十五日上午繼續舉行，十八日行閉會禮。(十四日下午十鐘)"(1929年2月15日《申報》)

2月22日，出席江蘇省黨務指導委員會第七十三次常會。討論事項十件。

2月28日，中央常務第二〇一次會議舉行，到于右任、蔣中正、譚延闓，列席繆斌、邵力子、何應欽、周啓剛、恩克巴圖、葉楚傖、蔡元培、陳果夫，主席蔣中正。討論事項多件，其中第三項：中組部提議，請圈定蘇省執委案。決議，圈定汪寶瑄、滕固、倪弱、顧子揚、周傑人、朱堅白、葛建時、葉楚傖、祁錫勇九人爲蘇省黨部執委。周厚鈞、賀其燊、王建今、祝平、張修五人爲候補執委。

江蘇省黨部復選第三次全國代表大會代表，滕固以三十六票并列第一名當選候選人，由秘書處呈報中央。

《蘇省執委會補選國代表》："(南京)蘇省指委會二十八日二次補選國代表，中組部派牟震東、鈕師愈監選。結果，選出倪弱、滕固、祁錫男、汪寶瑄、葉楚傖、李壽雍、顧子揚、王伯齡、葉秀峯、劉季洪、周傑人、鈕永建、陳石泉、易培基、朱文中、陳立夫、孫伯文、金家鳳十八人。(二十八日下午八鐘)"(1929年3月1日《申報》)

《蘇省昨選出出席三全大會代表》："下午二時，蘇省黨部復選第三次全國代表大會代表會場在蘇指委會大禮堂，布置簡潔，中央組織部派鈕師愈、牟振東爲監選員，由出席代表公推張際高爲主席，行禮如儀，首由主席報告開會宗旨，繼出狄膺代表資格審查委員會報告審查經過，及中央監選員致詞畢，即散票選舉，結果：倪弱三十六票，滕固三十六票，祁錫勇二十九票，汪寶瑄二十八票,葉楚傖二十八票,李壽雍二十七票,顧子揚二十七票,王柏齡二十七票,葉秀峰二十五票,劉季洪二十三票,周傑人二十一票,鈕永健十九票,陳石泉十七票,易培基十七票,朱文中十七票,陳立夫十六票,孫柏文十六票,金家鳳十六票,共十八人,爲當選候選人,已由省指委會秘書處,呈報中央,想不日即可圈定云。"(1929年3月1日南京《中央日報》)

2月,作短篇小說《訣別》,發表於4月《金屋月刊》第1卷第4期。

3月1日,出席并主持江蘇省黨務指導委員會第七十五次常會。討論事項:(一)本會結束事宜,決定下星期一(四日)停止辦公,限於五日内結束完畢。(二)組織部提出常熟執監委員候選人名單,請圈定案,決議,圈定。(三)編訂江蘇省黨部指導委員會工作總報告。其餘討論事項在四十案以上。

3月5日,南京《中央日報》刊登《中央二〇二次常會》報導:中央昨日舉行第二百零二次常會,出席委員:于右任、胡漢民、譚延闓、孫科、蔣中正;列席者,蕭佛成、陳肇英、白雲悌、恩克巴圖、葉楚傖、陳果夫。主席于右任。議決要案中:(一)圈定江蘇省出席第三次全國代表大會代表案,決議:圈定葉秀峰、李壽雍、王柏齡、顧子揚、葉楚傖、汪寶瑄、倪弼、陳立夫、鈕永建九人,爲江蘇省出席第三次全國代表大會代表。[下略]

"江蘇省黨部歷來是CC派和其他各派爭奪最激烈的地方之一,這次清洗,CC派採取的手段也以江蘇最爲激烈。

江蘇省國民黨指導委員會共有指導委員7人,他們是葉楚傖、顧子揚、李壽雍、江寶煊、滕固、倪弼、鄭悌。這7個人的分工:葉楚傖、汪寶煊[瑄]、倪弼擔任黨務委員,鄭悌擔任組織部長,李壽雍擔任宣傳部長,顧子揚擔任訓練部長,滕固擔任民衆運動指導委員會主任委員。在這7人中,葉楚傖是老資格,在南京國民黨中央擔負要職,并不過問江蘇黨務,祇是掛名;倪弼、鄭悌是黃埔出身,滕固屬汪精衛改組派,李壽雍、江寶煊是二陳嫡系。鄭悌辭職後,組織部長由倪弼兼,剩下的六人很快就陷入互相傾軋的境地。

首先是在考選各縣指導委員上,他們都想安置私人,培植勢力,所以每次開會通過各縣指導委員人選時,往往各執一辭,互相指責。李壽雍、江寶煊[瑄]取得二陳的信任後,便密謀利用國民黨中央組織部的支援,組織小組織,直接和各縣指導委員聯繫,力圖將葉楚傖、倪弼、滕固、顧子揚四人全部架空。

1929年國民黨三代江蘇代表的產生由國民黨中央組織部圈定。當召開江蘇省國民黨代表大會時,CC派占了代表總數的大部分,擁有超過半數的各縣代表。CC分子躍躍欲試,大有操縱大會的趨勢。CC派咄咄逼人的攻勢迫使非CC派的人化解了矛盾。倪弼、顧子揚、滕固等看到自己都有落選的危險,於是聯合起來,拉攏所有的不屬於CC派的代表,組成聯盟,共同對抗CC派。就是這樣,倪弼、顧子揚、滕固三人還是怕自己落選,於是向陳果夫打報告,反對黨內的小組織。倪弼、顧子揚、滕固不知江蘇的小組織本爲陳果夫控制,爲陳果夫一手操辦,但此時蔣介石、陳果夫正爲代表產生問題和汪精衛派、丁惟汾的大同盟鬧得不可開交,不想將三人逼上絕路,再引起江蘇的爭端。陳果夫被迫妥協,允許江蘇選出加倍的人數,由國民黨中央圈定。這樣,除CC派提出了一個名單外,反CC派聯盟也提出了融各派於一體的大雜燴名單。不管名單怎樣提,最後圈定權在國民黨中央。最後國民黨中央圈定發表的名單當然是由CC派佔優勢,李壽雍、汪寶煊[瑄]、周傑人、朱堅白、周紹成、祁錫勇、武葆岑等CC分子,都順利地做了國民黨江蘇省黨部執監委員。省執行委員會的各職能部門諸如秘書處、會計、庶務、文書等部門,統統爲CC分子包攬,反CC各派,僅僅分得宣傳、訓練兩部。於是自此以後,每次開會都會形成兩種互相對立的意見,雙方爭吵、叫罵、拍桌子、退席直至互甩茶杯,大打出手。不管什麼議案,都要大吵大鬧一番。"(李西岳、蘇學文著:《陳氏家族全傳》,北京:中國文史出版社,1998年)

3月11日,參加江蘇省黨部執監委員在中央黨部行宣誓就職典禮。

《蘇省黨部昨宣誓就職》:"江蘇省黨部執監委員,昨(十一日)上午十時半,在中央黨部行宣誓就職典禮,到中央監誓代表陳果夫,江蘇省黨部執行委員葉楚傖、汪寶瑄、滕固、倪弼、顧子揚、周傑人、朱堅白、葛建時、祁錫勇、監察委員余井塘、李壽雍、周紹成、段木貞、吳保豐,暨來賓胡漢民、狄膺等五百餘人,中央監委與蘇省黨部執監委員,分別就位後,繼由蘇省執監委員葉楚傖、李壽雍等,一體宣誓,次中央監誓黨部陳果夫訓詞云:江蘇執監委員諸位同志,今日在此就職,有前已在蘇省指委會工作者,亦有此次被選後,始來蘇任事者,宣誓以後,務使團結一致,勿稍渙散,溯在指委會時期所有工作,如在前月代表大會中,所表現者多屬不滿人意,即希望嗣後努力指導,以期美滿,向者各同志中往往以系別相抨擊,詎知同志不宜以派別攻人,亦不宜以派別自居,應共團結,以增加黨的力量,現計蘇省黨員共衹一萬餘人,往日重在組織，嗣後重在訓練，將來必使黨員足爲民足表率，而後可以勝領導之任，諸同志就職後，第一次會議，即將分配工作，實則常委部長等，均負偏勞之責，其餘各委，亦應隨時襄助，宜視爲義務，而不宜視爲權利云云。最後由蘇執監委員代表葉楚傖答詞云：同人等敬承中央監委訓詞，自應負責工作，適聞監委指示往事，勉勵將來，同人等原任指委者，固願繩愆糾謬，即新到會者，亦願受中央之指導，努力工作，敬以十二分的誠意。服從中央，因省黨部居中央與各縣區黨部之間，省能服從中央，則省以下之各級黨部，亦必能服從省黨部，省黨部對中央如何，則各縣區黨部對省黨部如何，倘省黨部而不服從中央，則上不通下不行，而獲罪於全省黨員者大矣，故同人等敬當以服從中央之精神，指導各級黨部云云。至十一時二十分散會。聞蘇省執監委員就職後，商定於今日（十二日）舉行談話會一次，以便決定正式會議之日期及其他先決事項云。"（1929年3月12日南京《中央日報》）

汪精衛聯合陳公博、顧孟餘、柏文蔚、王法勤等14人聯名發表了《關於最近黨務政治宣言》，反對國民黨第三次全國代表大會的召開。

3月12日，江蘇省黨部執監委員舉行談話會，決定正式會議日期及其他先決事項。

3月14日，江蘇省黨部召開第一次執委會，計到執行委員葉楚傖、倪弼、朱堅白、葛建時、顧子揚、周傑人、汪寶瑄、滕固、祁錫勇，候補執行委員賀其燊、周厚鈞、王建今、祝平，公推葉楚傖主席，滕固記錄，開會如儀。報告事項：（一）祁錫勇報告招待本省出席三全大會代表情形。（二）倪弼報告到鎮江參加江蘇省造林大會情形。討論事項：（一）分配工作，應採何種方式案，（決議）採用票選聯選雙記名，分五次選舉，1.常務，2.組織，3.宣傳，4.訓練，5.民眾訓練委員會。（二）選舉結果，祁錫勇、葉楚傖、周傑人當選爲常務委員，顧子揚爲組織部長，滕固爲宣傳部長，汪寶瑄爲訓練部長，倪弼、朱堅白爲民眾訓練委員會委員，顧子揚爲常務委員。（三）通電擁護第三次全國代表大會案，（決議）交宣傳部辦理。（四）規定常會日期案，（決議）每星期二五下午二時。（五）接收日期案，（決議）由各處部會自定日期。（六）任用工作人員案，（決議）先由各處部會提出，暫予試用三星期。(《江蘇黨務》1929年第1期）

1929年　己巳　民國十八年　二十九歲　211

《中央日報》刊登滕固從事江蘇省黨務工作報道

江蘇省執行委員會民眾訓練委員會第一次會議，出席委員滕固、朱堅白、汪寶瑄、顧子揚、倪彌，主席顧子揚，記錄滕固。通過議案三件。(《江蘇黨務》1929年第2期)

《蘇省黨部首次會議》："(南京)蘇省黨部執委會十四日開第一次會議，(一)選舉祁錫勇、葉楚傖、周傑人為常委，顧子揚組織部長，滕固宣傳部長，汪寶瑄訓練部長。倪彌、朱堅白，民眾訓練委員會委員。顧子揚為常委。(二)通電擁護三全會。(十四日下午十鐘)"(1929年3月15日《申報》)

3月15日，國民黨第三次全國代表大會在南京召開。

下午二時，滕固出席江蘇省黨部執行委員會召開第二次常會，通過擁護三全大會通電及任用各部處會工作人員名單、顧子揚滕固提出請將無錫公會整委謝青白張銘停職案。

出席江蘇省執行委員會民眾訓練委員會第二次會議，擔任記錄。討論提出職員分配事項。

3月19日，出席江蘇省黨部執行委員會召開第三次常會，報告事項十五件，討論事項包括"通告本省下級黨部加緊工作、起草開始工作告全省同志書、將擬定各縣執委會工作計劃"等三十八件。

3月20日，出席江蘇省執行委員會民衆訓練委員會第三次會議。

3月22日，出席江蘇省黨部執行委員會召開第四次常會，報告事項十三件，討論事項包括"通過本會辦事細則、籌辦江蘇黨務週刊"等三十三件。

3月26日，出席江蘇省黨部執行委員會召開第五次常會，報告事項五件，討論事項四十九件。其中第三十一件爲組織部提出請推定復審補行登記表委員案，決議推定顧子揚、汪寶瑄、朱堅白、滕固、周厚鈞五委員審查。

3月27日，出席江蘇省執行委員會民衆訓練委員會第四次會議，討論事項二十六件。

3月30日，出席江蘇省黨部執行委員會召開第一次臨時會，討論事項九件。又臨時動議，呈請中央取消大學區制并將中大校長張乃燕撤職嚴辦案，決議通過。

3月31日，出席無錫中央大學區立民衆教育院及勞農學院舉行開學季新校舍落成典禮，并發表演説。
《民衆勞農兩院已開學》："無錫中央大學區立民衆教育院及勞農學院，於三月三十一日舉行開學及新校舍落成典禮。各處來賓有省黨部執行委員滕固、江蘇省政府代表鄭乃奇、農鑛廳廳長代表祁崙捷、中大代表張衡、無錫縣黨部代表史漢清、教育農業各專家有江問漁、孟憲承、錢天鶴等及當地黨政學農工商各界二百數十人。上午十時開會，行禮如儀。主席致開會詞，院務報告，來賓訓詞，院長答詞。攝影。遊藝。禮成。來賓滕固、史漢清、鄭乃奇、祁崙捷、張衡、江問漁、孟憲承、錢天鶴等，均有演説。下午遊藝，至晚七時方竣。"（1929年4月4日《申報》）

4月1日，在上海與傅彦長相遇。
傅彦長日記："到新雅小坐，同往者周大融。遇滕固、趙梅伯等"。（傅彦長日記,張偉整理,《現代中文學刊》2015年8期。)

4月6日,出席江蘇省黨部執行委員會召開第八次常會,討論事項包括"決議增加各下級黨部經費"等九件。

4月9日,出席江蘇省黨部執行委員會召開第九次常會,討論事項包括"秘書處辦事細則修正通過、各縣執監委不得擅離職守、葉楚傖再請辭常委仍慰留"等十四件。

4月12日,出席江蘇省黨部執行委員會召開第十次常會,討論事項包括"函省府照撥原定遷移等費三萬元"等十二件。

4月16日,出席江蘇省黨部執行委員會召開第十一次常會,討論事項包括"省代表大會交下各要案分別辦理、下級黨部選舉條例細則等交審查"等多件。

4月19日,出席江蘇省黨部執行委員會召開第十二次常會,討論事項十八件。

4月20日,作短篇小説《鵝蛋臉》,發表於《金屋月刊》第1卷第8期。

4月23日,出席江蘇省黨部執行委員會召開第十三次常會,討論事項包括"定本月三十日開始遷往鎮江、葉楚傖三請辭常委照準、票選朱堅白繼任爲常務委員"等八件。

4月24日,江蘇省黨部全體職員前往中山陵參謁。作遷移鎮江新省會前的辭別。

4月25日,江蘇省黨部召開臨時會,討論分配工作。葉楚傖主席,推定滕固、周傑人、汪寶瑄爲常委。
《蘇省黨部昨開臨時會》:"(南京)蘇省黨部二十五晨開臨時會,葉楚傖主席。中央派戴季陶到會訓話,勉勵各工作人員,親愛團結,進行黨務工作。旋討論分配工作,結果推定滕固、周傑人、汪寶瑄爲常委,祁錫魯[勇]組織,葛廷[建]時宣傳,顧子揚訓練。(二十五日專電)"(1929年4月26日《申報》)

4月26日，江蘇省黨部停止辦公。

4月30日，江蘇省黨部遷往鎮江。各項器物租用商輪由水路運輸。明成中學爲辦公地點，原有大倉園部址，讓與國民革命軍遺族學校。

5月3日，中央黨部通告各機關各團體舉行五三週年紀念，由主管長官報告演說。滕固在鎮江主持江蘇省會各界舉行之五三慘案紀念大會，報告五三慘案經過。到有各機關各學校及民衆萬餘人。隨後又出席鎮江各界歡迎省黨部大會并致詞，略云：今天在各界爲歡迎敝同人，但在敝同人實在要歡迎省會民衆，因爲我們監督政府的權柄，是三千萬蘇民賦予的；我們建設新江蘇的力量，是要三千萬蘇民幫助的。

《濟南慘案週年紀念》："（鎮江）省會各界昨晨在公共體育場，舉行五三慘案紀念大會。滕固主席，到有各機關各學校，及民衆萬餘人。（三日專電）"（1929年5月4日《申報》）

《鎮江快信》："鎮江各界於昨日上午九時，在公共體育場開五三慘案週年紀念會。到有省黨部、省政府及各廳、縣黨部、縣政府及各學校、各團體，約共有一萬餘人。由省黨部委員滕固主席，行禮如儀，并讀祭文，獻花圈，始由主席報告五三慘案經過。次由何廳長、繆廳長及縣黨部委員鎮江縣縣長等相繼演說，至十一時始散。"（《申報》）

《鎮江各界歡迎省黨部》："鎮江通信，省黨部遷鎮，今日各界假公共體育場開歡迎會。主席團省府何委員、商會、縣政府、縣黨部等，參與團體二十餘家。省黨部到執監委員祁錫勇、滕固、武葆岑、顧子揚等二十餘人。開會行禮如儀，縣黨部常務委員陳斯伯致開會詞，略謂今天我們各界歡迎省黨部到鎮，不是爲同人家搬場，送一副吉利對聯，就算了事，是歡迎黨部，領導全省民衆，來實現民治的。次農廳長何玉書演說略謂：我們盼望省黨部來鎮好久了，因爲省政府做事，沒有黨部監督指導，總覺得有點不便。政府是件機器，省黨部是原動力，以前各部分做事，不免有些歧形現象，現在好了，以前不大動的現在動了；以前走得不快的，現在可以走快了；以前不得法的，現在可以得法了。次商會胡健春演說略謂：我們民衆痛苦，當然是望省黨部來除，但我們民衆，不自動而依賴黨部自動，甚至黨部雖領導自動，而我們民衆仍是不動，那就更糟了。次省報聯會程太阿演說略謂：從前民衆有痛苦，不能一一到臺上來訴諸黨部，希望以後民衆得從容陳其苦狀，而次第爲民建設解除。次由縣黨部楊植之委員，説明本縣黨部組織不健全，政治很沈悶，報紙不敢言，望省黨部有以矯正。次由省黨部常務委員祁錫勇答詞，略謂：本黨部在江蘇服務兩年，没有成績,是很慚愧的。但革命是曲綫進行的,進一步有一步障礙,得各界勉勵,當格外努力。次由宣傳部滕固部長致詞,略云:今天在各界爲歡迎敝同人,但在敝同人實在要歡迎省會民衆,因爲我們監督政府的權柄,是三千萬蘇民賦予的;我們建設新江蘇的力量,是要三千萬蘇民幫助的。散會攝影已午後一時。"(1929年5月5日《申報》)

5月9日,出席鎮江各界舉行五九國恥紀念大会并发表演说,略谓:日本對於侵略我們中國的陰謀,無所不用其極,須刻刻提防着。我們一方面抵制日貨,經濟絕交;一方面發展國內產業,以開富源。

《鎮江各界舉行五九國恥紀念》:"江蘇省黨部,今日(九日)上午十時,在鎮江公共體育場,召集省會各界,舉行五九國恥紀念大會。到省縣兩黨部全體工作人員,省府各廳處會所職員,縣屬各機關團體,暨駐鎮警隊,各界民衆等,共萬餘人。由省黨部汪寶暄[瑄]主席,汪演說謂:五九五三兩紀念,均爲日帝國主義摧殘國民革命所演成,現在山東日兵雖撤,外交空氣,亦趨和緩,然此非日帝國主義者誠意退讓,乃日當局另易一種侵略方針,我們無論如何,不可受其欺騙,須旋刻不忘最大仇敵者是日本。我們目前的武力財力,均不足與日帝國主義者抗衡,我們唯有繼續實行經濟絕交,以制日本死命,因爲經濟勝過武力。次顧子揚演說謂:我們要雪恥,須繼續革命,大家本着良心,不販買日貨。次滕固演說:謂日本對於侵略我們中國的陰謀,無所不用其極,須刻刻提防着。我們一方面抵制日貨,經濟絕交;一方面發展國內產業,以開富源。次省府委員何玉書演說,希望民衆注意二點。(一)認清日帝國主義是我們唯一的敵人,(二)在三民主義領導之下,努力革命。繼有各團體及民衆等演說,詞長從略。十二時散會。"(1929年5月10日《申報》)

5月13日,出席江蘇省黨部首次執監委員談話會,討論事項六件。

5月15日,出席江蘇省黨部執行委員會第十七次常會,討論事項包括"轉呈中央優恤鄒容撥款建墓、請省府令制止各縣田主加租"等件。

5月18日,主持召開江蘇省黨部執行委員會宣傳部第六次部務會議。議決要案如下:一,本部工作緊張,各科應迅照本部工作綱領,另定計劃,并規定實施程式以利進行案,決議,通知各科照辦。二,請各科登記經辦工作以便稽考案,決議,通知各科照辦。三,改良繕貼標語辦法案,決議,由編審科擬定標語,交負責同志繕寫後,交由總務科發貼。四,撰擬每週宣傳要點分發下級黨部案，決議，交指導科辦理。五，編制五月紀念冊及他種小冊子表解案，決議，交變深刻辦理。六，總理奉安應如何宣傳案，決議，交變深刻撰擬宣傳品，指導科制定省會紀念辦法。七，定期編制壁報案，決議，交編審科擬定辦法。八，定期出版刊物案，決議，交編輯委員會辦理。

江蘇省黨部執行委員會第十八次常會上，臨時動議其一：鎮江執委兼反日會常委錢鍾瑞受賄嫌疑一案，業經滕周兩委員調查報告，應如何處理案，決議：一，錢鍾瑞撤職并交監委會議處，二，檢全卷送交地方法院。

5月25日，出席江蘇省黨政第一次談話會，決議事項十五件，其中：（一）決定各縣縣政府黨政談話會，改名爲某縣黨政談話會。詳細辦法，推祁錫勇、滕固、繆斌、王柏齡起草，由祁錫勇召集。（十三）組織江蘇省訓政問題討論會案。決定推滕固、朱堅白、何玉書、陳和銑起草條例，由滕固召集，提下次談話會討論。

《蘇省黨政第一次談話會》："蘇省黨政兩方，昨日（二十五）在省黨部，開第一次談話會。省黨部出席委員祁錫勇、朱堅白、周傑人、李壽雍、顧子揚、倪弼、滕固、周紹成、周厚鈞、武葆岑。省政府出席委員繆斌、何玉書、王柏齡、陳和銑、張乃燕，主席李壽雍。決定重要事項如下：（一）決定各縣縣政府黨政談話會，改名爲某縣黨政談話會。詳細辦法，推祁錫勇、滕固、繆斌、王柏齡起草，由祁錫勇召集。（二）各縣縣黨部先後呈請省黨部，轉咨省府，取消附加每畝一角之公安捐案。決定（一）由省黨部令復，附加每畝一角之公安捐，省府并無通令。（二）通知財政廳，將各縣地畝確數，每畝正附稅項目數額，及每畝假定地價，向省黨部及政府負責公布。（三）各縣公安經費，由省府參考本次談話會意見，通盤籌劃。（三）省民衆團體整理委員會經費，如何撥給案。決定由省黨部按實際之需要，造具預算，咨省府撥給。（四）決定川沙崇明兩縣黨部經費特別困難，由省黨部咨省府，在省款項下照撥。（五）各縣黨部經費，在中央尚未批准新擬標準以前，應如何辦理案。決定由省黨部咨省府，照所擬暫行辦法籌撥。（六）省黨部奉中央令，於可能範圍內，籌設圖書館經費，於黨費外另行籌措，請省府酌撥案。決定留下次談話會討論。（七）省代表大會交下各縣應組織公款公產清查委員會，業經省黨部擬具條例，函咨省府在案，應即通令施行案。決定由省黨部再咨省府討論施行。（八）各縣行政人員如有貪污瀆職情事，經縣黨部負責檢舉，經省黨部詳查屬實，議決轉咨撤懲者，應請省府迅予辦理案。決定通過。（九）請省政府限期肅清盜匪案。決定通過。（十）

各縣漕糧舞弊陋規，請省府設法革除案。決定通過。(十一)各縣因檢查日貨，引起糾紛，應如何消弭案。(十二)省府應從速確定射陽河口建閘計劃案。決定通過。(十三)組織江蘇省訓政問題討論會案。決定推滕固、朱堅白、何玉書、陳和銑起草條例，由滕固召集，提下次談話會討論。(十四)決定組織總理奉安省會各界公祭典禮籌備委員會，由省黨部召集。(十五)決定省黨政談話會，每月開會二次，由省黨部省政府輪流召集。"(1929年5月27日《申報》)

5月，鎮江《前鋒》(週刊)創刊，滕固作《發刊詞》，提出辦刊宗旨四點：一、闡發本黨的革命理論；二、說明中央的命令和決議案；三、指導實際工作；四、指示國內外政治的現勢。

　　按：《前鋒》於民國十八年(1929)5月創刊，停刊時間不詳，週刊，16開本，鉛印。國民黨江蘇省黨部宣傳部主辦，先後由無錫中華書局、南京中華書局印刷局印刷，社址在鎮江太平橋江蘇省黨部宣傳部內。其宗旨是"說明中央命令及議決案"，"指導實際工作"，"指導國內外政治形勢"。《前鋒》每期封裏全文刊載"總理遺囑"，闢有"時事擷評"、"黨務政治"、"社會重要材料"、"革命文藝"、"專載"、"通訊"等專欄。《前鋒》同年又改名《革命的江蘇》，南京白門印書館印刷，其宗旨是"宣傳黨義，評論時事，鼓吹和緊張江蘇的革命空氣"。《革命的江蘇》設有"時事擷評"、"時事述評"、"中央來文"、"工作報告"、"規程"、"會議錄"、"文書摘要"等專欄。(鎮江歷史文化名城研究會編：《民國江蘇省會鎮江研究》，南京：江蘇大學出版社，2010年)

6月3日，中央宣傳部召集全國宣傳會議開幕，各省市各機關黨部代表六十餘人出席，葉楚傖致開幕詞，中央常委胡漢民訓詞。

6月4日，出席全國宣傳會議。上午開第一次會議，出席代表四十八人，劉蘆隱主席，由中宣部秘書朱雲先報告工作概況後，指導科徵集科代表、南京市黨部代表、上海特別黨部代表、廣州特別市黨部代表先後報告工作情形。下午召開第二次會議，葉楚傖主席。按會議規程第七條，指定朱雲光、許紹棣、涂克超、陳德徵、滕固、鄭彥棻、蒲良柱為提案審查委員，由朱雲光召集，對各提案進行討論。

　　《全國宣傳會議》："下午一時半，開第二次會議，葉楚傖主席。漢口市黨部代表查光佛、北平特別黨部代表龍雲、天津特別黨部代表，各報告本黨部宣傳工作概況畢。依照議事日程討論，按會議規程第七條，指定朱雲光、許紹棣、涂克超、陳德徵、滕固、鄭彥棻、蒲良柱為提案審查委員，由朱雲光召集。次討論第一案，以黨誼黨德爲中心，而確立具體宣傳方法案。經葉楚傖說明案由後，劉真如、鄭彥棻、蕭同茲、許紹棣等相繼發言，以此案範圍頗大，先交提案審查委員會。時已四時半，遂散會。該會議定五日上午，開提案審查委員會。下午開第三次大會。(四日專電)"(1929年6月5日《申報》)

6月5日，出席全國宣傳會議提案審查委員會會議及第三次大會，到代表四十八人。葉楚傖主席。討論事項六件，其中(六)：確定本黨之文藝政策案，決議(1)創造三民主義的文學(如發揚民族精神，闡發民治思想，促進民生建設等文藝作品)。(2)取締違反三民主義之一切文藝作品(如斲喪民族生命、反映封建思想、鼓吹階級鬥爭等文藝作品)。

6月6日，全國宣傳會議第四次會議，出席代表四十六人，葉楚傖、劉蘆隱分別主席，請中央常委蔣中正訓話後，討論事項七件。午後接開第五次會議，討論有關規定國際宣傳方法案等九件，決議即發聲討馮玉祥通電。

6月7日，全國宣傳會議閉幕。葉楚傖主席，致閉會詞，代表演說後，齊詣中央黨部二門前院攝影，以留紀念。

6月8日，主持召開江蘇省黨部執行委員會宣傳部第八次部務會議。

6月16日，《中央日報》刊登江蘇省黨部宣傳部遷鎮江後活動情況。
　　《中央日報》"黨務消息"："江蘇省黨部宣傳部，自遷鎮後，迭次領導省會各機關團體，於五月各紀念日及總理奉安期內，作盛大之宣傳，省會革命空氣，頓形緊張，茲該部以對討馮運動，不可不積極進行，以期喚起民眾之注意。除一再訓令各縣黨部遵照中央規定辦法及宣傳大綱宣傳要點規定努力進行討馮宣傳外，復將領導省會各界作大規模之討馮運動，聞其辦法，第一步先成立一江蘇省宣傳委員會，該會係永久性質，由省會各機關團體選派代表組織之，内分編撰演講，新劇總務等各組，此項組織方法，已由省黨部二十三次委員會議通過，不日即可召集組織，而該會成立後之第一種重要任務，即爲舉行盛大之討馮運動。"

6月21日，主持召開江蘇省黨部執行委員會宣傳部第九次部務會議。討論事項九件。決議出版宣傳畫報。

6月22日，在江蘇省黨部第六次紀念周上報告政治軍事各項情形，略述：一，字林西報記載失實，言論荒謬，中央已議決處治辦法；二，國府最近議決通令保障人權。三，蔣主席率師討逆，早抵武漢，分別重要文告，語重心長，極堪注意，近已移師長沙。四，山東日兵延未撤退，實爲痛心。五，德國賠款會議決裂，亦英美間之衝突一反映。繼復暢論義大利與俄國種種現狀。

修訂完成中篇小說《睡蓮》。

約6月，鎮江《前鋒》第2期發表滕固《總理爲革命而生爲革命而死》一文，論述孫中山先生百折不撓的革命精神，指出："舊軍閥倒了新軍閥繼起，但是軍閥終竟要崩潰的；帝國主義縱然猖獗，但是愈近沒落。歷史給我們的教訓，事實給我們的指示，都是如此的。我們不要畏縮，所以在總理奉安的今日，不僅僅追想總理爲革命而生爲革命而死的全生涯，我們還要想到總理死後本黨四年來在艱難中奮鬥的歷史，在總理偉大的啓示之下，於短時期內把新軍閥肅清，換言之：即把口口聲聲以革命自炫的假革命黨肅清，把帝國主義在中國的勢力一起消滅，以完成總理未竟之志。這是我們的同志和全國的民衆，應該在嚴肅的沉靜裏下這個決心。"

7月4日，出席江蘇省黨部執行委員會第二十九次常會，討論事項包括"建議中央通令全國各機關公布財政賬目"等十件。其中八，訓練部提出之江蘇省各級民衆團體工作考核條例業經顧、滕兩委員審查完竣，請予討論案，決議，修正通過。

7月6日，出席江蘇省黨部執行委員會第三十次常會，討論事項包括"確定各縣代表大會日期"等九件。

7月9日，出席江蘇省黨部召集省會各界舉行國民革命軍誓師北伐三週年紀念大會，幷發表演說，力陳軍政時期之完成訓政工作之進行種種要點。

7月15日，江蘇省執行委員顧了揚、倪彌、葛建時、滕固，候補執行委員王建今、祝平、張修，以工作困難，進行無望，向中央提出辭職。此項辭職書提出後，執委葉楚傖，亦具呈中央辭職表示共同進退。(1929年7月16日《中央日報》"黨務消息")

7月17日，江蘇省黨部第三十三次執委常會上，討論事項十六件，其中"滕委員固提稱宣傳部秘書張志澄同志，呈請辭職案，決議，慰留"。

7月24日，出席中央委員會召集江蘇省全體執行委員談話會。
"下午五時，中央召集該省全體執委，在中央第一會議廳談話。中央委員到者，戴季陶、葉楚傖、陳立夫、金井塘四人，蘇省執委到者，顧子揚、倪弼、葛建時、滕固、祁錫勇、朱堅白、汪寶瑄、周厚鈞、祝平、王建今等十人。先由不辭職之委員周厚鈞、汪寶瑄、朱堅白、祁錫勇等陳述意見畢，乃由戴季陶致詞，略謂凡意見不能合作者，均因思想或政策不同，而行動不無歧異，今兩方所述，在思想或政策上，并無不同之點。今後擬宜決定工作方針，積極做去，大家既有工作可做，則精神有所貫注，糾紛無自發生云云，繼由金井塘陳述意見，時已八時半，即同赴晚餐，餐畢，繼續談話，滕固、倪弼等申說不能工作之理由，戴季陶表示請辭職委員，即日打消辭意，以副中央屬望之意，詞至懇切，十一時十五分始散會。"(1929年7月26日《中央日報》)

《中央日報》"黨務消息"："蘇省黨部執委顧子揚、倪弼、葛建時、滕固，候補執委王建今、祝平、張修等工作困難，提出辭職後，武進、宜興、上海、川沙、寶山等二十餘縣，紛紛電呈請中央請予挽留，并電顧等請打消辭意，亦有以嚴詞加以督責者。又該省黨部昨接中央養電開：奉常務委員諭，定於本月二十四日下午三時，召集江蘇省全體執行委員來會談話，以便解決云。"

7月，作《睡蓮・自記》。
　　這篇初稿，原來不止這麼幾頁，因爲種種關係，尤其有不利於發行的衷苦。存擱在亂書堆中差不多一年有餘，連自己也記不起曾經寫過這篇東西。
　　這次遷移，偶然檢了出來，正巧芳草書店問我索稿，於是粗粗地把它看了一遍；并且把那些難以發表的關節和處所，一起刪削了去。所刪的部分實占全書的大半，所以緊縮得拼湊得不像樣子了。優越量的減少而至於質的變色，雖然自己也覺得有些可惜呢。
　　這篇東西在十七年初春開始寫的，那時還在南京某校裏教書。那時期裏生活異常不規則，時而回到若千年以前，時而憧憬着未來；飢寒、奔波、憂患則環迫而至；尤可笑的，自己躍入那個俏皮的圈套裏，在無力地作似是而非的追逐。有一天，課畢，走到學校附近平倉巷一帶，站在枯了的高原上，遠山，林木，屋宇疏落地浮到眼前來，在那裏悲戚的色調裏隱着和自己不相諧和的微響。遼遠火車的汽笛當刺進耳朵時而車站，列車，車廂的一角，鐵道，長途也同時鑽集到心上。回上海去——纔這樣想如同真的回到了上海，因爲關於上海的近聞也被勾起了。於是抱頭回寓，開始寫這篇東西，但不久擱置了起來。

後來續寫下去，時寫時輟，在這一年的初夏纔寫完。那時白塵來京，我便請他校閱，預備把它出售。白塵看過後以爲書店集怕不收受，要是不修改的話。關於這一點即有幾處所干犯得太利害，自己也就覺察了，祇好把它再擱起來。

自己寫的東西最怕再讀，因爲發見了粗率淺薄的時候，至少要連接三四天的沮喪；說到修改，更缺乏這種勇氣。不是有用的坯子到底不會成器的，這回刪削而不是修改，也就是這個原因。

爲了沒長進沒出息終於淒然地投落在像退伍兵三個字的陰暗裏。過去有些像煞是歡樂的經驗之泡影，現在祇留下冷冷的譏刺；當頭迎上來的無非是那個龐大的否運。這算不得奇突呀！寫這篇東西的時候，原沒有多大的用意，刪去多少，也可說是把罪惡隱匿了多少了。

不自中意甚至羞與再見的這小册子，理論早該毀掉，另外有些曲折當然更沒有附加或贅說的必要。

一九二九年七月某日作者

按：陳虹《還其廬山真面目——陳白塵以他人之名發表的四部作品》一文謂："根據陳白塵生前的口述，言及這一類的作品共有四部，……第一部是中篇小說《睡蓮》，1929年由上海芳草書店出版，署名爲'滕固'。……陳白塵與滕固的關係則要追溯到1926年了——這一年家境貧寒的陳白塵從家鄉隻身來到上海灘，爲了圓自己多年來的文學夢，投考了一所不須要任何高中畢業文憑的'野雞大學'：上海文科專科學校。滕固便是該校的兼課教師。然而不到一年，即1927年的'四一二'之後，學校便關閉了，陳白塵祇得被迫轉學，然而又是不到一年，南國藝術學院也停辦了，他再次失學，當然同時也就面臨失業了。就在陳白塵走投無路之際，1928年的年底上海芳草書店的老闆黃中向他伸出了援助之手。黃中也是陳白塵在上海文專讀書時的老師，可能是知道'四一二'之前陳白塵曾經在該校擔任過國民黨區分部的負責人，於是與滕固相商，推薦其至滕固於其中擔任宣傳部長的國民黨江蘇省黨部任一名空掛虛名的幹事。作爲熱情的教師，二人的舉動的確是令人感激的，但是拋去這一層關係，他們卻又有着另外的周密打算：作爲芳草書店的老闆，黃中希望的是陳白塵能在解決吃飯問題之後，爲他創作出更多的作品；作爲忙碌不堪的宣傳部長，滕固希望的則是能夠捉刀代筆，讓陳白塵替他去完成自己夢想中的小説。這真可謂一箭三雕！然而早自'四一二'之後，陳白塵就已憤然燒掉了國民黨的黨證，發誓從此不再與之共事。但是滕固卻坦誠相告，言其是改組派，是爲反對蔣介石而準備於將來改組國民黨的，陳白塵祇得勉強應允。果然到任不久，滕固的'任務'便委派下來了：他讓陳白塵代他創作一部中篇小說，連題目都已想好，就叫作《睡蓮》，他的意思是用來比喻小說中女主人公的美貌。陳白塵曾在他的回憶錄裏記載下他當時的尷尬與無奈：'我當時并沒見過睡蓮，可不知道如何形容它。儘管滕固畫了圖給我看，我還是沒有實感。但這部小說也終於糊裏糊塗寫成了，滕固居然也點了頭，馬上寄給黃中的芳草書店出版。'（《漂泊年年》，載《鐘山》1988 年第 1 期）該書的署名當然祇能是滕固了。"（《新文學史料》1997 年 1 期）

8 月 12 日,《中央日報》"黨務消息"：蘇省黨部執委顧子揚等，前以工作困難，呈請中央辭職，嗣經中央召集談話，加以慰勉，復經第二十六次常會決議，囑令繼續工作。現聞顧等表示常委周傑人污蔑國府，言論反動，請予懲處，朱堅白等違法越權，請予糾正，在周、朱未經分別處辦以前，仍難繼續工作，將分別提出辭職云。

8 月 25 日，上午十時，江蘇省黨部召開臨時執委會議，中央特派戴季陶來鎮江指導。會議由葉楚傖主席，當即重新分配工作，擬定滕固、汪寶瑄、周傑人爲常務委員，訓練部長顧子揚，組織部長祁錫勇，宣傳部長葛建時。

8 月 27 日，江蘇省黨部執行委員會召開第四十二次委員會，滕固、顧子揚、倪弼、葛建時、祁錫勇、葉楚傖、汪寶瑄、周傑人、朱堅白出席；周原鈞、王建今、武葆岑、段木貞、左其鵬列席。主席周傑人，記錄葛克信。討論事項計有認定各部新秘書等十二項。其中第十二項奉賢執委會呈爲該縣縣長楊立本，性行貪凶，成績毫無，請諮省府民應迅予撤懲等請，又據該縣長呈辯前來應如何辦理案，決議：推滕委員固審查。

《蘇省黨部之決議案》："(鎮江)省黨部執委會二十七日開四十二次會議，出席委員葉楚傖、葛建時、滕固、顧子揚、倪弼、祁錫勇、汪寶瑄、周傑人、朱任白。主席周傑人，議決事項：㈠睢寧執委會呈，爲該縣長李子峯、公安局長孟廣泰，互相勾結，摧殘黨務。推葉委員赴省府報告。㈡省監委會諮請，泗陽縣長言論荒謬，貪贓枉法。轉呈中央永遠開除黨籍。㈢奉賢縣長杜立被控性行貪污，成績毫無。推滕委員審查。㈣諮省府通令各縣區長，每月與縣黨部，

1929年 己巳 民國十八年 二十九歲 223

開聯席會一次。(二十七日專電)"(1929年8月28日《申報》)

9月9日,上午九時,江蘇省黨部舉行總理首次起義紀念會,由滕固主席,報告開會宗旨。談及孫中山總理第一次起義詳細經過時說:第一次起義所以失敗的原因,是被人洩露秘密,反動官僚得以事前準備,但第一次雖然失敗,總理革命的精神,毫不爲之稍變,二次、三次,則再接再厲,愈挫愈奮,我們今天來開這紀念會,都應該效法總理這種百折不回的精神,來完成國民革命。隨後顧子揚、王建今先後發表演說,至十一時散會。

9月13日,江蘇省黨部下午二時開第四十七次執委會。出席委員:倪弼、祁錫勇、滕固、葛建時、周傑人、顧子揚。列席者:周厚鈞、王建今、周紹成、左其鵬。主席:滕固。記錄:陳潤棠。開會如儀。甲、報告事:請轉呈中央撤職嚴辦案。決議,照轉呈。……七、顧委員子揚提議:無聊文人胡適,最近在《新月》上發表之《人權與約法》《知難行亦不易》等文,詆毀總理,應由本會呈請中央緝辦,請公決案。議決,通過。

《江蘇省黨部常會》:"【鎮江】省黨部十三日開第四十七次執委會,出席委員倪弼、祁錫勇、滕固、葛建時、周傑人、顧子揚。決議:(一)函省府設法平抑鎮江米價。(二)函省府,令建廳迅拆鎮江城。(三)胡適詆毀總理,呈中央緝辦。(十三日專電)"(1929年9月14日《申報》)

按:"本會呈請中央緝辦"呈文,原題《蘇省黨部呈請中央緝辦無聊文人胡適》,轉引自《胡適日記全編》五 P501—502,據剪報整理,出處不詳。查應爲1929年9月15日南京《中央日報》第二張第四版"黨務消息"。

9月20日,江蘇省黨部宣傳部招待記者,葛建時主席,報告辦理包括創辦革命劇社等事。

《省黨部招待記者》:"江蘇省黨部宣傳部,於昨日下午二時,招待新聞記者,到有各報主任訪員編輯十餘人,由宣傳部長葛建時主席。報告三事:(一)黨部所出之前鋒週刊,前注重於理論,現擬增加篇幅,注重於事實。(二)擬由省黨部自辦江蘇民國日報,日出一大張。(三)創辦革命劇社,以促進民智,請協助進行。後由秘書王建今演說,新聞記者劉煜生、張逸冊等相繼答詞,直至四時許始散。"(1929年9月21日《申報》)

9月24日,江蘇省黨部第四十九次執委會議舉行,滕固主席。議決處分不法黨員污劣官吏各案。

10月3日，國民黨中常委決議緝拿陳公博等改組派首領。

10月9日，南京《中央日報》刊登《蘇省黨部呈請中央嚴密防範改組派明令討伐張發奎》訊文：蘇省黨部執委會，以改組派假藉本党名義勾結桂系軍閥餘孽，陰謀顛覆党國，并受蘇俄接濟，實屬罪大惡極，經該會第五十一次委員會議決，呈請中央通令各級黨部，一體嚴密偵查防範，以絕禍源而申黨紀。

10月10日，上午九時，江蘇省會各界在公共體育場開慶祝大會到各機關各團體人員及民衆等。約萬餘人。由省黨部常委滕固主席。行禮如儀後。由滕固報告辛亥革命之經過。及今後應有之努力。次省黨部宣傳部長葛建時、民政廳長繆斌、財政廳長張壽雍、農鑛廳長何玉書、焦山寺和尚如民等發表演講。晚間舉行提燈遊行大會，參加人數在兩萬以上。

《鎮江慶祝國慶紀念盛況》："十日晨上午九時。省會各界在公共體育場開慶祝大會到各機關各團體人員及民衆等。約萬餘人。由省黨部常委滕固主席。行禮如儀後。由滕固報告辛亥革命之經過。及今後應有之努力。次省黨部宣傳部長葛建時演説。謂辛亥革命之失敗。一由於黨離開民衆。一由於民衆不要黨。吾人鑒以往之覆轍。應促速覺悟。凡我民衆須一致爲國努力。次省府民政廳長繆斌演説。謂紀念國慶須實行地方自治。惟民衆欲有自由。國家也要自由。民衆欲有主權。國家也要主權。民衆須聽命於國家。次財政廳長張壽鏞〔雍〕演説。盼望民衆各個的盡心盡力。替國家從小事做起。次農鑛廳長何玉書演説。謂國慶日等於全國各方面之總檢閱。明年國慶日如何。就須看我們一年內進行之成績。末由焦山寺和尚如民登臺演説。謂佛教平時工作。正合總理建國大綱中之心理建設。希望各界不應打倒和尚。須設法促進改良云云。旋即攝影呼口號散會。晚間七時，舉行提燈遊行大會。仍在體育場集合。參加者數在兩萬以上。經城內五條街。沿西門在街。繞道特別區。過南馬路。沿新馬路而散。隊伍亘里餘之長。道旁參觀者如堵。各色彩燈。新奇奪目。誠空前未有之盛況也。"（1929年10月12日《申報》）

10月11日，江蘇省黨部宣傳部所發起之革命劇社假省黨部開成立大會，計到來賓中央宣傳部長葉楚傖，省教育廳秘書沈勉後，省執委朱堅白，暨社員楊公崖、陳白塵、劉竹岩、談佩言等一百餘人，主席葛建時報告後,請葉楚傖、沈勉後、滕固、朱堅白諸人演說,繼通過簡章,并選舉葛建時爲社長,沈傅珍爲總務部長,左明爲劇務部長,李作人爲研究部長,末通過宣言及緣起。(參見 1929 年 10 月 14 日南京《中央日報》)

《"江蘇省民衆劇社"已成立》:"江蘇省黨部宣傳部所發起組織之革命劇社,曾於雙十節後在首都開成立大會,通過簡章,發出宣言,更改名爲'江蘇民衆劇社',以'建設與時代共呼吸的戲劇藝術促進人類文化爲宗旨',組織:分總務劇務研究三部。劇務部:分導演布景化裝美術音樂五股。研究部:分選劇圖書編輯三股。社務:出版戲劇刊物,採集戲劇圖書,籌備民衆劇場,及演劇學校定期公演,組織各縣市分劇社。左明君任劇務部長,第一次評議會後決定於十九年元旦舉行公演,請求省黨部每月補助經常費二百元云云。"(《戲劇與文藝》第一卷第七期,1929 年 11 月出版)

10 月 28 日,南京《中央日報》刊登《改組派之陰謀與罪惡》訊文,轉錄滬市宣傳部頒發宣傳要點共七條,其口號爲:一、肅清改組派,二、緝拿陳公博等,三、打倒馮系軍閥,四、消滅桂系餘孽,五、徹底肅清一切反動分子,六、打倒赤白帝國主義,七、擁護中央是我們唯一的出路,八、忠實同志一致起來擁護中央,九、中國國民黨萬歲,十、中華民國萬歲。

秋,滕固因從事改組派的秘密工作,行動受到監視,避走日本。

譚正璧《憶滕固》:"民國十八年的秋天,我在故鄉縣黨部裏任監察委員,他那時恰任省黨部執行委員會的常務會員。一次,爲了故鄉的黨政糾紛,鬧得滿城風雨,無法解決。黨員中在政界服務的一派,又爲了位置關係,甘心受他人的嗾使,在黨的内部自己搗亂自己。上訴到省黨部時,省方内部情形正與縣方相同,也不問是非,祇知黨同伐異。那時的我,一心祇曉得有國民黨,不知有什麼系派,祇知據理力爭,不去做什麼聯絡工作,所以結果弄得處處碰壁,着着失敗。後來我受了全縣代表大會的推舉,復親到省黨部去申訴,那天恰巧是滕固兄值日接見下屬機關人員,(那時常務委員有三人,一爲葉楚傖,另一人的名字卻忘了。)當時我把縣方糾紛情形説明後,他便很同意我們的主張和請求,一口答應在會議中力爭。過了一天,果然我們的陳請得在執行委員會議中通過。可是那時他正任某派的秘密工作,行動已失自由,(當時我沒有知道,直到事後方知。)不久即棄職離省。最是可笑可嘆的,已經通過的我們的陳請案,也即在他離職後的下一次會議中重又推翻。"

11月20日，署名K，S. 致函滕固，向其徵稿。函件刊登於12月出版《金屋月刊》第七期。

滕固兄：

　　你已脱離了黨的關係東渡日本，再研究文藝，這是我頂愉快的事情。本來我們不配是吃黨飯的人，也不配是做黨官的，你總也算經歷了如此的長途，方知一無所得，廢然而返，太聰明了。但我并非譏笑你，該受譏笑的還是我們。不過你也又來了，我們總是歡迎的。并且你到了舊遊的美麗三島，有美麗的姑娘，一定可以做出美麗的文字來給我們，我們是很高興的。

　　你上船的一天恰巧我没有工夫，不曾來送你，抱歉之至，但是在這樣一種寂聊景況中，反可以引起你的感慨，而且是更加好罷。你在煙霧塵天的黄海中，一定可以回望故國，而做出好詩來了。你又做了流浪人。我是羨慕了。你在黨時無論站在何等重要地位，是一點也不覺得可羨的我。那麼你現在自以爲幸福罷，雖則遠隔了你的嬌妻愛子。

　　我不想多講，我的主意是想你多做些稿子來，在這裏公開地向你索稿，你再不寄來，是有壞我面子的嫌忌，所以你總是無可推脱地來稿了，這便是我的希望，也是登這一段短信的原因。

K，S. 十一月二十日

11月22—24日，江蘇民衆劇社在伯先公園公共演講廳公演由左明導演的進步話劇《生的意志》《父歸》《壓迫》等。(參見《民國江蘇省會鎮江研究》，鎮江市歷史文化名城研究會編著，鎮江：江蘇大學出版社，2010年6月)

11月28日，江蘇省民政廳長繆斌爲報復在國民黨江蘇省第一次黨員代表大會上受到的指責，誣陷省二屆執監委員葛建時等爲反蔣的"改組派分子"，并稱奉總司令蔣介石的密令，逮捕這些人及宣傳、訓練兩部職員共20人。

《蘇省執委葛建時被捕經過》："上月二十八日晨，江蘇省會公安局突然派警將省黨部執行委員葛建時、顧子揚、倪弼，及宣傳訓練兩部工作人員凌紹祖等拘捕，分押各公安分局。兹將經過情形分述如次。二十七日夜一時餘，繆廳長由宜興用長途電話通知公安局長陳復，略謂奉總司令部密電，着將葛建時、顧子揚、倪弼、段木貞，及省黨部宣傳訓練兩部全體職員分别拘捕云云。陳局長奉令後，即於二十八日晨四時許，將葛建時、顧子揚、倪弼及宣傳訓練兩部職員王建今、凌紹祖、沈傳珍、陳柏心、金龍、沈子健、葛尚德、趙治、左友芬、王志仁、谷曙吟、封練石、郝碧霞、邢秀民、喬寄西、張冰、強鐵城等二十人，在省黨部宿舍及各委員任宅分別拘獲。"（1929年12月6日《申報》）

匹夫《惜滕固》："先前我見到滕固的作品，總以爲他是一個文壇上很有希望的青年，不料他竟由文學家一躍而爲黨官，榮膺了江蘇省黨部的執委，真可說是躊躇滿志，不負所學了。一經踏進仕途，另換上一幅面目，習氣不自覺地沾染的一個十足、野心同時亦不斷地逼着他向理想上所應擬的尊崇之路上跑，於是他愚魯得勾結溧陽的刀匪（或說是改組派）希圖達某種目的，不幸事蹟敗，浪亡命，……"（1930年1月28日《鐵報》）

11月，《中央黨務月刊》1929年17期"紀事·紀律"欄目刊登《滕固等交國府通緝》報導："中央組織部提議：江蘇省執行委員滕固及黨員何民魂盧印泉煽動軍警，……約期暴動，確有證據，請迅交國民政府明令通緝歸案究辦；并諮請中央監察委員會一律以永遠開除黨籍處分，經中央第五十三次常會決議：照辦。"
同期另刊有"葛建時等交法院審判"一文："江蘇省執行委員會葛建時等有勾結改組派陰謀搗亂嫌疑，經中央電令蘇民政廳長繆斌即予監視，除滕固段木楨先期走避已另案通緝外，其餘葛建時倪弼顧子揚及該會宣傳訓練二部職員共二十人，均被隔別監視；於第五十三次常會決議函請中央……（下略）。"

12月2日，國民黨中央執行委員會第五十三次常務會議，決議解散江蘇省執監委員會，由中央臨時另派張道藩、吳保豐、葉秀峰、祁錫勇、朱堅白、張淵揚、吳葆岑七人，爲該省黨部整理委員，并指定祁錫勇爲組織部長，張道藩爲宣傳部長，吳保豐爲訓練部長。（參見1929年12月3日《新江蘇報》；《民國江蘇省會鎮江研究》）

續完舊作短篇小説《麗琳》。發表於《小説月報》21卷1期，1930年1月10日出版，署名若渠。收入滕固著短篇小説集《外遇》，上海金屋書店，1930年7月出版。另刊《新民報半月刊》1941年第3卷第17期。

12月9日，南京《中央日報》刊登《蘇省各縣黨務障礙》報導，分析指出"改組派活動情形，則以三民主義爲幌子，而謗毀中央。以似是而非之理論，做魑魅伎倆，與CP份子同出一轍"。

《蘇省各縣黨務障礙》："(鎮江特訊)蘇省府准省執委會函，爲蘇省黨務外部障礙事，特訓令各廳云。爲令遵事。案准中國國民黨江蘇省執行委員會函開，頃准中央組織部函開，茲據本部調查員報告，在蘇省各縣調查所得結論，'屬於外部的障礙'：一、各地土劣與黨部反對，而政府常有與之勾結摧殘黨部。二、CP活動甚力，因井北地方農民階級較多，困苦異常，且受壓迫，容易煽動，且藉教育機關爲大本營，播下種子，以制CP反動分子。三、學校當局時有國家主義派分子，不能施行黨化教育，反被CP分子煽動學生，以鬧風潮。四、改組派活動情形，則以三民主義爲幌子，而謗毀中央。以似是而非之理論，做魑魅伎倆，與CP分子同出一轍。五、大多數政府人員，多不認識黨，亦不信仰黨。六、交通不便。(指城市與鄉村及土匪等惡勢力)七、民間藏槍甚多，危機暗伏。'屬內部的障礙'：一、工作人員幼稚。二、鬧意見。三、各人有背景及派別。四、工作人員對黨少有認識者。五、區黨部區分部經費之困難，大多數無成績可言。六、工作人員作事敷衍塞責。"

12月11日，江蘇省黨部經中央明令解散，派張道藩、吳保豐、葉秀峰等七人爲整理委員，於是日上午九時舉行宣誓就職典禮。

《蘇省黨部整理委員就職宣言》："本黨近數年中，爲要完成其最後革命的使命，於是在中途發生許多不可避免的糾紛，一方面我們固然很痛惜，另一方面我們又很足以慰藉，因爲二種這一度一度的糾紛中，已經將革命與反革命的營壘，更加劃分得清楚，江蘇省自然也不是例外，經過的江蘇黨務自從指導委員會起，已經做了一次總登記的工作，於是纔有正式的省黨部成立，不幸省黨部成立了纔九個月，差不多紛擾了九個月，這種紛擾，外部的原因，比較還少，重要的還在這內部的同志們，意志不能一致，工作不能緊張，共信既不能立，互信自不能生，互信不生，團結自不能固，因之不免有少數同志們，誤入歧途，中央爲正本清源起見，所以有這次派員整理的處置。"(節錄自1929年12月11日南京《中央日報》)

12月12日，中央執行委員會召開第五十六次常務會議，議決對汪兆銘開除黨籍并通緝。

按：國民黨中常委會召開第56次會議。出席者戴季陶、譚延闓、胡漢民、葉楚傖、陳果夫、孫科、林森、古應芬等十數人列席了會議。會議在譚延闓的主持下，重點討論了對汪精衛改組派的處置問題。最後議決："(1)關於各省市黨部電陳汪兆銘破壞黨國之罪惡，請開除黨籍，并明令嚴緝等情，應如何處置案。認爲應予開除黨籍并通緝，交監委會。(2)許崇智、鄒魯、居正、謝持陰謀反動，危害黨國，交國府通緝"。

約12月下旬，署名KS致函滕固，對能夠擺脫黨務，重赴日本努力創作表示歡欣。該信刊登於1930年4月出版《金屋月刊》第八期。

《KS致若渠》：

若渠兄：

　　來稿已經收到，謝謝。你現在已經擺脫一切的羈絆，我很替你慶幸，說以後能努力於創作，那是非凡歡欣的。實在我們中國的文界，太缺少人了。太少努力精進的人了。每一個作家，祇要有一點小成，便爾洋洋自得，以爲天下乃公一人而已，便由此而一步不得進展了，真可憐！試看現在所謂老大作家看，哪一個不是暮氣沉沉地在醉生夢死之中。但是我們卻該奮起了。我早就講過，當獅吼社之結集，當第一次《獅吼》半月刊的發刊時，我們雖則很受了白眼，但是我們要復仇。現在時候到了。我們的黃金時代將要展開，我們可以雄飛了，努力吧！

　　黃金時代來！我們的。我相信我們是有未來的，我們決不曾過去，請信我。我們祇要努力寫出一點東西來。我真想寫，我有許多東西想寫，雖則我因爲俗冗很多而還未曾得一點可以安心寫作的暇刻。現在我真是羨慕你了，你真有充分自由的時間。想起來是多麼有趣，你有或鉢，坐在溫暖和軟的蒲團上，你的几上一定展着稿紙，我真羨慕這一種生活，我對於日本還不十分討厭，有機會，我真還想去看幾回櫻花。這一回你是看定了，這又是一個羨慕。

　　老方到了法國，你又到日本，我們真個又是四散了。但是等着吧，我們總有一天結集起來，大大地振作一番的。……

　　　　　　　　　　　　　　　　　　　　　　　　K，S．

12月24日，完成短篇小說《長衫班》，刊登於1930年8月16日出版《現代文學》第一卷第二號。

倪弼等七人移送高等法院審理，自鎮江啓程押送蘇州。

12月28日，高等法院審理江蘇省黨部委員葛建時等七人反動嫌疑案，由檢察官孫希珩開庭偵查一過，仍令回押蘇州，聽候偵訊核辦。

12月，《金屋月刊》第七期刊登滕固小說《鵝蛋臉》。

是年，滕固著中篇小說《睡蓮》由上海芳草書店初版。目次：自記（1929年7月）/ 睡蓮（1929.6.22 刪存）

長女滕美利出生（後更名滕雲）。

滕固著中篇小說《睡蓮》書影

1930 年　庚午　民國十九年　三十歲

1月23日，中央執行委員會第六十七次常會議決事項中，決議執行開除黨籍案多起，其中包括中央監察委員會函，為准函以江蘇省執行委員滕固黨員何民魂盧印泉煽動軍警……約期暴動，擾害地方，除交國府通緝歸案究辦外，請議處一案，經第十次常會議決，何民魂盧印泉（即盧龍）滕固均永遠開除黨籍，連同決定書請查照公決執行案，決議照辦。

《中央六十七次常會》:"▲南京中央執委會昨日(二十三日)上午八時舉行第六十七次常務會議。出席者胡漢民、葉楚傖、譚延闓、孫科、陳果夫。列席者林森、王寵惠、劉紀文、焦易堂、朱培德、陳耀垣、陳肇英、馬超俊、陳立夫、王正廷、邵元沖、余井塘、克興額、桂崇基、王伯羣。主席譚延闓。決議案如下。……七,中央監察委員會函。爲准函以江蘇省執行委員滕固、黨員何民魂、盧印泉……擾害地方,除交國府通緝歸案究辦外,請議處一案,經第十次常會議決,何民魂盧印泉(即盧龍)滕固均永遠開除黨籍,連同決定書請查照公決執行案。決議照辦。(下略)"(1930年1月24日《中央日報》《申報》,同日《新江蘇報》以《中央執委會六七次常會滕固何民魂盧印泉永遠開除黨籍》爲醒目標題轉載。)

1930年1月24日《中央日報》刊登永遠開除滕固等人黨籍報導

1月27日，《中華民國史事日誌》載：前江蘇省黨部執行委員葛建時、倪弼、顧子揚等因與桂系之何民魂、改組派之滕固勾結，圖謀不軌，被正式提起公訴。

2月8日，《申報》《新江蘇報》刊登《江蘇法院對葛建時等起訴書》，認爲何民魂、盧印泉、滕固爲江蘇圖謀反動之主要人物，已無疑義。

《江蘇法院對葛建時等起訴書》："葛等犯反革命嫌疑，依刑事法提起公訴
前江蘇省黨部委員葛建時倪弼等，業經高等檢察處堵福曜孫希衍兩檢察官偵查終了，談錄起訴書原文如次：

（一）被告葛建時，男，年三十二歲，上海人，充江蘇省黨部執行委員兼宣傳部長，住鎮江釣魚巷七號，右開被告民國十八年偵字第五七六號反革命一案，業經本處偵查完畢，認爲應行提起公訴，茲特爲該被告犯罪事實及所犯法條，開列於後。緣葛建時係充江蘇省黨部執行委員兼宣傳部長，與何民魂盧印泉滕固（未獲）素識，平日主張甚爲一致，何民魂等預備在武進江陰崑山南翔龍潭等處，潛行暴動，令兩路別動隊將崑山至南翔及龍潭鐵路掘斷，以爲呼應，即被江蘇省政府繆委員斌查悉葛建時等與何民魂等擾亂有關，並報經中央教委會決議，派委員吉珊查明葛建時與盧滕等關係至顯，由秘書處函知民政廳，令省會公安局將葛建時等逮解到案，除倪弼顧子揚金曙吟葛尚德王志仁陳柏心六人另行偵訊外，訊據被告葛建時供與滕固盧印泉何民魂認識，惟不認有一致反動行爲，查中國國民黨江蘇省黨務整理委員會第一四一號公函載，'查得反動分子何民魂致葛建時（查列有若渠即滕固號函一通，該函信封背後所書年月日即十八年九月二十六日）字跡圓潤，確係何民魂親筆，信箋用《新光日報》籌備處用箋，與黃埔同學會信封不同，信封下署陳緘，顯係情虛'，其函內有'我們以前的工作，是集中在同一目標，是何等緊張而努力'，'我們這偉大的工作沒有成功以前，當然是以不離開首都爲宜'，'請速示我以方針'（見倪弼等偵查卷），又何民魂盧印泉滕固以江蘇行動委員名義，發令兩路別動隊，均簽名蓋章，其令內有'目前局勢緊張，全省動員，仰該隊即行準備於二十六日將崑山至南翔鐵路掘斷，同時龍潭方面亦截斷，以爲呼應'。又何民魂盧印泉滕固三人致葆儒鼎新兩函，均簽名蓋章，內有'此間決定武進江陰方面軍事行動'，又何民魂致葆儒鼎新各函，內有'我們要推進革命勢力，及要全部動員，盼望對武進方面力量，立刻整理完畢''盼望對江陰事件，努力幹去'各等，經中央執委會蕭委員吉珊查明葛建時與盧滕等關係至顯，其呈復公文略載'審核各函，三人簽名單筆跡，及所蓋小章，與中央組織部查獲之江蘇行動委員何民魂印泉滕固所發命令署名筆跡及所蓋小章均屬符合，可知何民魂盧

1930年　庚午　民國十九年　三十歲　233

印泉滕固爲江蘇圖謀反動之主要人物,已無疑義,惟滕固爲現任江蘇省黨部執行委員,平日與葛建時倪弼顧子揚主張甚爲一致,盧印泉爲倪弼擔任省執委會組織部長之秘書,則葛、倪、顧三委員與滕盧兩逆之關係,事實上至爲明顯',按滕固盧印泉往來滬鎮,圖謀反動,已非一日,葛、倪、顧三委員,平日既與滕盧等接近,自不能諉爲不知。(見倪弼等偵查卷)據一行情形觀察,是被告葛建時,雖非預備陰謀暴動之主要人物,而知情附和,業已昭然若揭,核其所爲,不無觸犯暫行反革命治罪法第二條第一項第三款及第九條之嫌疑,合依刑事訴訟法第二百五十三條第一項之規定,提起公訴,再本案與倪弼等同一案件,本處圖事實上便利依法分別偵查,但全案被告,係奉中央第五十六次常會決議,交江蘇高等法院審判并適用陪審制度,則審判時自歸法院併合辦理,江蘇高等法院檢察官堵福曜。

（二）被告倪弼,(男)年三十五歲,江都縣人,住大喬鎮,前江蘇省黨部執行委員。顧子揚,(男)年四十九歲,銅山縣人,住公安街第八十八號,前江蘇省黨部執行委員兼訓練部長。王志仁,(男)年二十八歲,宿遷縣人,住窰灣鄉大墩圩,前江蘇省黨部訓練部幹事。谷曙吟,(男)年二十六歲,湖南耒陽縣人,住大義鄉,前江蘇省黨部總務科幹事。陳柏心,(男)年二十一歲,上海縣人,住周浦鎮橋,前江蘇省黨部宣傳部幹事,葛尚德,(男)年二十歲,上海縣人,真如潘家巷,前江蘇省黨部宣傳部編審科錄事,右開被告民國十八年偵字第五七〇號反革命嫌疑一案,業經本處偵查完畢,認爲應行提起公訴,茲將該被告犯罪事實及所犯法條開列於後,緣倪弼係江蘇省黨部執行委員,顧子揚係同黨部執行委員兼訓練部長,王志仁係同黨部訓練部幹事,谷曙吟係同黨部訓練部總務科幹事,陳柏心係同黨部宣傳部幹事,葛尚德係同黨部宣傳部編審科錄事。倪弼顧子揚與同黨部執行委員滕固葛建時,素相接近,其言論行動,均係一致,王志仁谷曙吟,則係顧子揚所薦引,陳柏心葛尚德係葛建時所薦引,聲氣俱屬相通,民國十八年十一月間,滕固與何民魂、盧印泉,擬在江陰武進等處實行暴動,曾令兩路別動隊,將昆山至南翔及龍潭方面鐵路掘斷,以爲呼應,當由江蘇省府委員繆斌查悉,一面報告中央黨部,一面將葛建時倪弼顧子揚王志仁谷曙吟陳柏心葛尚德等,令省會公安局予以逮捕,嗣經中央執監委員會指派蕭吉珊,查明葛建時七人,與滕固何民魂盧印泉等,顯有關係,報經中央執委會第五十六次常會決議,葛建時等七人交江蘇高等法院審判,并應適用陪審制度等因,即令由省會公安局將葛建時等七人解送到處偵查,除葛建時一名另行起訴外,本處偵據倪弼顧子揚王志仁谷曙吟陳柏心葛尚德等六人,均不認有附和滕、何、盧等暴動情事,惟據中央組織部查獲滕、何、盧三人,以江蘇行動委員名義署名,令兩路別動隊文一件,內稱'爲令遵事,目前局勢緊張，全省動員，仰該隊即行準備，於二十六日將崑山至南翔鐵路掘斷，同時龍潭方面亦截斷，以爲呼應'等語，又武進縣縣長查獲之何民魂致葆儒乘之鼎新，及滕、何、盧三人致葆儒乘之振先海平鼎新萃吾之書信内稱'武進江陰立速準備軍事行動'云云，可見滕固、盧印泉、何民魂，實爲此次陰謀暴動之重要人物，已無疑義，倪弼等六人，雖無附和暴動之直接證據，但據倪弼在本處述稱，'省黨部内部爲小事感情，偶有不協，略有隔閡，無所謂派別，我平日與滕固、葛建時、顧子揚三委員，還有王建今、祝平、張修等三候補委員等，接近一些'，又蕭吉珊呈復中央文内稱，'滕固爲現任江蘇省黨部執行委員，平日與葛建時、倪弼、顧子揚主張甚爲一致，盧印泉爲倪弼擔任省執委會組織部長秘書，則葛、倪、顧三委員與滕、盧兩逆之關係，事實上至爲明顯。'按滕固盧印泉往來滬鎮，圖謀反動，已非一日，倪、葛、顧三委員平日既與盧滕等接近，自不能諉爲不知，而滕爲現任執委，離部赴滬數月，行蹤詭秘，在在可疑，葛、倪、顧竟毫不過問，亦絕不將其行動，向中央報告，是葛、倪等雖無反動事實，已不免衵庇嫌疑，訓練部幹事王志仁與盧印泉同籍同學，平日時與通信，宣傳部幹事（當係錄事之誤）葛尚德，係葛建時之弟，曾函太倉縣黨部秘書姚成文，函中有'時機未熟，暫勿進攻'等語，就此觀察，核其行爲，有犯暫行反革命治罪法第二條第一項第三款及第九條之嫌疑，應即依刑事訴訟法第二百五十三條第一項之規定，提起公訴，此致本院刑事庭，江蘇高等法院檢察官孫希衍。"

3月4日，葛建時案開審。

《葛建時案今日開審》："前江蘇省黨部執委葛建時、倪弼等反動嫌疑一案，業經江蘇高等法院提訴刑庭，並定明（四日）下午一時開審，被傳者有中監委會前所派調查本案之蕭吉珊，現倪弼等，已延律師陸象如提起辯訴，兹將辯訴内容録下：本案檢察官起訴要點，爲江蘇省黨部整理委員會，第一四一號函送民魂致建時若渠一函，及葛尚德致姚成文一函，惟關於具名民魂一函，是陳民魂而非何民魂也，陳名劍鳴，字民魂，係黃埔軍官學校一期生，現任第六路總指揮部宣傳科長，於十八年夏秋之間，陳在首都，擬辦新光日報，曾有一函，請葛民諸人加入發起，陳已於本年二月十九日，具呈高法院證明在案，而起訴書謂，（信箋用新光日報社籌備處用箋，與黃埔同學會信封不同，而信封下署陳緘，顯係情虛云云）殊出誤會，又關於葛尚德致姚成文一函，係因前太倉監委員吳雨蒼，被執委員向省黨部控告，吳擬反訴，遂囑由該會秘書姚成文函致葛尚德，請先代向省黨部說明，葛以斯時各縣糾紛甚多，恐省黨部忙於應付，如亟下攻擊，不特毫無結果，或反引起不良影響，故復函有時機未熟，暫緩發動等語,但此係斷章取義,如以原函全文一閱,即可知并非反動函件,至前太倉監委會與執委會紛爭,確係事實,無可爲諱,此外起訴理由,多屬牽強附會,實際并無證據可言,且中監會對於本案,於第十次常會討論、議決,亦以(雖經派員調查,所得被監視各員證據甚少,不足據爲定讞),則本案對於葛倪顧,及其他職員四人,皆無反革命之罪責可言云云。"(1930年3月4日《申報·地方通信》)

《江蘇前省執委倪弼等調查庭審記》:"前江蘇省黨部執行委員倪弼、葛建時、顧子揚,及幹事陳柏心、葛尚德、谷曙吟、王志仁等七名,因有反動嫌疑,由民政廳令飭省公安局拘案,解送高等法院偵辦,於昨日下午二時開庭調查。庭長林大文,檢察官孫希珩、金鶴年,并由辯護律師陸象如、陳立人、徐炳成出庭辯護。先提葛建時訊問,林庭長問以起訴書,諒已看見,何民魂有信給你,是何用意?(答)是陳民魂給我的,并非何民魂。此係檢察官誤會,我與陳民魂是同志關係,他於九月二十日寫信給我,信中的偉大工作,共同努力等字句,是黨員應行之程序。所謂偉大工作,即是革命工作。(問)你與滕固平日時常接近否?(答)同事關係,無所謂接近。(問)滕固與何民魂均有反動嫌疑,江蘇行動委員會,他們都有份。知道否?(答)是的。(問)滕固離開省黨部有若干時候?(答)一個多月。(問)沒有注意他嗎?(答)沒有。(問)葛尚德是你何人?(答)是兄弟。(問)給姚成文的信,你知道嗎?(答)因姚擬攻訐幾個人,所以我寫信勸他。(問)現在陳劍鳴沒有報到,想係捏名,所以這信是不是他寫的?及有無陳民魂其人,亦須調查。次提倪弼。(問)起訴書說你和滕固何民魂有關係。(答)滕固是中央黨部派委來的,他從省指委時代起,至省執委止。中央十分信任,故後又委滕執行委員,這是第一點。去年我與他同事時代,他無反動言論表示,故同人等不知其爲反動。後因同事不睦,我等即行辭職。萬一我們跡涉反動,則中央在事前可考察出來,亦不致挽留。他在外面反動,是很秘密的,所以我等不知,我們是擁護中央的。至於民國十七年十一月間,離開省黨部之秘書盧隱善,他確有不正當的活動,我也勸過他的,他是否加入改組派,我也不知。繼提顧子揚。(問)滕固離開省黨部,你們沒有舉發他,有袒護他的嫌疑。江蘇省繆委員報告你們與反動案有關,你知道嗎?(答)本人與滕固原不相識,自中央委任爲省黨部執委後纔認識,因爲革命工作,纔合作。至於說伊是改組派,而平時在同事時候,觀其舉止行動,絕無表示,惟一般人的談論。我同他接近之原因,在聯名呈請辭職。此次辭職,實爲工作棘手,不願再做下去,多數主張辭職爲妥善辦法,故遂聯名辭職。惟當時苟知伊有反動行爲,則決不合作,且滕固平日之言論,并無詆譭中央。(問)滕固有反動嫌疑,你們知道否?(答)反動係參加政治爲標準。(問)你是組織部嗎？（答）是的。（問）各縣黨部，所委派的人，是組織部派的嗎？（答）是由各縣選定保薦，經省方開會表決委派的，惟手續則由組織部辦理。（問）溧陽反動案，據民政廳所報告，說開會時你曾派人去接洽？（答）沒有這回事。又提王志仁。（問）你與盧隱善是同鄉同學嗎？（答）是的。（問）你寫信給他係何事？（答）十七年五月間我在宿遷，他在省黨部任秘書。曾通信一次，因聞他有反動事，所以寫信去勸他，他亦沒有回信給我。再提谷曙吟、陳柏心、葛尚德等三人，據供稱函中進攻兩字，是革命工作上常有的表示，不能依此而遽認爲反動。況函中所述之吳爾昌，刻在省係忠實分子。且誰與誰認識爲一事，往來又爲一事。認識者，未必即往來。函中所指各人起訴書因此而認被告等爲犯罪，但被告等僅認識素未往來者等語。各人述畢，林庭長復諭各人，謂今日係調查庭，凡對於被告有利益之證據，汝等可提出。倪弼即謂民政廳來文，是抄件，似屬諸空言，不能遽認爲證據。遂由陸象如律師更將斯意補充，謂抄件中空空洞洞，本無指定，似與本案諸人無甚關係，此層應請庭長注意。繼由陳立人、徐炳成兩律師，先後起立謂：起訴書根據一函，指函中年月日係何民魂所書，但具名者係陳劍鳴。何民魂書函，何必僅書年月日？更不能證明係何人之筆跡。凡此種種，均不能作本案判罪之左證。述畢，倪等又復更請求停止羈押。經林庭長諭令，謂本案在調查證據時，所請暫難照准，聽候調查證據後，再行提訊。諭畢退庭。葛等仍發交第三分監還押。"（1930年3月5日《申報》）

4月24日，因"改組派"案於1929年11月28日被捕的葛建時等人，以查無實據，宣布無罪釋放，捏造事實、陷害別人的省民政廳長繆斌被撤職處理。（《民國江蘇省會鎮江研究》，鎮江市歷史文化名城研究會編著，鎮江：江蘇大學出版社，2010年6月）

初夏（5月6日立夏），據溫梓川《滕固在伏見丸上》一文記載：滕固化名鄧若渠，由上海乘日本郵船株式會社管轄下的伏見丸的三等房艙經香港、新加坡赴歐洲。與作家溫梓川談論文學與人生，并希望將溫著《南洋戀歌》翻譯成德文，在柏林雜誌上發表，藉以換取稿費。滕對留日同學陶晶孫極爲推崇，說陶晶孫是個多才多藝的人，音樂，繪畫，演戲，樣樣都很出色。途經檳城時，與同船的日本畫家龍四次郎同行做了一次很愉快的遊覽。
此行川資係將書稿賣給邵洵美的金屋書店所得五百塊大洋稿酬。該書由邵定名《外遇》出版。

譚正璧《憶滕固》："他的秘密工作不久便失敗，因上海不能存身，就亡命

1930年　庚午　民國十九年　三十歲　237

到香港去。那時他對黨事也已異常消極，從此決心擺脫工作，再爲學問努力。所以在香港耽擱了不久，便籌備川資，乘了郵船到歐洲大陸去。"

章克標《世紀揮手》："在江蘇省黨部工作不久，他就不安與位了。大概黨内派系多了，不能團結，互相爭權奪利，工作難搞。他請求出國留學考察，得到同意。……後來看見了許多人的記錄，知道他是以研究美術爲中心而進行學習，在德國也曾經結交了許多當時在那裏留學的人士，如朱偰、馮至、傅雷、蔣復璁等人。"

朱家驊《悼滕若渠同志》："在我所知道的留德同學中，若渠該是最努力最刻苦的一個人。他到德國研究藝術史，但并沒有帶著充足的學費，他祇是把研究中國古代藝術的結果，寫成文章投登德國的雜誌，去换得生活的維持。爲了他寫作的豐富，和表揚中國藝術的真誠，在德國學術界上獲得了他應有的聲譽。既受了柏林大學的博士，又當選了德國東方藝術協會的名譽會員。"

約5月中旬，在義大利的拿玻里（Napoli）參觀國家博物館後，考察龐貝廢墟，作有《義大利的死城澎湃〔龐貝〕》考察報告，以"柏林通信"爲名發表於《東方雜誌》第28卷第16號（1931年）。

譚正璧《憶滕固》："歐洲的生活當然非中國可比，可是德人是以忍勞耐苦出名的，所以他在那邊過那每天祇吃幾片黑麵包，把鹹魚作珍饈的生活，不但不受輕視，反爲他們所尊敬。那時他開始從事於考古的工作，曾專誠去訪過'美術的都城'羅馬的邦貝，著有'羅馬之遊'一文，登在東方雜誌上，字裏行間，充滿着懷古的幽情，他那時的胸懷全是超現實的。"

5月中下旬，在法國巴黎與劉海粟見面，曾爲劉作畫中題詩《庚午之夏，過巴黎見海師此作漫題》："毫端伏神鬼，胸中鬱蛟螭。興來一揮灑，造化亦爲欺。茂秀而疏拙，蕭瑟雜雄奇。"

按：《劉海粟年譜》：5月30日〔劉海粟〕由里昂乘快車往義大利。

由劉海粟引見與傅雷相識。

6月初，寓德國柏林，前往普魯士藝術圖書館讀書時，檢得圓明園歐式建築銅版圖原刊二十幅，詫爲圓明園文獻上之絶好材料。屢次借閲，不忍釋手。商於館長格拉湛（C.Glaser）教授，欲借攝副本，因價格太昂，未遂所願。

自述："一九三〇年夏余寓柏林，暇日往普魯士藝術圖書館讀書，無意間檢得圓明園歐式建築銅版圖原刊二十幅，詫爲圓明園文獻上之絕好材料。屢次借閱，不忍釋手。嗣商於館長格拉湛（C.Glaser）教授，借攝副本，因價格太昂，未遂所願；然而往還於懷，歷數閱月而不渝。"（《圓明園歐式宮殿殘跡》）

6月23日，北平圖書館館員蔣復璁派赴德國留學。

  按：蔣復璁（1898—1990）字美如，號慰堂，別號未唐。海寧硤石人。歷任清華大學、北京大學講師。1930年經浙江省政府選派，赴德留學，在柏林大學研習哲學，并攻讀於圖書館學院，同時在普魯士邦立圖書館任客座館員。1933年起長期擔任中央圖書館館長。於1967年任臺北故宮博物院院長。著有《珍帚齋文集》，主編有《徐志摩全集》和《蔣百里先生全集》等。

6月，《金屋月刊》第1卷第9、10期合刊刊登Calverton著，滕固譯《文學之社會學的評判》，譯者按："這是Calverton的《*The Newer Spirit*》中的第一篇，該書譯者曾於三四年前在某雜誌上介紹過。匆匆譯成，謬誤必多，希讀者指正。"同期發表滕固小説《做壽》。該刊《金屋談話》欄稱："滕固也從京都寄了一篇稿子來，我們很感謝他，他益加努力於文學，脫離什麽政治政黨，是我們所祝禱的。"

梁宗岱到柏林，住在城西夏洛登堡區的康德街74號（Charlottenburg Kantstrasse 74）。先後結識留學生朱偰、滕固、王光祈等，參加他們的文學沙龍活動。秋季開學，進入柏林大學學習德文，至1931年2月離開柏林，轉往海德堡（Heidelberg），入海德堡大學繼續研習德語。

  按：梁宗岱（1903—1983），廣東新會人。1924年赴法留學，此後又前往瑞士、德國學習。返國後歷任復旦大學、中山大學、廣州外國語學院教授。翻譯有莎士比亞的詩歌和歌德的《浮士德》等名著。代表作有《梁宗岱選集》、詩集《晚禱》、詞集《蘆笛風》、論文集《詩與真》等。

7月29日，朱偰訪張樑任，經張介紹得識滕固。在朱的眼裏，"滕固是一位新文學家，到德國來學藝術史，他長身玉立，談笑風生，是一位健談、天真而極爲有趣的人物"。

  《朱偰日記》："燈下往訪樑任并介紹新從巴黎來之滕君，談至十一時始歸。"（據2012年8月18日朱元春女士提供摘録《朱偰先生日記中有關滕固的記載》，特此申謝）

  朱偰《滕若渠》："余初識若渠，乃在一九三〇年暮春，時余將遠遊萊茵，若渠則方亡命至柏林，送余於蝦龍驛車站，倍覺情深。後余歸柏林，相交益厚，時常相過從者，有海寧蔣慰堂、襄城姚從吾、湖南李石岑、河北馮君培、長沙徐梵澄以及南海梁宗岱、山東劉延淮等，皆一時知名之士。每逢星期假日，輒聚會於柏林西郊森林湖畔余之寓廬，上下古今，縱橫六合，無所不談，真有'意惬关飞动，篇终接混茫'之感。而席間揮斥八極、才气縱橫者，尤以若渠为最。後余以一九三二年夏歸國，若渠亦不久東渡。其在歐遊蹤極廣，嘗西遊巴黎，南訪羅馬，所至探求古迹，結交名士，尤以所學爲藝術史，故對於文藝復興時代之名城——如翡冷翠（Florence）、威尼斯（Venice）、梵羅娜（Verona）、米蘭（Milan）——尤三致意焉。"（朱偰著《天風海濤樓札記》，第165頁）

按：朱偰（1907—1968），字伯商，浙江海鹽人。1929年赴德國柏林大學讀研究生，以賣稿度日，1932年獲經濟學哲學博士學位。返國後任中央大學經濟系教授、系主任。他除在財經方面有若干論著外，還著有《行雲流水》《汗漫集》《匡廬記遊》《從蜀記》等作品，并自1932年至1935年編寫《金陵古迹名勝影集》《金陵古迹圖考》《建康蘭陵六朝陵墓圖考》等。

張樑任（1905—？），早年畢業於上海同濟大學德文補習班，即往德國專攻經濟、法律，共七年，獲柏林大學政治學博士及德國特許經濟專家學位。曾任第十六屆國際勞工大會中國政府代表顧問，國立編譯館特約編審，國防最高委員會參事等職。譯著有《景氣學》《資本主義的將來》《德國之防軍》（塞克特著）等。

7月30日，朱偰冒雨赴車站候滕固等友人，一同散步。

《朱偰日記》："……在飯堂午飯，冒雨赴車站候樑任及滕固君不來。遂先搭赴Erkiur之車至Fichtenau訪石岑，'三年客夢迷歸路，一夜西風老壯心'之石岑愈見憔悴矣。移時樑任等亦至，出外散步……"。

按：李石岑（1892—1934），原名邦藩，湖南醴陵人。1913年入日本東京高等師範學校。回國後，任上海商務印書館編輯，并在上海繼續主編《民鐸》，兼任《時事新報》副刊《學燈》主筆。1926年1月至次年夏，任商務印書館《教育雜誌》主編。先後擔任上海大夏大學、光華大學、中山大學等哲學、心理學教授。

7月，滕固著短篇小說集《外遇》由上海金屋書店初版。目次：自記（1930年1月8日）/Post Obit/逐客/奇南香/期待/獨輪車的遭遇/外遇/訣別/麗琳/鵝蛋臉/做壽

滕固著短篇小說集《外遇》，上海金屋書店初版

[美國]波丁著，滕固、張志澄譯《馬克思學說體系》（上下）由[上海]未明社出版。目次：第一章，馬克思和晚近的批評家／第二章，唯物史觀和階級鬥爭／第三章，唯物史觀及其批評家／第四章，價值及剩餘價值／第五章，勞動價值說及其批評家／第六章，馬克思價值學說之大矛盾／第七章，經濟上之矛盾和資本主義之消滅／第八章，資本之聚積和中產階級之滅亡／第九章，無產階級和革命／第十章，社會革命／第十一章，結論／附錄，唯物史觀和實踐上之理想主義

8月1日，朱偰作萊茵之遊，滕固客中送客，倍覺情深。行前，朱偰將自己原來在森林區（Orberstrase）租的一間房子，轉讓給滕固暫住。

《朱偰日記》："晨八時起，收拾行裝整理臥室，十時三十分將一切文件辦理妥當。滕固君始偕張樑任前來為介紹與房東，交代一切。午刻偕滕君赴附近飯館用餐，午後與樑任握別。……歸寓與滕君談笑，論社會主義之流變，滕君頗有研究。傍晚外出散步，談論詩詞文學意極嫻雅，似無旅行之苦者。晚飯後赴Charlattenburg車站，滕君送別，客中送客倍令人銷魂。九點四十五分車開，向夜色茫茫中駛去。"

［美國］波丁著；滕固、張志澄譯：《馬克思學說體系》（上下），［上海］未明社出版

約8月間，赴比利時與劉海粟遊布魯塞爾等地，留有合影。

　　按：據《劉海粟年譜》1930年7月28日條：被比利時獨立百年紀念展覽會聘為國際美術展覽會評審委員，偕褚民誼、謝壽康赴比利時。29日開始評覽展品，并將中國畫《九溪十八澗》參加展出，獲國際榮譽獎。在比利時期間，遊"布魯塞爾、魯文、昂凡斯各地，研究佛蘭德斯派之繪畫，上而追溯哥特時代發見油畫之凡·愛克，下而及於巴羅克時代之魯本斯、凡·戴克，以及後期作家之製作"。

約9月間，朱偰遊萊茵河歸。時常與滕固、張樑任、蔣復璁等聚談。

　　"我剛回到柏林，首先常和滕固、張樑任接觸，談談萊茵旅行中的事，也談談德國文藝，等到蔣復璁一來，便更熱鬧起來了。中午我們一同到津漢飯店吃飯，談到晚上，便同到李村湖去散步，李村湖在柏林西部，由兩個姊妹湖組成，窅曲幽深，周圍都是園林別墅，靠著夏洛蒂堡街一頭，則都是漂亮的住宅，湖中可以遊船，是一個極好的遊玩的地方。"（朱元春女士提供朱偰作《文

滕固與劉海粟在比利時布魯塞爾合影

藝沙龍》未刊稿）

9月21日，朱偰來訪，未遇。(參見《朱偰日記》)

9月22日，與到訪的朱偰暢談，在附近的飯館午餐後同訪張樑任、蔣復聰。(參見《朱偰日記》)

9月23日，與朱偰互訪，談旅行中事。(參見《朱偰日記》)

9月24日，傍晚，朱偰來訪。(參見《朱偰日記》)

9月25日，朱偰來訪，同出找房。
《朱偰日記》："晨九時起，上午赴滕固君處找房多處皆未能合意。"

1930 年　庚午　民國十九年　三十歲　243

9月26日，上午，朱偰來訪，偕出看房，午餐。(參見《朱偰日記》)

9月27日，朱偰來訪，談天。
　　《朱偰日記》："晨九時起，上午赴滕固君處談天久之。"

9月28日，參加京漢飯店聚餐，縱論古今事。
　　《朱偰日記》："上午……正擬訪滕固，蔣復璁偕馮承植君來，又往樑任處，滕固已至，遂偕往寓所談久之。偕往京漢飯店聚餐，清茶一壺，縱論古今事有頃。偕往滕君寓爲馮君抄 Glsuch 及 Lebenslarif，傍晚外出散步。"

9月29日，朱偰來寓所暢談，午餐。(參見《朱偰日記》)

10月1日，由朱偰替滕固找到森林區 Charlottenbrunner Strase 的一間房子，價錢非常便宜。朱仍就搬回森林區 Orberstra β e 老地方住。
　　朱偰《文藝沙龍》：森林區寓所"遂成爲大家常相聚會的地方。不久馮至、梁宗岱也先後來到柏林，加入了我們這一個團體。每逢星期日及例復，這些朋友都先後來到，於是梁宗岱唱起粵謳，并用廣東調讀起詩來，異常鏗鏘好聽，蔣復璁便唱起昆曲，我一時高興，也用家鄉調讀起古詩來。有時也談論起學術和時局來，舉凡上下古今，縱橫六合，無所不談，但最喜歡談的一個題目，便是文藝。"

10月3日，朱偰來訪。
　　《朱偰日記》："晨九時起，上午外出散步。秋陽嬌豔，風光和煦，寄家信後往訪滕固君。"

10月5日，赴朱偰寓所，偕往京漢飯店午飯，與友人晤談。
　　《朱偰日記》："晨九時起，上午滕固君來寓，偕往京漢飯店午飯。晤張貴永、蔣復璁談久之。飯後偕滕固君往訪蔣復璁新寓。移時樑任亦來，談至晚歸寓。"

10月6日，與朱偰、李石岑等暢談、聚餐。
　　《朱偰日記》：移時李石岑君偕羅玉君女士(新從巴黎來)忽來訪暢談久之，并偕滕固同往京漢飯店聚餐。……十一時三十分歸寓。
　　按：羅玉君(1907—1988)，女，原名正淑。四川岳池人。文學翻譯家。

1933 年獲法國巴黎大學文學博士學位。回國後，曾任山東大學、華西大學、四川省藝術專科學校教授。1951 年起，任華東師範大學教授。譯有（法）司湯達《紅與黑》、喬治·桑《安吉堡的磨工》、雨果《海上勞工》、莫泊桑《我們的心》等。

10 月 7 日，與朱偰、李石岑等友人參觀國立圖書館、柏林大學圖書館，登高瞭望全城。

《朱偰日記》："晨九時起，上午赴 Friedrichsestraβe Bahnhof 會石岑及羅女士并滕君，偕往國立圖書館由 Dr. Jimon 介紹至 Pref.Hülle 前爲指導參觀中文圖書，多珍版并宮中藏本。十二時偕往柏林大學午飯。午後赴大學圖書館晤張貴永君。偕李、羅、滕三君同往 Ausstellung 登 Funkturm，瞭望全城，高風怒號，塔高（一百三十二米突），臨風搖動，如搭輪船航行大海中然。"

10 月 10 日，朱偰來訪。

《朱偰日記》："傍晚訪滕固君。燈下赴公使館國慶紀念會，有茶點。晤舊友甚多。十二時多始歸。"

10 月 12 日，訪朱偰并偕往張樑任暢談。

《朱偰日記》："晨十時起，上午滕固君來訪，談至十二時偕往樑任處，三時偕樑任夫婦、滕固同往京漢飯店用飯。晤蔡春德君新從瑞典、英、法、奧、捷克旅行歸來，暢談甚歡。飯後偕往 Tiergarten 散步，余來德一載，此間尚未一遊也。傍晚歸寓。"

10 月 13 日，與朱偰、張樑任、李石岑圍坐夜談。（參見《朱偰日記》）

10 月 18 日，傍晚，朱偰來訪。（參見《朱偰日記》）

10 月 19 日，上午，偕來訪之朱偰同往張樑任寓所，午間同赴京漢飯店聚餐。（參見《朱偰日記》）

10 月 26 日，朱偰、蔣復聰等來寓談詩，午餐後又與梁宗岱等同往朱偰處讀詩度曲。傍晚送李石岑歸國，在車站珍重道別。

《朱偰日記》："晨九時起，天氣陰幽。上午往訪滕固君，移時蔣復璁君亦來，共讀余所譯海涅抒情詩，推敲詞句頗有意味。同往京漢飯店午餐，宗岱亦來，又晤黃鏡君，偕往寓所，圍坐窗前。余出所帶中國文藝書，各用家鄉音調讀詩詞一首。宗岱爲新會人，讀杜甫秋興詩音調莊重，極爲悦耳。蔣君爲昆曲名家，清唱一曲，闔座稱善。五時赴 Charlottenburg 送石岑歸國。六時車開，珍重道別，偕滕固歸寓所。"

10月29日，傍晚，將所作文稿及譯詩交來訪之朱偰。（參見《朱偰日記》）

11月2日，與朱偰、蔣復璁、張樑任赴京漢飯店午飯，晤徐培根。午後又與朱偰、梁宗岱散步至暮，在朱偰處讀唐詩。

《朱偰日記》："晨九時起，蔣復璁君來寓，移時滕固君亦至，偕往樑任處，同趁火車赴京漢飯店午飯。晤徐培根君。午後偕滕固、梁宗岱二君赴 Eichkamp 森林中散步，登高崗，落日亭亭向客低去。燈下歸寓，與滕、梁二君讀唐人詩：'但覺高歌有鬼神，焉知餓死填溝壑。'此之謂矣。燈下冒雨隨梁君往取納蘭詞（飲水詞、側帽詞），談至十時。夜雨更甚，歸寓衣履盡濕。"

按：徐培根（1895—1991），字石城，浙江象山人。民國陸軍二級上將，國防部次長，著名軍事理論家。抗戰時爲五戰區參謀長，輔佐李宗仁。三年內戰時爲白崇禧的參謀長，1949年到臺灣後，任陽明山"國防研究院"上將主任。

11月9日，赴朱偰寓所談天，午餐時與徐培根、張樑任夫婦等晤談、散步。

《朱偰日記》："晨九時起，上午蔣復璁來寓談至午，滕固君亦來，偕往京漢飯店午飯。晤徐培根君，樑任伉儷亦來。午後偕樑任伉儷及滕固往 Tiergarten 一帶散步，過 Technische Hochschule 之前，晚景煙霞，頗饒興味。傍晚歸寓，燈下閱中國報紙、讀詩詞。"

11月30日，赴朱偰寓所與友人談笑至夜深。送朱小說集《外遇》一冊。

《朱偰日記》："晨九時起，上午費君來寓，劉君衍淮、蔣君復璁、滕君固、張樑任君夫婦繼至，談天甚洽。偕往津漢飯店午飯，午後往 Tiergarten 散步，歸寓已晚，滕君及蔣君同來談笑至夜深，送蔣君至車站。滕君送余小說集一冊（外遇）。"

按：劉衍淮（1907—1982）字春舫，山東平陰人。北京大學畢業。1930年3月離國，和李憲之一起前往德國柏林。入柏林大學學習氣象學，1934年獲博士學位。返國後任北平師範大學教授。1949年去臺灣，後任臺灣師範大學教授。

李憲之（1904—2001），河北趙縣人。1927年畢業於北京大學物理系後參加中國西北科學考察團。1930年經考察團氣象主任郝德博士的推薦入德國柏林大學深造。1934年獲博士學位。1936年返國後任教於清華大學、北京大學。

12月7日，赴朱偰寓所談詩。

《朱偰日記》："晨九時起，Lontag女士來電約下午來寓補習。上午樑任及滕若渠來寓，談樑任情史。赴津漢飯店午飯。午後偕宗岱、若渠歸寓談詩。移時Lontag女士至，爲介紹，開始爲其補習，預備考試，至六時三刻始去，送伊至車站。往訪若渠談有頃，歸寓。"

12月12日，赴朱偰寓所，出示《義大利死城澎湃[龐貝]》一文。夜同出散步。（參見《朱偰日記》）

12月14日，赴朱偰寓所與友人暢談。

《朱偰日記》："晨十時起，上午劉衍淮、蔣復璁、滕固、樑任來寓談至一時。偕往中國飯店午飯。晤梁宗岱、李忍濤君。午後偕樑任夫婦、滕固、宗岱同往Kurfürskedamm及Tauenzienstr.一帶散步。傍晚歸寓，滕君來讀'白頭蘇武天山雪，紅淚蔡姬洛水春'之聯，不禁心動神搖。燈下寫隨筆。"

12月21日，赴朱偰寓所與友人聚談。

《朱偰日記》："晨十時起，上午貢沛誠、梁宗岱、劉衍淮、蔣復璁、滕固、李憲之諸君先後來寓，縱談一切。蔣君唱牡丹亭昆曲，衆爲之擊節。午偕往中國飯店午飯，吾張貴永君。下午赴新學生會址，又赴梁宗岱君寓，縱讀樂府詩詞。余吟贈《白馬王彪詩》，梁君讀粵謳數闋及顧梁汾'季子平安否'之金縷曲，至七時始歸。夜訪樑任。燈下寫留德學誌社招待投稿者之請束十七張。"

按：貢沛誠，生卒年不詳，江蘇省武進人。曾任中央政治學校訓導，中央政治學校附設邊疆學校副主任兼研究部邊務組組長，甘肅省第一、六區行政督察專員，重慶市政府地政局局長，浙江省政府委員，浙江省建設廳廳長等職。著有《縣政經驗談》《鳥瞰河西走廊》等。

12月24日，赴留德學誌社招待編輯及投稿者，到者有胡祥麟、張樑任夫婦、梁宗岱、蔣復璁、朱偰、周芳世、李忍濤、王光祈、劉衍淮、李憲之等。

《朱偰日記》："晨九時起，上午若渠即樑任、宗岱來寓讀唐詩。……晚六時赴天津飯店爲留德學誌社招待編輯及投稿諸君，到者有胡祥麟、張樑任夫婦、梁宗岱、蔣復聰、滕固、周芳世、李忍濤、王光祈、劉衍淮、李憲之諸君，觥籌交錯，極一時之盛。余誦秋興及李后主詞，梁誦粵謳，滕作口技，蔣唱昆曲，頗爲熱鬧。夜十二時始散，歸寓已一時矣。"

　　按：胡祥麟（1903—），留德学生，曾获柏林医科大学博士学位，曾在中国驻德公使馆任职。

12月27日，贈朱偰集句兩張。

　　《朱偰日記》："接若渠贈片二張，題集句云：'君始成名渠早嫁，傷心不獨是蕭郎。''一生一代一雙人，縱教兩處銷魂。天涯鴻雁頻來去，未誤青春。'"

　　按：後者前兩句出自清代著名詞人納蘭性德的《畫堂春》。

12月30日，夜，偕朱偰外出學習跳舞。（參見《朱偰日記》）

12月31日，與朱偰等友人共度除夕。

　　《朱偰日記》："接浙江省政府來函撥補助費一百五十英鎊。晨九時起，上午往訪樑任，Marrgraf女士適亦來訪，該女郎明眸善睞，談吐文雅，兼合東方之脈脈含情與西方之窈窕溫柔，無怪若渠傾倒不置。歸訪若渠偕往Lsenberg用飯。飯後理髮即歸寓稍事休息。Frau張來寓偕往Tietz購買各種除夕用品，歸布置一切。若渠先來，宗岱繼至，談至八時張夫人始至，即連袂出發搭車至gavigrig Platz，賃車至Cafikönig am knie。本日爲Jylvester（除夕）萬紫千紅燈光燦爛。余等訂有酒席，十時後即開始跳舞……歸時已四時。"

1931年　辛未　民國二十年　三十一歲

1月1日，《讀書月刊》"文壇消息"報導滕固在德國學業及從事創作、翻譯情況。

　　"滕固近在德國柏林大學肄業，暇從事於創作翻譯，并允爲《讀書月刊》撰稿云。"（顧鳳城主編《讀書月刊》1931年1卷3—4合期"文壇消息·十五"）

1月18日，上午，與朱偰、劉衍淮、蔣復聰、梁宗岱等友人聚談，午餐。（參見《朱偰日記》）

1月21日，赴中國飯店與朱偰等友人會晤自巴黎來訪之張文理、胡愈之。

《朱偰日記》:"赴中國飯店午飯,晤巴黎來之張文理、胡愈之二君,若渠、宗岱、樑任亦到,談久之。"

1月31日,赴中國飯店與友人爲梁宗岱餞行。

《朱偰日記》:"赴中國飯店爲宗岱餞行,同席有樑任夫婦、若渠、復璁共七人。談笑至十一時始散。"

2月8日,上午赴朱偰寓所聚談,飯後又回居住處與朱偰、蔣復聰叙談。

《朱偰日記》:"晨十時起,上午蔣復璁、劉衍淮、滕若渠、李憲之、貢沛誠五人來寓談至一時。偕若渠、復璁同往津漢飯店用飯,晤張樑任夫人。下午偕復璁往訪若渠談至四時,急赴 Pref. Ausstellung 會。"

2月27日,與朱偰、張樑任談天至深夜。(參見《朱偰日記》)

3月6日,赴朱偰寓所與姚從吾晤談。

《朱偰日記》:"晨九時起,上午若渠來寓侯許久,[姚]從吾始來,談至十二時偕往 Isenberg 午飯。"

按:姚從吾(1894—1970)原名士鼇,字占卿,號從吾。河南襄城人。1922年夏,由北京大學選派赴德國柏林大學留學,專攻歷史方法論、匈奴史、蒙古史及中西交通史。1929年,任波恩大學東方研究所講師。1931年,任柏林大學漢學研究所講師。1934年夏回國,任北京大學歷史系教授、河南大學校長。1949年去臺灣,後任臺灣大學教授、"中央研究院"院士等職。有《姚從吾先生全集》(共十册),由臺北正中書局陸續出版。

3月20日,蔡元培分別復滕固、劉海粟函,談爲滕固向大學院申請津貼事。

蔡元培復滕固函:"徑復者:拜讀從劉海粟先生處附來大函,借諗執事研究西方歷史,費用不足,深爲繫念。惟本院經費支絀,實苦無力補助,未能遵囑爲歉。諸希諒之。此致滕固先生　蔡元培敬啓三月二十日"

蔡元培復劉海粟函:"接讀手書,知發揚藝術,價重外邦,無任欣慰。承示滕君固請本院津貼一節,本院現因經費支絀,種種計劃,皆受制限;津貼滕君,實苦無以應命,諸希諒之。滕君處已直接復矣。順頌台綏　蔡元培敬啓三月二十日"(收入中國蔡元培研究會編《蔡元培全集》第十二卷,浙江教育出版社1998年版)

按：3月上旬，劉海粟受德國法蘭克福中國學院之聘，講演中國畫學，并在法蘭克福美術館舉行中國現代畫展。

3月21日，圓明園遺物文獻展覽會在北平中山公園水榭舉行，該展係中國營造學社與北平圖書館聯合籌辦，其目的在引起人們興趣，使私家所有之遺物文獻，由秘藏而公開，集群策群力，以達於共同研究之域。滕固隨後收到友人寄贈瀋陽博物館印圓明園長春園銅版一書。

《建築典型歷史文獻　圓明園遺物文獻展覽會　本月廿一日在北平中山公園舉行　金梁發現之東長春園銅板圖考》："北平圓明園，爲我國罕覯之建築。咸豐十年，毀於英法聯軍，所遺文物，均饒歷史價值，中國營造學社與北平圖書館聯合徵集圓明園之文物，所得頗富，特舉辦圓明園遺物文獻展覽會，定於本月二十一日（宋建築家李明仲八百二十一週年紀念日）在北平中山公園公開展覽，發出通啓，廣徵文物，其已得之文物，如另單所列。并聞尚有玻璃瓦之研究品，亦同時在中山公園展覽，此會現正積極籌備。又金梁氏最近發現圓明園東長春園銅板圖，其事曾載本報文學副刊。此圖現在遼寧故宮博物院，已攝影付印，茲承金君寄示所著《圓明園東長春園銅版圖考》，一併錄後，亦一重要文獻也。"（下略）（1931年3月13日天津《大公報》）

3月28日，赴德國公使館梁龍（雲從）招待劉海粟宴會。

《朱偰日記》："五時赴公使館梁雲從先生之宴，到者有劉海粟、滕若渠、關君、羅霞夫婦、道林等，外人方面有Kümmel，Kuln，Schüller等。海粟作水墨畫兩張，頗有精神。"

滕固所閱讀之圓明園遺物文獻展覽會報導（1931年3月13日天津《大公報》）

按：據《劉海粟年譜》1931年3月條：受德國法蘭克福中國學院之聘，講演中國畫學，并在法蘭克福美術館舉行中國現代畫展，6月又移海德堡展覽。德人見之，讚賞不已。"柏林藝壇權威者屈梅爾教授等人，即向使館詢問，使館亦感有在柏林舉行大規模中國現代畫展之必要。乃電促海粟至柏林，爰正式與普魯士美術院、東方藝術會各機關談判，并迭與東方學者屈梅爾教授、白舒夢教授、佐爾法博士、佛朗克教授、克倫佩雷博士等詳細探討。"(《歐洲中國畫展始末》)

柯文輝《藝術大師劉海粟傳》："柏林報紙報導了(劉海粟)講學情況，引起了有關單位注意。幾位學術界耆宿經過研究之後，派出代表去見中國駐德公使蔣作賓，要請海粟去柏林商談介紹中國現代藝術之事。受寵若驚的蔣作賓很覺意外，遂命代辦梁龍到法蘭克府將海粟請到柏林。當天，原美專教師滕固(若渠)偕朱偰、俞大維到車站相迎。他們皆在柏林留學，聞海粟到來，非常高興。海粟向他們介紹了在巴黎進行考察及在法蘭克府中國學院講學的情況，三人聽得津津有味。"(柯文輝《藝術大師劉海粟傳》，山東美術出版社1986年8月版)

3月31日，在寓所接待劉海粟、朱偰、姚從吾、徐道鄰等人，并爲劉海粟畫作題《寒梅圖》詩："一枝側欹著花先，別夢羅浮又幾年。極目傷心千里外，故園春色爲誰妍。"眾人作畫題詩，談笑甚豪。

《朱偰日記》："晨九時起，上午若渠來電約往其寓與劉海粟一談，因往訪。從吾偕往，徐道鄰已在坐。談笑甚豪。海粟揮翰作畫，寫松竹梅蘭四幅，在座者各題詩或落款。徐得松石圖題詩一首：有誰識超世，真及白石空寂寞之句。余因題：'草木本有心，何求美人折'以調之。海粟畫竹題曰：孤竹君之二子，余題：'疏陰不自覆，百尺旁無枝。'二句。海粟爲之擊節。若渠題《寒梅圖》詩云：'一枝欹側著花先，別夢羅浮又幾年。極目傷心千里外，故園春色爲誰妍。'下午歸寓。"

按：徐道鄰(1906—1973)國民政府官員。徐樹錚之子。安徽蕭縣人，生於日本東京。早年留學德國，於1932年獲法學博士學位。

春，得到友人寄贈瀋陽博物館印圓明園長春園銅版一書，又聞柏林工科大學教授布林希曼(Ernst Boerschmann 1873—1949)藏有圓明園歐式宮殿照片若干種，甚爲貴重。乃請使館備函往訪，布氏出示照片十二幀，暨平面圖一幀；係圓明園東長春園毀後未久時所攝者。經再三固請，終於借得底片拍照，整理考證後，編爲《圓明園歐式宮殿殘跡》一書。

1931 年　辛未　民國二十年　三十一歲　251

1931年滕固與劉海粟等人在歐洲合影

《柏石曼和滕固》：恩斯特·柏石曼（Ernst Boerschmann，1873—1949 年）是一名德國建築及藝術史學家，也是一名漢學家，1902 年，柏石曼途徑印度首次來到中國，被中國的古建築，尤其是宗教建築所吸引，於是產生了考察中國古建築的設想。這一設想後來在德意志帝國政府支持下展開。1906—1909 年間，柏石曼穿越中國十二個省，行程數萬里，拍下了數千張宗教建築和民居的照片。回國後，他根據考察所獲的資料，連續出版了至少六部論述中國建築的專著，其中 1923 年出版的德文版《中國建築和景觀》（Boukunstund Londschaftin Chind）和 1925 年出版的德文版《中國建築》（Chinesische Architektur）是最重要的代表作。1924 至 1927 年梁思成在美國賓西法尼亞大學留學期間，接觸到柏石曼關於中國建築的著作，深受影響，儘管費慰梅（Wilma C. Fairbank, 1909 —2002 年）在《梁思成與林徽音》一書中曾提到梁思成認為柏石曼等人"對中國建築的理解失之膚淺"，但是從梁思成後來有關中國古建築的分類來看，還是深受柏石曼影響的。

奧爾末 1927 年去世後，他的遺孀路易斯·馮漢娜根（Louise von Hanneken）將從遺物中找出的圓明園西洋樓的底片交給了在柏林工科大學教授建築學的柏石曼。1929 年，一位名叫滕固的中國青年赴德國留學，學習美術史。在德期間他得知柏石曼藏有一組圓明園西洋樓早期的底片，"乃請使館備函往訪，布氏（即柏石曼）果出示照片十二幀，暨平面圖一幀；乃圓明園東長春園毀後未久時所攝也。"在這幅由奧爾末親手繪製的西洋樓景區平面圖上，標注了他拍攝照片的位置和角度，並注有繪製日期——1873年11月，由此可知最晚在此時，這組照片就已經拍攝完成了。

奧爾末在世時，應該不知道自己留下的這組照片是後來能看到的關於圓明園西洋樓最早的影像，然而從目前找到的資料來看，奧爾末1873年拍攝的這組底片已經確認是拍攝時間最早、最接近西洋樓原貌的影像資料。

後來在滕固的遊說下，柏石曼同意借出這套底片，並於1933年由上海商務印書館出版了《圓明園歐式宮殿殘跡》一書。此書22.5×27厘米，共收錄十五圖，其中圖一係滕固根據奧爾末的手繪圖紙複製的西洋樓景區平面圖，圖十三是滕固友人於1932年所攝大水法殘跡，圖十五是托瑪斯・查爾德所攝觀水法旁鐘形門，其餘十二張均由奧爾末的底片直接製版印刷。遺憾的是這批底片在運往上海途中受損，大水法那張底片斷為兩半，在滕固的書中仍能看到痕跡。

滕固在用完這批底片便送還給了柏石曼，也許是柏石曼由於底片受損而自責，也許是其他原因，此後這批底片再沒有示以世人。1943年，柏林在盟軍的轟炸下幾乎變為廢墟，因此坊間一直傳說這批底片在轟炸中被毀，而滕固所編《圓明園歐式宮殿殘跡》一書的價格也因是奧爾末這批照片最後的亮相而水漲船高，甚至千金難購。而實際上，這批底片一直由柏石曼仔細保管，直到他去世。1987年，他的孫子將這批底片售出，之後又輾轉流至臺灣。

2010年，時值圓明園罹難一百五十周年，這座經之前又一個一百五十年傾力營造方得鼎盛的萬園之園，以一片廣闊的遺址，在北京的西北郊，靜靜地表達著它曾經輝煌的存在。西洋樓從它極盛時的皇家遊樂園變成了綠樹叢中白石堆砌的殘跡，其中缺失的時光，在一張張片上定格下來。當我們面對這十二張玻璃底片，仿佛還能感覺到石牆上烈火炙烤的餘溫，光影中散落著我們對那些已經消失的細節的追尋，對一段歷史的哀思，對那些不復存在的美景的紀念。（徐家寧《奧爾末與圓明園歷史影像》，載《殘園驚夢——奧爾末與圓明園歷史影像》）

按：2010年7月，圓明園罹難一百五十週年之際，中華世紀壇世界印書館、臺灣秦風老照片館和東莞展覽館共同主辦了"殘園驚夢——奧爾末與圓明園歷史影像"展。由德國人恩斯特・奧爾末1873年拍攝的七十二幅大型原件照片，清晰地記錄了圓明園這座匯集中西文化精粹的皇家園林遭劫後的殘容遺貌，是目前所知的最早的圓明園實景照片。

4月15日，與課後歸來的朱偰散步、午餐。（參見《朱偰日記》）

1931年　辛未　民國二十年　三十一歲　253

奧爾末拍攝圓明園大水法，底片受損的痕跡也見證了中德兩國學者的一段交往史話（選自《殘園驚夢——奧爾末與圓明園歷史影像》）

4月19日，朱偰讀滕固小説《迷宫》，計劃選編小説集。（參見《朱偰日記》）

4月24日，劉海粟在巴黎臘丁區作《中國繪畫上的六法論·序言》，略謂："抵歐已還，時與此邦碩彦往還論藝。比輩深詫中國畫理六法論之精微，舉以相質，口舌縈煩。製作之暇，往往劄記若干條，漫無條理，聊爲答客之需耳。今年初春，德國法蘭克福中國學院聘講中國藝術，因念歐洲人士所感興味之六法論，亦即中國繪畫上之根本問題。爰將平昔劄記，彙成是稿。其間姚最以前，間有採集日人金原省吾之著述，然見解不能同處，亦復不少。自張彦遠以後，則獨抒所見，聊貢一得。"

　　按：劉海粟著《中國繪畫上的六法論》，1931年11月由中華書局以連史紙印製聚珍仿宋版發行。内分"謝赫以前的畫論"、"謝赫的六法論"、"謝赫以後的六法論"與"氣韻生動説的分歧與辯護"四章，探源索流，闡述南朝（齊）繪畫理論家謝赫在《古畫品録》中所提出之"六法"在中國繪畫藝術理論上的意義與影響。據黄惲撰文披露，該書係滕固代筆而作。劉墨亦言："有人很讚賞劉海粟關於謝赫"六法"的研究，不過現在已經證明，那是出於滕固（1907—

1941)的手筆。"(劉墨著《20世紀中國畫名家批評》,北京:中國林業出版社,2007年,第91頁)

4月25日,赴朱偰寓所,商談選小說事情,隨後同訪蔣復聰。(參見《朱偰日記》)

4月29日,入德國柏林大學哲學系學習藝術史,在第121位校長在任期間學生的名冊上,他的註冊號是7125。

德國柏林大學外景(攝於1900年,李雪濤先生提供)

5月12日,柏林考古學會請匈京亞爾富第講演《高原亞細亞的文化和藝術》,滕固應邀前往參加聽講。

自述:"一九三一年五月十二日柏林考古學會請匈京亞爾富第演講《高原亞細亞的文化和藝術》,我也被邀去聽講,其講稿刊載於是年《德意志國家考古學院年報》內,惜手頭無此書,一時無法檢尋。我這裏所引,係根據我當時的備忘筆記,如有謬誤,由我自己負責。"(《燕下都半規瓦當上的獸形紋飾》注釋16)

譚正璧《憶滕固》:"德國人知道他是中國有名的文藝家,所以時常請他參加各種座談會。有一次，因爲他要在某處座談會講述中國唐代的詩歌，便老遠地寫信來託我寄了許多唐詩選集去，以作談詩的參考。於在可見他作事治學的不肯苟且。""在柏林大學卒業的那年，爲了作博士論文，他又託我代找批評唐人王維繪畫及宋人蘇軾論畫的材料。當時我就把趙殿成的王右丞集箋注（因爲書末搜集批評王維詩畫的材料都極詳盡）與東坡題跋，以及從東坡詩文集中抄下來的所有關於論畫的材料立即寄往。"

6月10日，《現代文學評論》"文壇雜訊"介紹滕固在德國近況。

《滕固流落德國》：滕固自政治活動失敗後，即遁跡海外，近聞已赴德國，生活極爲貧困，每日三餐，亦難維持云。（德娟等作《現代中國文壇雜訊（十六）》，《現代文學評論》1931年1卷3期6頁）

約7月，論文《論中國山水畫中南宗的意義》（Zur Bedeutung dre sudschule der Südschule in der chinesischen Landschaftsmalerei）發表於《東亞雜誌》（Ostasiatische Zeitschrift）1931年7期（N.F. 7(1931)，S. 156—163）。收入范景中、曹意強主編《美術史與觀念史》IV，南京師範大學出版社2005年12月第一版。

8月，結識抵達柏林的馮至。

姚可崑回憶："馮至轉學到柏林後，生活不像在海岱山時那樣平静了。他的交往比過去頻繁了，他受到北大同學學習經濟的朱偰和研究圖書館學的蔣復璁的歡迎，通過他們認識了研究美術的滕固；他們常在一起談論國內的與德國的情況。不久徐詩荃也來到柏林。他送往迎來，接待過途徑柏林的朱自清、李健吾等人。"（姚可崑著《我與馮至》，廣西教育出版社1994年1月第1版）

按：馮至（1905—1993），原名馮承植，字君培，河北涿州人。詩人、散文家。1930年留學德國先後就讀柏林大學、海德堡大學，1935年獲得海德堡大學哲學博士學位。返國後歷任同濟大學、西南聯合大學、北京大學教授。曾任中國社會科學院外國文學研究所所長。

9月17日，與馮至、姚從吾等赴朱偰寓所交談。

《朱偰日記》："晨九時起，上午若渠、君培來寓談至午，共赴橋頭午飯。下午再共從吾、若渠談天，傍晚外出散步。"

9月18日，日本帝國主義發動九一八事變，中華民族面臨嚴重的民族危

> **Zur Bedeutung der Südschule in der chinesischen Landschaftsmalerei.**
>
> Von
>
> Ku Teng.
>
> Im allgemeinen wird angenommen, daß es in der chinesischen Landschaftsmalerei seit der Tangzeit eine Süd- und eine Nordschule gibt. Diese unklare Scheidung, die noch bis heute im Umlauf ist, geht zurück auf Arbeiten der Kunstkritiker der Spätmingzeit. Zuerst sagt Mo Schī Lung [1] 莫是龍: Es gibt im Buddhismus eine nördliche und eine südliche Richtung, in der Tangzeit haben sie sich zuerst getrennt, in der Malerei gibt es auch eine Nord- und eine Südschule, sie haben sich auch in der Tangzeit getrennt, aber ihre Mitglieder stammen nicht aus dem Norden oder Süden. . . . dasselbe meint auch Ch'en Chi Ju [2] 陳繼儒 und er sagt dann weiter· Die (Nordschule) Li Sī Hsün's 李思訓 ist ungeschlacht und ohne literarische Grundlage, die Südschule Wang We's 王維 ist Eleganz und Klarheit. Ich kann dieser Meinung nicht zustimmen, für die lange Dauer der Geschichte der chinesischen Malerei kann man diese Trennung nicht aufrecht erhalten. Wohl glaube ich auch, daß Wang We und Li Sī Hsün Epoche machende Künstler sind, vor der Tangblüte lag das Schwergewicht der Malerei in der Architektur- und Figurenzeichnung, die Landschaftsmalerei beginnt erst in der Tangzeit und ist dann zur Hauptströmung der chinesischen Malerei geworden. Das hat seinen
>
> [1] aus: Mo Schi Lung's Hua Schuo.
>
> 莫是龍畫說:"禪家有南北二宗,唐時始分;畫之南北二宗,亦唐時分也。但其人非南北耳。北宗則李思訓父子,著色山水,流傳而為宋之趙幹趙伯駒伯驌以至馬夏輩。南宗則王摩詰始用渲淡,一變鉤斫之法,其傳為張璪荊關郭忠恕董巨米家父子,以至元之四大家。亦如六祖之後,有馬駒雲門臨濟兒孫之盛,而北宗微矣。"
>
> [2] siehe: Ch'en Chi Ju's Yǎn Pao Yü T'an. 陳繼儒《恆曝餘談》:"李派粗硬無士人氣,王派盡和懿。"

滕固論文《論中國山水畫中南宗的意義》,發表於《東亞雜誌》(Ostasiatische Zeitschrift) 1931 年 7 期

機,全國抗日救亡運動不斷高漲。

午後與朱偰、姚從吾、馮至等訪蔣復聰,暢談至晚十時半始散。(參見《朱偰日記》)

9月19日,九一八事變消息傳到德國,引發留學生群情激奮,商議發電致南京國民政府,并討論組織辦事處以進行國際宣傳。

《朱偰日記》:"星期六晚六時,赴梁穎文君之宴,席間有俞大維夫婦、沈

誠君、陳君、從吾及余，席間因日本出兵搶佔奉天，羣情奮激，即赴商務部商議一切，當發電一通致南京，并討論組織辦事處以事國際宣傳。夜深始歸。"

9月21日，與朱偰、徐道鄰、姚從吾、俞大維等聚談。

《朱偰日記》："晨九時起，上午赴 Handels abfeibung 工作，道鄰、從吾、若渠、忍濤、大維（即俞大維）、仲粟、沈誠及桂君（後來的國民黨海軍司令桂永清）皆在。十一時 Sfrewe 來，交稿與之。午後歸寓稍事休息。四時赴學生會開旅德僑胞全體大會，發議決組織旅德華僑對日救國後援會委員會七人，余以五十四票次多數當選爲委員。會畢八時即歸寓，燈下閱報早睡。"

又據翌日《朱偰日記》："晨九時起，上午赴學生會開第一次旅德華僑對日救國後援會執行委員會，余與道鄰、大維被推爲對外宣傳委員，從吾剪報，張鴻圖庶務、邵百昌對內聯絡及中文宣傳。分配就緒開始工作，打電報數通至國內。下午繼續工作，傍晚在津漢飯店用飯，夜深始歸寓。"

9月30日，與朱偰談天。（參見《朱偰日記》）

9月，《輔仁學誌》第二卷第二期刊登滕固《關於院體畫和文人畫之史的考察》一文。內容爲：一、繪畫史上的盛唐；二、翰林圖院與院體畫之成立；三、士大夫生活的高蹈型式與文人畫運動。

按：1932年11月21日至12月2日轉載於《藝術旬刊》第一卷第九至十二期，編者附言："本文曾刊北平《輔仁學誌》第二卷第二號。編者以其有特殊價値，特向滕固先生商請轉載本刊，以廣流傳。附識數言，以示出處。"後又收入《中國美術年鑒》（中國圖書雜誌公司，1948年10月，上海）等書。

《中國新書月報》1931年1卷9期"本國文壇新話"報導滕固在德國生活狀況："滕固氏現在德國，生活極不安定，專靠賣文爲活，然不能維持，聞其友人邵洵美氏常有接濟云。"

10月9日，與朱偰、姚從吾、蔣復聰等訪馮至，暢談。（參見《朱偰日記》）

10月19日，國民黨中央執行委員會舉行第一六五次臨時常務會議，決議事項一，凡本黨同志自第二屆第四次全體會議以後因政治關係而開除黨籍者一律恢復。俟第四次全體代表大會開會時提請追認。二，前項恢復黨籍者，即請中央監察委員會查明，開具名單，以便提請第四次全國代表大會追認。後經 11 月 21 日第四次全體代表大會第七次會議通過，恢復黨籍者包括汪兆銘、滕固、何民魂、盧印泉等共計三百十名。（參見 1931 年 10 月 19 日《民國日報》、1931 年 11 月 22 日《申報》等）

11 月 8 日，赴朱偰寓所與馮至等晤談，午後與朱看電影、散步。

《朱偰日記》："晨十時起，上午君培來寓談至午，若渠亦至談久之，共往中國飯店用飯。午後偕若渠往 Planetarium 看 in die Alpen 之片，散場已五時，散步 Tiergarten，金風蕭蕭又是一年歲暮矣。傍晚歸寓。"

11 月 18 日，與朱偰等晤談，計劃歸國後辦刊物。

《朱偰日記》："上午衍淮、若渠來訪談極洽，若管[渠]道將來歸國出刊物事正合我意。午偕若渠赴中國飯店用飯，晤慰堂及君培談久之。飯後偕若渠、慰堂散步 Tiergarten。赴若渠處談天，讀黃仲則、王仲瞿、舒鐵雲詩，極變化之致。傍晚赴 Planetarium 看 Gtalien 之片，演畢已九時，赴津漢晚飯，歸寓已近十一時矣。"

12 月 13 日，與馮至赴朱偰寓所，共同推敲朱氏翻譯歌德詩歌。

《朱偰日記》："晨九時二十分起，上午赴 Dr.Siman 處校閱考試論文至十二時三十分，急歸寓，若渠和君培均已來寓，共推敲余昨日譯詩（係歌德傑作），極為有趣。三時同往津漢飯店用飯。"

12 月 29 日，出席邊陲研究會聚餐會，席間甚為歡洽，各唱詩歌以遣餘興。

《朱偰日記》："燈下赴泰告飯店邊陲研究會聚餐會，到會者有若渠、慰堂、樑任、忍濤、陳忠寰、王濤、李維果、胡家枚、黃維立、沈誠、余建勳等十餘人及樑任夫人、建勳夫人、Frl.Peicher、frl.Schulze、Frl. Thomas 并 Ellchen。席間甚為歡洽，各唱詩歌以遣餘興。十一時散會。"

12 月 31 日，出席友人新年前夜聚會。

《朱偰日記》："咖啡店中，火樹銀花，燈火輝煌。移時若渠、慰堂、樑任夫婦、忍濤及其女友、樑任之岳母及其老友及二女即均至。環佩搖曳，花枝招展，在樂聲悠揚、花紙飄舞中渡過 1931 年及 1932 年之交。"

約是年，王光祈邀請滕固撰寫《中國美術史》，以境況不佳爲由婉拒。

自述："我所私衷銜感的一件事：那時上海中華書局計劃出版中華百科叢書，函請王先生撰中國音樂史和中國美術史二種。王先生把這個消息告訴我，要我擔任中國美術史一種，因爲他不知道我的境況不佳。我躊躇了半晌，對他陳述三個困難：（一）自顧力量裏做不出差可人意的中國美術史；（二）雖然前幾年做過此種稿子，現在十分懊悔；（三）另外有些事情要做，時間亦不允許。他很諒解，便說請局方另找。後來局方請鄭午昌先生做的。他的好意和鼓勵，我永遠不敢遺忘。"（《悼王光祈先生》）

按：王光祈（1892—1936）字潤璵，筆名若愚，四川溫江（今成都市溫江區）人。中國音樂學家和社會活動家。1915年在中國公學大學部攻法律。爲"少年中國學會"創始人之一。1920年赴德研究經濟，并任《申報》《時事新報》特約通訊員。1927年入柏林大學攻音樂學。1932年起任波恩大學講師。1934年以《論中國古典歌劇》一文獲波恩大學博士學位。1936年1月12日病逝於波恩醫院。

鄭昶著《中國美術史》於1935年7月由中華書局出版發行。

1932年　壬申　民國二十一年　三十二歲

2月3日，抵義大利羅馬。在此逗留三個月，曾遊歷佛羅倫薩等地。

2月4日，自羅馬寄德國柏林馮至明信片，告知開始探幽古代遺迹："行旅一日兩夜，殊憊。昨抵羅馬，猶是嫩寒時節，不禁喪然。今日開始探幽，此係梵師塔利祠堂及楷斯篤朴羅克神廟之遺迹。弟曾低回其下，摩挲其斷碣殘碑零雕碎刻，婢學夫人（考古家），竊自一笑。弟固。"

按：滕固寄馮至先生明信片，均由馮姚平女士提供，特此申謝。

3月9日，自羅馬波漪澤別墅寄馮至明信片。文曰："自波漪澤別墅致候君培兄。固"

3月17日，行政院召開第十二次會議，汪兆銘主席，討論事項多件，其中決議（三）：簡派胡世澤、謝東發爲第十六屆國際勞工大會政府代表，并擬指定胡世澤爲政府第一代表，龍詹興、張樑任、滕固爲政府代表顧問。

滕固自羅馬寄德國柏林馮至明信片（馮姚平女士提供）

3月21日，自佛羅倫薩寄馮至明信片。文曰："君培示悉，弟來浮羅倫茲後已有一片託紹華轉。固"

按："紹華"即朱偰之筆名。

3月30日，自佛羅倫薩寄馮至明信片。文曰："悲劇詩人尼古烈議之墓。固"

4月10日，自威尼斯寄馮至明信片。文曰："此城浮水面恐有神州陸沉之憂。固"

4月13日，自瑞士日内瓦寄馮至明信片。文曰："君培兄：弟在威尼市得此間來電乃由maileand（寓一宵）來此，在maileand得觀davenci之最後晚餐，一切贊詞不但非過飾，且不足以形容之也，不一，此頌道安。弟固，四月十三日。"

4月26日，自瑞士日内瓦寄馮至明信片：文曰："自盧騷島致候君培，固。"
《朱偰日記》："傍晚歸寓，燈下讀唐人及明季史詩，偶讀國內消息有感於懷，因仿七古作《亂離行》一首，其辭云：
滹沱春色動地來，別有幽弦爲君彈。君去數年顔色改，歲歲春閨看燕還。
燕子掠人似相識，笑問春閨何寂寂。簾外落花飛滿地，殘紅墜錦物華移。
坐看城春草木深，空教韶光將人欺。東南寇氛猶未已，黑水鼙鼓聲正悲。
國破長教腸欲斷，路遥引領空相憶。男兒世亂死無時，閨中零落有誰知。
君不見，古來行役尋常事，曠怨年年何時止。
又不見，兵戈滿地羽書遍，時危女兒有誰憐。
寫畢吟誦久之，即席封裁，黄昏投遞於君培處，因此詩借君培事詠故也。回寓修書致若渠及樑任。續寫東三省問題至夜深。接若渠及樑任寄來日内瓦風景片多種。"

4月29日，自日内瓦寄馮至明信片。文曰："君培兄：在此如枯池之魚，大非所料，今日如借到車費，明晨必行。在日内瓦郊外及不遠之勝境亦無緣往遊，不勝悵之也。晤面非遥，不一，并望轉告紹華。弟固廿九。"

5月2日，朱偰接滕固來函，告知將回柏林。（參見《朱偰日記》）

5月5日，返回德國柏林。仍租住夏洛特堡，法薩内恩街11號（Charlottenburg, Fasanenstr.11）雅斯貝（Jasper）家。朱偰接滕固電邀往談，并讀遊記。滕固贈以丹唐銅像并浮羅冷嵫照片。
《朱偰日記》："（晚）接若渠來電，即赴Fasanen St.11往訪，若渠新遊義大利及瑞士歸來，談興極豪。縱談浮羅冷嵫逸事并讀其遊記，別來二月暢談甚快。十一時歸寓。（若渠以丹頓銅像并浮羅冷嵫照片相贈。）"

5月8日，赴張樑任寓所，與友人祝賀張結婚三週年紀念。
《朱偰日記》："午赴津漢飯店用飯晤徐君及君培。飯後歸寓。歐蘭來訪，三時三十分冒雨偕君培、歐蘭赴樑任寓，本日爲其結婚三年紀念，同坐有君培、若渠、忠寰、檃任伉儷及其岳母等，情調極佳。談至傍晚偕歐蘭赴天津飯店用飯，十時歸寓。"

5月10日，朱偰接滕固電告明日偕女友來寓所拍照。(參見《朱偰日記》)

5月11日，滕固偕女友 Hilde Wolf 至朱偰寓所拍照，談至晚始去。
　　《朱偰日記》："下午若渠及其女友 Hilde Wolf 來寓，爲攝影四張，談至晚始去，送至高坡而歸。"

5月12日，朱偰將沖洗照片送至滕固處，相與賞玩。
　　《朱偰日記》："傍晚取所洗影片極佳，送至若渠處。其女友亦至，相與賞玩影片，約明日天氣若佳，同往 Werder 賞花，九時歸寓。"

5月13日，朱偰偕歐蘭與滕固匯合於幻台賞花詠詩、拍照留念。
　　《朱偰日記》："晨六時三十分起，搭車赴 Putlizsh. 訪歐蘭，尚未起也，因告其母約伊往幻台賞花。余購照相膠片一打。致電若渠，告以不能同舟前往。因赴 Junzfernheide 車站侯歐蘭，九時三十分搭 Columbur 汽船出發。本日天氣放晴，風光極佳，在湖上攝影多張。一時抵幻台，會若渠及其女友，飲於 Biomarkhöhe，遠景頗佳，因攝影留念。
　　幻台風光，有若渠詩一首，寫述如左：
　　白櫻未謝紫桃開，狂亂濃春蕩幻台。
　　暖日平善交蜜吻，朱脣皓齒動謎猜。
　　縱因行役空皮骨，尚有豪情未剪裁。
　　餘此頭顱拼一割，模糊紅染美人腮。
　　縱頹唐但亦豪放，錄之以見當日情景。五時搭船，言旋一路水國風光觀玩不盡，抵柏林已萬家燈火矣。歸寓整理一切即睡。(夜訪君培，渠明日即赴薩克森。)"

5月29日，赴馮至寓所談天，午間往津漢飯店用餐并與朱偰、馮至、徐梵澄等晤談，餐後同來寓談至傍晚。
　　《朱偰日記》："晨八時起，上午訪君培寓談久之，若渠亦至。余因在家有約即歸寓。常文熙君已至，費禹九、陳介生、張檃任、黃維立諸君繼至，商議建立經濟學研究會事，擬訂大綱，舉行討論會，至午始散。往津漢飯店用飯，晤君培、若渠、季海、慰堂談久之。下午偕君培、季海至若渠處談天至傍晚。"

1932年　壬申　民國二十一年　三十二歲

6月9日，朱自清自英國倫敦抵柏林。

6月11日，作履歷一份。
　　《簡歷》：本人滕固，1900年10月13日作爲高級教師滕子項（Tse—Siang Teng）之子出生於江蘇省的寶山。本人自1906年起上了5年的國民小學後，進入了江蘇太倉省立第四中學，1918年獲得中學畢業文憑。之後本人去了東京，在那裏的德法語言學校學習了2年的德語。從1921年起本人在東京的東洋大學註册，學習了3年的藝術學，幷於1924年獲得了畢業文憑。
　　自1925年始本人在金陵大學（Universitat Nanking）任教，教授了4年的中國藝術史課程。爲了進一步完善學業，金陵大學派本人前來柏林。在大學假期期間，本人出於研究的目的曾在法國待過2個月，在義大利待過3個月。
　　柏林，1932年6月11日滕固（簽名）
　　按：據柏林大學檔案館提供複印件。北京外國語大學李雪濤教授研究比較：1932年簡歷（A）與附在1935年由在柏林的德古意特出版社正式出版的論文後的"簡歷"（B）有幾處不一樣的地方：1. 出生日期：A是1900年10月13日，而B爲1901年10月13日；2. 他父親的名字：A是Tse—SiangTeng，而在B中爲Tzu—Siang Teng；3. 出生地"寶山縣"：A是Posa，而B爲Pao-shan；4. 在日本東洋大學所學的專業：A爲"藝術學"，B爲"藝術學與歷史學"；5. 簽署日期：A爲1932年6月11日，而B爲1932年6月5日。

6月12日，在蔣復璁處與友人接待朱自清，談興極豪。
　　《朱自清日記》："參觀國家美術館的新畫室。出席常舉行的茶話會，遇清、滕、陳、馮君和蔣君夫婦。我們一起在天津飯館用餐。"
　　《朱偰日記》："四時赴Eoscmder str.16訪慰堂，應茶點之請，同席有新從英倫來之朱自清君及若渠、忠寰、梁任侃儼，談興極豪。"
　　按：陳康（1902—1992）原名陳忠寰，字棄疾。江蘇江都人。中國哲學家。1924年考入東南大學（1928年更名爲中央大學）預科。兩年之後，考入該校哲學系，師從湯用彤、方東美等名師。1929年畢業後，赴英國倫敦大學學習哲學。一年之後，又轉入德國柏林大學學習，師從耶格爾（Werner Jaeger）、哈特曼（Nicolai Hartman）、斯登澤爾（Julius Stenzel）等，學習哲學、古希臘文、拉丁文，1940年獲得哲學博士學位。

6月14日，馮至在他的花園裏設茶點招待朱自清，滕固和朱偰皆應邀前往，幷合影留念。

德國柏林友人聚會。左起：馮至、朱自清、陳忠寰、徐梵澄、朱偰、滕固、蔣復璁。攝於愛西卡卜馮至住處花園，1932 年 6 月 14 日

馮至《朱自清先生》："我最初遇見朱先生是在一九三二年的夏天，那時我住在柏林西郊，他在清華任教休假到倫敦住了一年，歸途路過柏林。我請他到我的寓所的園中吃過一次咖啡……"（《中建》第三卷第六期［北平航空版第三期］，1948 年 8 月 20 日）

《朱自清日記》："參加馮先生的茶會。他住處那一帶的房子都是新式樣的。我很喜歡他室內的陳設和花園。我們在花園里用茶。他家附近有片樹林，我們在其中漫步兩個小時。"

《朱偰日記》："赴君培處，朱自清、慰堂、季海、若渠、忠寰等先後至，共坐花園茶點。日影迷離，風光如許，攝影二張以留念。座中除余及陳忠寰而外皆係詩人，因戲擬謝靈運擬鄴中詩，短序如下：

陳忠寰謙謙君子之德，有鄒魯遺風。

徐季海少秉生民之秀，翩翩有城北徐公之姿。

滕若渠東海上人，雲遊四方，故所得頗經奇。

蔣復璁道德高尚之士，可為後昆作範。

馮君培燕趙多慷慨悲歌之士，君則文質彬彬焉。

朱自清孤雲野鶴，有清泉在山之概。

1932 年　壬申　民國二十一年　三十二歲

6月17日，向哲學學院院長提交博士考試報名申請書，同時遞交博士論文《中國唐代和宋代的繪畫藝術理論》和個人的材料，希望參加專業考試：主科—藝術史（屈梅爾博士教授，布林克曼博士教授）；副科—1.考古學（羅登瓦爾特博士教授）；—2.歷史學（布萊斯希博士教授）—3.哲學（德索伊爾博士教授）。

《申請書》：

院長閣下

請允許我在提交我的博士論文"唐宋時期的中國繪畫理論"和我個人身份文件的同時，也提出請您接受我辦理博士考試手續的請求。

我想參加考試的科目有：

主專業——藝術史（屈梅爾博士教授、布林克曼博士教授）

副專業——1.考古學（羅登瓦爾特博士教授）

2.歷史學（布萊斯希博士教授）

3.哲學（德索伊爾[Dessoir]博士教授）

中國學生滕固有關授予博士學位許可的申請

呈上東京東洋大學的畢業文憑，這上面記載了我在這所大學完成的6個學期的學業。在柏林大學又上完了3個學期的課程後，再次，我真誠地請求允許我參加博士考試。

按：據陳銅林先生致沈寧函，為滕固先生博士論文寫評語的是奧托·屈梅爾（Otto Kümmel, 1874—1952）和阿爾貝特·埃里希·布林克曼（Albert Erich Brinckmann, 1881—1958）。兩人均為德國著名藝術史家，前者專攻東方藝術史，他的《中國、日本和朝鮮藝術》（柏林，1929）和《東亞藝術》（柏林，1921）迄今沒有過時。後者則不僅因主編27卷的《藝術科學手冊》而出名，他是巴羅克藝術專家，也是最早探討城市建築藝術的學者，著作等身，迄今仍具有參考價值的有四卷本的《巴羅克——雕塑小樣》（法蘭克福，1920—1925），他的1908年問世的《廣場和紀念性建築——對近現代城市建築藝術的歷史和美學之研究》最近由柏林曼兄弟出版社再版（再版僅印300冊，每冊售價145馬克）。

主考古希臘羅馬藝術的是德國著名考古學家格哈德·羅登瓦爾特（Gerhart Rodenwaldt），他的代表作是出版於1927年的《古代藝術·古希臘和羅馬》（為1923—1929在德國柏林柱廊出版社出的柱廊藝術史之第三卷），另有《希臘神廟》和《雅典山城》。

主考歷史的庫爾特·布賴西格（Kurt Breysig, 1866—1940）至1934年為柏林大學歷史教授，他是文化史家，一生探索人類歷史上文化的發展規律，代表作有《近代文化史》2卷（1900/01）、《論歷史發展》3卷（1925—1928）。

哲學家馬克斯·德蘇瓦（Max Dessoir，1867—1947）致力重建系統的藝術科學并探索神秘學，他引入心理玄學的概念，代表作爲《美學和一般藝術科學》（1906）等。

6月23日，柏林大學哲學學院召開會議，就滕固學期核算做出決定，建議將他的學期數核定爲三學期。25日，由哲學學院院長給考試委員會寫出證明信并提交科學、藝術和國民教育部考試及註冊事務處予以批准。

6月26日，燈下作詩《送伯商歸國》、《柏林盛會》。
　　我來柏林城，君涉萊茵浦。相送蝦龍驛，揮手良悽楚。
　　歸來篋衍中，滿貯新紀叙。旖旎若李溫，悲涼復如許。
　　邇來二年間，相厚無間阻。抵掌劇笑談，意氣溢眉宇。
　　羅娜與幻台，況與美人伍。

　　宗岱欣然誦佳句，（梁宗岱）君培覃思作清吐；（馮至）
　　從吾史餘敦舊睦，（姚從吾）慰堂巧囀《遏雲譜》。（蔣復璁）
　　湘南學子擅文辭，（徐梵澄）雅典賢人緬往古。（陳康）
　　惟有不才無賴固，（滕固）倡狂磊落殊粗鹵。
　　君本挾策匡時才，亦復風流擅詞賦。
　　我儕知己六七人，多君周旋作盟主。

　　傷哉時運否，國家待柱礎，送君江之干，去去莫回顧。
　　群黎嗟失所，河山愁國破。桑麻沒蒿萊，老弱號饑餓。
　　我豈無心肝，尚圖高枕臥。每聞匣劍鳴，輒思馬革裹。
　　生不嗜醇醪，轉而悦婀娜。狂歌當哭泣，長嘯抑坎坷。
　　借彼頃刻歡，忘兹半生挫。行矣乎再見，請勿復念我。
　　六月二十六日燈下固漫書。（收入朱偰《行雲流水》一書。）

6月29日，向哲學學院院長米澤斯提交博士論文，請求由屈梅爾和布林克曼兩教授擔任博士論文評判和給分數事宜。
　　按：夏德·埃德勒·馮·米澤斯（Richard Edler von Mises，1883—1953），著名的奧地利—美國數學家。（陳鋼林先生致沈寧信）

6月30日，屈梅爾教授對滕固博士論文作出評語，認爲這部博士論文是

"第一次對這一有意思的題目所做的認真研究",所使用的文獻資料對於歐洲東亞藝術史的研究來講完全是一個新的天地。

這部博士論文是第一次對這一有意思的題目所做的認真研究。中國人自身不論對很久以來的繪畫理論,還是對這一理論的歷史都沒有研究過。歐洲的研究,一部分出自不懂繪畫的漢學家毫無系統的嘗試,另一部分則出自不懂漢語的藝術史家的研究,因此幾乎毫無價值。相比較而言,韋利的《中國繪畫藝術研究導論》(Waley's Introduction to Study of Chinese PctorialAat) 是最好的成果,令人感到奇怪的是,卻被這些作者忽略了。日本學者所探討的祇是些單個的問題,或者較短暫的時代。

本論文作者所受的教育使他有可能諳熟對任何歐洲人來講現在和將來都不可能掌握的文獻材料。如果要我嘗試著對他的譯文進行批判的話,那將是可笑

滕固博士论文《唐宋时代的绘畫理论》(德国柏林大学档案馆提供)

的非分要求。對此，祇有那些受過古典教育、同時也對這一主題在行的中國人纔能夠做到。不過我可以確定的是，對於歐洲人來講他的論文十分之九是全新的內容，即便是已知的內容，他的翻譯和解釋從本質上來講也要比到目前爲止所做的好得多。如果撇開金原（Kanehara）的研究工作的話，即便對於東亞來講，以批評和歷史的思考方式來對繪畫理論進行研究也是全新的。作者在這一主題的處理上，也許會讓我們在這裏或那裏提出一些批評的意見。但要考慮到，將漢語的繪畫術語翻譯成一種歐洲現代語言，會遇到幾乎無法逾越的各種困難。在這裏，翻譯意味着闡釋，而這一闡釋必然要有一定的隨意性，——這種隨意性就像是在衛禮賢（Richard Wilhelm）的著名譯文中一樣。不過我相信，論文作者通過他的翻譯和精挑細選的段落成功地再現了中國繪畫的根本意義，而沒有作過多的強詞奪理式的現代闡釋，或者如果遇到無法翻譯的情況，則通過他的解釋讓讀者理解。論文很好地呈現出了中國藝術理論發展的圖景，一直到明顯的分野：一種是較爲客觀的方向，另一種是極端的主觀主義方向。對於以自我爲中心的主觀主義來講，繪畫祇是藝術家的自我領悟而已，似乎與自然的形式沒有任何的聯繫。對於人的地位的歷史與造型藝術的關係，這一跨越了幾乎千年的論文對於藝術的理解具有更爲重要的意義，而此時整個的歐洲除了古典時期所進行的偶爾嘗試之外，還完全處於沉寂之中。古典時期從未思考過的藝術史，也在此時在中國誕生了。對迄今在歐洲文獻中備受虧待的張彥遠，論文作者也有理有據地進行了悉心全面的討論，認爲他可以被看作是第一位真正的藝術史家。因此我想，對於這部論文，即便是那些與東亞藝術毫無關係的人，也會產生強烈的興趣。一些由論文作者翻譯的文論，他們那些驚人的現代思想，今天看來依然有益。令人遺憾的是，對於大部分人來講，論文中大量的中文人名和術語給閱讀造成了困難。在排印之前，語言方面的一些問題還必須加以修改。

　　基於對論文作者的獎掖，考慮到他的來歷和所受的教育，我建議給他的分數爲：優秀（Valdelaudabule）（李雪濤譯文）

朱偰離別柏林歸國，滕固和友人爲之餞行，并送至車站。

　　《朱偰日記》："上午整理一切，諸事已畢，午赴天津午飯，應慰堂、樑任、若渠之請。下午若渠、君培、慰堂、季海、忠寰來寓茶點，春舫亦至，高歌忘晚。八時從寓所出發，諸友送行，有介生、春舫、樑任、少倫、及若渠、君培、慰堂、季海、忠寰等九人，共余先赴車站。九時三十分車開，別三載與共之柏林，向西南而去，夜色中出普魯士境向巴燕而去。"

7月5日，布林克曼教授對滕固博士論文作出評語，認爲滕固論文是他讀到的有關中國繪畫的著作中最好的論述。

滕固先生再次所探討的是唐宋時期的中國"藝術理論"。"理論（Theorie）一詞與自意大利文藝復興以來在西歐形成的這個概念不完全相符。這些首先更多的是對創作的觀察，從富有詩意的體驗中對繪畫本質的認識，其後是程式化的對自然的各種觀察（例如第67—68頁），至多是宋末所表現的"士大夫"（Gentleman）和院體畫之間的對立，有些段落，如"六法解體"對於"成體系化"的歐洲藝術史家來講就很難理解。滕固常常會羅列引文，而沒有從中得出充分且透徹的系統結論。很多的描述就像是"冬天的雲霧"一樣纖細、模糊。常常使用的氣韻（Rhythmus）又在哪裏做了分析呢？如果這些及其豐富的材料能爲我們所理解的話，那麼我不想完全從一位驚嘆不已的歐洲人的立場來觀察這惟有中國人纔能取得的成就——對這樣一部博士論文來講——有理由要求用一種在歐洲形成的藝術理論來對之進行分析。對我來講，這部論文在分析和系統方面顯示了其不足之處。

然而滕固對中國畫的闡釋顯然是具有極高的價值的，這是我讀到有關中國繪畫的著作中最好的論述。

在文體方面有很多欠缺之處（參考第66頁）——不過這些都可以通過在德語方面的潤色而予以消除。

是否同意給他"優秀"（ValdeIaudabule）還要視他的口試情況而定。無論如何可以給"良好""（Iaudabile）。（李雪濤譯文）

7月20日，在柏林大學哲學研究所待索阿教授的美學班上宣讀《詩書畫三種藝術的聯帶關係》一文。(《教育部第二次全國美術展覽會專刊‧編輯弁言》）

7月21日，參加博士答辯口試。主考人有布林克曼、羅登瓦爾特、屈梅爾、布萊斯希、德索伊爾諸先生，考試科目有中國藝術史、歐洲藝術史、考古、歷史和哲學。由於在歐洲藝術史的口試中發揮不夠理想，所以他的總的平均分最後爲拉丁文 ladabile，即"良好"。

按：李雪濤教授研究認爲：屈梅爾給了 gut（德文的良好），布里克曼和羅登瓦爾特都是給了德文的 genugend（及格），而布萊斯希給了一個拉丁語的 CumLaude（良好）。不論是滕固博士論文的綜合成績 Iaudabile（良好），還是他的口試成績 cumIaude（良好），在整個的成績中屬於中等。但從滕固僅僅在柏林大學上了3個學期課的事實來看，能取得這樣的成績已經是相當不錯的了。

(據 2016 年 12 月 23 日在中央美術學院演講"滕固在德國"筆記。)

7 月，於德國南方鄱潭湖畔作《圓明園歐式宮殿殘跡》："自圓明園焚燬至今日，歷七十二年。毀後殘迹，經自然消磨以及強有力者之竊劫；所存遺物，爲數已微。吾人執筆述此，儼如描想千年前之古物，能不令人嘆息。讀去年三月十三日之《大公報》，知北平中國營造學社與北平圖書館有圓明園遺物文獻展覽會之舉。惜此項照片晚得，不獲送往陳列，供有心人之先睹，此作者所引爲大憾也。"

8 月 27 日，《藝術旬刊》創刊，倪貽德主編，上海摩社出版發行。旬刊。16 開本。後改爲傅雷主編，由上海美專出版。1933 年 1 月改月刊，期數另起，共出十四期後停刊（一説十二期）。滕固列名特約撰稿者。上海摩社以"發揚固有文化，表揚時代精神"爲宗旨。該刊印刷精美，除發表中外藝術作品外，刊載傅雷、滕固等人的藝術論文。

《摩社編輯〈藝術旬刊〉創刊號出版》："《藝術旬刊》創刊號出版，摩社爲最近成立之藝術團體，係集合國内著名藝術批評家、藝術教育家所組織者，以努力藝術運動爲宗旨，該社以鑒於提高國内藝術之質量，非有思想爲之先導不可，故特發刊藝術旬刊一種，專登載關於藝術之評論及介紹等之文字。"（1932 年 9 月 2 日《申報》）

8 月，論文《藝術批評家蘇東坡》(*Su TungP'o als Kunstkritiker*)、《墨戲》(*Tuschespiele*) 發表於《東亞雜誌》(*Ostasiatische Zeitschrift*) 1932 年 8 期。

按：收入范景中、曹意強主編《美術史與觀念史》Ⅳ，南京師範大學出版社 2005 年 12 月第一版。

9 月 2 日，自柏林取道返國，在德瑞交界處的博登湖 Bodensee 女友家居住三星期。

《吴宓日記》1939 年 7 月 20 日條："是年九月，固已得學位，由柏林取道回中國。乃至鄱潭湖，住三星期，備承女之父母殷渥款待。女極欲嫁固，固謝卻之。"

上海《申報》刊登《滕固得美術史博士學位》報導。9 月 11 日出版之《藝術旬刊》第一卷第二期轉發《滕固在普魯士得美術史博士學位》報導。内容同上。

1932年　壬申　民國二十一年　三十二歲

滕固獲得美術史博士學位報導（1932年9月2日《申報》）

《滕固得美術史博士學位》："前上海美專美術史教授滕固氏，曾於一九二九年赴歐研究美術史學，最近由普魯士教育部核准，受學位考試，先後由哲學、美術史、考古學、歷史學等各主任教授之輪流面試，皆一一通過，而得正式授予博士學位，其總評語爲拉丁文"優越"。柏林大學考美術史考古學學位本甚謹嚴，彼邦學者少則五六年，多則十餘年尚在候選，而滕博士竟以二三年之功力獲得之，且中國人得此學位者自滕博士始，實爲國際上無上之榮譽。聞滕博士定本月由德返國，仍任上海美專教授。"

9月5日，自鄱潭湖寄馮至明信片。文曰："來兹半島業已三日，白日酣醉於湖心深處，午夜呻吟悲戚，不能自己，君培得此片，當推知我矛盾生涯之痛苦也。九月五日固寄自鄱潭湖。"

9月6日，自鄱潭湖寄馮至明信片。文曰："鄱潭湖邊之水村致候君培，弟固，九月六日。

9月下旬，由楊放等人爲之請得旅費，自德國鄱潭湖啓程返國。

10月中旬，返國抵上海。調養身體之暇，參與重修、印刷《月浦里誌》及修訂舊作《蔣劍人先生年譜》等。

  自述："民國二十一年冬，余自海外歸國，過淞滬戰墟，追維前烈，噓唏泣下。"（《嘉定黃姚里考》）

  自述："二十一年冬，不佞歸自海外，養疴里閈，會陳頌平、徐紀方、楊仰周、張壬秋諸先生，相約重修，且期鋟版行世，謀於不佞，不佞以爲居今日而言方誌，史料之搜訂，紀述之藝術，皆當隨時事爲更新，舊誌已多可議之處，今若墨守陳法，必感徒勞，繼念邊鄙之區，人力物力所限，但能保存前賢手澤，抑已可寶。爰力贊其事……"（《月浦里誌序》）

  自述："小息里閈，無意間檢得舊稿《蔣劍人先生年譜》，憂患餘生，讀之彌覺親切，爰略事增益，寫爲一帙。"

  按：蔣劍人（1808—1867）名敦復，字劍人。太倉寶山人。著有《嘯古堂文集》等。

10月，《中國畫討論集》由立達書局出版發行。書中收入滕固《氣韻生動略辨》一文。

11月4日，訪朱偰、辛樹幟、童冠賢等友人。

  《朱偰日記》："晨起若渠來訪，握手極歡。同往訪辛樹幟君。歸校陪若渠訪童君。午後赴編譯館寫論文三小時，赴老萬全應羅家倫、童冠賢招待法學院同人之宴。"

  按：辛樹幟（1894—1977）字先濟，湖南臨澧人。中國農業史學家、生物學家。1924年負笈歐洲，自費入英國倫敦大學學習。1925年轉入德國柏林大學專攻生物學。1928年返回國，出任廣州中山大學生物系教授兼系主任。1932年出任國民政府教育部編審處處長。1933年教育部編審處擴充爲國立編譯館，任館長。

  童冠賢（1894—1981）名啓顏，字冠賢，河北宣化人。1915年天津南開大學專科畢業，留學日本，入早稻田大學，獲法學學士學位後，轉赴美國哥倫比亞大學留學。獲經濟學碩士學位後，又赴德國留學，入柏林大學研究院爲研究員。後再赴英國留學，入倫敦經濟學院爲研究員。

11月5日，出席辛樹幟、陳可忠在浣花飯店招宴。午後與朱偰同往中央

《朱偰日記》:"赴浣花飯店辛樹幟、陳可忠二君之宴,若渠、洗繁、冠賢等皆同席。午後偕若渠歸,稍休息同往校。余逕訪張其昀君,談久之。"

11月12日,朱偰在當天的日記中稱徐道鄰、徐梵澄、馮至、滕固爲今之四彥,能與之結爲文墨之交,洵人生之樂事也。

《朱偰日記》:"晨八時起,上午預備功課,赴校授經濟名著選讀一小時,財政學一小時。午後訪季海不遇,獨出朝陽門登鍾山絶頂。燈下幹民來談,須臾道鄰、季海亦至,談極暢快。至深夜二君始去。道鄰、季海、君培、若渠爲今之四彥,得一常在左右爲文墨之交,洵人生之樂事也。"

12月4日,上海《時事新報》"星期學燈"第七號刊登廣告:業已出版之《藝術旬刊》第九期中刊有滕固《關於院體畫和文人畫之史的考察》一文。

12月23日,中國旅行社受中國參加芝加哥博覽會籌備委員會之委託,徵集中國攝影出品運美陳列,假華安大廈八樓開茶會招待上海各攝影專家與各圖書雜誌主筆等,到會者爲葉楚傖、滕固、王一亭、江小鶼、馬國亮、鄭午昌、郎靜山、陳萬里等卅餘人,旅行社方面由宋春舫、張水淇、趙君豪、朱通九等招待。首由張水淇君報告籌備徵集經過,次由委員會主席葉楚傖先生致辭,左虞生、陳萬里、江小鶼等發表意見,對出品尺寸有所討論。

12月30日,國民黨江蘇省第三次代表大會第七次會議召開,出席代表一百八十五人,由曹秉乾主席,選舉下屆江蘇省執監委員,滕固當選爲監察委員五人之一。

1933年 癸酉 民國二十二年 三十三歲

1月1日,上海《時事新報》刊登《藝術旬刊》改爲月刊消息,并在一月號要目中預告有滕固《國畫論叢》一文。

《藝術旬刊啓事》:"本刊自出版以來,四閱月內,風行國內外,銷數截至目前爲止已達數千。讀者咸許爲一九三二年出版界之極大貢獻。兹爲更求內容精彩,擴大篇幅起見,決自旬刊出完十二期後,自本年一月起出月刊,定名《藝術》。內容較旬刊增加四倍左右。文字方面除原有各欄外,新闢文藝論叢欄,專載著名作家對於一切文藝問題之意見與論辯。又添增音樂史、繪畫技法等講座,西洋文學介紹,文學名著翻譯,創作詩歌小說,一切有趣味之小品文字,均由專家撰述。其他各欄亦將大事改進,更加充實。名作插圖每期增至四十幅左右。"

1月10日,行政院決議設立中央古物保管委員會。

1月23日,柏林中國美術展覽會中方籌備委員會假亞爾培路中央研究院滬處召開第二次會議,到朱家驊、葉公綽、王一亭、狄楚青、林風眠、高其峰、劉海粟、林文錚、張澤等,公推蔡元培為主席。決議:(一)加推狄楚青、張澤為常務委員;(二)聘請滕固撰寫《中國畫史論》一篇,印於目錄之首;(三)請吳湖帆選購中國畫具,備展覽時陳列;(四)行政院所撥經費四萬五千元,存於上海銀行,今後由葉恭綽負責簽字動用。最後,朱家驊提議,運德展覽品,增加最近五十年已故畫家名作六十件,亦獲通過。(參見1933年1月24日《申報》、《時事新報》)

約1月,詩《鄱潭湖銷夏》發表於南京《國風》半月刊1933年3卷2期。

約年初,居住在靜安寺路邵洵美家中,盡一月精力,將邵氏家藏古籍兩萬餘卷整理編目。

  邵洵美《曬書的感想》:"壽卿公在三十多年前作古,傳給我的遺產是兩萬卷詩書。這些書是他在杭州徽州等處收集的,共費五萬餘金。據說當時還買進不少宋版本,他死了以後,竟讓人賣掉了。現存的最舊的版本祇有明刊;有幾部手抄本是曾經阮氏珍藏的,甚為名貴。我對於他又佩服又感激,但這兩萬多卷書對於我卻是個累贅。第一個原因是我沒有夠大的房子把他們陳列出來,祇得裝在四十多隻大木箱裏;我又時常搬家,帶來帶去,真是受盡了麻煩;現在我還特地為了這些書租一宅房子,每年的保險費和房金也可觀了。……兩年前滕若渠打德國回來的時候,住在我靜安寺路的家裏,沒事做,於是花了將近一個月工夫,把來完全整理一過;又為我編了本書目。"(1935年《時代》第8卷第6期)

2月18日,作《改善中國博物館的意見》一文,發表於2月26日上海《時事新報》"星期學燈"第十八號。文章探討中國古史和美術史科學不發達成因,"不是學者的不勤,而是學術設備的不完善"。指出"中國所要求得博物館,當然不是變相的宮廷或私家貯藏;無疑的是近代意義的博物館,而且中国近数十年来美术品和古代遗物,不断地流散海外,学者欲博访周谘,不得不远涉重洋;其不便於学术研究,可以想见,倘不迅速设置近代意义的博物馆,不啻是禁绝学者作学术的研究"。并具體設計出從中央到地方、特種博物館的實施方案。

2月26日,文藝春秋會假華安人壽保險公司八樓舉行茶話會,由劉海粟、滕固講"中國藝術家往哪裏走?"林庚白、章衣萍講"中國文學家往哪裏走?"。

2月,《雷特教授論中國藝術》發表於《藝術》第2期。文章介紹英國雷特(Read)教授近著《艺术之意义》(The Meaning of Art),稱"此書扼要地發揮藝術的本質,諸相以及發展的輪廓,精語甚多;爲最近一本值得諷誦的好書。就是插論中國藝術,與其他各章通讀的時候,非但一點不討厭,而且很能動人"。同時對書中论中国艺术部分时作者提出建筑无伟大气度以及建筑不如雕刻绘畫那么完善、宗教势力决定了中国艺术的运命等觀點提出不同看法。"雷特谈起伟大的建筑时,头脑中就浮起希腊神庙与峨特式教堂。他把这先入的尺度来绳中国建筑,自然说它无伟大的气度了。本来这'伟大'是飘忽不定的赞辞,这里我也用不到硬说中国建筑具有何等可和希腊与峨特式相似的伟大。不过说中国建筑和雕刻绘画不相称,则忘记了这三者的连锁性了。中国的宫廷寺宇与所有的石刻雕塑有什么不相称? 中国的园亭别墅和山水畫,有什么不相称? 在雕刻绘画上的变化而不可捉摸的Phantasie,同样在建筑上存在着"。"所谓宗教势力尤其是佛教和儒家。佛教因坚执教义而使艺术顽固不化;儒家因崇拜祖先而使艺术流于粗野的传统主义。此种观察又似是而非的。宗教势力在某一时期可以左右艺术,如儒家之于两汉,佛教之于六朝外,在其他时代里的作用就很微了。反之,道家和禅宗的思想助长了后来的发展。此等思想实在已不是字义上的宗教,而是士大夫社会之美的宗教;而且和佛教与儒家的实践有很利害的冲突。正因这一点,中国艺术在往后的历史上未流于顽固不化和粗野的传统主义"。

  按:雷特今譯赫伯特·里德(Herbert Read. 1893—1968),英國詩人、藝術批評家和美術家。1933—1939年曾擔任英國知名的藝術評論雜誌《伯靈頓雜誌》的編輯。里德一生著述頗豐,共有60餘部作品問世。王柯平曾據英國理查·柯雷初版有限公司(Richard Clay and Company Ltd.)1954年版翻譯《藝術的真諦》一書,分別由瀋陽、遼寧人民出版社,1987年8月初版(當代西方美學名著·美學譯文叢書）；北京，人民大學出版社 2004 年 4 月初版（朗朗書房·西方艺术史论名著叢書）。該書第二部分中包含"中國藝術"小節。據作者英文版前言："這部書出自我給英國廣播公司《聽衆》文學週刊的一組撰稿。在 1931 年發行的第一版裏，我從原巴發表過的文章中篩選出有關段落，稍加充實之後，整理成冊，以期形成一部內容比較連貫的藝術概論。再版中，鑒於理論與歷史的完整性，我又進而增添了一些章節。除了關於中國藝術（42）、泰納（67）與現代雕塑（81 c）等節中的插圖之外，所有這些附加部分均由早先發表在《聽衆》文學週刊上的有關文章改寫而成。爲了達到文理清晰和準確的目的，我曾就本書全文略作過修改。赫伯特·里德 1949 年 1 月"

約春，居上海法租界貝勒路的中華學藝社三樓上，頗爲寂寞，曾對來訪的溫梓川、彭成慧出示了他在德國雜誌上發表的許多著作，同時還告訴溫，已將其《南洋戀歌》翻譯成德文在柏林出版。不久便赴南京，居唱經樓。行前曾有邵洵美、徐悲鴻、溫梓川等爲之餞行。

  譚正璧《憶滕固》："這次他在南京自己也沒有找到位置，祇好回到上海。從此便獨住在學藝社的宿舍裏。我那時也來上海任事，曾去望過他幾次。有一次去時，他滿室都堆着碑畫的拓本，正在一一展玩。他告訴我，他正在研究中國古代的石畫，想寫成他的《中國石畫史》，後來遇到他時，我自悔不曾問起他過，他對石畫史不知已否動筆。如得早日完稿，那麼和鄭振鐸的《中國版畫史》異曲同工，不是同樣足以驚動中外藝壇的雙璧嗎？民國二十二年的全年，他就是在上海埋首於研究著述中度過的。"

  按：從實際情況看，譚氏回憶在時間上有誤。

滕固持江小鶼函訪冒鶴亭，以新作《蔣劍人年譜》稿本出示，請冒審訂。

  《冒鶴亭先生年譜》："春，滕若渠（名固）持江小鶼函來謁先生，以其新作《蔣劍人年譜》稿本出際，求先生審訂。滕'爲吾故人陳同叔再傳弟子，江則故人建霞子也。'蔣劍人以工詞見稱，與陳同叔齊名。先生因囑滕再撰《毛生甫年譜》，與蔣年譜合裝，較有價值，滕欣然接受。"（冒懷蘇編著，上海：學林出版社，1998 年 5 月）

  按：《冒譜》介紹滕固簡歷中有"蔣、陳於滕皆爲同鄉，猶如祖孫關係。先生在廣州中山大學教書，與滕多往還"句，待考。

作詩書贈香孫先生："紅塵席帽烏韡裏，想見滄州白鳥雙。馬齒枯其喧午枕，夢成風雨浪翻江。"

3月5日，出席在南京路冠生園樓上舉行的文藝春秋會茶話會，并與葉譽虎作文藝講演。

3月10日，作《布林希曼教授近著〈中國寶塔〉》一文，刊《圖書評論》第一卷第十一期。文章在簡要介紹了作者的學術成果後，對該書進行評述，認爲最令人滿意的有兩點，一是關於專門建築的探討，作者站在建築藝術家的地位，對於塔的建築給予學理的分析，并提供了種種有益的圖解；二是文獻的詳盡整理。同時對作者在按照型式分類中的不足和運用文獻的不當表示異議。在評述中國建築時指出："藝術史上的風格發展，不論在歐洲或中國，其根本道程是一樣的。就建築藝術而論，由偉大，單純，樸茂，而至華麗，繁複，纖巧。希臘從 Doria 或至 Corinth 式是如此，中世由 Romanisch 式至 Gotisch 式也是如此；再自文藝復興式至 Rokok 式，也不出此例。這自然有其社會的狀態決定着，這裏不用費詞。中國塔的建築，在佛教隆盛時代，大抵是單純而樸茂，這就是表示宗教的莊嚴及其唯一性。到了後來佛教勢力衰微時，大抵流於繁瑣及纖巧，由崇高墜入玩賞，這就是象徵宗教的低落與宗教一尊的破壞。倘使布氏把含有多量裝飾味的琉璃塔與石塔納入相當的型式分組中，那麼這個發展的路綫，就會明快地顯現出來；這不是更符合他要想捉住的由塔的歷史反映出佛教的歷史之初意嗎？"

3月12日，參觀在環龍路法文協會舉行之王濟遠畫展。
《王濟遠畫展之第三日》："昨爲王濟遠氏畫展之第三日，環龍路法文協會之門樓，中外文藝家出入往還，不絕如縷，尤以各大學及美術學校之青年男女學子，擁擠於王氏畫展場上，觀摩探求，大有身入巴黎羅佛美術館之感。王氏之水彩畫，當代允推獨步，中華書局印有大幅畫片，亦於昨日出版，精美異常，來賓如文學家王禮錫、章衣萍、林庚白、柳亞子夫婦，金石考古家關百益、顧鼎梅、滕固，畫家劉海粟夫婦、倪貽德、張弦，新聞界黃天鵬、徐則驥，教育家潘公展、劉021九等，瀏覽王氏之作品，謂妙在中西并用，發前人所未發，實爲難能可貴云。"(1933年3月13日《申報》)

中山文化教育館在南京總理陵園管理委員會開成立大會。
"中山文化教育館在南京總理陵園管理委員會開成立大會，到發起人及來賓三百餘人，林森主席，致開會詞，孫科報告籌備經過。通過該館章程及事業計劃。當即推選林森、蔣介石、汪精衛、胡漢民、吳稚暉、于右任、宋子文等二十九人爲理事,推選蔡元培、葉恭綽、吳鐵城、史量才、孔祥熙、黎照寰、鄭洪年、戴季陶八人爲常務理事,孫科爲理事長。末由明星公司拍攝有聲記録電影。"(1933 年 3 月 13 日《申報》,轉引《蔡元培年譜長編》)

3 月 15 日,晚在上海美專演講,講題爲《亞歷山大東征與希臘藝術的東方傳布》,并有幻燈助講。

《今日之演講會·滕固在上海美專》:"上海美專設自由講座,今日十五日下午七時,爲請滕固博士演講,題爲《亞歷山大東征與希臘藝術的東方傳布》,同時并開映該校籌備美術史課程上應用之幻光燈,附注講演,使學生對於歐洲名作有較精確之鑒賞,并歡迎各界聽講。"(《申報》)

3 月 16 日,參觀王濟遠畫展,并聯合王濟遠、關百益、陳樹人、葉譽虎等擬即呈請市府,籌建美術館。

"王濟遠畫展在環龍路十一號法國圖書館舉辦其間,吾國之文學家、畫家戲劇家,到會參觀者,咸稱會場之適合展覽,惟主權操於外人之手,吾人應急謀建樹。王氏於是日聯合到會參觀之滕固博士,及河南博物館長關百益,名流陳樹人、葉譽虎等,擬即呈請市府,籌建美術館,設通常展覽會場,力圖文藝之復興。"(1933 年 3 月 17 日《時事新報》)

3 月 18 日,《申報》刊登消息:考古家關鼎梅、關百益夫婦,聯合藝術家劉海粟及滕固博士與王濟遠等六人,有鑒於吾國古代文化之昌盛,特發起藝術考古學會,擬邀請蔡元培、葉恭綽、高野侯等加入,定二十五日舉行成立會。

3 月 28 日,出席中國考古會第二次籌備會議,討論名稱、成立日期、發起人名單、起草會章草案等事宜。

《中國考古會之發起。搜考歷代遺物。發揚吾國文化》:"金石家顧鼎梅、關百益、田玉芝聯合滕固博士及藝術家劉海粟、王濟遠所發起之中國考古會,於第一次籌備會後,曾邀請海内專家加入。昨日在辣菲德路[松筠別墅四九六號 B]海廬開第二次籌備會議,到蔡元培、葉恭綽、劉海粟、關百益、田玉芝、顧鼎梅、王濟遠、滕固等,公推蔡元培主席,王濟遠紀録,討論創立是會之意義,以搜考歷代遺物,發揚吾國文化爲宗旨。議決(一)本會名稱,應改爲'中國考古會';(二)成立日期,擬定四月内;(三)推請劉半農、沈兼士、傅斯年(孟真)、沈尹默、徐森玉、容庚(希白)、馬叔平、商承祚(錫永)、柯昌泗(燕舲)、李濟之、陳垣(援菴)、陳寅恪、董作賓(彥堂)、謝英伯、陳羅生、蔡哲夫、胡毅(毅生)、曾傅鞱、李博仁、周輝城、陳世凱、周慶雲、文素松、張靜江、張溥泉、衛聚賢、張鳳、鄭師許、王獻唐、袁同禮、戴季陶、朱子橋、朱啓鈐、梁惠成、張嘉謀爲發起人；(四)公推葉玉甫先生整理會章草案。"(1933年3月29日《時事新報》)

3月，中山文化教育館曾請各發起人就該館事業計劃提供意見，蔡元培撰送《設計管見》中有三點，其一爲："中國美術史長編之起草，并組織美術館此爲恢復固有知能上最重要之工作，國立美術學校本可擔任；然爲經費所限，未能着手；現在研究中國美術者，乃不能不依賴外國之著作，至爲可恥。故希望本館先注意於此點。"(《蔡元培年譜長編》)

按：據秦賢次《滕固》一文介紹，滕固曾擔任中山文化教育館美術部主任。(臺灣《傳記文學》1980年36卷4期)

推薦同鄉張仰先進入國民政府行政院，在第一科服務五年。

《仰先自述書》："是年三月，得同學滕若渠(滕固，又名學成，寶山縣月浦人，一九四一年病歿重慶)之介紹，進前國民政府行政院，在第一科服務五年。……後來抗戰發生，我隨行政院西遷，到達長沙，被遭疏散，仍自費入川。空閑八個月頭，後充行政院非常時期服務團團員，派在重慶市各界康迪後援會工作。……嗣後服務團解散，仍得滕若渠之介紹，而進前交通部牌照所，擔任繕寫。"(《大場里誌》，張仰先編纂，楊軍益標點，上海社會科學院出版社，2006年)

4月4日，行政院第九十五次會議舉行，汪兆銘主席，決議要案多件，其中(一)院長請任命滕固爲本院參事案，通過。(參見1933年4月5日《申報》)

按：張朋園、沈懷玉合編《國民政府職官年表》，臺北，中研院近代史研究所，1987，第39—43頁，1933年條"滕固(5月22日試署)"；1934年條"滕固(5月9日任)"。《民國職官年表》，中華書局，1995年版，第400頁，滕固任職時間爲1933年5月，自此至1941年。另據行政院秘書處編印《行政院所屬各部會署科長以上職員錄》，1938，中國第二歷史檔案館藏：全宗號2，案卷號11003，滕固到院年月爲1933年4月。

秦賢次《滕固》："受汪精衛知遇，於二十二年起，任行政院參事、中央古物保管委員會常務委員，并兼中山文化教育館美術部主任。"

參事係中央及地方各機關重要官員，位僅次於部長、次長。承各機關長官之命，對下列各項事務負責：法案、命令之撰擬、審查、解答；計劃、方案之撰擬及審核；出席重要會議及出席、列席有關法案審查會議；本機關長官交予事項等。非熟悉所在機關業務，并有豐富之法律學識者不能勝任。(《中華民國職官辭典》，倪正太、陳曉明編，黃山書社 1998 年 10 月）

4 月 9 日，下午七時，赴銀行工會出席上海美術專門學校計劃籌建校舍暨美術館隊長會議。到葉恭綽、吳鐵城、蔡元培、李煜瀛、李大超、江恒源、吳經熊、陳公博、杜月笙、袁履登、錢新之、劉海粟、王濟遠、徐鎮寰等，補推汪精衛、孔祥熙等爲隊長案通過。（參見 1933 年 4 月 10 日《時事新報》）

4 月，徐慕雲編《梨園影事》再版，收錄《中國近百年戲劇之時代精神——奉題梨園影事》一文，署名柏林大學文學博士滕固、實業部專門委員盧印泉。

按：《梨園影事》，徐州徐慕雲編，大東書局民國十七年元旦（1928 年 1 月）出版。後經修改補充，分爲上下兩册出版。

暮春，應滕固之邀，劉海粟作水墨山水長卷《西溪草堂圖》，題款："草堂爲滕梧岡先生別築，地臨月浦，頗擅花木之勝。傳爲楊鐵崖（元文學家、書法家楊維楨）玩月遺址也。厥後陳確庵（瑚）過其地，徘徊不忍去。先生築草堂與邑人蔣劍人（敦復）輩觴詠其中，事詳誌乘。舊有圖今佚，先生孫若渠時時念之。癸酉暮春同客白下，復談及此，請追爲圖。雨窗作此，覺楮墨間尚留幾分前輩風流也。願若渠其永寶之。存天閣主劉海粟并識。"卷前引首爲詩人、章草名家羅復堪書題，書跋者有名詩人曹經沅、冒鶴亭、羅復堪、李釋堪、國民黨元老葉楚傖及黃秋岳、江亢虎七家的詩筆。該畫現藏蘇州古玩有限公司。

楊陳百輩散如煙，月色梅邊尚宛然，招得吟魂歸紙上，涪州人説有孫賢。
若渠仁兄囑題冒廣生（印）
詞客溪翁共草堂，買山何似買陂塘，家芬自比廉夫遠，鐵笛無聲月色涼。工部堅貞落節旄，遺徽忠惠自相高，襄陽文采傳臣甫，屯誅茅一世豪。鬱鬱孫枝出舊梧，叢殘搜拾近人無，天隨漁具吾當辦，涼夜先披月浦圖。投老江南數倚聲，梅邊歸夢不勝清，南塘聞有香千樹，雪月扁舟待送迎。

若渠先生屬題且告余曰：草堂之南爲梅塢，邑中梅花最勝處，炎暑聞之如有暗香浮動，爲賦四絕句，奉教甲戌夏日秋岳黄濬。

草堂蕭疏帶林壑，其南萬梅香繞屋。前有廉夫後劍人，文涵風流端可促。公孫述祖抱遺編，難得高名又盛年，何日扁舟同泛月，與君抵掌語前賢。

若渠先生題，乞希正句［曹］經沅

百年世事付雲煙，攬勝西溪空惘然。述德詩成堂構去，風流何止邁時賢。

丙子閏春首都旅次若渠先生屬題［江亢虎］

鐵笛聲殘月色荒，草堂觴詠幾滄桑；萬梅叢裏綠枝秀，長松清風百世香。又見西溪秋雪庵，信知風物遍江南，何時月浦梅花窟，一舸縱月載酒□。

若渠先生雅令甲戌［李］宣倜

放艇秋塘□米香，遐縱已舉見斜陽。清流句好□西宅，舊事心回午夢堂。勝有河山供戰伐，不成詩酒許荒唐，燕然片石今無恙，待勒宏詞紀國殤。

題西溪草堂圖郼若渠先生正葉楚傖

溪翁草堂臨月浦，高懷昔與廉夫伍。豈唯詞客想流風，更喜賢孫懷父祖。孫賢好古復通今，能述祖德性情深，陂塘信莫匪片紫，此意晚上誰推尋。

若渠先生屬題順德羅復堪於□晉耶室寫記

按：該卷紙本水墨，縱三十二厘米，橫一百二十二厘米，卷前引首爲羅復堪章草書題圖名，拖尾依次有冒廣生、黃濬、曹經沅、李宣倜、葉楚傖、羅復堪、江亢虎七家書跋。（參見鄔綿綿《劉海粟〈西溪草堂圖〉考略》，刊《榮寶齋》總第15期）

5月4日，中德文化協會在北平成立，推選葉企孫、張君勱、袁同禮、衛德明等爲幹事，蔡元培、馬君武、顧孟餘、蔣作賓等爲董事。（參見1933年5月6日天津《大公報》）

5月14日，中國考古會在滬假中國科學社明復圖書館舉行成立大會，到王濟遠、劉海粟、張鳳、衛聚賢、滕固、關伯益、顧鼎梅等三十餘人。由蔡元培主席，致開會詞，繼由發起人代表葉恭綽報告籌備經過。國民黨上海市黨部代表黃愓人講話後，即討論中國考古會章程草案，經修正通過。末推選蔡元培、關伯益、王獻唐、李濟、狄平子、謝英伯、馬衡、董康等十九人爲理事。攝影，散會。晚間舉行首次理事會議，全體理事均出席，由蔡元培主席。討論事項中：推舉蔡元培、顧鼎梅、吳湖帆、張鳳、劉海粟等爲常務理事。根據會章，應設立調查、編輯兩委員會，當即推定闞甘園、李濟、梁思成、衛聚賢、周伯澄等爲調查委員會委員；推定鄭午昌、容肇祖、鄭師許、董作賓、丁仲祐、滕固等爲編輯委員會委員。（參見 1933 年 5 月 13、15、16 日《申報》《時事新報》）

《考古會成立會》："中央研究院長蔡子民與名流葉譽虎、劉海粟，考古家李濟之、關百益、顧鼎梅，畫家王濟遠、滕若渠博士等所發起之中國考古會，業經籌備數月，通函邀請海內賢達加入，現已大致就緒，今將名單通函等錄於後。

名單：于右任、鄒適廬、高野侯、楊劍心、闞甘園、馬叔平、滕若渠、劉半農、沈兼士、沈尹默、徐森玉、容希白、商錫祚、柯燕舲、傅斯年、陳援

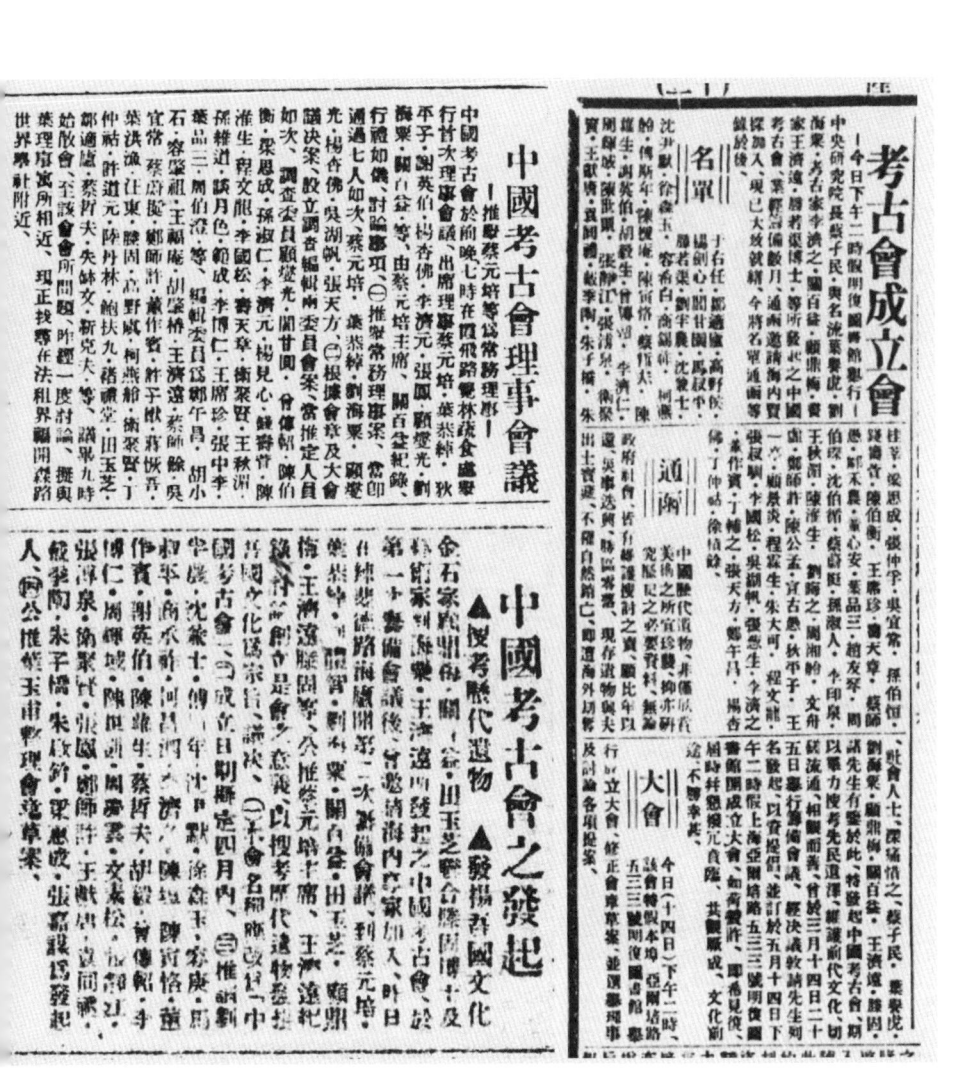

中國考古會成立及會議報道

庵、陳寅恪、蔡哲夫、陳蘿生、謝英伯、胡毅生、曾傳軺、李濟仁[之]、周輝域、陳世凱、張靜江、張溥泉、衛聚賢、王獻唐、袁同禮、戴季陶、朱子橋、朱桂莘、梁思成、張仲孚、吳宜常、孫伯恒、錢壽萱、陳伯衡、王席珍、壽天章、蔡師愚、鄺禾農、童心安、葉品三、趙友琴、周伯琛、沈伯循、蔡蔚挺、孫淑人、李印泉、干秋湄、陳淮生、劉晦之、周湘舲、乂舟虛、鄭師許、陳公孟、宣古愚、狄平子、王一亭、顧景炎、程霖生、朱大可、程文龍、張叔馴、李國松、吳湖帆、張蔥玉、李濟之、董作賓、丁輔之、張天方、鄭午昌、楊杏佛、丁仲祐、徐楨餘。

通函 中國歷代遺物，非僅欣賞美術之所宜珍襲，抑亦研究歷史之必要資料，無論政府社會，皆有維護搜討之責。顧比年以還，災事迭興，勝區零落，現存遺物與夫出土寶藏，不罹自然銷亡，即遭海外劫奪，社會人士深痛惜之。蔡子民、葉譽虎、劉海粟、顧鼎梅、關百益、王濟遠、滕固諸先生有鑒於此，特發起中國考古會，期以群力搜考先民遺澤，維護前代文化，切磋流通，相觀而善。曾於三月十四日二十五日舉行籌備會議，經決議敦請先生列名發起，以資提倡，并訂於五月十四日下午二時假上海亞爾培路五三三號明復圖書館開成立大會，如荷贊許，即希見復，屆時并懇撥冗賁臨，共觀厥成，文化前途，不勝幸甚。

大會 今日（十四日）下午二時，該會特假本埠亞爾培路五三三號明復圖書館舉行成立大會，修正會章草案，并選舉理事及討論各項提案。"（1933年5月13日《申報》）

5月20日，《攝影畫報》1933年9卷18期11頁發表《滕固的工作》："新文學家滕固，曾著有《平凡的死》等等。在護党運動時，滕固即任改組派江蘇幹部及行動委員會主席，失敗去德，至去年秋方由楊放等為之請得旅費回國，蘇省黨部上次改選，滕得監委，但殊無意，迄未就職，最近，始由陳部長為之言於領袖，得一行政院參事，月薪六百番，居然簡任官矣。"

5月，著作《唐宋繪畫史》初版，神州國光社印。目次：一、引論；二、前史及初唐；三、盛唐之歷史的意義及作家；四、盛唐以後；五、五代及宋代前期；六、士大夫畫之錯綜的發展；七、宋代翰林圖畫院述略；八、後期館閣畫家及其他。并附版圖十五幅。

《弁言》：這小冊子的底稿，還是四年前應某種需要而寫的。我原想待直接材料，即繪畫作品多多過目而後，予以改訂出版。可是近幾年來因生活的壓迫，一切都荒廢了；這機會終於沒有降臨給我。目前在浪遊中，什麼都談不到；以後能否有這個機會，亦很渺茫。偶然披閱國內最近所出版的關於繪畫史的著述，覺得這小冊中尚存一些和他們不同的見解。因此略加增損，把它印刷出來，以俟賢者的指教。當時所用的參考書及圖譜，現在都不在手頭；有記不起來的若干處所未加改正，圖譜也不能多量選印，都因這個緣故。凡此簡陋與疏忽，統望讀者見諒！

題識：是稿成於民國十五年，存講篋，衍十九年出國前增修交書局付印。

出國後, 略增追記, 擱置書局三載。此方刊行, 輒爲之訂正誤字, 粗粗讀過, 恐差誤當復。廿二年六月記。(陳世強《滕固著作中"風格分析"的出現及其他——讀〈唐宋繪畫史〉作者自校本而述及》,《美術研究》, 2014年第4期, 第29—45頁)

按: 該書另有北京中國古典藝術出版社1958年版, 附鄧以蟄1957年2月26日校後記;《唐宋繪畫史——滕固《唐宋繪畫史》自校本及其研究》, 陳世強編, 南京: 東南大學出版社, 2015年7月。及其他版本印行。

6月15日, 國民黨江蘇省第五次全體大會代表選舉產生, 周紹成、王敬九、倪弼、周厚鈞、顧希平、滕固、馬元敬、鈕長耀、葉秀峰、周傑人十人當選, 邱有珍、濮孟九、楊興勤爲候補。(參見1933年6月16日《申報》)

6月, 編撰《蔣劍人先生年譜》, 發表於《圖書館學季刊》第9卷第2期。

約7月,《社會新聞》1933年3卷7期發表文章, 披露滕固近期活動情況。

《黨政文化秘聞·滕固的新活動》: "在護黨運動時, 滕固即任改×派江蘇幹部及行動委員會主席, 失敗去德, 至去年秋方由楊放等爲之請得旅費回國。蘇省黨部上次改選, 滕得監委, 但殊無意, 迄未就職, 最近, 始由陳部長爲之言於領袖, 得一行政院參事, 月薪六百番, 居然簡任官矣。

滕雖爲學者, 但好爲群衆運動, 在蘇省有悠久之歷史, 與同系之盧印泉, 爲江南江北之二大壁壘, 素來各不相下。盧雖不氣洽於衆, 因始終苦幹之故, 爲某大同志所賞識, 予以資助, 方辦一自覺週刊以聯絡同志, 圖復興之機。滕當然不甘落後, 乃由許聞天、楊放等發起, 亦辦一刊物, 取名社會論壇, 暗中與之對壘。

聞此外且有調查各縣舊同志概括, 爲整理下層之舉。各縣某派分子本甚怪滕回國後何以一無活動, 至今方得見之, 蓋滕前之不活動者, 完全爲經濟關係, 今則無慮於此。又聞社會論壇之出版, 有基本社員若干, 各捐二十元, 集腋成裘, 爲數亦可觀, 聞至低亦可以支持三個月云。(劍)"

按: 領袖應指汪精衛, 時任行政院長。據1933年5月29日《申報》: 蘇省黨部規定全國代表初選日期爲5月20至31日, 不得提早或延遲。

9月,《社會新聞》1933年第3卷第17期發表署名"心"文章, 披露滕固參加競選全國代表會內幕。

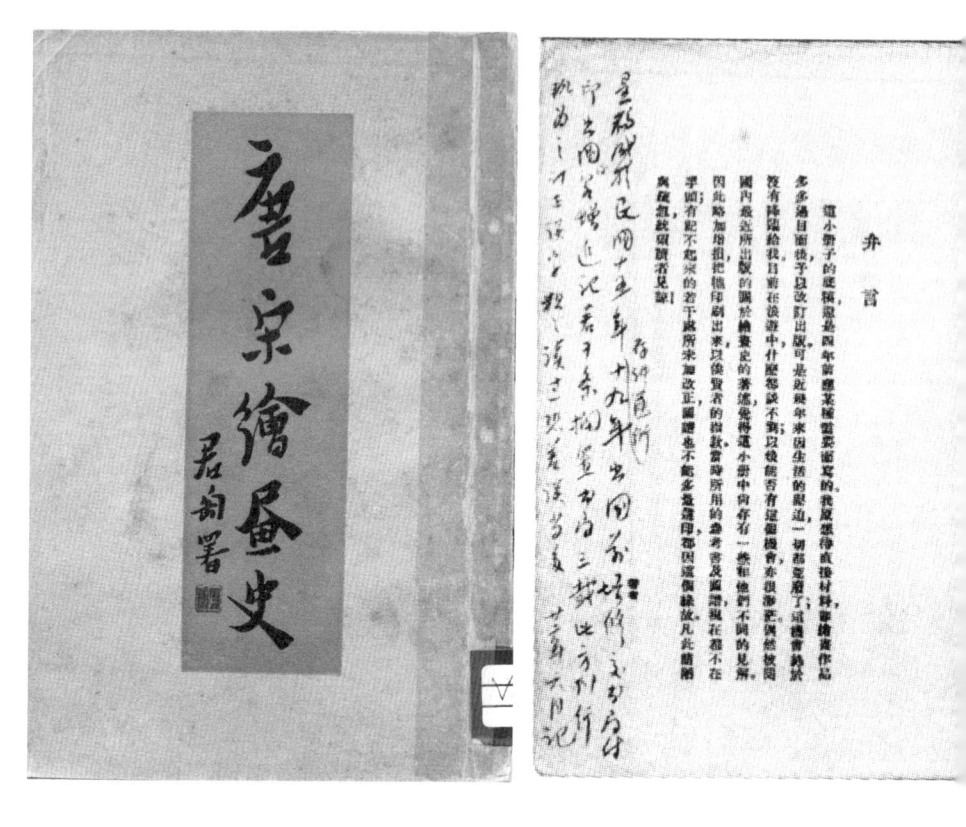

滕固著《唐宋繪畫史》書影（左爲上海神州國光社初版本，右爲滕固題識，陳世強先生藏本）

《黨政文化秘聞：滕固競選國代表》："過去改×派江蘇領袖滕固，現任行政院參事，及江蘇省監察委員，聞本年七月之臨時全國代表會，滕已宣告競選。滕在江蘇之基礎本厚，但在十八年後，因事勢不同失去不少，十九年去國，更與下層隔絕，且改×派在江蘇，本分三派，滕僅其一。

年來派內爭鬥，惡感甚深，即上次江蘇省選時，亦因互相仇視而三敗俱傷，今番滕爲競選，竭力主張釋嫌合作，惟江北之盧印泉，與各人感情太壞，無從談起，而江南之金家鳳，雖經滕以反盧印泉爲條件，亦因領袖問題不得解決，屢談不成。但滕爲關係重要，仍在挽人進行中。"（《社會新聞》1933 年 3 卷 17 期，署名心。）

10 月，滕固編《圓明園歐式宮殿殘蹟》，作爲"上海美術專門學校叢書第三種"由上海商務印書館初版。

11月11日，中德合辦的柏林中國美術展覽會先在福開森路世界社展覽兩天。13日由籌備委員劉海粟運德布置。(參見《蔡元培年譜長編》)

11月28日，上午，與陶林英向邵元沖報告新聞檢查所事。

《邵元沖日記》十一月廿八日："上午，陶林英、滕固來報告新聞檢查所事。至宣傳委員會辦事，……晚八時至教育部，舉行電影指導委員會事。"

鍾瑾著《民國電影檢查研究》："有迹象顯示，國民黨中宣部已經在着手電影事業的重新規劃，而改組事件發生前雖然曾有電影商人指責教內電檢會勒索等事情發生，并公諸報端引得輿論沸沸揚颺，但最强烈的不滿來自於國民黨中宣部和上海市，兩封密電成了導火索。一封是國民黨中宣部密電。1933年11月18日，在江西'剿匪'的蔣介石向行政院汪精衛發出'馬電'，其中還包含了

滕固編《圓明園歐式宮殿殘蹟》(中央美術學院圖書館藏本)

一封'中宣會'委員邵元冲給蔣介石本人的密電。電文中歷數教內電檢會四大'罪狀'：一是教、內兩部所派職員意見不一，各以感情用事；二是對於左傾色彩影片往往徇情通過；三是指導員無法糾正，以不出席電影檢查來抵制；四是導致外界流言百出，在前方積極'剿共'之時後方鼓吹'造匪電影'。電文要求中央修改電影檢查法，由'中宣會'主辦所有電影檢查工作；另外，教、內兩部會同'中宣會'徹底改組教內電檢會，'以息流言，而利宣傳'……對於密電中再三提到的徇情放任，教內電檢會堅決予以否認，他們指出工作以來禁演武俠神怪片、蘇俄影片、辱華片等方面的成效，并呈交禁演、修剪的有關階級鬥爭及違反三民主義影片片目及出席指導員名單。對此，行政院派出端木愷、徐象樞、滕固三位參事，會同教、內兩部徹查。調查得出的結論是，教內電檢會對電影檢查確無徇情通融等事。"（鍾瑾著《民國電影檢查研究》，中國電影出版社，2012年11月第1版，第64—65頁）

12月19日，行政院派滕固出席內政部水利會議開幕禮，到各水利機關及專家三十餘人，由黃紹雄主席并致開會詞後，滕固及各代表相繼致詞。此次會議除討論水利法草案及水文測量等問題外，各代表提案約二十餘件。（參見1933年12月30日《申報》）

12月22日，《時事新報》刊登美專名家書畫展消息，提及關百益、劉海粟、王濟遠、滕固合作《松石》參與觀衆抽獎活動。
　　《美專名家書畫展》："上海美專主辦名家書畫展開幕以來，已六日矣。連日觀者踵趾相接，當場抽籤領取作品者甚爲踴躍，如張邦鐸抽去諸聞韻、王濟遠、劉抗合作《清供》，董生禧抽得汪聲遠、許徵白、諸聞韻合作《古木竹石》，李朗渠抽得陳靄士書法，李孤帆抽得馬公愚書法，李祖寬抽得關百益、劉海粟、王濟遠、滕固合作《松石》，沈祖儒得鄭洪年書法條屏，萬叔微得經頤淵《空谷清芬》，渡邊得姜敬廬《荷花》，鄭湘衡得王陶民《柳樹》等，皆爲不易多得之精品。近日復有王一亭、蔡子民、葉玉甫新作加入。昨日該會并約百川書畫會同人，如黃賓虹、王濟遠、諸聞韻、許徵白、容大塊等十餘人在會場合作，所有作品概加入陳列，俾收藏者得多收藏藝壇名家合作品之機會。"

1934年　甲戌　民國二十三年　三十四歲

1月2日，朱偰來訪，與談白石道人詩。

《朱偰日記》："上午訪若渠談白石道人詩。午後抄白石道人詩集。"

1月4日，由中德文化協會及中央大學合辦現代德國印刷展覽會在中央大學圖書館舉辦。羅家倫致詞，王世杰、德使館代辦發表演說。朱家驊、俞大維、梁穎文及張樑任夫婦、徐道鄰夫婦、夏世昌夫婦、譚守仁夫婦、余建勳夫人、蔣復璁、滕固、朱偰等出席。

《印刷展覽會定一月四日在中大舉行》："[南京二十八日中央社電]中大與中德文化協會發起現代德國印刷展覽會，定明年一月四日下午四時在中大圖書館舉行，羅家倫王世傑將親臨致詞，德使館派員出席云。"（1933年12月29日《申報》）

《朱偰日記》："上午授財政學各論一小時，讀報一小時，即歸寓。午後續寫《中國財政問題》一小時，赴中央大學出席德國現代印刷展覽會，王雪艇、朱騮先、俞大維、梁穎文及張樑任夫婦、徐道鄰夫婦、夏世昌夫婦、譚守仁夫婦、余建勳夫人、蔣復璁、滕固諸君皆在座。德人參加亦多，士女濟濟，極一時之盛。初由羅志希致詞，繼由王雪艇演說，繼由德使館代辦演說，然後參觀展覽會，印刷佳良裝潢美麗，吾國瞠乎其後，傍晚歸寓，燈下預備功課。"

1月5日，朱偰赴行政院訪滕固。

《朱偰日記》："上午赴校授世界經濟學。午後赴中央政治學校授經濟史二小時即赴行政院訪若渠轉訪彭學沛，談農村調查合作事。由余擬成表格交農村經濟復興委員會印行發給學生調查填寫以爲試驗。"

按：彭學沛（1896—1949）字浩塗，江西安福人。國民黨政要。

1月19日，滕固、張樑任設宴邀請陳銓、余建勳、宗白華、顧毓宜、朱偰等友人，談詩論詞，盡歡而散。

《朱偰日記》："午後閱野叟曝言，爲政治經濟之作，而非文藝也。傍晚赴若渠樑任之宴，席間有陳銓、余建勳、宗白華、顧毓宜及編譯館鄭王二君，談詩論詞盡歡而散。"

1月20日，中國現代美術展覽會在德國柏林普魯士美術院開幕。開幕前曾印《中國現代名畫》德文版，冊前冠以劉海粟撰《中國畫之特點及各畫派之源流》，在德國分發。

1月25日，朱偰爲滕固在中央大學歷史系兼課事訪顧毓宜。顧時任中央大學歷史學系教授，講授俄國近代史、西洋通史、經濟地理，學識淵博，有《米邱林生物學中的辯證法》等譯著行世。

《朱偰日記》："續寫中國財政問題田賦之章。訪蔣慰堂談久之。又訪顧毂宜爲若渠兼課事。"

1月30日，赴彭學沛招宴，朱偰、張樑任等在座。

《朱偰日記》："續寫中國財政問題關稅一節。赴百子亭二號彭學沛之宴，若渠、樑任皆在座。銀行學會之唐文愷前爲審查中國財政問題上卷者亦在座，彭託爲整理河南省農村調查報告，欣然應之。"

3月1日，赴土街口西蜀皇后飯店朱偰招宴，爲乃父朱希祖自中山大學來南京就任中央大學史學系主任及歡迎師長朋友齊集南京。

《朱希祖日記》："九時至中央大學史學系，十時半偕汪旭初至大石橋訪黄季剛同學，留食中飯。午後一時又偕汪君至吴瞿安寓談半小時，回寓。午後，閲繆鳳林君所編《中國通史》。六時，大兒請至大行宫皇后飯店宴飲，同席有陳百年、沈士遠、羅家倫、徐勉百、沈剛伯、顧禄宜、繆鳳林、滕若渠（名固）、張其昀。九時回寓。"（《朱希祖文集·朱希祖日記》，中華書局2012年8月第1版）

《朱偰日記》："上午預備功課，赴校授財政學各論一小時，民國財政史一小時。

下午續寫中國財政問題關稅之部。

傍晚赴土街口西蜀皇后飯店請客。陳百年、沈士遠、徐冕伯、沈剛伯、繆鳳林、顧毂宜、羅志希、滕若渠、張曉峰先後蒞止。余起立致詞，謂今日一則爲家君接風（朱希祖剛由中山大學來南京就任中央大學史學系主任），二者請師長朋友，歡迎今日史地學家齊集南京，希望南京成爲文化中心云云。席間觥籌交錯，盡興而散，十時歸寓。"

3月4日，午後，朱希祖父子來訪，借去《婁東耆舊傳》九卷（太倉程穆衡撰，舊鈔本）四册。滕固言其先君曾撰《復社年表》，將來亦可借閲。

《朱希祖日記》："午後四時，偕大兒至滕固君寓，借得《婁東耆舊傳》九卷（太倉程穆衡撰，舊鈔本）四册。滕君言其先君某曾撰《復社年表》，將來亦可借閲云。"

《朱偰日記》："上午學生來寓談久之去。何維凝、謝國楨、傅築夫諸君來寓拜見家君，留謝午飯。傍晚偕家君往訪若渠，借得婁東耆舊傳抄本四册。"

3月5日，滕固贈書《太倉十子詩選》十卷（吳偉業選，民國二十二年排印本）二册與朱希祖。

　　《朱希祖日記》："六時回寓，接滕若渠函惠贈《太倉十子詩選》十卷（吳偉業選，民國二十二年排印本）二册。"

　　《朱偰日記》："接若渠送來書二種，家君借閱也。"

3月7日，滕固代朱希祖借到《太倉州誌》《鎮洋縣誌》《朔方道誌》諸書。

　　《朱希祖日記》："滕若渠代借到《太倉州誌》三十卷，《鎮洋縣誌》十二卷（王祖畬纂，民國七年刊），《朔方道誌》三十二卷（王志臣，舊寧夏府，民國十五年刊）八册。"

3月13日，行政院改組北平故宮博物院。

3月21日，朱希祖送還滕固代借《太倉州誌》等三種於行政院。（參見《朱希祖日記》）

4月11日，考試院長戴季陶在西安致電蔡元培、汪精衛、王世杰、蔣介石等，請通電全國嚴禁發掘古墓，謂縱尋取學術材料，亦一律依刑律專條嚴辦。14日，中央研究院長蔡元培復電戴季陶，指出學術發掘不僅未破壞民族歷史，且足以向上恢復千餘年之信史，故對於學術研究，不宜泛加禁止，發掘古墓對恢復千年古史其用大矣。5月5日，行政院教育、內政、司法三部就戴季陶提出禁止發掘古墓意見決定四項辦法：（1）中央研究院、地質調查所、北平研究院等學術團體，爲科學工作起見，整理先人遺物及亦發現之古墓物件，應按照古物整理辦法第八條辦理；（2）因自然損壞及因建設工程而發現之古物，應照古物保存法第七條辦理；（3）建議政府從速成立中央古物保管委員會；（4）各地古董商以及地痞私人假借名義盜掘墳墓，應通令各省市依法懲辦。

4月16日（農曆三月初三），南京詩人玄武湖修禊，陳衍（石遺）主持，分韻得性字，即賦詩：春風吹白門，湖水接天净。桃李倚城隈，濃淡間相競。前有雞籠山，參差浸倒影。芳草被台城，不掩景陽井。興亡數歷歷，哀樂逝俄頃。比歲遭艱虞，漁樵亦忍性。忽聞上巳臨，遊者車連軫。勞生亦偷閑，來娛時節盛，羣公富才華，二老詩道緊。搜索及肺腸，放言雜螻蚓。嗟哉飲馬塘，昔曾嚴鞿靮，幽憤儻可平，放舟縱孤詠。收入

《甲戌玄武湖修禊豁蒙樓登高詩集》，曹纕衡編，上海中國仿古印書局印刷，中華民國二十四年六月初版。

  按：據常任俠《紅百合詩集》P.20 注："一九三五［四］年甲戌重三玄武湖修禊，重九豁蒙樓登高。南京詩人兩次大聚會。分韻賦詩，余曾參與修禊。到八十七人，有柳詒徵、滕固、廖恩濤、王易、夏敬觀、吳梅、曹經沅、陳詩、謝國楨、何遂、陳樹人、唐圭璋等，陳衍（石遺）主持。"

約 4 月，《歐特曼先生小傳》一文發表於南京《國風》半月刊 1934 年 4 卷第 8 期。

  《歐特曼先生小傳》：歐特曼先生（Prof. Dr. Wilhelm Othmer）德國漢諾威省人，少稟異資，治古典言語及史地之學，爲又名臘丁文典學者斯忒格曼所器重，凡希臘臘丁古籍，歐洲各國史乘，先生於中學時代已誦習焉。年十八，肄業格賴佛斯瓦爾得大學，旋轉入柏林大學，從名師遊，更聘精於文史言語之學，寢食俱忘。一九○四年，先生年二十二，得柏林大學博士學位，其論文爲《羅馬時代西班牙塔斯科能系斯各民族》，逾年經國家考試及格，被任爲中學教員，兼爲國家科學院助手，致力於法蘭西臘丁碑銘之考訂。先生本爲研究中國地學泰斗李希霍芬之門人，對於中國文物夙深嚮往，以其博通古今方言之才，能轉而治中國語學，其成就之速，故亦迥異乎常人也。一九○七年，別派至北京主持中德學校，旋任青島中德中學堂教員，青島德華特別高等學校講師，至是先生對中國語文益豁然貫通，即以語源學爲基礎，著漢語通釋，至今爲德人治漢語之唯一典範。歐戰爆發，先生爲敵虜歸日本，其間仍孜孜治學，成中德袖珍字典。一九二○年，先生始來吳淞，任國立同濟大學中學部教務長，擘劃之周，誨人之摯，歷來外籍教員中未有其匹，故出其門者，莫不敬其人也。是時其本國政府亦嘉其學行純粹，授予教授職衘，且欲召之歸國，任大學漢學教授，先生未之應。遼寧日人設立之"南滿"醫科大學，優禮誘聘先生往任教職，先生峻拒之，蓋先生嘗謂中國爲其第二故鄉，熱愛中國即所以愛故鄉也。先生之任職同濟也，十年如一日，而其學詣與時俱進，尤非恒人所能企其項背。一九三○年，先生徇商務印書館之請，增訂中德袖珍字典，惜其製版毀於一·二八之役，未克流布。先生主持同濟中學教務，同時又受大學各種委員會之聘，力助大學物質與精神之發展，此外復任上海東亞學會分會主席，佛蘭克府中國學院友誼聯合會會長兼同院董事，上海東方圖書館復興委員。蓋先生一方既爲在華德僑之領袖，他方又爲溝通中德文化之重鎮，故我國最高學府國立中央大學贈予名譽博士學位。先生體質素健，一·二八之役感冒胃疾，去年又發，醫者知其不治，勸返國療養，爰於十月回國，約病痊復來，乃天不慭遺，竟於今年一月七日逝世，享年五十有二。越二日噩耗傳來，不但僑華之德人痛失領袖，而中國朝野皆認爲中德文化溝通上之莫大損失，同深悼惜。先生著述甚富，除上述語學書籍外，曾選譯明史列傳稗官小品時賢論學論政之文多種，其生平學行詳見魏以新先生所撰歐特曼教授傳，不具述。後學滕固敬述。

《同濟大學追悼附中教務長歐特曼》："國立同濟大學附中教務長歐特曼氏，於客歲因病癒返德休養，不幸於十二月[日]在葛廷根坊方逝世，其詳情曾載本報。該校以歐先生教學十餘載，誨人不倦，久而彌篤，一旦逝世，悲悼良深，特於二月二十八日上午，舉行追悼大會，以寄哀思，到有德總領事、工務局長沈君怡、全體中德教授、學生，及歐氏生平知友，都千餘人。由該校校長翁之龍博士致詞，略謂歐先生服務忠貞，辦事勤敏，夙爲同人所佩仰，平日對於同濟之擴張設備等項，向具熱忱，一·二八時之奔走呼號，設計營救，尤足感人，至其學識除所研究之文學及哲學外，對於語言學，更爲精通，能操英法日希臘拉丁希伯來印第安諸國語言，對於華文華語，尤有興趣，造詣最深，曾著有中國北方通俗語及德華詞典等書，德華詞典在文獻上之貢獻者極大。不幸於一·二八時，以稿交於商務，導遭浩劫，此後賡續無人，可稱佗響。歐氏對於孔門學說研究極有心得，將中國固有文化向歐洲宣傳者，歐氏當推巨擘，故歐氏之逝世，不獨爲同濟之一大損失，即在中德文化之溝通上，亦極有關係。末復謂吾人紀念歐氏，非僅追悼而已，必須作有紀念，表示永遠之哀思，此再從長討論云。後由德總領事、醫學院工學院教務長、附中主任、教職員代表、學生代表、德奧瑞同學會及同濟同學會代表沈君怡、來賓代表陳鶴鳴等致詞，再由家屬代表致謝而散。"（1934年3月2日《申報》）

《同濟大學德國教授歐特曼博士將回國 患病就醫》："國立同濟大學附中教務長德國大學教授哲學博士歐特曼先生 Prof Dr.Othmer，博學深思，性情和藹，留華二十餘載，能寫能語，尤服膺孔孟學說，四書五經，背誦如流，每遇演講，輒引經據典，與西方古文化互相對證，且以闡發現代思想，識之者均謂歐先生不僅一良教授，實爲吾國之好朋友。茲悉腹腔惡瘤，雖經割治，仍無起色，定於十月六日，乘 Dnisburg 號回國，赴阿廷根診治，同濟校友，祝其早復健康，重來吾邦云。"（1933年9月27日《申報》）

5月3日，滕固以舊抄本《遺事瑣談》三卷（崑山潘晚香手抄本）一冊，《破夢閑談》三卷（同上，抄本）出示朱希祖，允可雇人迻錄相贈。

《朱希祖日記》："滕若渠來，以舊抄本《遺事瑣談》三卷（崑山潘晚香手抄本）一冊，《破夢閑談》三卷（同上，抄本）見示。按，楊鳳苞《南疆逸史跋一》

載八十朽人《遺事瑣談》,《跋五》又載沈壽世《破夢閑談》,而北平圖書館《善本書目二》載:"《遺事瑣談》六卷,附錄一卷,沈頤仙撰。"此抄本《遺事瑣談》不著撰人名氏,《破夢閑談》則"八十老人沈頤仙輯",余以爲沈壽世字頤仙,此二書皆爲其所撰,故《遺事瑣談》題八十朽人(楊跋),沈壽頤撰(《北目》);《破夢閑談》題八十老人沈頤仙輯(鈔本),又題沈壽世(楊跋)可證也。滕若渠允爲雇人迻錄,可感也。"

5月11日,出席行政院召集之籌備成立中央古物保管委員會,議決1.中央古物保管委員會,有從速成立必要;2.行政院應聘古物專家六人爲委員,由內政教育兩部分別物色;3.如經院議決定成立,即依古物保存法第九條之規定,分別函令內政教育兩部派代表各二人、國立各研究院及國立各博物院派代表各一人爲委員。

5月12日,赴張其昀招宴,同席有朱希祖父子、繆鳳林、謝國楨、阮毅成、鄭鶴聲、王駕吾等,相談極歡。

《朱希祖日記》:"上午授課。午後擬睡,未成眠。三時訪蔣慰堂。又至傅築夫處,託租中央大學前房屋商量條件。五時徐子明來。七時至土街口益州飯店赴張其昀宴,同席有滕固若渠、繆鳳林、謝剛主、阮毅成、鄭鶴聲、王駕吾及偉兒。"

《朱偰日記》:"上午赴校接見學生一小時,授財政學各論一小時。午後續繪地圖。晚赴張曉峰之宴席,上有阮毅成、滕若渠、繆鳳林、謝國楨、凌某、王某、鄭壽林諸君,談極歡。燈下閱日人某作長安古迹圖考。十二時睡。"

5月31日,行政院因故宮博物院舞弊案發後,決定重組中央古物保管委員會。

《行政院重組中央古物保管委員會》:"【三十一日專電】行政院因故宮案發後,決定重組中央古物保管委員會。委員名額規定十五人,內政部禮俗司長盧錫榮、教育部社教司長張炯等,均爲當然委員,其專家委員,行政院本星期二院會決議,聘定葉恭綽等六人爲保管會委員,尚有專家數人,即日可以發表。查古物保管委員會,民國二十一年政府曾有過此種組織,現已事實需要,特重組此會,其任務在如何鑒別古物、監督保存,與故宮博物院職權不生任何衝突。"(1934年6月1日《申報》)

赴蔣復璁招宴後,偕朱希祖至萃文書局訪書,至朱寓爲之鑒定字畫。

《朱希祖日記》："六時赴蔣慰堂宴。又與滕若渠至萃文書局，知《雲間舊話》一書已先有人訂購，探知爲金山高燮所得。若渠又至吾寓審定字畫，據云梅道人及石溪兩種畫是真。"

《朱偰日記》："上午赴校接見學生一小時，授財政學各論一小時。午後續寫中國財政問題。傍晚赴老萬全蔣君蔚堂之宴，同席者有家君、吳瞿安（吳梅）、沈定九、陳任中諸前輩及若渠、剛主（謝國楨）等。宴畢又赴中華書局聽崑曲，瞿安、任中、慰堂各有擅長，南國遺風於今未泯。"

《吳梅日記》："余即應蔣茂〔慰〕堂（復璁）之召，晤逖先、伯商父子、伺仲、騫五、木安等。席散，同至中華四樓略坐，十時半歸。"

6月29日，滕固將發表之《唐代式壁畫考》一文贈朱希祖。

《朱希祖日記》："上午搜集宋王厚之事蹟及著述，備作《復齋碑錄序》。十一時至中央大學訪羅志希，至十二時半方回。午後仍集王厚之事蹟。行政院參事滕固贈所作《唐代式壁畫考》，頗佳。"

7月1日，《唐代式壁畫考略》發表於《東方雜誌》第31卷第13號。略謂："唐代式壁畫，這件事一年來幾乎天天盤旋在我的胸次。去年春天我到南京來，聽得文舟虛先生新得到一批前代的壁畫，我就約宗白華胡小石兩先生去訪觀，果然有十餘大幅仕女壁畫。當時大家在驚異贊嘆之下，直覺地斷爲唐朝的遺品，至少是唐代式的製作。後來聽得顧蔭亭先生也得到十餘幅，於是再約宗胡兩先生去看，其中和文先生所藏的東西大體是一樣的。這樣富麗的作品，陸續出現於枯燥的南京，於是使我日思夜夢，竟不能有一刻的安寧。"作者從"綫勢"（Linienfuhrung）、"色彩"、"人物表現"、"婦人乘騎"四個方面加以分析，推斷"文顧兩先生所藏壁畫，雖不能確斷爲唐代作品，而其技巧與風格，和唐物相差不遠的了。"同時認爲"唐畫雖則潑辣和煊爛，而仍不失典雅蘊藉；且其高貴富麗之處，尤合乎美術史上所謂"第一流的"（Reprasentativ）。"

7月4日，行政院第一六七次會議，決議改組中央古物保管委員會，除已聘定李濟、葉恭綽、黃文弼、傅斯年、朱希祖、蔣復聰、董作賓、滕固、舒楚石、傅汝霖、盧錫榮、馬衡、徐炳昶等爲委員外，指定傅汝霖、滕固、李濟、葉恭綽、蔣復聰爲常務委員，并以傅汝霖爲主席。

《朱希祖日記》："是日，行政院會議改組古物保管委員會，先是聘定專門委員六人：李濟、葉恭綽、黃文弼、傅斯年、朱希祖、蔣復聰，繼又委行政院之滕固，中央研究院之董作賓，教育部之舒楚石，內政部之傅汝霖、盧錫榮，至是指定常務委員五人：傅汝霖、李濟、滕固、葉恭綽、蔣復璁，并以傅汝霖爲主席。"

7月12日，上午九時，中央古物保管委員會在行政院會議廳舉行改組會議。傅汝霖、葉恭綽、李濟、董作賓、蔣復璁、盧錫榮、舒楚石、朱希祖、滕固出席，傅汝霖主席。決議：1.推舉李濟、葉恭綽、滕固、董作賓、蔣復璁、朱希祖審定修正保管古物各項法規章則。2.呈請行政院，通令各省市，并轉請軍事委員會，通令所屬，申明成立本會之宗旨與職權，并不得擅自挖掘古物。3.關於本會會址經費概算及工作範圍各事項，交常務會議負責辦理。4.推傅汝霖、滕固、蔣復璁起草本會辦事規則及會議規則，呈請行政院公布施行。5.關於國內保管古物各項法規，由傅汝霖負責搜集；關於國外保管古物之法規及參考資料，由蔣復璁負責搜集。6.會期大會每年兩次，常會每月一次，所有委員均得出席或列席，

中央古物保管委員會開成立會報道（1933年7月13日《中央日報》《申報》）

如必要時，得召集臨時會。

隨後出席第一次常務會議。五名常委外，董作賓、盧錫榮、舒楚石、朱希祖列席。會議討論通過有關地質研究所建築房屋發現古物備案、本會經費概算、請行政院通令取消國內與本會名稱相同之機關等案。(據《中央古物保管委員會議事録·一》)

出席中央古物保管委員會第一次全體委員會。會議推滕固審查修訂保管古物各項法規章則，關於古物之收買與海關檢查古物之出口事項於審定修正各該法規章則時亦詳爲訂入；推傅儒[汝]霖、滕固等起草本會辦事規則及會議規則，呈請行政院公布實施。而後，又出席第一次常務委員會議。

《行政院訓令字第三六七四號》："查本院第一六七次會議決議：'改組中央古物保管委員會，除已聘定李濟、葉恭綽、黃文弼、傅斯年、朱希祖、蔣復璁、蔣作賓、滕固、錢楚石、傅儒霖、盧錫榮、馬衡、徐炳昶等爲委員外，指定傅儒[汝]霖、滕固、李濟、葉恭綽、蔣復璁爲常務委員，并以傅儒[汝]霖爲主席。'除分別函令外，合行令仰該部[教育部]知照，并會同內政部轉行北平故宮博物院及北平研究院知照。此令。"(據中國第二歷史檔案館檔案)

"該會工作綱要：1. 對於已設立之合法保管機關，督促其保管方法之完整與改善；2. 對於未經政府保管之古迹或古物，須協同地方政府，加以保護與修整；3. 對於學術機關之呈請探掘，分別准駁，予以相當之援助與取締；4. 對於奸商地痞之私掘與盜賣，予以嚴厲之制裁；5. 保護私家所藏古物，就其重要者作精密之調查登記；6. 各地方新發現之古物，經該會檢定價值後，決定其保管之機關；7. 凡關地方之古迹古物，責成地方政府負保護之責；8. 凡是學術文化之古物，由該會斟酌核撥於中央各文化學術機關，以供研究；9. 對於其他已發現之古物古迹，皆予以登記，并妥籌保管方法；10. 對於未出土古物之發掘，嚴密監督，至以前中央或地方未經法定所設之保管機關，應即分別裁併，以明系統。"(1934年12月9日《中央日報》《市政府通令保護古物古迹》)

"中央古物保管委員會，於昨日上午九時，在行政院會議廳開成立大會，到行政院秘書長褚民誼，及該會委員傅汝霖、葉恭綽、李濟、蔣復璁、盧錫榮、滕固、舒楚石、朱希祖、董作賓等十人，由傅汝霖主席，開會後，首由褚民誼氏代表行政院汪院長致詞，略述成立該會之意義，繼由主席傅汝霖致詞說明該會改組及成立之經過，旋討論各項議案(一)推委員李濟、葉恭綽、滕固、董作賓、蔣復璁、朱希祖等六人，審訂修正保管古物各項法規章則，(二)推委員傅汝霖、滕固、蔣復璁三人，起草辦事規則及會議規則，至十一時散會。會後繼開第一次常務委員會，傅汝霖、葉恭綽、李濟、蔣復璁、滕固五常委均出席，仍由傅汝霖主席，商討該會經費會址及辦事規則等事項，決定由傅汝霖負責尋覓適當會址，至十二時許始行散會云。"(1934 年 7 月 13 日《中央日報》)

《中央古物保委會昨日開成立會　旋開首次常會　商討經費等事》:(南京)中央古物保管委員會，十二日晨九時假政院開成立會，到褚民誼及委員傅汝霖、葉恭綽等十人，由傅汝霖主席，開會後，首由褚民誼代汪院長致詞，繼由傅汝霖致詞，說明該會改組及成立之經過。旋討論各項議案:(一)推葉恭綽等六委審訂修正保管古物各項法規章則；(二)推傅汝霖等三委起草辦事規則及會議規則。十一時散。繼開首次常委會，商討該會經費等事，決由傅汝霖負責尋覓適當會址，至午始散。(1934 年 7 月 13 日《申報》)

《朱希祖日記》:"九時至行政院會議廳開中央古物保管委員會成立會，到會者余及傅汝霖、李濟、滕固、葉恭綽、蔣復璁、董作賓、舒楚石、盧錫榮，而傅斯年未到，黃文弼已赴新疆。秘書長褚民誼代表行政院長致詞，即成立大會，旋開常務委員會，議決要案數件，十時半散會。"

7 月 14 日，上午九時，出席中央古物保管委員會第二次常務委員會會議。(據中國第二歷史檔案館檔案，《中央古物保管委員會議事錄·一》)

"中央古物保管委員會，於昨日上午九時，在行政院會議廳開第二次常務委員會議，到常委傅汝霖、滕固、李濟、蔣復璁四人，委員盧錫榮、朱希祖二人，亦列席。開會時，先由行政院汪院長召集到會各委員談話，說明政府設立該會之意義，大意謂政府成立此會，非為玩賞古董，乃為保管國家固有之文物俾資研究，希各位將此意公告於社會等語，旋即討論，(一)概算，(二)議事規則，(三)辦事細則，至十一時始行散會。聞該會會址，刻尚未決定，或將由內政部將道署街蒙藏訓練班地址收回，撥歸該會辦公云。"(1934 年 7 月 15 日《中央日報》)

《朱希祖日記》:"九時至行政院會議廳開中央古物保管委員會常務委員會，余雖非常務委員，而會議規則普通委員亦得列席。行政院長汪精衛出見，聲言此會規模須弘大，作有效保管事業，故預算經費亦須較大，如詭秘狹小，毋寧不辦云云。開會後，通過預算案及會議規則，十時半散會。與李濟之同車至中央大學訪羅志希，不遇。午後，接北平家內寄來《宋史》、《明史》、書目等三十五包，與菊女共拆。七時至內橋街青年會食堂宴請姚從吾、劉英士、傅沐波、滕固、蔣慰堂，而李濟之有事不來，十時半回寓，沐浴即睡。"

傅斯年致蔡元培函，婉拒安排滕固任職。

"院長先生鈞鑒：褚民誼先生書敬悉。滕先生事如有可借重之處，自當努力。無如院中既無美術一科，而所謂'博物院籌備處'目下一文不名，並無着落，談不到延請學者。諸希轉告褚先生為荷。專頌 尊安 傅斯年謹呈 七月十四日"（檔號：Ⅲ：776。收入王汎森、潘光哲、吳正上主編《傅斯年遺札》第二卷，社會科學文獻出版社2015年1月第1版，第470頁）

7月16日，宴請朱希祖、姚從吾、蔣慰堂、張其昀、宗白華、張亮臣等師友，宴散送朱返寓。

《朱希祖日記》："七時赴府東街老萬全館滕若渠君宴，同席有姚從吾、蔣慰堂、張其昀、宗白華、張亮臣（交通部）、龍某、顧某（教育部普通司長，藏畫頗多），十時滕君送余回寓。"

7月17日，蔣復璁設宴，滕固以其妹中暑而卒，故未赴宴。

《朱希祖日記》："七時赴青年會食堂蔣慰堂宴，同席有十餘人，與余連坐者馬洗繁、蔡堡（字作屏，北京大學理科畢業留學美國，任中央大學生物學教授，住傅厚岡三十三號，傅沐波之屋主人也。彼為詳説留學美國學農之便宜及南京造屋之經驗），而姚從吾與余對席。聞蔣慰堂言，滕若渠昨夜宴客回家，其妹中暑而卒，故今日未來，頗為驚愕。"

7月20日，出席中央古物保管委員會概算案審查會議。

譚正璧《憶滕固》："那時他就想藉了他的地位來成就他志願中的工作，和葉恭綽等發起組織中央古物保管委員會。會的組織經行政院會議通過後，就委任他們做委員，而且指定他和葉恭綽、傅汝霖做常務委員。這時他很想大大地做一番對於保存文化極有貢獻的事業，可是會中經費的預算得到行政院通過而令財政部撥給時，財政部卻祗允許撥放預算的十分之一。這樣使他感到大大的失望，把他充滿希望的偉大計劃完全打破。從此他想對於文化事業有所貢獻的熱忱，遂逐漸地冷淡下來了。"

7月26日，中央常會中汪精衛擬以滕固或彭學沛充任《中央日報》社長程滄波職務。

《邵元冲日記》："晨七時半離徐州，乘津浦快車南下。午後七時，抵浦口，賀壯予等來迓，並報告本星期四中央常會因見程滄波有病假消息，遂議易人，汪派已準備以滕固或彭學沛充任，楚愴見事急，乃臨時提以蕭同茲代理。又日前介石因汪精衛之哀訴，予《民生報》及民族通訊社以封禁，並令憲兵司令部逮《民生報》社長成舍我,及民族社社長及編輯等三人,更將再三追究,以興大獄。小題大做,爲他人分謗,殊屬無謂。蓋精衛年來之措施,輿論界莫不痛心疾首,介石殊不值爲之負責撐腰,使邪人愈肆,擬日內以電規之。"

按:又據《邵元沖日記》1934年5月29日條:"訪葉楚傖,談《民生報》事。(先是二十四日,《民生報》載行政院政務處長彭學沛貪贓事,并祇稱爲某院處長彭某,不合於處分條列。汪閲後大怒,即逕令停刊三日。今日經復版,其社長成舍我,於報端爲一長文,指斥行政院處分之不當,且醖釀聯合全國報界,有所表示。恐汪再有對付,則更引起糾紛,故於業一商。)"7月20日《民生報》因刊載蔣介石電汪于兩院長調解新聞,爲當局所誤會,23日由首都警備司令部勒令停刊,并將社長成舍我傳去問話。因該消息採用民族通訊社稿,即將民族社社長趙雪崖,記者鍾貢勳、陳雲閣傳訊拘留,在新聞界聲援下,於8月1日恢復自由。邵元沖時任中央宣傳委員會主委。7月11日"十一時散會,《中央日報》社社長程滄波來言汪等譴責之辱,擬請辭職。予亦以中央宣傳會,徒爲行政院之工具而負摧殘輿論之責,且職權則重重束縛,經費則屢屢核減,實屬無法維持,亦擬明日向常會提出辭職也"。12日"午前不赴中央常會,特呈請辭去宣傳會主任職務,并函葉楚傖說明意見。"

8月7日,朱希祖作致羅家倫信中介紹滕固。(參見《朱希祖日記》)
《朱偰日記》:"上午赴行政院訪滕若渠不遇。訪彭學沛爲叔鄭弟謀事。歸至家君處談天,午後續寫匡廬導遊。燈下續寫廬山導遊至第四章終,尚餘五六七八四章,計四日可畢。"

《申報》報導寶山縣推行電化教育,改組電化教育委員會,聘請姚蘇鳳、邵爽秋、滕固、姜豪等爲委員,規劃一切。

8月9日,《申報》刊登全國美術家籌組生產美術研究社報導,發起者有滕固(南京)、董壽平(山西)、儲小石(北平)、周錫保(杭州)、于淑均(圖案家)、林建峰(南洋)、錢九鼎、周祖高、滕白也(本市)等,定於本月十五日成立。

8月24日,財政、內務、實業、鐵道四部代表會同行政院參事滕固開會,審查糧食管理條例,規定對居奇囤積徹查處分辦法,提交行政院例會通過。(1934年8月25日《申報》)

8月27日，國民黨中央在黨部舉行先師孔子誕辰紀念典禮，到中委汪兆銘、居正、戴傳賢、陳公博等及國府、各院部會代表滕固等，暨黨部全體工作人員千餘人。(參見 1934 年 8 月 28 日《申報》)

8月31日，朱偰與滕固晤談。

《朱偰日記》："上午偕叔鄭弟往訪彭學沛，彭允爲寫介紹信致上海中國銀行謀事。晤滕若渠君。午後續寫匡廬導遊。燈下赴家君處談天。"

約8月，《月浦里誌序》《嘉定黃姚里考》發表於《國風半月刊》第5卷8、9合期。

《月浦里誌序》："月浦誌之作，始於明季陸隱君慎庵。隱君生際鼎革，親見東南糜爛村邑遭屠之狀，困心抑感，獨振筆以述一隅掌故，其志苦矣。清乾隆初，知縣趙文山，以寶山析自嘉定垂二十年，不可無紀載，創爲邑志，求隱君遺著以取材焉。邑誌成而隱君之著遂佚，或曰，隱君書申西時事，直筆不諱，當軸故匿其書，弗使流布人間。傷哉！乾嘉之際，陳鑒堂先生以名孝廉教授鄉里，痛陸誌之不傳，發憤搜稽，復創爲月浦誌六卷。不佞少時嘗讀其書，覺體例精審，敘事簡賅，深得章實齋所謂國史要刪之旨。後百年鄉先輩張公蓉台，增益補充，重訂爲月浦鎮誌十卷，以非成於一人之手，重複揉雜，率未剪裁，有類長編，然考證之勤，未可掩没也。又閱三十載，張丈政卿膺縣誌局之聘，續修里誌，邀參末議，時不佞方有東行之役，遜謝不遑，第建言於丈曰：吾鄉濱海僻地，在昔蒙輊南侵，嘉靖倭患，乙酉屠城，英夷入侵，洪楊事變，胥當其沖，而海通以還，以接壤滬瀆，生計習尚，旦晚數變，載筆爲誌乘，非嚴訂體例，博考文獻如章實齋、錢竹汀、孫淵如者，何以信今而傳後也。丈甚韙其議，不幸丈任事未久，以疾歸道山，旋俞丈侶璋繼其事，割裂舊誌，稍加補苴，咄嗟成書，未能度越前哲，學者惜焉。民國十三年，江浙戰起，吾鄉又遭兵燹，新舊誌稿，幾遭散佚。事後，鄉人謀爲梓行，以籌資困難，未果。二十一年冬，不佞歸自海外，養疴里閈，會陳頌平、徐紀方、楊仰周、張壬秋諸先生，相約重修，且期鋟版行世，謀於不佞，不佞以爲居今日而言方誌，史料之搜訂，紀述之藝術，皆當隨時事爲更新，舊誌已多可議之處，今若墨守陳法，必感徒勞，繼念邊鄙之區，人力物力所限，但能保存前賢手澤，抑已可寶。爰力贊其事，年餘殺青，以稿寄京邸索序，不佞受而讀之，覺舊聞近事，皆具條理，尤競競焉以不墜前賢之志爲誌，是不第陳、張、俞諸先輩之心胥可託以垂久遠，而江鄉岑寂風雨如晦，諸公猶抱殘守缺發潛闡微是尚，殆亦可告無罪於陸隱君矣乎，是爲序。"

《嘉定黃姚里考》："黃姚里，始名黃窯鎮，土人業燒窯，沙土作黃色，故名。其訛爲黃姚，不知始於何時。其地位於嘉定縣月浦鎮東北六里，今屬寶山月浦張家宅之後，亦即北石洞附近也。按陳鈞《月浦誌》暨《邑誌》紀趙孟頫父爲黃姚大使，孟頫因亦往來嘉定。又陳誌人物，元朝知名士嚴俶、嚴恭、嚴珍，皆爲黃姚里人。是黃姚里宋元之間，文物特盛。明嘉靖間倭寇犯東南，黃姚里耆民嚴大顯兄弟五人，奮力擊倭，迭有奇勳，其事詳邑人馬元調《嚴家兵傳》。張承先、嚴九皋、沈學淵先後紀以詩，并稱五人沒後，黃姚里人立祠祀之。馬元調《嚴家兵傳》，謂萬曆初黃知縣以憲職來備兵，下車首詢嚴氏族，強大聲勢如昔，則黃姚里歷嘉靖迄崇禎初年猶存。陳誌謂黃姚里坍圮入海，又謂廢於何時不可考。按黃姚里舊址今爲北石洞口外，乃顧涇入海之處，形勢險要，易遭水患，嘉靖二十三年以後順治三年以前，海塘颶風之患，誌乘失載，陳鈞於乾隆季年創《月浦誌》，以其博識前聞，猶復不知廢於何時，然則黃姚里之廢，必遠在明際，徵諸載籍，明以後人物無有著籍黃姚者，抑已昭昭矣。自黃姚里毀後，嚴氏徙居今石洞北，就三官堂塑大顯兄弟五人像，曰嚴家五虎將軍，香火祀祝，至今弗替。而黃姚里市街，則於小泛潮退之時，偶顯其址，漁人識其地者，指曰黃姚鎮石皮街，陳誌攝以列諸古迹。民國二十一年冬，余自海外歸國，過淞滬戰墟，追維前烈，噓唏泣下，循塘提蜿蜒而北，抵石洞，尋黃姚遺址，天風琅琅，海水蒼蒼，嚴家兵威，宛然在望，其聲與光，歷千禩而不忘，又何恫乎滄桑，爰作黃姚里考，以貽鄉人。"

9月9日，譚正璧作《中國女性文學史》三版自序中謂："初稿出世後，友人滕若渠博士謂余言：'今傳女性著述，多雜偽作，曷不考其出處而訂其真僞？則此工作當愈爲偉大。'余頗韙其言。在平日流覽之際，多所留意，迄今所獲，殊亦匪鮮。但其功頗巨，告成不易。設人事假余以多暇隙，斯願或有得償之一日；然窮愁如余，頗難言之也。"該書增訂本於1935年由上海光明書局出版。

9月18日，出席全國美術家籌組美術生產研究會籌備會。

全國美術家籌組美術生產研究社，滕固、滕圭、儲小石、周錫保、董壽平等發起，昨在青年會舉行籌備會，到王子豪、蔡振華、胡養吾、葉鳳鳴、陳施君、沈立之、滕白也、林履彬、宗維賡等。（1934年9月19日《時事新報》）

9月21日，國民政府任命馬衡爲故宮博物院院長。

10月5日，朱希祖訪滕固，還《嫛東耆舊傳》四册，并謝代抄《遺事瑣談》三卷。

《朱希祖日記》："午後至常府街前三山街十九號訪張貴永君，借得英文西洋歷史地圖一册，又至樹德里七號訪滕若渠君，還《嫛東耆舊傳》四册，并謝代抄《遺事瑣談》三卷。"

10月7日，據常任俠日記："赴滕剛處，渠云：滕固對於《詩帆》亦極稱美。"

按：9月1日《詩帆》第一期出版。此爲常任俠與汪銘竹、滕剛、章鐵昭、侯佩伊、艾珂等六人所組織新詩社——土星筆會的同仁刊物。該刊三十二開本，選黃道林紙精印，每期十二頁，共出版三卷，至1937年日軍侵占南京後停刊。該會在新詩的内容上主張要富田園風味或展示都市的憂鬱，形式上采用不整齊的無韻體，要求内在的韻味。後期參加者有孫望、程千帆、霍焕明、沈祖棻、李白鳳、孫多慈等。

湖州文學家湯濟滄病逝蘇州，是日在蘇州公園路龍池古刹領帖，致贈輓聯者有蔣介石、汪精衛、戴季陶、居正、朱家驊、陳立夫、滕固、潘公展、王一亭等，及團體學校。(參見1934年10月10日《申報》)

10月14日，中國美術生産研究社舉行徵求會，聘請滕固爲第一隊隊長。

《美術生産社定期舉行徵求會，并推蔡子民任總隊長》："本市及京、平各地藝術家，發起組織之中國美術生産研究社，其目的在藝術除鑒賞外，尚須能爲社會人類得有生産貢獻。該社最近爲徵求同志咸獻力於斯起見，乃組織徵求，除聘請蔡子民爲徵求會總隊長，潘公展、劉湛恩爲副隊長，史量才爲總參議，此外徵求隊分四隊，第一隊隊長滕固、貴成武，第二隊隊長儲小石、周錫保，第三隊隊長董壽平、沈立之，第四隊隊長滕白也、宋維廎等。徵求會定於本月十四日下午二時，假青年會議廳舉行，至該社至美術生産計劃，亟待推進者：(一)促進改良及興辦藝術教育事業。(二)出版定期刊物及關於美術生産書報。(三)出版社員有價值作品選集，并介紹發表。(四)舉辦美術生産講演會及展覽會。(五)促進工廠商店與美術工藝家聯絡。(六)調查各地特重工藝品，示以改良與介紹。"(1934年10月7日《申報》)

10月16日，舊曆重陽節，雞鳴寺豁蒙樓登高以杜少陵九日五首分韻賦詩，以事未往，由曹纕蘅代拈新字，成詩一律《九日同人約登雞籠山以事未往纕蘅先生代拈新字穠嫩未報後旬日北上登岱觀日出率成一律》：

"湖欄台城跡已陳，齊煙伴我陟秋旻。蒼官列仗何年事，玉檢登封異代人。夜壑荒寒號萬木，極天混瀁湧孤輪。莫愁岩石題名爛，元氣渾然亙古新。"

按：該詩收入《甲戌玄武湖修禊谿蒙樓登高詩集》，曹纕蘅編，上海中國仿古印書局印刷，中華民國二十四年六月初版。

10月17日，出席中央古物保管委員會第三次常務會議。

《中央古物保管委員會議事録·一》："下午三時，在内政部召開中央古物保管委員會第三次常務會議。傅汝霖、葉恭綽、朱希祖、李濟、蔣復璁、舒楚石、滕固、盧錫榮出席，傅汝霖主席，議決事項有本會辦公地點暫借内政部後院，本會即日開始辦公、分配經費（辦公費二千元，事業費三千元）、解釋補充古物保管法施行細則、古物分類等。"

《朱希祖日記》："午後至道署街内政部開古物保管委員會，到會者余及李濟之、滕固、葉恭綽、蔣復聰、盧錫榮、楚舒石，而傅汝霖為主席。政府核准每月僅得五千元，加以教育部原有經費每月一千元而已，六時散會。議定會址在内政部，傅君引觀内政部房屋，據云此即明中山王府，其西即中山王徐達花園。案中山王府即元之集慶路總管府，清代則為布政司署。"

是日晚，行政院長汪精衛在駐京德使館辦事處，宴行政院參事滕固、外交部秘書張平羣等多人。

10月19日，在青島時，滕固與邢契莘、龍大鈞同訪蔡元培。

《蔡元培日記》寫道："邢契莘偕滕固、龍大鈞來。"

按：邢契莘（1887—1957）字學耕，浙江嵊縣（今嵊州）人。時任青島工務局局長。龍詹興（大鈞），廣東人，1928年曾任改組派旅法支部書記。

秋，參觀山東省立圖書館。（見《征途訪古述記》12月16日條。）

10月21日，中華藝術教育社假尚文路上海中學初中部舉行成立大會，出席會員馬公愚、鄔克昌、宋邦幹、徐則驤、張辰伯、俞寄凡、姜丹書、倪貽德、傅伯良、趙慰祖、吳夢非、季小波、唐雋、朱指微、莫運選、王遠勃、滕固、謝公展等一百四十餘人。馬公愚主席并致開會詞，鄔克昌報告籌備經過，市教育局長潘公展及王濟遠、汪亞塵亦蒞會演說。午後繼續開會，討論會章及提案，并選舉職員。提案計有：（一）呈請教部

1934年　甲戌　民國二十三年　三十四歲　305

滕固在山東曲阜考察漢安樂太守麃君墓

於各省通都大邑籌設美術館，（二）呈請教部及各省教廳組織藝術教育委員會，（三）呈請教部通令全國中小學校切實遵照課程標準施行勞作教育，（四）呈請教部舉辦第二屆全國美術展覽會，（五）呈請教部改藝術專科學校為學院制，（六）呈請市教育局組織音樂播音檢查委員會，（七）呈請故物保管委員會准予本會會員參加故宮藝術物品，（八）創立實用美術夜校及藝術師範學校，（九）設立藝術研究所及藝術諮詢處等共十六案，議決交理事會討論。

10月25日，《申報》報道稱中央古物保管委員會對於故宮寶物紛失案日內將由主任委員傅汝霖，常務委員葉恭綽、滕固等召集會議，討論調查辦法。外傳被盜換之珠寶，已在國外出售，據熟悉情形者稱，此批刻仍扣留於法國，尚未出售。

10月27日，滕固贈朱希祖鈔本《遺事瑣談》一冊。(參見《朱希祖日記》)

10月28日，行政院六週年紀念日，適值星期，汪精衛院長以際此國難，不宜鋪張，曾手諭不舉行何種儀式，定三十日申刻召集該院全體職員，合攝一影，以資紀念。(參見1934年10月30日《申報》)

10月30日，《申報》刊登南京專電：故宮寶物馬賽被扣案，古物保管會已獲有確據多件，日內即將召集會議，該會主席傅汝霖，常委滕固、葉恭綽、蔣復聰、李濟，暨在京委員均將出席。

10月31日，參加曹纕蘅招宴，有吳梅、褚民誼、湯爾和等同席。
《吳梅日記》："夜應曹纕蘅之召，遇褚民誼、湯爾和、滕固。席上用啤酒，殊不能耐。"

10月，博士學位論文《中國唐宋時期的繪畫理論》(*Chinesische Malkunsttheorie in der T'ang—und Sungzeit*) 發表於《東亞雜誌》(*Ostasiatische Zeitschrift*) 1934年10期和1935年11期。
按：收入范景中、曹意強主編《美術史與觀念史》Ⅳ，南京師範大學出版社2005年12月第一版；另由張映雪譯、畢斐校，易名《唐宋畫論：一次嘗試性的史學考察》，收入沈寧編《滕固美術史論著三種》，北京：商務印書館，2011年11月第1版。
據上海泓盛"2013春季拍賣會——'盧芹齋簽贈暨中國重要藝術文獻'專場"編號2609件拍品介紹："1924年—1943年日本山中商會著《東方藝術圖錄》大全套一組65冊全。尺寸：28.1cm×21.5cm 此組圖錄是二戰前研究東方文物方面最重要的藝術文獻，由日本山中商會授權柏林亞洲藝術博物館首任館長庫麥爾(Otto Kummel)、《雍和宮：北京藏傳佛教寺院文化探究》作者萊辛(Ferdinand Lessing)、漢學家威廉·科恩(William Cohn)主編，是影響最大的百科全景式學術刊物，亦是'創刊最早而又養積最久者'。此套內容涉及伯希和的藏學及突厥學研究、丹尼斯·塞諾的內亞研究、羅越的商代青銅器研究、滕固美術史論文《唐宋畫論》、清末民初開創中國古建築研究的柏石曼、庫恩譯風流戲王李漁《歸正樓》、杭州保俶塔、王國維、普濟寺、內務部古物陳列等，涵蓋中國古代佛造像、青銅器、書畫、陶瓷、古幣、碑拓、玉器、絲帛、家具、古玩雜項、敦煌石窟、考古發掘等諸多方面，中德文注釋說明，內收圖版數百幅，是民國時期研究東方古美術的重要文獻資料，保存較好。"(http://

www.hosane.com/auction/detail/P13060404）

11月7日，出席行政院召集三部代表開會審查修復孔廟孔林辦法案，討論結果：擬先由中央聘請建築專家會同山東省政府派員前往曲阜勘察，切實估計，視其緩急分期興工，製具概算後，依照實際需要討論攤募辦法。（參見1934年11月9日《申報》）

11月10日，交通部長朱家驊簽署訓令第五七零二號，令本部直轄各機關爲奉行行政院會議決議改組中央古物保管委員會事由。

11月16日，下午三時，召開中央古物保管委員會第四次常務會議，傅汝霖、李濟、滕固出席，朱希祖、董作賓、盧錫榮、裘善元（教育部調入本會爲審核科長）、蕭漢澄（內政部視察，調入本會登記科長）列席，傅汝霖主席。議決事項有本會會議規則及辦事細則業經行政院第一八五次院會決議通過、調用人員、經費使用、接收教育部所屬之古物保管委員會等。滕固臨時提議，擬請電留法學生會及駐法總支部，徹查流至法國馬賽之中國寶物案。議決：推傅主席、滕常委會擬電稿請留法留英學生會及駐法總支部將本案所得材料檢送來會以便參考。（據中國第二歷史檔案館檔案，《中央古物保管委員會議事錄·一》）

　　《朱希祖日記》："三時至內政部開古物保管委員會常務會議。蕭瑜代葉培基等運送古物至法國出售，爲馬賽海關扣留，價值千餘萬，載於各報紙。外交部電駐法國使館飭查，復電謂絕無其事。蓋李石曾輩至法國早已四面勾通布置，使館人員亦有通同作弊者，而行政院長汪兆銘問之顧維鈞，則云確有其事。時顧爲法國公使，新回國也。此言聞之行政院要人。"

11月17日，《南京日報》報導：京學術界發起組織中意文化協會，籌備者三十餘人中有滕固、徐悲鴻、謝壽康、蔣復聰、商承祖、郭有守、唐學詠、呂斯白、蔣兆和、潘玉良等列名參加。

　　《中意文化協會之籌備》："中意兩國爲亞歐兩大古國，足稱爲東西文化之代表，中國所代表之東方文化，其得以傳播於歐陸者，厥賴馬可波羅創始之力爲多。近年以來，中意關係，日臻密切，例如中國歷次派出之教育、軍事、航空、及交通等等考察團，徐悲鴻氏之展覽會，以及政府人員之行抵意邦者，甚受意國朝野歡迎，并經意相墨索里尼氏親自接待，諄諄以兩大文明古國之密切合作爲念。近日復又兩國使館升格，及羅馬東方學院請中國政府派送留學生之舉，兩國交換教授，亦正在進行之中。羅馬中意協會（Ligna Iialo—Cinesl）在三年前已告成立，是中意關係，日在進展之中，兩國文化溝通，實有更積極組織之必要，京中學術界人士蔣復璁、徐悲鴻、陳可忠、謝壽康、伍叔儻、郭有守、滕固、厲家祥、辛樹幟、楊公達、趙士卿、劉奇峰、高延梓、李景泌、商承祖、于斌、潘玉良、沈剛伯、周其勳、唐學詠、岑德彰、陳耀東、蔣兆和、張樑任、樓光來、曹汝匡、呂斯白、何兆清、朱庭祜等三十餘人有鑒於此，特發起組織中意文化協會，不日開籌備會，并徵求意方人士參加，以備正式成立云。"（1934 年 11 月 17 日《申報》）

11 月 19 日，中意文化協會開首次籌備會，徐悲鴻主席。

《中意文化協會開首次籌備會　電劉使及意相請予指導》："【南京】中意文化協會十九日晚在京開首次籌備會，徐悲鴻主席。（一）伍叔元報告發起組織本會動機與意義，及致劉文島大使、意相墨索里尼兩電。（二）徐悲鴻報告意大利最近情形。（三）郭有守說明籌備會待辦事宜。（四）推沈剛勤、伍叔元起草本會緣起。（五）選舉郭有守、伍叔元、徐悲鴻、楊公達、樓光來、謝壽康代表，進行籌備事宜。（六）假中波文化協會會所為通訊地址。該會通電如下，（一）南昌行營轉劉文島大使勛鑒：中意文化溝通，事關重要，無待贅言，同人等爰發起組織中意文化協會，公為中意文望所繫，且發展邦交，亦著勳績，請賜指導贊助為荷。徐悲鴻、郭有守等篠叩。（二）羅馬墨索里尼首相閣下，貴國與敝國同為世界上文化最古之邦，為謀協助增進人類文化計，組織中意文化協會，請賜指導贊助，至為祈禱。中意文化協會籌備會。（二十日專電）"（1934 年 11 月 21 日《申報》）

《中意文化協會籌備會》："中意文化協會已發起籌備，於十九日晚七時假中波文化協會會所開第一次籌備會，到潘玉良、蔡[蔣]碧微、李景泌、沈剛伯、陳耀東、樓光來、趙士卿、商承祖、郭有守、辛鐵幟、何兆清、陳可忠、張樑任、伍叔儻、曹汝匡、劉奇峰、徐悲鴻、蔣兆和、呂斯百、楊公達、岑德彰等二十餘人，推徐悲鴻主席。"［下略］（1934 年 11 月 22 日《申報》）

11 月 21 日，滕固、舒楚石聯名呈送教育部中央古物保管委員會工作報告書等。

《中央古物保管委員會工作報告書》：

查中央古物保管委員會第三次常務會議，楚石及固均經出席，第四次常務會議，經由固出席，又中央古物保管委員會工作報告書，業經編制，理合檢同會議紀錄，及工作報告書，備文呈請

鈞部鑒核。謹呈
教育部部長王。
計呈送中央古物保管委員會第三第四兩次常務會議紀錄各一件,工作報告書一份。

舒楚石、滕固
中華民國二十三年十一月二十一日

中央古物保管委員會工作報告書

(一)成立經過

　　二十三年六月行政院會議決議先後聘任李濟、葉恭綽、黃文弼、傅斯年、朱希祖、蔣復璁,内政部代表傅汝霖、盧錫榮,教育部代表滕固、舒楚石,中央研究院代表董作賓,北平研究院代表徐炳昶,北平故宮博物院代表馬衡為該會委員。七月行政院第一六七次會議決議,指定傅汝霖、滕固、李濟、葉恭綽、蔣復璁為常務委員,並以傅汝霖為主席,於七月十二日正式成立,並呈准行政院備案。

(二)歷次會議情形

　　該會正式成立之日,即召開第一次全體委員會議。地點在行政院會議廳,出席委員傅汝霖等九人,會議結果,得決議六項:一、推舉委員李濟、葉恭綽、滕固、董作賓、蔣復璁、朱希祖審訂保管古物各項法規章則。二、呈請行政院通令各省市並轉請軍事委員會,通令所屬,申明成立本會之宗旨及其職權。三、關於覓定會址、編制概算,及工作範圍各項事項,交常務委員會負責辦理;但經費概算,自下年度起,由大會編制。四、推委員傅汝霖、滕固、蔣復璁起草辦事細則及會議規則,呈請行政院公布施行。五、關於國內保管古物各項章則,由委員傅汝霖負責搜集。關於國外保管古物之法規及參考材料,由委員蔣復璁負責搜集。六、大會每年兩次,常會每月一次,所有委員均得列席,如必要時,得召集臨時會。同日下午開第一次常務委員會議,地點同前。全體常務委員出席,列席委員四人。會議結果,得決議八項:一、審核中央研究院地質研究所築建房屋發現古物清單,准予備案。二、大會交辦編制經費概算書案,決定照實際必需費用編制甲乙兩表,甲表每月列為四萬元,乙表每月列為兩萬元,詳細專案之編制,請委員傅汝霖負責辦理。三、大會交辦起草本會辦事細則及會議規則案,先由委員傅汝霖起草,再送常務委員會議審議。四、大會交辦覓定會址案,請委員傅汝霖物色妥當後,再行決定。五、應請行政院通令取消國內與本會名稱相同之機關。六、經費概算未送請通過以前,現今工作進行所需費用，應暫請行政院撥借，俟向財政部領到款項後歸還。七、請行政院頒發印信。八、呈行政院報告成立。七月十四日開第二次常務委員會議，地點同前。出席常務委員四人，列席委員二人。會議結果，決議三項：一、通過擬編之《二十三年度經費概算》。二、修正通過《會議規則草案》。三、修正通過《辦事規則草案》。

(三)擬訂各項章則

該會各項章程規則，現經擬就二種，一、爲《會議規則草案》，該草案內規定各項會議討論事物之範圍。二、爲《辦事規則草案》，該草案內對於會內日常事務及檔之處理，加以明確之規定，又主席及常務委員之職權，亦皆劃分清楚。均經第二次常務委員會議決議通過。

(四)編造經費概算

該會《二十三年度經費概算》經第一次常務委員會議訣交委員傅汝霖編造，經編制送呈行政院鑒核。經院令交財政內政教育三部及該會審核結果准全年支十五萬元，復經遵照，另編呈核，現經行政院會議決議月支五千元，以用於事業爲主。

(五)最近工作概況

該會因概算未經核定呈報，成立後之工作，遂至無法進展。現在經費概算，既已確定，今後工作，均經規劃就緒，俟十月十七日第三次常務會議討論，決定後，即可開始辦公。

(六)擬訂工作大綱

今後工作擬俟開始辦公後，除將歷次會議所未處理之議案，逐件辦理外，先依照《古物保存法》及同法施行細則所付予之各項職權舉辦左列各事項：

一、通行各地古物保存處所，將古物填具表册，送會備核。
二、通行各省市，登記私有重要古物。
三、通行各省市，組織省市縣古物保存委員會。
四、函請內政教育兩部制訂採取古物執照。
五、函請內政教育兩部制訂古物出境護照。
六、釐定古物之範圍及種類。
七、製訂保存處所古物各項表格式樣。
八、審訂私有重要古物之標準。
九、製訂私有重要古物申請書式。
十、製訂發掘古物申請書式。
十一、製訂新發現古物登記表式。
十二、製訂古物登記規則。

十三、製訂古物保護規則。
十四、製訂古物發現獎勵報告規則。
十五、製訂古物發掘規則。

按：據中國第二歷史檔案館藏原件整理。案宗號：五11711《中央古物保管委員會組織及保存辦法、會議記錄、人事調派等有關文件》。

11月23日，上午九時，召開中央古物保管委員會臨時全體會議，傅汝霖、蔣復璁、滕固、舒楚石、盧錫榮、黃文弼、董作賓、朱希祖、李濟出席，傅汝霖主席。討論事項有院令交辦故宮盜換珠寶案、清查故宮物品辦法案、馬賽發現盜運古物案等。臨時動議：1.委員李濟、董作賓提議："近年盜掘古物案件，層出不窮，似應擇一重要地點，派員查辦，以儆其餘"案。決議：公推黃委員文弼滕委員固赴河南調查安陽洛陽盜掘古物情形。2.委員滕固、黃文弼、朱希祖提議："近來外人每有假借名義，在中國邊界私作科學考察，或盜掘古物情事，應請通知外交部，對於外國來華遊歷人員，嚴密取締，并通電邊省政府，嚴密注意"案。決議：照辦。3.委員滕固、朱希祖提議："聯絡首都學術機關，調查首都古物"案。決議：公推朱委員希祖滕委員固於下星期五下午二時，邀約中央大學、市政府、南京古物保存所、中央研究院、中央博物館、中央圖書館，各推代表來會開會，組織首都古迹調查委員會辦理。(《參見中央古物保管委員會議事錄·一》)

以豫陝一帶盜掘古物案件層出不窮，公推滕固與黃文弼(仲良)赴安陽、洛陽、西安諸重要地點視察情形，并略觀沿途古迹古物之保存狀況，報會參考。

《朱希祖日記》："八時赴內政部古物保管委員會開臨時大會，江寧地方檢察廳檢察官亦到會，附陳易培基、李宗侗故宮盜寶案檢查經過及起訴理由，并附檢查案卷，以備會中參考。十時正式開會，討論行政院交議故宮盜寶及馬賽扣留蕭瑜夫婦故宮古物百箱案件。午餐後續議上項事件，并徹底審查故宮古物辦法，四時散會。與滕若渠同車回寓。與菊女校《僞齊錄》，夜同。是日復張菊生信。是日以《復社姓氏錄》三冊借與滕若渠。"

11月30日，由滕固、朱希祖發起之南京古迹調查委員會成立。
中央古物保管委員會發起組織之"南京古迹調查委員會"會務報告
籌備經過

南京爲六朝故都，名勝遺迹，代有聲聞，不有搜集，曷資觀感，此本會委員滕固朱希祖二先生所以又發起南京古迹調查委員會之舉也。又以南京學術機關駢立如林，當亦不乏搜幽探勝抗心希古之士，爰函箋分投遍相邀集，各機關亦極表贊同共策進行，於二十三年十一月十三日南京古迹調查委員會遂以告成。

　　參加機關

　　當本會發起組織南京古迹調查委員會時，計踴躍參加者，有中央研究院、中央大學、中央圖書館、中央博物院、南京市政府社會局、南京古物保存所、江蘇省立國學圖書館南京、私立金陵大學等八機關。

　　由各機關推舉固定代表一人或二人爲南京古迹調查委員會委員，計代表名單如下：

　　　　裘善元（中央博物院代表）

　　　　王煥鑣（國學圖書館代表）

　　　　李家瑞（中央研究院代表）

　　　　馬成舉（南京古物保存所代表）

　　　　吉德梁（南京市政府社會局代表）

　　　　宗白華（中央大學代表）

　　　　葉仲經（中央圖書館代表）

　　　　陸華深（中央圖書館代表）

　　　　劉國鈞（金陵大學代表）

　　　　李小緣（金陵大學代表）

　　　　朱希祖（中央古物保管委員會代表）

　　　　滕固（中央古物保管委員會代表）

　　　　特約參加人員

　　　　朱伯商（中央大學）

　　（據《中央古物保管委員會議事録·一》）

　　按：會務報告中"十一月十三日"當係"十一月三十日"之誤排。

朱希祖、滕固召集南京各有關機關團體代表舉行會議，商討調查古迹古物辦法。

　　《中央古物保管會將調查南京古物》："中央古物保管委員會，以南京爲六朝勝地，歷代古迹古物，所在大都攸關文化，惟年代久遠，難免有損壞湮沒之處，兹爲保存南京古物，以揚文化起見，爰擬舉辦首都古迹古物調查，并於日前全體會議時，當決定推出朱委員希祖、滕委員固，定於昨（三十）日午後二時，在內政部召集南京各有關係機關團體，各派代表一人，舉行會議，商討調查南京古迹古物進行辦法。昨日到會者計有中央大學陳艱難、中央圖書館蔣復璁、中央博物院裘善元、古物保存所王歡鑣、中央研究院趙邦彦、南京市政府吉德梁，及負責召集委員滕固、朱希祖等，由滕固主席，商談甚久，結果圓滿。關於調查範圍及調查經費，聞均討論決定，并爲便利調查計，將於日內再度召集各機關團體代表，舉行會議，商組調查委員會，以便專責辦理調查事宜，其委員會名稱，昨日雖略爲商談，但未有具體確定，須俟下次開會時，再行決定。"（1934年12月1日《中央日報》）

《朱希祖日記》："下午二時至内政部古物保管委員會開會，組織南京古物調查委員會。中央大學、中央研究院、中央圖書館籌備處、江蘇國學圖書館、南京歷史博物館、南京市政府各有代表蒞會。"

汪精衛、蔣介石通電保護古物，申述中央古物保管委員會工作綱要，望全國協助進行發揚民族精神。

《汪蔣通電保護古物申述中央古物保管委員會工作綱要望全國協助進行發揚民族精神》："【南京】汪院長蔣委員長三十日通電保護古物，原電云：

中央各院部會、北平軍政兩分會、各省綏靖主任、省府、市府、各軍長、師旅團長、各大學校、各學術團體鈞鑒：夫溫故乃能知新，承先所以啓後，凡一民族之發揚，文化之進展，無不有其嬗遞之迹，以觀以興而日臻精進也。我國以五千年宏偉博大之國，先民事物所遺留及於吾人者，悉爲先民精力之所寄，或有助於學術之探討，或有益於藝事之改進，緬想前哲作式來兹，如欲闡揚文化必須認識此種固有之文化，如欲復興民族，必須認識此種民族之歷史，無疑義也。政府以國家古物，近年迭被摧毀，在民族精神上實爲重大損失，兹爲統籌保管計，爰有中央古物保管委員會之設立，并由行政院聘任李濟、葉恭綽、黃文弼、傅斯年、朱希祖、蔣復璁、董作賓、滕固、舒楚石、傅汝霖、盧錫榮、馬衡、徐炳昶等爲委員，該會已於本年七月十二日成立。其工作綱要，約有十端，一、對於已設立之合法保管機關，督促其保管方法之完整與改善。二、對於未經政府保管之古迹或古物，須協同地方政府加以保護與修整。三、對於學術機關之呈請採掘，分別準駁，予以相當之援助與取締。四、對於奸商地痞之私掘與盜賣，予以嚴厲之制裁。五、保護私家所藏古物，就其重要者，作精密之調查與登記。六、各地方新發現之古物，經該會檢定價值後，決定其保管之機關。七、凡關地方之古迹古物，責成地方政府負保護之責。八、凡關學術文化之古物，由該會斟酌核撥於中央各文化學術機關，以供研討。九、對於其他已發現之古物古迹，皆予以登記，并妥籌保管方法。十、對於未出土古

汪蔣通電保護古物（1934年12月1日《申報》）

物至發掘，嚴密監督。以上十端，綱目粗備，該會既爲國家保管古物之法定唯一主管機關，則以前中央或地方未經法定所設之保管古物機關，應即分別裁併，以明系統，惟其事體大，該會雖掌其樞紐與權衡，同時并望各機關各軍隊及各大學各學術團體，共喻斯旨，協助進行，務飭所屬，對於公布之古物保存法及其施行細則，切實奉行，毋稍怠忽，庶文化昌，得以俾益，民族興替，可資借鑒，實有厚望焉。行政院院長汪、軍事委員會委員長蔣卅印。"（三十日中央社電）（1934年12月1日《申報》）

12月5日，滕固受中央古物保管委員會之委託，與黃文弼視察豫陝古迹，於是日出發，董作賓到車站送行。

12月6日，抵達徐州，遊覽雲龍山等名勝，參觀公立圖書館古物陳列室。晚抵開封。

12月7日，會晤河南古迹研究會郭子衡（寶鈞）及地方官員，聽取該省盜掘古墓情形。幷前往河南古迹研究會、省立博物館所、河南大學等地參觀。

12月8日，由郭子衡陪同赴黃河、相國寺等地觀覽。下午抵鄭州，晚乘平漢快車，向彰德出發。

12月9日，抵彰德，李濟之、梁思永迎接。下午，由梁思永陪同訪行政督察專員兼安陽縣長方策（定中），說明來意幷解釋地下古物之重要性，希望地方長官注意其事。

  自述："余等於十二月九日上午到達安陽，即赴中院發掘團訪李委員濟之幷晤該團梁思永先生詢問盜掘各情形，即承梁先生供給盜掘圖示以作參考，當午與該區行政督察專員，兼安陽縣長方策（定中）約談，作初次見面，梁思永亦一同前往，余等說明來意，幷解釋地下古物之重要性，方表示，對於此事亦甚注意，凡有確實證據，無不嚴辦，又對於十一月十五日案有所申辯。（詳中院略述十二月九日紀錄）余等以初到此地，必須先視察盜掘情形，驗明眞僞，乃能決定辦法，即與方約定明日前往盜區視查，請縣署亦派一人通往，幷決定派安陽教育局長張紹華同去。"（《滕固、黃文弼提案》，見1935年1月12日條，下同）

《中央日報》刊登《市府通令保護古物古迹遵照古物會所定辦法》。

12月10日，偕李濟之、梁思永，前往盜區視察，以作實地之勘驗。幷參觀發掘團亞型巨陵之發掘工作，"余印象中最感欣快者，則一般工人與科學工作人員打成一片，埋頭工作，愉快邁往之精神，洋溢於發掘場上；蓋美滿之成績率由堅苦與愉快相互緊絞而獲得者也。"在發掘團宿舍觀看了新出土之文物。歸後與當地官員談到"今國家保存古物與骨董家之玩弄古董截然兩途，余等個人絕無古董之嗜好，所以斤斤於此者，一古物離其埋藏地點已失去其大部分之考史價值；一古物流入骨董家之手，無異石沉大海，學者不得據以研討；一古物流入外人之手爲國家之重大恥辱。"（參見《征途訪古述記》）

  自述："上午九時，余等偕同李委員濟之梁思永先生由冠帶巷出發，往北，渡洹水，往西，往北，至紗廠，已間有盜掘痕迹，仍西偏北行，歷大司空村，小司空村，武官村，沿途盜掘坑穴，遍地皆是。坑作長方形穴口，寬約二尺，長四尺一丈不等，深約四尺，或七八尺。大者周約數丈。有已填土者，有仍爲深坑者。雖未詳查其數目，以目所視，不當數百處。復過武官村，往北偏西，至中院工作區。現正工作者有二坑穴，在坑位中間，往往有舊時盜掘遺痕。（參觀侯家莊西北崗及南地發掘坑中之盜坑圖）由工作地往東，過一小路，約百餘步，有武家墳院。（中院略述作柏樹墳）靠近墳院西邊，有盜掘坑甚多。（據中院略述稱有三十五個）皆作長方形井口，深約三尺，長四尺餘，寬約二尺。由中院發掘主任梁思永指示，此即十一月十五日盜掘地點。亦即捕獲盜衆李冠等之地。余等審視，確爲新坑，雖間有填土者，亦係盜衆在事實發生後所爲，希圖掩跡者。時縣公署所派之教育局長亦到此地，共同驗明。（參觀視察安陽路綫圖）乃返至侯家莊午餐。一時半，復出發，過洹水南岸，轉東南行，至孝民屯，亦有盜掘痕跡。據稱說此處盜坑直綿延至南若干里。余等以時間所限，不及遍察。又由孝民屯東南行，過王裕口，至小屯，沿途盜坑亦多。不及備述。小屯亦爲中院前次工作之地，築有小房屋一所，以休憩工人，最近又本地土人，在牆壁上塗寫'祇許官家放火，不准人民點燈。''壓迫貧民生活之董梁，誓與拼命。'等語。余等在此略憩，即轉至袁家花園，高中，而高中西首亦有簇新之盜痕，在高中略留，即遄返安陽。此是日視察盜坑之大略情形也。

與地方官員談話之經過：

在十日下午五時，視察完畢返寓後，方專員亦來此坐談。余等即與之作第二次懇切之談話。并述今日視察盜坑各情形。詢其對此作何意見。彼此談話甚多，歸納言之，方專員表示，人民惟利是圖，不避法網，若嚴屬懲治，又無法律上之根據。又縣府極主嚴辦，然多苦無證據，倘有切實證據，自當嚴辦。余等表示，關於法律問題，俟余等歸後，報告大會，將來中央與省府當有一妥實辦法。以余等今日所觀察，盜坑累累，不能說未有證據。希望縣署根據現有事實，在最短期間，懲辦幾個奸徒，以平習風。方專員亦認爲當然，此與方專員談話之經過也。"（《滕固、黃文弼提案》）

《申報》刊登中央古物保管委員會電文，明確該會依照中央古物保存法之規定，爲全國保管古迹古物法定主管機關，并公布古物保存法及施行細則綱要。

12月11日，接受本地新聞記者來訪，告以此來任務及昨日視察之印象，請輿論界時時注意糾正社會之惡習。赴古物保存會，對該會組織情況提出糾正辦法，并參觀陳列室。起草視察報告畢。參觀天寧寺。

自述："十一日之清晨，有本地之新聞記者來訪，因詢及本地盜掘情形。據談，此地盜掘古物，似極有組織，每次盜掘，自區保長以下，無不預聞者。

其分潤辦法，地主二成，盜者三成，區保長亦各有成分。如盜衆私自發掘不得區保長同意，則告官充公。如共同盜掘，而被官廳查覺，則推派一人坐牢，大家供給其生活費。似想掘一件古物，值價數千元。就坐一二年牢，亦不感受若何痛苦。因此，人民不畏犯法，大膽妄爲。至於古董商，則定價購物，運至北平、天津、上海等處，售與外人。又是外人亦來此地坐收。當初本地古董商，尚有忌諱，未幹公然貿易。自去年集資五千元，捐贈成立古物保存會後，彼等營業，遂毫無顧忌矣。此地民衆，大多數意見，以現在農村破產，掘售古物，救濟農村，亦未嘗不可。（據方專員所述人民惟利是圖者，意與此同）余等復詢問，宜用何法，方可禁止。彼表示，如各地發現之古物，與其售之古董商，轉售至外人，不如由本地人集合資本收買，免流落外人之手云云。

即日上午，余等遂至古物保存會，訪其主任委員裴希度，裴爲本地一老八股先生。余等即詢問保存會之組織經費，旋據開會人名單上自縣長，下及紳商，均羅列爲委員。經費由本地古董商王某、李某、邢某等共捐集五千元（或云七千元）作基金，直屬於縣政府。并在省府立案，後參觀其陳列室，其所陳列物品，有原來舊有者，有爲盜掘物而經專員公署查出送陳者，有爲本地古董商捐贈者，其來源殊不一致。但改回旣經由古董商集資興辦，無形中實與人民以可以盜掘盜賣之暗示，不可不注意也。"（《滕固、黃文弼提案》）

12月12日，遊覽安陽之佛教名域寶山。

12月13日，遊名勝小南海，訪古碑刻。晚抵鄭州，轉搭西行車向洛陽出發。

12月14日，抵達洛陽。參觀周公廟内存放之洛陽近年出土之隋唐墓誌。

12月15日，參觀白馬寺、舊金鏞城遺址。
自述："余等在白馬寺内所特感興味者，厥爲大殿中之塑像，此等製作與天王殿及法堂内之塑像，比較之下，頗覺別致。其特點一爲身段甚高；二爲面容輪廓凹凸處皆以留有棱角之手法出之，宛如希臘石雕；三爲衣紋之環摺堅勁，著力而不失自然柔和之致。審其細部之裝飾，及剝落之泥漆，亦較他殿塑物爲古舊。余等再三相視，參以碑記，認爲元代名手之作品而後代曾加塗飾者。"（《征途訪古述記》）

12月16日，赴河洛圖書館參觀藏品，旋抵龍門石窟參觀視察。

12月17日，抵潼關，因感頭目不適，留宿於中國旅行社。

12月18日，午十一時抵臨潼，傍晚至西安。西京籌備委員會秘書龔賢明先生來談，共商視察日程。

12月19日，赴省政府訪耿秘書長，商談在西安設立辦事處事。旋赴陝西考古會，觀看會內陳列寶雞縣斬雞台之發掘品及自大明宮遺址出土之佛軀佛頭數件。又赴圖書館參觀古物，對自昭陵移來而砌於廊壁之四駿石刻"特感興趣"。又往碑林觀覽，審視唐以來各代之碑版，意興殊濃。"覺在美術史上之價值，異常重要。"鑒於屋宇敝舊，時有崩圮之虞，決定歸南京後提議改築，以樹一勞永逸之計。

12月20日，赴興平縣，參觀縣府西北之保寧寺、文廟等古迹。

12月21日，赴茂陵、霍去病墓及周代諸陵視察。返西安。

12月22日，參觀大慈恩寺、大興善寺、大薦福寺、東嶽廟諸古迹。

12月23日，抵臨潼華清池，因覺體乏，未能前往始皇陵，感到十分後悔。

12月24日，上午抵潼關，換車東行。

12月25日，返抵南京，與黃文弼（仲良）商量報告及提案等事，各將擔任之起草專案開列後作別。

　　自述："余等自月之五日出發，二十五日返京，共耗二十一日，於役數千里，白日工作，晚間乘車，昕夕勞勞，幾無片刻喘息之暇。然每至一處，觀先民製作之偉大，造物變化之玄奇，未嘗不低徊神往，鼓舞欣歡也。"（《征途訪古述記》）

12月26日，作致李小緣函。
小緣先生史席：
　　多日未聆教益，甚念。弟此次赴豫陝旅行，昨日始返京，日內擬草"從霍去病墓上石跡試論兩漢雕刻"一文，不知能趕得及為貴學報補白否？因霍墓石跡近一二年新出土十餘大件可資研討也。南京古迹查調會擬邀貴校加入調查古

保會，即具函逕寄大學，收到時即請派員參加爲禱。餘續陳，敬頌
  撰安
  弟滕固叩
  古魯兄代候
　　　　　　　　　　　　　　　　　　　　　　廿六日

　　按：據南京大學圖書館藏原信影印件整理。[滕固函—3(1)—4(1)]

12月27日，南京《朝報》發表滕固談話："殷代故都，均被盜掘。余等奉會中推派先赴開封，晤劉主席暨各廳長，接洽視察路綫，即在開封城郊略加觀覽，旋由鄭州轉赴彰德，此地爲殷代故都，古跡密布，近來被地痞奸商，盜發甚多，滿望累累者，皆盜痕也。又赴該地善應附近，視察寶山西溝之北魏隋唐石窟，雕刻精美，而佛頭多爲奸商勾結土人斫去，尤屬可惜，再赴洛陽視察金鏞城遺址，漢太學遺址及白馬寺龍門諸地，雖漸趨殘毀，半成邱墟，而往昔文物盛況，猶令人徘徊景仰。周秦陵墓，宜加護惜。最後赴西安歷咸陽興平臨潼諸縣，視察周秦漢各代帝王功臣陵墓及城南一帶隋唐古寺，當將歷來被人忽略之古代雕塑與省府商加護惜，豫陝兩省古跡遍野，余等行經其地，見先民創造之偉大，低徊感奮，不能自已。此爲吾國民族精神之所寄託，凡爲國民一份子，皆有保護復興之責，余等爲時間所限，以安陽洛陽西安三地爲中心，而視察其周圍必要之區，然舟車勞勞，未有一刻之閑暇，故其詳情，非片言可盡，日內當整理筆記，向中央古物保管委員會報告，並將具體辦法，建議於行政院，再此次所歷各地，承地方官員招待協助，故工作得以順利進行，余等深致謝意。"

上海《申報》發表《中央古物保管委員滕固等昨返京視察豫陝古跡已畢》報導。
　　【南京】中央古物保管委員滕固、黃文弼赴豫陝兩省視察古跡已畢，二十六日返京。據談：余等先赴汴，旋由鄭赴彰德，視察殷代故都及北魏隋唐石窟，雕刻精美，佛頭多爲奸商勾結土人斫去。再赴洛陽視察金鏞城遺址、漢太學遺址及白馬寺龍門諸地，雖漸趨殘毀，半成邱墟，而往昔文物盛況，猶令人景仰。最後赴西安，歷咸陽、興平、臨潼諸縣，視察周秦漢各代古墓及隋唐古寺，將歷來被人忽略古代雕塑，與省府會商保護。豫陝兩省古跡遍野，令人低徊先民創造之偉大。日內將詳擬報告，並向行政院建議具體辦法。(廿六日中央社電)

12月30日，朱偰來訪，以留意駐奧代辦及土耳其大使館人選事相託。（參見《朱偰日記》）

是年，發表論文《霍去病墓与汉代石雕》(The Monuments of Ho Ch'ü—ping's Tomb and Some Sculptures of the Han Dynasty)，*Nanking Journal*4（1934）(《南京雜誌》1934年第4期)

按：從滕固寄李小緣12月26日函推斷，該期延時發刊。

《歐特曼教授哀思錄》由南京国华印书馆印刷，綫裝一冊。蔡元培、羅家倫題簽，收錄滕固德文序言一篇。

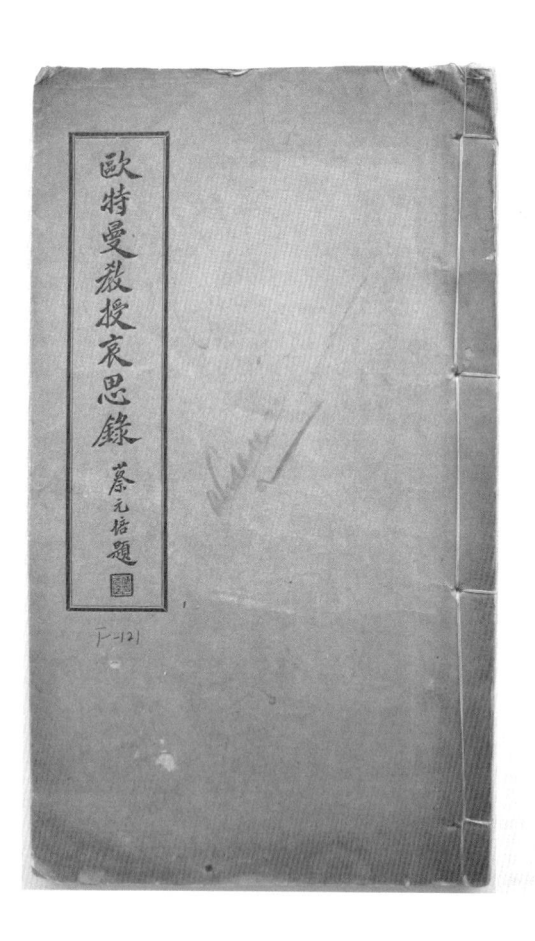

德文序言　　滕固撰

Beim Lesen der vielen Gedenkschriften an Prof. Dr. Wilhelm Othmer schwebt uns seine gauze Persoenlichkeit wieder vor Augen, die wiederum nichts Anderes als die Kristallisierung seiner vorzueglichen Kenntnisse und seiner unermuedlichen Arbeitsfreude darstellt. Trotzdem Prof. Dr. Wilhelm Othmer dieses Leben verlassen hat, sind seine Taten uns nicht verloren. Wir finden sie in den Erinnerungsschriften seiner zahlreichen Freunde und Schueler lebendig wieder. Diese Sammlung von Erinnerungsschriften ist in erster Linie dem Andenken Prof. Dr. Wilhelm Othmer's gewidmet, dient aber auch als ein Musterbild fuer den, der seine Lebensarbeit fortzusetzen beabsichtigt. Das bedeutet die Arbeit zum gegenseitigen Verstaendnis chinesischen und deutschen Kulturlebens!

Dr. Ku Teng

《歐特曼教授哀思錄》書影及滕固序（1934年南京國華印書館印刷，黃懌先生原藏，持贈謝泳先生後再由謝捐贈上海同濟大學收藏）

《歐特曼教授哀思錄·序言》:"閱讀多篇紀念歐特曼教授博士的文章,他的整個形象又在我們眼前浮現,而再次展示的仍是歐特曼教授精深的學識和他不倦的工作熱情。雖然歐特曼教授博士已告別了這樣的人生,但他的諸多業績卻伴隨著我們,這些都在他衆多友人和學生的回憶錄裏得到了生動的印證。出版這本紀念文集的主旨在於紀念歐特曼教授博士,同時也將此作爲有意繼續他畢生事業的人的一個規範。它意味著致力於在中德文化生活方面相互理解的事業!"(上海同濟大學德國研究所李樂曾先生譯文,僅此申謝。)

任故宮博物院理事。(參見《民國職官年表》,中華書局1995年版)

江蘇省立國學圖書館收到滕固贈《圓明園歐式宮殿殘迹》一册。(參見《江蘇省立國學圖書館第七年刊》)

《月浦文徵》一卷,陳應康纂,一九三四年國華印書館,鉛印本。

1935年　乙亥　民國二十四年　三十五歲

1月10日,作論文《霍去病墓上石跡及漢代雕刻之試察》,發表於《金陵學報》第四卷第二期。

1月12日,上午九時,召開中央古物保管委員會第五次常務會議,傅汝霖、李濟、滕固、蔣復璁出席,朱希祖、董作賓、盧錫榮、許寶駒、裘善元、蕭漢澄、王榮佳(内政部代表)、徐逸樵(教育部代表)列席,傅汝霖主席。報告事項六項,其中"二十三年十一月二十三日臨時全體委員會議決議,公推黄委員滕委員,馳赴河南,調查安陽洛陽盗掘古物情形,現已調查完畢,報告到會。(附滕黄兩委員提案)"臨時報告有滕黄調查河南省安陽洛陽兩地盗掘古物經過事項。討論事項有制訂古物之範及種類草案,決議:"組織審查委員會交付審查,并推李委員濟、葉委員恭綽、滕委員固、朱委員希祖、蔣委員復璁、黄委員文弼、董委員作賓爲審查委員,由李委員濟召集之,但原草擬人得列席參加。"

《中央古物保管委員會議事録·一》(摘録):"滕固、黄文弼提案:
　1. 擬定懲治盗掘地下古物法案。
　(1)理由查現行刑法,對於盗墓,治罪甚輕,凡盗掘古墓及地下古物,亦與普通盜墓同科，所以奸刁之徒，得肆行無忌，例如安陽洛陽等處古代帝王功臣陵墓，宮室寺廟故址，均被盜發，於民族文化上之損失甚大，且此輩奸徒，組織嚴密，往往雇用鄉愚，假投法網，受輕微之刑罰，以爲搪塞，似此情形，地下國寶，不數年將盜掠一空，故急宜嚴予懲治，以弭刁風。

（2）辦法擬由本會按照懲治盜匪辦法，制訂盜掘地下古物法，呈請行政院轉呈中政會備案施行。

2.制止安陽盜掘地下古物案。

一、視察盜掘情形

余等承大會之命，赴豫陝視察盜掘古墓暨保存古迹事項，除將經過情形另作詳細報告外，關於安陽部分，謹先報聞，以供大會討論。［下略］

制止辦法

余等根據上述各種情形，作以下之建議。請採擇施行。

一、厲行懲治盜掘地下古物單行法

說明現行法規，對於盜墓賊犯，治罪甚寬。而盜古物，亦與盜墓同科，實不足以警戒奸徒。已由余等提議，另訂單行法，以弭刁風，而保障地下古物之殘失。關於安陽事件，其盜掘情形，較任何地方爲厲。根據方專員所述，似非理性懲治盜掘地下古物之單行法，不足以警效尤。

二、呈請行政院令行河南省府，對於已經盜掘區域，嚴懲該地區保長，追究主犯，并責成各地級區保長，負責擔保以後不得再發生盜掘情事，倘再盜掘，除拿問盜犯及地主外，所有該地區保長，一同連坐。

說明按據中院報告，安陽盜掘案件一覽表，自二十二年十月起，至二十三年十二月止，在洹水南者，被盜掘共十六村。在洹水北者，被盜掘共十村，盜案共六十三件，較重大者五件。又以余等視察所經過之地，盜坑累累，確係有大規模之組織，較長時間所爲者。各該地之區保長，不能不知。故凡被盜地之區保長，及地主，實不能脫此重責。若不懲辦既往，即無以警戒將來。應呈請行政院，另行河南省府，對於安陽已經盜掘案，認真辦理，其未盜掘部分，立責成各地主區保長擔保，不得再發生盜掘情事。否則從嚴治罪。

三、由本會函請蔣委員長電方專員負責制止盜掘以息刁風。

說明按河南各地行政督察專員，雖一方隸屬省府，但專員均兼保安司令，又直屬於軍事委員會。安陽盜匪，雖其目的，在採取地下古物，然深夜聚衆明火持械，行同土匪，實屬妨礙地方治安。故應請蔣委員長電方專員，負責制止。使此種情形不再發生以安閭閻而重文化，又洛陽西安等處，原來亦有盜掘之風，亦經蔣委員長之告諭，地方官認真辦理，此風遂息。安陽現時與洛陽以前之情形答題相同也。

四、制訂地下古物文化之重要性，不能視爲普通經濟出產品之說明書，頒布各地民衆。

說明根據本地人民之表示，及中上級人員之思想，知河南一般民衆，有一根本錯誤觀念。即認爲古物爲一種經濟上之出產品。掘地下古物，與種地所得之收穫相同。此點若不詳加解釋，爲害甚深，將見吾人勤苦之科學事業，咸被古董商人所打倒。余等所過之處，如開封安陽一帶對中上級人員，於此點已詳加解釋，究未能普遍，可否由本會制定說明書，頒示各地民衆，以解羣疑。

五、關於十一月十五日案，呈請行政院令行河南省府嚴懲真正主犯，并請注意李寶善對河南視察員之談話。

說明關於十一月十五日案，(詳情見中院發掘團略述)當余等到安陽與方專員作一次之談話時，方專員對已主犯李冠，有所申辯。據說爲"緝拿白麪犯，偶然至此者"，現據中院略述"十五日夜當場捕獲嫌疑犯七名，及鍬鑺等五件，距離較遠之盜衆，聞聲逃脫，爲首自稱爲縣政府偵探之李冠，申稱此地有土匪，特來偵察者云云"，按鍬鑺等物，實爲掘地器具，無論其爲土匪，或白麪犯，或公務員，深夜中，實無攜帶此類器具之必要。則此羣人衆，確係盜掘地下古物，而次日中院人員驗明之三十餘新坑，亦即當夜一夥人所爲，均確切無疑。李冠既爲縣府公員，事前既未有制止盜衆之表示，而於盜衆同時被捕，難免無與盜衆夥同盜掘情事。又據代理專員張曙十七日之談話云"十五日夜，實無派李冠出外偵察事"。(見中院略述)據此李冠等雖持有護照及路單，亦有假借公務，主持盜掘之嫌疑，已無可避免。故小營村保長李寶善對河南政治視察員之談話，(談話另紙抄貼)實可注意。而方專員後亦認爲有李冠在內更須嚴究真相，故必請河南省府嚴緝真正主犯，以明事實，庶可保障文物藉平刁風也。

六、改組安陽古物保存會

說明該會來源，已如上述，主持者頭腦冬烘，管理無方，如若干唐代墓誌，古版圖刻，堆擱階下，漫不收拾，其尤可痛心者，依古董商之捐助而成立，殊屬不妥，應請河南省府令縣改組，隸屬適當機關，以資典守。

并提辦法六項：

（1）厲行懲治盜掘地下古物單行法。

（2）呈請行政院，令行河南省府，對於安陽已經盜掘區域，嚴懲該地區保長，追究主犯，并責成各地主機區保長負責擔保以後不得再發生盜掘情事，倘再盜掘，除拿問盜犯及地主外，所有該地區保長一同連坐。

（3）由本會呈請行政院，轉函蔣委員長電方專員負責制止盜掘，以息刁風。

（4）制定地下古物文化之重要性，不能視爲普通經濟出產品之說明書，頒布各地民衆。

（5）關於國立中央研究院殷墟發掘團工作地附近發生盜掘案，搜齊證件，呈請行政院，令行河南省政府，嚴懲真正主犯，并請注意李寶善，對河南視察員之談話。

（6）改組安陽古物保存會。

決議：除第一項辦法，須俟前案（擬定懲治盜掘古物法案）擬制法條呈准之日施行，第四項辦法，暫行緩辦外，餘均照原案所提辦法通過。

3. 龍門修繕案。
4. 白馬寺興善寺古塑保存問題。
5. 茂陵辟爲公園問題。
6. 秦始皇陵辟爲遊覽區問題。
7. 西北辦事處設置案。
8. 葉委員最近致滕委員函，詢修正古物保存法施行細則草案，已否起草案。
17. 北平本會辦事處函請頒發組織條例及辦事處辦事規則，并請發給鈐記一案。

決議：鈐記一項，應由本會即行刊發，文曰"中央古物保管委員會北平辦事處鈐記"，其組織條例辦事規則，及預算案，交由滕黃二委員審查，并提出下次常會討論。（下略）

《朱希祖日記》："九時內政部中央古物保管委員會開常務會議。中午傅沐波宴委員及科長、科員於美麗飯店，仍回部開會，至五時始散會。"

1月中旬，南京古迹調查委員會成立，并舉行第一次會議。

1月18日，南京古迹調查委員會假內政部會議室舉行第二次委員會議，由中央古物保管委員會主任委員傅汝霖主席，會議籌議舉辦古物登記；興修秦始皇陵；擬開闢漢武帝茂陵爲公園；修飾洛陽白馬寺、陝西興善寺古塑；設立北平、陝西辦事處等。決議自翌日起開始分頭調查南京古迹，俟有結果後即會同地方政府發掘，然後交付保存，以供文化事業參考。

《朱希祖日記》："午後三時至內政部古物保管委員會開南京古物古迹調查委員會，議決於本月二十七日調查青龍山梁、陳陵墓。散會後各委員同至夫子廟後尊經閣舊址。據《白下瑣言》謂吳《天璽紀功碑》舊藏尊經閣，嘉慶時毀於火，蓋埋沒閣址土堆中。今觀土堆甚高，上有亭基六石階猶存，四周樹已成數圍，是否即係閣之舊基尚屬疑問。因土堆前數丈今之尊經閣尚在焉。"

1月27日，與朱希祖、黃文弼、裘善元、羅香林、朱偰等前往陳武帝萬安陵、梁侍中左衛將軍建安敏侯蕭公墓、江寧縣醇化村西南後宋墅村墓、江寧縣醇化鎮西南侯村墓等遺址調查，測量攝影。(參見朱希祖《六朝陵墓調查報告書》)

《朱希祖日記》："晨六時起，七時抵内政部偕滕固、黃文弼、裘善元、羅香林、劉國鈞、李小緣及大兒偰，德人、奥人各一，并其他五六人分乘汽車五輛赴青龍山一帶調查梁、陳古墓。……"

《中央日報》刊發中央古物保管委員會主席傅汝霖，常務委員滕固、黃文弼、葉恭綽、蔣復璁聯名《古物保管會負責人呈請政院請辦盜墓人犯》，根據滕固、黃文弼赴豫陝一帶實地調查報告，對盜掘古物案件，予以嚴重注意，從嚴懲辦，以重文化而戢刁風。

"查近年各地盜墓掘物之風，日甚一日，其專掘地下古物之案，亦復層出不窮，本會責職所在，未容漠視，經於上年十一月推滕委員固、黃委員文弼，前赴豫陝一帶，實地調查，俾明真相，兹據報告，略稱經過各地，盜掘新舊坑穴，觸目皆是，而以豫省安陽縣屬為尤甚，并由中央研究院、殷墟發掘團，交來安陽縣盜掘案件一覽表一件，計自二十二年二月起至上年十二月止，竟達六十三起之多，殊駭聽聞，揆厥原因，良由現行刑法，所定盜墓罪犯條紋，富有伸縮性，而盜掘古物，更未訂有專條，可資依據，各處司法機關，對於此種案件，往往取罪於情輕之義，以致人民毫無忌憚，視盜掘為唯一謀利之途，如再不嚴予制裁，不獨我國地下古物，勢將散失無餘，而長此刁風不戢，實與地方治安，亦復有妨害，按現刑法第十七章，關於侵害墳墓、屍體罪，第二六三條載'發掘墳墓者，處六月以上五年以下有期徒刑'，又同章第二六四條載'發掘墳墓而損壞遺棄污辱，或盜取屍體者處三年以上，十年以下有期徒刑，發掘墳墓盜取遺骨遺骸，或火葬遺灰者，處一年以上，七年以下有期徒刑'，又二十八章強盜罪第三三七條載'意圖為自己，或第三人不法之所有，而取他人所有物者，為竊盜罪，處五年以下有期徒刑，拘役或五百元以下罰金。'又同章第三三八條載'有左列行為之一者，處一年以上，七年以下有期徒刑，(一)意圖行竊，於夜間侵入住宅或有人居住之建築物，或隱匿其内而犯竊盜罪者，(二)毀越門扇牆垣，而犯竊盜罪者，(三)攜帶兇器，而犯竊盜罪者，(四)結夥三人以上，而犯竊盜罪者，(五)乘水災火災，或其他災害之際，而犯竊盜罪者，(六)在車站或埠頭，而犯竊盜罪者，(七)以犯竊盜罪者為常業者'等語查盜掘古物人犯，無論其掘墓掘地，現在司法機關所引用之治罪條文要不外乎上列諸款，若能量刑從重科罪，則風聲所樹，奸猾之徒，庶知有警戒，不敢輕蹈法網，即無知民眾，亦不致附和盲從，嗣後盜掘之風，自可漸次消滅，理合備文呈請鈞院，俯賜暫諮司法院通飭所屬司法機關，關於盜掘地下古物案件，予以嚴重注意，從嚴懲辦，以重文化，而戢刁風。"

1月28日，倫敦中國藝術展覽籌委會全體會議，決定保障古物運英安全辦法多項。

《古物運英展覽平學術界力主慎重》："【北平十九日專電】英政府爲慶祝英皇加冕二十五週年紀念，要求吾國政府，將故宮博物院，及公私方面收藏文化古物，運倫敦開一中國藝術國際展覽會。籌備經費，在英國方面，由中國對英庚子賠款中墊付，會後再由售買取得歸還，吾政府已允所請。而英國突又要求，對古物不必保險。故宮古物皆世界希有無價之寶，如不保險，遠涉重洋，出國年餘，誰能保其萬無一失。吾國學術界聞人熊佛西、張奚若等，對此深表反對，特列名發表反對意見，希望政府對運出古物，嚴格限制，重價保險。"（1935年1月20日《申報》）

1月29日，午後六時半抵無錫，寓新世界旅社五十九號。翌日轉乘錫滬汽車赴東張市參加常熟白茆港建閘開工典禮。（參見1936年2月1日《申報》）

朱希祖到內政部訪傅汝霖談古物運英展覽事，并閱滕固所擬《致教育部建議古物運英應注意事項三事書》。

《朱希祖日記》："上午至內政部訪傅沐波談古物運英展覽事，并閱滕固所擬《致教育部建議古物運英應注意事項三事書》，并催沐波速辦《中央古物保管委員會月刊》，以免委員等研究古物著作在他處發表。"

《古物運英展覽安全問題解決　決於下月十五日起在滬預展　在京建古物保管庫明春落成》："中國藝術國際展覽會，定本年十一月間，在英倫展幕，政府未慎重將事，特令組籌委會主持其事，并定古物啓運前，三月間在滬舉行預展一次，明年古物運回國時，仍在滬舉行展覽一次，然後運京歸庫存藏。茲誌各情如次：

安全問題　中國藝展會，今年在英舉行，此舉係英方發起，得我政府同意，始成事實，但此項古物運英，我南北學術界，均極重視，并曾發表意見書，建議政府，審慎處置，免致具有我文化史跡之瑰寶，有所損失。政府對此，特責令倫敦中國藝展委會，詳討古物運英安全辦法，呈核令行。昨籌委會在京舉行第四次籌委會，對古物裝運手續、輸運與展覽安全等問題，已有決定。古物在出國後,一切應全由英方負責,所有方案,將由外部令我駐英使館轉英方知照。

籌備預展 關於古物三月內在滬舉行預展事,籌委會特徵滬委多人,并請吳市長協助指導,滬名譽幹事,由潘公展擔任。關於租借預展會所,自潘覓得中國銀行舊址可借用後,即以長途電話與經籌委會商妥,於下午[月]十五日起,開始派員布置會所,計一二三其三層樓,至古物至提選,下月籌委會,將由專門委員兼總幹事楊振聲來滬,與主任委員王雲五等,赴故博院庫房提選。

庫房動工 另據古物監盤專員舒楚石語新聲社記者,古物運英展覽後,明年運回國時,即將運京保管,現京建古物保管庫事,已決定在京朝天宮興建,建築經費,經規定為六十萬。茲悉政府已先撥二十萬動工,預計明年春可落成,將來存滬古物,檢點竣事後,即掃數運京,貯藏保管云。"(1935年1月1月29日《申報》)

1月30日,上午與朱希祖約定同至國民政府考察太平天國遺迹遺物,因事未往,派章耀祖(承先)前往配合測量。

《朱希祖日記》:"晨至中央飯店訪何柏丞,適滕若渠亦來,乃與共乘汽車回寓。裘善元來,言欲至北平。旋古物保管委員會派測量員來,乃偕至國民政府周圍測量。太平天國禁城遺址東自黃家塘至利濟橋,西自西箭道至大行宮,南至科巷,北至楊吳城河河道,東至太平橋,西至浮橋。然此為內城,其外城周圍十里,故特囑測量員放大範圍繪一詳圖,已備考定太平天國禁城宮殿時作沿革圖也。午後三時率大兒俁、四兒倞至國民政府行政院訪滕若渠參事,因上午約定同至國民政府考察太平天國遺迹遺物也,滕君因事未能去,乃派員同至國府,所派者章君承先名耀祖。"

1月31日,為溝通中國及用德語國家之文化、增進相互友誼,中國留德奧瑞同學會決議組織中德學會,推舉宗白華、謝壽康、謝樹英、徐道鄰、郭有守、蔣復璁、滕固、邱長康、張平羣等九人為籌備委員,由蔣復璁召集。是日,召集第一次籌備會議,議定緣起及章程草案要點,推蔣復璁、郭有守二君起草章程,并推宗白華君起草緣起。(參見《中德文化協會第一屆會務報告》)

1月,《李倍曼與德國精神》發表於《半月評論》1935年1卷2期。簡略介紹最近逝世的德國普魯士藝術學院院長李倍曼(Max Liebermam,1847—1935)生平及創作。"李倍曼的藝術和法國印象派的作者大異其趣,在他的藝術中，找不出像法國人那樣的明快，那樣的靈活多變；他始終對準著嚴重的事實性，把暴露現社會的本源。所以他的作品，由深刻的陰暗的筆調出發（例如拔去鴨毛的女人）中經灰色的印象主義（例如修網婦女），而達到闊大的濃色的筆調（例如璜海的村屋）。印象主義的運動，傳到德國，時期最晚，而歷史發展的成就卻在德國，用新的客觀主義的方法破棄一切的傳說，勇敢的徹底的表白出現代精神，就是印象主義在現代文化上的功績。而這個功績的全程，是由柯倍（Courber）莫納（Monet）一直到李倍曼，有全盤的路綫可尋。"李氏藝術上還有一點不可忽略的就是象徵出德國工業文化急速發達的一個重要時期，德意志統一以後，舉國上下埋頭苦幹，造成了旺盛的一個文化階段。這個辛勞的經歷，統統反映於李氏的畫品之中"。

2月1日，下午五時，在留德奧瑞同學會所召開中德文化協會籌備委員會第一次會議，推定宗白華起草緣起，蔣復璁負責邀請德奧瑞方面人士作發起人，以便經會商後，舉行正式成立會。學會注重學術方面工作，對於進行各事，頗為慎重。先假同學會（平倉巷）為通訊處。

2月8日，《中央日報》刊登《古物保管會電各省嚴禁外人私掘古物》。

　　《古物保管會電各省嚴禁外人私掘古物》："外國人民來華遊歷，時有假借名義，在各省私行採掘古物，實於外國歷史文化，損失甚巨，言念及此，殊堪痛心，嗣後外國人民無論用何種名義，不得在中國境內採掘古物，即或外國學術團體及私人，對於中國學術機關，發掘古物，如有經濟上之協助，亦應由該學術機關報告本會，經核准後，方得承受，古物保存法施行細則規定極為嚴密，本會為懲前毖後起見，擬請貴省府查照古物法施行細則之規定，對於入境遊歷之外國人士，嚴予注意，并請通飭所屬一體知照。"（1935年2月8日《中央日報》）

2月14日，出席中央古物保管委員會召開古物範圍及種類審查委員會會議。

　　《中央古物保管委員會議事錄·一》："下午二時，中央古物保管委員會召開古物範圍及種類審查委員會會議，李濟、滕固、蔣復璁、朱希祖、黃文弼、董作賓出席，傅汝霖列席，李濟主席。討論事項（一）對於羅香林侯紹文擬定之古物範圍及種類草案如何審定案，公推朱委員希祖滕委員固起草釐定之。（下略）"

　　中央古物保管委員會召集在京各常委舉行會議，審議採掘古物章則、古物

出境規則及古物登記辦法等，由李濟主席。所有審議之章則，將即呈政院核准實行。(1935年2月15日《中央日報》)

《朱希祖日記》："二時至内政部古物保管委員會開審查會，余與滕若渠被推爲《古物範圍及分類案》起草員，五時散會。"

2月21日，行政院公布徐象樞任行政效率會主任，滕固任檔案處處長。

【南京二十一日中央社電】行政效率會改組後，主任甘乃光因政務紛忙未能兼顧，政院改委徐象樞參事爲主任，滕固爲檔案處長。(1935年2月22日《申報》)

傅榮校《論三十年代南京國民政府的文書檔案改革》："國民政府行政院設立檔案整理處。由張銳任處長，滕固任副處長，在該處組織條例中明確指出，它的職責是制訂中央各部院整理新舊檔案的劃一辦法，并監督指揮各部會依法處理檔案，同時爲建立檔案庫做準備。檔案整理處成立後，對當時行政院所屬各部會檔案管理情況進行了一次較全面的調查，在《行政效率》上發表了不少調查報告。隨之文書檔案改革運動進入高潮。但是，高潮祇持續了四個月，檔案整理處因經費困難撤銷。"(《檔案學通訊》2005年第1期)

2月22日，出席在南京平倉巷留德奥瑞同學會舉行中德文化協會第二次籌備會，議定會名爲"中德文化協會"，德文名"Chinesisch—Deutscher Kulturverband"。將章程草案及緣起通過，推商承祖、徐道鄰兩君，分別將章程緣起譯爲德文，同時發函徵求發起人，預定於三月上旬召開成立大會。

《中德學會籌備近訊》："中德學會自上月留德奥瑞同學會開會時，經提議由同學會會員發起組織以來，當經推定宗白華、謝壽康、蔣復璁、滕固、謝樹英、郭有守、邱長康、徐道鄰、張平羣等九人爲籌備員。嗣於月初開第一次籌備會議，經推定宗白華起草緣起，蔣復璁郭有守擬章程草案，積極進行。兹復於本月二十二日(星期五)在南京平倉巷留德奥瑞同學會開第二次籌備會，到宗白華、滕固、蔣復璁、郭有守、謝樹英、張平羣等。由蔣復璁報告北平中德文化協會負責人接洽經過，略謂：該文化協會成立將近三載，考其德文名稱，爲Dentschland—Institut實應譯爲德國學院或學社，而非中德文化協會，且未經中央黨部及教育部正式核准立案，故願與中德學會合作，中文名稱用中德文化協會，德文名稱用籌備中之中德學會。所擬Chinesi ch—Deustscher Kulturverband會所設在南京，北平酌設分所云云。當經籌備會採納是項原則，并通過緣起，及章程草案，即從事譯成德文，以便邀請德奥瑞方人士參加發

起。擬定爲三月上旬開成立大會云。"（1935 年 2 月 24 日《申報》）

出席中央古物保管委員會第六次常務會議，任代理主席，提議組織編譯委員會及發行刊物案。

《中央古物保管委員會議事録・一》："下午二時，召開中央古物保管委員會第六次常務會議，滕固、蔣復璁、傅汝霖（許寶駒代）、李濟（董作賓代）出席，朱希祖、黃文弼、董作賓、盧錫榮、許寶駒、裴善元、蕭漢澄列席，滕固主席。報告事項有行政院令河南省政府對安陽盜掘區域保長等進行嚴懲，追究主犯；行政院轉函蔣委員長電制止盜掘；北平辦事處成立，并請馬衡兼任主任等。臨時報告有：本會呈向行政院對於倫敦中國藝術展覽建議三項；滕固委員報告：教育部派同徐逸樵科長調查斯文赫定攜帶之古物一批，多屬有關民俗學之瑣屑遺物，時代似亦較晚，與考古學歷史學無甚重大關係，已在接洽交中央博物館保存。臨時動議有：滕固委員提本會應如何組織編譯委員會，及發行刊物案。決議：由會擬具詳細計劃，提出下次常會討論。擬定計劃時，要參照下列兩項：（甲）刊物應分兩種，一公報一專刊。（乙）各科科長及專門委員，皆爲編譯委員會當然委員，并得向會外聘請特約編譯。"

《朱希祖日記》："下午二時至古物保管委員會開會，擬組織編譯委員會，傅沐波未蒞會，滕若渠代主席。"

2 月 25 日，出席黃文弼招宴。

《朱希祖日記》："傍晚赴黃仲良宴，同席有傅沐波、滕若渠等二十人。仲良名文弼，將赴西安爲古物保管分會主任。"

按：據 1935 年 3 月 5 日《中央日報》《南京日報》刊登消息："中央古物保管會二次調查青龍山古物，并決定設立西安辦事處，由黃文弼任主任，管轄陝甘青寧等五省區內古物保管事宜，日前黃氏已經赴平轉往西安籌組辦事處，定本月十五日正式成立。現又鑒於中原各省古物古迹所在多有，擬以河南山東兩省爲一區，在豫設立辦事處，正在著手計劃。"

2 月 26 日，傅斯年致李濟函，談及傅汝霖辭職後中央古物保管委員會主席人選問題，認爲滕固"亦比傅在行，然滕未必能任此事"。

濟之吾兄：今晚八時半，在家看晚報，見載甘、傅[①]辭職。弟早料到有此一著，故於黃[②]長内部令始發表時，於一日席上似與沐波談此。沐波提此事，謂彼不免政治牽涉，古物保管會事非其所長，應由兄辦或弟云云，弟當即謂，此事沐波兄辦得既已甚好，自然應該繼續，如内政部代表一事不便，弟可辭去

(弟之缺爲"專門家")。兄對此會甚重視,弟亦覺此有作用,故此事關鍵不小。

傅非最適之人,然或者在此狀況下算是好的。③自然兄最在行,然兄不便(吾等皆不便)自己出馬。滕④亦比傅在行,然滕未必能任此事。若此事(古會主席)變作内政部次長之 de facto,乃糟極了。黃郛一派人來,必對全院無好感(詢在君便知),故此事事不宜遲,或者即刻辦,尚未晚,因傅或未走去,可就商他。

傅與汪不錯,或者對其去還要留點意思,此一辦法,如雪艇先生可説,或可做到也。

總之,此事決不可使其成内政部常次之 de facto。

此非弟要對此事無興趣,乃是覺此法可濟此時困難,勿誤會也。

由沐波兄補入專家一類,則可長久矣。繼弟又訊沐波,既爲常務次長是否準備著辭,沐波云,不曾。話止於此。今如沐波有繼續此會主席之可能,困難止在内政部代表一事,乞即代弟辦辭此之手續,俾沐波補入(此自然須先説通)⑤。一切乞陳商雪艇先生,至感!專此,敬頌 日安!弟斯年 二月廿六日(檔號:考2—46。收入王汎森、潘光哲、吳正上主編《傅斯年遺札》第二卷,社會科學文獻出版社 2015 年 1 月第 1 版,第 493—494 頁。原注釋①編按:甘乃光(1897—1956),字自明,時任内政部政務次長;傅汝霖(1895—1985),字沐波,時任内政部常務次長。②編按:黃郛(1880—1936),字膺白,時任行政院駐平政務整理委員會委員長兼内政部部長。③行首自注:"Confidential"。④編按:滕固(1901—1941)。⑤行首自注:"弟對此會事仍可從外幫忙也。"

按:1935 年 1 月 31 日《申報》刊登《甘乃光辭内部政次》:"【南京三十日專電】内部政次甘乃光呈行政院,請辭政務次長及代理部務職務,甘本人二十九日晚已赴滬。"2 月 24 日甘乘江静輪赴漢謁蔣委員長。26 日,行政院第二〇一次會議,汪兆銘、孔祥熙、陳紹寬、陳公博、王世杰、陳樹人、劉瑞恒等出席,汪院長主席,決議要案:甲、任免事項(一)決議。内政部政務次長甘乃光,常務次長傅汝霖,迭請辭職,應予照准。任命陶履謙爲内政部政務次長,許修直爲常務次長。(二)議決,北平故宫博物院理事黃節病故出缺,聘任傅汝霖爲理事。并報告中政會議。27 日蔣接見甘。2 月 28 日《申報》刊登國民政府命令:"國民政府二十七日令:内政部政務次長,甘乃光呈請辭職。甘乃光准免本職。此令。又令。任命陶履謙爲内政部政務次長。此令。又令。内政部長黃郛未到任以前。着政務次長陶履謙暫代部務。此令。"3 月 3 日《申報》刊登國府一日令:"内政部常務次長傅汝霖呈請辭職。傅汝霖准免本職。此令。"

2 月 27 日,朱希祖據滕固草擬《古物之範圍與種類草案》并説明書再行

重撰。

《朱希祖日記》:"自上午至夜十一時擬《古物之範圍與種類草案》并說明書,先是滕若渠亦擬成一篇示余,余以爲未盡善,故重撰此篇。"

2月28日,蔣復璁致書張元濟,告向蘇州潘博山處商假所藏明末莊氏史稿事,已由滕固辦成。

蔣復璁致書張元濟:"《四庫全書珍本》第一期書提要已由敝館葉君撰就,玆將原稿繕奉,敬請鑒正爲荷。前蒙囑向蘇州潘博山先生處商假所藏明末莊氏史稿,曾函託吳瞿安先生設法,惜無結果。最近潘君來京,與滕若渠兄相晤,侄當即以此事轉告滕兄,託爲玉成。現聞已經成功,不勝欣慰,知注附聞。前得上海來信向涵芬草堂借校《國榷》,經去函轉商,已得同意貴館可派人特函與藻星家叔接洽,惟在派人之前,最好先以日期函知,以便轉函通知招待。"(張人鳳、柳和城編著,《張元濟年譜長編》第977頁,上海交通大學出版社,2011年)

《朱希祖日記》:"二時余至行政院訪滕若渠,不遇。"

2月,作《先史考古學方法論·譯序》。

《先史考古學方法論·譯序》:"研究先史遺物的體範紋飾,蒙德留斯博士的《方法論》不失爲一有價值的指示。近年來吾國學者治古代彝器,於款識文字而外也兼及花紋;這個風氣現方發軔,或需借鑒之處,爰譯此著,獻給從事於此方面者作一種參考。

這本書出版於三十年前,此三十年中歐洲的考古學自然是進步得驚人,書中論列不免有被訂正之處,然蒙德留斯博士所創對於先史研究有特殊意義的'體制學方法'(typologische Methode),至今生氣勃勃地爲一般學人所採用。這本《方法論》即爲體制學的示例,他將義大利和北歐的金屬斧錛、短劍及長劍;義大利、希臘及北歐的扣針;編列排比,明其年代位置,形式異同。又對北歐的銅器,義大利的陶器,就其器形紋飾,探討淵源胎息之所自。最後提出埃及、亞述利亞、腓尼基及希臘之蓮花紋飾的發展行程,而對於古典的棕葉式紋纘之形成,以及伊沃尼亞(Ionia)柱頭如何由蓮花柱頭演變而來,也作了詳細的檢討。陳述簡潔,有本有源,而字裏行間在在流露作者觀察力的敏銳;惜譯者未盡傳達,引爲憾事。

譯者於先史考古學原非專攻,但在學習藝術史時,對於古代部分不能不涉覽先史學者之著述,資以辨證疏通,正巧蒙德留斯博士之著作,對於藝術史學者最有幫助。不獨這本《方法論》見得有意義,而蒙氏其他著作:如

《東方與希臘的銅器時代》(Die Bronzezeit in Orient und Griechenland.1890)，《金屬輸入以後義大利的原始文明》(La civilisation primitive en Italie depuis I'introduction des Metaux.1895)，《北方德意志與斯干底那維亞的早期銅器時代之紀年學》(Die Chronologie der aeltesten Bronzeit in Norddeutschland und Skandinavien.1900)，《從古代至十一世紀的瑞典文化史》(Kulturgeschichte Schwedens von den aeltesten Zeiten bis zum 11.Jahrh.n.Chr.1906)，及《義大利古典以前的紀年學》(Die vorklassische Chronologie Italiens.1912)等著，没一種不是并世藝術史學者引爲最善的參考材料。

　　蒙德留斯博士生於一八四三年瑞典首都斯篤克霍(Stockholm)。早歲學於斯篤克霍大學，一八六九年得哲學博士學位，一八八八年被命爲教授，一九一三年補叙瑞典國家考古學員，旋後被任爲國立博物院院長、國家科學院會員，同時各國學術團體亦多選蒙氏爲名譽會員。一九二一年逝世。享年七十八歲。蒙氏生當先史發掘事業隆盛之際，埋頭於南北各地發見物之研究，故其學長於綜合。當時他和德國柏林大學教授柯西那(Gustav Kossina)，丹麥國立博物院先史的人類學的古代的搜藏部部長繆勒(Sophue Mueller)地位相同，巍然爲日爾曼先史研究的鼎足。

滕固　民國二十四年二月"

行政院及所屬各部會檔案整理處編印《檔案論文彙編》(第一種)出版。該書收錄滕固講，謝葆元記《舊檔案之保存與整理》一文，講述舊檔案的價值、檔案庫設立的必要及舊檔的整理問題。

3月1日，中國出席國勞大會同人會舉行第一次集會，滕固加入爲會員。

　　《歷屆出席國勞代表在滬組織同仁會，推程海峰等爲理事，會址假設益友社内》："新聲社云，吾國派遣代表出席國際勞工大會，始於民國十六年，至今已歷七屆，歷屆出席之代表顧問秘書不下四十人，向以散處四方，缺乏聯絡，本年一月十四日，李平衡氏奉中央派爲國際勞工局理事院理事，路過上海，在滬歷屆出席同仁，設宴歡送，席間發起組織主公出席國勞大會同人會，并定於三月一日，舉行第一次集會，是日由程君海峰，設宴招待，到有郎醒石、吴清泰、夏奇峰、顧慶祥、錢承緒、王志聖、李永祥、楊有壬、何廷楨、張樑任、程海峰等十餘人，宴畢，舉行同人會成立會，通過該會組織簡章，并依章公推郎醒石、吴清泰、程海峰三君爲理事，楊有壬君爲總幹事，假漢口路一一五號益友社爲會址。該會宗旨，爲聯絡感情，研究國際勞工問題，并協助每届大會出席同人出國至各種準備爲主旨，會員除在國外數人未及加入外，國内如方覺慧、蔣履福、王人麟、富綱侯、陳幹青、吳凱聲、滕固等三十餘人均加入，現聞該會正著手籌備歡送今年第十九屆大會我國之出席代表云。"（1935年3月3日上海《申報》）

朱希祖訪滕固，將所擬《古物之範圍與種類草案》略共商政，送交李濟之。

《朱希祖日記》："傍晚宴中央大學同事於新街口北德國飯店，首席羅志希未到，因自宴外客，來信道謝。其他若汪旭初、鄒樹文、馬洗繁、陳劍脩、汪辟疆、沈剛伯、徐干[淦]明、繆贊虞、郭量宇、程仰之、張貴永、羅香林、姚琴友、朱民生、傅築夫、楊滌羣及大兒共十八人。是日上午十一時又至行政院訪滕若渠，將所擬《古物之範圍與種類草案》略共商政，送交李濟之。"

3月4日，中央古物委員會自内政部後院遷往西華門頭條巷二十四號辦公。

《中央古物保管委員會遷移會址通告》："本會會址前暫借内政部後院爲辦公之所，現已於三月五日遷至本京西華門頭條巷二十四號新屋，嗣後各處致本會公文函件請逕上開地點，特此通告，至希公鑒。"（1936年4月7日《申報》）

3月7日，出席許寶駒招宴。

《朱希祖日記》："六時至西華門三條胡同三號許寶駒家宴聚，同席傅沐波、李濟之、滕若渠、蔣慰堂、盧、董、裘、董等。"

《半月評論》刊登特約當代知名人士滕固等二十餘人撰稿消息。

"本刊爲充實内容起見，特約當代知名之士錢端升、滕固、吳綾復、劉振東、陳耀東、張樑任、陳劍儵、梅汝璈、張平羣、朱俁、邱祺韜、厲家祥、吳頌皋、吳研因、端木鑄秋、褚一飛、郭有守、沈藻穊、陳顧遠、梁直輪、袁道豐、崔宗塤等二十餘人撰稿。（下略）"（1935年3月7日《申報》）。

按：在以後刊登名單中，又增加了王崑侖、史尚寬、壽勉成等人。

3月12日，朱希祖來訪，約至丹陽考察齊、梁陵墓。

《朱希祖日記》："下午至西華門頭條巷二十四號，是爲中央古物保管委員會新遷之所，風景頗佳，有水閣東臨青溪，且有松竹。又至行政院訪滕若渠，約至丹陽考察齊、梁陵墓。"

3月15日，與朱希祖、朱偰父子偕德、奧二友人至下關，五時半乘京滬車赴丹陽考察齊、梁陵墓。八時抵丹陽城內，寓新練湖旅館，縣署秘書及公安局長來招待，并允派警兵三名保護。

《朱希祖日記》："三時半與滕若渠及大兒偰偕德、奧二友人至下關，五時半乘京滬車赴丹陽考察齊、梁陵墓。八時抵丹陽城內，寓新練湖旅館，縣署秘書及公安局長來招待，并允派警兵三名保護，又贈丹陽全縣圖。是日中央古物保管委員會派測量員金君先往準備。"

3月16日，與朱希祖、荆林、朱偰等前往位於丹陽縣等處的齊宣帝永安陵、齊高帝泰安陵、齊景帝修安陵、齊明帝興安陵、梁文帝建陵、梁武帝修陵遺址調查，測量攝影。(參見朱希祖《六朝陵墓調查報告書》)

《朱希祖日記》："六時起。七時余與滕君乘藤轎，大兒及金君與德、奧二友人、警兵三人皆乘馬，出丹陽北門赴北境經山，由大道行約三十里至胡家橋，……又北至經山下經山寺進午餐。……五時由興安陵回丹陽，七時抵新練湖旅館。"

3月17日，與朱希祖、荆林、朱偰等至丹陽調查齊武帝景安陵、梁簡文帝莊陵墓調查，測量攝影畢，將往吳陵港，因雨未果往，聞無遺物。

《朱希祖日記》："六時起。余與滕若渠及大兒、金君、德奧二友人同行，不帶警兵，七時由丹陽車站乘京滬車赴陵口尋梁簡文帝莊陵(蕭綱及後王氏)。……十時由陵口乘小車赴前艾廟東二里三姑廟(在戎家村北)有齊武帝景安陵(蕭賾)。約十三里，十一時半抵陵地。……十二時回至前艾廟午餐。自此回丹陽約三十里，行至半路遇雨。三時入丹陽北門，換人力車至公園觀梁文帝神道石二。……五時餘由丹陽車站乘車回南京，八時抵家。"

3月20日，下午三時，中央古物保管委員會召開古物範圍及種類草案審查委員會第二次會議，李濟、朱希祖、滕固(許寶駒代)、蔣復璁、董作賓(李濟代)出席，傅汝霖、裘善元、許寶駒列席，羅香林記錄。朱希祖報告與滕固共同起草古物範圍與種類草案經過情形大要，根據本會第一次會議所定三項原則，并參考各委員一件，及侯紹文羅香林二人原擬草案，以簡明得要，統括靡遺為主。其詳細說明書，擬俟本案通過後，集合各專家意見，逐類舉例，另行編擬。會議對該草案討論通過採用。(參見《中央古物保管委員會議事錄·一》)

《朱希祖日記》："午後三時至中央古物保管委員會開會，審定余與滕若渠所擬《古物之範圍及種類草案》，通過，送常務委員會再議。"

《中央日報》刊登報導："中央古物保管委員會委員滕固、朱希祖，日前偕中大教授朱伯商、史達士、國府顧問梅慈納博士赴丹陽調查六朝陵墓，業已返京，承告記者如下：余等十五日至丹陽，勾留三日，先至獅子灣趙家溝一帶視察齊宣帝高帝陵墓，又上經山，其地植以萬松，濤聲盈壑，風景絶佳，越經山而至水金山，見六朝墓兩處，石跡猶存，惜不知誰氏之墓，縣誌亦失載，良以地太僻，無人注意也。又至鶴仙坳，見齊景帝陵，石跡尚完好，而石獸有雙角者，有獨角者，可謂史文之明證，現存六朝墓，諸石獸中，此爲最完整之品，又至三城巷視察梁文帝武帝齊明帝等陵。次日又往陵口及艾前廟一帶，艾前廟之陵墓，亦係新發見，究爲齊武帝，抑爲簡文帝之陵，尚待考證。余等足跡所至，并已攝影測繪，將來當向古物保管委員會提出書面報告云。"

《各項古物保管會停止活動中央古物保管會已成立聽候通盤籌劃改組裁撤》："市政府昨奉行政院通令云：案查前據中央古物保管委員會呈，以據福建閩侯縣名勝古迹古物保存會呈，爲本會係依照內政部公布之名勝古迹保存條例所組織，現在古物保存法施行細則，第十七條，又有古物保存委員會之規定，此項組織，應分應合，請示遵一案。關於名勝古迹古物保存委員會，與保存委員會之職權，應如何割分，請解釋示遵等情到院，當經飭交內政部會同中央古物保管委員會審查在案。茲據報告審查結果，'查各地關於名勝古迹古物保存機關，除一部份係根據名勝古迹古物保存條例設立。現中央古物保管委員會，業已成立，開始辦公，所有各地之古物保存機關，除直隸於中央古物保管委員會者外，其他各地此項機關，應即遵照去年汪院長蔣委員長領銜通電，停止活動，聽候中央古物保管委員會通盤籌劃，予以改組裁撤，並請行政院通令各省市政府遵照等情。經提出本院第一九八次會議決議。通過。除分令中央古物保管會知照。合亟令行名省市政府遵照'云。"

3月21日，與教育部徐逸樵及鐵道部代表會同檢查著名瑞典探險家斯文赫定博士自新疆攜來古物，商得斯氏同意，將該古物百餘件，一部贈與中央研究院，一部贈與西北古物展覽會，俾供研究。

《斯文赫定攜京古物準備公開研究》："【南京二十一日專電】西北勘察公路之斯文赫定，自新疆來京，攜有所獲古物兩箱及一麻袋，教部爲保存古物計，派科長徐逸樵會同古物保管委員滕固，及鐵道部代表，於二十一日在鐵部官舍，將斯氏攜來古物，公開檢查，結果均爲陶器古鏡錢幣碎瑪瑙及新出土古物百餘件，與國家古物不甚相關，但足以研究西北民族文化，現商得斯氏同意，

1935年　乙亥　民國二十四年　三十五歲　337

將該古物百餘件，一部贈與中央研究院，一部贈與西北古物展覽會，俾供研究。"（1935年3月22日《申報》）

3月28日，中德文化協會籌備委員會召開第三次籌備會議，以諸事雖已積極準備，而手續尚有未完者，爰議定展緩召開成立大會日期。（參見《中德文化協會第一屆會務報告》）

3月30日，下午二時，召開中央古物保管委員會第七次常務會議，李濟、蔣復璁（滕代）、滕固、傅汝霖出席，朱希祖、盧錫榮、許寶駒、裘善元、蕭漢澄列席，傅汝霖主席。報告事項有行政院通過採掘古物規則、古物出國護照規則、外國學術團體或私人參加採掘古物規則各一份；西北科學考察團有關斯文赫定借用五年前採集品運至瑞典供研究事等。討論事項有二十四年度概算、古物之範圍及其種類審查委員會第十二次審查報告案（附第十二次審查報告及朱滕兩委員所提之古物範圍及分類草案各一件）。臨時報告有古物交換規則、統一全國古物機關頒發案、制訂分會英文名稱案（National Commison bor the Presswation of Gntiquitities）、古物範圍及種類草案審查委員會，依照古物種類聘請顧問，組織審查古物範圍專門委員會（決議：推朱委員希祖葉委員恭綽滕委員固李委員濟計劃組織該專門委員會事宜）等。（參見《中央古物保管委員會議事錄・一》）

《朱希祖日記》："下午至中央古物保管委員會開會，并擬籌備刊物，成立編輯委員會，公推余爲編輯主任。"

3月，傅雷應滕固之邀到南京中央古物保管委員會任審核科科長約四個月，參與編譯《各國文物保管法規彙編》。

《傅雷自述・略傳》："一九三五年二月，滕固招往南京'中央古物保管委員會'任編審科科長，與許寶駒同事。在職四個月，譯了一部《各國古物保管法規匯編》。該會旋縮小機構，并入内政部，我即離去。"（《傅雷文集・文藝卷》第7頁）

按：據傅敏、羅新璋編《傅雷年譜》1935年項下內容有："二十七歲　三月應滕固之請，去南京'中央古物保管委員會'任編審科科長四個月。以筆名'傅汝霖'編譯《各國文物保管法規匯編》一部。六月由該委員會出版。"（見傅敏編《傅雷文集・文藝卷》，當代世界出版社2006年版，P685；傅敏編《傅雷百年年譜（1908—2008）》，收入宋學智主編《傅雷的人生境界——傅雷誕辰百年紀念總集》，中西書局

2011年版，P313）并將《各國古物保管法規匯編》及《〈各國古物保管法規匯編〉序》收入《傅雷全集》第十四卷內，以佐其實。（范用主編《傅雷全集》，遼寧教育出版社2002年版；《傅雷文集·文藝卷》"著譯序跋"，P204）。"以筆名"之說不確，實則是以"傅汝霖"名義爲之。詳見沈平子《"傅汝霖"非傅雷筆名辨》，刊《博覽群書》2012年12期。

4月1日，滕固代表褚民誼出席倫敦藝展籌委會在教育部會議，決定藝展預展會8日開幕。

《藝展預展會決定八日開幕，昨在教部會議決定》："中央社一日南京電云：倫敦藝展籌委會，一日下午在教部開會，到王世杰、段錫朋、張道藩、徐謨、陶履謙、曾仲鳴、陳樹人、褚民誼（滕固代），王世杰主席，決議要案，探誌如下：（一）預展會定四月八日開幕，三十日閉幕。（二）七日招待中央政府機關，及當地機關代表。（三）展覽古物，綜合磁銅器及書畫三類，在一千件以內。"（1935年4月2日《申報》）

4月3日，上海《申報》刊登《中意文化協會將正式成立》報道，滕固爲五十五名發起人之一。

《中意文化協會將正式成立》："中意文化協會，由中意兩國間人發起組織，已經推員籌備，起草會章，不久即將開會正式成立。該會全體發起人頃呈中央民衆運動指導委員會云：竊斌等，鑒於中意兩國邦誼日篤，擬發起組織中意文化協會，以嚴謹及宣揚中意兩國文化及促進其友誼爲宗旨，業於上年一月十九日舉行第一次籌備會，通過會章草案，票選郭有守、伍叔儻、徐悲鴻、楊公達、樓光來、謝壽康六人爲籌備員，并決定待駐華意大使羅亞谷諾來華時，正式成立，現該大使已來華，經得商其贊同，擬於最近期間正式成立，藉謀兩國文化事業之發展。兹遵照修正人民團體組織方案之規定，應請鈞會直接指導，理合檢同章程草案、發起人名單各一份，呈請鑒核，迅賜許可設立，不勝感禱等語。至發起人名單：于斌（公教進行會總監督）、王世杰、伍叔儻、厲家祥、朱家驊、朱庭祐、吕斯百、何兆清、辛樹幟、李熙謀、李景泌、沈剛伯、沈覲宸、汪延熙、宋春舫、岑德彰、周其勳、周還、唐學詠、徐悲鴻、徐公肅、翁率平、陳劍翛、陳可忠、郭有守、郭心崧、商承祖、盛成、黃宗孝、高廷梓、曹汝匡、程滄波、張志遠、張道藩、張樑任、楊公達、楊振聲、葉楚傖、蔣復璁、蔣兆和、蔣碧微、樓光來、趙士卿、滕固、潘玉良、劉奇峰、劉師舜、戴季陶、謝壽康、謝冠玉、瞿常（以上中發起人），巴内地 Poletti、克法理絡 Cavalierei、克立德 Carett（以上意人在中國郵政總局任要職）、賴班亞 Lavagna

（意人任司法院顧問）等五十五人。"

4月8—30日，倫敦中國藝術展覽會上海預展會開幕。會址在黃浦灘路二十二號中國銀行舊址，展覽物品有書畫、織繡、銅器、瓷器、古書、玉器、摺扇、景泰藍、剔紅、考古選例等。

4月11日，下午二時，召開中央古物保管委員會第一次委員談話會，傅汝霖、蔣復璁、朱希祖、許修直（內政部次長）、盧錫榮、許寶駒、裘善元、蕭漢澄出席，傅汝霖主席。因不足法定人數，改爲談話會。討論事項二：本會搜集之各國古物保護法規，應作爲修改古物保存法時之參考資料，對於古物保存法應行修改各點，由審核科擬具意見，提向大會請示。（參見《中央古物保管委員會議事錄·一》）

《朱希祖日記》："二時至中央古物保管委員會開常務會議，三時半即回。"

4月15日，在上海舉辦"倫敦中國藝術國際展覽會"預展時，滕固偕其夫人來滬參觀，并接受記者採訪，談論觀後感想。

《藝展預展第八日·滕固觀後感想》："行政院參事兼中央古物保管委員會常委滕固，昨偕其夫人來滬，參觀倫敦中國藝展預展，記者晤於會場，詢以觀後感想，承告如下：總觀各部門陳列品，大體均甚適善，且合於現代博物館的陳列方法，對於觀賞者，尤爲莫大之便利。吾國南北，雖有若干博物館陳列館，然就鄙人印象而言，往往類一雜貨攤，不能予人以明晰舒暢之感。此次展覽，陳列技術，遠勝於前，各地博物館急應取法。陳列品之來源，取於若干重要的國立省立機關，以見先民製作國家寶藏之一斑，故此會不獨提供外國人認識中國文化，凡爲中國人亦應前往一觀，以增進歷史與嚴肅著見識。此類工作，國家與學術團體，應多提倡，使學者對於古物之時代，與形式繪畫之風格發展等，得有比較研究機會。國外大學中教授美術史，有時由教授率領學院，至博物館講授，即以此故。學術研究之公開化，在中國今日，至爲重要，蓋可一掃舊式鑒賞家得觀一物，而沾沾自喜之陋習云。"（1935年4月16日《申報》）

施蟄鵬《藝術品的複製問題》："作者在十年前，參加倫敦中國藝展上海預展之後，把繪畫部份的觀摩筆記，整理成爲《中國名畫觀摩記》一書，交商務出版，採用了幾張繪畫插圖，於是引起故宫博物院嚴重的注意，大有翻印了他們秘笈的嫌疑，後來，經過行政院參事滕若渠説明之後，方告了事。故宫博物院對於藝術品的流傳，竟抱如此的見解。"（1946年12月3日《申報》）

傅斯年爲歡迎伯希和致函滕固等相關人員。

"中華民國廿四年四月十五日下午七時席設中央研究院，歡迎伯希和先生。伯希和、李濟之先生、趙元任先生、李方桂先生、吳定良先生、朱騮先先生、羅志希先生、辛樹幟先生、竺藕舫先生、丁在君先生、傅斯年、段書貽先生、俞大維、滕若渠、朱遐先。"（檔號：元457—27，收入王汎森、潘光哲、吳正上主編《傅斯年遺札》第二卷，社會科學文獻出版社2015年1月第1版，第499頁。）

按：法國伯希和教授係倫敦中國藝術展覽會英國特派來華選擇古物之五委員之一。

4月16日，出席中央古物保管委員會開編輯委員會會議。

《朱希祖日記》："二時至中央古物保管委員會開編輯委員會，余爲主席，滕委員固、蔣委員復璁到會，傅沐波委員長列席，議決辦《中華文物》兩月刊，推與起草編輯條例，四時半回寓。傅沐波訪大兒，商談中央銀行經濟研究處事，并談中央古物保管委員會刊物事。"

4月17日，上午九時，召開中央古物保管委員會第二次全體會議，傅汝霖、許修直、朱希祖、馬衡、傅斯年、滕固、李濟、蔣復璁、盧錫榮、黃文弼、舒楚石出席，許寶駒、裘善元、蕭漢澄、傅雷列席，徐炳昶、董作賓缺席。傅汝霖主席。上午十二時散會。古物會歡宴全體委員，下午二時繼續舉行會議，至晚八時始散會，至大會所討論議案頗多，主要討論古物鑒定種類及範圍。報告事項有南京古迹調查委員會之組織及工作情形、本會北平辦事處工作情形等。臨時報告第六項文書科補充報告：關於搜集國外古物保護法規事項，除會務報告之一第二項所載者外，最近又收到意大利古物保護法規（正在翻譯）、巴西古物保存法（未譯）和印古物保管條例（已譯）、古物之保護（節錄各國條文，已譯）（附注：各國古物保管法規已印有專集）。討論事項有暫定古物之範圍及種類案、本會制定各項法規請予審定案、聘請德人博爾士滿教授爲本會名譽顧問案、請修宋文丞相天祥北平祠堂建議案等。

《中央古物保管委員會議事錄·一》（節錄）（八）請從速確定《古物之範圍及種類》及《私有重要古物之標準》以利本會進行案。（登記科科長傅雷建議。說明：查本會各科職掌，雖有組織條列明白規定，但因基本規則，尚未確定，工作難於進行，妨礙會務甚巨，應請從速予以規定，是否有當，敬希公議。）（九）請組織專門委員會從事改訂古物保存法及其施行細則案。［登記科科長傅雷建議。說明：按現行古物保存法及其施行細則各項規定，似欠嚴密，未能適合國內情形，而於古物登記之由主有者聲請一點，尤覺不妥，因國內人士，對已登記古物之性質，用意多未明瞭，若由其自行聲請，必多躊躇不前，殊背立法本意，似應改爲由本會予以登記（至登記前應有之調查手續可另行規定）登記後所發生之法律上的限制，亦當有更明白確切之規定，是否有當，敬希公議。關於登記手續及其效力，可參考各國古物保管法規。決議：推李委員濟、滕委員固、蔣委員復璁、舒委員楚石、朱委員希祖，起草修改古物保存法。]（十）請與內政教育兩部，會商責成地方官廳協助本會，并規定凡遇地方官廳協助不力時，應予以相當處分案。（登記科科長傅雷建議。說明：按本會雖負有保管古物之使命，但在組織系統上，與地方官廳，不相隸屬，故本會決議，每難切實施行，加以各地行政人員，對於古物問題，素少注意，每易發生奉行不力之事，擬請本會商由內政教育兩部規定辦法，務使在積極方面，使地方行政長官，能予本會以有力之協助，在消極方面，使地方行政長官，漠視保管古物之任何規定，或決議時，受有相當處分，是否有當，敬希公議。決議：原則通過，交常務會議妥擬辦法。）（十一）請會同內政教育兩部發起保管古物運動，舉辦大規模之宣傳工作案。（登記科科長傅雷建議。說明：按吾國民智閉塞，不容諱言，保管古物之意義及重要，亟宜詳爲說明，廣爲宣傳，使民衆徹底瞭解，知所愛護，蓋保管古物，究有賴於全國人士之共同襄助，方克有成也。敬希公議。決議：交常務會議核辦。）（十六）建設工程進行中防止出土古物之損毀與散失案（滕委員固提。說明：近年吾國各項建設工程積極進行，而在此機會上古物偶然出土，時有所聞，然出土之古物，往往而不報，或棄不收拾，或任意毀損，或由工人私售，即以本京而論，此類事實，已不爲少，擬請制定切實辦法，交工程機關遵行，并由各地教育主管機關，加意監督，以符古物保存法之規定，是否有當，敬請公議。決議：推許委員修直、滕委員固、舒委員楚石、馬委員衡，擬定辦法，送常會審議，并由滕委員固召集之。）（十七）聯合中央宣傳委員會，攝製南京北平西安古物古迹影片案（滕委員固提。說明：吾國古物古迹，毀損日甚，社會人士，對之亦極冷淡，本會職司保管，急應提倡，如藉影片以宣傳，可使社會人士，瞻仰先民製作，於低徊感奮之中，油然生愛護之心，并可將影片運往國外，增加外人對中國文物之認識，茲事體大，擬請聯合中宣會，先就南京、北平、西安三地試攝，由本會派員參加設計與協助，試之有效，再推及其他各地，是否有當，敬請公議。決議：交常務會議接洽辦理）等。

臨時動議有（一）李濟提議，中國營造學社社員梁思成擬請本會重修河北趙縣大石橋、薊縣獨樂寺觀音閣山門,及山西雲岡石窟等處,以保存古跡案。……(九)關於本會編譯委員會會刊物名稱,及主編人選,應如何規定案(傅主席委員提。朱委員希祖報告,關於本案,經推定負責各委員[朱李蔣滕董五委員]開會議決,改編譯委員會爲編譯會議,刊物不定期,除法規彙刊仍繼續出版外,另出刊物一種,擬定名稱爲《中華文物》,收登外來稿件,并給與相當稿費。傅主席委員補充報告,《中華文物》之內容,概分調查、報告、研究、譯著,及法令等項,無論會內外投稿,皆酌給相當報酬。決議:刊物名稱,改爲《中央古物保管委員會調查報告》,至編譯事項,仍由第七次常會推定之朱委員希祖,李委員濟、董委員作賓、蔣委員復璁、滕委員固,負責進行,并由朱委員希祖擔任主編)等。"

《朱希祖日記》:"九時至中央古物保管委員會開第二次大會。上午報告各種所辦事件,午刻傅沐波設宴於會中,下午討論各項事件,并由大會推余爲編輯委員會主席,主管編輯,六時半散會。是日到會委員:傅沐波主席,滕固、李濟、蔣復璁常務委員,朱希祖、許修直、舒楚石、傅斯年、黃文弼、馬衡、盧錫榮普通委員,而常務委員葉恭綽、普通委員董作賓、徐炳昶未到。"

4月19日,中德文化協會籌備委員會召集第四次籌備會議,以發起人已在六十以上,一切手續亦次第完成,決定於五月十二日上午九時,假南京平倉巷德奧瑞同學會召開成立大會。推滕固、郭有守二君先期辦理,呈請中央民衆運動指導委員會頒發許可證書,并分呈中央黨部暨教育部屆時派員出席指導。嗣奉中央民衆運動指導委員會批令,准給許可證書并派員出席成立大會。同時教育部指令著於成立大會選出職員後再行呈報,不另派員出席。(參見《中德文化協會第一屆會務報告》)

4月20日,下午七時半赴中央大學禮堂,參加華東各大學中文辯論預賽中央大學對金陵大學組比賽,與徐謨、陳長蘅、端木愷擔任評判,由金大任正面(劉宗旅、王文漪、馮啓敬),中大任反面(周書楷、劉伯謙、趙學廣),中大以四對一票勝金大。(參見1935年4月22日《申報·教育新聞》)

4月22日,下午四時,故宫博物院理事會假行政院會議廳召開第二次全體理事大會,到理事長蔡元培,理事褚民誼、葉楚傖、張繼、王世杰、傅汝霖、李書華、羅家倫,故宫博物院院長馬衡,内政部總務司長葛敬猷,中央古物保管委員會常委滕固等十餘人。由蔡理事長主席,討論要案三項：（一）報告選送倫敦國際藝術展覽會古物情形；（二）報告故宮博物院院務及點收情況；（三）討論二十四年度概算書等。至六時半散會。（1935年4月23日《中央日報》《南京日報》）

5月1日，朱希祖來訪，約期調查古墓。（參見《朱希祖日記》）

5月4日，與朱希祖、荊林、朱偰等前往幕府山南調查齊武帝景安陵、梁簡文帝莊陵、宋明帝母沈太后崇寧陵，未見遺迹，不知所在。（參見朱希祖《六朝陵墓調查報告書》）

《朱希祖日記》："午後一時偕滕若渠及大兒至古物保管委員會與傅、侯、金三君乘汽車至幕府山。……下山即回城内。"

5月5日，與朱希祖、羅香林、侯紹文、荊林、朱偰等前往牛頭山西北麓，調查陳宣帝顯寧陵，遍訪無遺迹。

《朱希祖日記》："來復日。八時偕滕若渠、羅香林、侯紹文、荊林（元曙按，此荊林，即前面日記中所提到的古物保管委員會測量員金某）及大兒乘汽車由古物保管委員會起程至牛頭山。"

5月8日，《中央日報》刊登《古物委員會統一古物組織》：近以各處古物保管組織散漫，素無統計，亟待整理，該會除已向内政部教育部調閲各地古物保管機關案卷藉以查核外，幷訂立各省各地古物機關調查表格呈請行政院通令各省詳查具報。

5月12日，中德文化協會（Institute fuer Deutsche Kultur）召開成立大會，中國方面到朱家驊、宗白華、張樑任、蔣復璁、翁之龍、滕固、沈士華、段可情等，德國方面到勞德士博士，奧德方面到勃朗特等共五十餘人。首由主席朱家驊致辭，闡述中德文化相互影響之歷史，及今後提攜促進之方法。次由籌備員滕固、蔣復璁報告籌備經過，幷宣讀教育部王世杰部長、德國公使陶德曼（Dr.O.P.Trautmanm）、德國駐滬總領事克利拜等致賀函電。次中央民運指委會代表劉景健、德國方面代表勞德士分别致詞。旋宣讀緣起，討論會章，選舉理事，計選出朱家驊（理事長）、蔣復璁、滕固、商承祖、張樑任、邱長康、徐道鄰、宗白華、沈士華、勞德士、克利拜、伯朗特、佛克霍仁、衛禮賢為理事。會後拍攝合影。（詳見《中德文化協會第一屆會務報告》）

《中德文化協會成立》:"【南京】中德文化協會十二日晨九時假德奧瑞比同學會舉行成立大會,到朱家驊、勃郎特等,共五十餘人。朱家驊主席致詞,闡述中德文化互相影響之使命,次滕固、蔣復璁報告籌備經過,并宣讀王世杰、德使陶德曼、滬總領克利拜等致賀函電。次中央民眾運動委員會代表劉景健致詞,備述中德兩民族文化之特點,希望彼此吸引增進,勞德士致詞,申述兩民族合作要點,旋宣讀緣起,討論會章,并選出朱家驊等為理事,既畢,勃朗特等致詞慶祝,全場歡呼,十二時始攝影散會。(十二日中央社電)"(1935年5月13日《京報》《申報》《北平晨報》)

此機構的政治高於學術性,其致力於中德學術交流、漢學家來訪、互派留學生、圖書交換、人員互訪等,作出了相當的貢獻。(參見田正平主編《中外教育交流史》,廣東教育出版社,2004,9第1版P749)

中德文化協會成立報道

中德文化協會成立報道

5月17日,中德文化協會召開首次理事會議。到朱家驊、滕固、勃朗特等十一人,朱家驊主席,通過要案如次:一、推朱家驊爲理事長,蔣復聰、滕固、勞德士等爲常務理事,商承祖爲秘書。二、推選佛蘭克府中國學院總長福爾希、普魯士國家科學院委員佛朗凱、普魯士國家博物館長柯美爾、奧國科學院委員羅斯脱霍姆爲名譽理事。三、定二十五年秋,在京舉行德國美術展覽會,推徐悲鴻等七人爲籌委。四、即租定德奧瑞同學會爲會址,開始辦公,并訂定辦事章則,以資遵循。推朱家驊、勞德士等七人,負責籌備建築會所。

5月18日,全國學術界鑒於中國博物館事業有待加强,由馬衡、李濟、黄文弼、滕固、袁同禮、徐悲鴻等近四十人發起組織中國博物館協會,成立大會在北平景山綺望樓舉行,馬衡、李書華、李蒸、李麟玉、徐鴻寶、齊如山、袁同禮、朱啓鈐、沈兼士、胡先驌、錢桐、洪煜運等五十餘人參加。由故宫博物院院長馬衡報告該會成立之意義在"發展文化,輔助教育":1.本互助之精神發揚未來之文化;2.喚起一般人之注意,謀固有文化之發揚;3.與世界各國博物館協會聯合起來,互爲借鏡。袁同禮報告籌備經過後，討論議案和審定組織大綱。

《中國博物館協會成立》："【北平】中國博物館協會十八日晨十時半在景山綺望樓舉行成立會。到馬衡、袁同禮、李書華、李蒸、嚴智開、徐鴻賓、朱啓鈐、錢桐等三十餘人。馬衡主席，報告成立意義，袁報告發起經過。旋即開始討論，通過組織大綱，選舉馬衡、翁文灝、李書華、沈兼士、袁同禮、葉恭綽、徐鴻賓、錢桐、傅斯年、李濟、胡先驌、朱啓鈐、徐炳昶、丁文江、嚴智

中國博物館協會成立報道

開等為執委。午攝影散會。十二時半故宮博物院古物陳列所在傳心殿招待全體午餐，沈兼士講述整理史料之經過。下午三時至五時，全體參觀實錄大庫及南三所檔案(十八日中央社電)"(1935年5月19日《申報》)

5月21日，出席中央古物保管委員會第八次常務會議。

《中央古物保管委員會議事錄·一》："下午二時，召開中央古物保管委員會第八次常務會議，傅汝霖、滕固、葉恭綽、蔣復璁、李濟(董作賓代)出席，許修直、舒楚石、董作賓、朱希祖、許寶駒、裘善元、傅雷、蕭漢澄列席，傅汝霖主席。報告事項有董作賓報告監察河南安陽殷墟發掘團第十一次工作情形等七項；臨時報告三項；討論事項主要為第二次全體會議中議案落實情況，其中傅雷所提議之請與內教兩部會商責成地方官廳協助本會進行案，決議呈請行政院於縣長獎懲條例內第四條下加添'第十八款保存古迹古物宣揚民族文化著有成績者。'第八條下加添'第十三款縱容盜挖古墓毀失古迹者。'請會同內教兩部發起保管古物運動，并舉辦宣傳工作案，決議函請教育部通令全國學校儘量協助，保存古物古迹事項，并設法於教科書內，插入保存古迹古物之材料。登記公有古物暫行規則草案，暨登記表及總目錄(登記科科長傅雷提)，決議：除登記表總目錄修正通過外，其草案由修改古物保存法起草委員會，併案討論之。"

"臨時動議(三)本會北平辦事處，呈為定王府石獅，可否准許法商德託美運輸出口，抑請商由北平市政府收買保存案。決議：該項石獅，祇准在國內轉售，嚴禁運輸出國，先由滕委員固到平，與馬委員衡面洽，一面由本會函飭該處查照辦理。(六)本會增購圖書案。決議：推定蔣委員復璁、葉委員恭綽、朱委員希祖、滕委員固、傅主席汝霖，組織徵購圖書委員會，籌劃本會徵購應用圖書事宜。"

上海《申報》發表捷京東亞美術會推滕固為名譽會員消息。

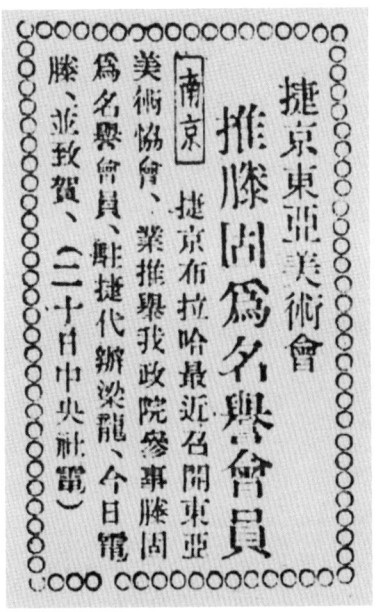

《捷京東亞美術會推滕固為名譽會員》："【南京】捷京布拉哈最近召開東亞美術協會，業推舉我政院參事滕固為名譽會員，駐捷代辦梁龍、今日電滕、並致賀。(二十日中央社電)"

上海《申報》發表捷京東亞美術會推滕固為名譽會員消息

亞美術協會，業推舉我政院參事滕固爲名譽會員，駐捷代辦梁龍，今日電滕，并致賀。(二十日中央社電)"

按：《北辰報》轉發 20 日南京電文《滕固被聘爲東亞美術會員》：捷京布拉哈最近召開東亞美術協會，業推舉我行政院參事滕固爲名譽會員，駐捷代辦梁龍二十日電滕并致賀。

5月24日，晉北渾源發現三代銅器後，中央鑒於此項古物與吾國古代文化有極大關係，行政院特派古物保管委員會常委滕固，赴晉調查辦理，是日由南京抵北平。

《中央日報》《南京日報》等報導：中央古物保管會函請中央宣傳委員會拍攝南京、北平、西安古物、古迹影片，以供衆覽。并修改縣長獎懲條例。又該會爲製訂古物保管法規之參考，特搜集英、法、德、意、比、瑞、日、捷克等十餘國之古物保管法規各十種，已全部編譯就緒，定名爲《各國古物保管法規彙編》，即將付梓。

5月25日，晨同中央古物保管委員會北平辦事處代表，搭乘平包通車離平，赴大同視察雲岡石佛，然後赴渾源調查。歸後作有《訪查雲岡石窟略記》，收入《征途訪古述記》中。

《古物保委會派員赴晉調查渾源三代銅器，常委滕固前日到平昨晨首途》："晉北渾源發現三代銅器後，中央鑒於此項古物與吾國古代文化有極大關係，行政院特派古物保管委員會常委滕固，赴晉調查辦理。滕於日前由京抵平，昨晨同辦事處代表，搭乘平包通車離平，赴大同視察雲岡石佛，然後赴渾源調查云。"(1935年5月26日《京報》)

5月27日，赴北平調查行政院北平檔案保管處存檔情況。

《滕固奉派赴平調查檔案存數》："【南京二十七日專電】行政院北平檔案保管處，已決定南遷，特派參事滕固於二十七晨赴平，調查現存檔案詳細數目。"(1935年5月28日《申報》)

5月30日，《申報》刊登《行政院兩附屬機關將歸併》消息，行政效率研究會主任滕固兼任檔案整理處主任。

"南京廿九日電：行政院爲節省經費，擬將行政效率研究會及該院所屬各部會檔案整理處，予以歸併，縮小範圍，對外行文，用行政院名義，本身名稱并不更動,經費預算亦須核減,主持人員,仍由徐象樞兼,行政效率研究會主任滕固,兼檔案整理處主任。"

5月下旬,抵北平寓北海團城中央古物保管委員會北平辦事處一周,參觀了燕下都出土遺物半規瓦當,對其中飾有動物圖繪感到特別有興味,作文考證之。此行目的爲"中央古物保管委員會適接受梁思成先生之建議,行將籌款修繕雲崗石窟;主席委員傅沐波先生囑余繞道赴雲岡一行,略觀石窟雕像之現狀,以爲日後討論時之參考。"(據《燕下都半規瓦當上的獸形紋飾》)

5月31日,爲確定古物之範圍及種類,以爲保管之標準,中央古物保管委員會第五次常務會議,決定組織審查委員會,并推本會委員李濟、葉恭綽、滕固、朱希祖、蔣復璁、黃文弼、董作賓等爲審查委員,詳加審核,擬《暫定古物範圍及種類草案》,加以詮釋。復經先後交由本會第二次全體會議及第八次常務會議修正通過,檢呈行政院審查。該草案中,對古物範圍,規定三項標準如下:(一)古物之時代久遠者;(二)古物之數量寡少者;(三)古物本身有科學的歷史或藝術的價值者。至所定古物之種類,共十二項,古生物、史前遺物、建築物、繪畫、雕塑、銘刻、圖書、貨幣、輿服、兵器、器具、雜品等項。

5月,《漢代北方藝術西漸的小考察》發表於《學藝》14卷4期。此稿係從 Zoltien de Takaes 所著 From Northern China to the Danube 一文譯出,原文載於《東亞雜誌》(Ostasiatischen Zeitschrift)1930年第六期。

《行政效率》"檔案專號"出版,刊載張銳、甘乃光、滕固等行政界著名人士調查檔案工作,指導機關檔案管理的文章。

  張慶鋒、倪波《中國檔案學期刊研究初探》:"1934年創辦的《行政效率》,爲近代檔案學學術交流的主要園地。該刊不僅刊登了我國檔案界、史學界、行政界的學者撰寫的檔案學論文,而且介紹了美、英、法等西方國家檔案管理的情況。1935年5月還專門出版了一期《檔案專號》,刊載了張銳、甘乃光、滕固等行政界著名人士調查檔案工作,指導機關檔案管理的文章。"(《檔案學研究》2001年1期)

6月4日,作致李小緣函。

小緣先生大鑒：

　　頃電話所談拙文英譯名稱，擬定如下，還希指正。

　　Monuments of H0 Ch'u—Ping's tomb and the Sculpture of Han—Dynasty.

　　至弟之略歷，擬如此寫法："滕固，字若渠，江蘇寶山人，德國柏林大學哲學博士，前本校教授，現任中央古物保管委員會常務委員等職，著有《唐宋繪畫史》等書，其論文散見國內雜誌，及德國柏林出版之東亞雜誌。"再請先生斟酌爲幸。再者，承賜抽印本五十份亦已收到，敬謝不一，順頌

　　撰安

　　　　　　　　　　　　　　　　　　　　　　弟固叩六.四

　　注意

　　一、文中紅鉛筆數位爲附圖之記號；

　　二、附圖十二幅其次序見每圖背後之數字；

　　三、第七圖缺，此圖即弟送小緣兄的那張曲阜石人照片，請即以那照片去照。

　　按：據南京大學圖書館藏原信影印件整理。[滕固函—5(1)—6(1)—7(1)] 該信作於 1935 年 6 月 4 日，"曲阜石人照片"係《霍去病墓上石迹及漢代雕刻之試察》一文之插圖七"漢安樂太守麃君墓上之石人"，刊《金陵學報》4 卷 2 期，1935 年 11 月出版。

　　《朱希祖日記》："四時至六時校《六朝陵墓調查報告書》完。七時至山西路寧夏路五號傅沐波宅宴集，商量中央古物保管委員會結束事宜，同席皆會中人。"

6 月 5 日，參觀在南京中北路首都華僑招待所舉辦的高劍父繪畫展覽會，并發表觀感："中國繪畫，本甚閎肆奇橫，看了漢代石刻，隋唐宗教畫，即可明白，此蓋闊大之時代閎尚使然，宋以來，禪宗思想，滲入畫理，畫家沈潛於所謂遊戲三昧，僅於片斷之物象間，寄其逸興，此雖亦有時代意義，然體制奇偉，不可復見矣。高劍父先生作品，因題材方面擴張，上至紀念建築，江河浩瀚，下至一草一木，一蟲一魚，森羅萬象，運斤成風，一掃萎靡瑣屑之習，蓋彼負有堅忍強毅之節概，生遭波瀾洶湧之時代，獨往獨來，不期而復振漢唐之風也。"(參見 1935 年 6 月 6 日《中央日報》)

6 月 6 日，中央古物保管委員會奉令撤銷。

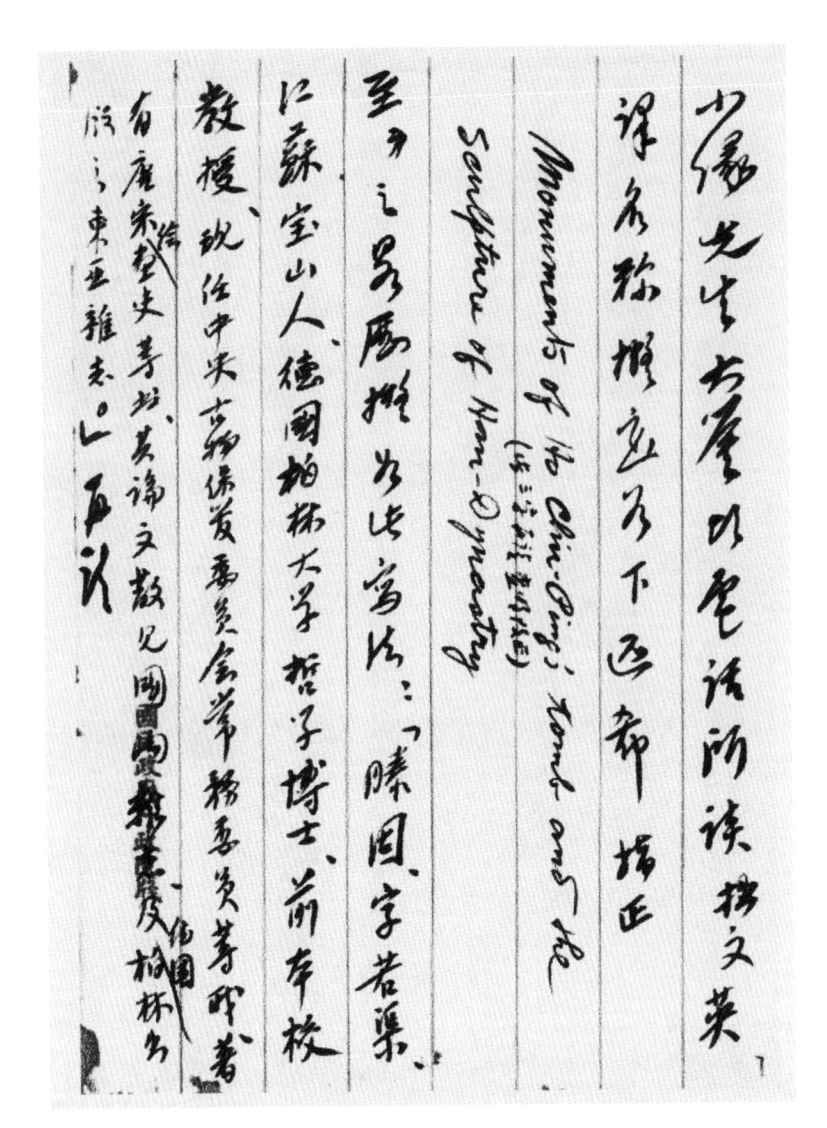

滕固致李小緣函中自撰履歷（原件藏南京大學圖書館）

《古物保委會辦結束》："【南京六日專電】中央古物保管委員會奉令撤銷，本月中旬可結束就緒，月底向內政部辦理移交。關於古物種類及範圍，前奉令擬詳細辦法，業已草竣，呈送行政院核示。行政院定七日下午召集內教兩部及該會舉行審查會議俟通過後，即交內政部着手經查古物細冊。"（1935年6月7日《申報》）

6月7日，出席中央古物保管委員會呈擬暫定古物之範圍及種類草案審查會。

《中央古物保管委員會議事錄·一》："上午九時，召開中央古物保管委員會呈擬暫定古物之範圍及種類草案審查會，內政部王榮佳、教育部陳石珍、中央古物保管委員會裘善元、行政院滕固出席。審查意見：本案經詳加研究，僉以此項暫定古物之範圍及種類，僅屬大綱性質，故加'大綱'二字，以資識別，至於各項細目將來仍由中央古物保管委員會詳細擬定，以便適用。茲僅就原擬定古物之範圍及種類草案，酌加修正，擬請令行各省市政府知照，呈報國府鑒核備案，并令飭中央古物保管委員會迅擬細目，呈院核定公布，當否請鑒核暫定古物之範圍及種類大綱草案附後。"

《中央日報》刊發《中央古物會月底移交内政部政院今日審查古物範圍案》之消息云："中央古物保管委員會自奉令正式撤銷後，即開始準備辦理結束，聞於本月中旬，可大致結束就緒，約在月底，向内部辦理移交。至該會所草擬之古物範圍及種類草案，前日已呈行政院審核批准，政院據此，特定於七日召集内政部教育部及古物會代表舉行審查會議。"

6月17日，朱希祖來訪，交還滕固作著《六朝陵墓石迹述略》，并談時局危險狀，時謠言兩廣將出師反對中央屈服日本外交。

《朱希祖日記》："午後讀滕若渠所撰《六朝陵墓石跡述略》，并修改《天祿辟邪考》。唐醫生來，為内子醫鼻，時熱已退。夜至滕若渠寓，繳還《六朝陵墓石跡述略》，并談時局危險狀，時謠言兩廣將出師反對中央屈服日本外交。"

6月18日，出席中央古物保管委員會第九次常務會議。

《中央古物保管委員會議事錄·一》："下午二時，召開中央古物保管委員會第九次常務會議，蔣復璁、李濟、滕固、傅汝霖出席，朱希祖、董作賓、馬衡、許修直（盧錫榮代）、盧錫榮、裘善元、傅雷、許寶駒列席，傅汝霖主席。報告事項十二項，多係第八次常務會議議案實施情況。臨時報告二項。討論事項中有行政院訓令二十四年度概算及本會併入内政部案，議決本會字本月二十四日起辦理結束，并停止發文，二十八日移交清楚，并電令北平西安兩辦事處同日結束，所有本會及辦事處支援勤務薪餉，統照二十四年度概算案内決定裁併辦法，發至七月底止。臨時動議中有（三）滕委員固朱委員希祖提議呈請行政院飭修宋臣忠節公茂實古墓案。（說明：查宋工部侍郎滕茂實，字秀穎，靖康元年，副路允迪出使，為金人所留，遷至代州時，金人新得宋地，民多叛去，欲用茂實撫綏，召茂實髡發易服，茂實曰我生為大宋臣，死為大宋鬼，豈能更事二君，卒不從，金人置火烙鐵炮茂實足，茂實笑曰，頭可斷，豈愛足哉，負痛死而復生，二帝北狩，茂實具冠幘迎之，請從行，不許，憂憤卒於雲中，時建炎二年八月也。事聞於朝，贈龍圖閣學士，賜諡忠節，事詳宋史本傳，周密齊東野語，元遺山中州集，及宋濂宋滕忠節公使金本末。茂實歿後，代人哀其志，為起墓雁門山，即今代縣東十里，歲時祭享，累葉為雁門勝跡之一。明萬曆間，該省大吏以墓圮撥款興修，至今又數百年，榛莽叢中，僅存一碣，擬請轉呈行政院，令山西省政府撥款修理，以昭前烈而護古蹟。是否有當，敬請公決。議決：由本會呈請行政院，飭令陝西省政府，撥款修理，以昭忠烈。)(四)滕委員固朱委員希祖李委員濟蔣委員復瑰董委員作賓馬委員衡提議，編制本會自開辦日起至結束日止，各項會議紀事概略總報告案。決議通過。(五)主席提議許表傅三科長呈請辭職案，決議：准予辭去科長職務。"

《朱希祖日記》："午後二時至中央古物保管委員會開末次結束會議。時會中結成餘款一萬二千四百元，主席傅汝霖不願移交後任，隨意分贈於請款修理古蹟機關。本會平日節省不辦一事，即會中成立一編輯委員會亦遲至半年始得開始集稿，而又吝發稿費，至移交時尚未能得付款速印，誠堪浩嘆。五時散會。"

6月22日，在中央圖書館籌備處會蔣慰堂處與朱希祖商談編印《六朝陵墓調查報告》事，約再與傅汝霖會商一次。

《朱希祖日記》："又至中央圖書館籌備處會蔣慰堂，適滕若渠亦來，乃談印《六朝陵墓調查報告》事，約再與傅沐波會商一次。"

6月24日，與朱希祖至中央古物保管委員會與傅沐波、蔣慰堂談《六朝陵墓調查報告》付印刷款辦法。

《朱希祖日記》："下午三時至行政院，偕滕固至中央古物保管委員會與傅沐波、蔣慰堂談《六朝陵墓調查報告》付印刷款辦法。四時偕蔣慰堂至半畝園西中央圖書館籌備處印刷局(在舊向、張二公祠)取回《六朝陵墓調查報告書》一冊，擬補加數條。"

6月28日，中央古物保管委員會裁撤。(參見《朱希祖日記》)

6月，論文《唐代藝術的特徵》發表於《中央大學文藝叢刊》2卷1期。

《蔣劍人先生年譜》發表於《圖書館季刊》9卷2期。

7月27日，出席行政院舉行之出版法實施細則審查會。

《出版法施行細則政院昨日審查》："【南京廿七日中央社電】新出版法經立法院會議通過後，已呈請國府公布施行，舊法於新法公布施行日宣告廢止。新出版法施行細則，依該法第四十八條規定，已由內部擬定草案，呈政院審核，政院廿七日晨十時特開會審查，到政院參事陳念中、端木愷、滕固，內部李松風，教部蔣復璁，外部李迪俊。由陳念中主席，經慎重討論後，曾略予修正，提下星期二院會通過即公布，與新法同時施行。據悉該細則全文共二十九條，廿七日審查時，曾將草案第十五條刪除，另增一條，係關於新法內重要名詞之解釋，及出版品質應送審查機關內，并加入國立中央圖書館一處。

【南京二十七日專電】修正《出版法》，經立法院通過後，《出版法》施行細則八條，關係機關擬就，送呈行政院核定，行政院二十七晨召集審查會議，出席代表行政院陳念中、端木愷、滕固，外部李迪俊，教部蔣復璁，內部李松風。由陳念中主席，審查結果，已完全通過，該項細則，係根據《出版法》第四十八條之規定訂定。全文二十九條，除第十五條及第六條第二項刪去外，另增第十一條，內容要點（一）凡審核之書籍或其他出版全稿本與核准之內容不符者，內政部得扣押之，（二）經審查核准出版後，如受《出版法》第二十二條所定命令之禁止有限制時，仍得扣押之，（三）《出版法》第二十八條所稱之禁止處分，非經內政部核定，不得執行，內政部得酌量情節，予以永遠或定期之禁止。"（1935年7月28日《申報》）

7月31日，行政院代院長孔祥熙在北極閣宋宅宴行政院處長彭學沛，參事端木愷、滕固、陳念中、陳銳，秘書黃秋岳等。

《朱希祖日記》："夜訪滕若渠。"

8月1日，中央古物保管委員會編輯委員會編輯《六朝陵墓調查報告》出版，係中央古物保管委員會調查報告第一輯，收入滕固《六朝陵墓石迹述略》一文。該書總編輯朱希祖，編輯滕固、李濟、蔣復璁、董作賓。

《朱希祖日記》："滕若渠遣人來還《復社姓氏傳略》。"

8月2日，出席中德文化協會第二屆理事會。

中德文化協會召開第二屆理事會，計到會理事有朱家驊、沈士華、邱長壽、滕固、宗白華、蔣復璁、張樑任、商承祖、白郎都。由理事長朱家驊主席，秘書長商承祖記錄。決議設立出版、交換、財務三委會，推定各會委員九十四人。（《中德文化協會第一屆會務報告》，1935年8月3日《南京日報》）

中央古物保管委員會編輯委員會編輯《六朝陵墓調查報告》

《中德文化協會理事會》:"[南京二日中央社電]中德文化協會二日晨十時開第二次理事會,朱家驊主席。討論事項(一)修正通過理事會細則及各地通訊處通則。(二)設出版委員會,推謝壽康等卅八人爲委員。(三)設交換委員會,推郭有守等卅六人爲委員。(四)設財務委員會,推貝同等廿人爲委員。(三)設上海通訊處通過。(六)朱家驊提加推飛師爾爲本會理事。通過。末并討論會所經費問題。午後一時始散。"(1935年8月3日《申報》)

8月6日,《中央日報》刊登《中央古物保管委員會即將成立開始辦公》消息。

《中央古物保管委員會即將成立開始辦公》:"中央古物保管委員會,前經中央核定併入內政部,當由行政院分別令飭該部會遵辦,內政部奉令後,經即派定該部司長葛敬猷、盧錫榮前往接受,兹悉該部自接收該會後,即積極籌備一切,除主席委員一職,業經行政院會議決議,由該部常務次長許修直兼任外,現已聘定古物專家及各系機關代表傅汝麟、葉恭綽、滕固、李濟、蔣復璁、朱希祖、馬衡、董作賓、舒楚石、徐炳昶、黃文弼、張銳、盧錫榮等十三人爲委員,不日即將組織成立,開始辦公,并由該部擬定該會條例、辦事細則、會議規則等草案,一俟呈奉行政院核准後,即可實施云。"

《朱希祖日記》:"與大兒至故宮博物館晤馬叔平,接洽大兒攝影宮殿事。……叔平言內政部次長許修直亦來北平,述中央古物保管委員會委員均延聘舊人,惟入部內科長一人,而將傅斯年除去而已。"

8月15日,趙家璧主編《中國新文學大系》第五集(鄭伯奇編選)《小說三集》由上海良友圖書印刷公司印行初版,收入滕固《壁畫》《二人之間》兩篇。鄭伯奇在《導言》介紹:"陶晶孫、何畏、方光燾、張定璜這四人都是最初參加的同人。滕固和創造社發生關係比較在後,可是在季刊第三期上已經有他的小說了。他們當時都在日本留學,陶、何、張三人的參加是因同學關係,方、滕兩君大約是田漢的介紹。""滕固也有比較寫實的作風,他的題材卻祇限於自己周圍的知識階級。因為取材的切近,他的作品使人感到相當圓熟。人物的性格,時間的推移都很真實似的。可是主觀的燃燒微嫌不夠,因而缺乏迫力。《壁畫》寫一個美術學生單戀的失敗。主人公的孤僻的性格描寫相當成功,最後的自殺近於有意布置。在《二人之間》裏面,作者想表示一種人生觀,多少類乎不抵抗的哲學:弱者的勝利,強者的敗北,在故事的結尾明白指出;可是在中國的社會,這未免太得理想。不過強者受了弱者的同情反而疑心暗鬼,益發故形孤僻,這段心裏描寫是成功的。"

按:這裏的"同人"指創造社同人。

8月23日,蔡元培日記載:"玉甫(即葉恭綽——編者)於七日來函,見示滕若渠一函,稱德國國家博物館東方部秘書長(即副部長)孔威廉(Williem Cohn)博士,從事博物館事業二十餘年,自身且為印度、中國藝術之研究者,著述宏富,有聲國際,曾來遊吾華。渠為猶太系人,自希特勒執政,退出博物館,今祇任《東亞藝術雜誌》編輯,行動亦頗不自由。近日來函,擬就吾華聘為教授或博物館館員云云。"(參見《蔡元培日記》《蔡元培年譜長編》)

8月31日,中德文化協會在德奧瑞同學會舉行歡迎柏林博物院東方部主任萊登梅斯特(一作萊特馬斯德 Dr.Leidmeister)博士招待茶會,由常務理事滕固、蔣復璁、理事兼秘書商承祖主持,到有萊登梅斯特博士,及德國大使館參事飛師爾莫爾、新任駐德大使程天放、總顧問德肯好生、衛禮賢夫人樓克萊、李濟、沈士華、郭有守、李鼎、張平羣、顧樹森、謝淑英、胡蔚、祝謙、吳光傑等三十餘人,晤談極歡,至六時始散。萊登梅斯特此次來華遊歷，曾訪問我國教育當局，及南京各重要學術機關。(參見《中德文化協會第一屆會務報告》、1935年9月1日《中央日報》)

8月，英文雜誌 Tien Hsia (《天下》月刊) 創刊，南京中山文化教育促進會主辦，溫源寧主編，編輯有吳經熊、全增嘏、林語堂等。該刊旨在促進中西文化交流，是一份學術性雜誌，一年十期，除6、7兩月外每月15日出刊，裝幀無華，祇有兩個中國大字"天下"作爲點綴，內容卻十分豐富。滕固論文《漢代雕塑簡論》[中文廣告作《漢代石造圓雕之形式的觀察》](Ku Teng. 'A few notes on the forms of some Han sculpture.' T'ien Hsia Monyhly I [1935]: 512—516) 發表於第五期"中國美術專號"中。

9月11日，出席內政部召開中央古物保管委員會第三次全體委員會議。

《中央古物保管委員會事錄·二》: (節錄) 下午二時，在內政部召開中央古物保管委員會第三次全體委員會議，許修直、葉恭綽(朱代)、滕固、李濟(董代)、蔣復璁、朱希祖、馬衡、董作賓、舒楚石、徐炳昶、黃文弼、袁同禮(滕代)、盧錫榮、張銳出席，周淼、賀天健、裴善元列席，許修直主席。討論事項有(一)請將歷次會議決議案內未及辦結各案從速辦理案; (二)推李、滕、蔣、朱、舒、盧、張七委員，負責起草修正古物保存法草案;

(十二)擬與陝西省政府合組整理碑林并請中央輔助經費案，提案人黃文弼、徐炳昶、滕固。

說明: 按陝西碑林，搜羅歷代碑碣，至爲豐富，其開成石經，足爲中國惟一瑰寶，但自宋代建設碑洞以來，歷代雖有修葺，迄今已多年失修，房屋時慮傾圮，不能不急謀重修保存之法，又所藏碑碣均爲隨時移入，次序顛倒，布置錯亂，或有散置各處，或則倒順隨植，均宜加以科學整理，俾便觀覽，惟兹事體大，重修房舍，建立碑座，非有較鉅經費，不足以資整理，陝西近年兵燹荒旱，若責其獨任鉅費，勢有所不能，應請中央酌予補助，以資提倡，而利進行。是否有當? 敬請大會公決。

決議: 原則通過，俟黃委員將詳細計劃送會後，呈請行政院核辦。

(十三)擬請通令各省市縣，凡古代建築遺址所在地，如古代宮闕城牆堡壘等項，不准任何人擅自掘土，并禁止在遺址之上，及遺址附近五十公尺以內，新有任何建築，并得由本會遴派專員，或委託相當機關，檢定遺址，豎立標幟，呈報本會轉函地方政府備案，以昭慎重案。提議人黃文弼、徐炳昶、滕固。

說明：按中國爲數千年古國，古代建築遺址，遍地皆是，如河南陝西爲歷代帝都，遺址尤繁，要皆先民遺迹史料藏之所。近因各地建築繁興，先民遺址，多被剷除；或因地方土人，因燒磚種地之便，擅自取土，因此古代遺址日就湮滅，本會職在保存古迹，應將各地重要遺址，設法圈禁，不准在遺址之上，及附近五十公尺以內，有所建築，及遺址時代之推移及其重要性，亦非一般人所能鑒別，故將來擬由本會遴派專員，或委託相當機關檢定，豎立碑記，呈報本會，并函知地方政府備案，以昭慎重。是否有當？敬請公決。

決議：交修正古物保存法起草委員會併案討論。

（十四）擬請通令各省市縣，凡陵墓所在地，距陵墓一百公尺以內，所有土田，概收公有，俾得種植樹林案。提議人朱希祖、徐炳昶、黃文弼、滕固。

說明：按各地帝王陵墓，如洛陽芒山。陝西咸陽縣，所有古代帝王陵寢，皆爲童禿、地方土人，爲耕種起見，犁地且及陵邊，日久侵蝕，毀滅甚虞，殊非所以保護陵寢

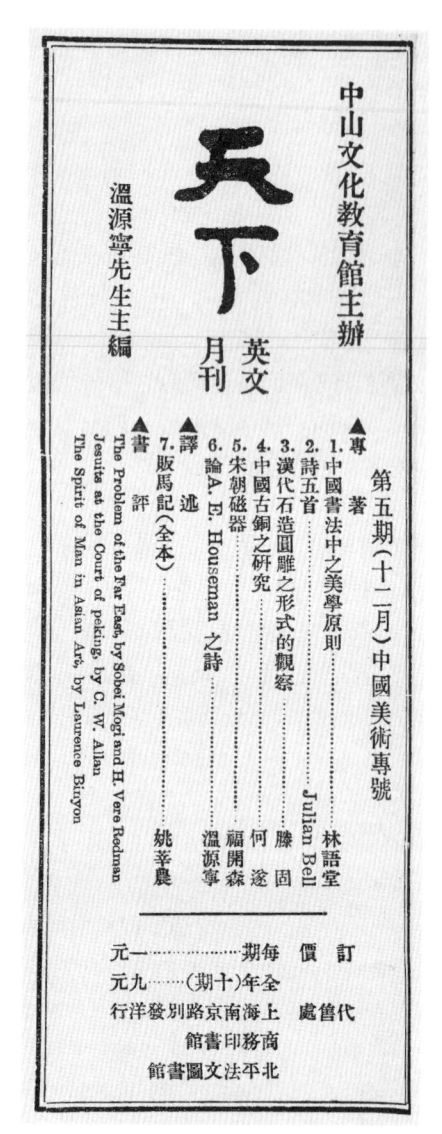

英文雜誌《天下》月刊廣告

崇德報功之意；擬請距陵墓一百公尺以內，所有土田，無論私有官有，概歸公有，禁止耕種，責成地方政府種植森林，以壯觀瞻。是否有當？敬請公決。

決議：交常務委員會研究後，再行提會討論。

臨時動議事項：（一）請本會撥款補助南京古物陳列所發刊整理藏品之報告案。提議人滕固、馬衡。

說明：查南京古物陳列所所藏各種古物，早經整理清楚，其報告書以經

費困難，無法付印，擬請本會酌予補助，俾便早日刊成。是否可行？敬請公決。

決議：原則通過，交常務委員會斟酌經費情形辦理。

《朱希祖日記》："午後二時赴內政部開中央古物保管委員會，內政部次長許修直爲主席，余及滕固、馬衡、徐炳昶、李濟、蔣復璁、葉公綽、黃文弼、董作賓、盧錫榮皆爲舊委員，而舊委員除去傅斯年，又傅汝霖辭職，故添袁守和及內政部參事一人，司長一人爲會員，共十四人。是日李濟、葉公綽、袁守和未出席，餘皆到。馬衡提議仍設常務委員，通過。七時至新街口明湖春赴內政部次長陶縷謙、許修直宴，同席即爲中央古物保管委員會委員。"

《中央日報》刊登消息：中央古物保管會自奉令歸併內政部後，已聘定葉恭綽、滕固等十三人爲委員，該會已於本月五日開始辦公，會中職員，均爲舊有人員留用。本日在內政部開全體委員會議，由滕固主席，決議要案（一）繼續辦理本會未了事宜，（二）設法保護西安碑陵，（三）北平辦事處暫行撤銷，西安辦事處仍予保留。至四時許始散會。（參見1935年9月11、12日《中央日報》）

9月13日，《中央日報》刊登報導：中央古物保管會委員會自改立內政部後，其組織條例刻經該會重新擬定，呈送行政院核議，政院特於昨（十二）晨九時開會，審查新條例草案，政院參事滕固，及內政教育兩部均派員出席，結果略予修正，將提出下星期二院會通過。

9月23日，作致李小緣函。

小緣先生：

　　承寄示拙文茲已校過，送奉即呈台察付印，請加印三十份共八十份，其所注問題，弟已照答於每問題之下，一切編勞不一，即頌

　　公安

　　　　　　　　　　　　　　　　　　　　弟固叩九.廿三

　　按：據南京大學圖書館藏原信影印件整理。[滕固函—1（1）]該信作於1935年9月23日。"拙文"係指《霍去病墓上石跡及漢代雕刻之試察》。

9月26日，中德文化協會設宴招待德國駐華第一任大使陶德曼（S.E.Dr. Oscar P.Trautmann）夫婦。（參見《中德文化協會第一屆會務報告》）

《朱希祖日記》："六時至土街口美麗川菜館宴馬叔平，答其在北平時宴席

也，余與大兒作主人，同席有張曉峰、李濟之、繆贊虞、許靜芝、董彥堂、裘籽原、羅香林，而滕若渠、蔣慰堂未來，乃以四兒佽侍席。"

9月28日，《南京日報》刊登中央古物保管會組織條例，共計十條。已獲行政院通過，將轉立法院審議通過。

《古物保委會修正組織條例審議中》："【南京廿八日中央社電】內部以中央古物保管委員會併入該部，組織系統略有變更，原有該會組織條例，似應修改，特擬具修正草案，呈經行政院轉諮立法院審議，孫科已批交法制委員會審查中。該案修正要點，係以內部常次爲該會主席委員，并將該會原隸行政院，改爲直隸內部，餘與現行法無異。

【南京】中央古物保管會，以國寶之保管，須有明確之規定標準，決定參考各國保管條例，從詳制定國寶法，現正開始草擬中。"（1935年9月29日《申報》）

9月，南京市工務局興工開闢上海路時，發現古塚一處，掘得古物一批，計二十餘件，內有陶器、瓦灌、古劍、錢幣及瓦俑等，均蒼老古樸，類似六朝古物，當經工務局驗收呈報市府，聘請考古專家滕固、裘善元等，前往市府將各古物群加鑒定，認爲各件，均係六朝初期古墓之殉葬物品，其中一部分頗屬名貴，現在決定送南京古物陳列所保存，供人流覽，並待專家研究。（參見1935年9月23日《中央日報》、10月3日《朝報》）

10月1日，赴傅汝霖招宴。

《朱希祖日記》："七時至鼓樓頭條巷揚子江水利委員會赴傅沐波宴，時沐波爲委員長也，同席有彭學霈、馬叔平、李濟之、蔣慰堂、董彥堂、滕若渠、裘籽原、許寶駒等。十時散席，天雨，乘滕君汽車回寓。是日上午八時馬叔平來。"

10月9日，滕固遣人送朱希祖《爝火錄》三十二卷（江陰李天根撰，行政院新抄本）十六冊。

《朱希祖日記》："傍晚滕若渠遣人送來《爝火錄》三十二卷（江陰李天根撰，行政院新抄本）十六冊。按是書記載南明史事，爲編年體，起順治元年三月十九日莊烈帝殉社稷，止康熙元年十一月二十三日魯王薨於金門，凡十有九年；附記一卷，記臺灣鄭氏至康熙二十二年七月鄭克塽歸降止。其卷一爲讀史論略及歷代紀元續表。此書吳興劉氏承幹亦藏舊抄本一部,前尚有引用書目一百十七種,又採各省通誌及諸家文集、年譜三十七種,行政院新抄本出於滕若渠之叔所藏舊抄本,無引用書目,且誤字滿紙,當借劉氏所藏足本校補,乃可稱爲善本。"

10月11日,内政部核准中央古物保管委員會常務委員名單,指定滕固、李濟、葉公綽、蔣復璁爲該會常務委員。

内政部核准中央古物保管委員會常務委員名單:

茲將中央古物保管委員會主席委員常務委員姓名呈報鑒核備案——呈行政院

查中央古物保管委員會業於本年九月五日開始辦公,并啓用原有關防,及小章,曾經呈報鈞院鑒核在案。經依照該會組織條例第三條規定,以本部常務次長許修直爲該會主席委員,并聘任葉公綽、滕固、李濟、蔣復璁、朱希祖、馬衡、董作賓、舒楚石、徐炳昶、黃文弼、袁同禮、盧錫榮、張銳爲該會委員,指定滕固、李濟、葉公綽、蔣復璁爲該會常務委員,理合呈報鈞核備案。謹呈行政院

中華民國二十四年十月十一日

據呈請指定核會常務委員等情茲指定滕固等四人爲該會常務委員——指令中央古物保管委員會

二十四年十月五日呈一件爲呈請指定本會常務委員祈鑒核施行由呈悉。茲指定滕固、李濟、葉公綽、蔣復璁爲該會常務委員,仰即知照,并分別轉知。此令。

中華民國二十四年十月十一日(據《内政公報》1935年8卷20期55頁)

10月16日,德國柏林大學授予滕固哲學博士學位。

按:博士論文以《中國唐宋繪畫理論——對唐宋繪畫理論的歷史性觀照》爲題目,由德國柏林瓦爾特·德·格羅耶特出版公司印刷發行(《東亞雜誌》新刊第10、11期特刊形式)。16開本,64頁。國立北平藝專圖書館藏本爲"中華民國廿四年十二月廿七日收到"。

10月22日,中德文化協會設宴接待奥國人種學專家史美特博士(Prof. Dr. O.W.Schmidt)。(參見《中德文化協會第一屆會務報告》)

11月2日,下午三時,在内政部會議室出席中央古物保管委員會第十次

滕固博士學位證書（李雪濤提供）

常務會議。

《中央古物保管委員會議事録・二》：“下午三時，在内政部會議室召開中央古物保管委員會第十次常務會議，許修直、李濟、蔣復璁、滕固出席，盧錫榮、周淼列席，許修直主席。討論事項中有滕固委員函，爲擬刊行宋滕忠節公使金本末一書，請内政部及本會各捐百元，并擬以張繼先生交來購買蕭梁墓地餘款一百八十五元九角，悉數移捐，并由本會酌給案。決議 1. 准以張繼先生購地餘款悉數移捐，本會毋庸再行輔助，一面由會備函交滕委員與張繼先生接洽。2. 請滕李二委員親往調查蕭梁墓地研究保轄方法。

臨時動議：委員盧錫榮提議第三次全體會議決議推李滕蔣朱舒盧張七委員負責起草修正古物保存法草案一案，請推定該起草會召集人案。決議推滕委員固召集之。"

11月17日，《申報》刊登新文學大系出版廣告："小說三集是創造社裏初期的重要健將鄭伯奇先生編選的。這裏所選的十九人都是創造社作家，如郭沫若、郁達夫、張資平、成仿吾、陶晶孫、方光燾、滕固、倪貽德、白采等共計三十七篇。導言裏作者敘述創造社在日本成立的經過，創造社同人對於人生和藝術的態度，更個別的評述崇拜自然尊重自我的郭沫若，被稱爲頹廢派的郁達夫，帶着人道主義色彩的張資平，主張剛健文學的成仿吾以及其他許多人作品和思想。創造社是中國新文學運動史上一個極重要的文藝集團，這集子可以稱爲第一本純粹的《創造集》。"

11月23日，《申報》刊登五屆中委候選三百五十九人名單中有滕固列名，係主席團及出席中委及代表每五人所介紹候選人一百零八名之一。

11月24日，朱希祖來訪，談《六朝陵墓調查報告》分送事宜。

《朱希祖日記》："又至西長安街四條巷樹德里七號訪滕若渠，略談《六朝陵墓調查報告》分送事宜，即告退回寓。"

按：據《中央古物保管委員會議事錄·二》第14頁，收中央圖書館印刷所交來六百七十五冊。

11月，《金陵學報》第五卷第二期刊登《影印毛生甫先生休復居詩文集啓》，該書係滕固據嘉定黃氏道光刊本影印："先生歿後，嘉定黃氏爲刊遺稿曰休復居詩文集，印數十部分贈先生生前之知友，而版片毀於洪楊，故流傳絕少，朋儕中有知固先生生之里者，每託購其集，常憾無以應命，茲謹就家藏原刊本影印，聊藉存哲人瑰著供同好之求云爾。"本書共印三百部，於1936年出版。

約11月，《訪查安陽寶山石窟記》發表於《半月評論》1935年1卷22期。係1935年12月12—13日在安陽寶山考察古迹時日記，收入《征途訪古述記》。

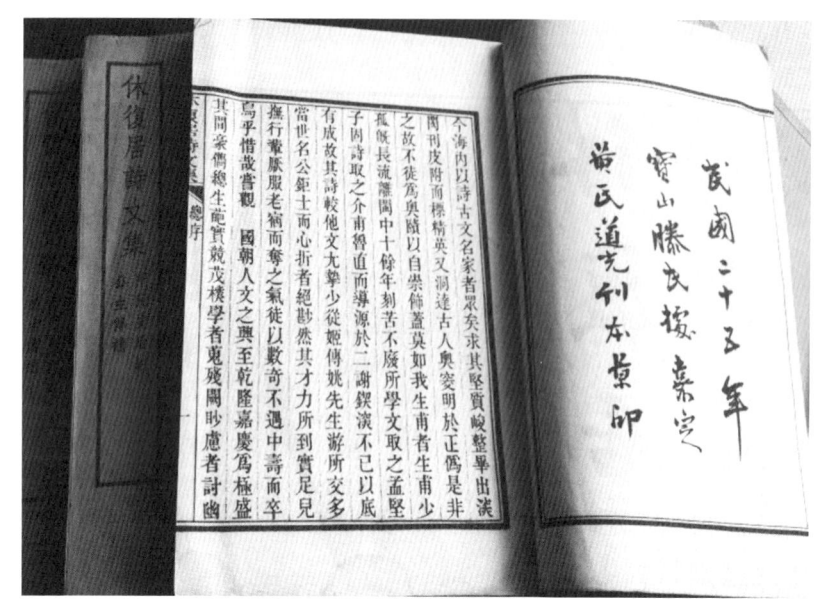

《休復居詩文集》書影

12月4日，赴金陵大學文學院長劉國鈞招宴。

《朱希祖日記》："六時至利涉橋老萬全館赴金陵大學文學院長劉國鈞宴，同席有吳瞿安、滕若渠、商承祚、劉繼宣、何遂、李小緣及胡宗諸君，九時回寓。"

《吳梅日記》："晚應劉衡如之約，至萬全小飲。座有何遂，為軍政部人，談及日本軍閥，已有尾大不掉之慮。又談古器至熟，磁銅玉石，各有見到，亦不敢輕視也。"

12月10日，《獨立漫畫》（半月刊，1935年第6期）刊登短文謂："孫傳芳死後，各報競將其生平軼事揭曉，小晨報所登之《模特兒論戰記》一文，記孫傳芳當時以嚴禁美術學校裏的模特兒，與藝術叛徒正面衝突，雙方論戰，唇鎗舌劍，叛徒共報孫以兩信一文，痛詆孫傳芳與上海縣長危道豐之頑固無見識，按該兩信一文，并非出於叛徒之手，捉筆者另有其人，據說即係現任汪精衛之機要秘書滕固所作，蓋滕當時為叛徒之書記也。"

按："據秦宣夫《劉海粟是个老右派》一文说，1938年滕固在湖南沅陵告訴过他，刘海粟的《六法论》一书，是滕固的作品。"（黃惲《劉海粟的代筆人》）

12月12日，行政院辦理移交，參事滕固等提出辭呈，後經院長蔣中正慰留。

"南京十二日專電：行政院正趕辦移交，并定十四日發給職員薪俸半個月，參事滕固、端木愷、陳克文等均提出辭呈。"（1935年12月13日《申報》）

"南京十七日專電：行政院參事滕固、秘書黃瀠等，前擬辭職，十七日經院長慰留。原任該院參事張平羣調任秘書，以顧翊羣、吳文超爲薦任秘書。"（1935年12月18日《申報》）

按：17日行政院開第二四一次會議，出席蔣中正、孔祥熙、蔣作賓、何應欽、黃慕松、陳紹寬、陳樹人、劉瑞恒、王世杰、張嘉璈、吳鼎昌、張羣，列席俞飛鵬、翁文灝、蔣廷黻，主席院長蔣中正。議決准予秘書長褚民誼辭職，由翁文灝繼任；政務處長彭學沛辭職，蔣廷黻繼任及任命張道藩爲內政部常務次長等。

12月17日，致顧蔗園函。

蔗園先生史席：日前汝荷枉顧，欣喜異常。兹送奉萬露樓詩集月浦文徵各一册，至希哂存。文徵本無足觀□，内有嚴家兵傳征東實記兩文可一閱，并先生有興時於報章爲之表彰，先烈有知，九泉含笑矣。餘續陳，即頌撰安　弟固叩　十二，十七。

按：見1941年6月14日《蘇州新報》所刊滕固手札。

12月19日，中德文化協會設宴接待德國經濟考察團史德雷佛（Strewe）及魯德瑪赫（Radermacher）二人。（參見《中德文化協會第一届會務報告》）

12月，中德文化協會以理事長暨常務理事之名義，分呈教育、外交兩部轉呈政府，給予柏林大學漢學教授佛蘭凱（Prof. O.Franke）勳章。1936年1月國府頒給禾玉勳章，該會即於1月18日以理事長名義特致電佛蘭凱教授表示祝賀。（參見《中德文化協會第一届會務報告》）

是年，德文專著《中國繪畫史導論》由德國法蘭克福約翰·沃爾夫岡·歌德大學中國學院出版發行。

按：該書扉頁中貼有"此書本會委託滕若渠教授撰述由本會將原稿贈與德國佛蘭克府大學中國學院印行柏林中國藝術展覽會籌備委員會敬贈"函。正文45頁附滕固手跡注釋人名3頁，圖版16幀（編號33—48）國立北平藝專圖書

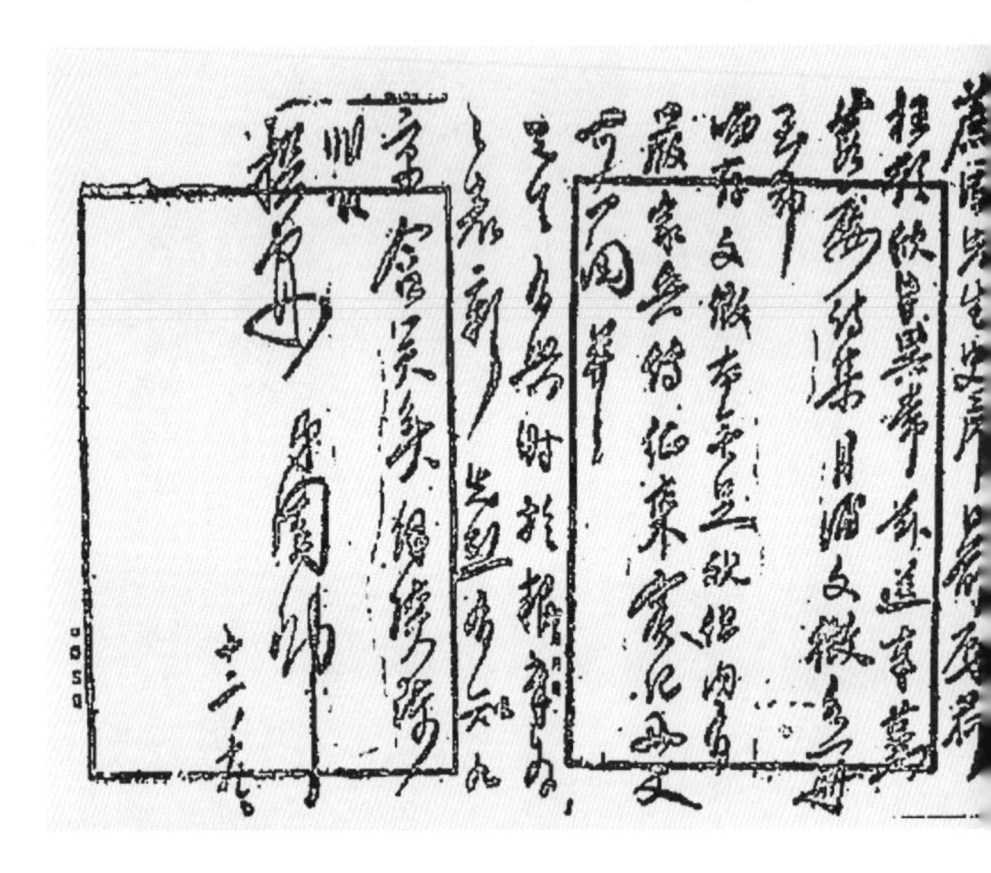

滕固致顧薦園函手跡件

館藏本爲"中華民國廿五年八月□□日收到"。

新藝術社編《新藝術全集》收入滕固撰《氣韻生動略辨》《偉大的藝術》《在茶寮裏說書》《詩人乎？畫家乎？》及《藝術之質與形》五篇。該書由大光書局1935年出版。

滕若渠贈送《吳門滕氏略抄》與蘇州圖書館。該本不分卷，清滕文昭撰，民國二十四年寶山滕氏鉛印本。(蘇州市圖書館古籍部編《蘇州市家譜聯合目錄·下》)

Professor Dr. K. Teng

Einführung in die Geschichte der Malerei Chinas

Sonderabzug aus den „Sinica", X. Jahrgang 1935, Heft 5/6
Herausgegeben von Professor Dr. Erwin Rousselle

此書本會委托滕若渠教授固撰述由本
會將原稿贈與德國佛蘭克府大學中國
學院印行

柏林中國藝術展覽會籌備委員會
敬　贈

CHINA-INSTITUT
an der J. W. Goethe-Universität, Frankfurt am Main

滕固德文專著《中國繪畫史導論》(中央美術學院圖書館藏本)

次女滕歡利出生，歿於 2006 年。

1936 年　丙子　民國二十五年　三十六歲

1 月 2 日，滕固等人調出行政院機要組。
　　《翁文灝日記》："徐象樞仍爲機要組主任，滕固、黃清溫、陳克美［文］等調出。"（李學通等整理，中華書局 2014 年第 2 版）
　　按：翁文灝（1889—1971），字詠霓，浙江鄞縣人。地質學博士，中國近代地質學、地理學的奠基者。1936—1942 年期間，時任國民政府行政院秘書長、資源委員會秘書長、經濟部部長、工礦調整處處長等職。

1 月 14 日，出席中央古物保管委員會第十一次常務會議。提議續印各國古物保管法規彙編，決議由滕固負責辦理。
　　《中央古物保管委員會議事録·二》："下午三時，在內政部會議室召開中央古物保管委員會第十一次常務會議，張道藩、李濟（董作賓代）、滕固、蔣復璁出席，盧錫榮、董作賓、張鋭、楊在春、周淼、裘善元、黃文弼（滕固代）、袁敷寬列席，主席張道藩。報告事項包括本會組織條例、古物保護法等十七項，臨時報告二項，討論事項（二）滕常務委員固提議，本會許前主席委託編校付印之各國古物保管法規彙編，因院部長官變更，已令緩印，現在應否續印，請公決案。決議：仍交滕委員固繼續付印。
　　臨時動議（二）安陽殷墟一帶，盜掘古物之風，今日十分猖獗，擬請由會派員徹查，并督責地方政府，立予認真嚴辦，以保全地下文物案。
　　説明：查安陽城西北洹河沿岸，盜掘古物，久成惡習，去年曾經本會滕委員固黃委員文弼前往查辦，盜風稍戢，十二月十六日中央研究院發掘收工，盜案又復蜂起。半月以來，益形猖獗，不惟此古文化遺迹，毀滅堪虞；即世界重視之殷墟發掘工作，亦將破壞無餘。擬請由本會遴派專員前往徹查，并責成地方官切實制止，嚴辦盜案，以免國家文化學術受重大損失，是否可行？敬請公決。提議人李濟、董作賓、滕固。
　　決議：公推裘顧問善元前往徹查盜掘情形，并函請河南省政府（交裘顧問起草）及河南第三區行政督察專員飭屬嚴緝盜犯，切實制止。"

2 月 10 日，出席上海市長爲博物館徵求陳列物品而宴請著名收藏家及學術耆宿活動，當場捐贈西北出土古物。

《吳市長昨宴請名收藏家 爲博物館徵求陳列物品》："市博物館新舍於去冬落成後，即成立籌備處於中華學藝社內，數月以來，漸有頭緒。前曾分向本外埠收藏家徵求陳列物品，已收到金石、陶器、甲骨、拓本等古器萬餘件。因求內容充實起見，故於昨晚，由吳市長在海格路私邸招待著名收藏家及學術耆宿，遠道如南京、蘇州各地兼程赴滬，翩然蒞止。如蔡子民、丁福保、王一亭、闓甘園、李拔可、黃賓虹、張叔馴、張蔥玉、張善子、文素松、周子靜、衛聚賢、潘博山、葉譽虎、程演生、管復初諸氏等，濟濟一堂，由市長及第一科長李大超殷勤招待。席間由市長報告計劃建築博物館情形，陳述感謝各界協助之意，并望國內各收藏家儘量捐贈或寄存陳列物品。繼由李科長報告籌備情形，即各界捐贈、寄存物品狀況，計已送物品者有徐積餘、葉譽虎二氏，有古鏡、金石書畫、陶瓷、甲骨、唐人寫經數百件，已允送者有丁福保、何叙甫、吳湖帆、甘翰臣、顧鼎梅、狄平子、楊滄白等，古錢、金石、陶瓷、書畫、拓片等萬餘件。次由葉董事長演說上海市博物館對於我國國際地位之重要，博物館對於文化教育之意義，博物館乃以公衆、研究爲物件，并非僅供私人玩賞爲目的，祇須求有價值有意義，即片紙隻物，亦在徵集之列，希望在座各位，多方贊助，共襄盛舉。詞畢，當場即有程演生捐贈巴比侖楔形文字泥磚，衛聚賢捐贈萬泉出土石器，滕固捐贈西北出土古物，宣古愚捐贈玉器書畫等，其餘均允捐贈或寄存各種物品云。至九時許，賓主盡歡而散。"（1936年2月11日《時事新報》）

2月13日，中德文化協會舉行茶會接待德國經濟考察團克樸公使（Dr. O.C.Kiep）。（參見《中德文化協會第一屆會務報告》）

2月15日，下午三時，北平故宮博物院理事會在行政院會議廳舉行第八次常務理事會議，出席者理事長蔡元培，理事王世杰、李濟、翁文灝，列席故宮博物院院長馬衡，行政院參事滕固等十餘人，由蔡元培主持，開會後即由馬衡報告故宮博物院整理工作情形，及計劃建築倉庫等，施討論議案，重要者一爲處分皮貨，一爲建築博物院倉庫，大致已有決定。至六時始散會。（參見南京《新民報》1936年2月16日報導）

《翁文灝日記》二月二十五日："故宮博物院理事會開會，議決：建築南京館保管庫，六合得標；出賣皮料；以王雪艇、周寄梅、高叔平爲委員；搬運古物及文獻於南方。"

按：高叔平似爲馬叔平之誤。

2月17日，翁文灝擬定《行政院發表新聞辦法》三條，并指定端木愷、陳克文、滕固三人辦理，端木爲主任。（參見《翁文灝日記》）

2月23日，上海學術界胡樸安、舒新城、陳陶遺、徐尉南、胡懷琛、曾虛白、謝六逸、陳抱一、王世穎等發起徵集學者文人撰寫論文、詩詞及繪畫，彙刊慶祝蔡元培先生七十歲、柳亞子先生五十歲的《蔡柳二先生壽辰紀念集》一册，制定徵集作品緣起及條例，并組織徵集委員會。

《緣起》："蔡柳二先生壽辰紀念徵集作品緣起。今年，我們南社紀念會成立，恰好我們名譽會長蔡子民先生七十歲，會長柳亞子先生五十歲，蔡柳兩先生的道德文章，因爲我人所宗仰，而兩先生的壽辰，尤其值得慶賀。蔡柳兩先生是學術界耆宿，而我們又大都是文字與美術的工作者，俗話説'秀才人情紙半張'，我們祝賀蔡柳兩先生的壽誕，固不用壽糕壽幛，卻不用壽文壽詩，我們擬徵集學術界名流各就所長，撰一論文，或選一生平代表之作，彙印一部蔡柳二先生壽辰紀念集，在雙十節的一天，呈獻給蔡柳兩先生，以蔡柳兩先生爲模範，感奮起來，呈獻一部紀念集，給兩位先生，想兩先生亦必樂許。我們這樣的'秀才人情'，作品的徵集，我們現在已組織一委員會辦理，作品徵集條例另定，通訊處，上海薩坡賽路二九一號吳靜山先生轉交。"（《學術界發起徵集材料壽辰紀念作品》，1936年2月23日《申報》）

按：活動發起後，應徵者甚爲踴躍，陸續交稿者，如（甲）項論文，有顧頡剛之《六月雪故事考》，滕固之《德國最近美術史》，何柄松之《我國史前史的輪廓》，蔣慎吾之《興中會時代上海革命黨人的活動》，曹聚仁之《民族主義文學》等等。該書於國慶節時趕印精裝本兩册分贈蔡柳二人，紀念集由中華書局於本年出版。

2月27日，晚在德奧瑞同學會設宴招待友人。

《朱希祖日記》："夜至德奧同學會赴滕若渠宴。"

2月29日，下午三時，在内政部大禮堂召開中央古物保管委員會第十二次常務會議，張道藩、李濟、滕固、蔣復璁出席，馬衡、袁同禮（滕固代）、朱希祖、董作賓、裴善元、周森、陳念中、袁敷寬列席，張道藩主席。報告事項十二項，臨時報告二項，討論事項包括與國外學術文化機關交換《六朝陵墓調查報告》，函請教育部出版品國際交換處辦理。臨時動議（三）密件（案由另紙記錄），决議，推李濟、馬衡、滕固委員，先擬原則，提交下次常會决定。（參見《中央古物保管委員會議事録·二》）

《朱希祖日記》："上午九時半至中央大學，十時至十二時授課。午後二時至內政部開中央古物保管委員會常務會議，五時散會。偕馬叔平、滕若渠至古玩店及舊書鋪代章太炎師購《建康實錄》一部。"

3月8日，參加德奧瑞同學會宴集。

《朱希祖日記》："夜偕馬叔平至德奧同學會宴集，同席有滕若渠、李濟之、蔣慰堂、羅志希、傅孟真。"

3月10日，《新民報》刊登政府撥款整理西安碑林消息。

《政府撥款整理西安碑林；中央補助五萬元，由國府分令遵照》："中央古物保管委員會，以西安碑林所藏歷代名家碑碣，有歷史文化與藝術上之重大價值，迄今年久失修，房屋時慮傾圮，碑跡亦有剝缺，特擬具整理計劃，呈由內政部轉請中央酌予補助，茲悉該案經提出行政院會議決議，由中央補助五萬元，並經財政部編具該項廿四年度補助費臨時概算，遂由主計處轉請中央政治委員會核定後，中央已核准照支，國府頃并分令行政監察兩院分別轉飭遵照。"

3月15日，上午赴中央大學梅庵參加公祭王光祈。南京《新民報》刊登《悼王光祈先生》一文。

《王光祈博士在德逝世》："王光祈博士，於民國九年赴德留學，垂十六年，初攻政治經濟，近十年來，專習音樂，於民國二十三年，得波恩大學博士學位，其論文題為《中國古代之歌劇》。君生平著作甚富，在國內出版者，計有四十餘種，對於吾國學術思想界，貢獻之巨，為晚近所罕有，而律己之嚴，嚮學之勤，尤足為人矜式，不幸近患腦充血症，歿於德國萊茵河畔之波恩城，英年勛學，賫志以終，誠國家人才之一大損失。聞君之舊友中華書局編譯所舒新城君，中央政治學校左舜生君，國立四川大學魏時珍君等，擬於最近期內，為王君遺著編一總目，并刊印紀念專冊，以誌哀思云。按王君曾充本報駐德通信員。"（1936年2月26日《申報》）

《朱偰日記》："晨八時起，上午赴中央大學梅庵公祭王光祈君，至若渠、慰堂、白華（宗白華）、田漢、志希（羅家倫）、錫朋、郭守有、徐悲鴻、唐學詠等三四十人，余有詩挽之。"

按：王光祈為音樂史家，任德國波恩大學講師，因勤勞學術，用腦過度，於前月在德國逝世，年僅四十五歲。是日上午十時，南京學術界假國立中央大學梅庵舉行追悼會，由宗白華主祭。

3月21日，故宫博物院长马衡到行政院谒晤翁文灏、滕固，对在京建筑博物院仓库事，有所接洽。

4月1日，赴蒋复璁在德奥瑞同学会招宴。

《朱希祖日记》："本日午刻蒋慰堂请宴於德奥瑞同学会，同席有滕若渠、李济之、马叔平、董彦堂、裘籽园、罗志希、傅孟真、梁思成、陶孟和等。"

4月7日，上海《申报》报导滕固所撰德文《中国绘画史略》出版消息。

《滕固所撰德文〈中国绘画史略〉出版》："柏林中国艺术展览会，前为宣扬中国历代绘画之特色於欧陆起见，特请滕固博士撰述德文中国绘画史略一书，凡二百余页，其内容第一章古代绘画；第二章佛教输入时代；第三章士大夫画与院画之生成；第四章士大夫画再生，折衷倾向及其反动；第五章折衷主义及近代极端派、结论。该书原稿，经蔡子民先生审查，深表满意，前年由刘代表海粟带赴德京，当时以插图甚多，印刷需时，爰由柏林中国艺展筹备会，将原稿赠与德国佛兰克府中国学院，今中国学院已将滕氏著作出版，印刷甚为精美。"

按："凡二百余页"有误，实为四十五页。

4月14日，下午三时，在内政部会议室召开中央古物保管委员会第十三次常务会议，张道藩、李济（董作宾代）、滕固出席，董作宾、马衡、舒楚石、袁同礼（滕固代）、陈念中（罗忆增代）、福开森、周淼、袁敷宽列席，张道藩主席。报告事项（九）准叶委员恭绰函，以据报日人浅野偕同某博物馆长梅原，即日赴西安洛阳一带调查选购古物，请注意等语，业由本会密电陕豫两省政府，及本会西安办事处，予以特别注意。讨论事项（一）密（案由另录）（附一件），决议：修正通过，呈请内政部转呈行政院，以密令颁行。（三）拟呈请行政院令饬来京受训之各省民政厅长暨督察专员，切实协助本会负责保管古物，并将办理之动态，列入考绩，以重国家文化案。附一件，提议人李济、滕固、董作宾。决议：呈请内政部转呈行政院核办。（四）拟请本会将报载古物出现消息，随时函向出现地政府查询实际情形，以便积极筹划保管方法案。提议人滕固。决议：通过。临时动议（三）滕委员固提议，南京古物保存所拟将所藏古砖印行图录，曾请本会酌助经费，现应如何办理，请公决案。决议：先将稿本及印费估计，送会审查，再行决定。（参见《中央古物保管委员会议事录·二》）

《朱希祖日记》："誊写辞职信，专人送至内政部，因本日开常务会议也。"

1936年　丙子　民國二十五年　三十六歲　373

> 滕固所撰德文"中國繪畫史略"出版
>
> 柏林中國藝術展覽會，前為宣揚中國歷代繪畫之特色於歐陸起見，特請滕固博士，撰述德文中國繪畫史略一書、凡二百餘頁。其內容第一章古代繪畫、第二章佛教輸入時代、第三章士大夫畫與院畫之生成、第四章士大夫畫再生、折衷傾向及其反動、第五章折衷主義及近代極端派、結論。該書原稿，經蔡孑民先生審查，深表滿意，前年由劉代表海粟帶赴德京、當時以插圖甚多、印刷需時、愛由柏林中國藝術籌備會、將原稿贈與德國佛蘭克府中國學院、今中國學院已將滕氏著作出版、印刷甚為精美。

上海《申報》報導滕固所撰德文《中國繪畫史略》出版消息

4月22日，作致李小緣書，感謝李氏贈送《金陵學報》及在刊物代為刊登影印出版《休復居詩文集》廣告，并告知所作德文《中國繪畫史略》載最近之 Sinica，不日運京後當檢呈。并請轉交致王古魯函。

小緣先生大鑒：

　　昨晚匆匆，未多談為憾，今日得惠贈《金陵學報》暨附示徐家匯圖書館回信報紙記載一段，均甚欣感，拙著德文繪畫史略載最近之 Sinica 不日運京後，當檢呈，稍緩數日當訪談一切。《金陵學報》下一期當撰一文以報命也。不一即頌

　　撰安

　　　　　　　　　　　　　　　　　　　　　　　弟固叩四．廿二

附致古魯兄函請轉。

學報中為弟刊休復居集之廣告尤感。又及

按：據南京大學圖書館藏原信影印件整理。[滕固函—2(1)]。

　　王古魯(1901—1958)本名鍾麟，字古魯，別名王仲廉。江蘇常熟人。1920年赴日留學，次年考入東京高等師範學校研究科學習，1926年學成歸國，歷任北京女子師範大學講師，金陵、北京、中央、輔仁等大學教授，以及廣西

教育廳編譯處處長、河南《新中華日報》編輯。

翁文灝囑咐滕固轉告《中央日報》社在新聞中不要表示承認日本交涉等態度。

《翁文灝日記》四月二十二日："囑滕固告《中央日報》：新聞勿表示承認冀察與日本交涉及對財政事勿誤□（照孔囑）。"

午後過訪朱希祖未遇，夜得朱氏回訪。

《朱希祖日記》："上午查出撰《朝報》朱教授一節新聞者爲顧田熙，字轍園，崑山人，爲《朝報》外勤，其人專以造謠收賄爲業，例如謂山窰一事，初則專訴經古舍假造古董，理應嚴辦，及受經古舍賄賂後，祖護經古舍，反污朱教授，此誠報界之敗類，社會之蟊賊矣。午後至內政部，請中央古物保管委員會派職員二人明日出庭旁聽，以備有所詢問。傍晚撰更正《朝報》信，使羅香林送至《朝報》館。夜至滕若渠家略談，因若渠午後來過未遇，故訪之也。回寓條列法庭應說之語，尤以說明謂山窰石刻僞證爲要。"

春，據賀天健憶："十年前，即二十五年之春，春之月，其色華；秋之月，其色清；此次之月，當與爾時之月不同，——爾時，余頭未白；舉'個展'於中華路畔，滕若渠爲余作文張之。——今滕固已死！——一夕余與滕子買歌於秦淮畫舫，滕子出其所作之古文商量，問余曰此古文乎？余曰習古文者爲新文自以爲新之極，而習新文者見之仍嫌古；習新文者而爲古文亦然，滕領之。余更曰：文何嘗有新古，徒以習慣之故耳。酒既酣。一三五少女搊琵琶，度月灣灣曲；時舟已移近東城，遠處鍾阜橫塗，一墨痕於天際，爾時更不知何者爲名利也。而月益皎，看歌者之目嫵媚甚，不得不想到十年前秦淮月夜之小金紅。"（賀天健《秦淮月》，發表於1946年11月17日《申報》）

5月4日，在德奧瑞同學會招宴友人。

《朱偰日記》："上午……又赴德奧瑞同學會，應若渠之宴。同席有李振東、梁棟、彭學沛、童冠賢等八人。午後歸寓整理汗漫集。傍晚赴政問週刊社例會并聚餐。燈下搜集汗漫集插圖。"

5月10日，行政院十省地方高級行政人員會議在勵志社開會，院長蔣介石主席，十省民教廳長及專員共一百二十餘人參加，滕固以中央代表身份出席會議。會期三天。會前,由該院參事張銳、鄧介松、端木愷、滕固會同內政、軍政、教育三部人員籌備編制議事日程。(參見 1936 年 5 月 4、11 日《申報》)

5月27日,朱希祖收到滕固來函并寄贈寶山毛生甫(嶽生)《休復居詩文集》影印本,此書係滕固據家藏嘉定黃氏道光刊本影印。

　　《朱希祖日記》:"又接滕若渠信,并附《休復居詩文集》詩六卷、文六卷,附《元史後妃公主傳補》(寶山毛嶽生撰,景印道光刊本,四冊)。"

5月30日,國立北平故宮博物院第二屆理事會第一次常務理事會議在行政院會議廳舉行,蔡元培、王世杰、李書華(王世杰代)、蔣夢麟、羅家倫(傅斯年代)、蔣作賓(李安代)出席,翁文灝、張伯苓、馬超俊、周詒春、傅斯年列席。董事長蔡元培主席,滕固等擔任記錄。(參見王良鐳整理《故宮文物南遷檔案資料選輯(下)》,上海市檔案館編《上海檔案史料研究》(第十四輯),上海三聯書店,2013 年 6 月)

5月,在《檔案整理處的任務及其初步工作》一文中提出檔案整理處的任務:(一)擬具院部會處理檔案劃一辦法,呈請行政院長核准施行,并監督指揮院部會辦理檔案人員依照辦法規定處理檔案。(二)擬具院部會整理舊案劃一辦法,呈請行政院長核准施行,并監督指揮院部會辦理檔案人員依照辦法處理舊案。(三)促成國立檔案庫的建立。主張用科學方法處理檔案,對舊檔案進行整理。

　　按:該文發表於《行政效率》第二卷第九第十期合刊,1936 年 5 月(延期)南京出版。署名滕固。

《陳息盦先生家傳》發表於《國風》8 卷 5 期。

6月1日,參加倫敦中國藝術展覽品南京展覽會開幕,首日參觀者僅逾千人,滕固發表古物展覽之意義談話:中央此次以古物在京公開展覽,具有重大之意義,第一,我國古物在倫敦展覽時,國外公私收藏家參加者極多,均為我國歷史上名貴古物,現經攝影參加陳列,可使吾人對古物流落國外,發生無限悲痛感想,而喚起國人保存古物之注意。第二,故都昔年常展覽古物,然均散漫而無系統,此次因參加倫敦藝展所籌集古物,均有條系,按藝術發展演變,使遴選各時代之代表作品,依參觀者對於歷史文化之變遷，得有一具體之認識，深盼展覽期中首都各界人士，前往參觀，俾明瞭中央展覽古物之重要用意。(參見1936年6月1、2日《南京日報》)

6月5日，列席中法庚款基金會中國代表團第廿九次會議。

《翁文灝日記》："中法庚款基金委員會中國代表團第廿九次會議在地質調查所開會，到李煜瀛、李書華、沈尹默、劉佑卿、羅志希、陳釗、任□□及余，八布[？]滕若渠列席。修正章程，劉佑卿爲主席及秘書，約定八月間再開會。"

6月10日，出席中央古物保管委員會第十四次常務會議。提議籌款搜集流散外間之重要古物，收歸國有，以利保管；本會對於私立大學採掘古物應如何酌定辦法，以資遵行等議案。

《中央古物保管委員會議事録‧二》："下午二時，在内政部會議室召開中央古物保管委員會第十四次常務會議，張道藩、李濟、滕固、蔣復璁出席，董作賓、舒楚石、陳念中(羅益增代)、裘善元、周淼、袁敷寬列席，張道藩主席。報告事項十九件，臨時報告二件，討論事項三件，"臨時動議(一)滕委員固提議，近來私有重要古物，流散外間者，層出不窮，本會急應速籌的款，收歸國有，以利保管案。決議：根據行政院飭據管理中英庚款董事會聲復情形，再請轉飭覆議勉籌，并與本屆大會，提出討論。(二)蔣委員復璁提議，編印本會自歸併內政部至二十五年六月止各項會議紀事總報告案。決議：通過。(七)滕委員固提議，本會對於私立大學採掘古物應如何酌定辦法，以資遵行案。決議：提交大會討論。"

6月14日，中央古物保管委員會召開第十四次全體委員大會，出席張道藩、李濟、馬衡、蔣復璁、黃文弼、滕固、朱希祖、裘善元、賀天健、舒楚石、袁同禮、陳念中等十餘人，張道藩主席，報告提案，討論設立分會、編訂各地現存公有貴重古物目録、起草古物保存法及施行細則、流散外間重要古物亟應收歸國有、整理漢唐遺址、每年組織古物調查團一次等項。

《中央古物保管委員會議事録‧二》："上午九時，在內政部大禮堂召開中央古物保管委員會第十四次全體委員會議，張道藩、滕固、李濟、蔣復璁、朱希祖、馬衡、董作賓、舒楚石、黃文弼、袁同禮、陳念中出席，賀天健、裘善元、周淼、袁敷寬列席，張道藩主席。通過各議案分組審查委員：

(一)法規組：滕固、袁同禮、陳念中，由滕固主稿。

1936年　丙子　民國二十五年　三十六歲

(二)獎勵組：蔣復璁、舒楚石、黃文弼，由蔣復璁主稿。

(三)保管登記組：李濟、朱希祖、董作賓，由李濟主稿。

(四)行政計劃組：馬衡、賀天健、裘善元、周淼，由馬衡主稿。

討論事項(八)調查流出國外之名貴古物，登記存案，俾於相當時期，交涉歸還，或給價收回案。提議人滕固、馬衡。

說明：查我國古物，歷年流出國外，不可勝數，即如此次英倫藝展會中，各國參加之出品，合乎必需保存標準者，比比皆是。言之實堪痛心！方今吾國朝野奮發自強，爭民族之復興，期文物之重光，安知積弱之中國，不有種雄世界之日乎！當斯時也，我國文物之流出國外者，不論其爲公家所有或私人收集，亦不論其爲詐欺攫竊或強取豪奪，皆應交涉歸還或給價收回。得光復故物，重爲邦國之寶，不第爲藝術科學之盛事，抑亦爲民族光榮所必爭者也。爲此擬請現行調查登記秘存檔架，以便將來翻賬清算，雪百年奇恥，爭最後之成功。是否有當？敬請公決。

本案付保管組審查。審查意見：原案通過，先從調查入手，建議辦理如左：一、由會呈內政部函請外交部通令駐在各國使館臨時調查駐在國公私收藏之中國古物。二、由會直接委託國內學術機關及各國留學生(留學生須酌給津貼)具有與古物有關之學術興趣者，調查流傳國外之重要古物。三、調查與中國古物有關之出版物及其目錄。【注】調查表中應注重：(1)出口之經過。(2)古物本身之價值。(3)保存之情形。

(九)請將晉辟雍碑給價收歸國有案。提議人滕固。

說明：《大晉龍興皇帝三臨辟雍皇太子又再蒞之盛德隆熙之頌》一碑，熙咸寧四年所立，曩年出現於洛陽太學遺址，就流傳之拓本而觀，原物當稱完好，碑文敘晉初重興太學以及行鄉飲酒鄉大射之禮，碑陰又詳列太學職官，可補史乘之缺略，前年，與黃委員仲良奉命赴豫陝視察，抵洛陽訪太學遺址，探悉此碑存於大郊村李家，并聞時有奸商誘購出境，當即商請該區督察員王君次甫，嚴加監視，并設法收歸公家，不久王君調至川省任事，此事遂無消息，最近王君自贛來京，出席地方高級行政人員會議，固詢以此事，據謂當時曾與李家接洽，約付四百元，即可收歸公家，適以調任他省致未成議云云，竊查該碑具有重大之歷史價值，似宜賡續前議，收歸國有，擬請交適當之保存古物機關，備款購存，以資保存，是否有當？敬請公決。

本案付獎勵組審查。審查意見：由本會介紹國立學術機關接洽購買。決議：照審查意見通過，先由本會函向王專員次甫，詢得詳情，再介紹國立中央博物院接洽購買。

(十)請本會援照各國通例，函請全國各保存古物機關，對於本會委員，

中央古物保管委員會召開第十四次全體委員大會合影，右起：沈維鈞、陳念中、滕固、蔣復璁、朱希祖、董作賓、黃文弼、舒楚石、馬衡、李濟、張道藩、袁同禮、周淼、賀天健、裴善元

無券入場，或由本會開列名單，贈送長期入場券，以便觀覽研究案。提議人同上。

本案付行政計劃組審查。審查意見：由本會制定憑證，發給本會委員，以憑隨時調查并負指導監察之責，由會函知各古物保存機關查照。決議：照審查意見通過，惟於"調查"二字下，添加"研究"二字，應改爲"隨時調查研究。"

（十三）請查案推定人員繼續起草古物保存法及施行細則修正案，并研究關於古物登記事項，以利進行案。提議人陳念中。

本案付法規組審查。審查意見：本案認爲重要，擬請大會重行推定起草人員并制定主稿人員從速擬定提會，至古物登記事項，已另案辦理。決議：照審查意見通過，推李委員濟、滕委員固、蔣委員復璁、朱委員希祖、舒委員楚石、陳委員念中，爲起草人，制定由滕委員固主稿。

臨時動議（一）擬與西京籌備委員會陝西省政府合組整理陝西漢唐遺址請中央略予補助經費案。提議人滕固、黃文弼。

說明：陝西爲歷代帝都，古代陵寢宮殿城闕寺觀，及有關史跡之石刻，遍地皆是，擬擇要施以整理，如清檢立碑豎界作圍牆栽樹及防止破毀等事，均爲刻不容緩之工作，擬請中央略助經費，以便進行。是否有當？敬請公決！

本案付行政計劃組審查。審查意見：由西安辦事處會同西京籌備委員會陝西省政府擬具計劃送會核辦。決議：照審查意見通過。"

《朱希祖日記》："上午八時至內政部開中央古物保管委員會大會，分組討論各提案。午刻委員會主席宴各委員於內政部。午後全體開會，通過提案數十件。四時散會，偕滕若渠、黃仲良、董彥堂、李濟之等參觀西北文物展覽會，得目錄一冊，匆匆一覽，不及細觀。"

6月28日，《申報》刊登國民經濟建設總會委員專員名單，共五五四人，均爲無給職。滕固列名專員內。

6月，《征途訪古述記》作爲"史地小叢書"由上海商務印書館刊行。據其

滕固著《征途訪古述記》，上海商務印書館刊行

自序說:"此小册所錄二文,一視察豫陝古迹記,自民國二十三年十二月五日至十二月二十五日排日所記;二訪查雲岡石窟所記,寫於民國二十四年六月。兩役相去且半載,連綴錄之,聊備省觀。前後皆受中央古物保管所委員會之委託,別有報告;今所存者爲征途之白描,走筆羈旅行役之間,偶有援引,自愧不詳。題曰征途訪古述記者,揭橥攬訪之實,不敢云考古也。"

目次:視察豫陝古迹記(徐州半日/開封之盤桓/安陽小住/寶山石窟/洛陽白馬寺/龍門石窟/渭水古陵墓/長安寺塔)/訪查雲岡石窟略記(石窟之來源/石窟概述/石窟之藝術)

滕固作《評新國畫》一文,發表於《藝術建設》創刊號。

7月6日,出席中德文化協會第三次理事會大會。

"中德文化協會假平倉巷德奧瑞同學會,召開第二[三]次理事會大會,到常務理事朱家驊、蔣復璁、滕固、理事商承祖、沈士華等,由理事長朱家驊主席,通過要案多件,并決定本月28日下午三時召開第一次年會。"(1936年7月7日《南京日報》)

《中德文化協會開理事會》:"【南京六日中央社電】中德文化協會,六日開三次理事會,朱家驊主席,決議:一、通過伊爾歌納克拉伊恩爲名譽會員。二、通過選送本國學生赴德留學案。三、廣州海爾門博士建議,在粵組織本會通訊處案,函復依章辦理。四、定二十八日開首次年會。"(1936年7月7日天津《益世報》)

7月12日,中山學社假考試院文志樓舉行成立會,鄧公玄主席,王漱芳代表籌委會報告籌備經過,來賓王伯羣、馬超俊、吳鐵城等致詞,討論社章及選舉,滕固當選爲監事。(參見1936年7月13日《申報》)

7月20—24日,中國博物館協會第一次年會與中華圖書館第三次年會在青島山東大學聯合舉行,滕固爲中國博物館協會代表,與葉恭綽、吳其昌、裴善元等負責古物保存組分組會議,爲該組副主任。(參見1936年7月16日北平《益世報》、18日天津《益世報》刊登該會委員名單)

7月25日,赴德奧瑞同學會應蔣復璁招宴,在座有謝壽康、宗白華、郭子雄、朱自清等。

1936年　丙子　民國二十五年　三十六歲　381

中華圖書館協會中國博物館協會聯合年會分組會議職員名單（1936年6月18日天津《益世報》）

《朱自清年譜》："晚，赴德奧瑞同學會應蔣復璁邀宴。在座有滕固、謝壽康、宗白華、郭子雄等。"

7月28日，中德文化協會假德奧瑞學會舉行第一屆年會，到蔣復璁、商承祖、謝壽康、滕固、張平羣、宗白華、譚守仁、芮沐、張企泰、粟維銘、何心洙、袁浚、郭子雄、段可情、顏實甫、杜□、朱謙、陳民耿、劉景健、中央民訓部代表蔣子孝、教育部代表郭有守、德大使館代表莫爾博士等數十人。主席以理事長朱家驊臨時因病不克出席，由理事會推舉宗白華為主席，行禮如儀，並致開會詞，報告一年來經過。繼由各代表蔣子孝、郭有守等致辭後，即開始討論。1.修改會章；2.在本國學校內增設德國語文課程；3.出版刊物；4.設立圖書館；5.（甲）推謝壽康、郭有守、劉景健三會友持函慰勞朱家驊，（乙）以書面感謝朱夫人，並向各理事表示感謝。末宣布改選結果，計選出朱家驊、蔣復璁、商承祖、沈士華、宗白華、滕固、徐道鄰、張樑任、俞大維、翁之龍、克利拜飛師爾、法肯豪森維斯曼等為第二屆理事。

《中德文化協會午會》："【南京二十八日中央社電】中德文化協會二十八日下午三時舉行首屆年會，到蔣復璁、滕固等三十餘人，中央派蔣子孝，教部派郭有守代表參加,由宗白華主席,并致開會詞,次由商承祖報告會務,再次由中央教部代表相繼致詞,即討論提案,均經分別通過,末選出朱家驊、蔣復璁、商承祖等十四人爲理事。"(1936 年 7 月 29 日《申報》、天津《益世報》)

  按:會前編印有《中德文化協會第一屆會務報告》一冊,內分(一)籌備經過;(二)成立紀略;(三)工作分配;(四)招待有關文化之外賓;(五)學術講演;(六)出版叢書;(七)籌備建築會所諸項。於開會時分發各會員。該報告已整理發表於中國第二歷史檔案館編《民國檔案》1999 年第 3 期。

7 月 29 日,出席在教育部召開專科以上學校畢業生就業訓導班籌備人員談話會。會議對訓導班之教課程範圍、就業生選送辦法,及經費四十萬之詳細分配標準,均有縝密討論。(參見 1936 年 7 月 30 日《申報》)

中德文化協會第一屆年會合影(前排左三爲宗白華,左四爲郭有守,二排左四爲滕固,宗白華身後戴鏡者爲蔣復璁)

7月30日,《黃汝成與日知錄集釋》發表於天津《益世報·讀書週刊》59期。文章就錢穆《跋黃汝成日知錄集釋》一文中"以爲《日知錄集釋》一書,出自李申耆、毛生甫,而二者皆不自居!黃汝成任剞劂之責,遂竊攘其稿,因大師先輩之成業,而儼然自居其名。"之說進行商榷,運用外界罕見之文獻,得到如下結論:"以余推測,《集釋》一書,毛生甫開其端緒,李申耆定其義例,吳山子分任搜材考訂,黃汝成彙集諸前輩之工作,增益未備,訂補缺疑,最後又就正於李毛吳諸家而成書。李毛處指導獎掖之地位而力助汝成成書,非汝成單純之攘稿居名也。"

7月,[德]許密德奧特著,滕固譯《德國過去對於科學的維護》,作爲中德文化協會專刊之一出版。

8月2日,作《燕下都"半規瓦當"上的獸形紋飾》一文,據該文8月12日附記:"這篇文字寫後幾天,馬叔平先生來京,順便請益疑點,馬先生謂燕下都出土的陶器,有文字的都是戰國時候的書體。此點和我推測燕瓦的年代幸能符合。又此文承馬先生校讀一過,附筆致謝。"發表於《金陵學報》6卷2期(1936年11月出版)。

8月20日,上午,出席中德文化協會二屆理事會首次會議,朱家驊主席,決議推舉朱家驊爲理事長,蔣復璁、滕固、飛師爾爲常務理事,商承祖爲秘書,并通過其他要案多件。(參見1936年8月21日天津《益世報》)下午,出席舊都文物整理委員會假內政部會議廳舉行之第四次會議,由陶履謙主席。討論重要議案有一、第一期修繕建築工程即將完工,應否由會派員前往驗收;二、第二期整理工程如何繼續進行等案。(參見1936年8月20日《南京日報》)

　　按:該會奉令於本年3月改組,遷設南京。

8月29日,下午四時,舊都文物整理委員會假內政部會議廳舉行第五次會議,滕固代翁文灝出席。由陶履謙主席。討論要案有一、各機關認定二期工程經費七十萬元,按月發給,於二十六年九月底以前撥清;二、二期整理工程範圍,遵照院令會同中央古物保管委員會計劃辦理,并將碧雲寺總理衣冠塚(請陵園管理委員會會同設計)、天壇(附帶應修工程)、五塔寺及妙應寺白塔先列入二期工程,期於應修理之各項古物建築,俟該會各關係機關代表會同中央古物保管委員會代表,到平實地勘察，提出討論後，再行決定；三、修繕費不得超過二期工程經費總額十分之一。(參見 1936 年 8 月 31 日《南京日報》)

8月30日，蔡元培、于右任、吳稚暉、葉恭綽、衛聚賢等發起之吳越史地研究會在上海八仙橋青年會禮堂舉行成立大會。到葉恭綽、胡樸安、丁福保、鄭洪年、簡又文等六十餘人，當場通過簡章，推定會員。會長蔡元培，副會長吳稚暉、鈕永建，評議于右任、滕固等四十三人，理事六十二人，常務理事十一人，總幹事衛聚賢。(1936 年 8 月 31 日《申報》，收入衛聚賢《中國考古學史》附錄二，北京：商務印書館，1937 年。)

8月，《茂陵和昭陵的偉大史迹》一文發表於《西北導報》1936 年 2 卷 8 期。簡要介紹二陵遺存雕刻，"正就是那個偉大時代的反映，而矢石披體，幾經危殆，尤使吾人堅信有成功必有犧牲"。希望民衆前往參觀。

約8月，《西陲的藝術》一文發表於《西陲宣化使公署月刊》1936 年 1 卷 7/8 期。

9月10日，於南京作論文《南陽漢畫像石之歷史的及風格的考察》，收入胡適、蔡元培、王雲五編輯《張菊生先生七十生日紀念論文集》，商務印書館 1937 年 1 月初版。文章內容：一、年代問題；二、石室構造與畫像；三、野獸圖像；四、樂舞圖像；五、石刻畫像在藝術上的位置。(附圖)

9月11日，出席典襄試委員會會議，商量閱卷標準及分配事宜。
《朱希祖日記》："午後開典襄試委員會，商量閱卷標準及分配事宜，由余以典試委員歷史組主任召集，到典試委員劉奇峰，襄試委員繆鳳林、郭廷以、滕固、曹冕、王訥言、周邦道，三時散會。"

9月15日，《圖書展望》1936 年 1 卷 12 期 83 頁刊登《新書提要：征途訪古述記(滕固)》。略謂："著者近年曾作二次長途旅行，本書所載，爲一視察豫陝古迹記，二訪查雲岡石窟略記。徵文考獻，尤以洛陽白馬寺、龍門石窟、安陽寶山石窟、渭水古陵墓、西安寺塔諸處爲特詳，旁及藝術形式，信筆抒寫，殊能引人入勝。(商務)"

9月22日，同金毓黻、魏鏡如等遊書肆。

金毓黼《靜晤室日記》："同滕若渠、魏鏡如至保文堂閱書，見抄本《武經總要》，僅爲前集。"

按：金毓黼（1887—1962），又名毓紱、毓黻，號静庵，齋名靜晤室、千華山館。遼寧遼陽人。中國歷史學家和東北史研究的主要開拓者和奠基人。1936年7月自日本返國，經蔡元培介紹任南京中央大學史學系教授，兼任行政院參議。《靜晤室日記》（十卷），遼沈書社，1993年出版。

9月26日，北平故宫博物院南京分院保管庫舉行落成典禮并進行驗收。該院理事長蔡元培，理事翁文灝、蔣作賓、褚民誼、李濟之、傅斯年、羅家倫及行政院代表滕固，內政部代表蔡培，教育部代表段錫朋，審計部代表安維泰，故宫博物院院長馬衡等二三十餘人参加。（參見1936年9月27日《新民報》《申報》《南京日報》）

《翁文灝日記》："故宫博物院在京保存庫參觀。"

10月1日，滕固偕蔣復璁、孫軼塵等由南京抵北平，前往中南海豐澤園設立之驗收故都文物第一期整理工程臨時辦事處報到，并視察各項工程。共計天壇圜丘壇等古建築工程二十五處，西直青龍路等道路工程十一處。

《驗收第一期文整工程昨晨交換意見滕固等視察各項工程正式會議聞明後日舉行》："驗收故都文物第一期整理工程之行政院代表滕固，教育部代表蔣復璁、內政部及文物整理委員會代表孫軼塵等業於昨晨由京抵平下榻地安門某庭，鐵財兩部代表預計今日（二日）當可抵平，北平文物整理實施事務處，爲辦事便利起見，特於中南海豐澤園設立臨時辦事處，昨晨各機關前往豐澤園報到者，計有行政院代表滕固，交通部代表葉彌亮，內政部及文整會代表孫軼塵，蒙藏委員會代表趙錫昌，教育部代表蔣復璁，北平市政府代表李頌琛，文整實施處代表富葆衡等多人，當由文整處秘書朱守誠，技正林是鎮等招待，并報告文整工程進行情形，作初步交換意見。下午并由朱林二氏陪同滕固等出發各工程地點視察，正式會議聞將在明後日舉行云。"（1936年10月2日天津《益世報》）

10月2日，晨八時，行政院代表滕固領導財政部代表蔡光輝、鐵部代表徐墀錫、教部代表蔣復璁、內部及文整會代表孫軼塵等，至市政府晉謁市長秦德純，晤談約四十分鐘，即返中南海豐澤園，於十時召開首次談話會，由滕固主席，中央在平及本事各機關代表均行參加，大致對第一期文整驗收手續，與第二期施工程序，有所商定。下午全體出發，即赴

驗收舊都一期文整工程之中央各部代表，自左至右：蔣復璁、蔡光輝、滕固、徐埛錫、孫軼塵（魏守忠攝）

天壇圜丘壇等古建築，開始驗收一期工程。晚間由秦德純市長在市府爲各代表設宴洗塵。

拜訪史學家顧頡剛。

《顧頡剛日記》："蔣慰堂、滕固來。"

按：顧頡剛（1893—1980），名誦坤，字銘堅，號頡剛。江蘇蘇州人。中國歷史學家、民俗學家，古史辨學派創始人。《顧頡剛日記》（十二卷），臺北，聯經出版事業股份有限公司，2007年5月初版。

10月3日，上午，滕固、蔡光輝、徐墀錫、蔣復璁、孫軼塵、趙錫昌、富葆衡、黃長霈、周春濤、柯昌泗、李頌琛等十餘人赴碧雲寺、頤和園、五塔寺、西直門等處，驗收園內各項橋樑工程及沿途柏油路工程，順便會勘第二期工程實施步驟，下午六時許始返城。

10月4日，週日休息，暫停驗收工作，各代表自由遊覽名勝。下午六時，平市工務局長富葆衡假重煤市街泰豐樓歡宴各代表，滕固、孫軼塵等十餘人均蒞臨。

10月5日，上午，赴新華門、正陽門五牌樓、東西交民巷牌樓、東西長安街牌樓、東西四牌樓、金鰲玉蝀牌樓等處分別驗收。午餐後，繼續赴皇城角樓、地安門、西安門等一期已竣工程處所驗收，至三時許，一期工程即大部驗收完畢。各代表又順便前往安定門內國子監、孔廟內會勘二期工程，在大成正殿、配殿、及崇聖寺等處查視甚久，據悉各代表意見，咸願將國子監孔廟列於二期工程計劃內，加以補修，以示尊崇孔聖之意。

應姚從吾晚宴於歐美同學會。
　《顧頡剛日記》："到歐美同學會吃飯。……今晚同席：滕若渠、蔣慰堂、陳援庵、徐霞村、毛子水、魏建功、鄭石君、羅莘田、賀麟、予（以上客）、姚從吾（主）。"

10月6日，上午十時在臨時辦事處舉行第二次談話會，出席滕固、蔣復璁、孫軼塵、葉䉳亮、趙錫昌、富葆衡、李頌琛、黃長霈、周春濤、柯昌泗、勵乃驥等文整會主席秘書朱毓真、技正林是鎮等列席，首由滕固報告驗收一期各項工程至經過及印象，表示極佳，旋對已驗收各工程及已勘查之二期工程，作初步評價與決定。至十時許散會。正午應馬衡歡宴，便中會勘故宮博物院、景山內圍牆各部。下午三時應北海公園董事會茶會，并會勘北海小西天，至六時許返臨時辦事處休息。

10月7日，晨八時，在中南海豐澤園主持舊都文物整理第一期工程第三次談話會，出席者蔣復璁、孫軼塵、葉䉳亮、趙錫昌、富葆衡、李頌琛、黃長霈、周春濤、柯昌泗、勵乃驥等，文整會實施處主任秘書朱毓真，技正林是鎮等列席。決議現在一期工程已驗收竣事，推定滕固、孫軼塵、富葆衡等即行起草編制報告書。會後各代表赴古物陳列所、隆福寺、雍和宮等處視察會勘二期工程。午間十二時冀察綏靖主任公署交際處處長孫維棟在豐澤園歡宴。下午即開始起草編制報告書。

與蔣復璁訪顧頡剛於北京大學，由顧陪同參觀校内各處，并應顧招宴。同席有錢稻孫、劉節、朱自清、俞平伯等人。
　　《顧頡剛日記》："十時返校。……滕若渠、蔣慰堂來，同遊校内各處。到蔣家胡同吃飯。……今日同席：若渠、慰堂、稻孫、子植、佩弦、平伯、希淵、洪都、起潛叔（以上客）、予（主）。"

10月8日，出席舊都文物整理第一期工程第四次談話會，決定二期興修文整工程共十七項，委託文整處分別擬具經費預算及計劃，送文整會備提會議決定，中央代表滕固、孫軼塵等，此次因均未奉派負責處理，故未在平正式開會，將於十二月間在南京召開第五次文整會議時，將二期文整計劃正式議決，再送中央古物保管會徵得同意後，呈行政院核定施行。十時，各代表赴柏林寺視察。正午應蒙藏委會駐平辦公處長李鳳岡在東興樓歡宴。下午六時，結束舊都文物整理第一期工程驗收工作，偕蔡光輝、蔣復璁搭平滬車離平返南京。

約10月上旬，拜訪輔仁大學校長陳垣（援庵），得觀所藏鄉賢墨寶，格外欣喜。

10月15日，首都名勝及新建設攝影展在南京夫子廟大成殿開幕，共展出作品160餘幅。該會聘請對於攝影及研究名勝古迹暨新建設事業富有常識之專家，擔任審查委員，其中包括褚民誼、高劍父、張劍鳴、滕固、朱希祖、宋希尚、彭爾康、傅秉常、王漱芳、陳劍如等。（參見1936年9月17日、10月15日《新民報》）

10月16日，顧頡剛作書致滕固、蔣復璁。
　　《顧頡剛日記》："寫若渠、慰堂信。"

10月22日，滕固在德奥意同學會設宴招待友人。
　　《靜晤室日記》："四時許詣金陵大學，參觀圖書館，所藏誌書最多，其中東北誌書有爲余所未見者。旋爲其文學研究會講東方學一題，約時許畢。六時，應滕君若渠之招，飯於德奧意同學會，初識鄭君尊孫鶴聲、楊(蔣)君復璁字慰堂、商君承祚字錫永、胡君光煒字小石，皆此間有名之士。鄭君研史學，柳翼謀先生之高足弟子也。"

10月24日，下午二時，在市政府大禮堂舉行首都名勝及新建設攝影比賽會第三次審查會，評定優勝作品等級。梁鼎銘、滕固、王漱芳、宋希尚、陳劍如等出席。(參見1936年10月25日《新民報》)

10月26日，致輔仁大學校長陳垣函，商借陳藏墨迹，收入集印鄉賢遺書事。

援庵前輩先生史席：

　　在平獲聆教益，至慰向仰之私。又荷賜觀敝鄉先賢墨寶，欣幸之忱，匪可言宣。在京敝同鄉自前年起即合股搜集鄉賢遺書遺墨，春間且有編印練川往哲遺書之議。然世難日亟，似不容吾儕網羅放佚也。尊藏嚴、李兩公遺翰，擬賜借攝影。嚴氏手卷過長，祗擬攝世說末數段。如荷俞允，即擬託從吾兄代辦。牛街清真寺已列入二期工程計劃草案內，將來可望實現，并此肅聞。有暇尚乞賜以教言，匪所不逮。專此，肅頌教安。後學滕固叩上。十月廿六日。

　　按：陳垣(1880—1971)，字援庵，廣東新會人。中國歷史學家，曾任北京大學國學門導師、京師圖書館館長、輔仁大學校長、北京師範大學校長等。著作有《元也里可溫教考》《二十史朔閏表》《中西回史日曆》《史諱舉例》《中國佛教史籍概論》等。

　　該函收入陳智超編注《陳垣往來書信集》(上海古籍出版社1990年6月第1版)、《陳垣來往書信集(增訂本)》(北京：生活·讀書·新知三聯書店，2010年11月第1版)時均未註明寫作年份，參考《顧頡剛日記》1936年10月5日條及本函內容，應作於1936年10月26日。

11月1日，中德文化協會在德奧瑞同學會開會追悼芬次爾及河南大學教授狄倫次兩博士，到中德人士八十餘人。由蔣復璁理事主祭，郭有守贊禮，滕固、商承祖兩理事報告，戴傅賢院長致悼詞，其次飛師爾代辦及國社黨南京支部代表納霍德、中央大學教授張貴承等先後致辭。(參見1936年10月31日《南京日報》、11月2日《新民報》。)

　　按：芬次爾博士，生前曾任國民政府西北農林顧問，陝西省林務局副局長兼西北農林專科學校森林組教授，對於西北農林事業，極有貢獻，於8月14日自盡身亡。同年11月3日行政院第286次會議，給予芬次爾遺族撫恤金并由省府立碑褒揚決定。狄倫次（1902—1936）畢業於德國國立明興德意志研究院，於1935年9月間應中德文化學會之邀來華義務任教，在河南大學醫學院任德文講座教授，本年6月3日夜間在開封被人暗殺。遇難後，靈柩運往北平，安葬於崇內東南城根德國塋地，6月12日北平中德文化協會舉行公祭，由德國使館代辦勞登錫拉格主祭，中德協會董事北平市長秦德純、北京大學校長蔣夢麟、清華大學校長梅貽琦、北平大學校長徐誦明及胡適等并該會會員、德國使館人員、德國僑民代表等前往參加致祭，并在崇內教堂舉行彌撒禮。(參見1936年6月12日北平、天津《益世報》。)

11月6日，《申報》刊登洛陽古碑被盜，三機關委派滕固等前往調查消息。

《洛陽古碑被盜，三機關派員調查》："【南京】內政教育兩部據報洛陽龍門石碑，被盜甚多，都係貧苦居民所取，致一部分已殘缺不全請設法保護，兩部現與古物保管會商議，由三機關派員會同前往調查，推定內政部陳念中、教育部滕固、古物保管會董作賓三人，定下星期離京赴洛，并聘專家傅霉[雷]、常川駐洛管理。(五日專電)"

11月14日，中央古物保管委員會第十、第十六次常務會議上，委員袁同禮、馬衡分別就河南洛陽一帶古墓、石窟盜掘砍損嚴重，提請予以保護，經第二次臨時會議決定推派常務委員滕固、陳念中、董作賓及專門委員傅雷、科員荊林赴豫視察赴汴洛，視察古物，制定保護措施。辦理籌設駐洛辦事處事宜。是日起程。

《古物會派員視查古迹，擬設臨時辦事處》："(南京)中央古物保管委員會代表董作賓，內部陳念中，教部滕固，定十四日晨北上，轉往洛陽調查洛陽龍門古碑被盜情形。該會所聘之專家傅雷，亦於十三日由平抵京，定十四日同往，對龍門石碑作詳細鑒別。傅并將常川駐鄭，監督修理工程，負責保管。(十三日專電)"

11月15日，滕固等一行抵開封。

《滕固等抵汴》："【開封十六日中央電】中央古物保管委員會常委滕固，及保管委員陳念中、專門委員傅雷等，於十五日抵汴，十六日訪黨政軍當局。晚赴洛商洽整理古迹、保護古物辦法。"(1936年11月17日《申報》)

按：據《蔡元培日記》11月16日條："晚郭有守、蔣慰堂、滕若渠、伍叔儻、謝次彭招飲，座有于寧、王雪艇等。"時間及內容與本條有異，待考。

1936年　丙子　民國二十五年　三十六歲

11月17日，抵洛陽。

《滕固等抵洛》："【洛陽十七日中央社電】中央派滕固、陳念中、傅雷、荊林等來洛，調查龍門古跡。滕等十七日連袂抵洛，十八日即開始考察。又中央博物院為便利考察洛陽古跡計，擬在洛陽設辦事處，十七日派專委郭寶鈞抵洛接洽。"（1936年11月18日《申報》）

11月18日，赴洛陽龍門石窟勘察，與省府商定各項技術設施，并詳密登記計劃，永遠保存方法。隨後遍歷金鏞城及邙山一帶，調查盜掘地下古物情形，與當地政軍當局協商制止辦法，從嚴辦理。并秉承中央意旨，在洛設立本會駐洛辦公處，即由同往之專門委員傅雷，技術員荊林（梅丞），長期駐洛。

11月19日，赴東郊白馬寺金鏞城一帶視察。"余等於視察後，復將在開封與軍政當局商討各點，與王專員澤民祝司令紹周洽商，請彼等杜宇盜掘及偷運地下古物，按照政府最近之命令及法規，從嚴處治，并責成地方官員與團隊一致嚴密奉行。"

11月20日，"中央古物保管委員會駐洛辦公處"籌備完成，即於是日中午邀請祝司令、王專員、熊科長（主管教育建設）、林東郊、當地商會白主席、河洛圖書館馬館長、中原社會教育館總幹事陳大白、本會專門委員郭寶鈞等筵宴，說明設置辦公處之意義及於當地各機關合作之要點，甚為融洽圓滿。晚，返南京。

11月21日，駐洛辦公處開始工作，由傅雷、荊林開始對龍門石窟進行勘測編號。

按：據傅雷致劉抗21日信："滕參事陳司長兩大委員已於昨夜夜車東返。"（收入《傅雷書簡》，三聯書店2001年9月第1版。）傅敏、羅新璋《傅雷年譜》："冬傅雷應滕固之請，以'中央古物保管委員會'專員名義，去洛陽考察龍門石窟，研究保管問題。"（收入金聖華編《傅雷與他的世界》，三聯書店1996年4月北京第1版。另參見荊梅丞《傅雷和我共事的日子》，刊《世紀》2001年2期。）

11月22日，下午返抵南京，接受《南京日報》記者採訪，談視察汴洛經過。

《滕固談勘察洛陽古物經過毀壞情形頗足驚人，近謀永遠保存方法》："中央古物保管委員會常委滕固，委員陳念中、董作賓等，上周赴汴洛，視察古物，現已公畢，於昨(二十二)日下午返京，記者往詢滕氏視察經過，據談：本人等於本月十五日抵汴，與政軍當局接洽，翌日赴洛陽，先往龍門勘察，該處爲著名造像石窟，本會曾歷次派員查勘毀壞情形，頗足驚人。蔣院長最近令飭修理，動工在即。本人等，與省府商定各項技術設施，并詳密登記計劃，永遠保存方法。嗣遍歷金鏞城及邙山一帶，調查盜掘地下古物情形，該地埋有商、周、漢、魏、隋、唐、宋、元遺物甚富，皆爲研究前代歷史之重要資料，屢經當地土劣，嗾使愚民，作大規模盜掘盜賣，頃經在汴洛兩地與政軍當局，協商制止辦法，從嚴辦理，此於愛護前代文化，激揚民族精神，極有關係，若能將先民遺物，羅致親歷，貫注民族意識於一般社會，則雖如綏東匪徒，感於先代製作之偉大，中心憧憬，不致爲人利用。爲求實現上述兩項任務起見，爰秉承中央意旨，在洛設立本會駐洛辦公處，即由同往之專門委員傅雷、技術員荆林，長期駐洛，辦公處於二十一日開始工作，洛陽歷年出土古物，爲數甚夥，私運出境，以及遺失者，亦不可以數計，於國家文化，損失甚巨，是亦以未有適當之保存機關所致，近年洛陽新建設，孟替不已，非復當日之荒涼，各方請求中央在該地設一古物陳列館，遴員管理，以資保護，而示觀感，故將來擬草定計劃建議中央也。"(1936年11月23日《南京日報》)

11月27日，楊縵華書展假南京青年會舉行，馮煥章夫婦、陳樹人夫婦、徐仲年、華林、滕固、顧了然、陳曉南等前往參觀。(參見1936年11月28日《新民報》)

同日，傅雷致劉抗信中稱："洛陽這地方真是徒負虛名。我這一次的來，大半可說上了滕固的當。要是早知這麼繁重的工作和不大安全的環境，我一定不會無條件的答應下來。"兩個月後，內政部要求傅雷做會計手續報賬，其一怒之下，辭職回家。

12月1日，《記洛陽白馬寺》發表於《方誌月刊》9卷1期。該刊爲雙月刊，總編輯張其昀。據本期作者介紹：滕固字若渠，江蘇寶山人，行政院參事。

12月3日，出席在行政院舉行之故宮博物院請將各部會存平舊檔撥歸整理案審查會。

12月8日，南京朝天宫古物保存库竣工。

12月16日，旧都文物整理委员会假内政部会议厅举行第六次会议，计出席委员翁文灏（滕固代）、林是镇、李世军（刘鸣舞代）、黄念劬、蔡光辉、马巽、徐譔、赵锡昌、蒋复璁、陈念中，列席滕固。由该会主席委员陶履谦主席，开会如仪，首由主席报告重要文书十四案，旋即开始讨论，开议决案最要者，为（一）二期拟修工程及工程经费概算，公推林徐蔡李马五委员趋查，由蔡委员召集；（二）未列入二期之各方建议工程另案办理；（三）于各整理工程处所立碑记事；（四）通过该会秘书处组织规则及修整旧都文物整理实施交易处理组织规则，并临时动议依据该会组织规程第六条之规定，聘请滕委员固为该会专门委员等案，至四时五十分散会。

  按：翁文灏此时忙于处理双十二事变事务。

12月17日，与马衡、张贵永、蒋复璁、陈念中等公宴即将赴欧美各国讲学之中央研究院李济。

  《朱希祖日记》："午后三时至中央古物保管委员会开会。六时至德奥同学会赴马叔平、张贵永、蒋慰堂、陈念中、滕若渠、裘籽园公宴，同席二十余人，饯李济之赴英也。"

  《中央研究院李济之昨出国赴欧美各国讲学，预定行期为半年》："申时社云，中央研究院历史语言研究所副所长李济之，奉派赴欧美讲学，及参观考古工作事宜，业已于前日由京来沪，于昨日搭大英邮船公司致卡摩林号轮出国，预定行期为半年，将先往英国伦敦讲学后，再转赴法国美国等各大都市演讲，及参观各国博物馆与考古工作云。"（1936年12月23日《申报》）

12月21日，《申报》刊登《中国美术会建议举行全国美展》电文。

  《中国美术会建议举行全国美展，明春在首都》："【中央社二十日南京电】中国美术会向教部建议，拟请在首都举行第二次全国美术展览会，并拟具此项展览筹备章程，呈请教部鉴核，教部现正缜密考虑，将予核准，至会场则拟借用新近落成之中国美术陈列馆，会期约在明年春季。"

12月23日，南京《新民报》刊登教育部第二次全国美术展览会筹备委员、常委名单，滕固列名其中。

第二次全國美術展覽會聘請籌備委員報導（1936年12月25日《申報》）

12月30日，教育部第二次全國美術展覽會籌備委員會在教育部召開常務會，討論進行事宜，聘定王一亭等四十餘人爲籌備委員，張道藩、馬衡、楊今甫、褚民誼、滕固暨教育部司長雷震、黃建中、顧樹森、陳禮江等爲常委，負責進行一切。

《全國美術展覽會明年四月一日開幕》："【南京二十四日電】全國第一次美術展覽會，迄今已隔三年，教育部現籌備第二次美展會，製定組織大綱，聘王一亭、王祺、王濟遠、江小鶼、汪亞塵、李濟之、李金曦［髮］、李毅士、何香凝、吳湖帆、呂鳳子、林風眠、馬衡、袁同禮、徐悲鴻、梁思成、高希舜、高劍父、章毅然、許士騏、陳樹人、陳之佛、陳念中、陳禮江、張道藩、張書旂、溥侗、傅孟真、葉恭綽、湯文聰、黃建中、雷震、楊今甫、楊縵華、經亨頤、褚民誼、趙琦［畸］、鄧以蟄、劉開渠、劉海粟、滕固、蔣復聰、潘玉良、齊白石、顏文樑、嚴智青［開］、顧頡剛、顧樹森等四十餘人爲籌委，張道藩、馬衡、楊今甫、褚民誼、滕固暨該部司長雷震、黃建中、顧樹森、陳禮江等四人爲常委，積極進行，辦事處暫設教部，正式會場擬利用首都國府路新建之

美術院,會期約在明年四月一日,刻正由主管司草擬徵集辦法,工作甚爲緊張。"(1936年12月25日《申報》)

12月,作《詠歸堂集·跋》。該書係滕固據家藏明·陳曼撰《詠歸堂集》手抄本校訂,上海光華書局1936年排印出版,綫裝本一冊。

12月,滕固、董作賓、陳念中等著,中央古物保管委員會編《視察汴洛古物保存狀況報告》印行,該報告記述關於龍門石窟的整理與修繕、制止盜掘及偷運地下古物、河南古物的發掘與保存,以及籌設駐洛辦公處經過等。

約是年,鄭振鐸爲《莆風清籟集》(鄭王臣輯選六十卷十六冊,清乾隆三十七年刊本)所作跋:"余不喜收故鄉文獻,以其過於偏狹,有'鄉曲'之見也;尤惡稍稍得志,便事編刊鄉里叢著。友人滕固,以介紹希臘羅馬及德國文化爲職志,與余有同嗜。及其任職南京,久不相聞問。一旦相見,乃出所刊寶山文獻諸集見貽。余頗怪其染時習之深。近從事"文學考"之纂輯,乃知地方詩文集之重要,復稍稍收之。然實浩如煙海,不能以一人之力一地之'資'搜羅其百一。聊備其所當備者耳。此莆風清籟集余偶得之於抱經堂架上,殊罕見,足資文學考之參訂。固非以其鄉邦文獻而收之也。"(《劫中得書記》第68則)

1937年 丁丑 民國二十六年 三十七歲

1月5日,下午三時,教育部第二次全國美術展覽會在教育部舉行第一次常務會議,出席張道藩、馬衡、褚民誼、滕固、顧樹森、黃建中、雷震、陳禮江等,由主任委員張道藩主席。決議(一)追認徵集辦法。(二)推定各組主任幹事,第一組(文書徵集)顧良傑;第二組(庶務會計)喻德輝;第三組(陳列保管)郭蓮峰;第四組(招待票務)薛銓曾。(三)各組重要章則,由各組主任草擬。(四)本會預算由第二組草擬。(五)推定馬衡、陳念中、楊振聲、滕固、顧樹森、郭蓮峰等,與故宮博物院及北平陳列所接洽展品。(六)籌備會第一次全體委員會議,定本年四月十日舉行,屆時全體委員,先赴會場參觀,并攝影後,再在教育部舉行會議。(七)決定第一次全體會議議事程式。(八)關於審查辦法,推定滕固、馬

衡、顧樹森三委員起草，盡星期五以前送會。(參見 1937 年 1 月 6 日《南京日報》)

1 月 8 日，王濟遠畫展在南京華僑招待所開幕，文化界陳樹人、張道藩、滕固、陳之佛、彭學沛、潘玉良等到會參觀。

1 月 10 日，教育部第二次全國美術展覽會籌備委員會，在教育部舉行首次全體委員會議，出席張道藩、馬衡、褚民誼、經亨頤、陳樹人、溥侗、劉海粟、張書旂、王濟遠、林風眠、江小鶼、張善孖、滕固、湯文聰、蔣復璁、顧樹森、黃建中等四十餘人。教育部長王世杰亦到會參加。由主任委員張道藩主席，并報告該會緣起後，即由陳禮江報告辦理籌備經過。會議就追認徵集展品辦法、陳列品成分分配問題、陳列品分部辦法等進行議決。

1 月 12 日，偕陳克文夫婦及李樸生乘車赴滬迎候汪精衛，寓新亞酒店。
　　《陳克文日記》："下午五時半偕振姊與滕若渠、李樸生同乘飛快車來滬候迎汪先生。車到常州，因候北上兵車停一小時，至十一時半始到滬，已逾原定時間一小時以上矣，寓新亞酒店。"
　　按：陳克文(1898—1986)，廣西岑溪人，1923 年廣東高等師範畢業，1925 年加入國民黨，1929 年參與汪精衛等在香港成立"改組派"，1935 年出任行政院參事。1948 年出任立法院秘書長。《陳克文日記(1937—1952)》由陳方正編輯校訂，臺北：中央研究院近代史研究所，2012 年 11 月出版。以下摘錄內容均以是書爲准。振姊係作者之妻。

1 月 13 日，與陳克文、甘乃光等多人訪何香凝於辣飛坊八號。
　　《陳克文日記》："下午五時與甘乃光、滕若渠等多人訪廖夫人何香凝於辣飛坊八號。廖夫人仍堅持聯俄聯共之主張，惟病體似稍進步。七時至林柏生寓晚飯，十一時返新亞酒店。"

《申報》刊登《吳中文獻展覽會定期開幕》消息，稱滕若渠等皆紛出秘藏精品，參加供覽。
　　"蘇州滄浪亭江蘇省立圖書館籌備之吳中文獻展覽會，自經鑒審委員會商決進行辦法後，已確定二月二十日開幕。日來各方應徵出品者，除北平圖書館、中央圖書館、浙江圖書館、鎮江圖書館、國學圖書館、西湖博物館、及吳縣、常熟、吳江、崑山四縣圖書館外,有吳江周迦陵、淩敬言、薛公俠、范煙橋、蔡吉銘、馬梅軒等,常熟陳旭輪、王瑞峯、張隱南、季瀜山、胡贊平、俞友清等,崑山王嚴七、趙學南、潘吟閣、王沂仲、洪息庵等,吳縣蔡雲笙、潘季儒、潘季瞻、潘聖、程瞻廬、李印泉、金松岑、彭雲伯、彭恭甫、沈挹芝、申士義、于韶九、吳子深、吳秉彝、顧彥平、袁秋生、吳問潮、黃紹文、沈子良、劉森祿、朱稺臣等,類皆富於收藏精於鑒賞者,所有出品,多數檢送該館,登記編錄,以便印入目錄,與第一批徵到之鄧氏羣碧樓、顧氏過雲樓、潘氏滂喜齋珍品,相得益彰。他若松江高吹萬、姚石子,平湖葛詠我、屈伯剛,海鹽張菊生,上海周越然,石門吳待秋,南京戴亮古、滕若渠諸家,亦皆紛出秘藏精品,參加供覽,總計收到有關吳中文獻之圖籍書畫金石史料器物圖象,已達數千件以上,就中尤以宋范文正公畫像、明王文恪公畫像、吳墨井畫王石谷留耕圖象、宋寫本宋太宗實錄、稿本吳郡文編吳郡通典、精繪吳山百里圖卷、吳邑西北諸山圖幅、寒碧山莊圖、萬年橋圖、吳名賢手劄百通、三吳石刻拓本千種、周恭肅公朝笏、周忠介公血經、趙女淑吳冰仙女史花鳥、曹墨琴女史書聯,以及唐沈文分之書畫、亭林先生之手稿遺物,最爲難得。最近又有葉仲亮、朱松蓀、趙起士、朱敬之等代徵關於革命文獻甚多。現聞該館館長蔣吟秋、主任陳子彝、王佩諍,於日內分赴各地徵取大批名貴出品外,上海方面,則由該館典藏部主任陳子清前往接洽,海上著名藏家如王綏珊、林爾卿、姚虞琴、章天覺、徐小圃、王勝之、葉揆初、瞿良士、蔣穀蓀、龐萊臣、謝光甫、張蔥玉、張伯岸、龍榆生等,均已先請該會鑒審委員上海徵集主任葉譽虎、吳湖帆,分別摘洽,準備參加。預料開幕以前,必可全部徵到,則該會成績,定有可觀。且會期適當梅花時節,梅花香裏,展覽文獻,滄浪亭畔,必有一番盛況。"

1月14日,"西安事變"爆發後,汪精衛偕陳璧君自歐洲回國,準備重組內閣。抵達上海時,受到葉楚傖、李石曾、孔祥熙、張羣、陳紹寬等的歡迎。滕固與陳克文等往褚民誼宅見汪精衛。國內多家媒體刊登了汪精衛歸國抵滬時與歡迎者在褚民誼私邸合影。

《陳克文日記》:"接船者各出奇策,以爲一定可以見面,結果人人皆失望,連中央大員及淞滬警備司令,亦未獲於船上相見;到碼頭迎接之羣衆及團體代表,則更無論矣。各方面之熱心,竟化爲冷水,不能不怪褚太極之辦事糊塗。余等到公和祥碼頭迎候不得,急往褚宅,幸獲見面,且爲最先相見,亦不虛此行矣。淞滬警備司令楊虎,因迎候不獲,到褚室大發牢騷,孔副院長亦到碼頭後,始到褚宅相見。"

汪精衛歸國抵滬時與歡迎者在褚民誼私邸合影（前排右一爲汪精衛、右二爲張羣；二排右一爲褚民誼；後排右一爲滕固）

同日，顧頡剛往行政院訪翁文灝、滕固不遇。（參見《顧頡剛日記》）

1月16日，與陳克文到谷正綱家商談歡迎汪精衛事，結果黨部方面由谷負責，政府機關由滕、陳負責。

《陳克文日記》："汪先生定星期一來京。今日與若渠到谷正綱家，商歡迎事：黨部方面由谷負責，政府機關由若渠與我負責。"

同日，顧頡剛來訪。

《顧頡剛日記》（3）："到行政院，晤滕若渠、丁月波。"

1月17日，與丁文淵（月波）做東，邀請顧頡剛、金靜庵等晚宴。

金靜庵《靜晤室日記》："晚，滕若渠邀飲於曲園，座有顧頡剛、傅孟真。"

《顧頡剛日記》（3）："到碑亭巷曲園赴宴。……今晚同席：謝樹英、陳念中、張貴雄、孟真、慰堂、彥堂、金靜庵、予（以上客）。滕若渠、丁月波（主）"

按：丁文淵（1895—1957），字月波，江蘇泰興人。獲德國法蘭克福大學醫學博士學位，1936年9月返國，曾任考試院參事、外交部參事、中國駐德大使館參贊、同濟大學校長等職。

1月18日，冒雨前往明故宮機場歡迎汪精衛抵南京，隨後赴中央黨部聽汪演講。

《陳克文日記》："晨六時起床，六時三刻到明故宮機場，天雨不止。警察與憲兵尚未布崗，歡迎人員僅若渠等三四人先到來，八時左右歡迎者始大集。飛機於八時十分到達，歡迎者既衆，能與汪先生握手見面者，不過十數人手。離機場後旋赴中央黨部，聽汪先生紀念周演說。"

教育部第二次全國美術展覽會籌備委員會，在教育部召集故宮博物院、古物陳列所舉行小組會議，到故宮博物院馬衡、古物陳列所舒楚石及滕固、陳念中、顧樹森、郭蓮峰、顧良傑等，顧樹森主席，商議選送美展物品辦法，對於種類數量，亦詳加討論。（參見1937年1月19日《新民報》）

1月19日，與同事張平羣談論處人接物。

《陳克文日記》："中午梁子青請食午飯於吉祥飯店。飯後回院，平羣與若渠忽談到處人接物。平羣深以對人常感隔膜爲苦悶，因與若渠儘量批評其缺點。彼似感悟，但不審能不見怪否也。"

按：張平羣（1900—1987）名秉勳，河北天津人。南開學校畢業後赴英國倫敦大學留學，畢業後任該校東方與非洲學院講師兩年，1926年回國，先後任南開大學商學科教授、院長。1933年起先後任外交部秘書、行政院參事等職，抗戰勝利後歷任駐紐約總領事，駐多哥、梵蒂岡大使等外交職務。

1月21日，赴國際聯歡社參加行政院各部會長官聯名邀請汪精衛茶會，聽汪氏發表長篇演說。

《陳克文日記》："下午四時行政院各部會長官聯名邀請汪先生，於國際聯歡社舉行茶會，并請各部屬簡任以上人員參加。軍事委員會副委員長馮煥章來了，不久便去，不知是否因爲他所穿的大布衣服，與一般來客的衣服和國際聯歡社的新建築，太不調和之故。茶會時皆立而取食。汪先生演說頗長，聽衆極感動。"

1月22日，與陳克文於德奧瑞同學會同請龍詹興等八人午餐。

《陳克文日記》："中午與若渠同請詹興午餐於德奧瑞同學會，到甘乃光、彭學沛、谷正綱、梁子青、梁棟共八人。"

1月23日，陳克文邀請中央通訊社秘書梁乃賢喝茶，與同事張平羣、梁子青、張銳、徐象樞同往作陪，談一小時餘始散。

《陳克文日記》："道儒參事言，院中考績結果，已決定對我晉級，此外晉級者尚有若干人。聞此消息，心中殊覺惶愧。余入政院年餘，雖黽勉從事可質良心，但對於政府實無建樹。同事中如滕若渠、張平羣、鄭道儒、徐象樞輩，確有勞績，晉級係應有之事，以余比較，列爲一等，真汗顔也。下午五時請中央通訊社秘書梁乃賢喝茶。彼已改任該社廣州分社主任，日內即南下矣。若渠、平羣、子青、伯勉、景薇同往喝茶，談一小時餘始散。"

按：梁子青（1901—1972），河北唐山人，1946年任天津市府秘書長，1949年解放時向接管人員自首，1972年1月獄中病故。

張銳，字伯勉，山東無棣人，爲辛亥革命時任兩廣總督的張鳴岐之長子。

徐象樞，字景薇，江蘇吳縣人。1930年受聘爲上海復旦大學法學院教授，1932—1939年任行政院參事、行政院行政效率研究會代主任。抗戰期間曾任國防最高委員會參事、法規委員會委員，係中國國民黨六屆候補中央執行委員。著有《非戰公約與世界和平》《外交人才之訓練與培養》等。

1月26日，天津《大公報》刊登《教育部第二次全國美術展覽會徵求展品啓事》：會期　四月一日至二十日；展品　分七部（一）書畫（書法、中畫、西畫），（二）雕塑（各種雕刻及塑造），（三）建築圖案及模型，（四）圖書（善本古書或近代精美圖書），（五）金石，（六）美術工藝（包括圖案），（七）攝影（以上各部均包括古今美術品在內）；期限　僅二月底以前送南京本會，詳載徵集展品辦法可向各省市教育廳局或南京教育部本會籌備委員會索閱。

1月28日，午間與陳克文、張平羣同請梁子青午餐。（參見《陳克文日記》）

1月，[瑞典]Oscar Montelius（蒙德留斯）著，滕固譯《先史考古學方法論》由上海商務印書館出版。目次：譯者序言（1935年2月）/譯者例言/一、考古學上之年代學/二、論發見物/三、體制學的研究/四、體制學的聯類/附圖索引

本書爲蒙德留斯所著《東方和歐洲的古代文化諸時期》第一卷《方法論》

的全譯，譯者謂"對於藝術史者最有幫助"。

譯者序言：研究先史遺物的體範紋飾，蒙德留斯博士的《方法論》不失為一有價值的指示。近年來吾國學者治古代彝器，於款識文字而外也兼及花紋；這個風氣現方發軔，或需借鑒之處，爰譯此著，獻給從事於此方面者作一種參考。

這本書出版於三十年前，此三十年中歐洲的考古學自然是進步得驚人，書中論列不免有被訂正之處，然蒙德留斯博士所創對於先史研究有特殊意義的"體制學方法"（typologische Methode），至今生氣勃勃地為一般學人所採用。這本《方法論》即為體制學的示例，他將義大利和北歐的金屬斧錛、短劍及常劍；義大利、希臘及北歐的扣針；編列排比，明其年代位置，形式異同。又對北歐的銅器，義大利的陶器，就其器形紋飾，探討淵源胎息之所自。最後提出埃及、亞述利亞、腓尼基及希臘之蓮花紋飾的發展行程，而對於古典的棕葉式紋之形成，以及伊沃尼亞（Ionia）柱頭如何由蓮花柱頭演變而來，也作了詳細的檢討。陳述簡潔，有本有源，而字裏行間在在流露作者觀察力的敏銳；惜譯者未盡傳達，引為憾事。

譯者於先史考古學原非專攻，但在學習藝術史時，對於藝術史學者最有幫助。不獨這本《方法論》見得有意義，而蒙氏其他著作：如《東方與希臘的銅器時代》（Die Bronzezeit in Orient und Griechenland、1890）,《金屬輸入以後義大利的原始文明》（La civilisation primitive en Italie depuis I' introduction des Metaux、1895）,《北方德意志與斯干底那維亞的早期銅器時代之紀年學》（Die Chronologie der aeltesten Bronzezeit in Norddeutschland und Skandinavien、1900）,《從古代至十一世紀的瑞典文化史》（Kulturgeschichte Schwedens von den aeltesten Zeien bis zum 11、Jahrh、n、Chr、1906），及《義大利古典以前的紀年學》（Die vorklassische Chronologie Italiens、1912）等著，沒一種不是并世藝術史學者引為最善的參考材料。

蒙德留斯博士生於一八四三年瑞典首都斯篤克霍（Stockholm）。早歲學於斯篤克霍大學，一八六九年得哲學博士學位，一八八八年被命為教授，一九一三年補叙瑞典國家考古學員，旋先後被任為國立博物院院長、國家科學院會員，同時各國學術團體亦多選蒙氏為名譽會員。一九二一年逝世。享年七十八歲。蒙氏生當先史發掘事業隆盛之際，埋頭於南北各地發見物之研究，故其學長於綜合。當時他和德國柏林大學教授柯西那（Gustav Kossina）、丹麥國立博物院先史的人類學的古代的搜藏部部長繆勒（Sophue Mueller）地位相同，巍然為日爾曼先史研究的鼎足。

滕固　民國二十四年二月

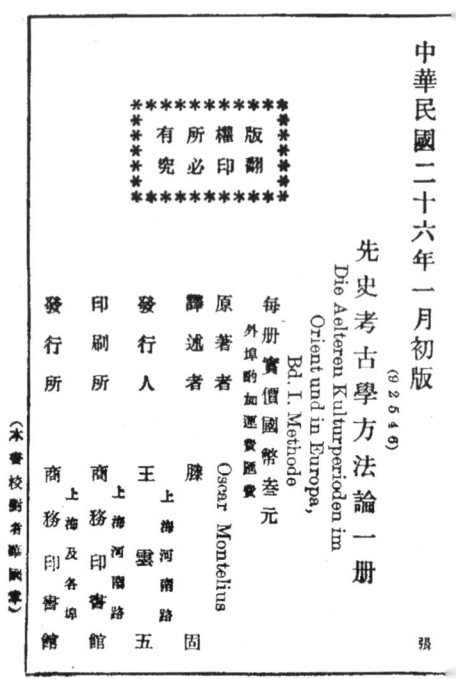

滕固譯《先史考古學方法論》書影

2月10日(除夕)金毓黻收到滕固贈送《宋忠節公使金本末》一冊。

　　金毓黻《靜晤室日記》:"滕若渠貽我先世《宋忠節公使金本末》一冊。公名茂實,字秀穎,臨安人,靖康元年使金被留,卒於代州,年四十,《宋史》有傳。元遺山《中州集》錄滕奉使詩,前有小傳,今此冊有《南冠滕奉使遺詩引》,即《中州集》之小傳也。《使金本末》一文,宋濂撰,不載《宋學士集》,蓋爲滕氏家傳未刊之作。所紀使金本末,不惟與《宋史》有異同,且多爲《宋史》所不載。若渠以先世寶藏之作舉以壽世,俾先德於不朽,豈僅有裨史實而已哉!"

2月13日,在上海與顧樹森(蔭亭)、劉海粟訪晤吳湖帆。

　　吳湖帆《醜簃日記》:"滕石渠、顧蔭亭、劉海粟來。"

　　按:據吳元京審訂,梁穎編校《吳湖帆文集·醜簃日記》,中國美術學院出版社，2004年9月第1版。文中"滕若渠"均作"滕石渠"。

吴湖帆（1894—1968），初名翼燕，字遹骏，後更名萬，字東莊，又名倩，別署醜簃、倩庵，書畫署名湖帆。江蘇吴縣人，爲吴大澂嗣孫。收藏宏富，善鑒别、填詞。著有《聯珠集》《梅景畫笈》《梅景書屋書集》《吴氏書畫集》《吴湖帆山水集錦》及多種《吴湖帆畫集》行世。

2月20日，張元濟收到滕固函。

《張元濟日記》："得滕若渠名固信，乞余寫字。"

2月21日，至省立蘇州圖書館參觀吴中文獻展覽會。

《文獻展會第二日》："滄浪亭文展會開幕後，到會參觀者有教育部司長顧樹森、行政院參事滕若渠、中政校教授汪典存、教育廳科長向紹軒、編審主任易君左、工業校長鄧著先、蘇中校長邵鶴亭、警察局長張漢威君等二千數百人。此次文展不僅吴中文藝足擅東南之勝，而周忠介公之浩然正氣，其子子佩先生之至性過人，尤足昭示來者。會中陳列之周子佩先生（茂蘭）血疏，係先生痛忠介公之死於廠獄，在崇禎初年，刺血作疏，爲父訟冤，因疏中有達礙字樣，易稿以進，而指血已枯，以舌血代之，卒雪父冤。其原稿至今賢貴，血蹟常新，孝思不匱，參觀者莫不爲之動容。疏後有當時石公跋語，更與一代史料有關，爲徐氏藏本。蘇滬文藝美術家星社全體社員鄭逸梅、江紅蕉、徐碧波、趙眠雲、陶伶［冷］月、范煙橋、范佩萸、周瘦鵑、顧明道、程小青、周克讓、范菊高、范君博、程瞻廬、孫籬成、柳君然、徐澐秋、方慎厂等，蘇地名畫家吴待秋、樊少雲、陳迦盦、顧星畦、趙子雲等數十人，參觀文展後，在滄浪亭叙餐留影，盛極一時。午後三時轉赴網師園出席江蘇現代文藝作家促進會，預定來蘇者大夏大學文學三院十餘人，定二十六日來蘇參觀省立社教機關，全體定二十二日來蘇參觀文展，在蘇館集會。監察院于院長，偕中央要人於二十三日來蘇參觀。"（1937年2月23日《申報》）

按：據顧蔗園回憶："在民國二十五六年項，蘇州旅京同鄉，在京有蘇州同鄉會的組織，我們深感到蘇州以東幾縣旅京人士，没有一個集團；於是滕若渠、狄君武、徐燕謀、葛□□、我筆者本人，聯合了崑、太、嘉、寶四縣同鄉，在京有'東吴同鄉會'的組織。若渠當時，甚爲興奮；他并且擬繼續'吴中文獻展覽會'之後，搜集四縣的文物，續開'東吴文獻展覽會'。無何，二十六年'七七'事變突作，因此停頓了下來。"（《追念滕若渠先生》，1941年6月14日《蘇州新報》）

2月22日，出席全國美展籌備會在教育部開第四次常委會。

"下午三時，全國美展籌備會在教育部開第四次常委會，到張道藩、雷震、顧樹森、黃建中、陳禮江、褚民誼、滕固。由張道藩主席，決議（一）函西北科學考察團選擇美術作品，送會展覽；（二）函上海葉委員恭綽協同滬市徵集古代美術展品；（三）函北平圖書館徵集'樣式雷'建築模型送會，其他例案，至五時散會。"（1937年2月23日《南京日報》）

同日，金毓黻收到滕固來函，告知所託為其子求學事已辦妥。

金毓黻《靜晤室日記》："振兒求學事已有辦法，原擬仍回北平，今日滕若渠函告，已在金陵中學說妥，就近入學，自較在平為便。"

2月26日，下午二時，偕裴善元等前往南京紫霞洞附近考察新發現之漢代古墓，該墓上置有石佛五尊，墓內闢有幽室二間，其外全以厚磚堆築，構造極為堅固，其內又有各種設備，規模頗形巍偉。據滕固推測，該墓約在千年左右前建築，并決定函請陵園管理處設法開掘，以便研究。（參見1937年3月2日《南京日報》）

2月28日，作"全國第二次美術展覽會的預期"演講，略謂：此次展覽會"第一個特點，這次展覽會務使含有豐富的歷史和民族的意義，我們關於前代的作品，普遍地向公家和私家徵集。公家方面，籌備委員會已經決定向國立故宮博物館和內政部古物陳列所、國立北平圖書館徵求精品，并且還向國立中央研究院歷史語言研究所和西北科學考察團徵求他們的發掘品和採集品，這裏面的物品，大部分尚未公表於社會，是一種最珍貴的歷史和藝術的資料。國內著名的四人蒐藏家，我們也定了一個計劃向他們徵集，挑選稀罕的物品來陳列。我們的企圖，集公私的蒐藏於一堂，在可能範圍內編挑出一條歷史發展的路綫，使反映於歷史的個時代民族業績之輪廓，活活地呈現我們的眼前。這不但對於一般的現象，可增進他們的歷史知識，即對於專門學者也提供了無上的參考材料。第二個特點，這次展覽會務使充分表現時代性和社會性。我們徵集現代作品，決不願意在細娛玩好上面著想，我們所注意的，這些作品要能夠代表一作家的天才和學養，要能夠代表一地方的特殊風尚，要能夠代表一偉大時代的思想，要能夠代表一信仰，一宗教或一職業的羣意。使一般觀衆從現代作品中體會出我們所生存的艱苦卓絕的時代，認識複雜錯綜的現實社會。"講稿發表在《播報教育月刊》1937年1

卷6期。

3月3日，出席教育部第二次全國美術展覽籌委會第五次常務委員會議。
　　"下午四時，教育部第二次全國美術展覽籌委會在教育部召開第五次常務委員會議，到張道藩、黃建中、陳禮江、顧樹森、雷震、滕固及各組主任，由主任委員張道藩主席，報告各組籌備情形及收到展品統計，旋即討論議案如下：一、敦請國民政府主席林森擔任本會名譽會長，行政院蔣院長、中央研究院蔡院長爲名譽副會長；二、個人選送之展品，以五件爲限，超過五件者退還；三、准調派教育部楊得琳爲籌備會總幹事；四、陳列箱櫃不敷支配，決定另行添置；五、在展覽期間，函請京滬各大報出美展特刊，以廣宣傳。"（1937年3月4日《新民報》《南京日報》）

3月4日，《蔡元培日記》寫道："閱《張菊生先生七十生日紀念論文集》竟。……第十七，滕固君所作《關於南陽漢畫像石刻之歷史的及風格的考察》有云：南陽漢畫像石刻，未見前人著録，約十年前張中孚、董彦堂諸先生發現後，……續出不已。近年據孫文青先生訪拓所得，計共二百七十石（見孫文青《南陽漢畫像訪拓記》，《金陵學報》第四卷第二期，關百益《南陽漢畫集》）。史書所記漢代壁畫的取材和墳墓石刻畫像多合，所以自洪氏《隸續》、葉昌熾《語石》以至德人費瑄（Fischer.O. 作 *Die Chinesische Malerei der Han—Dynastie*，1937，Berlin）的《漢代繪畫》都當石刻畫像是研究漢代繪畫的最上資料。近年漢畫略有發見，如樂浪古墓的漆器畫像，流傳於巴黎及波士頓的墓磚畫像（見費瑄《漢代繪畫》五十八至七十三圖版）、營城子古墓的壁畫（見《東方考古學叢刊》第四册），都是很著名的東西。把這些繪畫遺品和石刻畫像比較，構圖及大體上的神韻雖有一致之處，而細部的技巧則頗不同了。石刻畫像正像歐洲的浮雕（Relief）有其自己的地位。浮雕既不是雕刻（圓雕），因爲雕刻是面面造型的；又不是繪畫，因爲繪畫是有明暗向背的。但浮雕亦有二種不同的體制，其一是擬雕刻的（高浮雕 Hautrelief），希臘的浮雕即屬於此類，在平面上浮起相當高度的形象而令人感覺到有圓意；其二是擬繪畫的（淺浮雕 Basrelief），埃及和古代亞細亞的遺品即屬於此類，在平面上略作浮起，使人視之，但覺將描繪之物像鎸刻於其上。中國的石刻畫像自然屬於後一種，在佛教藝術以前，中國從未有過類乎希臘的浮雕。但中國的石刻畫像也有好幾種，如孝堂山和武梁祠的刻像，因爲其底地磨平，陰勒的淺綫用得豐富而巧妙，所以尤近於繪畫，像南陽石刻，都是平淺浮雕而加以粗率勁直的淺條陰勒，和繪畫實在有相當的距離。所以我對於中國的石刻畫像，也想大別爲兩種，其一是擬浮雕的，南陽石刻屬於這一類，其二是擬繪畫的，孝堂山武梁祠的產品，是屬於這一類。至於傳世朱鮪墓畫像，《山左金石誌》曾指摘爲唐宋以後物，細察畫像上的人物和背景，綫紋的配置，確實是含有吳道子式的風度。費瑝論述漢畫風格，以朱鮪墓畫像爲底本，於是其引人入勝的議論，不免有些徒勞之感。我以爲與其用石刻畫像當作繪畫，毋寧用壙磚畫像當作繪畫，因爲有些壙磚畫像乘磚坯將乾未乾而施以刻畫，筆致鋒利，和營城子的壁畫如出一轍。(參看王振鐸《漢代壙磚集錄》第八、第九圖，北平考古學社出版)"

按：此爲摘錄滕固《南陽漢畫像石刻之歷史的及風格的考察》一文內容，個別文字略有出入。

3月6日，吳湖帆接葉恭綽來信，告知顧樹森、滕固將連名徵求私家藏畫出品參加全國美術展覽會。

吳湖帆《醜簃日記》："晨得葉遐丈來信，云顧蔭亭、滕石渠欲連名徵求私家藏畫出品。午後遐丈來談片刻，深以無把握爲慮，屬余招人協助，乃約徐邦達、王季遷來助其事。三時季遷來，五時邦達來，晤談大約。"

3月7日，在滬往訪吳湖帆，談徵集藝術作品事。

吳湖帆《醜簃日記》："滕石渠、顧蔭亭先來，談徵品情形。許源來、徐邦達、陸丹林、王季遷均來，同至一家春茶點開會，出席約二十餘人，議決每人各負出品數件。晤梁衆異、陳小蝶、蔣穀孫、張蔥玉、徐俊卿、趙叔孺、林爾卿、李祖韓、秋君兄妹等。散會歸，已六時許矣。"

3月11日，與陳克文赴江蘇銀行，參加中山學社聚餐會。

《陳克文日記》："晚間七時與滕若渠赴江蘇銀行，參加中山學社聚餐會。飯後不舉行座談會，歸寓甚早。"

3月18日，與顧蔭亭、徐公肅、陳子清等往車站迎候前來參加全國美術展覽會審查私家藏品之吳湖帆。晚間，教育部長王世杰宴請籌備會籌備員及審查員約五六十人。

《朱希祖日記》："午後檢出宋元明清四朝刻本四十八種，以備全國美術展覽會陳列。夜至教育部赴部長王世傑宴，同席有全國美術展覽會籌備員及審查員約五六十人。"

吳湖帆《醜簃日記》:"晨七時到京。滕石渠、顧蔭亭、徐公肅、陳子清俱在車站相候。……下午至故宮博物院,開始審查私家出品古書畫,出席者楊今甫振聲、溥西園侗、余越園紹宋、陳子清、彭恭甫、朱豫卿家濟及余七人,顧蔭亭樹森爲監事。至五時閉會,停止工作。乃攜陳、彭二君由朱豫卿陪同至庫房參觀,又觀古畫若干件,另列如後。晚至君匋處,子清、恭甫、博山、偉士俱應同鄉之約,飯後偕汪旭初東、吳瞿安梅同來,暢談至深夜,各散就寢。"

《吳梅日記》:"校課畢,潘博山、丁南洲、江小鶼至,拉至沈君匋家晚飲。此次全國美術展覽會,請湖帆、子清、小鶼等審查一切,故陸續來京也。"

3月19日,第二次全國美術展覽會會刊編輯委員會組成。滕固爲主任,倪貽德、劉獅、謝海燕、鄭克昌、溫肇桐、馬公愚、鄭午昌、王勃遠、陳抱一、丁衍鏞、施翀鵬等二十人爲委員。(參見1937年3月19日《申報》)

吳湖帆《醜簃日記》:"吳聞天招夜飯,辭去。應全美會九常委之招,在渝川。席間張道藩等發起組織全國美術會,在席五十餘人皆爲發起人,簽名成立。"

《吳梅日記》:"晚應吳聞天之召,至同鄉會飲。席間晤喬大壯、陳匪石,談甚適。惟湖帆以他事未來,而子清、偉士、博山等亦後至。"

按:該會曾編輯印製《教育部第二次全國美術展覽會專集》,署教育部第二次全國美術展覽會管理委員會編,民國三十二年九月上海商務印書館出版玻璃版影印本,精裝三冊。

"民國二十四年冬英國藝術界人士擬於倫敦開一中國藝術展覽會,請求吾國政府選送故宮博物院及其他機關古物前往展覽。當時教育部部長王世杰氏力贊其成。此會在倫敦舉行,歷時數月,引起各國人士之盛大注意。論者至謂西方人士對於中國文化之認識了解,實以此爲嚆矢。此會告竣,教育部決定在國內召開全國美術展覽會。二十六年四月一日開幕於首都新建之美術陳列館,會期二十三日,參觀者人數在六萬以上。展覽既畢,復印此項專集。因戰事影響,近始出版。此集分三種,每種一冊。第一種晉唐五代宋元明清名家書畫集計四〇六幅。第二種現代書畫集計五〇八幅,第三種現代西畫圖案雕刻集合計二〇九幅。第一種所選印之各圖依年代先後爲次序,所以表示中國書畫藝術發展之程序。卷端復繫以各家小傳。第二種及第三種品編排之先後,則以作家姓名筆畫之多寡爲次第。全各圖尺度,按原作品縮印,其比例標準,悉由專家審定。又爲便利外人參考計,每種均於圖下加註英文譯名。"(《圖書季刊》第5卷

第 1 期 P81 "圖書介紹"，1944 年 3 月出版）

3 月 21 日，上午，前往故宮庫房觀看參加展覽會之古畫作品。午間出席教育部招待美展審查員宴會。晚與顧蔭亭邀宴余越園、周養庵、馬叔平、楊今甫、劉海粟、吳湖帆、江小鶼、徐偉士、溥西園、陳子清、彭恭甫十一人，為潘博山、吳湖帆、江小鶼、徐偉士等四人餞行。

吳湖帆《醜簃日記》："上午，故宮工作。王雪艇約至庫房觀此次故宮出品古畫，在場有郭世五葆昌、汪旭初、劉海粟、楊今甫、滕石渠、顧蔭亭、潘博山、徐偉士、陳子清、彭恭甫、馬叔平、余越園、溥西園及組長朱豫卿、科員牛德明等陪同。……滕、顧二君約夜飯於顧蔭亭家，同席者余越園、周養庵、馬叔平、楊今甫、劉海粟及吾等徐、陳、溥、彭、江，連主人共十三人。獲觀蔭亭新得王玄照畫，甚佳，惜稍乏耳。又見紙本元人一畫，有高江邨題字，謂郭熙筆，畫亦甚好，而江邨如此妄注，真是荒唐極矣。九時席散，即同小鶼、偉士、博山四人乘夜車返。博山在蘇下車，天才微明，余等三人至滬。"

3 月 27 日，南京《新民報》刊登消息《全國美展品審查工作，業已竣事》并公布常務委員參加審查名單，滕固負責書法、雕刻、古畫部。

3 月 31 日，教育部主辦之第二次全國美術展覽會假南京國立美術陳列館及音樂院為會場，舉行預展，招待各界參觀。翌日正式開幕，會期二十三日，展覽品計分書畫、攝影、雕塑、金石篆刻、善本圖書、建築圖形、美術工藝等共三千餘件。

《書林半月刊》第一卷第五期刊登滕固徵求周書《澹廬詩稿》啟事："婁東（寶山縣）周澹廬先生，於乾隆向遊幕粵東，曾修恩平縣誌，其所著《魚水緣傳奇》等，尚有精刻傳本。惟其所著《澹廬詩稿》及續稿，今頗罕見，傳聞當時亦刻於粵東。如海內藏書家藏有先生詩集者，或揩讓或借鈔，皆所禱望，請通函南京行政院滕固君接洽為禱。"

4 月 1—23 日，教育部第二次全國美術展覽會在南京國府路國立美術陳列館舉行，展品包括古今書畫、雕塑、金石篆刻、建築圖案及模型、圖書、工藝美術、攝影等，參觀人數達十三萬餘人。

《朱希祖日記》："午後三時率內子及倞兒至全國美術展覽會參觀。本會自今日起至二十三日，展覽二十三日，其中以古書畫為最佳，以中央研究院陳列之殷墟古器爲最有價值。"

4月1日，上海《申報》第五版"教育部第二次全國美術展覽會特刊"發表林森"藝林煥裁"、蔣中正"觀乎人文以化成天下"題詞，王世杰《第二次全國美展之意義》、張道藩《全國第二次美術展覽會籌備經過概況》及《教育部第二次全國美術展覽會職員一覽》文。

王世杰《第二次全國美展之意義》："本屆全國美術展覽，爲國民政府定都南京以來之第二屆。自本年一月教育部組織籌備委員會開始籌備迄今纔三閱月，而展品之種類，則書畫以外，并及雕塑、攝影、建築圖型、美術工藝、金石篆刻、善本圖書，計共七部，展覺[覽]期間，并將別爲音樂演奏與話劇表演，以益審美者之欣賞。展品之時代，則現代作品以外，并列公私收藏之歷史傑作。展覽範圍既如斯廣闊，籌備時間復比較短促，徵集之不能無缺漏，與籌備諸君子之辛勞，概可想見。唯是第一屆全國美展舉行於民國十八年，距今已七八載，爲熟審此過去八年間吾國美術之進展與其趨向，全國美術之再度舉行，實已不容再緩。此本屆全國美展舉行之第一義。

美術之事往昔嘗視爲社會中少數人之事；淺見者甚至謂美術之精進，僅能期諸君主國家之貴族社會。實則美術亦如其他學藝，欣賞鑒別者愈衆，其進步亦必較大且速。蓋藝術作家亦如其他學人，其作品愈獲社會多數之賞鑒，其精神亦當較爲興奮，其工作亦當較爲敏密。而志願致力於美術者更將由是而衆。在一個美術興趣普及於大衆之社會，美術天才之淹沒殆將絕無而僅有。故欲提高美術，實不能不注意於美的嗜好與美的鑒別能力之普及。所謂美術民衆化，匪惟無礙於美術本身之進展，且隱爲提高美術之條件。展覽會之舉行，足以增進一般人美術興趣，并助長其審美能力，自不待言。此本屆展覽會舉行之第二意義。

國難嚴重，國人情緒日呈緊張狀態。所可慮者，前路多艱，激刺日深之人，苦悶之餘，或不能永遠保持其埋頭苦幹之積極精神，而猝然走入悲觀消極之途。職是之故，凡負教育之責者，允宜急起直追，造成一種新鮮藝術空氣，俾埋頭苦幹者各各得到一種正當的精神，供養與精神調節。蓋美術之欣賞可使欣賞者擴大其胸襟，寧靜其性情，因而永保其爲民族爲理想奮鬥到底之熱忱宏願。故擴而言之，則即子輿氏所謂養吾浩然之氣，諸葛武侯所謂淡泊明志寧靜致遠，均不難從美術教育之功用中求之。時賢所謂美術可代宗教，固非淺語。本屆美展舉行於國難方深之日，竊冀由斯造成普遍的審美風尚，俾舉國上下，負重而趨者，均獲一種精神的供養與精神調節，不致爲任何挫折或苦惱所征服。果爾，其有裨於國家民族之前途者爲何如耶！此本屆舉行美展之又一意義。

　　尤有言者，吾國固有美術，在世界美術史上，占有重要地位，已爲世界所公認。而其所以致此者，初非偶然：一由於國家對於美術之獎掖提倡，亦歷二千年未嘗中斷，美術之演進如繪畫之類，亦歷二千年而繼續不已，與吾國歷史上若干種科學發明，往往於發明後缺乏繼續研究與進步者異其趣。一由於吾國歷來美術作家，不僅具有優越之天才，抑且攻研不倦，終身以之。本屆展覽會特於現代作品之外，另列古代傑作者蓋欲今之作家與政府當局，瞭然於吾祖先成績之偉大與非倖致，自茲以往，各各盡其天職，以增進吾祖先之光榮於無窮也。"

　　張道藩《全國第二次美術展覽會籌備經過概況》："大凡研究古今中西各國美術發達史的人，一定會得到一個共同的感覺。那就是，不論那一國美術的發達，除了美術家自身努力而外，一定有國家力量在後面提倡和扶助。這不特是在封建時代專制的國家是這樣，就是現代許多民主國家，如法國美國以至於蘇俄也是這樣。那麼我們中華民國當然也不能例外的。

　　民國政府奠都南京以來，忽忽已經十有一載。在過去十年艱難締造中之，政府也並沒有忘記了美術於文化上重要的關係。民國十八年在大學院（即當時之教育部）主持之下，曾經在上海舉行過第一次全國美術展覽會。我想全國美術家和愛好美術的人們，總還沒有忘記第一次美展會給我們的對美術在文化上價值的認識和數年來我國美術進步的影響。至於說到前年教育部主持參加之倫敦中國古代美術展覽會，不特使歐美各國人士對我國文化更有深切之認識，并且因此無形中增進了中華民國在國際上的地位。去年南京國立美術陳列館在建甌完成正可以表示，中央對於美術的重視。數年來首都及各地大小規模美術展覽會之發達亦表示國內美術家已經有了長足的進步。因此教育部認爲雖在國難嚴重當中，亦有舉行第二次全國美術展覽會之必要。即由社會教育司擬具辦法籌商進行之際，忽然西安事變發生，全國震驚，籌備之事乃不得不暫告停頓。幸十二月二十五日我民族領袖蔣公介石安然返京，全國歡騰，政局復趨安定。教育部王部長乃聘定王祺、王一亭、王如九、王濟遠、江小鶼、李金髮、李毅士、李濟之、吳作人、吳湖帆、何香凝、汪亞塵、余紹宋、呂斯百、呂鳳子、狄平子、林風眠、胡光煒、徐悲鴻、馬衡、高希舜、高劍父、唐義精、袁同禮、陳之佛、陳念中、陳萬里、陳樹人、陳禮江、張大千、張書旂、張善孖、許士騏、郭葆昌、梁思成、張毅然、常書鴻、楊振聲、黃健中、湯文聰、傅斯年、楊纓華、葉恭綽、雷震、經亨頤、溥侗、褚民誼、趙畸、齊白石、齊如山、劉海粟、劉開渠、蔣復璁、鄧以蟄、潘玉良、滕固、諸汶韻、龍文、顏文樑、嚴智開、顧頡剛、顧樹森等諸先生爲第二次全國美術展覽會籌備委員，

1937年　丁丑　民國二十六年　三十七歲　411

并指定馬衡、陳禮江、楊振聲、黃健中、雷震、褚民誼、滕固、顧樹森諸先生與道藩等九人爲常務委員，又指定道藩爲主任委員。因國立美術陳列館已允許國民經濟建設運動委員會於五月一日起開全國手工藝展覽會，故覺籌備期間異常敦促。不待全會籌委集會詳商一切，即由常委會先將組織大綱及各種章程，經費預算等，預先擬訂，於本年一月十日在教育部舉行第一次全體籌備委員會議，通過大綱及一切章則。一面由教育部以文電分別通告，在各該地負責辦理徵集展品事宜，一面即由常委會積極進行籌備事宜。并照組織大綱決定恭請國民政府林主席爲第二次全國美術展覽會名譽會長，行政院蔣院長，中央研究院蔣院長爲名譽副會長，教育部王部長爲會長，教育部段錢兩次長爲副會長。

在籌備之初最不易解決的事，就是審查委員之聘定，及應否有特約出品（不受審查）之規定兩事。後來提出籌備委員全體大會中詳加討論，因鑒於第一次展覽會爲特約出品問題鬧出許多糾紛，又因無法規定特約出品人之資格，故決定不採用特約出品辦法。至於審查委員，爲免除成見及誤會起見，不論聘請何人擔任，在審查以前，必不發表，至開幕時，乃行公開，表示負責。常會即照此決定，於各籌備委員推薦名單中擇定人選，呈請會長核奪聘任。當經聘請葉恭綽先生等六十餘人爲審查委員，結果除少數審查委員未能到會參加外，大多數均已到會分別參加各組負責審查。茲將參加各組之審查委員名單開列於後：

書法組　胡小石、李釋堪、彭漢懷
現代中畫組　黃賓虹、周肇祥、高劍父、張善孖、汪采白、張大千、潘天授
古代中畫組　余紹宋、吳湖帆、溥伒、彭恭甫、朱家濟、陳子清
西畫組　李毅士、劉海粟、林風眠、常書鴻、吳作人
雕塑組　劉開渠、江小鶼、金學成
建築組　關頌聲、徐敬直
金石篆刻組　王福厂、喬曾劬、方介堪、王个簃
圖書組　柳詒徵、朱希祖、蔣復聰
工藝美術組　郭葆昌、趙太侔、董作賓、徐中舒、陳之佛、商承祚、顏文樑、吳蘊瑞
攝影組　鄭穎蓀、郎靜山、馮四知、鍾山隱

各組審查時由籌備委員會常務委員分別參加協助辦理，但常委對於審查展品，決不表示任何意見，以免審查委員受任何影響，而有不公平之評判。

自三月十六日起各組先後分別開始審查。展品少者一二日審查完竣，多者七八日方審查完竣，審查工作至爲繁雜。加以籌備不周，布置不便，更增加各審查委員之困難。但各審查委員之負責周到，公正無私及不辭勞苦之精神實令

人感佩。兹將截止三月二十五日爲止總共收到展品件數及審查決定陳列件數，分別列表如左：

類 別	收到件數	審查決定陳列件數
今書法	二八五件	五五件
今國畫	一九八一件	四八七件
古書畫	七一九件	四二九件
西　畫	六八五件	二〇七件
雕　塑	八七件	二四件
建　築	六一件	一六件
圖　書	一三九件	一〇二件
金　石	一二六件	六八件
美術工藝		
銅　瓷	八八件	八一件
圖　案	一四〇件	三九件
匋　器	二五〇件	一七五件
其　他	七五六件	一五三件
攝　影	二二八件	七七件
總　計	五五四五件	一九一三件

出品人數有三千餘人。

出品機關有故宮博物院、古物陳列所、中央研究院、歷史語言研究所、中央博物院、中央圖書館、北平圖書館、北平研究院、西北科學考察團、中國工程學會等十餘機關。

已到出品之各省市有南京、上海、北平、天津、漢口、青島、江蘇、浙江、福建、廣西、山東、河南、陝西、察哈爾、安徽、江西、湖北、雲南、山西、河北、貴州等二十[一]省市。

此外廣東廣州展品六百多件已抵上海，海關尚未運寄，湖南四川等展品刻尚在運送中。

上述展品審查完竣當由常委會推舉，于非厂、王福厂、朱幼清、趙太侔、楊今甫、潘博士、鄭穎蓀諸先生爲陳列委員會委員，以楊今甫先生爲主任。各審查組亦推一人參加，組織陳列委員會主持全會主持展品事宜。又聘定王賢、王遠勃、司徒喬、李健、李樸園、李寶泉、林文錚、宗白華、施翀鵬、倪貽德、徐心芹、徐偉士、袁守和、秦宣夫、唐立厂、陸丹林、馬公愚、馬叔平、梁思成、鄔克昌、温肇桐、鄧以蟄、滕固、滕白也、劉抗、劉獅、趙太侔、鄭午昌、蔣吟秋、潘博山、謝海燕諸先生爲編輯委員會委員，以滕固爲主任，組織編輯委員會，負責主持編輯目錄、特刊，及說明文字等事宜。經十日夜之努力，乃將展品陳列完竣。顧良傑、喻德輝、郭蓮峰、薛銓曾諸先生領導各組職員服務之負責努力，真令人欽佩。此外尚有少數省份教育廳代徵之展品，寄出以來，或因路程太遠交通不便，或因手續困難留滯海關（如廣東省之展品是）因之不能早，未能參加陳列。現經常會決定，俟此項展品到達審查後設法輪流展覽以免向隅。

此次展品能有如此優良成績，本會除應感謝國內外作家踴躍出品外，尤須感謝前面所述各機關及各著名收藏家如林主席、葉恭綽、王一亭、丁輔文、龐萊臣、張蔥玉、許修直、李拔可、周養庵、鄧叔存、溥心畬、楊今甫、吳湖帆、潘博山、彭恭甫諸先生等六十餘人之熱心惠借展品。其餘如在京滬、平津、蘇杭等處負責接洽展之葉恭綽、吳湖帆、楊今甫、周養庵、陳子清、潘博山、徐偉士等諸先生，與北平藝術專科學校、杭州藝術專科學校、上海藝術專科學校及各省市教育當局之負責收集展品派員護送，或寄運來京，本會更不可不致感謝之意。

籌委會對於此次展覽會收費與否問題，亦曾詳加考慮，欲使一般民眾都能得一參觀機會，自然以不收費為最好，但鑒於以往各種不收費之展覽會，其擁擠不堪，秩序混亂之情形，又不能不稍加限制，結果乃決定普通每人每次收票價二角，學生軍隊或團體每人祇收票價一角，每星期五日收票價五角。觀眾當可減少，以便注重研究美術者得一比較疏適研究之機會，其目的并非在收費補助開支也。

此外為顧慮白日有職務拘身無暇參觀之人起見，特定每星期三日晚開放一次，以免向隅，歐美各國亦多有如此辦者，此故非創舉也。

展覽會籌備既竣事，因為想到在展覽期間，各地來首都參觀之人士必甚多，因此教育部決定在展覽會期間，舉行音樂會及戲劇表演，使今年之四月，儼然成為我國之一小規模之美術節，因為經費不足，由中央文化事業計劃委員會呈請中央黨部補助二千元，乃能舉行。音樂會由蕭友梅、唐學詠、趙元任諸先生組織主持辦理，在四月十六、十七、十八三日借國民大會堂舉行音樂會三次。戲劇表演則委託國立戲劇學校主持辦理，在四月十、十一兩日表演二次，希望因此可以提起民眾對姊妹藝術音樂戲劇之興趣，且借此可以試驗國民大會堂各種設備之是否完美合用。

美展會籌備概況，略如上述，即將照規定日期於四月一日開幕，此次籌備不周、辦理不善之處甚多，不惟不敢希望美術界同仁之原諒，亦不敢求諒於國人，若以本會同仁知識能力薄弱見責則可，若謂同仁等不努力不公正則不敢承受。我們希望此後每年或二年能開全國美術展覽會一次，并希望能仿照全國運動會辦法，除在首都舉行，每隔一次選擇國內其他大都市輪流舉行，如此則全國同胞賞鑒美術之機會當較多，美術對國家社會之貢獻亦較大，各地美術界人士亦不少從事籌備美展之機會，至時如有'事非經過不知難'之感則如此次籌備不周之處或可得人原諒萬一也。"

4月2日，下午五時，由滕固主持第一次美術講演會在中央大學致知堂舉行，請徐中舒講"銅器藝術"。

　　常任俠《戰雲紀事》："遇滕若渠先生，即向彼索取所著《南陽漢畫像石刻之歷史的及風格的考察》一冊。"

　　吳湖帆《醜簃日記》："午後爲滕石渠、沈君崇［甸？］畫竹石二幅……"

4月3日，下午三時，教育部召開座談會，討論今後改進藝術教育事宜。到有張道藩、楊今甫、滕固、劉海粟、蕭友梅、唐學詠、段錫朋、黃建中、顧樹森、陳禮江等共二十餘人。會議由王世杰部長主席，內容側重於藝專現今制度與內容方面，爲適應事實上之需要，頗有修改必要，擬組織一辦理藝術永久機關，以促進藝術教育進步。（參見1937年4月4日南京《中央日報》《新民報》《南京日報》。）

4月7日，第二次全國美術展覽會管理委員會成立。鑒於籌委會各項工作已告結束，特由全體籌備委員呈請教育部接受辦理，教部亦以各籌委在籌備期間已備極辛苦，除已允各委所請求，并將籌委會改組爲管理委員會，辦理關於展覽以及展品發還等事宜，但爲辦事便利起見，仍以前籌委會常務委員張道藩、褚民誼、馬衡、楊振聲、顧樹森、雷震、黃健中、滕固、陳禮江等及張善孖共十人爲管理委員。

　　《全國美展會管理委員會昨日成立　籌備會結束所有事務移交辦理　青海展品昨到京歸入二期展覽》："第二次全國美術展覽會，自開幕以來，業已七日，參觀人數，總計已在五萬以上，對各展品莫不交相贊譽，盛稱我國近年來美術之進步。於此次大會中，可以完全表現，頃悉籌委會以自大會開幕後，籌備工作，已告完成，特由全體籌備委員呈請教育部接收辦理，教部亦以各籌委在籌備期間，已備極辛勞，除已允各委所請外，并將籌委會改組爲管理委員會，辦理關於戰略以及展品保管發還等事宜。但未辦事便利起見，仍以前籌委會常務委員張道藩、褚民誼、馬衡、楊振聲、顧樹森、雷震、黃健中、滕固、陳禮江等，及張善孖共十人，爲管理委員，管理委員會昨日亦已正式成立，昨日爲星期三，日間參觀者，連江陰私立初中旅行團、中央政治學校、山東惠民鄉帥等團體,共達五六千人。晚間七時至十時,特開放展覽,爲便利一般公務人員赴會參觀,夜間展覽昨日爲首次,故到會者異常踴躍,又青海省展品六十件,昨日亦已運到,經審查後,決歸入第二期展覽。

發行專刊,內容異常精彩　該會除已於開幕日出特刊外,現發行專刊一種,定今日出版,每冊售價三角。茲誌其內容如下:(書畫)鄧以蟄:書法之鑒賞;宗白華:中西書法所表現之空間意識;秦宣夫:我們需要西洋畫嗎?呂鳳子:中國畫的變遷;葛康俞:畫之南北宗及其廢興;卞僧慧:關於中國繪畫之若干考察;馬衡:故宮博物院參加美展會之書畫;蔣吟秋:書畫與裝潢;董作賓:殷人之書與契;滕固:詩書畫三種藝術的聯帶關係;(書籍)袁同禮:全國美展會之版畫書;蔣復璁:二次全國美展會圖書之介紹;(古代工藝美術)唐蘭:中國古代美術與銅器;黃文弼:羅布卓爾發現漢漆杯考略;王遜:玉在中國文化上的價值;徐中舒:關於銅器之藝術;(其他)鄧懿:漢代藝術鳥瞰;袁同禮:我國藝術品流落歐美之情況。"(1937年4月8日南京《中央日報》)

南京《中央日報》刊發消息:"林風眠、滕固、周肇祥、劉海粟、趙太侔、顧樹森、褚民誼、張道藩等爲聯絡全國美術家感情,集合全國美術界力量,研究美術教育,推進美術運動起見,特發起組織中華全國美術會,現加入發起者有王个簃、江小鶼、呂斯百、吳作人、李毅士、汪東、汪采白、林風眠、胡小石、馬衡、高劍父、郎靜山、張大千、張書旂、張善孖、陳樹人、許士祺、馮四知、楊振聲、葉楚傖、溥侗、劉海粟、潘玉良等六七十人。關於該會章程草案,業經擬定,并於昨日分函各人徵求對草案意見外,并請代爲徵求發起。并聞此發起人及成立大會,決於本月十九日下午三時在京舉行。至該會成立後辦理之美術事業,暫時以書法、繪畫(中畫西畫圖案均在內)、雕塑、建築、攝影、美術工藝爲限。"

按:滕固編輯之《教育部第二次全國美術展覽會專刊》由籌備委員會印行。其內容多偏於書畫理論,分爲四類,書畫類文章十篇。滕固撰寫了《編輯弁言》,略謂:"這本小冊子裏所載的文字,除了編者的一篇舊稿殊不值一顧外,其餘都是精心結撰之作,希望讀者不要輕輕放過。有些專門問題:如董彥堂先生之於甲骨,唐立厂徐中舒兩先生之於銅器,他們都是當代權威的學者,以積年研究所得,條貫紛雜,而爲扼要通俗的提示;對於讀者實在是不可多得寄與。書畫藝術,爲我國廣大人士興味之所託,吾國人欣賞書畫比任何其他藝術來得熱烈。然書畫的真價何在?其歷史的發展何若?向來所謂士大夫者,或抱自私的態度,心知其意而不可以言傳;或方言玄妙,老在牛角尖裏打骨碌。這種情形不但無益於一般的教養,即自命爲內行人也陷於迷途而不自知,於此

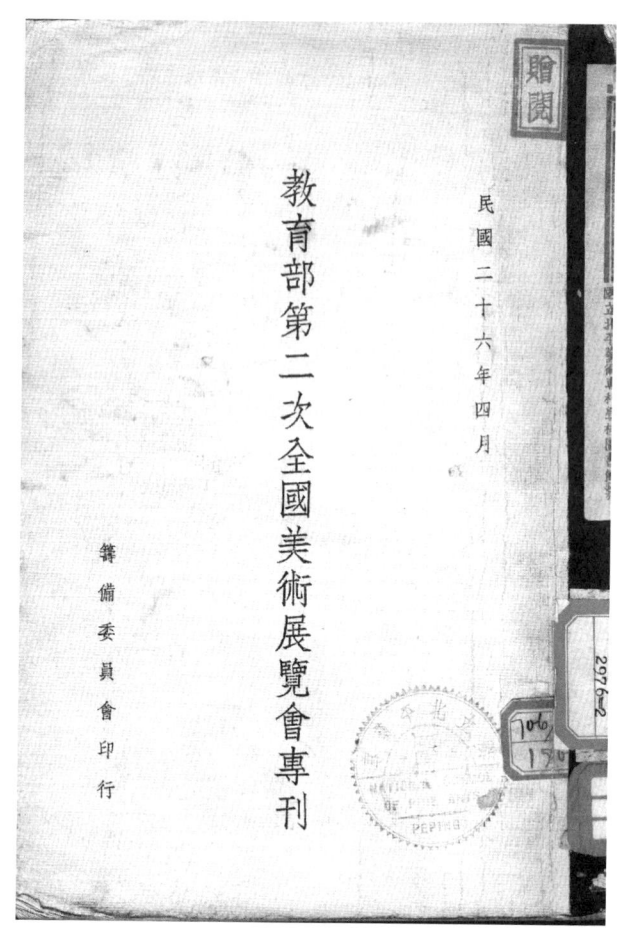

滕固編輯之《教育部第二次全國美術展覽會專刊》（中央美術學院圖書館藏本）

我應當特別推薦本刊刊首所列鄧叔存、宗白華、秦宣夫三先生關於書畫（包含西畫）藝術的論著，他們都是基於現代學問為明晰周詳之發揮，無疑地是對於廣大人士之一種有價值的指示。"所謂"舊稿"即《詩書畫三種藝術的聯帶關係》一文。據附言云"該文底稿是用德文寫的，原係1932年7月20日在柏林大學哲學研究所待索阿教授的美學班上提出宣讀的。"

《教育部第二次全國美術展覽會通告》："展覽日期及時間四月一日起至二十日止，每日午前九時起迄午後六時止，每星期三夜晚開放展覽，自下午七時起迄十時止，每星期一午前停止展覽；會場　南京國府路國立美術陳列館；展品　書畫、雕塑、金石篆刻、圖書、工藝美術攝影等（以上均包括古今美術

品); 入場券 每張國幣一角,星期三夜晚及星期五每張五角"(《申報》)

同日,滕固贈常任俠《南陽漢畫像石刻之歷史的及風格的考察》一冊。(參見常任俠《戰雲紀事》)

4月8日,下午五時,由滕固主持第二次美術講演會在中央大學致知堂舉行,請鄧以蟄講"中國美感探源"。

4月9日,夜半在下關站迎候吳湖帆等一行來南京參觀第二次全國美術展覽會。

  吳湖帆《醜簃日記》:"乘八時飛快車至都,靜淑、歐兒同行,尚有王季遷鄭元素夫婦、孔達女士等亦同車。至蘇州,恭甫夫婦、大姊等亦上車,同座者九人。午後零時半到京,下關站上滕君若渠、顧君蔭亭及徐偉士兄、公肅、聞天、梅邨與其弟季英均相候,乃與滕、顧二君道歉意,相偕車至中央飯店,……飯後至全美會參觀,晤馬叔平、顧蔭亭,同至故宮博物院辦事處,遇朱豫卿,觀蔭亭所購朱竹垞隸書軸。叔平贈趙幹《江行初雪圖》、李唐《江山小景》二影卷。"

4月11日,赴馬衡招宴於擷英西菜社,同座為葉遐庵、鄧叔存、容希白、吳湖帆、楊今甫共七人。

  吳湖帆《醜簃日記》:"晚馬叔平招飯於擷英西菜社,同座為葉遐庵、鄧叔存、容希白、滕石渠、楊今甫及余,與主共七人。"

4月12日,晚與雷震(儆寰)、顧蔭亭設宴招待吳湖帆、王季遷等。

  吳湖帆《醜簃日記》:"溥西園約飯於皇后飯店,飯後往滕若渠處道謝。……晚與恭甫、季遷應雷儆寰、滕石渠、顧蔭亭三君招宴於曲園,蔭亭送余歸。"

4月14日,下午五時,由滕固主持第三次美術講演會在中央大學致知堂舉行,請余越園(紹宋)講"中國畫之氣韻問題"。

4月15日,晚間宴請中央黨部宣傳部職員和新聞記者於曲園酒家。

  《陳克文日記》:"晚間滕若渠參事請宴於曲園酒家,到者多中央黨部宣傳部職員和新聞記者,皆與新聞事業有關者。"

吴湖帆《醜簃日記》："此次全美會收集品物，可謂薈萃大觀，至於雕刻西畫等余根本外道未便批評外，當以中央研究院之殷商文化一部爲最有價值，大半皆前人所未見之發現。又木簡數種漢人墨蹟，確是有價值之文史，其他則古畫也。古畫之陳列法，雖以荆、關、董、巨、李、郭、范、崔依次而下，可謂美備，自有展覽會以來未有之奇局，不獨國内無與倫比，即備採全世界之古畫，恐亦無此整齊矣。雖荆、關二畫有人指摘，然自具相當程度，無可厚非也。惟私家出品，一因徵集時期之太短促，二因藏家目光之逼仄，實屬大誤。但自清初以下，收集未廣，缺額太多，具地位之作家遺佚不少，而不倫不類者濫厠甚衆，此皆籌備時組織之缺點，實緣缺乏真正專家之指揮也。以偌大一國家組織之會，名爲有常務委員會任其責，就余所知，九委員中真能負責者，祇顧蔭亭、滕石渠二君。以此大會雜事叢集於一二人，豈不煩忙？即就陳列古畫而論，入選之品往往不陳列，落選之品亦厠其間，此等於審查會之無用也。而陳列之事，其權屬之他人，顧、滕二君亦無權指揮，豈非怪事！自開幕後，忽聞又取消常務委員會而重組管理委員會，又即常務委員九人組織之，換湯不換藥，不知是何意識，又悉多加入一張善子君，何不即加聘張君爲常務，而必欲改組？此所謂官樣文章，與事實果無出入也，真令人不解。若顧、滕二君者，有責任而無權利，其煩苦可知矣。"

4月16日，上午與馬衡陪同汪精衛夫婦參觀第二次全國美術展覽會，并說明各項展品之來源。

"晨七時許，中政委會汪精衛主席偕夫人陳璧君等參觀第二次全國美展會，由該會管理委員顧樹森、滕固、馬衡等陪同至各陳列室觀覽，并說明各項展品之來源，汪主席亦多所指示，至十時始離會。"（1937年4月17日《中央日報》、《新民報》）

午間與陳克文招宴自廣州來南京旅遊之顏繼金等人。

《陳克文日記》："正午與若渠同請顏繼金及柏生午飯於吉祥飯店。顏新近來自廣州，旅行京杭等處也。下午三時半，與岑有常再往國民大會臨時會場，參觀美術展覽會。展覽品之一部分已於前日改換，惟終覺可貴之珍品不多。又現代作品亦往往有不及古代作品之感，此或爲審查者之不力也。"

4月19日，中華全國美術研究會在南京假德奧瑞同學會舉行成立大會，到會者張道藩、楊今甫、馬衡、余紹宋、劉海粟、溥侗、滕固、高劍父、汪東、郭有守、朱希祖、曾仲鳴、蔣復璁等百餘人。先推張道藩爲臨時

1937年　丁丑　民國二十六年　三十七歲　419

主席,開會如儀:(一)報告籌備經過;(二)說明章程草案;(三)通過章程十八條;(四)根據章程選舉理事三十七人;(五)推選榮譽會員十四人,并就榮譽會員中推選榮譽理事四人;(六)通過建議教育部每年舉行全國美術展覽會一次;(七)通過建議教育部轉請中央每年撥款十萬元,收購美術品;(八)通過其他要案多件。滕固當選爲理事。(參見1937年4月20日《中央日報》)

報導:"中華全國美術研究學會發起人於19日下午三時假德奧瑞同學會開成立大會,到會者有張道藩、楊今甫、馬衡、余紹宋、劉海粟、溥侗、滕固、高劍父、汪東、郭有守、朱希祖、曾仲鳴、蔣復璁等一百餘人,先推張道藩爲臨時主席,開會如儀。一、報告籌備經過。二、説明章程草案。三、通過章程十三條:(略)。四、報告章程選舉理事(臨時理事)三十七人(名單附後)。五、推舉榮譽會員十四人,并就榮譽會員中推舉榮譽理事四人(名單附後)。六、通達建議教育部每年舉行全國美術展覽會一次。七、通過建議教育部轉請中央每年撥款十萬元,收購美術品。八、通過其他要案多件,至七時半始散。兹誌理事、榮譽理事及榮譽會員如此。臨時理事:汪東、張道藩、宗白華、董作賓、李毅士、吳作人、顧樹森、陳禮江、蔣復璁、滕固、劉海粟、黃賓虹、江小鶼、王濟遠、汪亞塵、徐心芹、王遠勃、劉獅、張聿光、周養庵、常書鴻、趙畸、梁思成、楊振聲、秦宣夫、林風眠、余紹宋、劉開渠、李璞園、林文錚、蔡威廉、張善子、吳湖帆、高劍父、伍千里、唐義精、唐一禾。榮譽理事:蔡元培、蔣夢麟、朱家驊、王世杰。榮譽會員:葉楚傖、葉公綽、王一亭、邵力子、狄平子、陳樹人、馬衡、郭葆昌、陳果夫、褚民誼。"(1937年4月20日南京《中央日報》)

4月20日,下午五時,由滕固主持第四次美術講演會在中央大學致知堂舉行,請中央研究院考古學專家梁思永講"殷代藝術",并演放幻燈片説明。

"教育部第二次全國美術展覽會第四次講演會,於下午五時假中央大學致知堂舉行,聽衆四五百人,由中央研究院梁思永作題爲'殷代藝術'之講演,對安陽殷墟發掘古物藝術品進行講解,并演放幻燈片俾助説明。該會主持人滕固云:此次美展舉行連續講演會,獲得意外圓滿結果,蓋主講者均係專家,故聽衆特別衆多,現擬由教部建議,仍繼續舉行連續講演會,俾提高首都人士之藝術興味與水準。"(1937年4月21日《南京日報》)

"此次美展會辦理藝術講演會,計假中央大學舉行四次,延聘專家徐中舒、鄧以蟄、余紹宋、梁思永分別主講,每次聽者之踴躍,出乎意料之外,且每一

問題講演後，即成社交談論之主要材料，此種以外之獲得，該會認爲十分欣慰。"(1937年4月24日南京《中央日報》)

4月21日，下午二時與陳克文同往中央政治學校，參加就業訓導班第二屆學員個別談話。

《陳克文日記》："下午二時與若渠同往中央政治學校，參加就業訓導班第二屆學員個別談話，歷一小時僅得六人，明日尚須再往，須畢五十人也。"

4月24日，教育部舉辦第二次全國美術展覽會圓滿結束。

4月25日，吳湖帆接滕固來函，陳公博要吳出青綠山水《雲表奇峰圖》，後來檢寄《曉雲碧峰圖》去。

吳湖帆《醜簃日記》："接滕石渠南京來信，陳公博部長要余出品全美會中之青綠山水《雲表奇峰圖》，後來檢寄《曉雲碧峰圖》去，不知合意否。"

5月3日，國立北平故宮博物院第二屆理事會第二次歷史會議在行政院會議廳舉行。陳立夫、羅家倫、王世杰、陳垣、李書華、蔡元培、周詒春、翁文灝(王世杰代)、蔣夢麟(羅家倫代)、張道藩、褚民誼(李書華代)、張伯苓(周詒春代)、張人傑(陳立夫代)、蔣作賓(張道藩代)、馬超俊(王人麟代)出席，馬衡列席，會議由理事長蔡元培主席，滕固等擔任記錄。(參見王良鐳整理《故宮文物南遷檔案資料選輯(下)》，上海市檔案館編《上海檔案史料研究》(第十四輯)，上海三聯書店，2013年6月)

與陳克文等宴請奉命爲安徽省民政廳長魏鏡如、秘書長金毓黻於吉祥飯店。

《陳克文日記》："正午與若渠、子青、秋岳等四至五人共宴魏鏡如(鑒)、金毓紱[黻]於吉祥飯店，魏金均政院參議，魏最近奉命爲皖民政廳長，金爲秘書長，時爲餞別也。金對清史極有研究，魏則材具極平庸，均以東北軍之關係，獲膺新職者也。"

5月10日，上海文獻展覽會召開發起人會議，通過章程及徵品辦法。推定滕固爲名譽理事及南京徵集主任。

《上海文獻展覽會昨召開發起人會議通過章程及徵品辦法等，七月二日在博物館開幕》：本市市博物館市通誌館，聯合地方各界收藏家，發起組織之上海文獻展覽會，於昨日下午四時，假座八仙橋青年會，召開發起人會議，到沈恩孚、黃任之、朱少屏、潘公展、周越然、柳亞子、張壽鏞等五十餘人，由葉恭綽主席，報告開會宗旨後，經通過章程、推定職員，并訂定徵品辦法、參觀須知，定七月二日開幕，茲分誌如次：

通過章程

上海文獻展覽會章程，第一章，總則，第一條，本會定名為上海文獻展覽會，第二條，本會由上海市博物館、上海市通誌館聯合地方各界各地收藏家，共同發起組織，第三條，本會徵集有關上海市縣各地之文獻物品，公開展覽以引起社會上對於上海文獻之認識與研究為宗旨，第四條，本會為便利應徵人接洽應徵起見，在徵集期內，得暫設辦事處於各地，第二章，徵集，第五條，徵集範圍及應徵手續，其辦法另訂之。第三章，展覽。第六條，展覽地點，在上海市博物館，第七條，展覽日期自二十六年七月二日起，至同月十一日止，必要時得延長若干日，第四章，經費，第八條，本會經費，除酌收參觀券資外，由上海市博物館負擔，第五章，職員，第九條，本會設名譽會長一人，名譽副會長三人，會長一人，副會長三人，名譽理事若干人，理事若干人，常務理事若干人均由籌備大會公推之，第十條，本會設幹事若干人，由理事會延用之，分組擔任各務，第六章，會期，第十一條，理事會日期無定期，於必要時由會長召集之，常務理事會每二週一次，由會長召集之，必要時得隨時開會，第七章，附則，第十二條，本章程經籌備會會議通過後施行。

推定職員

（名譽會長）俞鴻鈞,（名譽副會長）鈕惕生、潘公展、柳亞子，會長葉譽虎,（副會長）沈信卿、陳陶遺、秦硯畦,（名譽理事）馬相伯、蔡子民、杜月笙、王曉籟、王一亭、黃任之、張菊生、狄平子、張壽鏞、董綏經、胡樸庵、劉季平、傅沅叔、陳仲恕、屈伯剛、李雁晴、馬叔平、顧頡剛、沈兼士、孫孟晉、唐蔚之、劉海粟、馮子顒、高欣木、俞越園、顧鼎梅、袁思永、鄒景叔、葉品三、吳開先、關炯之、竺藕舫、陳伯衡、陳萬里、朱守梅、顧蔭亭、狄君武、吳南軒、何世楨、李楚狂、孫俶仁、高吹萬、袁周禮、滕若渠、商錫永、柳詒徵、何叔文、雷君彥、沈思齊、王毓芳、錢選青、衛聚賢、商承祖（理事），穆藕初、姚孟塡、李拔可、賈秀英、朱少屏、李佑之、周越然、張大千、徐積餘、毛子堅、王雲五、王培蓀、黃伯樵、沈怡、徐栩、李廷安、蔡勁軍、徐佩璜、周雍能、趙厚生、丁輔之、簡又文、舒新城、黃伯惠、李祖韓、吳修、杜剛、姚石子、嚴諤聲、潘仰堯、徐邦達、龐萊臣、蔣穀孫、趙叔雍、秦伯木、吳眉孫、潘博山、江小鶼、閔瑞之、葉露、劉東海、姚兆里、姚際虞、徐晉賢、秦翰才、章天覺、瞿良士、葉揆初、徐寒梅、王鯤從、孫陟甫、張伯岸、王綏珊、張善孖、王秋湄、程雲岑、陸高誼、高君藩、金劍花、顧冰一、黃蘊深、于允鼎、張叔通、張繼齋、郎靜山、張堯倫、陳訓慈、蔣鏡寰、王佩靜、陳子清、董聿茂、張天方、張伯初、容希白、賈李英、沈階升、朱愷儔、朱遹叟、王季銓，(常務理事)胡肇椿、吳湖帆、徐蔚南、陳瑞志、沈勤盧、李直夫、吳靜山、陸丹林、胡懷琛。

各地徵集主任，(上海市)市博物館、市通誌館、職業教育社，(海縣)劉東海、秦伯未，(松江縣)雷丞彥，(青浦縣)金劍花，(金山縣)姚石子，(南匯縣)顧冰一，(川沙縣)張伯初、沈湘之，(寶山縣)趙厚生、金匡山，(奉賢嘉定)由常務理事會□定，(蘇州)省立圖書館，(南京)顧蔭亭、滕固，(杭州)陳訓慈，(北平)袁同禮、容庚。

徵品辦法

上海文獻展覽會徵品辦法，(一)本辦法依據本會章程第五條訂定之。(二)徵集日期於二十六年五月十五日起，至六月二十日止。(三)收件地點，在上海市博物館內，及上海福熙路市通誌館，其各地收件處擬定後分別宣布。(四)徵集範圍，以有關上海市縣各地之文獻物品為限，其類別如次，(甲)典籍，凡書籍、方誌、譜牒、輿圖均屬之(不論版片、劇本、稿本、校本、鈔本、書影，均所歡迎)，(乙)圖像，凡先哲遺像、古迹、名勝有關歷史風俗學術之圖像均屬之(不論印本、攝影、摹本、圖詠均所歡迎)，(丙)金石，凡古代器物均屬之(不論實物、拓本、攝影、模寫、著錄均所歡迎)，(丁)書畫，凡鄉賢、流寓、方外、閨秀、名宦之作品均屬之(現代不收)，(戊)史料，分革命、政治、經濟、教育、交通、物產、宗教、合類，(己)鄉賢遺物已往明賢之服飾、用具、真玩均屬之(不論實物、紀載、攝影均所歡迎)。(五)徵集手續，凡應徵者，須預將應徵物品，填寫徵品登記表，寄送本會，并將應征物品，送交各收件處所掣取收據，如物品較多，或屬重要物品，得先期通知本會，由本會派員領取。(六)本會收到各徵品，經審查委員之審查後陳列之。(七)徵品一經送會，即由本會負責保管，至展覽閉幕後十日內憑收條領回(除天災人事不可抗者外，本會當竭盡防護之責)。(八)本辦法經籌備會通過後施行。

參觀須知

㈠展覽會場設在上海市博物館內。㈡會期與開放時間如左：一、會期，自二十六年七月二日起至同月十一日止；二、開放時間，每日上午九時起至下午五時止，逢星期三六日下午延長至夜間九時止。㈢參觀票價，每人法幣二角，逢星期三加倍，團體滿二十人以上，均得半價優待，惟限於每日上午。入場參觀須遵守左列規則：一、攜帶物品須交存物處寄存；二、參觀時須照規定之路綫；三、陳列品不得動手檢視；四、陳列室內禁止攝影速寫吸烟吐痰嘩笑馳突；五、如損壞陳列品或展櫃玻璃等物，不論有意無意，須負賠償之責。
⑤[四]參觀人於參觀完了時，得上樓參觀博物館各陳列室，不再另收門票。
（1937年5月11日《申報》）

5月18日，由滕固、常任俠、馬衡、朱希祖等發起之中國藝術史學會在中央大學成立。

《中國藝術史學會緣起　民國二十六年五月十八日》

輓近藝術史已成為人文科學之一門，有其獨自之領域與方法，非若往昔僅為文化史或美學之附庸也。是以各國學府，設科目以講求，遠紹旁蒐，文獻日增，名家輩出，而各民族之藝術創制，因亦大顯於世。

吾國前代藝術產品，夙稱豐富，雖喪亂之際，屢遭毀失，而所遺留於今日者，各國尚無與倫比，自來學者欣賞鑽研，非不勤劬，顧其著作流傳，品藻書畫，率偏趣味，考訂金石，徒重文字，而雕塑建築且不入論域，求其為藝術史之學問探討，不可得也。域外人士，於數十年來，接踵而至，作為計劃之旅行探險，蒐求材料，從事藝術考古，撰為專著，故謂對於中國藝術作現代研究，始自西人，非過甚之言。於此期間，吾國藝術珍品，被攫取捆載以去，而散佚海外者，亦不可以數計。今吾人於探討之時，若干部分須採其印本以為參考，或竟須遠涉重洋以求目驗，恥孰甚焉。

乃者國運更新，一切學術，急起直追，顯有長足之進步。彼外人所挾之治學方法，吾人亦得而運用之，於是對藝術之現代研究，日漸抬頭，有所創獲，外人視之，亦感瞠乎莫及，然以環境所限，物力匱乏，未能擴大範圍，更求深造，識者惜之，欲期今後賡續研討，分工合力，普遍達於各時代各部門而並得卓越之成績，則有戴乎吾人之昕夕蒐求，刻勵孟晉。同人等為輔助工作，廣益集思，特發起中國藝術史學會，以期藉組織之力量，使藝術史學問，在中國獲得更深切之認識，使吾民族之藝術業績，在世界文化上獲得更正確之評價。

學會工作之綱領如下：

一、分工研究本國各時代各部門之藝術，及與本國有淵源關係之邊徼域外藝術。

二、流通關於藝術史之罕見及新出材料。

三、發刊已整理之材料及各項研究報告，并介紹外人有價值之論著。

四、蒐集國內外出版之藝術圖籍。

五、協助政府保護本國藝術珍品。

六、與各國藝術史研究團體，作知識之交換與合作。

(《民族詩壇》第三卷第三輯(總第十五輯,1939年7月出版))

常任俠《戰雲紀事》:"三時赴大學中山院開中國藝術史學會,到馬衡、朱希祖、滕固、胡小石、宗白華、徐中舒、梁思永、董作賓、陳之佛、李寶泉等二十一人。余爲發起人之一也。"

常任俠回憶:感覺中國藝術史學急待研究,冀望在世界學術界中將中國文化,傳播弘揚起來,於是在南京中央大學與胡小石、朱希祖、馬衡、董作賓、傅抱石、黃文弼、梁思成、裴善元、商承祚、梁思永、徐中舒、宗白華、陳之佛、胡厚宣、張政烺、常任俠等組織中國藝術史學會,由滕固負責,常任俠任秘書。該會計劃編印一種中國藝術考古的權威雜誌,向世界宣揚中國藝術,并隨時刊印會員研究專刊,向世界的博物館美術館及著名學者去交換著作,方待

1937年中國藝術史學會成立合影:前排左一常任俠、左三商承祚、左四朱希祖、左五胡光煒、左六馬衡、左七陳之佛、左八裴善元;後排左二滕固、左五梁思永、左六張政烺、左七李寶泉、左八宗白華。(常任俠先生藏)

進行逐步實現，不料暴寇來侵，國都西遷，處在兵火正殷之際，印刷條件困難，祗好暫時停頓。(參見《記亡友滕固及其著作》)

按：據蔡鴻源、徐友春編《民國會社黨派大辭典》"中國藝術史學會"條目："1937年5月18日成立。常務理事滕固、董作賓；理事馬衡、梁思永、徐中舒、朱希祖、胡光煒、陳之佛，有會員33人。1937年6月5日，在中央備案，證書字號為社字28號，圖記字號為社字145號，同年5月教育部備案，同年8月內政部備案。地址重慶故宮博物院辦事處(轉)"。(合肥：黃山書社，2011年11月，第103頁)

有關該會活動，可參考沈平子《中國藝術史學會——一個不應該被遺忘的學術研究團體》，刊《中華兒女·書畫名家》(海外版)2011年第2期。

5月20日，應汪精衛邀請赴頤和路卅四號晚飯，到者為陳公博、甘乃光、王懋功、谷正綱兄弟、陳克文、曾仲鳴、陳璧君，藉此談論各種問題，交換意見。

《陳克文日記》："晚間應汪先生約，到頤和路卅四號晚飯，到者為陳公博、甘乃光、王懋功、谷正綱兄弟、滕若渠、曾仲鳴、汪夫人，並無他客，大概係藉此談談各種問題，交換意見也。汪先生并表示，此後或間中舉行同樣的聚會，九時始散去。"

5月24日，中德文化協會會所在南京寧波路落成，是日下午舉行落成典禮。常務理事滕固、蔣復璁、勞德士，秘書商承祖等連日協商會務，該會理事長朱家驊由杭來京主持，外埠會員已紛紛到京參加。德奧瑞諸國文化界領袖及文化機關，均有賀電到京。是日參加典禮者有該會理事長朱家驊，名譽會長王世杰，陶德曼，理事蔣復璁、勞德士、張樑任、滕固、商承祖、中央宣傳部長邵力子、中央民訓部副部長王陸一、考試院戴院長代表丁文淵、外交部次長陳介、德使館參事飛師爾，會員郭有守、羅家倫、謝壽康、梁潁文、王固磐等三百餘人。(參見1937年5月24、25日《中央日報》)

上海文獻展覽會假八仙橋青年會舉行茶會，到會長葉譽虎等一百餘人，報告作品徵集工作情形，推朱愷儔為太倉縣徵集主任。北平、南京、杭州等地則均有書面報告。

5月26日，設家宴招待上海新聞檢查出主任陳克成，陳克文夫婦作陪。

談最近中宣部邵部長之檢查新聞政策。

《陳克文日記》："中午與振姊同至若渠家午飯，蓋彼請陳克成夫婦，招余等往陪也。陳克成爲上海新聞檢查處主任，談最近中宣部邵部長之檢查新聞政策。謂邵要做好人，故不恤[惜]使各地新聞檢查處負責人做醜人。"

5月，作《愷儔仁丈先生近請畫家寫幽篁獨坐圖命題率成一截錄奉兩政》，發表於《長途》1937年2卷3期。

按：朱愷儔係太倉縣瀏河鎮士紳人，曾發起組織太倉同鄉會，當選爲執行委員。錫滬長途汽車公司經理。文獻展覽會期間曾被推爲太倉縣徵集主任。

上海《電聲》6卷29期刊登《滕固之丫頭太太》報導。

6月3日，作致孫次舟函。

次舟先生撰席：接誦《歷史與考古》第三回，承先生指正拙文，至深欽遲！該刊第一二回，及以後出版者，倘荷賜贈一份，俾增見識，尤所感禱！專此順頌道安。滕固謹啓六月三日

按：該函發表於6月25日刊行之濟南歷史學會編《歷史與考古》1937年4回（五月份論文報告）通訊欄。《歷史與考古》1937年3期刊登四川大學南充分院歷史教授孫次舟《論南陽漢畫像中的樂舞——駁滕固先生》一文，糾正滕文失誤之處。此文發表後得到滕固來函致意。

據孫次舟回憶："我和若渠先生的接觸，是在民國廿六年夏季由反駁他對南陽漢畫像中樂舞的解釋而引起的。滕先生主張南陽漢畫像中樂舞是巴渝舞。我反駁他，巴渝舞是一種樂舞，南陽漢畫像所表現的是唐朝人所說的'百戲'。那時滕先生正在南京行政院當參事，他見到我的文章後，曾來過幾次信，不但贊成我的考證，并吐露極端坦白率真的話。意思記得是這樣：'個人自行政以來，每日的時間都被辦公廳占去。傍晚歸家，精神已經透支，而知友們多以過去曾寫作練習，紛來索文，卻既不恭，祇有於夜闌人靜，一燈縈□之際，強打精神爲之，資料之未能備，論斷之未正確，那是事實使然。行文之始，本已惴惴，文成之後，總希望由此引起同好的興趣，繼續作研究，□得竟究，所以讀到反對的文字，從不慍怒，非常高興。'像這樣坦白率真，容人論辯，在我所接觸的文人中，實不多見。後來於四川遇到黃仲良先生，他是若渠先生的老友，每談到若渠先生，總要說他善取人之長，樂助人治學，與一般時流的文人居心不同。我於若渠先生的突然逝世，哀悼之餘，又深以廿七年冬道經重慶停留一月之久，未曾與他謀得一面爲憾。"（摘自孫次舟《敬悼張素癡先生》，收

入（美）陳潤成、李欣榮編《天才的史學家：追憶張蔭麟》，清華大學出版社，2009年7月，第26—27頁）

6月9日，代表行政院出席中央大學十週年暨三江師範創校三十五週年紀念會。

《朱希祖日記》："中央大學十周年紀念，并三江師範創校三十五周年紀念典禮，首閱兵，次開紀念會，校長報告，黨部陳立夫、國［府］代［表］張繼、［行］政院代［表］滕固、教［育部］長王世傑、前校長朱家驊演說，攝影。"

6月16日，上海文獻展覽會召開徵集人會議，推舉蔡子民、葉譽虎、王一亭、鈕惕生、張菊生、柳亞子、沈信卿、秦硯畦、陳陶遺、滕若渠、丁輔之、吳湖帆、姚虞琴、龐萊臣等十四人為鑒審委員，至三十許始散會。

6月19日，《申報》刊登《上海文獻展覽會徵求出品》廣告。

（徵集日期）即日起六月二十日止。（徵集範圍）以有關上海市及上海、松江、金山、青浦、南匯、川沙、奉賢、寶山、嘉定、太倉十縣之典籍圖像、金石書畫史料及鄉賢遺物，不論實物、拓本、攝影、記載皆所歡迎。（收件地點）上海市中心上海市博物館，上海薩坡賽路二九一號上海市通誌館，上海劉東海、秦伯未，松江雷君彥，金山姚石子、高君定，青浦金劍花、張繼齋，川沙張伯初、沈湘子，南匯顧冰一，奉賢陳伯奎、廖味蓉，寶山金巨山、趙厚生，嘉定楊衛玉、張鴻年，太倉朱愷儔，南京顧蔭亭、滕若渠，杭州陳訓慈，蘇州省立圖書館，北平袁守和、容希白。（章程及徵品辦品［法］）向收件處函索即寄。名譽會長俞鴻鈞、名譽副會長鈕惕生、潘公展、柳亞子，會長葉譽虎，副會長沈信卿、陳陶遺、秦硯畦。

7月上旬，中央古物保管委員會在南京舉行第五屆年會，商討案件最主要者，即為《古物保存法》，經議決由滕固、馬衡等五委員審查，交立法院核定後公布。另外對陝西中部橋陵整理事宜，以軒轅黃帝為我民族之祖先，豐功偉業，最值吾人崇仰，決定撥洋十萬元，該會為保護唐代陵寢，及保護各帝王陵前之碑石，以重古物起見，決定先修乾州之唐高宗陵、唐肅宗陵、醴泉之唐太宗陵、涇陽之唐憲宗陵、三原之唐中宗陵，及蒲城富平等縣唐代帝王陵寢，至初步計劃，業經由中央古物保管委員會西安辦事處草擬竣事，并即派員前往乾縣、醴泉、涇陽、三原、蒲城、富平等縣之唐陵所在地，實施測量，及照像等事，全部整理陵寢工事，將於本年底可完成。(參見 1937 年 7 月 6 日《南京日報》)

7 月 7 日，北平"盧溝橋事變"爆發，以國共兩黨第二次合作爲基礎的抗日民族統一戰綫形成。

7 月 8 日，《讀碑偶箋(一)·明陝國宣武公郭子興墓誌》發表於天津《益世報·讀書週刊》第 107 期。該刊爲北平北京大學文學院讀書週刊社主辦。

7 月 19 日，上海文獻會邀集各縣負責人在八仙橋青年會開會，由會長葉玉虎主席，討論有關上海文獻展覽會發還出品手續、組織出版委員會及發起刊印蘇松太叢書等事項。滕若渠列名出版委員會評議員二十三人之一。

《上海文獻會發起刊印蘇松太叢書》："(上略)出版委員　上海文獻展覽會出版委員會簡則，㈠本會專爲辦理上海文獻展覽會出版事物而設，㈡本會以委員若干人組織之，委員由上海溫習展覽會大會推舉，㈢本會設採選、編輯、印行三組，由各委員分任職務，㈣本會設常務委員五人至七人，處理通常事務，由各委員互推之，㈤本會設評議員若干人，審定各項稿件，㈥本會各職員均爲名譽職，㈦本會於出版事務終了後解散之。委員名單　甲，常務委員：胡肇椿、陳端志、吳靜山、沈勤廬、徐邦達，乙，委員：于仲篪、楊衡玉、顧冰一、秦伯未、雷君彥、陳小蝶、徐宗澤、趙萬里、楊寬、杜詩庭、朱愷儔、趙厚生、張繼齋、王季銓、蔣大沂、陸丹林、沈湘之、金巨山、廖味蓉、高君定、梁眾異、丁輔之、顧蔭亭、顧景炎、姚明煇、胡寄廎、張伯初、張鴻年、顧志剛、林爾卿、沈子堅、奚挺筠、楊秋人、金道一、陳泊庵、劉東海、周越然、余伯陶、黃虞孫、沈逸史、錢選青，丙，評議員：張善子、王秋湄、袁守和、滕若渠、黃任之、張菊生、沈信卿、秦硯畦、潘博山、高吹萬、蔣谷孫、王綬珊、陳子清、陳子彝、王佩諍、吳湖帆、葉玉甫、姚石子、姚虞琴、蔣吟秋、陳叔諒、沈思齊、黃維薌。"(1937 年 7 月 20 日《申報》)

8 月 3 日，與陳克文、端木鑄秋等談論時局，深以國家正值危難，公務員反見清閑，欲效力而無從爲嘆。

《陳克文日記》："正午與端木鑄秋、滕若渠同至彭浩徐次長家午飯，互談對時局所見，深以國家正值危難，公務員反見清閑，欲效力而無從爲嘆。"

8月13日,"八一三"淞滬抗戰爆發,戰事歷時三個月,上海失守。月浦因修建碉堡,滕固舊居及藏书等遭到損毀。

8月19日,《陳克文日記》寫道:"下午五時,秘書、參事聚徐景薇家舉行談話,魏秘書長、何處長均參加。會未散,警號又大鳴。"

8月22日,《陳克文日記》寫道:"上午十時,政院秘書、參事及秘書長、處長舉行談話會於朝天宮故宮博物院辦事處,討論戰時各機關經費支配法提案。"

8月26日,《陳克文日記》寫道:"上午九時行政院秘書、參事舉行第二次談話會於朝天宮故宮博物院辦事處。"

9月17日,陳克文來探望病中滕固。
　《陳克文日記》:"午飯後至朝天宮,探若渠疾,已能起坐於床上啜粥矣。"
　按:據顧蔗園回憶:"'八一三'滬變既作,南京首遭轟炸慘烈;若渠到底是個文人,他急於找尋有堅固地下室的所在,以資掩護。其實冶山朝天宮下,所建築的'故宮博物院倉庫',落成不久;鋼骨水泥的地下室,深埋在冶城山裏,堅固異常!若渠就遷入倉庫居住,杜門不出,時時遣院役通郵簡,以代晤面,不久倉猝西行,迄未有一度話別機會。"(《追念滕若渠先生》)

10月17日,汪精衛約滕固等行政院參事數人明晚共便飯。
　《陳克文日記》:"午飯時,汪先生約明晚六時半,與滕若渠、徐景薇、端木鑄秋、徐道鄰來共便飯。"

10月18日,應汪精衛約請赴陵園新村西路曾仲鳴宅,同座另有徐道鄰、陳克文、端木鑄秋、徐景薇等,談話內容涉及九國公約會議及戰時各項問題。
　《陳克文日記》:"下午六時與鑄秋、景薇、若渠、道鄰同赴陵園新村西路,應汪先生約。會晤於仲鳴宅,先作半小時談話,九國公約會議及戰時各項問題均曾提及。六時半晚飯,客人五人,主人為汪先生及仲鳴,共七人。"

11月10日,應汪精衛邀往談話,在座有甘乃光、陶希聖、谷正綱兄弟、鄧飛黃、范予遂、蕭忠貞、陳克文、仲鳴及汪夫人,商討組織三民主義青年團事，談話結果，極力贊成此種組織之成立。

《陳克文日記》："下午五時，與若渠同車往陵園新村西路二〇七號，應汪先生談話會之約。到者尚有甘乃光、陶希聖、谷正綱兄弟、鄧飛黃、范予遂、蕭忠貞。仲鳴及汪夫人亦在座。蔣先生近向汪先生提議組織三民主義青年團，故汪先生以此就商於予等。談話結果，極力贊成此種組織之成立。蔣先生此種發[舉]動，是鑒於國民黨青年之自行分裂衝突，又不足以網羅黨外之有力分子，故思於不背國民黨之主義範圍，成[立]此新組織。此當是國民黨之革新運動，不過未來之成功如何，此時尚不能預測矣。"

11月16日，南京國民政府機關開始向重慶、漢口、長沙等地遷移。滕固主持行政院遷移長沙、重慶事宜。

11月17日，《陳克文日記》寫道："上午十時才得到消息，下午六時輪船便從下關動身，一百多的政院職員都要在這短時間內預備下船，忙亂的情形可想而知。"

11月18日，《陳克文日記》寫道："上午八時，到陵園見汪先生，先生及夫人女公子等均在坐。大家面上，都罩上一重憂慮之色。見面後，先生指示地圖，說明政府遷往重慶，及軍事機關遷往長沙、衡陽之意。問以外交形勢，先生搖頭嘆息，謂友邦雖有好意，但我方大門關得緊緊的，無從說起。又說，現時祇望大家一心一意，支持長久，這些切勿向外間宣露。停一會又說，從前城池失守，應以身殉，始合道德的最高觀念；今道德觀念不同，故仍願留此有用之身，為國盡力，言下態度至沉著堅決。見面約一小時，先生說話極少，俯頭踱步，往來不已，先生精神之痛苦大矣。汪二小姐言，昨從九江來，途中遇母親及振姊，裝汽油之卡車翻落途中，行人皆無恙，心得少安。惟始終未得若渠、景薇電話，殊懸懸。昨夜今午各去一電探詢，亦未得報，不知到底如何。"

11月20日，國民政府正式發表遷都重慶宣言。

11月29日，行政院辦公處所臨時設於漢口江漢路四明銀行樓上。

《陳克文日記》："晨六時許，船即到漢口。候至七時，才得車登岸。與彥遠及政院其他同事會見後，即急急布置辦公處所，位址在江漢路四明銀行樓上，其他機關均未布置就緒。到漢人員亂哄哄，一團糟，公私建築，均有人滿之患。街道極形擠擁,夜間燈火齊明,笙歌入耳,固不類國家已陷於焦頭爛額之景象。"

11月30日,自長沙作致陳克文函,談裁員及今後行止事。略謂:"來湘人員紛紛恐慌被裁,因實業部前日在此裁去一部分,大家都聚在實部門前率領眷屬大哭大叫,因此院中同人亦皆恐慌。弟意要裁應在京中裁去,既運到長沙,何必再裁。若必須遵照決議而裁,則不如將許多擬裁人員分別介紹於湘鄂桂黔等省派用,則可息然言也。此次弟本想派楊子英來漢面談一切,惟齊科長茲行,則亦聽之。下列人員,望為注意,能勿裁去最好。林丕基、徐綱、張蔭祖、王肇祺、楊鳴孝。再將來如在長沙設通訊處,弟與子英可留長沙,介松可赴衡陽,此點乞兄注意。"(據陳克文藏滕固原函)

《陳克文日記》12月1日條:"上午八時與彥遠到德明飯店見魏伯聰,商疏散人員名單。原有人員總數二百六十四人,第一次疏散,指定工作人員百卅人;現在再度疏散,僅指定八十人。許多人員相隨到湘到漢,聞疏散說,皆大恐慌。若渠來書,謂黨部在湘疏散一部分人員,皆聚該部門前,牽眷大哭大叫,不知政院疏散之電到湘,政院同人又作何狀。最可憫者籍隸戰區人員既已無家可歸,又遭此打擊,悲痛之情,何可勝言。"

12月2日,陳克文與彥遠具名發一電與滕固,囑設法勸慰未經指定工作諸同事,并欲依據疏散人員辦法,以秘書處名義介紹各回原籍服務。

《陳克文日記》:"與彥遠具名發一電與若渠,囑設法勸慰未經指定工作諸同事,并欲依據疏散人員辦法,以秘書處名義介紹各回原籍服務。魏伯聰秘書長不納此議,但日言設法,不知法從何出也。"

12月3日,滕固致電陳克文,述行政院同事未經指定工作者之焦躁情狀。

《陳克文日記》:"若渠又來電述政院同事未經指定工作者之焦躁情狀,幸情狀最困者不過十人左右,將來或不難設法處置也。"

12月4日,滕固向陳克文發密函,談及離院人員發放遣散費用、人員安排及何廉處長欲派其赴武漢辦議事科諸事。其中談及"今日與何處長商定:戰區未指定人員每人給一百元離院,約需二千餘元,即將上款動用,請即再行寄款(電匯)到長沙。未指定人員中,何處長指定五六人非正式准予隨院移動,此事本日或明日何處長自有電話給翰座也,如此一切問

題可得大部分之解決矣。弟身當其衝，至此略可喘息。"（據陳克文藏滕固原函）

12月27日，上午八時，滕固、徐象樞率領行政院職員公役及眷屬等乘車由常德南站起程赴黔，距離沅陵二十公里處曾遇匪劫，幸經護送士兵擊散，於下午安抵沅陵。翌日曾發密函談及此事："齊科長密距沅陵廿公里淘飯鋪附近，遇匪械劫，幸衛兵擊散，安然抵沅。兄等行時，除黔派兵外，弟等已電省府轉飭縣區保護。車輛行時，須緊隨，前後車多裝衛兵爲要。樞固感酉印。"（據陳克文藏滕固原函）

是年，上海商務印書館出版中德學會編譯《五十年來的德國學術》（中德文化叢書之六）第二集中，收入戈爾特式密德（Adolph Goldschmidt）著、滕固譯《美術史》一文。該書又於1938年3月由長沙商務印書館再版。

《春色》1937年第3卷第7期刊登奇嵐《關於滕固》一文，主要涉及滕固戀愛婚姻經歷。文末"華案：我的朋友滕固先生，思想遠大，二次到日本去留學，我們所知道，確能專心留學，對於政治，尤有心得，現任職於行政院，深爲汪氏所器重"。

1938年　戊寅　民國二十七年　三十八歲

1月上旬，抵重慶，籌備行政院新址安置工作。

1月10日，陳克文收到滕固函，代同事說項。
　　《陳克文日記》："景薇、若渠又來信，請設法恢復王肇裕、薛樹芳工作。此皆不易應付。"

1月11日，在重慶。至中央大學訪朱希祖未晤。
　　《朱希祖日記》："本日行政院參事滕若渠固至中央大學訪余，未晤。"

1月25日，行政院召開第三四七次會議，出席各部會長，主席孔祥熙，議決案共三十餘起，其中：教育部提請合併國立北平藝術專科學校及國立杭州藝術專科學校，改爲國立藝術專科學校，并擬具國立藝術專科校校務委員會暫行簡則，請公決案，決議通過。

《昨行政院會議通過》："【本市消息】行政院昨日開第三四七次會議，出席各部會長，主席孔祥熙，議決案共三十餘起，茲摘錄要案如次：（一）安徽省政府委員兼主席蔣作賓，另有任用，應免本兼各職，任命李宗仁爲安徽省政府委員兼主席。（二）改組西康建省委員會，所有該會委員長劉文輝，委員李萬華、向傳義、冷融、段班級、任乃強、劉家駒均應免職，派劉文輝、段班級、向傳義、李萬華、任乃強、葉秀峯、周學昌、王靖宇、韓孟鈞爲西康建省委員會委員，并指定劉文輝爲委員長，王靖宇兼西康建省委員會保安處處長。（三）軍政部常務次長陳誠，另有任用，應免本職，任命張定璠爲軍政部常務次長。（四）福建省政府委員兼建設廳長沈百先，呈辭本兼各職，應予照准，任命徐學禹爲福建省政府委員，兼建設廳長。（五）教育部提請合併國立北平藝術專科學校及國立杭州藝術專科學校，改爲國立藝術專科學校，並擬具國立藝術專科學校校務委員會暫行簡則，請公決案，決議通過。（六）內政部呈擬該部衛生署衛生實驗處組織條例，請核定案，決議修正通過。（七）內政部呈擬該部警察總隊組織暫行規程，請鑒核備案，決議，修正通過。"（1938年1月26日《申報》漢口版）

1月29日，陳克文收到滕固來函，談用人事。

《陳克文日記》："滕若渠來信，深以金華、薛樹芳兩人不能復職爲怨，大呼事之不平至此。鄭道儒函，亦隱有疏散不公平之意，因各復一長函，說明事或有錯或有不公，但絕無私意廁什其間。蓋二百六十餘人，疏散達三分之二以上，余適參與執行之職。平日對人事之熟習不深，事實又不容許從容向各方諮詢意見。處此情勢，無論何人，決難做出人人滿意，方方喝采之事。明知因疏散之故，個人已成衆怨之府，亦祇好忍受之矣。"

1月31日，上海《申報》刊登國立北平、杭州藝專合併消息。

《國立藝專暫設沅陵》："【本市消息】教育部以國立北平藝術專科學校及國立杭州藝術專科學校，先後由戰區遷出，兩校性質相同，而學生人數不多，經提請行政院會議通過，將兩校合併改爲國立藝術專科學校，校址暫定湖南沅陵，由該校校務委員會處理校務，聞已派林風眠趙畸常書鴻爲校務委員，并指定林風眠爲主委。"

2月2日，滕固致函陳克文，感嘆來渝將近一月，精神痛苦殊難言宣，并談及布置院長、秘書長辦公室、職員住宿辦法諸事。（據陳克文藏滕固原函）

2月4日，劉湘靈櫬抵牛角沱，護靈來渝的有第七戰區司令部副官陳雲松，侍從室隨員十人，生前護衛手槍連。參加迎靈的有戴季陶、呂超、顧祝同、滕固、李楚我、許崇灝、盧作孚、羅家倫。重慶大學校長胡庶華、吳稚暉等黨政軍十萬餘人迎接。（龍紅、廖科編著《抗戰時期陪都重慶書畫藝術年譜》，重慶大學出版社 2011 年 11 月）

2月10日，簽署致趙菊芬科長函，對行政院文件運輸處理意見，對相關表册及年來搜集之珍貴資料轉運至重慶處理，其餘則暫存湖南省府。（據陳克文藏滕固原函）

2月11日，陳克文收到滕固來函，代爲同志説項安排工作。
　　《陳克文日記》："若渠屢來書，以院中某某數人係同志，宜設法保存其位置；頃又來書，謂實、鐵兩部某某數人，亦皆同志，請於服務團中代爲設法。以國民黨言，則同志多矣，以過去之改組派言，則改組派久已解體矣。況在目前情勢之下，同志又安從爲力耶！"

2月12日，陳克文收到滕固函稱"匈奴未滅何以爲家，吾與兄可以自豪"。
　　《陳克文日記》："若渠來函説，'匈奴未滅何以爲家，吾與兄可以自豪'，蓋謂吾兩人之家眷均不隨來也。其實去古人之義遠矣。到漢以來，報上刊載徵婚、徵女友、結婚、訂婚之啓事，目不暇給，一似國難姻緣，更比平時來得蓬勃，古今人之觀點更不相同矣。"

2月13日，訪朱希祖，談有關故宫博物院運出古物事。
　　《朱希祖日記》："上午十時，滕若渠來談一小時餘。據云故宫博物院運出最精要古物一千箱，已運至長沙，轉運廣西，將覓安全之地存放。又有萬箱左右（報載九千箱），半已運重慶，半在宜昌，遺落南京尚有數千箱。外交部清代重要檔案，皆未運出云云。當局之昏憒不職，於此可見。聞人言，國民政府圖書館中，有故宫運來重要書籍甚多，如清歷朝實錄均完全。有人勸當局運至四川重慶，而文書部長許靜芝謂："余若負責遷運，途中若失去一部分，余須負責；若置之原處，則損失與余無關。"遂不果運。所運者，不過彼等行李及眷屬占其大部分。呼！官吏若此，國安得不危殆。

2月15日，蔡元培接蔡威廉夫婦函，獲知杭州藝專與北平藝專合併，改組爲國立藝專事。

《蔡元培日記》："得威廉函，內有文錚五日自長沙發航空函，知杭州藝專奉部令結束，與北平藝專合併，改組爲國立藝專。於去年十二月遷至江西貴溪縣城，上課二星期，即舉行學期考試，今年一月五日試畢。十日遷湖南，十五日抵長沙，假雅禮爲宿舍。設校務委員三人，林風眠爲主任委員，趙畸、常書鴻爲委員。兩校原有教職員，在原則上全部收容，惟地位稍有差別。"

2月16日，晚間赴金毓黻招宴於永年春飯館，并同至書肆閱書。

金毓黻《靜晤室日記》："晚邀滕若渠飯於永年春，并同至書肆閱書。……振兒轉學南渝已諧，日內即可入校，余亦將移居中大。孟心史先生於一月十四日卒於北平，年七十歲。昨日晤滕若渠爲余言之……。"

2月21日，朱希祖至上清花園行政院訪滕固，談南宋初史事兼及時局。

《朱希祖日記》："五時，至上清寺郵局寄內子信，并至上清花園行政院訪滕參事固，談南宋初史事兼及時局。時西川劉湘舊部一百零五團約十六萬人，其師旅團長頗有結合，與中央相齟齬，給敵人以可乘之機。山西軍事失利，長治且將不保。晉南一失，陝局告危，若與西川一通聲氣，則大局不堪設想，嗟嘆者久之。"

3月3日，行政院舉行第三六一次會議，主席院長孔祥熙，議決案件共四十餘起，其中：國立北平故宮博物院理事會，現任理事任期屆滿，應予改組，除內政教育兩部部長，爲當然理事外，聘蔡元培、吳敬恒、李煜瀛、張人傑、葉楚傖、張伯苓、張繼、蔣夢麟、羅家倫、翁文灝、張嘉璈、李書華、李濟、褚民誼、顧頡剛、朱啓鈐、傅斯年、周作民、周貽春、劉哲、傅汝霖、陳垣、馬超俊、朱家驊、張道藩、魏道明、滕固爲國立北平故宮博物院理事會理事。

3月6日，教育部長陳立夫及次長顧毓琇、秘書張廷休等由武漢乘機抵重慶，陳夫人胡庶華及洪陸東、滕固等百餘人到機場歡迎。

《陳立夫昨抵渝，今晨就教育部長職》："【重慶六日中央社電】教育部長陳立夫，六日下午三時由漢乘機抵渝，與陳同來者，有次長顧毓琇、秘書張廷休等。陳夫人胡庶華，及洪陸東、滕固、顧毓琇等百餘人均到機場歡迎。陳語記者：余定七日就教育部長職務，在此間不擬多作勾留，周內反漢。至余對教育新方針計劃，須俟到部後，對各種事務，均有澈底之明瞭後，始能發表具體意見。惟目前所有教育工作，應作最緊要而切迫的事務，例如成立臨時中學，中小學教師戰時服務團及戰區先生之救濟等，今後對學生致思想行爲、生活習慣等，均應特別注意，以期適合戰時之需要。至戰時教育新方針，與全國第二次教育會議所決議之中國教育宗旨，大體相同，今後所注意者，爲如何實施耳。陳氏最後對近來國際政局之轉變，及我國抗戰之現勢，均有確切之說明。"
(1938年3月7日漢口版《申報》)

3月7日，作致陳克文函公事數件，并告眷屬明日可到重慶。(據陳克文藏滕固原函)

3月14日，作致陳克文函，談有關行政院事務及私人瑣事共七件，其中包括不擬出席中國國民黨臨時全會，理由爲年來無所貢獻，出席何用？(據陳克文藏滕固原函)

3月16日，陳克文讀滕固詩，甚喜其情深及叙言。
　　《陳克文日記》："若渠郵書鑄秋，附一詩，讀之甚愛其情深并其叙言，記之如下：去冬在長沙得某某(民十五六革命時之女同志)十一月十五日自屯溪來函，告別後情形以及逃難至屯溪之經過，要我想想辦法。當時即復一函并附一名片，介紹於鑄秋相機援助，恐她未去安慶看鑄秋也。今内人來渝，照例將婦女書簡一律焚毀，某某之信亦付一炬矣，因作此詩。'十年前事最相思，入鬢長眉絕代姿，夢裏酸甜餘幾許，世間嘲罵欲何之。迢迢異地同喪亂，楚楚蠻書半信疑，撇捺嫣然焚不滅，猶從灰燼看多時。'"

3月24日，陳克文日記寫道："前讀若渠詩甚愛其多情。"

3月27日，滕固由重慶乘飛機抵達漢口，參加中國國民黨全國臨時代表大會。(參見《陳克文日記》)

全國文藝界抗敵協會在漢口成立。

3月29日，晨，中國國民黨全國臨時代表大會開幕式在重慶舉行。正式會議於夜間在武漢大學舉行。大會通過中國國民黨抗戰建國綱領。
　　《陳克文日記》："與若渠同車到四明銀行。……臨全大會開幕禮今晨於重慶舉行，正式會則今日夜間舉行於珞珈山武漢大學。"

3月30日，臨時代表大會首次會議於晨一時始散會。滕固與端木愷出會場作打油詩兩首，挖苦外交部長王亮疇。

《陳克文日記》："臨全大會昨夜舉行首次會議，今晨一時始散會。若渠、鑄秋回來，出會場中打油詩兩首，係挖苦外交部長王亮疇者。其一云，外長外交本不強，一篇報告說來長，廣東官話真難懂，恐怕粵人也莫詳。又一云，部長寵惠王，報告實太長，聽來無趣味，官腔。亦可見會場中對王印象之一斑也。"

3月31日，與陳克文、李樸生、梁子青、趙菊如等行政院同事至滋美進早點。（參見《陳克文日記》）

4月1日，臨全代表大會選舉蔣中正為總裁，汪兆銘為副總裁。國民黨從此恢復領袖制度。

《翁文灝日記》："聞代表大會商開國民參議會；青年團舉蔣為總裁，汪為副總裁。"

4月4日，晚間，行政院同事十人宴請翁詠霓、蔣廷黻、何淬廉、魏道明、彭學沛、徐道鄰、許靜芝、滕若渠、吳景超（未到）於味腴別墅。

《陳克文日記》："晚間院中同事十人宴請翁詠霓、蔣廷黻、何淬廉、魏道明、彭學沛、徐道鄰、許靜芝、滕若渠、吳景超（未到）於味腴別墅，均新舊同僚或上官也。"

《翁文灝日記》："晚餐張西林、楊華日。"

4月6日，晨，滕固結束會議後自武漢啟程返回重慶，午間安抵。

《陳克文日記》："若渠回重慶，六時半即起來送行。"

4月7日，作致陳克文函，談院務遷移費用及往來渝漢出席會議報銷費用事。（據陳克文藏滕固原函）

4月13日，陳克文往商務印書館為滕固購買史晨前後碑帖，并致函滕固云："有情人成眷屬了，政院同人可謂喜事重重矣，獨吾輩眼巴巴到天明，形同鰥夫之人為可憐耳。"（參見《陳克文日記》）

4月14日，致陳克文函，討論院務文件渝漢兩地收發問題。略謂："弟意漢方辦理收發者須切實注意詳密小心，例如二十七年度工作報告一案。弟親攜漢而竟有失去文件之事，太覺離奇。此點望兄將該管人員予以觀察，使其作事合理化。"（據陳克文藏滕固原函）

4月15日，陳克文接滕固來函，徵求可否赴黔參加某實驗縣工作之意見。陳復書表示不贊成。（參見《陳克文日記》）

4月16日，致陳克文函，談發放職員薪水辦法及爲祭班禪置辦物品費用事。略謂："戴公致祭班禪定廿左右動身，此間已購定銀鼎（高尺半）一座、銀瓶一對（高六尺餘）刻字由院長出面致送，計化去一百卅餘元，當屬得體，且省自漢運來之周折（立法司法各院祇送較小之銀鼎一座，所以本院禮尚較豐富也），此事請轉陳之可也。"（據陳克文藏滕固原函）
　　《戴傳賢赴康代中央致祭班禪》："【成都廿九日中央社電】戴傳賢廿九日上午九時乘汽車赴雅轉康，代表中央致祭班禪，同行者有考試院秘書長許崇灝，戴氏行轅參議向傳義，暨西陲宣化使署秘書長劉家駒，軍務處長羅友仁，丁傑活佛，暨侍衛等一行卅餘人，軍政首長，均到武侯祠歡。"（1938年5月30日漢口《申報》）

4月19日，金毓黻入城訪晤滕固，獲知傅斯年已來渝。
　　金毓黻《静晤室日記》：午間入城晤滕若渠，知孟真來渝，惟不知其住處。
　　按：傅斯年居玉森農場劉宅。

4月20日，滕固邀請金毓黻於新村六號共餐，金以有課不得往。（參見金毓黻《静晤室日記》）

4月23日，致陳克文函，談及有關辦公時間及人事安排。（據陳克文藏滕固原函）

國民政府轉發國民黨中執委通知：國民黨臨全大會通過的《戰時各級教育實施方案綱要》等議案，訓令行政院轉各部遵照。

5月4日，漢口《申報》刊登《改組故宫博物院理事會》報道，聘滕固等爲北平故宫博物院理事會理事。
　　"【本市消息】行政院昨舉行第三六一次會議，主席院長孔祥熙，議决案件共四十餘起，茲錄其重要者如次：……四、國立北平故宮博物院理事會，現任理事任期屆滿，應予改組，除內政教育兩部部長，爲當然理事外，聘蔡元培、吳敬恒、李煜瀛、張人傑、葉楚傖、張伯苓、張繼、蔣夢麟、羅家羅、翁文灝、張嘉璈、李書華、李濟、褚民誼、顧頡剛、朱啓鈐、傅斯年、周作民、周貽春、劉哲、傅汝霖、陳垣、馬超俊、朱家驊、張道藩、魏道明、滕固爲國立北平故宮博物院理事會理事。（下略）"

行政院舉行第三六一次會議通過改組故宮博物院理事會，滕固擔任理事之一報道

5月20日，重慶《新民報》"文化界"刊登消息："宗白華、滕固、郭有守等，擬在重慶組織中國筆會分會，不日宣告成立云。"

前任行政院秘書長翁文灝至院會見徐象樞、滕固、張平羣。
　　《翁文灝日記》："至行政院見徐象樞、滕固、張平羣。請傅孟真午餐。"

5月26日，金毓黼作致富伯平成都函，并匯款三十元，託爲滕若渠購《北盟會編》。

6月6日，中華全國美術界抗敵協會在湖北武漢成立。該會由國民政府軍委政治部第三廳發起組織。汪日章任理事長，張善子等四十三人爲理事。推滕固等爲名譽理事。
　　《新華日報》刊登《中華全國美術界抗敵協會成立大會通告》："本會定於六月六日上午九時假武昌青年會開成立大會，凡我美術界同志屆時務請踴躍參加爲荷。《中華全國美術界抗敵協會舉辦抗敵美術展覽會通告》：（日期：六月六

美術界抗敵協會在武昌成立報道（1938年6月7日漢口《申報》）

日下午一時至六月八日，時間：每日上午九時至下午二時，地點：武昌胡林翼路青年會，歡迎參觀。)"

《美術界抗敵協會昨在武昌成立，同時舉行美術展覽會》："【本市消息】全國美術界抗敵協會，昨在武昌青年會舉行成立大會，推舉蔡元培、馮玉祥、張道藩、郭沫若、田漢、陳樹人、何香凝、葉恭綽、高劍父、滕固爲名譽理事，張善子、唐義精、徐悲鴻、唐一禾、汪日章、孫福熙、吳作人、倪啓德、段平右、郎魯遜、周圭、伍千里、陳之佛、高龍生、葉淺予、力羣、馬達、羅寄梅、盛了庵、馬紹文等四十三人爲理事。該會於大會成立期間，特假武昌青年會三樓，舉行抗敵美術展覽會三天，出品達二百餘件，題材約可分（一）關於增強必勝信念者，（二）關於暴露敵人獸行者，（三）關於宣傳軍民合作者，（四）關於發揚民族抗戰精神者。材料可分油畫、水彩畫、素描、國畫、漫畫、版畫等，實可謂自抗戰以來規模最大，包括最完全之美術展覽會。聞該會擬於閉幕後，將作品分爲若干部分，以一部分贈送國際學聯代表國，攜往歐美各國舉行展覽，以廣國際宣傳，以一部分印刷或照片複製後，分發於各軍隊各民衆團體。該會自昨日起至八日止，每日上午八時起至下午六時止，歡迎各界參觀，并附全國美術界康迪協會宣言。"（1938年6月7日漢口版《申報》）

1938年　戊寅　民國二十七年　三十八歲　441

6月9日，國民政府駐武漢黨、政、軍機關開始撤退，黨、政機關遷重慶，軍事機關遷湖南。

6月10日，致陳克文函，談徐景薇請假問題與公報編印問題。（據陳克文藏滕固原函）

6月13日，滕固受教育部聘任國立藝術專科學校校長，將離開行政院赴湘西沅陵履職。
　　《陳克文日記》："若渠受教育部聘，將離開政院，到湘西任藝專校長。"

6月15日，行政院秘書黎琬（公琰）飛赴重慶，接替滕固處理行政院總務組事務。
　　《陳克文日記》："公琰於今晨飛赴重慶，代若渠處理渝院總務組事務。若渠今日由渝飛漢未到。晚間接電，始知改期明日。"

6月16日，由重慶飛抵武漢，將赴沅陵接任國立藝專校長職務。（參見《陳克文日記》）

6月17日，張道藩、張鑄秋設宴爲滕固餞別，陳立夫部長、顧毓秀次長、梁實秋、陳克文、徐芳等作陪。
　　《陳克文日記》："到德鄰房子張道藩次長寓午飯，道藩與鑄秋同餞別若渠也。客人有陳立夫部長、顧毓秀次長、梁實秋、徐芳小姐、楊秀娟小姐、莫小姐、羅君強及孔小姐。飯後，小姐們各以方言讀詩，徐小姐之北平話，楊小姐之蘇州話，莫小姐之上海話，孔小姐之廣州話，均各有風趣。"
　　按：徐芳（1912—2008），女，江蘇無錫人。詩人。1935年畢業於北京大學國文系，在北大文學研究所任助理，主編《歌謠週刊》。1938年赴漢口，次年前往昆明任教於雲南大學。1940年在孔祥熙舉薦下到重慶任中國農民銀行文書。1943年與陸軍上將徐培根結婚。抗戰結束後赴南京，繼續在農民銀行任經濟研究處研究員。1949年前往臺灣定居。2006年整理出版舊作《中國新詩史》《徐芳詩文集》。滕固生前曾審閱過《中國新詩史》稿。

6月19日，赴張鑄秋午宴，同席有陳克文、龐松舟、聞亦有等。
　　《陳克文日記》："中午鑄秋邀往美的午飯，到若渠、彥遠、李偑君、龐松舟、聞亦有，及謝耿民之兄某。……晚間教育部司長章益、顧樹森、陳禮江、吳俊升及秘書張廷休邀宴於冠生園。客人均爲政院同事,有聯絡感情,俾部院間辦事利便之意。"

6月20日,陳克文日記寫道:"晨間與陶希聖、若渠、鑄秋及高某吃茶於冠生園。"

6月21日,陳克文日記寫道:"晨間汪竹一約,到冠生園喝早茶,與若渠同往,旋胡澤吾亦到。談至九時……"

6月22日,接蔣復璁函,談中德文化協會辦刊物事。

若渠吾兄大鑒:項由景薇兄轉到大札,悉已安抵漢口,一切順遂,至爲欣慰,協會辦德文半月刊事,已與月波商量,據其意半月刊不如小册子好,以半月刊易使人視爲故常不加注意,小册子則拿住一個題目,每月至少出一册至兩册,使人在一個題目下得一正確之概念,至經費則國聯同志會每月需三千餘元,方辦得有聲有色,協會要認真工作,據弟意則至少爲一千元,以五百元爲印刷量,二百元爲票國內外郵費,三百元爲辦理刊物者即月波口費及稿費。如章孫等多可投稿。由月波負專責,以其言下似過去公事權不專,無法進行,但月波尚以謂一千元不足應付,以會務推進亦需款項目以三百元爲公費及稿亦似嫌少,故最好請一千五百元,至少批一千元,不悉兄意如何?乞代陳朱先生,如獲俞允,當再備具呈文請求。棣侄現住何處,乞示知,弟寄政治部七十五元登報廣告在外,現口由弟墊付,將來再說可也。即請大安弟璁頓首六月二十二日。

按:原件藏臺灣"中央研究院"近代史研究生檔案館朱家驊檔案(李樂曾先生提供)。編號301—01—17—004—005,"國立中央圖書館籌備處用箋"墨書。

與陳克文應曾仲鳴邀約午餐,餐後又應徐道鄰邀請喝茶。

《陳克文日記》:"與若渠同車到四明銀行,鑄秋尚未起床也。仲鳴約與若渠同往德明飯店午餐,回來時道鄰又邀至美的喝茶。"

金毓黻《靜晤室日記》:"滕若渠固撰《南陽漢畫像石考證》,刊入《張菊生先生七十紀念論文集》中。《隋書·地理誌》:南陽,古帝鄉縉紳所出。又光緒《南陽縣誌》卷一沿革表云:當時帝業之起,基於南陽,王侯將相,宅第相望,天子又時時巡幸其地,文物之盛,他郡所未有也。此皆爲滕君所引,證明此畫像石爲後漢光武時,南陽貴人之墓宅是也。《後漢書·郭伋傳》光武以伋爲并州牧,過京師謝恩,帝即引見,伋因言選補衆職,當簡天下賢俊,不宜專用南陽人，帝納之。此范氏《二十八將傳論》，所以又謂郭伋亦議南陽多顯也。後漢之世，帝室起於南陽，如前漢之豐、沛，故多顯者。此畫像石必爲當時顯者之一，不待言也。前漢霍光之死，頗侈大塋塚之制，後漢尤甚，如范書《中山簡王傳》所舒，是其證也。故崔寔、王符皆譏其踰制，此爲風氣使然，莫由禁之。是時墓中似無墓誌銘刻，如近年發見之樂浪古墓，僅於其中發見有文字之木印及封泥。滕君所考之南陽漢墓，亦無銘刻文字，畫像石上亦不著一字，是亦爲漢代之通例。塘中有誌，盛於北朝之魏，而南朝尚不甚盛。漢末喜於墓上立碑，蔡中郎以善撰碑銘之文擅名。其後曹操爲政，乃下令禁之，其風遂微；晉人之墓碑，傳者絕少，亦以此。因論漢墓，故并及之。"

6月23日，致朱家驊書，轉呈蔣復璁有關中德文化協會辦刊物來函，并告知即日將飛往湖南。

騮先生生賜鑒：敬陳者前蒙指示協會工作，即將尊意轉函慰堂兄等，茲接慰堂來函屬爲轉陳，謹將原函附呈，即乞賜察。晚即日飛湘，不克走辭，公餘之暇，至希賜予逕函慰堂指示，至爲企禱，專此即頌

公安

晚滕固叩六，廿三。

按：原件藏臺灣"中央研究院"近代史研究生檔案館朱家驊檔案（李樂曾先生提供）。編號301—01—17—002—002，藍色鋼筆書寫。301—01—17—002—003，朱家驊於背面墨筆書寫："一時無法籌此鉅款爲憾，至會中近在渝所費去之零星款項，本人當設法歸還也。"

6月24日，啓程赴長沙，停留四日後動身前往沅陵。其間，與詩人徐芳相處，對之極爲傾心。（據陳克文藏滕固原函）

6月26日，國立藝術專科學校在沅陵老鴉溪該校舉行第一屆成績展覽會及抗敵宣傳大會。

《國立藝專宣傳抗敵　表演平劇話劇》："【沅陵通訊】國立藝術專科學校對於興奮民衆之宣傳工作，甚爲緊張，曾作圖畫展覽，戲劇表演二十餘次。該校本學期功課即將結束，擬趁此結束機會作一廣大宣傳，其宣傳方式共分二部分，一部分爲'第一屆成績展覽會'，係將全校學生本學期中所作成績，選出一部份陳列，內有宣傳圖及實習成績等，由本月二十六日起至二十八日止，在沅陵老鴉溪該校舉行。另一部分爲'抗敵宣傳大會'，廿五日起。分

日演出,由該校師生擔任表演,其節目已擬定者,新平劇有新拾金及李服膺伏法記二種,話劇有爭取最後勝利(係表演某縣長反正事實),火海中的孤軍(係表演滬四行倉庫中八百壯士抗戰精神),及有力出力等三劇,此次宣傳會,酌收門票,作爲開闢傷兵院俱樂部之用。"(1938年6月26日漢口版《申報》)

6月29日,抵沅陵國立藝術專科學校。滕固的辦學宗旨是"以平實深厚之素養爲基礎,以崇高偉大之體範爲途轍,以期達於新時代之創造。""切戒浮華、新奇、偏頗、畸形。"同時,注重抗日宣傳人才和中小學藝術教育師資之培訓。

7月1日,到校視事,對師生作訓話,頗得學生方面好感。擬定校務方針及辦學經費使用辦法。

一,凡本校教職員中已離校或素不在學校所在地之人員,不論聘任委任,自即日起一律停職。

一,本校各處館分配工作,指定人員所有職員暫照下表分配工作,未指工作人員即予疏散

查明這數月來發去薪金的實數

經費支配之原則:辦公佔15%,事業佔20%,薪給65%

薪給出差辦法

級	月薪數	
1	400 甲 210—300 乙	甲類 乙類
2	100—200	
3	60—90	
4	35—55	

按:手跡件見陳克文藏滕固致陳克文、端木愷函,原編號#20—4—4—5X 背後爲滕固起草國立藝專改進方案底稿。

朱膺、閔希文《烽火藝程·風風雨雨的國立藝專》:"1937年12月,校長林風眠匆忙帶領二百多個師生員工離開了天堂西湖,向内地轉輾流亡。經浙江諸暨、江西鷹潭、湖南長沙,最後到達沅陵。北平藝專已先我們來到了這裏。教育部要向西南聯大一樣,把兩個藝專合併成一個國立藝專。當時教育部負責人張道藩是個反對林風眠先生的政客,他也曾在巴黎學過畫,認識風眠先生,

卻對西方現代派一竅不通，對風眠先生不理解，他有意把校長制改成委員制。北平藝專佔了兩席，杭州僅有一席，這自然造成林先生的被動局面。杭州藝專學生瞭解其險惡用意，掀起了一場學潮。結果，風眠先生被逼辭了職。張道藩為緩解學生的激情，恢復了校長制，另派留德的滕固來擔任校長，平息了這次學潮。……滕固來校後，杭州方面的老師絕大部分離開了，僅剩方幹民、趙人麟、雷圭元三位先生，北平的老師基本上沒有走。滕固又聘來了他的留德同學夏昌世和徐梵澄。夏是學建築的，滕固竟為他辦了一個建築班。夏不到半年就走了，他離去後，這班學生倒了霉，不是轉系就是併入他校。徐梵澄是搞哲學的，可是來開西洋美術史的課，現炒現賣。但他上課倒很認真。同學們在這荒漠的環境裏，自然希望能學到點東西。"

程麗娜《人生是可以雕塑的——回憶劉開渠》："滕固到任，首先開除了一批人，有林風眠、趙太侔、林文錚、蔡威廉、陳芝秀等，其中也有包括我。理由中有一條是'夫妻不能同時留用'！……我很生氣，覺得非常不光彩。本想立即離校，但暑假前'藝專抗日宣傳隊'已接受了當地報界發起義演的邀請，由李樸園主編劇本《偉大的女性》，內容以當時流傳的一個愛國女子刺殺華北漢奸殷汝梗的事蹟而寫成的，據李說此劇是他根據我的演技量身定做的，因此主角非我莫屬。李樸園再三留我等公演完再離沅，我祇得勉強留下。殊料滕固看過公演後，很感動，知道此劇的成功主要靠主角，李樸園乘機與之商量留下我，滕固馬上就同意了，并立即留我任戲劇指導。"（程麗娜《人生是可以雕塑的——回憶劉開渠》，百花文藝出版社2004年8月出版）

烏密風《烽火藝程·憶母校4位校長：林風眠、滕固、呂鳳子、陳之佛》："送走了恩師林風眠校長，接替他的是滕固先生。滕校長不是搞美術的，是一位學者。開始我們對他不熟悉，後來學潮平息，在他的主持下，學校又走上了正軌，開始按年級分班上課。除在課堂畫靜物、畫人物外，同時也畫抗日宣傳畫與沅陵江邊的秀麗河山……"

丁天缺《顧鏡遺夢》："滕校長為人正直樸質，熱心於藝術教育工作，為人處事，寬宏大度，頗有學者之風，祇是他的蒞校，是受制國民黨C、C派大頭目陳立夫和張道藩的控制，必須將蔡元培先生體系的教職員予以全面清洗為前提。這樣，原杭州藝專的教授林文錚、蔡威廉、黃紀興、李樹化、張光等人就理所當然地革職離校，為了平衡兩校師生對峙的氣氛，原北平藝專校長趙太侔和教務主任李有行也同時免職，以示公正。而學校在相對的政治壓力下，一時安然平靜，開始上課。"（丁天缺《顧鏡遺夢》，香港天馬出版有限公司2005年3月版）

7月2日，致陳克文、端木愷各一函，談接收國立藝專情形，"此間校內混亂不堪，一切真如兒戲，現正整理行政，樹立種辦法，俾納正軌，麻煩誠麻煩，但亦覺有味。""此間生活苦極，又患腹瀉，祇好磨練磨練吧！"（據陳克文藏滕固原函）

  朱偰《滕若渠》："抗戰軍興，輾轉西遷，若渠由湘入黔，小駐沅江，嘗有詩云：'十年低首斂聲華，悔將干將待莫邪。今日荒江驚歲晚，扶膺惟有淚如麻。'蓋其內心生活之苦悶，不禁流露於文字間也。"

7月4日，蔡元培接林文錚電，請囑意滕固維持林文錚、蔡威廉夫婦在國立藝專教授職務。蔡即致電滕固。

  《蔡元培日記》："得文錚電，囑電沅陵藝專新校長滕若渠，維持文錚及威廉地位。致滕若渠電。"

7月5日，蔡元培得林文錚函，述國立藝專風潮經過。即爲林夫婦職務事致張道藩函。

  《蔡元培日記》："得文錚函，述藝專風潮經過。致張道藩函，爲文錚威廉事。……致文錚函。"

7月9日，蔡元培日記寫道："得文錚七月二日函，言滕固已到校，攜總務長楊某及會計員二人來，手諭凡當天未到校之教職員，不論是否請假，均停職。"

7月12日，蔡元培日記寫道："風眠來，略述校中風潮經過情形。臨行曾薦文錚自代，任純粹美術教務長，未知能實現否。現已電催其夫人來滬，渠明日即往滬候其夫人云。"

7月17日，致陳克文函，談設法將行政院參事職務與教育部調換，可仍以教育部職員資格兼任校務事。"此辦法有三種好處：1. 弟即爲教部職員，此後文化活動上當然較有保障；2. 如此我拿教部薪水，可省出數百元爲發展學校之用；3. 在教育部當調一人至政院，少出一職員的經費了。"（據陳克文藏滕固原函）

7月21日，蔡元培日記寫道："得文錚十八日航空函，知文錚、威廉及杭校其他職員十餘人，均未被滕校長續聘。文錚擬暫住沅陵。即復一航空函，告當爲向別處設法。"

7月22日，致陳克文函，言及推讓故宮理事、與徐芳相處於長沙及函請辭職或調換職務事。其中"校務機構已調整，減薪及疏散人員，皆無反響，亦可謂初告成功也（現辦星期補習，抗戰宣傳訓練等殊忙）。此後但望國家環境好，學校亦必蒸蒸日上也。"（據陳克文藏滕固原函）

7月24日，致蔡元培函，告林文錚夫婦因教育部另有借重，故未續聘。
　《蔡元培日記》8月2日條："得滕若渠函（二十四日發，此函由葉玉甫轉來），言文錚及威廉教部另有借重，故未續聘。"

7月26日，郁達夫致劉開渠信中寫到："在常德時，曾匆匆發一信給若渠，中附一箋，囑轉交，係告以不去沅陵，而往漢壽，若有弟之信件，寄至沅陵，乞爲轉寄者。"（見《郁達夫全集·書信卷》，浙江文藝出版社1992年版）

7月29日，教育部聘任滕固爲國立藝術專科學校校長，見於報刊。
　《教部調整高等教育》：【本市消息】教育部爲求高等教育之合理化，并適合抗戰建國之需要起見，最近擬具調整方案，奉行政院令核准施行，茲述其重要設施如次：一、整理全國公私立專科以上學校院系，各校院系未能完全適合需要，已分別加以初步調整，分令施行，各院系課程，亦在整理中。二、合併杭州及北平兩藝術專科學校爲國立藝術專科學校，除原有純粹藝術部外，增設應用藝術部，側重工藝美術之設計，對於國畫，并加注重，最近聘滕固爲校長。三、改設國立西北工學院及國立西化農學院，爲集中人力、物力，充實西北農工專門教育起見，將西北聯大及東北大學之工學院與焦作工學院合併，改組爲國立西北工學院，將西北聯大之農學院與國立農林專科學校合併，改組爲國立西北農學院，兩院均已組織籌備委員會進行籌備。工學院籌備委員爲李書田、胡庶華、張清漣、雷華、王文華等五人，以李書田爲籌備主任。農學院籌備委員爲辛樹幟、曾濟寬、周建侯等三人，以辛樹幟爲籌備主任，均已分令積極進行。四、設立師範學院，爲訓練中等學校師資起見，於中央大學、西北聯大、西南聯大、中山大學、浙江大學，各增設師範學院，并於湖南籌設獨立師範學院、一所，已聘廖世承、朱經農、潘公展、汪德耀、吳俊升，爲籌務委員，并指定廖世承爲籌備主任，刻日進行籌備。五、改設國立江蘇醫學院，爲適應戰時醫藥需要，將已遷湖南聯合辦理之江蘇省立一醫政學院及南通學院醫

科合併，改組爲國立江蘇醫學院，已聘胡定安爲院長，主持院務。(1938年7月29日漢口版《申報》)

7月30日，致端木愷、陳克文函，聞知漢口行政院西遷，同人四散，悵惘良久。談及校務進展順利，深信事在人爲必成，去取中理必信，此後發展則隨國家之運命，可不必多所疑慮也。又談故宮博物院理事讓職事，認爲對做校長用場較大，仍抱有希望。(據陳克文藏滕固原函)

7月，滕固編《中國藝術論叢》由(長沙)商務印書館發行。該書即《教育部第二次全國美術展覽會專刊》一書重新編排、增加兩篇論文而成。書前刊有滕固《弁言》。

《中國藝術論叢·弁言》："本書原名《教育部第二次全國美術展覽會專刊》，在開會期間印行，限於在會場發售；當時印刷無多，數日告罄。吾友徐仲年先生向籌備委員會及編者提議重印，因徵得教育部暨各位作家之同意，歸商務印書館重排，更定今名。

本書編次，一仍其舊，惟余越園先生之《中國畫之氣韻問題》、胡厚軒先

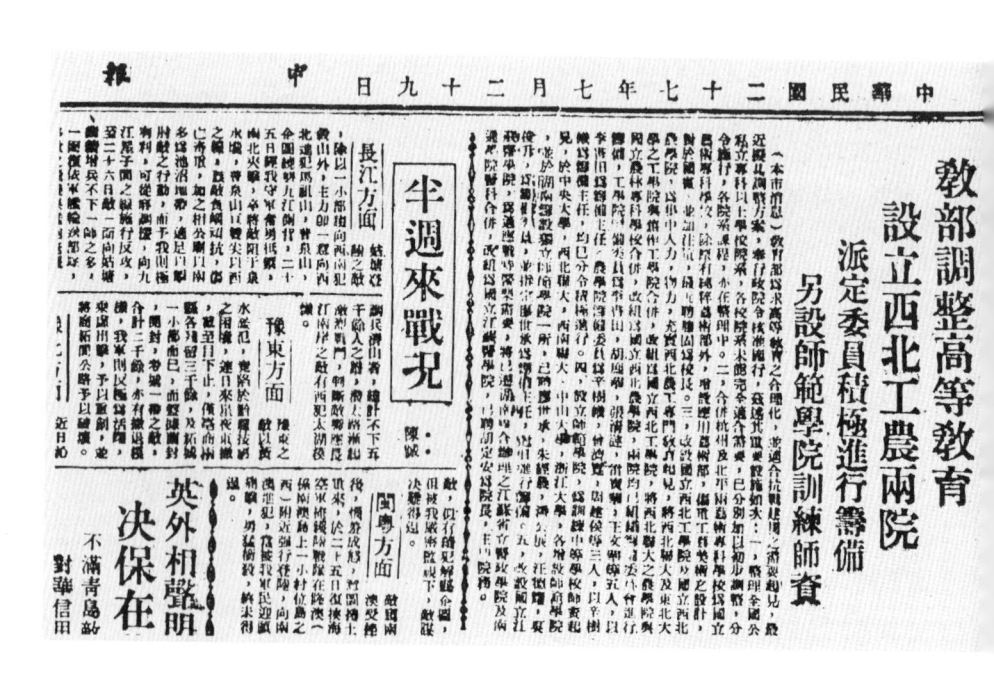

教部調整高等教育，聘滕固擔任國立藝術專科學校校長報道

生之《中央研究院殷墟出土展品參觀記》二文，為初印所無，特增以餉新讀者。末附《編者弁言》，以見當日發刊之情形，用備查考。

　　書中文字大部分蒙各作家義務撰著，重印之際，又荷校正誤植，厚惠盛心，深紉不諼，附記於此。

　　編者民國二十六年六月記於南京"

8月9日，經教育部報請最高國防會議通過，江蘇省立醫政學院與南通學院醫科合併，更名為國立江蘇醫學院，并於湖南沅陵正式成立，仍聘胡定安為院長。同月，私立南通學院院長蔣亦同和醫科主任洪式閭向胡定安院長辦理移交手續，教育部派國立藝術專科學校校長滕固監交。

滕固編《中國藝術論叢》

8月16日，致陳克文、端木愷函，談請陳代辦行政院參事辭呈、讀到徐芳來函的感受諸事。（據陳克文藏滕固原函）

8月23日，作《國立藝專抗敵木刻選》一文，刊12月2日重慶《中央日報》。

《國立藝專抗戰木刻選》："這裏所搜輯的木刻，是本校'八一三'周年紀念抗敵宣傳藝展中木刻作品的一小部分。

　　這些作品在短期間急就的，製作的同學們都不是木刻的專習者，在技巧方面自然不敢說有怎樣的成就，然而在一刀一筆之間，深深嵌進了我民族抗戰的偉大的一年間之高貴的血跡和淚痕，是不可否認的，這些作品已顯示出一種生辣銳利的面對現實的新風格。

　　把木刻稱作'刀筆'，不太牽強吧，這些刀筆的背後，蘊藏著不可抵抗的民族的偉力，因此我們不能僅視它為本校若干同學的製作品，簡直可視作為百千萬青年的熱血所噴澆出的火漿，使敵人在這不可向邇的火漿前發抖。

　　使我不能忘記的，在酷暑中同學們揮汗製作和王子雲先生早夕督導之勞，在這裏我應該向王先生和各同學都表示衷心的敬意。

　　　　　　　　民國廿七年八月廿二日　滕固"

滕固作《國立藝專抗敵木刻選》

8月27日，陳克文致函滕固，告以到渝後印象。(參見《陳克文日記》)

9月4日，陳克文日記寫道："上午和鑄秋步行到黃家埡口訪若渠太太。她不在家，據她的孩子說燒香去了。客廳裏面也供奉著一個小觀音像，香煙繚繞。滕太太如此虔敬祀神，在朋輩的太太中是很少有的。有一天滕太太說，若渠曾在某一處廟宇，許下一個願。現在因爲要離開重慶，決定自己去燒香一次，大概今天是到這一個廟裏去的。"

9月16日，蔡元培收到褚民誼函，內附致滕固一函。
　《蔡元培日記》："得褚民誼函，附來照片六張，又致滕若渠一函。得文錚八日函。"

9月19日，蔡元培致林文錚航空函，內附致樊逴羽書及褚民誼致滕固函。
　《蔡元培日記》："致文錚航空函，內附致樊逴羽書及民誼致滕若渠函。"

秋，龐薰琹辭職離校，行前"我去向滕固請假，當時他態度很客氣，因爲他有些熟人，和我也相熟，他還說不久學校也要遷到昆明去，他并且告訴我，龍雲的夫人也是上海美專的學生，所以我到雲南昆明以後，還去拜望過這位夫人，告訴她學校想遷來昆明。"（龐薰琹著《就是這樣走過來的》，北京，生活·讀書·新知三聯書店，1988年6月第1版）

10月2日，陳克文日記寫道："再坐轎子到黃家埡口，訪滕若渠太太。滕太太恰好今天吃齋，據她自己説每逢三六九都是她茹素的日子。她把素包子端出來，要我們吃，祇得勉强吃了一點。屋子裏供著小小的觀音像，香煙繚繞，滿屋子的煙火氣味。她現在和兩個女孩子住在一起，小樓三間，不雇工人，在小館子裏面包一客的飯，母女三人共吃。每月包飯錢十二元，屋租十二元半，刻苦省儉的精神，也是僑董的太太中所没有的。"

10月28日，致陳克文函，談武漢淪陷，沅陵已近前綫，自己尚鎮静，萬一不能教學，則當率員生爲實際之抗戰工作。附呈汪精衛函請代轉交。（據陳克文藏滕固原函）

按：10月25日武漢失守後，日軍率兵繼續南進。11月10日，日軍攻佔岳陽，兵逼長沙。

11月上旬，據程麗娜回憶：長沙大火的之前，劉開渠接到徐悲鴻及熊佛西兩位的來信，同時介紹他赴成都接建爲抗戰而犧牲的王銘章將軍騎馬像，得到滕固的同意，離開沅陵赴成都前，囑劉開渠、程麗娜夫婦代爲尋覓校址。（程麗娜《人生是可以雕塑的——回憶劉開渠》）

11月27日，致徐景薇、陳克文函，告知國立藝專已奉命遷滇，計劃抽暇赴渝一行。"長沙大火真真悲慘而滑稽，沅陵大受影響，蓋難民士兵從[叢]集，糧食米鹽告缺，幾乎鬧亂子。又日夜警報，民衆紛雜異常，入晚槍聲不絶，蓋擊逃兵與鎮壓小匪也。弟除校務外，尚擔任湘西抗敵宣傳團副團長（此係中央駐沅及地方各機關會組，陳渠珍爲團長），即毅然參加安定工作，不睡者三夜，如臨前敵，……現算告一段落，一切略如常態矣。回想一過，不覺可痛可笑。弟現在才感到在院中的一切快適安静，無憂無慮，然大丈夫過過此等生活，亦殊值得，弟至今亦不悔之。"（據陳克文藏滕固原函）

12月15日，作舊體詩《自鎮遠西行登鵝翅膀》。

行役重逢鵝翅膀，振衣直上最高岡；雲幬煙怯層層淡，澗瀟林寒處處霜。一路迂迴抽繭殼，萬山羅列作蜂房，九天不用排閶闔，已見羲和鞭日忙。

12月中下旬，國立藝專師生分批從沅陵啓程遷移貴陽。

《國立藝專決定遷往昆明》："【本報貴陽廿六日專電】國立藝術專科學校決即遷校昆明。"（1938年12月27日重慶《新民報》）

李浴《滕固和他的一首抗戰詩》："這年冬季，學校遷往昆明，校長作詩曰：'抗戰經秋又半年，軍容民氣壯於前。學生亦是提戈士，南北賓士路萬千。'這首詩是滕固自況，亦是鼓勵學生的口號，於此可見其愛國抗敵的熱忱。遷校時，以研究生李霖燦（現在臺灣，曾任臺灣故宮博物院副院長，著述甚多）爲首的七名學生，組織了一個步行宣傳團。滕校長大加贊許，加倍發給路費，乘汽車者十六元，步行團每人三十二元，并請沅陵行署發一公文護照，以利沿途進行工作。全校師生，有爲之擔憂者，有爲之壯行者。因爲當時湘黔公路很不太平，明暗之匪徒時有出沒，搶劫殺人之事時有發生。幾名二十歲左右的青年學生，徒步宣傳抗日，自然會引起師生們的震驚，但滕校長卻非常支持。邱璽先生特爲步行團繪製了團徽。於是一行七人，身背宣傳品、畫具與行囊上路，沿途開展覽會，畫壁畫，進行宣傳。確也遇到一些驚險的場面，最終均安然度過，平安到達昆明新校址。我是七名行者中的一員，收穫之大親有體會。事隔五十年，記憶猶新。"（《烽火藝程》）

1939年　己卯　民國二十八年　三十九歲

1月3日，國立藝專戲劇研究班在貴州籌備公演抗戰戲劇。

《藝專戲劇班籌備在築公演》："【中央社】國立藝專戲劇研究班擬借全體員生留築之際，籌備公演，所定之節目，爲李樸園先生近作，九幕國防新平劇《三將軍》及吳鐵翼先生新著三幕抗敵宣傳劇《後方俱樂部》、邱璽先生導演五幕新歌劇《難童進行曲》等劇，以上三劇將於新正月底，次第公演云。"（1938年1月3日貴陽《貴州晨報》）

1月4日，舊體詩《寶山城守》發表於《中央日報·平明》。

1月8日，國立藝專戲劇研究班，以遷校留築之際，特在貴州市舉行公演，劇目有李樸園編抗敵歌劇《三將軍》。

《國立藝專將廣播"三將軍"》消息:"國立藝專戲劇研究班,以遷校留築之際,特在本市舉行公演,茲悉該班於積極排練之時,以李樸園先生編就所謂"東方佛朗哥將軍"叛軍李福和部下反正之徐靖遠、黃宇宙、吳朝輪三將軍故事編舊瓶裝新酒之抗敵歌劇。《三將軍》節錄數段,以應本市廣播電臺之約,日內即將播出。所播者係趙振光(飾徐靖遠"生")之二簧慢三眼,言乘萬(飾李福和"淨")之西皮原版,葛倫浩小姐(飾梅子"旦")之二六,并由該班全部樂隊伴奏云。"(1939年1月8日《貴州晨報》)

1月中旬,滕固抵貴陽。
　　《劉節日記》1月14日條[昆明]:"訪秦宣夫君,得滕若渠氏近況。聞不日可到貴陽,并告我通信地址。"(《劉節日記》,大象出版社2009年6月第1版)
　　按:劉節(1901—1977),原名翰香,字子植。浙江溫州人。中國史學家、語言學家。1926年上海國民大學哲學系畢業後考入清華大學國學研究院,師從王國維、梁啓超和陳寅恪。1927年畢業後歷任河南大學、燕京大學、浙江大學、金陵大學、中央大學、中山大學教授。
　　秦宣夫(1906—1998),廣西桂林人,著名畫家、美術史論家、美術教育家。1929年畢業於清華大學外語系。1930年赴法國學習油畫及西方美術史。1934年回國後擔任過國立藝專西畫系主任,南京師範大學美術系主任,全國美術教育研究會副理事長、中國美術家協會江蘇分會副主席。

1月27日,劉節抵貴陽,訪滕固。
　　《劉節日記》:"出訪得滕若渠臥病在中央醫院,即往訪之。與談數月來經過情形,知此次中英庚款事得取之詳細實情,甚可感也。"

1月28日,劉節訪滕固。
　　《劉節日記》:"下午出城訪滕若渠,若渠病痔瘡,已割治,大約十日內可愈。稍談即向伊辭行,告以明日起早即行,若渠託帶一信致其夫人。"
　　按:《劉節日記》1939年2月1日[重慶]:路經黃家埡,便道訪滕若渠家,其夫人未得見面,交其家託帶之信一封。

1月31日,《飛雲崖三首》、《自鎮遠西行登鵝翅膀》發表於《中央日報·平明》。

飛雲崖三首

一壁雲岩高萬尺，腰圍密密護長松，樓臺架壑空技巧，可惜無人打晚鐘。
草木陂塘盡著鬟，一橋一水一方坪。揭來寂寞荒江奧，似見寒花帶笑迎。
槎丫老樹畫圖看，枝幹相連筆筆安，始信古人師造化，吸收靈氣到毫端。

按：飛雲崖，亦稱飛雲洞，位於今黔東南自治州黃平縣城東北12公里處。

1月，國立藝專師生先後抵達貴陽，開始上課，但日軍的狂轟濫炸，已波及貴陽。

2月4日，常書鴻至貴陽中央醫院探望滕固時，遇到日本飛機的空襲。

　　常書鴻《九十春秋——敦煌五十年》："不久，學校開始撤離沅陵。這次近千名師生員工的大搬遷，因教具多和交通工具缺乏，走走停停，整個過程用了幾個月，直到1939年春，才搬到雲南昆明。在搬校過程中，因滕固生病住院，委託我負責搬遷時期的全校工作，其間搬至貴陽時，2月4日遭遇了日本飛機的空襲，我們住的旅館被炸毀，旅客炸死幾個，幸好，我們師生無人傷亡，但一些校產設備和師生的財產遭受嚴重損失，我的全部書畫、藏書也化爲灰燼。空襲時，我正在醫院探望滕固校長，轟炸後在一片灰燼中，我僅找回了在巴黎學習和參展時得到的金、銀兩枚獎牌，另三塊也一同被毀了。"

2月初（立春），王子雲等人奉命前往昆明尋找國立藝專校址。

　　王子雲《改組後的國立藝專遷往昆明》："由於我們這次來雲南所負的使命是想在昆明附近縣找到一處建立美術學校的校址，所以我們首先圍繞著昆明名勝滇池跑了晉寧、晉城、昆陽等幾個縣，但由於各種條件的關係，很難找到合適的校址。而戰爭的形勢變化又很快，我們爲校址事曾幾次與學校函電往來，多不得要領。最後，由於想求得急速解決，還是去求見當時雲南軍政首腦龍雲，請他協助在昆明城內暫時找一處安頓學校的適當位址。經過拜見，果然有效。他建議在昆明市區圓通山附近的圓通寺和圓通中學的一部分作爲學校的基礎校址，然後逐漸加以擴建。當即把情況電告學校。到此，我們作爲先遣的任務已經完成，并等候著學校的到來。"（王子雲《從長安到雅典：中外美術考古遊記》，嶽麓書社，2005年8月第1版第17頁）

　　按：王子雲（1897—1990），原名青路，江蘇蕭縣（今屬安徽）人。1915年考入上海美術專科學校,1920年考入國立北京美術學校高級師範科,1922年在北京孔德中學任教,參加阿波羅美術學會從事美術研究,1928年任教國立西湖藝術院,1931年入法國國立巴黎高等美術學校。1937年回國任國立杭州藝專教授。歷任西北大學、西北藝術學院、西安美術學院教授,中國美術家協會陝西分會名譽主席、中國美術家協會顧問。

2月15日,作致教育部《改進校務情況及關於發展國畫藝術培養中小學藝術師資的意見》呈文。

謹折呈者:

職奉命整理國立藝術專科學校,瞬經七閱月有半,對於人事之調整,秩序之安定,課業工作之恢復,最低設備之補充,及最近遷滇情形,迭經呈報有案。猥荷鈞長付託之重,履冰臨淵,時虞勿勝。溯自七閱月以來,雖十駕駑駘,力圖改進,而所得結果,未能盡符預期。就校內言:藝術工作人員向與社會接觸不深,個性之偏激,往往不自克制,凡所觀察,未能站在較客觀之立場。職到校之始,即盡力調劑,反復規諷,雖矛盾日見減少,而和衷共濟之觀念,仍未能堅定。職周旋其間,未克感化其氣質,而徒覺耗費時日,每一念及,深自汗顏。就校外言:地方人士,囿於自私之陋習,不但缺乏協助國家教育機關之觀念,且每有設施,群起作有形無形之阻撓。即如增建教室一事,徵用土地,地方政府不肯負責,地主多方爲難。定購之木料磚瓦,運送之際,時被軍事機關截留徵購。職於處理校務之外,復須作無聊之交涉,及教室落成,開學上課,而長沙大火事起,又令人有事敗垂成之痛苦。以上所陳,僅爲重要之舉例,雖曰無關學校大體,而環境困難,職才力短拙,於此可見。茲者本校奉准移滇,已擇定祿豐爲校址,布置粗畢,員生已集昆明,可於月內前往新址,預定下月復課。當此變易環境之際,校務改善,亦爲職熱望所寄。故於員生移動期間,對於學生之沿途工作及訓導,邀各教員全數參加,使師生於困難之中,認識現實社會,約束向上,以表現國家學府之尊嚴。到達新址以後,凡優良教員之補充,訓導之實施,亦已商定計劃,詳爲準備,求其即速實現,更新學府之氣象,以期不負鈞長諄諄之訓示。職任事七閱月,雖將原有糾紛予以解決,課業教學恢復常軌,然每思國家年耗經費,辦理本校所期有優良之收穫,平淡發展,實難自足,此後尤願傾其全力兼程精進,使本校在抗戰建國期間,發揮最大之職能。現擬就人力物力所及,除將原有各組之教學力求充實外,暑期以後,擬發展國畫藝術及中小藝術師資之培養。查國畫爲我國先民製作之所遺,國際聲望之所在,前杭校對於此點頗多忽略,前平校國畫方面之師生多未隨來。本校現有選習該科之學生,不及十人,用是不能多延名師。擬於

謹摺呈者：職奉
命整理國立藝術專科學校，瞬經七閱月
有半，對於人事之調整，秩序之安定，課
葉工作之恢復，最低設備之補充及最
近遷滇情形，迭經呈報有案，猥荷
鈞長付托之重，履氷臨淵，時虞勿勝，朔自

七閱月以來，雖十駕爲駑駘之圖以進而的濟
結果未能盡符預期。就校內言，藝術工作人
員向與社會接觸不深，個性之偏激往往不
自克制，凡所觀察未能站在較客觀之立
場，職到校之始，即盡力調劑，反覆規諷，雖
方盾日見減少，而和衷共濟之觀念，仍未

藝術教員之缺乏，多年以來所痛感，故
學生審美力之簿弱與技術之疏略與
其他先進各國之水準相較相差殊甚
為救濟此種缺陷，優良師資之培養實
為目前所必需，並須以十分認真堅決之
精神以赴之，使學校藝教有改進機會

社會藝術生活有提高希望，所有最
近改進校務充實教學之擬議，是否
有當謹請
核示祇遵。謹呈
教育部部長陳
　　　　　　國立藝術專科學校校長滕固

滕固作致教育部《改進校務情況及關於發展國畫藝術培養中小學藝術師資的意見》呈文
（局部，原件藏中國第二歷史檔案館）

暑期招生，特予注意，并設法收納有天才及素養而資格年齡不相當者，予以特種之訓練；俾吾國固有之藝術賡續發揚，以增加民族至高文化至精之信念。又查中小學優良藝術教員之缺乏，多年以來所痛感，故學生審美力之薄弱，與技術之疏略，與其他先進各國之水準相較，相差殊甚，爲救濟此種缺陷，優良師資之培養，實爲目前所必需。并須以十分認真堅決之精神以赴之，使學校藝教有改進機會，社會藝術生活有提高希望。所有最近改進校務充實教學之擬議，是否有當，謹請核示祗遵。謹呈

　　教育部部長陳(立夫)。

　　　　國立藝術專科學校校長滕固　中華民國二十八年二月十五日

2月18日，《偕書鴻茂華雨中過虎溪龍泉赴太常村即贈別茂華》《虎溪書院陽明先生講學處并祀薛文清旁有張飛廟》發表於《中央日報·平明》。

偕書鴻茂華雨中過虎溪龍泉赴太常村即贈別茂華

　　細雨斜風赴太常，煙波無盡一橫航，龍泉虎嶺低昂見，斷碣殘碑剔剗忙。千載聲名前後馬，萬家香火汱波王。與君話別螺旋浦，青史青山兩不忘。

虎溪書院陽明先生講學處并祀薛文清旁有張飛廟

　　嶺外江潭嶺上楓，虎溪樓閣畫圖中。投荒遊宦心情異，清廟生民抱負同。經國文章雙柱石，照人肝膽一英雄。慚無道術傳荒遠，我亦□□作寓公。

2月20日，自貴陽至重慶，與陳克文晤談別後情事，對於校務工作已感乏味，有辭意。

　　《陳克文日記》：“滕若渠從貴陽來，對於辦藝專，似已感覺乏味，有辭意。到寓午飯，談別後情事，并出他近所作詩若干首，更有進步了。”

2月23日，陳克文日記寫道：“晚間院裏同事十人宴請孫希文、滕若渠於冠生園。”

2月25日，劉節來訪，一同乘車訪胡小石、宗白華、商承祖、杭立武諸人，後到黃家埡滕固家坐談久之。

　　《劉節日記》：“八時車進城，至上清寺已近九時。乘車訪滕若渠先生，於

路上相晤。一同乘車訪胡小石、宗白華二氏，皆未遇。又一同訪商承祖君，晤談片刻。承祖兄之弟錫永與余舊友，而承祖兄今日初次見面也。出門一同訪杭立武先生，杭先生新自昆明來，把晤甚歡。在玉川別業外與滕先生約一小[時]後再談，余乃乘車訪蔣慰堂、傅孟真兩氏；蔣氏不在家，即至聚興村八號中央研究院訪傅孟真。坐談久之，情形尚佳，而傅君病尚未退，即興辭而出。又至黃家埡滕若渠家坐談久之，至十一時許，坐轎至胡家花園，訪馬叔平先生。"

2月28日，常任俠訪滕固。

　　常任俠《戰雲紀事》："訪滕固，談良久。考古美術史學會，擬座談一次。"

2月底，國立藝術專科學校全體師生分批抵達昆明，暫借昆華中學、昆華小學及圓通寺爲校舍，籌備上課。最初，滕固擬請常書鴻爲教務長，而杭州藝專師生持反對意見，滕曾向各方徵詢後決定由方幹民爲教務長。滕固居住在由雲南省主席龍雲特撥東寺街昆福巷平安第的一所宅院裏，同院共居者另有藝術批評家李寶泉，雕塑家江小鶼及留日青年藝術家劉獅等。

　　"'八一三'炸鬧北，花園玉碎，江家之靈鷴閣收藏也付塵礫，僅人命得脱而已。前此，滇軍西片將領等集資兩萬元，經南京介紹請小鶼造龍司令像。小鶼家既毀，於是攜妻兒繞道越南赴昆明。江家住東寺街昆福巷平安第，大宅中多設客房，以接待南下友人。……小鶼求助龍雲事又頗多，如國立藝專、中央航校等遷來，都託小鶼向龍雲省長要校舍。"（陸建初著《人去夢覺時——雕塑大師江小鶼傳》，上海畫報出版社2005年11月版）

2月，傅雷應滕固之請，從香港轉越南入昆明，任國立藝專教務主任，於5月中旬返滬。

　　按：據《傅雷年譜》："應滕固之請，從香港轉越南入昆明，任國立藝專教務主任兩月，僅與聞一多草擬一課程綱要，旋因與校長滕固意見不合，於5月中間返滬。"

　　傅雷致劉抗信："抗戰期間（1939年）曾隻身去昆明，應滕固之約，當國立藝專的教務主任，五[二？]個月即回滬，從此蟄居。"（劉抗《傅雷・傅聰》，收入金聖華編《傅雷和他的世界》）

　　吳冠中《烽火藝程・出了象牙之塔》："這時候，滕固校長宣布，請來了傅雷先生當教務長，大家感到十分欣喜，因爲都對傅雷很崇敬。傅雷先生從上海轉道香港來到昆明,實在很不容易,他是下了決心來辦好唯一的國立高等藝術學府的吧!他提出兩個條件:一是對教師要甄別,不合格的要解聘;二是對學生要重新考試編級。當時教師多,學生雜,從某一角度看,也近乎戰時收容所。但滕校長不能同意傅雷的主張,傅便又返回上海去了。師生中公開在傳告傅雷離校的這一原因,我當時是學生,不能斷言情況是否完全確切,但傅雷先生確實并未上任視事便回去了,大家覺得非常惋惜。"

施蟄存回憶:"一九三九年,我在昆明。在江小鶼的新居中,遇到滕固和傅雷。這是我和傅雷定交的開始。可是我和他見面聊天的機會,祇有兩次,不知怎麼一回事,他和滕固吵翻了,一怒之下,回上海去了。這是我第一次領略帶傅雷的'怒'。後來知道他的別號就叫'怒庵'也就不以爲奇。從此,和他談話時,不能不提高警惕。"(施蟄存《散文丙選·紀念傅雷》黑龍江人民出版社1998年5月第一版)

按:有關滕傅爭吵事,可參見沈平子《從傅雷和滕固的一次爭吵説起》一文,收入宋學智主編《傅雷的人生境界 傅雷誕辰百年紀念總集》,上海:中西書局,2011年5月第1版。

約春,爲《國立藝術專科學校校歌》作詞:"皇皇者中華,五千年偉大的文明,亘古照耀齊日星。製作宏偉,河山信美,充實光輝在我輩。我們以熱血潤色河山,不使河山遭踐躪;我們以熱情謳歌民族,不使民族受欺凌。建築堅強的城堡,保衛我疆土人民;雕琢莊嚴的造像,烈士萬古垂令名。爲創造人類的歷史,貢獻我們全生命!"後由音樂系主任唐學詠作曲。(宋忠元主編《藝術搖籃·浙江美術學院六十年》,浙江美術學院出版社,1988年3月第1版)

滕固介紹李霖燦與中央研究院董作賓。

"民國二十八年(一九三九)學校由湘西遷到了昆明,國立藝專的滕固校長對我説:你要去調查納西族的象形文字,我介紹你去中研院看一看董作賓(彥堂)先生,他是古文字學專家,又是你的同鄉。"(李霖燦《高山仰止圖——紀念董作賓先生百齡冥壽的故事》)

3月1至9日,第三次全國教育會議在重慶召開。第五組爲社會教育組,召集人吳敬恒、李蒸,成員有滕固、李濟、唐學詠、袁同禮、陳禮江、蔣宋美齡、將復璁、趙畸等,列席余上沅等。會議共計收到大會議案316件,其中有滕固、唐學詠、趙畸(太侔)聯名提交《改進藝術教育案》、趙畸、滕固聯名《推進實用藝術教育以利建設案》(趙畸、滕固原案，審查會請部參考，大會請部採擇施行)、《改善藝術學校學制案》(滕固原案，審查會擬具辦法，大會照審查辦法修正通過)、《獎勵史地研究加強史地教育案》(滕固原案，審查會送部參考，大會決議成立)。

  按：參見《第三次全國教育會議報告》，所附簡歷："滕固，三十八，江蘇寶山，國立藝術專科學校校長，德國柏林大學哲學博士，曾任國立中山大學教授、金陵大學教授、行政院參事、行政院及所屬各部會檔案整理處處長、中央古物保管委員會常務委員。"(《第三次全國教育會議報告》，教育部印，1939年)

3月3日，上午，第三次全國教育會議在重慶川東師範大禮堂舉行第二次全體大會，蔣夢麟主席，國立藝術專科學校校長滕固等二十九人分別報告各該校院及各該省教育概況。(參見《第三次全國教育會議報告》)

3月5日，訪常任俠，以馬衡、朱希祖、裴善元、劉節、宗白華、胡小石各會員均在此地，預備開中國藝術史學會年會，并約常任俠為該會秘書。

  常任俠《戰雲紀事》："滕固來談良久，云預備開考古美術史學會年會，以馬衡、朱希祖、裴善元、劉節、宗白華、胡小石各會員均在此地也。滕固又約余為本會秘書云。"

3月6日，上午，第三次全國教育會議舉行第五次全體大會，由教育行政組召集人程天放、高等教育組召集人李書華分別報告審查各案，決議要案計有包括滕固提交《改善藝術學校學制案》(滕固原案，審查會擬具辦法，大會照審查辦法修正通過)及滕固、唐學詠、趙畸(太侔)聯名提交《改進藝術教育案》。其中，滕固、唐學詠、趙畸聯名提交《改進藝術教育案》，內容為一、藝術之重要；二、確定藝術教育根本方針；三、設立藝術委員會；四、確定藝術教育之系統；五、普及社會藝術教育；六、獎勵；七、請求增設美術督學。該提案審查意見送部參考，大會決議原則通過請部採擇施行。

3月8日，劉節訪滕固未遇。

  《劉節日記》："早六時起床，八時乘車進城。先訪滕若渠先生，不遇，留交一封。……滕若渠介紹我至某國立大學教書，今日未得晤面，不知究屬何校也。據袁守和之意，庚款會似可繼續，但薪俸似太少，如果到二百元之數，亦可一做也。"

3月10日，常任俠、劉節接到滕固星期日在雜糧市街味腴飯店開中國藝術史學會座談會通知。
　　常任俠《戰雲紀事》："滕固約本禮拜日在味腴開藝術史學會座談會。"
　　《劉節日記》："今日得滕若渠信，約星期日下午敘餐，地點在雜糧市街味腴飯店。"

林風眠致戴季陶函，希望再返國立藝專主持校務。
季陶先生惠鑒：
　　久違道範，時切馳思辰維履祉綏和，至深企頌。茲有懇者，風眠自前年冬（一九三七年十一月），率杭州藝專西遷，歷經湘贛諸地，於去年春到達沅陵，奉令與北平藝校合併改爲國立藝術專科學校，不幸當時因遷移問題發生風潮，風眠爲該校前途計不得已向教部自請辭職來港暫息，近聞該校正在遷昆明途中，而新校長又有他就之意，風眠自思在該校十有餘年，雖愧無建樹，惟值茲抗戰建國期間，正應發奮努力爲民族藝術復興立永久之基礎，故敢請先生在立夫先生前代爲一言，使風眠再往主持該校，先生俾以其他工作則私心感德，畢生不忘，如蒙俯允，乞賜訓示，以資遵循，專肅敬請道安。後學林風眠謹上三月十日。
　　回示請寄香港文咸東街二十四號德安和號轉。
　　按：收入林風眠著《林風眠長短錄》，中國青年出版社，2014年，第198頁。原書中標點有誤，編著者另行修訂。

3月12日，五時半，主持中國藝術史學會座談會，到有會員馬衡、胡小石、宗白華、滕固、劉節、金毓黻、常任俠、陳之佛、盧冀野等人。會中討論問題甚多，結果共有三項：（一）推舉常任俠先生爲本會秘書；（二）在本年秋間於重慶昆明兩地同時舉行年會；（三）在可能範圍內出一刊物，定名爲《藝術及考古》。此外又有人主張調查各國考古或藝術團體，交換刊物。九時散會。
　　常任俠《戰雲紀事》："五時半赴味腴餐館參加中國美術史學會，到有會員馬衡、胡小石、宗白華、滕固、劉節、金靜庵、陳之佛、盧冀野等人。會中推余爲秘書，負責會務。九時散會。"
　　《劉節日記》："余訪滕若渠談至四點半，同出到味腴飯店。中國藝術史學會在此開會,到會者有馬叔平、胡小石、宗白華、滕若渠、盧冀野、常任俠、陳之佛、金静安諸公。五時開會,六時叙餐。會中所討論問題甚多,結果共有三項:(一)推舉常任俠先生爲本會秘書;(二)在本年秋間於重慶昆明兩地同時舉行年會;(三)在可能範圍内出一刊物,定名爲《藝術及考古》。此外又有人主張調查各國之考古或藝術團體,交换刊物。至晚九散會,與常任俠先生同散步至小什字。"

國立藝術專科學校假昆明民教館舉行抗敵宣傳畫展,展出作品五六百幅。
　　"國立藝專移滇復課,師生均已到達,現正積極規劃宣傳工作效率,决籌備舉行抗敵宣傳畫展覽會,開幕日期擬定十二日起,地點借用民教館。作品計有教授學生等大幅抗戰畫約五六百幅,當極畫展之大觀也。"(1939年3月8日昆明《朝報》)

3月13日,劉節來訪,遇國立博物館籌備主任裘子厚。又同訪湖南大學校長皮宗石。
　　《劉節日記》:"八時半至滕若渠先生家,遇裘子厚君,裘君爲國立博物館籌備主任,到此有半年矣。九時左右與滕若渠同訪湖南大學校長皮宗石氏,皮氏約至該校任教,余尚未十分答應,看皮氏與杭立武氏接洽如何再行决定也。"

3月14日,陳克文設宴爲滕固返昆餞行。
　　《陳克文日記》:"中午邀若渠夫婦、平羣夫婦來寓午飯。乃光、伯勉也同來。若渠日間即赴昆明,他的夫人也遷居近郊鄉下,故爲之餞行。"

3月15日,常任俠日記寫道:"滕固云來看《吴騷合編》,候之未至。"

3月26日,吴宓爲介紹韓斌報考國立藝術專科學校致書滕固,吴、滕二人於此結交。
　　《吴宓日記》:"宓以致滕固函交[韓]斌付郵,并作片介紹。"
　　按:吴宓(1894—1978),字雨僧、玉衡,筆名餘生,陝西涇陽人。中國學者、詩人、教育家。歷任國立東南大學、國立西南聯合大學、西南師範學院教授。清華大學國學院創辦人之一,學貫中西,融通古今,被稱爲中國比較文學之父。著作有《吴宓詩集》《文學與人生》《吴宓日記》等。

3月28日,吴宓接滕固復函并寄來油印近作詩多首。

《吳宓日記》:"午飯後,接藝術學院校長滕固若渠,江蘇寶山復函,即如囑代韓斌寫撰請求轉學收錄肄業之呈文。滕并寄來油印近詩多首,頗佳。"

3月31日,顧頡剛日記寫道:"滕若渠、慰堂來。"

吳宓將滕固詩冊細讀圈評後,另函寄還。
　　《吳宓日記》:"是日上午宓復滕固二十八日函,附寄宓詩數首。下午2—4復將滕固詩油印細讀,并加圈評。另函寄還固收。"

3月,《圖書季刊》1939年新1卷1期63頁發表署名"蔚"《圖書介紹:中國藝術論叢(滕固編)》一文。
　　民國二十七年七月初版商務印書館發行一册定價一元
　　教育部第二次全國美術展覽會開會的時候,爲宣揚本國藝術的特徵和價值,傳布與戰略品有關係的知識,提高社會一般的欣賞能力起見,曾舉行講演會,并發行專刊。這本書,就是該會發行的專刊,由商務印書館重印出版的。
　　收文凡二十篇,論述範圍,包括書、畫、器物典籍各方面,計有(篇目略)。

4月1日,應邀前往馮至家喝咖啡,同座有梁宗岱、蕭乾、沈從文、鮑爾(Willy Bauer)、林同濟等。
　　馮至《昆明日記》:"下午請梁宗岱、滕固、蕭乾、沈從文、鮑爾〔Willy Bauer 馮至在德國海得堡同學,經馮推薦,應同濟大學聘請來華教授德文。〕、林同濟在家吃咖啡。"(刊《新文學史料》2001/4期)

4月2日,滕固訪顧頡剛,在顧家午飯後參觀中央研究院歷史社會兩所。
　　《顧頡剛日記》:"到黑龍潭,與旭生談。若渠等來,同遊,到予家吃飯。飯後參觀中研院歷史社會兩所,晤槃庵、純聲等。……今午同席:滕若渠、蔣慰堂、徐旭升、董彥堂(以上客)予(主)。"

4月5日,中德文化協會成立昆明分會,到省黨部代表顧致中及籌備員周自新、丁基實、江小鶼、滕固、吳之翰等廿餘人,當由滕固主席,通過章程,并選出理事裴存藩、傅斯年、周自新、丁基實、江小鶼、滕固、吳之翰、江瀏、馮承植等十人,其餘一人,則由理事會決請德人參加。
　　馮至《昆明日記》:"下午中德文化協會在江小鶼家開成立會。裴存藩、傅斯年、趙士卿、滕固、周自新、江小鶼、丁基實、吳之翰、汪瀏、馮承植任理事。"

《中德文化協會成立昆明分會推裴存藩等爲理事》："【雲訊】中德文化協會昆明分會，昨舉行成立會。計到省黨部代表顧致中及籌備員周自新、丁基實、江小鶼、滕固、吳之翰等廿餘人，當由滕固主席，通過章程，并選出理事裴存藩、傅斯年、周自新、丁基實、江小鶼、滕固、吳之翰、汪瀏、馮承植等十人，其餘一人，則由理事會決請德人參加。會章摘要：（一）凡中德文化協會會員，駐在昆明者，均爲分會員，分會所在地志願加入協會者，得向分會請求，由分會轉送協會，依照規定手續辦理。（二）本分會設理事十一人，由會員大會選舉之，任期一年，連選連任，組織分會理事會。（三）本分會理事會互選理事長一人，常務理事三人，辦理分會會務。（四）理事會得就會員中推定秘書一人，幹事一人至三人，勸辦會務。（五）每年舉行大會一次，遇必要時，經理事會之決議，得隨時召集臨時大會。（六）經費，由會員及會外熱心人士捐助外，得請協會補助。"（1939年4月7日昆明《朝報》）

4月16日，沈從文致沈荃函中謂："藝專風潮太多，教職員辭職至十人以上，滕固爲人庸而耳軟，恐最後祇有去職一法。學校風氣極壞，爲任何學校少有，其實不如關門省事。"（收入《沈從文全集（第18卷）書信》，太原：北嶽文藝出版社，2002年，355頁）

4月24日，赴張菊歐家餐飲，招待黃炎培。

《黃炎培日記》："夜，菊歐家餐飲，極好紹興酒。同席仲仁、鈞任、雲台、柏園、滕若渠（固）、錢端升等。"

4月，教育部長陳立夫復戴季陶三月十五日函，述國立藝專校長聘任經過，認爲"滕校長方努力於内部之改進，并無他就之意，未便再加更動"。

季公院長賜鑒：

奉三月十五日大示，祇悉一是，前國立杭州藝專與國立北平藝專去春遷沅陵，合併設置，部中以兩校原有校長，不欲有所更動，故均改轉爲校務委員，而以林風眠先生爲主任委員。不意合併伊始，風潮即起。風眠先生遽爾高蹈遠行。經部迭電挽留，并派員到校指導，始克返校，暫行維持。暑假期屆，又電請辭職。本部以該校校務，亟待改進，因准其請，改聘滕固先生爲校長，以期徹底整理，半年以來，漸入正軌。目前該校自沅陵遷移昆明。滕校長方努力於內部之改進，并無他就之意，未便再加更動。風眠先生容俟有其他機會，再行借重。專此奉復。敬祈台察。祇頌道安。晚陳立夫敬復四月（收入林風眠著《林風眠長短錄》，中國青年出版社，2014年，第199頁）

5月17日，出席昆明教育學術界聯誼會籌備委員會第一次會議。
　　《本市教界籌組學術界聯誼會，以發揮服務精神爲宗旨。定下月三日開成立大會》："昆明教育界同人於本年'五四'二十週年紀念大會時，議決組織教育學術界聯絡團體，推雲大熊校長召集籌備委員會，商籌一切。茲悉籌委會已於昨日下午四時在雲大開第一次會議，出席者熊慶來、龔自知（周錫夔代）、滕固、唐英、嚴濟慈、朱通九、查良釗、李季偉、伍純武、李永清、夏世昌、蕭雋英、鄧文康、李繼元、方國定等十五人，首由主席熊慶來報告召集開會經過，次即議決組織'昆明學術界聯誼會'，以聯絡感情，交換意見，發揮服務精神爲宗旨，凡現住雲南之教育學術界服務人員，均得加入該會爲會員，組織章程推三人起草，并定於六月三日下午四時開成立大會云。"（1939年5月18日昆明《中央日報》第四版）

5月20日，馮至邀請滕固、姚從吾夫婦等家宴。
　　馮至《昆明日記》："從吾夫婦、四叔、若渠在家中便飯。"

5月29日，國立藝術專科學校學生會開成立會。
　　《國立藝專組織學生會，今日開成立會》報導："國立藝術專科學校，自遷滇後，在文林街上課以來，將近一月，一切校務，均見日進。茲悉該校同學爲本身利益及養成自治能力，及推動後方救亡工作起見，特組織學生會，經半月餘之籌備，一切均已就緒，并呈得省黨部及校方當局之允許，定於本日上午九時，開成立大會。聞該校校長滕固氏，及各系組教授、省黨部、雲南各大學聯誼會，均將前往參加盛典，并予指導云。"（1939年5月29日昆明版《中央日報》）

6月3日，昆明學術界聯誼會成立，滕固當選爲理事。
　　《昆明學術界之創舉，聯誼會昨正式成立，名流咸集濟濟一堂，精神極融洽，蔣夢麟等當選理事》："昆明學術界聯誼會昨日下午四時，假省教育會開成立大會，陸續到會者蔣夢麟、梅貽琦、趙士卿、馮友蘭、鄧孝慈、黃元彬等九十餘人，濟濟一堂，精神極爲融洽，由熊慶來主席，方國定紀錄。首由主席報告該會發起及籌備經過，繼即將簡章草案修正通過（簡章另附），并票選蔣夢麟、梅貽琦、趙士卿、熊慶來、李書華、滕固、龔自知、查良釗、唐英、朱通九、任純武、鄧孝慈、沈履、馮友蘭、樊際昌、李永清、任鴻雋等十七人爲理事。李季偉、陳序經、馮承植、黃珏生、羅仲甫、嚴濟慈、蕭雋英、蕭遽等八人爲候補理事，由熊校長負責召集第一次理事會，討論理事會辦事細則，及一切進行事宜云。

昆明學術界聯誼會簡章

第一條，本會定名爲昆明學術界聯誼會。第二條，本會以聯絡感情，交換意見，發揮服務精神爲宗旨。第三條，凡現住雲南之教育學術界服務人員，經會員二人以上之介紹，均得加入爲會員。第四條，本會設理事會，由會員大會選舉理事十五人至十七人組織之，并由理事互推常務理事三人至五人，處理經常事務，理事任期一年，連選得連任，理事會辦事細則，另訂之。第五條，本會每半年舉行會員大會一次，遇必要時得由理事會臨時召集之。第六條，本會會員年納常年會費一元。第七條，本會會址設於昆明。第八條，本簡章如有未盡事宜，得由會員二十人以上之提議，或由理事會提出會員大會修改之。第九條，本簡章由會員大會通過後施行之。"（1939年6月4日昆明《中央日報》第四版）

昆明《中央日報》"藝術"半月刊創刊，藝術社編輯部主辦，至7月16日第四期停辦。發表常書鴻、李寶泉、顧良、龐薰栗、滕固等論文。通訊處：昆明大西門內文化巷十一號藝術社。

6月20日，在昆明作《說永北的石刻吳裝觀音像》一文，署名滕固，發表於《今日評論》1939年2卷2期。作者對圓通寺的觀音像、文廟的孔子像及永北觀音像進行比較後認爲："永北的石刻，照我的觀察，以爲比徐州的東西還舊，恐怕是明以前的刻物。（永北的誌書內也許有記載，可惜目前借不到這類誌書。）這石刻的右面刻著一行隸書'唐吳道子作'，左面密密地刻著六行小楷，把夏文彥《圖繪寶鑒》裏吳道子略傳從頭到尾抄在上面。又在第一行小楷之上，加刻一行寸楷'唐吳道子作'四字。這樣一刻再刻，無非教人重視它，並且要努力證明確實是吳道子的。就畫像的本身看，頭部蓮花紋的髮髻圍飾，和所傳敦煌的唐畫雖有共通之點，然已較近於宋人的佛畫體制了。身體姿勢所具的曲綫，還留有唐人的傳統；大體端莊慈祥，想來原體不是沒有來歷的。還有這個石刻畫像有二個顯然的特點，一是容相還留有'擬雕刻的'跡象，另一是衣紋用'蘭葉描'繪成，這是值得我們玩味的。……三年前在北平看見研究比較藝術的匈牙利人達加克（Zokan de Takacs）君，在搜集吳道子觀音像拓本，資以研究吳道子，我曾想過要從石刻求得些吳道子的消息是很渺茫的。但是再一想，我們對於吳道子一向是渺茫的，從石刻裏探求或者在記載裏兜圈子，略勝一籌。本著這個意思，我對於永北的石刻不免起了些感情。不過，我說它是宋式而留有些唐意；說它的原本是有來歷的；說它是明以前的刻物，希望不完全是感情作用。"

6月25日，作《藝術與傳統》論文，略謂："歷史上古典藝術的復現，不是倒退而是這一根本型式之更豐富的新生，不是復興而是創造。每一度復現有每一度的新局面；既不是希臘的復演，又不是文藝復興的復演；是每一時代歷史和社會的決定，以及教養與技巧之纍積，於依託於人格的節概□爲此一型式的表白。洪保爾特（W. von Humboldt）以爲沒有一件現代的東西可以比得上古典，正像一個人不能和上帝比擬一樣。我們的意見卻和他相反。"該文發表於1939年7月5日昆明《中央日報·藝術》第三期。

馮至日記寫道："上午與季海訪若渠。"

6月26日，常任俠作致滕固函。

若渠尊兄先生有道：奉書拜悉。參加反侵略會公函敬當照辦。藝術史學會會期，將來如決定，乞先示知，當籌辦此間年會。惟蓉渝均被慘炸，會員遷徙靡定，招集殊不易耳。弟秋日亦頗思赴昆明一行，藉領教言。小石白華兩先生處已代致尊意，伏暑幸珍攝，不盡，即頌
敬安

　　　　　　　　　　　　　　　弟常任俠叩六、廿六
聞索追悼瞿安先生專刊，附奉上。

　　按：該信不見作者日記記載。"反侵略會"當指1938年1月23日成立之國際反侵略運動大會中國分會，各地設有支會。中國藝術史學會以團體身份加入。參見1940年1月23日昆明《中央日報》刊登《反侵略分會成立二周年》消息。又據1939年4月16日《時事新報·學燈》登出常任俠《與吳瞿安師最後晤見記》一文。吳瞿安追悼會於1939年6月11日在中央大學舉行等信息，確定該信寫作於是日。

　　《國府明令褒揚吳梅，特給恤金三千元》："【重慶二十日中央社電】國民政

府二十日明令，褒揚故中央大學教授吳梅，其原令云：國立中央大學教授吳梅，持躬耿介，志高行潔，早歲即精研音律，得其奧窔。時以革命思想寓於文字，播爲聲樂。嗣膺大學教席，著述不輟，於倚聲之學，多所闡發，匪獨有功藝苑，抑且超軼前賢。茲聞溘逝，悼惜殊深，應予明令褒揚，并特給恤金三千元，以彰宿學，而勵來茲。此令。"（1939年4月21日《申報》、香港《大公報》）

6月，《民族詩壇》1939年3卷2期刊登潘公展《送別胡定安赴築聞滕若渠亦明日成行不覺黯然》詩。

"中宵忽不寐，良友有遠行。我方愁輾側，聞君太息聲。嗟嗟此旬月，談笑快生平。上下古今事，舌妙鶚縱橫。憂勤仰元戎，犧牲壯士兵。紛紛朝市間，狗苟而蠅營。慚予亦餐素，建策無一成。自來古辰州，求友似嚶鳴。風雨連床夜，歡然若弟兄。龍頭井前路，落霞谿畔程。林泉供嘯傲，肺腑時一傾。方期遣晨夕，枯草欣向榮。不圖今夜歸，分袂竚天明。幽香與苦茗，神味共難評。君輩遊夜郎，毋忘沅水清。況我棲華屋，孤陋不可名。白丁孰來往？折柳若爲情！"

按：胡賨（1897—？）字定安，浙江吳興人。1928年德國柏林大學醫科及普魯士公共衛生學院畢業，獲醫學博士學位。返國後，曾任南京特別市衛生局局長，江蘇醫學院院長等職。

《燕京學報》1939年25期265—268頁刊登容媛編《國內學術界消息》，出版界消息：中國藝術論叢（滕固編）。錄目於後，并略加提要。其中對滕固之《詩書畫三種藝的聯帶關係》，略云："能詩能書者不必能畫，惟能畫者，必須能書，能詩，其畫方能得更高之評價。"

本書原名《教育部第二次全國美術展覽會專刊》，在民國廿六年四月開會期間印行，以所印無多，當時即於會場售罄。想以出版倉卒，魯魚亥豕，滿紙連篇。茲由商務印書館重印，改定今名。其編次與前無甚差異，內容則增加余紹宋之《中國畫之氣韻問題》，及胡厚宣之《中央研究院殷墟出土展品參觀記》二文，材料較富，校對亦佳。全書一七〇面，約十萬言，其撰稿者，多爲專門家，文雖簡短而扼要。首冠滕固初印本編輯弁言。此重印弁言。次鄧以蟄之《書法之欣賞》，其範圍擬分爲四：1.書體，2.書法，3.書意，即書之表現，4.書風，即歷代書家。惟此篇僅完成書體一項，未克盡窺全豹爲憾。次宗白華之《中西畫法所表現之空間意義》，略云西洋畫所表現之空間情緒，寄託在光影彩色明暗裏面，使畫境空靈生動，自生氣韻。而中國畫的空間意識表現是以書法爲基礎，書法中所謂氣勢、結構，力透紙背，都是表現這書法底空間意境。如果能狀物生動，繪一枝竹影，幾葉蘭草，縱不畫背景環境，而一片空間，宛然在目，風光日影，如繞前後。次秦宣夫之《我們需要西洋畫嗎》，略謂國人對於西洋畫未有真正的認識，故對於西洋畫不感興趣；希望研究者，能取彼之所長，以補我之所短。次呂鳳子之《中國畫的變》，略謂：中國的畫，由最初的簡，變到六朝以還的工，變到唐以還的渾樸恣肆，即由尚形似變到脫略形似，復變到不廢形似，迄今兩類畫的形，均在這樣變遷中。作者依據變的歷程及環境所需求，推測以後的變，仍當注意形色與光，嗣後皆應愈趨簡單顯著。次葛康俞之《南北宗及其廢興》，略述畫之原流得失，及南北宗派師資傳授之脈絡；歷代帝王之收藏於散佚，及上好下效之風盛行，做提綱挈領之介紹。次卞僧慧之《國畫管窺》，略謂：論畫必以魏晉爲一關鍵，魏晉以上爲畫工之畫，魏晉以下爲文人之畫。畫工之畫，極力求工於形跡之中，終不脫匠氣；文人之畫，藉畫抒思，雖不求必工而自合神理。蓋文人在繪畫技術之訓練上，及精神生活之陶養上能造其極。故發之於繪畫，亦能進於道而不囿於藝。故魏晉以來之文人畫，固中國文化之具體表徵也。次馬衡之《故宮博物院參加美展會之書畫》，首述此次故宮所選參加展品之名貴。繼云宋以前畫家大都不署款，即有款亦在不顯著之處；不署款者，後人按其筆法而定爲某人，就不能百無一失，即如此次出品中的朱銳《赤壁圖》，在明朝項子京家的時候，已經呼爲朱銳了，畫之本身未署款，圖後有金趙秉文書赤壁詞，亦不言畫者爲誰。朱預卿君偶在《元遺山集》中見趙閑閑書《赤壁詞》，末云'赤壁圖武元直所畫，門生元某僅書'。始知此圖之真正作者爲武元直。元直亦金人，明昌中名士，以時以地皆無不合。諸如此類，在故宮書畫中一定甚多，正訛定誤，是所望於國內鑒古之學者。此亦指示欣賞故宮書畫者直一南針也。次蔣吟秋之《書畫與裝潢》，關於裱工之技術，與材料之選擇，均闡述詳明。次董作賓之《殷人之書契》，關於殷人之書與契，以前都認爲是二而一，而不知去今三千年以前，中國已有毛筆爲書，銅刀爲契刻矣。本篇內容分：1.書寫，2.契刻，3.書契之工具，4.書契的藝術，其藝術之發展又分爲五期：A.雄偉，B.謹飭，C.頹廢，D.勁峭，E.嚴整。取材新穎，有獨到之處。次滕固之《詩書畫三種藝的聯帶關係》，略云：能詩能書者不必能畫，惟能畫者，必須能書，能詩，其畫方能得更高之評價。次余紹宋之《中國畫之氣韻問題》，此文爲余氏演講稿，略云：中國畫最重要之部分，不外氣韻與畫法兩種，關於畫法有一定之規律，尚有書籍可以參考，獨此氣韻問題是難以言語形容者，所以歷來論畫書籍中并無整個研究，偶然散見一二條，亦皆知其然，而不知其所以然之論，無由使人領會。內容分：1.氣韻二字之起源，2.氣韻二字之解釋，3.氣韻在國畫上之價值，4.氣韻與形似之關係，5.如何而始有氣韻：A.多讀書遊覽，B.博覽名勝，C.敦品勵行，E. 須精習書法，F. 不可過事臨摹，6. 氣韻非僅墨筆寫意畫有之，7. 今後中國畫仍應注重氣韻，8. 餘論。語語中肯，可稱論畫者之圭臬。次袁同禮之《全國美術展覽會陳列之版畫書》，略述明季唐氏世德堂、文林閣、富春堂，及陳氏繼志齋四家所刊版畫書之特色與種類。次蔣復璁之《教育部第二次全國美術展覽會的圖書》，略述展覽會所陳列之宋元明三代書籍之版本、版圖、型式、種類、裝潢。次唐蘭之《中國古代美術與銅器》，略謂殷商銅器，由美術的眼光來看，可以注意的有五點：1. 冶銅，2. 器形，3. 裝飾，4. 花紋，5. 書法。銅器爲三代文化美術之菁華，故研究古代美術者，首先當研究銅器。次黃文弼之《羅布淖爾發現漢漆杯考略》，略述漆杯出土年代、地址，及其花紋色澤等。次王遜之《玉在中國文化上的價值》，略云：玉出自石，石器從工具的範圍中被淘汰以後，玉在一般社會生活中所代表的義意有三方面：1. 宗教的，2. 政治的，3. 道德的。徵引頗詳。次徐中舒之《關於銅器之藝術》，內分：1. 名稱及範圍，2. 銅器之分期及其重要作品，3. 銅器中所見之雕塑，4. 銅器刻紋鑲嵌與繪畫之關係，5. 篆刻，6. 結論。關於銅器之製造、型式、種類、盛衰，均叙述周詳。次鄧懿之《漢代藝術鳥瞰》，略述漢代明器、石刻、繪畫、玉器、銅器、絲織等，作概括之介紹。袁同禮之《我國藝術品流落歐美之情況》，略謂：歐美各大博物館收藏吾國古物不外二途：1. 採掘，2. 購買，并將其公私收藏機關及藝術品之種類詳為著錄。次胡厚宣之《中央研究院殷墟出圖展品參觀記》，此文參照梁思成所編之展品説明，先分展覽品爲十類：1. 衣服，2. 裝飾，3. 飲食，4. 起居，5. 兵戰，6. 音樂，7. 陳設，8. 建築，9. 喪葬，10. 書契。繼將其重要之點以作者之意説明：1. 殷代銅的豐富，2. 殷代玉器的精美，3. 殷代立體石雕的生動，4. 殷代與南方和西方的交通，5. 殷代的文字和典策。

7月1日，常任俠日記寫道："收滕固函，詢余何時去昆明。"

7月3日，滕固邀宴吳宓於柏廬，吳以病未能赴約。二人以詩結友，情誼相投，大有知己之感。

《吳宓日記》："是晚滕固招宴於柏廬。昨已面辭，以病未能赴也。先是滕固讀宓《石頭記贊》英文等，頗致贊許。宓遂再函固，以錢學熙撰論宓生平與愛情一文英文寄示之。適固於七月五日上午 10—11 來訪，探病包君偕，乃以寫就之函面交固。旋接固七月六日晚復函存，深致規慰，大有知己之感，甚喜。"

按：柏廬位於昆明護國路、西南大旅社南之小巷內，名寶善街。

7月5日，吴宓日记写道："上午10—11滕固来。"

7月12日，致端木恺、陈克文函，介绍上海新闻检察官陈克成赴渝时，一切请多帮忙，感同身受；托陈克成带去三百元请代存入银行，俾便家用。（据陈克文藏滕固函原件）

冯至《昆明日记》写道："晚与若渠访从吾，谈田伯苍事。"

7月15日，常任侠作致滕固函。
若渠贤兄先生有道：惠书拜悉。子植后日去蓉，各函并已转致。反侵略会已登记。弟在此亦由叔平先生处陆续转来普通公函数件，并已作复归档。弟赴昆明行期约在一月以后，因拟撰写《汉唐之间西域乐舞百戏东渐史》即将完成，尚须清写一过，时间约需一月，写完后即交中英庚款会，作为一年工作总结束，方能远行。惟该会下年协款尚未决定，如决定协助，拟移居昆明继续研究。弟在此间大学任教，虽有成议，且薪资亦较丰，但仍觉作研究工作为宜，且闻中央研究院运出图籍，颇为完备，在昆明可以借阅也。学会年会，曾与此间会友商讨，候先生处消息，再行决定。弟近作论四川汉代建筑雕刻一稿，刊出当呈斧正。附函乞代转。即祝
教祺
　　　　　　　　　　　　　　　　　弟常任侠再拜　七月十五日

按：查常任侠《战云纪事》1939年7月14日条："收滕固函，询余何时去昆明。"15日："下午作书复滕若渠。"7月4日"将中国艺术史学会参加反侵略会登记函寄出"。信中提到的论四川汉代建筑雕刻一稿，当为6月25日撰《中央大学发掘重庆汉代墓阙研究》一文。

7月19日，吴宓日记写道："晚，细读滕固诗，深赏之。"

7月20日，赴吴宓约宴，畅谈人生及诗文艺术，颇为契合。
《吴宓日记》：约近6:30滕固如约来。乃至华山（Hazelwood）西餐馆用膳（$5.35），宓所邀约也。固劝宓饮热柠檬茶一巨杯，略爽。是晚，宓不能进食。仅食面包及番薯少许，饮红茶数杯。然与滕固畅谈至10:00顷，极欢快。先由固述其诗之本事：（1）1932年春，留学于Florence者三月。由其柏林之德国女学生介於伊姊，亦在F城学美术者。姊邻居有另一德国南部郚潭湖Bodensee

來之女留學生，乃鍾情於固。固識英國領事曾居平津夫婦，周旋其家人間，每與其侄女偕，而德女妒之，再四邀固遊其故鄉，并僞言英女亦來。是年九月，固已得學位，由柏林取道回中國。乃至鄱潭湖，住三星期，備承女之父母殷渥款待。女極欲嫁宓，固謝卻之。回中國後不久，音書亦與斷絕。蓋固早已有室矣。（2）1937歲末，固在長沙友座中，識某女士，疑王姓。湘人，年二十六，已離婚。一見對固傾心。此後蹤跡，如固五古詩所述，固到沅陵，長藝專校。女士繼至。旋在乾城省府所在。任小職。女士極欲與固結婚或同居。固恐有妨職業名譽，且慮不得以歡樂終，乃毅然拒絕之。今已不甚通問矣。……於是暢論人生及詩文藝術，喜所見之多合。……末後宓乃簡述宓結婚離婚之往史，及1928以來愛彥之經過，失彥之痛苦，及今後再追求彥之決心。……時已甚遲，乃出。宓至五華巷如厠，小解。然後，固於細雨中，伴宓行正義路、華山路者久之。固言：（1）今宓以具有宗教性之真情熱愛，再追求彥而與彥結婚，固甚佳事，然必須不以成敗得失爲意但盡吾之力。始可。蓋以人事複雜，而結果之苦樂禍福每不如人之所預期也。（2）知己知彼，百戰百勝。今首宜調查固自願試就查良釗處探詢。彥婚後情形，現實生活狀況，尤須審知彥結婚時與熊宅有何種契約，今仍受何種束縛，而當設法爲彥一一解除其束縛。且使彥之歸宓，名正言順。不受世俗社會之譏詆。例如云：'彥昔嫁熊公，爲助成其慈幼事業，今熊公久逝，事業已完成，或無法續辦，或宓可爲助'云云。（3）進行辦法須慎擇，固今後願恒爲宓參酌籌計。宓此時不必赴滬，可先與彥通信，徐探知彥之生活、心情實況。但須妥定通信之法，使每信得入彥手而不至爲人窺見或劫取，始爲善法云云。……時，雨漸大，乃別。

按：吳文中刪節號爲原有。熊公指熊希齡。吳戀熊夫人毛彥文。

7月22日，吳宓日記寫道："接滕固函，寄示其《藝術的傳統》一文，即復長函，并寄去1938春詩二紙。"

7月25日，赴吳宓招宴，商談吳與女友晤會事宜。

《吳宓日記》："旋至珏良處見顧憲良，得滕固復宓昨函。……正午12:00宴滕固於華山西餐館（\$3.80）。以熙電示固，商談與彥晤會事。固謂如此辦法甚好，此時祇宜靜待結果。又謂非有重大理由，嗣後每一辦法不宜輕改云云。下午1:00散。"

按：顧憲良（1914—1962），又名獻樑、顧良，江蘇川沙（今屬上海市浦東新區）人。清華大學外文系1935年畢業。曾任光華大學外文系講師，華美報館秘書兼專刊主編。抗戰勝利後去美國。

1939 年　己卯　民國二十八年　三十九歲　473

7月26日，王振鐸晚間至東寺街平安第訪滕固，未遇。
　　《王振鐸流滇日記》：晚去東寺街平安第訪滕因［固］，未遇。(《中國科技史料》1996年4期）

7月27日，王振鐸來訪，參觀蜀郡漢石刻，借來拓本一紙。董作賓不久也到訪。
　　《王振鐸流滇日記》：一早訪滕因［固］，參觀蜀郡漢石刻，雁堂不久也到，并借來拓本一紙。
　　按：董作賓（1895—1963），原名作仁，字彥堂、雁堂，號平廬。河南省南陽人。中國甲骨學家，第一屆中央研究院院士。曾在福建協和大學、中州大學、中山大學、臺灣大學執教。抗日戰爭時期，他隨歷史語言研究所相繼遷往長沙、桂林、昆明、南溪，并主持該所工作，繼續研究殷代曆法。1951年1至6月任國立"中央研究院"歷史語言研究所所長。

7月，教育部製定的《教育部學術審議委員會章程》中，賦予該委員會很大的職權，其内容包括：（1）審議全國各大學學術研究事項；（2）建議學術研究之促進與獎勵事項；（3）審核學士及碩士學位授予暨博士學位候選人之資格；（4）專科以上學校教員資格之審查；等等。
該《章程》規定，除教育部部長、次長及高等教育司司長爲當然委員外，設聘任委員25人，其中由教育部直接聘任12人，國立專科以上學校院校長選舉13人。(中國第二歷史檔案館編：《中華民國史檔案資料彙編》第五輯第二編教育（一）[Z]，南京：江蘇古籍出版社1997年9月，第77—80頁。)

8月8日，滕固致董作賓函，寄去中國藝術史學會通告緣起及會員名單。
　　彥堂兄：送回拓本及郢客先生詩函均拜悉，兹奉上學會通告緣起名單各五份，內兄一份，［胡］厚軒、［梁］思永各一份，餘二份存兄處，或恐有遺漏者，備以補送。又附李老先生及思永兄各一函，亦煩飭轉，瀆神面謝。　專此即頌
　　撰安　弟固叩　八、八
　　按：該函見於2014年3月24日嘉德四季第三十七期拍賣會。
　　胡厚宣（1911—1995），字福林，河北保定望都縣人，著名甲骨文學家、殷商史學家。1928年，考入北京大學預科，兩年後升入史學系。1934年北大畢業，進入中央研究院歷史語言研究所的考古組，參與安陽殷墟發掘工作。1935年回到南京，整理研究殷墟出土的甲骨，協助董作賓編輯《殷墟文字甲

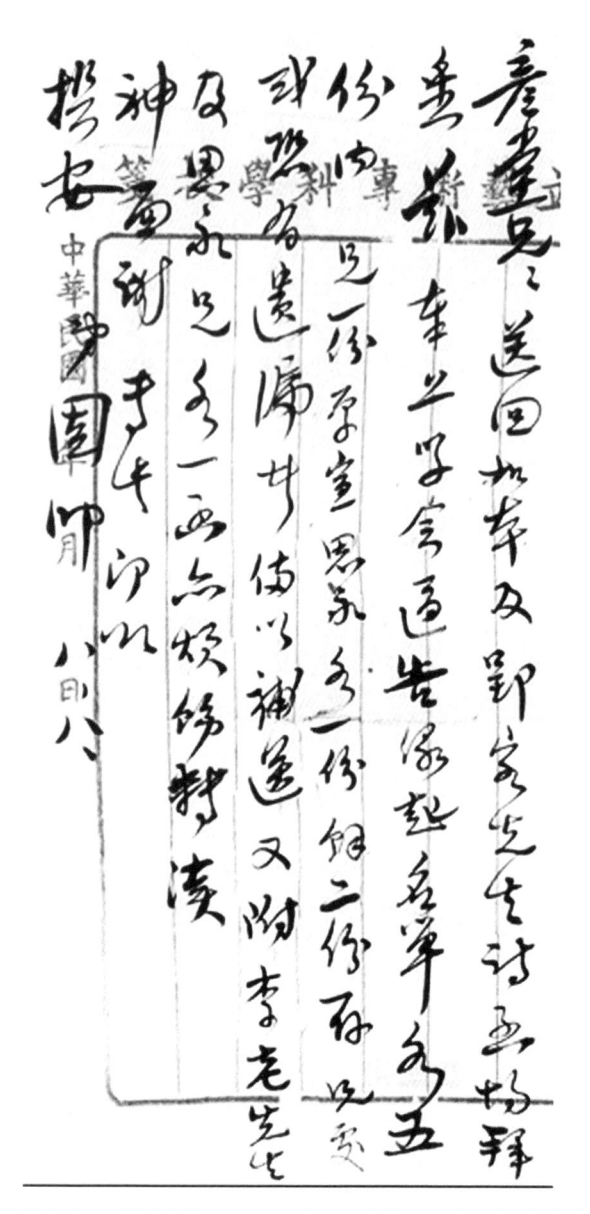

滕固致董作賓函手跡(見於 2014 年 3 月 24 日嘉德四季第三十七期拍賣會)

編》,并撰寫全部釋文。1940 年應顧頡剛之聘轉籍齊魯大學,先後出任國學研究所研究員兼中文系、歷史社會係兩係主任。1947 年後改任復旦大學教授,兼歷史系中國古代史教研室主任。1956 年轉入中國科學院歷史研究所,任先秦史研究室主任。1961 年起,協助郭沫若主持出版《甲骨文合集》,任總編輯。

1983年編印出共收甲骨41,956版,集八十多年來甲骨文之大成的十三册巨著《甲骨文合集》。

李老先生即李濟父親李權(1868—1947),字巽孚,晚號博父,鄡客則爲其別號,擅作詩。

8月12日,馮至與趙吉雲校長合請滕固等人於新雅餐館。

馮至《昆明日記》:"晚與趙校長合請:若渠、莘田、膺中、頡剛、伯蒼、杜正興、鶴人、李侯[?]等於新雅。"

《顧頡剛日記》:"赴吉雲宴於新雅,冒大雨往。……今晚同席:予、莘田、膺中、吳之翰、杜正興、唐□□、田培林、丁□□(以上客),馮承植、趙吉雲(以上主)。每見膺中,胸中輒作三日噁!"

常任俠日記寫道:"收陳之佛函,滕固函。"

8月13日,常任俠作致滕固函。

若渠賢兄先生有道:由之佛先生處轉來手教敬悉一一。傅孟真函承轉寄,謝謝。彼處已有復函。弟赴昆明擬在九月初,因參考考古圖譜,此間甚缺乏,而中央研究院多有之,故甚欲往看。但須將此間年會期辦畢,方可圖南耳。印刷品收到,後當分寄。此間會員,如傅抱石曾建議在年會中報告論文,不知能集人數若干,如人數過少,不成會議形式,亦不能引起興趣也。但將來若能辦一年刊或季刊,刊印會員研究報告,則甚佳耳。郵件用費,爲數不多,弟當代墊,將來再清理。此間爲收發便利,曾刻一信封,用長木記,但方印不宜有二,故未刻。現在中央規定大小式樣,如圖附奉一閱。如刻時可照此式也。會員中叔平小石先生在重慶,其他因轟炸,多已遷離矣。附寄陳夢家一箋,懇代轉昆明平正街六八號爲感,不盡一一,即祝

教安

弟俠頓首八、一三

按:查常任俠《戰雲紀事》1939年6月29日條:"取來中國藝術史學會木章一個。

8月14日,常任俠日記寫道:"寫寄良謀、紹曾、守濟、抱石、夢家、若渠、之佛諸人函。"

8月15日，重慶《中央日報》發表《飛雲崖》、《抗戰》二詩。

抗　　戰

抗戰經秋又半年，軍容民氣壯於前。勞生亦似提戈士，南北賓士路萬千。

8月21日，常任俠日記寫道："赴胡小石先生家，取來滕固寄來中國藝術史學會緣起通告及會員名錄二十份。"

按：葉宗鎬著《傅抱石年譜》作："中國藝術史學會"成立，發表成立通告。會長爲滕固，會員有方壯猷、吳其昌、徐中舒、黃文弼、商錫永、李小緣、朱希祖、宗白華、馬叔平、胡小石、陳之佛、劉節、金靜庵及傅抱石等共二十人。（上海古籍出版社，2004年9月第1版）實爲"緣起通告"而非"成立通告"。

8月23日，吳宓作致滕固函，告知近來談友進展。

《吳宓日記》："作長函No.11致彥，歷述宓之心情，及今後專誠愛彥之決心，并擬力行安靜忍耐謹慎周密，以求得彥。末述私擬彥到昆明後會晤之辦法……又一函，致滕固，告以此事近情。"

8月26日，吳宓日記寫道："復滕固函。"

8月29日，吳宓致函滕固，以《怨情詩》鈔寄。馮至收到滕固轉蔣復璁函。（參見《吳宓日記》、馮至《昆明日記》）

9月1日，夜歸自翠湖，轉側不能成寐，倚枕作詩《翠湖》一首，記述與徐芳之戀。

經歲結綢繆，寸心忻有託，平生慕慷慨，汝亦重然諾。今夕何夕乎，涼颸淒帷幕，低眉似有恨，酬對言落落。問汝何愁悶，問汝何思索，側身久無語，我心如焚灼。移時拂袖出，蒼茫步林壑，執手始爲言，肺腑吐盤錯。衆口但悠悠，炎涼難忖度，譏嘲噂沓來，令我心情惡。我亦血肉軀，焉能常示弱。好勝激所取，是非良鑿鑿。憂忿易傷人，汝懷且寬拓，蚍蜉撼不已，大樹無損削。前哲不我欺，其言炳昭焯，竊恐有累汝，耿耿萌慚怍。至理或如斯，君言可咀嚼，嗟哉同心人，氣誼誠未薄。珍貴此一晤，餘事盡糟粕，吻汝手掌別，願汝長康樂。星月燦風霄，澄瀾蕩綽酌。回首渺天人，嫣然在寥廓。

九月一日之夜歸自翠湖，轉側不能成寐，倚枕作此，不知東方之既白。頃來巴渝，任俠吾兄詢及近作，輒錄奉兩正。

9月2日，出席江蘇旅滇同鄉會召開末次籌備委員會。

"江蘇旅滇同鄉會召開末次籌備委員會，出席江小鵝、郁仲肥、滕固等十餘人，議決要案多件，并發表'江蘇旅滇同鄉會緣起'。同時，該會出版之《蘇音》旬刊，亦已復刊，第十期爲成立大會紀念特刊，於同日出版，內容計有各縣來滇人數統計、籌備會工作報告、收支報告、會章（草案）等項。"（1939年9月3日昆明《中央日報》）

9月3日，下午，江蘇旅滇同鄉會在昆明市省教育會禮堂召開成立大會。滕固當選爲理事。

"下午，江蘇旅滇同鄉會在昆明市省教育會禮堂召開成立大會。出席同鄉有郁仲肥、周自新、張仲賢、徐振東、汪瀏等，暨黨政機關代表、各報館記者、浙江江南同鄉會代表共七八百人，開會行儀如禮後，首由主席團中央委員王柏齡報告開會宗旨，籌委江小鵝報告籌備經過，黨部市府黨部并相繼致訓詞，繼討論會章，通過議案多項。其主要者如（一）電蔣委員長致敬；（二）改善同鄉生活，創辦合作社；（三）補助貧寒升學同學；（四）組織職員介紹部；（五）籌辦小本借貸等項。最後選舉理監事，滕固當選爲理事，由全體籌委及聯大、雲大、藝專各校同學分任幹事。至六時始攝影散會。"

"該會出版之《蘇音旬刊》亦已復刊，第十期爲成立大會紀念特刊，於是日出版，在該會會場簽名處分發，內容計有各縣來滇人數統計、籌委會工作報告、收支報告、會章（草案）等項。"（參見1939年9月3、4日昆明《中央日報》）

赴吳宓宴請，因晨間藝專校內某女生觸電而亡，致滕固心緒不佳，先食而早退席。

《吳宓日記》："宓等6:00至柏廬。宓設席（見八月二十九日記）宴客（共費$32）。客爲徐芳、張敬、李天真三小姐、滕固、毛準、顧良、陳之頠、周玨良、鄭僑、李賦寧、王德錫。惟藝專校女生某，今晨觸電，死於浴室。致滕固應付爲難，心緒不屬，先食而早退席。"

9月12日，吳宓日記寫道："是日上午，接滕固補祝宓生日詩一絕（另稿存）。"

按：此時滕吳二人談詩論文多有交往，滕固曾有《論詩一絕句》：

新載樂府怨歌行，健筆經營萬古情。寫到波瀾層疊外，最平淡處最分明。（收入吳學昭整理《吳宓詩集》，商務印書館2004年）

9月13日，滕固邀宴吳宓、余建勳及其德國夫人及女榮華（Lili）等。隨後吳宓、徐芳、顧憲良等人來滕固所居處暢談。

《吳宓日記》："下午，寫《世難容》新曲，以示滕、顧二君。……宓獨至曲園，赴滕固邀宴。看饌精美。客有余建勳及其德國夫人及女榮華（Lili）等。9:00席散。復同滕固、徐芳、顧良至金碧。又改至平安第（東寺街，昆福巷內）江宅固所寓處坐談，甚暢。所談為水與敬之戀愛婚姻問題，及類此事件。至夜半始散。固送至近日樓。"

按：江宅即指江小鶼所居處。

9月15日，出席江蘇旅滇同鄉會召開第二次理事會，即席由各理事認捐基金，滕固捐百元。

"江蘇旅滇同鄉會召開第二次理事會，出席理事王柏齡、譚伯英、朱健飛、徐振東、郁仲肥、江小鶼等，由張仲賢主席，議決救濟貧寒同學等要案多件，即席由各理事認捐基金，計王柏齡捐三千元，張仲賢捐一千元，譚伯英六百元，朱健飛、江小鶼各五百元，趙士卿、張種立各二百元，郁仲肥、滕固、吳承禧、吳尊爵各一百元，總數六千四百元，并議決推徐振東、王松坡、程順元、郁仲肥等十一人為基金籌募委員，擬訂辦法，分別請各理監事轉向同鄉籌募。"（1939年9月16日昆明《中央日報》）

9月17日，馮至《昆明日記》寫道："中午若渠請在金碧吃飯。"

9月19日，馮至《昆明日記》寫道："鮑爾夫婦、若渠、季海來訪。"

按：維利・鮑爾（Willy Bauer），馮至在海德堡學習時的德國同學、好友，經馮至推薦，應同濟大學聘請來華教授德文。

赴余建勳夫婦招宴，餐後與吳宓、徐芳至寓所處坐談。

《吳宓日記》："下午……然後至曲園，赴余建勳夫婦招宴。宓與滕固同座。席散後，9—10偕徐芳至平安第江宅固寓處坐談。10—11陪芳步行歸。固送至近日樓。"

9月21日，陳克文日記寫道："滕若渠辦國立藝專已難繼續下去，來信說決心擺脫。他雖好藝術，其實他并不是辦學校的人材。"

9月22日，《新華日報》刊登國立藝術專科學校全體學生通電聲討汪精衛全文。

《貴州興仁各界舉行討汪鋤奸大會，國立藝專學生通電聲討》："【本報昆明航訊】國立藝術專科學校全體學生，以汪逆精衛，出賣民族利益，覥顏事敵，特通電全國聲討。茲將原電錄下：汪逆兆銘，背叛祖國，離棄民族，違反國策，委身事仇，顛覆邦家，糾集爪牙，冀組偽府，爲虎作倀，更以其反復雌黃之舌，污我同胞純潔之心靈，愛國之意誠，而遂其利祿之私圖，如斯人獸，神人共棄，天地不雖食其肉廢其皮，尚不足以快人心，本會受良心驅策，通電聲討，并率全體會員，在蔣委員長領導之下，浴血犧牲，在所不辭，俾能實現中央及我領袖抗戰建國之意志，望我青年共起而誅之，黨國幸甚！民族幸甚。國立藝術專科學校學生自治會叩。"

吳宓日記寫道："4:00至平安第江宅滕固處，讀詩小聚。徐芳誦徐志摩詩及其自作之新詩，均佳。固誦宓作《海倫曲》及李白詩。"

9月下旬，西南聯大外語系教授錢鍾書回滬省親，滕固希望錢鍾書不久就會回來，還敦促他把"快談"時有關中國詩與中國畫的論斷整理一下，爲國立藝專講幾個專題。錢鍾書作詩《滕若渠餞別有詩賦答》："相逢差不負投荒，又對離筵進急觴。作惡連朝先忽忽，爲歡明日兩茫茫。歸心弦箭爭徐急，別緒江流問短長。莫賦囚山摹子厚，諸峰易挫割愁鋩。"（收入《槐聚詩存》，三聯書店1995年3月第一版）

劉中國《錢鍾書20世紀的人文悲歌》："執教於國立師專時期，錢鍾書仍和滕固時有唱和，其中一首是《余蓄髮而若渠書來云剃髮作僧相，戲作寄之》：'藏身人海心俱違，各居空谷無與儕。跫然不聞足音至，搔頭剃面何爲哉。一任猥剌世都笑，竊喜鶖禿君可陪，圓頂知現尊者相，長髯看作老奴猜。剃髮莫如草務盡，藝須願比花能栽。鬑鬑勿失羅敷婿，擁助苗長良所該。青青堪媚陸展室，胡竟圖蔓除其荄。休教野火燒便絕，留待他日春風吹。相逢已恐不相識，彼此間客從何來。'"

按：據《吳宓日記》9月21日："接公超片約，即至其宅。悉因錢鍾書辭職別就，并談商系中他事。"

10月1日，吳宓來訪，與談愛情觀。

《吳宓日記》："宓旋即如約，由小西門入城，至平安第訪滕固。值客多，宓乃暫出，在金碧路徘徊，遇莫泮芹、金嶽霖。已而固來，邀至平安第寓宅，談。宓略述K母所言彥及熊宅一切情形。見九月二十八日記。固靜聆之後，乃云：人世文明價值，即在真實不欺，發乎至情。苟能爲此，即是有功於天下後世。而足自慰自安，初不必計及其間之成敗利害得失種種。今宓之對彥，似能有合於此標準，故應勇往堅持，不宜移易。至今後對彥表現宓之愛情所當用之方式，固以爲不宜急遽，不能激烈。蓋生人初交，或可以變化不測，出其不意，而取勝；然在熟人久交，則彼此一切盡知，祇有忍耐持久，逐漸而有恒，使之徐爲感動。如檐際滴水，積久可以碎石成穴。舍此無他道也。且宓對彥之愛，既由本心所不容已，超乎一切實事利害之上，則雖連續表情，至老至死，而彥猶不感動，不通信，不晤面，不結婚，在宓亦當無悔無慊。蓋其表示愛情之過程，即爲有價值者也。而按之實事，彥即仍受朱曦之影響，或因循苟且，不願或不敢毅然自行改易其生活之方式，解除其本身及環境中各種束縛，與宓結婚。彥即使因不擬婚宓，遂有所顧忌而不與宓見面通信，其心必不至無所感動。自嘆年老身衰，孤單寂鬱，一切渺如雲煙，而此一故友，猶始終念念不忘，寧非私幸？故若僅止於友誼，宓之愛情已非空施枉費。況世事多變，前途難以預知。則他年環境未必不改易，束縛未必不能解除耶？總之，宓對彥仍宜連續不斷，自由表示宓心中之真情，而不問其結果如何。先求真情能通，兩心互相聯繫，則已事倍功半矣。而其事實上之結果，亦未必不佳也。云云。……宓聆固以上所勸勉之言，中心爲之振奮，不覺情志勇往，歡欣鼓舞。蓋人之需朋友之援助同情也如是。又雜談久之。正午，固邀宓至再春園便餐。固日內赴渝，遂別。"

10月5日，陳克文日記寫道："若渠從昆明來，預備辭退他的藝專校長職務。"

《蔡元培日記》1939年10月12日條："得陳立夫電，稱藝專滕校長辭職，已予慰留云云。"

10月6日，滕固隨陳克文同車往甘燕岩察看行政院鄉間辦公房屋工程。車中滕固說了許多關於汪精衛的事情，羅君強到昆明後，多方設法收買各方面的人加入和平運動，滕固也是他們想收買的一人，但沒有成功。

《陳克文日記》："上午八時乘車往甘燕岩察看行政院鄉間辦公房屋工程。振姊、若渠同車前往，振姊到歌樂山請醫生診視胎兒，若渠則探他的太太。車中若渠說了許多關於汪精衛的事情，有些我已知道的，有些還沒知道。原來羅君強到昆明後，多方設法收買各方面的人加入和平運動，若渠也是他們想收買的一人，但沒有成功。若渠又說景薇告訴他，汪因我今年一月四日的信，對我很為抱怨。我想後來汪派人送旅費給這個給那個，他們到香港上海去，始終不及我，便是因為那封信的原因。我實在幸而發了這信，省了許多麻煩。談到景薇，若渠說這位朋友也不見得不會到上海去，恐怕他也和他們有些聲氣相通。"

10月12日，常任俠日記寫道："八時，滕固（若渠）來，談一小時走。商酌中國藝術史學會，將出論文集也。收若渠會費五元。……五時訪滕若渠，并晤李季谷君，談良久，歸寓。"

10月21日，金毓黻日記寫道："姚從吾先生贈我《治史雜誌》第二期，託滕君若渠寄至重慶，又轉寄至三台。"

10月22日，常任俠日記寫道："滕固來，同赴陝西街，過汪竹一家稍坐，即上觀音岩。……晚間至若渠處，與張道藩、端木愷閒談到深夜始散。"

10月23日，常任俠寫道："《學燈》所刊墓闕論文贈若渠、夢家、道藩、霞光各一份。午約若渠來舍吃飯。霞光亦來談。午後滕走。"

10月24日，中午，赴陳克成邀午飯於重慶外賓招待所，到陳克文、端木愷、潘公展等。晚間，常任俠至聚興村滕固處，與甘乃光、端木愷閒談。遇空襲警報，遂歸寓。

10月25日，行政院參事同人假會議廳為滕固和關伯勉餞別，遇警報而不亂。晚間，滕固與端木愷邀宴潘公展、傅汝霖、陳克文、丁慕韓等人。
　　《陳克文日記》："昨日中午陳克成（新聞檢查所的所長）邀午飯於重慶外賓招待所。到若渠、鑄秋、潘公展和中宣部一陳姓職員。今午院裏參秘假座院會議廳為若渠和關伯勉餞別。正待入席，忽發空襲警報。大家都不信敵機會來，經驗多了，膽子也大些了，所以仍舊入席，照常吃喝。待席將畢，警報也解除了。晚間若渠和鑄秋邀宴，席間有丁慕韓和他的小姐，此外還有潘公展、傅汝霖。"

10月26日，常任俠日記寫道："若渠書一箱寄存我處。在中央銀行兌取百元。與若渠早點七角七分。……晚間均室來晚餐，與若渠約同訪馬叔平，候之不至。"

10月30日，朱希祖日記寫道："又去訪滕若渠，亦已至昆明，乃回院。"

11月1日，滕固作致常任俠函。
任俠吾兄大鑒：
　　日前枉顧失迓爲歉，所留傅君文稿謹暫存弟處。頃奉尊示甚慰。静安已來晤，聘書亦即收到，弟樂於兼教課程，每週赴沙坪壩一行，可晤見舊友，亦甚快樂也，惟近來交通不便，爲美中不足耳。匆匆即頌
　　台安
弟固叩十一、一

11月6日，常任俠日記寫道："夜將石棺漢畫研究一稿，加以增補，明日寄滕若渠，并復夢家一函。"
　　按："石棺漢畫研究"即《沙坪壩出土之石棺畫像研究》一文，初發表於1939年3月13、19日《時事新報·學燈》，後經修訂分別刊登於《説文月刊》第一卷第十期、《金陵學報》第八卷第一、二期合刊，收入《常任俠文集》。

11月7日，藝術家江小鶼在滇逝世，終年46歲。據江氏親友回憶，滕固曾徵集江小鶼遺物，江侄女徐之音將江標遺著等皆付與。
　　《江蘇旅滇同鄉會爲江小鶼先生展奠徵致賻金啓事》："江小鶼先生爲一代藝術名家，不幸中道捐殂，海内知與不知，莫不同深哀悼。先生在日，名士風流，不事家人生產，致身後蕭條，嫠孤待恤，值此展奠之辰，敝會爰將此情啓告先生親友，直致賻金實較冥鏹聯幛祭筵佛事爲沾實惠也，謹啓。"（1939年11月22—25日昆明《中央日報》）
　　江小鶼去世後，"古物保存委員會委員滕固來徵集文物，徐氏［江侄女徐之音］將江標遺著等皆付與，但後來不知下落。滕固是小鶼生前好友，江端［鶼之子］回憶：他人很客氣，少言，與藝校一女教師有感情，女方秀氣温良。不久他因此事返鄉，卻傳來死訊，據説那邊老婆厲害，讓他氣不過。"（陸建初著《人去夢覺時——雕塑大師江小鶼傳》，上海畫報出版社2005年11月版）

11月10日，常任俠日記寫道："收若渠、白鳳、銘竹函。"

11月12日，中國國民黨在重慶召開了五屆六中全會。推定蔣介石兼任

行政院院長，推定朱家驊爲中央組織部部長。

11月17日，常任俠收到滕固函，即復函。

若渠尊兄先生有道：由儲君轉來手教敬悉。聞於兄私事決不外傳，留待後人作義山事蹟考耳。弟仍居城內，大學僅備一空室，留上課時休息。其實城內亦索居寡歡，近請尹默先生爲書一聯云：西北高樓空佇立，東南孔雀惜分飛。此弟十七八年前舊句，今日重書之，心情可知。兄是解人，如何如何！弟常駐渝，藝術史學會事當努力爲之。中大除上課外不常去，故白華先生亦不常見也。《蜀中廣記》中大圖書館有之，無煩再找于髯子矣。

弟任俠十一月十七日

按：查常任俠《戰雲紀事》1939年11月15日條："下午請沈尹默代書一聯，爲余昔年舊句'西北高樓空佇立，東南孔雀惜分飛'兩語。積思不忘，心情可知。"11月17日條："收滕若渠函"。18日條："至圖書館借《蜀中廣記》一函。"于髯子當指于右任。

11月23日，吳宓赴滕固招宴，座客多談書籍版本及古玩損失事。

《吳宓日記》："6:00 遇胡光煒小石於華山南路。從其意，乘人力車，6:30 至同仁街曲園，赴滕固招宴。座客多談書籍版本及古玩損失事。9:00 散。"

按：胡光煒時任雲南大學文學院長。

11月29日，滕固收到陳克文來電後復函，談夫人抵昆明後處理方法，"好在弟潔身自好，偶有女友往還，亦極平淡無奇，且弟常常有戒心，故不致落些漏洞也。"又告知學校正在遷往鄉間，自己也自平安第遷出，此後來函可寄國立藝專。（據陳克文藏滕固函原件）

11月30日，滕固夫人至行政院談前往昆明的原因。

《陳克文日記》："若渠夫人到院裏辦公室，說明她所以要飛去昆明的原因。據她所說若渠另有新歡的事，其實都是最普通的男女朋友的往來，沒甚麼可怪的地方。可是這位善妒的夫人卻認爲不得了了。"（下略）

11月，朱偰作《秋夜述懷寄昆明姚教授從吾滕校長若渠馮教授至白沙蔣館長慰堂北碚梁教授宗岱三十二韻》，內有"滕君瑚璉器，遁跡翰墨場。偶然賦鵬鳥，鬱鬱煥文章"句。

12月3日，常任俠日記寫道："收滕若渠信一件。"

12月4日，常任俠日記寫道："訪沈尹默，以滕若渠信轉之。"

同日，吳宓擬招宴，滕固復函請緩期。

《吳宓日記》："宓原擬宴客，以滕固復函，請緩期，故復一一分函取消原約。至芳宅留函。"

按：時徐芳居玉龍堆四號，1940年3月間改就鹽務局新職，移居該局中。

12月8日，常任俠作致滕固函。

若渠吾兄：兩奉惠書及詩稿讀之甚快。兄詩皆真性情語，故可存，然應酬之作也。弟詩出於真性情者，歷久而不忘，詩以自適，亦自哀其拙耳。吾兄解人，當知此意也。爲馬叔平先生出紀念論文集事，弟已同叔平先生言之，明年六十還曆要當做成，先生主講北大最久，可以徵其友生弟子共襄斯舉，固不必限於本會，惟由本會發起可耳。弟當約沫若尹默各作一篇，沈尹默先生函，弟已代轉去。抄詩則無所得，因渠謙謝也，行當得之，便奉左右。弟得傅孟真來函云，拙著《漢唐之間西域樂舞百戲東漸史略》殺青可期，想是中英庚款有刊行意。如印時，中間缺圖數張，德國李考克書中有之，中央研究院有此書（此孟真先生云），當求兄爲拍攝插入，現尚不需用耳。雲南孟考琚碑、晉殘碑能得否？小石先生常晤面，曾云下學期准歸來否？有暇希常惠函，即祝
教祺

弟任俠頓首　十二月八日燈下

又抱石擬求庚款協助，請兄寫一推薦書。

12月11日，新任行政院院長蔣中正、副院長孔祥熙宣誓就職；吳國楨就任重慶市長到市府視事。

12月21日，國民政府令，特派龍雲爲軍事委員會委員長昆明行營主任。

12月27日，吳宓日記寫道："4—5在歐美館晤滕固，讀《宇宙風》。"

12月31日，常任俠日記寫道："晨寫寄……滕固函。"

約是年，據俞新吾回憶："若渠在雲南，意常不悅，曾賦《搖落》一首寄

錢賓四。"

俞新吾《對月懷亡友滕若渠》:"情多損年少,況復如君才,世路蹉摇落(若渠在雲南,意常不悅,曾賦《摇落》一首寄錢賓四),文章摘别裁。綺羅零惜夢,琴瑟扶遺哀(君與夫人不協),夜色今宵好,故人安在哉?"(1947年6月30日《申報·春秋》欄)

按:錢穆(1895—1990)字賓四,江蘇無錫人。中國歷史學家。歷任燕京大學、北京大學等校教授。抗戰期間,輾轉任教於西南聯大、武漢大學、華西大學、齊魯大學、四川大學、江南大學等高校。

1940年 庚辰 民國二十九年 四十歲

1月5日,為躲避敵機轟炸,國立藝術專科學校奉令疏散,搬遷至離昆明四十餘公里的晉寧縣安江村,借村中5座廟宇為校舍,開始正式復課。於昆明《中央日報》刊登啓事:本校現遷移呈貢縣屬安江村,各界惠寄函件請寫明晉寧郵局留交本校或交昆明華山東路雙塔寺國立同濟大學高級職業學校,除轉呈以外,特此奉聞。

陳克文記錄昆明各國立學校現狀及滕固夫人到昆明後的舉動。

《陳克文日記》:"關伯勉從昆明來,說昆明各國立學校差不多都要餓死了,因為米價漲到每擔五六十元,學生没有力對付這樣狂漲的物價。米價狂漲的原因是省府的人壟斷造成的。因之説到雲南的龍[雲]政府,這些青年無不恨之切齒。伯勉又説,滕若渠的太太到昆明後,把若渠打到遍體鱗傷,至於不能見人。昆明的朋友都為若渠抱不平。這樣的妒婦悍婦固然不多見,若渠這樣的隱忍遷就也是大怪事。"

1月17日,自雲南晉寧致函陳克文,談為子留寅籌備學費、趙樞求升遷及國立藝專遷至雲南晉寧鄉村避空襲諸事。(據陳克文藏滕固函原件)

1月19日,常任俠收到滕固函,提議為馬叔平刊印六十還曆紀念論文集。

常任俠《戰雲紀事》:"在校收到滕若渠、倪健飛、葉守濟、蔣志方、姚寶賢、江鶴笙、家信及孩子劇團信。若渠提倡為馬叔平刊印六十還曆紀念論文集。渝方由我邀人署名。"

1月22日，常任俠日記寫道："上午寄葉守濟、倪健飛、蔣志方（附寄陽翰笙函）、滕若渠、吳作人、高大章、張安治等人函及復侍從室調查中國藝術史學會職員函。"

2月6日，陳克文爲《新民報》刊載曲綫新聞影射甘乃光浪漫事實由，與總編輯羅承烈、總經理陳銘德分別交涉，決定停止刊載。又因聽到滕固因爲女詩人徐芳的原故，給人暗中攻擊得很利害，感嘆"天下事許多還不免是導源於女人的身上"。

《陳克文日記》："乃光看見了《新民報》上一段曲綫新聞，是影射他最近的浪漫事實的，急得不得了，急忙給我打電話，要我和報館的朋友説好話，請他們不要繼續刊載。午飯後先看了總編輯羅承烈，晚飯後又看總經理陳銘德。總算他們賣我的人情，很容易的答應我的要求，決定明日停止刊載。昨日纔聽到滕固因爲女詩人徐小姐的原故，給人暗中攻擊得很利害，今日又遇這一件事。天下事許多還不免是導源於女人的身上。"

2月7日，常任俠將詩集《收穫期》寄贈滕固等友人。

常任俠《戰雲紀事》："寄郁風、汪綏英、彭昭文、劉錫榮、陳其恭每人《收穫期》一册。赴沙坪壩又購來二册，寄贈陳田鶴、滕固。"

2月11日，教育部通令所屬機關學校注意發揚我國固有文化，從事分別研究整理。

《教部注意發揚我固有文化通令所屬機關學校從事分別研究整理》："中央社重慶九日電：教育部頃通令所屬各機關各學校云：查近年以來，國人對於我國固有文化之價值已有相當之研究與認識，顧如何發揚光大，尚有待於進一步之努力。我國國際地位，現既因持久抗戰而日益增高，關於固有文化，尤應特予闡發，以增强民族意識，而促進建國大業。本部除計劃進行編纂中國史學叢書，整理古代經籍，暨籌設中國文化研究館外，各公私專科以上學校，應本發揚吾國固有文化之旨，進行下列各事：（一）各院校各科系教材，應儘量引用本國材料。（二）各院校教員對於我國先哲有價值之學術，應用現代科學方法，加以整理，並與西洋同性質之學術比較研究。（三）各院校對於部頒科目表中之中國通史、斷代史、及各種專史，應特加重視，廣搜材料，以充實教學內容。（四）各院校應與海外友邦設有研究東方文化組織之學校、博物館、圖書館、或學術團體聯絡，俾收合作之效。（五）各院校應爲所在地之文化中心，對於鄰近古物建築名勝古迹，應負調查及倡議保護之責。（六）各院校應常由校內教員,或聘請對於中國文化具有研究之校外學者,作有關中國文化之講演。(七)各院校教職員應指導學生,組織有關中國文化之學術研究會及講演會等。(八)各院校訓導人員,應利用各種集會,啓迪學生對於固有文化之信心。(九)各大學研究院所之各學部,應注意整理中國材料,研究中國問題,翻譯中國典籍,并負向世界學術界宣傳介紹之責云。"(1940年2月11日昆明《中央日報》第三版)

2月27日,馮至《昆明日記》寫道:"晚與滕若渠談,彼次日飛渝。"

2月28日,默存(錢鍾書)詩《余蓄鬚而若渠書來云剃髮作僧相戲作寄之》發表於國立師範學院編印《國師季刊》1940年6期。

　　余蓄鬚而若渠書來云剃髮作僧相戲作寄之　　默存
　　藏身人海心俱遠,各居空谷無與儔。(君長國立藝專校遷晉寧)跫然不聞足音至,搔頭剃面何爲哉。一任蝟刺世郡笑,竊喜鷲禿君可陪。圓頂知現尊者項,長髯看作老奴猜。薙髮莫如草務盡,藝鬚願比花能栽。鬟鬟勿失羅敷婿,堰助苗長良所該。青青堪媚陸展室,胡竟圖蔓除其荄。休教野火燒便絕,留待他日春風吹。相逢已恐不相識,彼此問客從何來。
　　按:同期發表錢鍾書《中國詩與中國畫》一文,舊曆中秋日脫稿於滬寓。編者識:"此文作者應國立藝術專科學校講稿,收入滕固先生所編《中國藝術論叢》第2輯,茲徵得作者允許,同時發表於此。"己卯中秋爲1939年9月27日。
　　李洪岩《錢鍾書與近代學人》:"錢鍾書的名文《中國詩與中國畫》,就是應滕固之邀而寫的。1939年秋,錢鍾書已回到上海,應滕固之邀,爲國立藝術專科學校作講稿。9月27日,正是八月十五中秋節,文章草草脫稿,有個叫顧憲良的便拿去油印,在朋友中間傳閱,後錢鍾書來到湖南的國立師範學院,將它發表在1940年2月出版的《國師季刊》第6期。同年夏,滕固去了四川,準備編輯《中國藝術論叢》第2輯,要將此文收入。於是,錢鍾書便將全文又修訂一遍,寄給了滕固。但是,滕固的書始終未能出版,人卻死了,使錢鍾書非常傷感。這期間,顧頡剛看到該文,便給錢鍾書寫信索要,刊登在1941年8月出版的齊魯大學國學研究所《責善》半月刊上,此文遂成爲錢鍾書與滕固文字因緣的一個'紀念'。"(李洪岩著:《錢鍾書與近代學人》,百花文藝出版社,1998年2月第1版,第103—104頁)

2月29日,在重慶。滕固見陳克文,告知昆明學校師生艱困生活。
　　《陳克文日記》:"若渠從昆明來,說那裏的學校教員每月膳費三十元,學生二十元，尚且不能得一飽，這種生活真是如何可以過得下去！"

3月4日，金毓黻《靜晤室日記》寫道："昨晤滕若渠於市上，少與之談即別去，今日作一函與之。"

3月5日，馮至日記寫道："收若渠信。"

中央研究院院長蔡元培在香港病逝。國民政府主席林森、軍事委員會委員長蔣中正等分別電唁蔡氏家屬。國府明令，褒揚蔡元培。

3月7日，金毓黻《靜晤室日記》寫道："午前，滕若渠、蔣慰堂自城內來訪，於集會所招待之。"

昆明《中央日報》刊登包括國立藝術專門學校全體教職員在內的《遷滇國立七院校通電討汪逆》檄文。

《遷滇國立七院校通電討汪逆誓在我總裁領導之下梟逆賊之首泄普天之憤》："【本市訊】重慶中央黨部總裁蔣、國民政府主席林、軍事委員會委員長蔣鈞鑒，中央社轉全國各報館暨海外僑胞均鑒：汪逆兆銘，梟獍成性，叛黨反復，利慾熏心，認賊作父，固已人人得而誅之，近更變本加厲，效吮癰舐痔之行，訂亡國滅種之約，安冀以我二十八省之錦繡山河，與四萬萬五千萬之生命財產，博其傀儡登場之夢想，舉凡張邦興秦檜李完用輩所不敢為或不忍為者，汪逆竟悍然為之而不顧，駭人聽聞，亙古未有，雖此項漢奸所簽訂之協定，在法理上原不發生任何效力，況此日敵寇，已至末日，泥足愈深，崩潰在即，此種勾當，徒見其心勞日拙，使友邦人士，得窺其藏頭露尾之野心而已，非特絲毫阻礙於既定之國策，適足以增我全民同仇敵愾之心。然汪逆此等賣國行為，實為覆載所不容，不申天討，執表民意，同人等執鞭教壇，矢忠黨國，本嫉惡如仇之懷，凜興亡有責之義，誓在我總裁領導之下，期梟逆賊之首，以泄普天之憤，完成抗戰建國之神聖使命，臨電不勝憤慨之至，披瀝陳辭，諾維垂察。國立同濟大學、國立中山大學、國立雲南大學、國立中正醫學院、國立上海醫學院、國立藝術專門學校、國立體育專門學校全體教職員同叩微。"

3月11日，作致常任俠函。
任俠吾兄：
弟因事來渝，後日即返昆，此行匆促，上星[期]四到沙坪壩，兄公出未

晤，深悵。當離昆時接賜贈詩集及挽吳簡齋先生詩，拜惠拜惠。過兩三個月將當回渝，再面詳言也。不一，即頌

　　教安

弟固叩三、十一

　　按：常任俠《戰雲紀事》1940年3月7日條："赴永興場蒙藏政治訓練班上課，十時半至。……下午一至三講科畢，即歸沙坪壩，日向暮矣。"

3月13日，常任俠日記寫道："上午訪滕若渠，談甚久，并同往早點。"

滕固作《翠湖》詩稿手跡（常任俠先生藏）

3月14日，作致常任俠函并書詩一首。
任俠吾兄：
　　航空公司要延緩一天，客居無聊，以包皮紙爲兄書拙作一章，兹附奉曬存，兄接到此件，弟已在昆明矣。暑期回渝，良晤不遠也。即頌
教安
弟固叩三、十四

　　按：詩見1939年9月1日條。

晚間金毓黻至上清寺訪晤傅孟真、滕固，對滕爲金氏欲印著作事盡力深表感激。
　　金毓黻《静晤室日記》："晚至上清寺晤孟真、若渠，夜返沙坪。若渠爲余事甚出力，極可感。"

3月19日，社會部部長谷正綱在外賓招待所，邀請中央各機關負責商討有關保障作家生活辦法，陳立夫、徐世英、張勵生、潘公展、張道藩、洪蘭友等參加。決定由中央各有關代表及文藝界若干人士組成文藝獎助金保管委員會，負責辦理全國文藝界獎勵、補助事宜，中央已撥款10萬元。(參見《抗戰時期陪都重慶書畫藝術年譜》)

3月24日，陳栩園(天虛我生)病殁於滬上，後復歸葬於杭州西湖玉泉西桃花嶺。滕固聞訊後曾託譚正璧轉寄一封給陳氏家屬的弔唁信。
　　譚正璧《憶滕固》："我因職務上的事曾託他寫過一封介紹信，他也託我轉寄過一封給他老師天虛我生家屬的弔唁信，從來信中祇知他一切情形均照常。"
　　胡亞光《感議天虛我生》："同時腦海裏又浮起了當年追悼會的一幕來，會場上吊者如雲，挽聯如雪，聯語大都拿中外文豪和實業家來比擬他，最觸目的，是幾個公團致送的横額，寫著'天不虛生'和'不虛此生'幾個大字，我想他老人家見了，也該含笑於九泉了吧。"(《永安月刊》1945年116期)

3月25日，吳宓日記寫道："晚接固函，即復。"

3月26日，馮至《昆明日記》寫道："發慰堂、若渠信。"

3月29日，汪僞"國民政府"在南京成立，并舉行"還都"典禮。林森晚

七時向全國同胞及友邦人士發表演講，痛斥汪精衛叛黨叛國罪行及在南京成立的汪偽政權。國民黨中央宣傳部聲討汪偽組織。

4月4日，在昆明北倉坡6號余建勳夫婦宅與友聚談，滕固夫人攜子監視之。滕固惟與陳寅恪等談版本。

《吳宓日記》："晚7:00陪沈有鼎在文林堂演講《孔子、墨子、孟子》。8:30畢。急即奔至北倉坡6號余建勳夫婦宅，與諸客談。以雪梅《飄零集》卷，交姚從吾帶交。滕固夫人攜子監視其夫。固惟與寅恪等談版本。"

4月5日，由中法比瑞文化協會、中國文藝社與全國美術界抗敵協會聯合發起之勞軍美術展覽會在重慶舉行。國立藝專自接到展覽籌備會徵集作品函後，即由滕固領導，組織"參加勞軍美展籌備委員會"，積極準備參加，并將兩個月來徵集到的師生作品478件，先在校中分類舉行預展。"期能於抗戰宣傳之實踐中，樹立吾國美術進向更高之發展的堅固基礎。"

《國立藝專參加勞軍美展籌備經過》："由中法比瑞文化協會、中國文藝社與全國美術界抗敵協會共同發起舉行的此次'勞軍美展'，無疑地是抗戰展開以來空前的規模最大的一次美展。且據主辦三團體於其徵品函中所述徵品範圍，除開抗戰宣傳作品外，并及於純粹藝術作品，謂既可以募捐勞軍與宣傳抗戰，復可作爲抗建藝術文化運動本身之表現；以此，其意義之重大，自更無容贅述。國立藝專自接得該會徵品函後，雖在物質條件萬分不便之限制下，亦即立刻發動全校員生，由若渠校長之領導，組織'參加勞軍美展籌備委員會'積極準備參加，因爲本校同人對於戰時藝術運動之主張，既認必須配合'抗戰建國不可分'之原則，而於宣傳的作品和普通的作品兩者同時并重，期能於抗戰宣傳之實踐中，樹立吾國美術進向更高之發展的堅固基礎，換言之，即必於抗戰宣傳之實踐中隨時不忘提高美術文化本身之水準，且本校現行設教之原則，即本此理論而實施：一方面嚴格訓練真正堅實確堪勝任大時代宣傳的美術工作幹部所應有的技術，一方面則儘量鼓勵并指導服務抗戰的宣傳作品之創作。所以對於恰與本校精神完全一致的此次空前盛大的美展，本校自然是樂於響應和助成的。經兩閱月短促的與極不充分的努力，先在校中分類舉行預展，統共選得作品如下表：

（一）宣傳畫（包括布畫）五十九件

（二）國畫五十八件

（三）油畫十件

（四）水彩畫三十九件

（五）素描八十八件

（六）木刻八十三件

（七）圖案四十三件

（八）教職員作品一百零一件

　　以上合計四百七十八件，其中油畫一項數量最少，而水彩與素描卻最多，此點想必爲觀者所易見，其原因皆爲受目前內地交通不便，材料缺乏諸條件之限制所致，即以所有布製宣傳畫而論，因受本校已向上海定購之大批工具與材料尚未運到之影響，亦多不免未達理想之表現爲遺憾，然就大體上說，此次本校出品，係以學生成績爲主體，且多大後方西南文物之描寫，由課室內之研究，跑向大自然作社會現實生活之描繪，亦爲目前本校教育上有意義之轉變，此項收穫，不僅爲供將來藝術創作之準備，同時亦可供對國內研究西南問題者之參考，期於抗戰偉業有所貢獻，尚希社會人士不吝賜教，則幸甚矣。"（1940年4月5日重慶《中央日報》）

　　《勞軍美展昨日開幕》："（中央社訊）渝市勞軍美術展覽會昨（五）日起在渝開幕，會場分爲四處，一、中畫在中國文藝社。二、油畫在中法比瑞同學會。三、國畫書法在中法比瑞文化協會。四、國立藝專作品在社交會堂。作品共千餘件，除內地個城市作家均有作品參加外，即身在游擊區中作家，亦有珍貴作品送來。各項陳列品概標價出售。"（1940年4月6日《新華日報》）

　　《勞軍美展結果圓滿，九千餘元捐獻前方將士》："（中央社訊）中國文藝社、全國美術各界抗敵協會、中法比瑞文化協會主辦之勞軍美術展覽會，經多方之努力，現得國幣壹萬九仟貳百五十五元，除捐中央大學兒童保育院一千七百二十元，畫家抽百分之三十紙墨費伍仟肆佰七十元零五角，裝裱廣告雜支等費二千三百八十元貳角，尚存九千六百七十六元三角，是項存款已呈軍委會轉獻前方將士。又該會另具有詳細賬目分別呈報各有關團體。"（1940年5月14日《新華日報》）

同日，吳宓日記寫道："上下午整理各書及宓《詩續集》稿本等，備〔滕〕固閱看。"

4月6日，吳宓約訪滕固於歐美同學會。

　　《吳宓日記》："乃於11—12如約訪滕固於歐美同學會。其妻旋攜子出，同坐監視。妻閱《朝報》，幷勸宓閱。子喧鬧不休。固惟縱談學術。宓原擬乘機約固出宴，晤芳。至是都休。正午，宓獨在聚豐園便飯（$1.50）。1—2至鹽務局訪芳，坐樓上大客廳。芳與寇淑勤即居其旁之室。芳甚同情固之遭遇，但言對固僅爲友誼，無愛情。"

4月7日，吳宓作《寄慰若渠》二首。

驚聞幻境起樓臺，消息無端誤鳩媒。
劃地爲牢隨轍轉，迎賓對簿縛囚來。
詩書文字成疑謗，恩愛自由付劫灰。
鸚鵡前頭知己感，傷心往事共低徊。［一作私憐往事爲君哀。］

璀璨天人作賦才，沅湘千古尚流哀。［一作沅湘流恨意徘徊］
玉孃湖上春愁重，王母雲中法駕回。
已痛蓬茅當路長，更看荊棘滿園栽。
防川不慮終橫決，忍辱全功是聖胎。

《吳宓日記》："昨宓訪固送書。其夫人當場檢諸書，察其中有無夾藏之書簡。故第一首五句云云。第二首一句，用固詠但丁詩，'黃金百煉雄詩賦，璀璨天人尚有愁'。指固與德國女士之情事。第二首二句，指固前年在長沙沅陵拒絕湘人某女士之愛事。三句指芳，用固去秋'寒蛩夜泣玉龍堆'詩。四句指固妻去冬乘飛機由渝來滇。五句指藝專校中仇敵衆而辦事難。六句謂家庭中之糾紛及痛苦。七句用宓昔年對心一之言，而佩固之能忍辱全節也。……上下午鈔詩，并作函，致顧良秘示固，函中比論宸、固、碧柳、宓之婚姻愛情之遭際，不免'千紅一窟'矣。"

按：該詩另收入吳學昭整理《吳宓詩集》時，文字略有修訂，此處據日記。作者原注："滕固若渠一九四一年五月二十日晨逝世（渝歌樂山）。宓之寄慰若渠詩作成於一九四〇年四月六日至夜枕上。詩題從若渠意改，原多一字，寄慰。四月六日（星期六）上午，如約，訪固於歐美同學會。其夫人名滕俞斐監視，且翻檢宓借閱之《吳梅村詩集》中，是否夾帶書簡。本詩第一首第六句恩愛忠勤，原作恩愛自由。"并附徐德暉心芹浙江杭縣1941年9月6日和作二首：

（一）市隱心如明鏡臺，呼朋摯語有詩媒。狂濤驟挾風雷至，鵲舍喧廐鷟鳥來。典籍未遑存魯壁，藏書竟爾付秦灰。舊遊星散空餘夢，獨我悲吟寄七哀。

（二）金屋斜橋倚馬才，十年舊雨每低徊。重泉消息詩難寄，翠海伶俜夢不回。舉步艱難憐子苦，滿園桃李付誰栽。蟾蜍皓魄君應是，用若渠詩'共君皓魄化蟾蜍'，下句同欲化明珠舍蚌胎。

4月16日，作致陳克文函，對其關照兒子留寅表示感謝。談及已寫就萬言呈文，將國立藝專情形及種種建議報教育部，如不能勝任校長職務，則考慮繼續當大學教授。

教育部學術審議委員會第三次大會在重慶舉行。

《學術審議會在渝開會》："【重慶十六日電】教育部學術審議委員會第三次大會，十六日在渝舉行開幕式，出席委員吳稚暉等十餘人，陳部長主席致開幕詞，對一年來高等教育之設施，多所陳述。復由王世杰、蔣夢麟、吳稚暉先後發言，對高等教育政策，亦多闡發。十二時許散會。下午續開審查會。"（1940年4月17日《申報》）

4月17日，吳宓接滕固復函，表明無意離婚，以明智自處。

《吳宓日記》："夕接滕固復函，知其無意離婚，以明智自處。既異宓對彥之情，亦不至如碧柳之爲樹坤犧牲身命矣。"

按：據1944年10月29日吳宓致毛準函稱："十月二十四午，顧良請宴，談及徐芳生一女，正滿月。其夫徐培根之追求芳，蓋始於戰前在南京時，其心力甚堅，而費時已久。既已離婚矣，徐萱猶疑之，必欲培根遍在各大城登離婚廣告，看無反響，乃許芳嫁之。顧良又言，芳實愛滕固，使固生前肯離婚者，芳必嫁固而不歸徐培根矣。"（吳學昭編《吳宓書信集》，生活・讀書・新知三聯書店2011年11月）

4月22日，教育部學術審議委員會委員十三人已選定，滕固以八票獲得藝術類院校委員。

《教育部學術審議委員會委員十三人已選定》："【重慶航訊】二十七年四月，中國國民黨舉行臨時全國代表大會，通過戰時各級教育實施方案綱要，其中要點第十二項有云：'全國最高學術審議機關應即設立，以提高學術標準。'教育部本次方案，於二十八年七月間，指定學術審議委員會章程公布，依該會章程規定，該會委員除部次長、高等教育司長爲當然委員外，設聘任委員二十五人，由部直接聘任者十二人，經國立專科以上學校院校長選舉後，再由部聘任者十三人。該部當即依據是項規定，擬定選舉辦法，依照該辦法第二條規定'聘任委員，由國立專科以上學校院校長用記名投票法分科選舉之，文、理、法三科，每科選舉二人，農、工、商、醫、教育、藝術、軍事及體育七科，每科選舉一人，各科依定額得票最多者由教育部長聘任爲委員'，又第三條規定'上項選舉，遇得票相同時，抽籤決定之'。二十八年十二月教部印就選舉票分發各專科以上學校院校長選舉，迄本年一月，各單位選舉票先後寄部，選舉結果如下：一、各科得票最多，依選舉辦法應聘爲委員者，文科，馮友蘭十票（哲學）、傅斯年六票（史學）；理科，竺可楨七票（氣象）、吳有訓六票（物理）；法科，周鯁生十票（法學）、王世杰六票（政治）；工科，茅以升七票（土木工程）；商科，馬寅初九票（商學）；醫科，顏福慶十票（醫學）；藝術，滕固八票（文藝）。二、各科得票相同應俟抽籤決定一人，再行加聘者，教育，蔣夢麟、廖世承各得六票；農科，辛樹幟、鄒樹文各得五票；軍事及體育，張伯苓、郝更生、馬約翰、袁敦禮各得四票。依照教育部學術審議委員會聘任委員選舉辦法第三條祇規定，上列第二類三科得票相同人員，應舉行抽籤，以便決定各該科之當選人。經教部請由中央監察委員會派王世杰委員於本年三月二十日監視抽籤結果，抽定教育蔣夢麟、農科鄒樹文、軍事及體育馬約翰，前項各科被選舉人員，將由教育部長聘任爲學術審議委員會委員云。"（1940年4月22日《申報》）

《竺可楨日記》："接教育部函，寄學術審議委員會委員聘書，并通知於五月十一號在重慶開會。委員共廿五人，其中十二人由部聘，十三由各校院長選舉，計：爲吳稚暉、朱家驊、張君勱、陳大齊、陳布雷、蔣夢麟、王雪艇、胡庶華、程天放、羅志希、張道藩、周鯁生、郭任遠、顏福慶、曾養慶、茅以升、傅斯年、馮友蘭、馬寅初、鄒樹文、吳政之、趙蘭坪、馬約翰、滕固及余（名字下有'橫'綫者乃選舉而來，餘由部聘）。該會之目的在於審議學術文化事業及促進高等教育設施，依照民二十七年國民黨臨時全國代表大會通過之戰時各級教育設施方案而設立。"

4月24日，國民黨中央社會部與中央各有關組織成立的"文藝獎助基金委員會"召開第一次會議，聘請張道藩、郭沫若、舒舍予、程滄波、王芸生、林風眠、王平陵、華林、胡風、姚蓬子、李梅枕等11人爲委員，吳雲峰爲秘書長，辦公地點暫設九道門中央社會部。（參見《抗戰時期陪都重慶書畫藝術年譜》）

4月25日，昆明《中央日報》刊登《國立藝專宣傳反汪，喚醒鄉村民衆》報導："藝專遷抵雲南晉寧安江村後，上課已久，該處雖地處鄉僻，此輩新中國藝術事業的同工，克苦自勵，努力上進。近該校學生自從會，復領導非各項鄉村宣傳工作，近并以'反汪'爲工作主題，以資喚醒鄉村民衆，剷除漢奸。"

4月26日，吳宓復徐芳函，附以《寄慰若渠》詩。

《吳宓日記》："晚復徐芳十四日來函，所託事不成。并以《寄慰若渠》詩寄示芳。"

5月1日，《吳宓日記》寫道："知藝專校中兩派爭持，[滕]固惟事敷衍勸和。而固妻某日又直到校中探查，肆意喧鬧而去。"

5月3日，於安江村作《古代樂教闡微初稿》一文，即付油印。後刊1941年6月2、30日、7月21日重慶《時事新報·學燈》。內分：一、小引；二、音樂爲情緒表現的藝術；三、音樂爲世界觀的藝術；四、雅樂與新聲；五、儒家與樂教。

滕固遺作《古代樂教闡微初稿》(1941年6月2日重慶《時事新報》)

1940年　庚辰　民國二十九年　四十歲　497

5月5日，抵昆明，晤友人唐蘭（立庵），談及韶樂，唐即出示其舊作《卜辭時代的文學和卜辭文學》見示，文中所引材料及觀點使滕固得以增補《古代樂教闡微初稿》。（見該文《追記》）

5月6日，《吳宓日記》寫道："又接滕固專函，約晤。"

5月7日，與來訪吳宓述其婚姻經過，及對其妻之心情與辦法，主張爲以誠感化，不願離婚。但不許其妻干涉校務。
　　《吳宓日記》："7:00出，訪滕固於歐美同學會。其夫人未同來。并邀固至冠生園早餐，進茶與粵式糕點（$3.50）。固述其婚姻經過，及對其妻之心情與辦法。大致主以誠感化，不願離婚。但不許其妻干涉校務。又談他事。步至馬市口而別。10—11訪毛子水，告以固來晚餐。"

馮至《昆明日記》寫道："下午滕若渠來談。"

5月12日，出席教育部學術審議委員第一次會議。
　　《教育部學術審查[議]會議》："【重慶航訊】教部學術審議委員會，於五月十二日開會議，出席陳部長立夫、顧余兩次長，及委員朱家驊、陳大齊、郭任遠、王世杰、程天放、羅家倫、張道藩、顏福慶、曾養甫、傅斯年、馮友蘭、鄒樹文、馬約翰、滕固、吳俊升等十八人，通過大學及獨立學院教員資格審查辦法要點、大學及獨立學院教員聘任待遇辦法要點、各研究院所工作聯繫、及補助學術研究及獎勵著作發明各案。是晚全體委員應中央黨部招待會，適豫南大捷消息傳到，席間葉秘書長楚傖致詞，略謂：抗戰建國之大計，猶如鳥之兩翼，其一翼爲軍事，其另一翼則爲教育，總裁曾謂，我國軍事勝利有絕對把握，現豫南大捷，已得確證，是此一翼已無問題，至另一翼之教育，亦已大有進步，皆賴諸公領導。嗣馮委員友蘭代表致謝詞，略謂：葉先生所喻之兩翼，原即一文一武之意，古諺謂'文能安邦武能定國'，即是此意。軍事方面之進步，業已昭彰在人耳目，至教育方面，恐未能如軍事之進步，此雖受環境限制之影響，然吾人從事教育者，不能不深感慚愧。此後當在本黨領導之下，益加努力，以期完成建國使命。就是盡歡而散。該會以議案尚未討論完畢，定次日再行繼續開會。"（1940年5月26日《申報》）

5月13日，繼續出席教育部學術審議委員會第一次會議。
　　《學術審議委員會決議事項》："【重慶十三日電】學術審議委員會，於十三日下午二時半，繼續在教育部舉行會議，出席者教育部陳[立夫]部長及顧[毓琇]余[井塘]兩次長，委員朱家驊、王世杰、陳大齊、曾養甫、傅斯年、程天放、顏福慶、羅家倫、馮友蘭、郭任遠、馬約翰、鄒樹文、滕固、張道藩、吳俊升等十八人，通過重要案件如下：（一）規定大學以外研究院所招收研究生辦法案。（二）充實大學研究院所，并嚴格考取研究成績案。（三）充實原有教育學術機關設備案。（四）改進專科以上學校體育案。（五）將各級學校作業組織，所有收入充各該校擴充設備之用，以策勵生產教育案。（六）集合政府人民及友邦同情之力量，組織中華協進社，救濟抗戰期間學術上之損失，并協助全國學術事業之推進案。其餘各案如（一）專科以上學校教育應如何改進案。（二）國外留學政策應如何改進案。（三）對外文化合作事業應如何推進案等案，交由常務委員會從長計劃改進。常務委員并繼聘為吳稚暉、朱家驊、王世杰、陳大齊、張道藩、鄒樹文、余井塘等七人，最後由大會一致通過電總裁暨主席致敬。"（1940年5月14日《申報》）

5月17日，昆明《朝報》"學府風光"欄刊登報導："藝專之土布鞋風，刻下風行全校。上自校長教職員，下至同學校工，均人穿一雙。據聞實行藝專布鞋化，以抵制皮鞋之增值云。"

常任俠日記寫道："收陸耀先、姚寶賢、滕固等函，及《文藝月刊》一册。"

5月19日，中華全國美術會第一屆年會在生生花園舉行，滕固、馬衡、唐義精、汪日章、林風眠等八十餘人出席，張道藩講話，定九月九日為美術節。選舉張道藩、汪日章、徐悲鴻、呂斯百、陳之佛、張書旂、呂霞光、唐一禾、周圭、陳曉南、劉開渠、林風眠、許士騏、常書鴻、汪亞塵、黃君璧、葉淺予、秦宣夫、吳恒勤、傅抱石、彭留莘、王臨乙、羅寄梅、孫禄卿為理事。華林、張聿光、唐義精、李毅士、宗白華、呂鳳子、張善孖、郎靜山、孫福熙、顏文樑、顧林表、陳禮江、吳俊升、潘天壽、胡小石為監事。請教育部撥款十萬元獎勵抗戰期間美術作品，舉辦三屆全國美展，中華全國美術會與中華全國美術界抗敵協會合併為"中華全國美術會"。（參見《抗戰時期陪都重慶書畫藝術年譜》）

5月21日，返抵昆明，即與同人籌備中德文化協會分會年會事宜。

5月26日，中德文化協會昆明分會於下午五時，舉行第一屆年會，到省黨部委員楊家麟（光宇）、德大使駐滇辦事處處長羅恒理，及各會員等五十餘人，由滕固主席，并致開會詞，略謂：中德文化協會二十四年在南京成立，至今五年，對兩國學術經濟上之溝通，諸多裨益。去歲昆明分會成立，除兩次舉行聯誼會外，工作無多發展，今後當本總會意旨，努力以下兩點：一、仿效德國在前次歐戰中各學術文化實業部門之大規模合作運動；二、請求地方當局協助，發展文化建設。繼由省黨部楊委員、德大使辦事處羅處長致辭。繼又修正會章，議決以分會名義，電林主席、蔣委員長、龍主任、朱理事長家驊致敬，并函聘龍主任爲名譽理事長，選舉滕固爲理事長，龔自知、羅恒理、裴存藩、周自新、趙士卿等爲理事，六時半始告散會。（參見1940年5月27日昆明《中央日報》）

中德文化協會昆明分會昆明留德同學會與朱家驊致敬電文："重慶中央黨部組織部朱部長勛鑒：抗戰三載，學術爲荷，克盡努力，發揮職能，翼輔軍事，貢獻國家，先生領導之力也。每念賢勞，無任欽仰。本會等本日舉行聯合大會於昆明，經全體決議謹電致敬，尚祈賜誓。中德文化協會昆明分會昆明留德同學會同叩宥（印），中華民國二十九年五月二十六日。"

按：原件藏臺灣"中央研究院"近代史研究生檔案館朱家驊檔案（李樂曾先生提供）。編號301—01—17—002—054—055。

《留德同學會昨開成立會　中德文協分會開年會》："【雲南社】（前略）中德文協會昆明分會，於昆明留德同學會成立會後，即在該處舉行年會，出席者周自新等卅餘人，由滕固主席報告，即請省黨部楊委員宇光訓詞，繼請德國駐滇領事致詞，詞畢修改會章，選舉理事長蔣夢麟，理事張君勱、傅斯年、滕固、趙士卿、馮承植、繆雲台、龍自知、裴存藩，德人某君，并公推龍主席爲名譽理事長。"（1940年5月27日昆明《朝報》）

5月27日，致朱家驊書，匯報中德文化協會昆明分會召開年會情況。

驊先生賜鑒：敬肅者弟於二十一日回昆即與同人準備文化協會分會年會，經於昨日召開年會，到會友五十餘人，昆明留德同學會亦於是日成立，年會開會推晚爲主席，報告會務及協會指示各點後，由省黨部委員及德國駐昆領事Röhreke先後致辭，旋討論會章及提案，除一般問題外，經決議聯合留德同學會電呈林主席、蔣委員長、龍主席暨朱理事長致敬，至第二屆理事選舉結果如下：理事蔣夢麟、張君勱、龔自知、繆雲台、傅斯年、滕固、裴存藩、趙士卿、馮承植、Röhreke、Woltz等十一人，候補理事陳寅恪、姚從吾、鄭太樸、

袁同禮、Harhnoml 等五人，雖是日爲天雨而情形熱烈，中德會友均融洽異常也。僅此報告，順頌

公安

晚滕固叩　五，廿七

按：原件藏臺灣"中央研究院"近代史研究生檔案館朱家驊檔案。編號 301-01-17-002-062-063，Wilhelm 衛禮賢，其子衛德明。李樂曾先生提供并釋疑。

吳宓訪滕固，述及江津展覽會中陳列吳宓早年致碧柳函件，吳爲之講昔與碧柳交争情事。

《吳宓日記》："3—5 至歐美同學會。見招，訪固。談。固述蔣復璁參觀江津展覽會，宓早年致碧柳函件咸列。因述昔與碧柳交争情事。"

按：指白屋詩人吳芳吉（1896—1932），字碧柳，四川江津人，著名詩人。《學衡》1928 年 12 月第 66 期刊有吳芳吉《與友述家中情形書》，吳宓按語："吾生平閱人不少，又讀書所及，常細繹中西古今人之性情行事，用爲比較，竊謂若其人之天真赤誠，深情至意，不知利害，不計苦樂，依德行志，自克自強，一往而不悔，則未有如吾友碧柳（吳君芳吉字）者。陳銓評碧柳之詩曰，'中國近代詩人，無論新舊，吾未見有能比擬吳君者也。中國近代文人，吾亦未見有忠於藝術，歷萬苦千辛而不悔，如吳者也'（見大公報文學副刊第四十五期）嗚呼，碧柳於詩之成就如此，希望無窮，生平所歷艱苦，又非常人所能想像，而家庭配偶，乃有此函所描叙者，可悲孰甚。顧碧柳猶堅貞自守，對其妻不存貳心，此尤爲人所難能者矣。此雖叙說私情之函，吾今公布之，望天下者共爲詩人灑一掬同情之淚也。函中所叙數日中情形如此，半生可知。但就此函觀察，則樹坤乃一庸俗之婦人，凡舊式女子所有之惡劣習慣癖性，彼無一不備。碧柳祇知以仁心向之，彌見碧柳之賢。雖然，以富於天才苦志之人，而常日如此折磨抑損，雖於道德小有保全，而於藝術文學之成就，則所失甚大。權衡輕重高瞻遠計，碧柳之所決行者恐亦未盡當也。夫詩人多情多感，境遇少豐舒，在在需人解慰，調護煦沫，如藝名花，如藏寶器，此正爲妻者之責。是故詩人之妻，職任獨重，而古今詩人婚姻配偶愜意者，多如莎士比亞，如彌兒頓，如辜律己如擺倫如薛雷皆有仳離之事或幽鬱之思，然浪漫人物縱情尚氣家室乖忤答由其自取，若碧柳夙勵行道德又篤情愛而遭遇如此不諧可悲之尤者耶。"

5 月 29 日，國立藝專學生自治會成立周年紀念并歡送本屆畢業同學，特

舉行聯合聚餐、遊藝、球賽大會，以資慶祝。該會爲鼓勵同學清潔，并舉行男女宿舍開放，互相參觀。(參見1940年5月30日昆明《朝報·學府風光》)

5月，據丁天缺回憶"我和同學淩紹夔、閔希文等創辦了《春秋》半月刊。這是在校內壁報形式的刊物，目的是藉此園地抒發一些對藝術的觀感和揭露一些學校的黑暗面。首當其衝的圖書館藏書。據傳圖書館館員顧良大量盜竊圖書珍品，同學爲之義憤填膺，一個清晨結隊到顧良住所查抄，顧良是和李瑞年同住一屋，當時在他兩人住屋裏抄出精美圖書五六大筐，并發現書中好多珍貴圖片，已被撕掉，可惜顧良和李瑞年都已逃走。同學們把搜查現場拍了好多幅照片，告到滕校長面前，滕校長爲了免得事態擴大，滿口答應徹底處理，此事纔暫告一段落。"(《顧鏡遺夢：丁天缺自傳、繪畫》)

6月6日，馮至《昆明日記》寫道："發滕若渠信，36。"

6月7日，中德文化協會第五屆年會在重慶嘉陵賓館舉行。陳立夫、顧毓琇、任西萍、孟建民、朱世明、德大使代表魯雅等一百三十餘人參加，朱家驊、顧毓琇致詞，蔣復璁作報告。(參見《抗戰時期陪都重慶書畫藝術年譜》)

6月10日，馮至《昆明日記》寫道："收55，滕若渠信。"

6月12日，致朱家驊書，請辭中德文化協會昆明分會理事長職，并推薦趙吉雲擔任。

　　騮先生賜鑒：敬陳者前奉蕪詞并此間分會呈件諒已由慰堂兄轉呈鈞察矣。越昨星期六分會會員聚宴并邀此間當局爲客，計到中德人士四十餘人，極爲歡洽，各方贊助以及中德會友之熱心，皆出自意表也。又分會經費現已由理事會各理事認指，共得千餘元，已將積逋清償，預料再由會員踊躍捐助後，會務應需用款可無問題，凡此進行順利之點，皆仰託先生之譽望與指導而獲得也。惟固才輕任重，深慮勿勝前荷會友推爲分會理事長，即當序堅辭，并推薦趙吉雲兄擔任，吉雲兄亦復堅辭，不得已允將手續辦畢，仍請另推，此層情形，實出至誠，曾託慰堂兄轉陳先生轉囑吉雲兄，勿過謙辭，現會務一切手續大體完成，此後進行已可順利，擬仍請先生准固與吉雲兄對調，無任感荷，公

暇當乞時惠教益，俾有導循，專此順頌
公安

後學滕固謹上　六月十二日

　　按：原件藏臺灣"中央研究院"近代史研究生檔案館朱家驊檔案（李樂曾先生提供）。編號301—01—17—002—057—059。朱批"函復讚許，倘吉兄堅辭則由請其繼續偏勞。"

6月16日，朱家驊復滕固書，對滕懇辭中德文化協會昆明分會董事長事，表示"不便相強，然若吉雲兄亦復堅辭則為熱手計仍惟有懇兄繼續偏勞耳"。

　　復滕固昆明文林街國立藝術專科學校六,十六航
　　若渠吾兄台鑒
　　惠函誦悉，昆明中的文化協會分會會務諸承擘畫推進，蒸蒸日上，彌用嘉慰，理事長一席由吾兄擔任，實極安適，弟一再以擺脫為言，亦覺不便相強，［祇得請吉雲兄繼負其事］然若吉雲兄亦復堅辭則為熱手計仍惟有懇兄繼續偏勞耳，幸勿固執成見至所禱盼。專此荷復，順頌
　　敬禮弟朱家○頓首親簽
　　按：原件藏臺灣"中央研究院"近代史研究生檔案館朱家驊檔案（李樂曾先生提供）。

6月18日，馮至《昆明日記》寫道："發46、滕若渠。"

6月23日，馮至《昆明日記》寫道："收68、若渠信。"

6月25日，在國立藝專本屆畢業生歡送會中作演講，鼓勵學子們本其篤實雄健之藝術武器，表現中華民族的美德，"若捨本逐末，趨小道，尚新奇，蔽於物慾，墮於畸形，為我們今日所當切戒"。認為"現代藝術學者，大都致力於追尋創造的淵源，求其精神因素之所在。雖然學說分歧，大致是歸到藝術家的人格，這人格不單是倫理的，而是包舉其人之精神，行業以及時代反映等之總體。有第一等人物，纔產生的出第一等的作品……中外歷史上第一等的藝術家不少，古人之所能者，今人應該也能；西洋人之所能者，我們又何嘗不能？所謂'有為者亦若是'，這是我們時時刻刻應當共勉的"。

1940年　庚辰　民國二十九年　四十歲　503

　　按：據浙江省檔案館藏演講記錄稿，檔案號 L056-001-0038。承雲南藝術學院戲劇學院高翔先生提供原文抄件，僅此申謝。

7月1日，作致國立藝專教職員函，表明在內外責難，交於一己之際，願與諸君"同心戮力，扶植藝教，生就教訓，爲國育才"之決心。并製定辦校最低措施六條："一、提高學術水準，樹立篤實之學風。嚴格教學，增進學生課業。二、確立中心思想，培養學生健全人格，務使爲國家有用之人才。三、以本校藝學之造詣，唱導社會，期於恢宏藝教，建設國家新時代之藝術。四、以自律互助之精神，改善學生生活，創造新環境。五、遵照教育部指示，集中事業，樽節經費，縮小各項範圍。六、健全事業機構，增加實務效率。"

　　按：據浙江省檔案館藏信函原件，檔案號 L056-001-0038。承雲南藝術學院戲劇學院高翔先生提供原文抄件，僅此申謝。

國立藝專照例改聘教員，因解聘教務長方幹民導致學生向校長請願，遭到拒絕，引發第二次學潮。

　　丁天缺《顧鏡遺夢》："殊不知正在此時，建築系主任夏昌世與原北平藝專師生密謀，向滕校長建議廢教務主任方幹民，以常書鴻代之。方先生得知後，立即與潘天壽先生及學生吳藏石等商議應對之策。吳藏石得知後，立即與其桃園兄弟閔希文和我共商發動學潮，向滕校長要求逐常保方。"

　　按：方幹民（1906—1984），別名幹民，浙江溫嶺人。擅長油畫。1925年赴法，1929年8月自法國巴黎美學校里昂美校畢業後回國。歷任上海新華藝專、杭州國立藝術院、上海美專、浙江美術學院教授。作品有《秋曲》《孫中山授遺囑圖》《偉大的會見》等。

7月2日，處理國立藝專學潮事件。

7月3日，以受到學生監視，採取絕食抗議，并安排潘天壽：如己遇有不測暫代校務職責。

　　《吳宓日記》："晚，7—8黃維來告藝專風潮。宓即作航快函，上教育部次長顧毓琇、司長吳俊升報告，以援救固。維持函送郵局。大雷雨。"

7月4日，宣布解聘方幹民，開除吳藏石、丁善庠學籍等決定，在地方治安機關增派員警協助下，暫時平息了國立藝專學潮。

丁天缺《顧鏡遺夢》："[晚]9時正，滕校長在幾個職員的陪同下，登上了講臺，以最簡短的語言，宣讀了解除教授方幹民，開除學潮主要追隨分子吳藏石、丁善庠的學籍，并將事先寫好的一張布告掛起，説也奇怪，當時全場竟靜得鴉雀無聲。……事後，同學們都在議論著，爲什麽主持這次學潮的學生代表一個都没有開除，卻把吳藏石、丁善庠開除了呢？如果按與方先生關係來看，開除的首先該是閔希文呀！其中道理，一直隱埋了幾十年，直到1988年六十週年校慶，爲了要搞清1940年安江村學潮的實情，派曹增明前往南京檔案館查閱當時檔案時，纔發現個中原委，他回校後把實情告訴了我：'安江村學潮將近高峰時，方幹民先生寫一封信給您，提醒您要預防學校當局可能動用警方來鎮壓，在當時形勢下，方先生不便把信直接交給您，於是拜託關良先生轉交，但關良先生没有把信交給您，卻暗底把信交給了校方。這樣，滕校長遂派人將原信送至昆明省府，當天省府便派保安部隊一個連來鎮壓，結束了這場史無前例的學潮。'"

朱膺、閔希文《烽火藝程·風風雨雨的國立藝專》："當學校從沅陵遷到昆明安江村上課的時候，校長滕固讓方幹民先生出任教務長，可是不到半年，出於人事上的糾紛，解聘了他。杭州藝專同學在感情上接受不了，要求滕固收回解聘令，滕校長卻堅持自己的意見，於是又引發了一場學潮，前後持續了兩個多月。教育部另派國畫家吕鳳子先生來接替，解聘了滕固。爲了給滕固一點面子，開除了吳芷石和丁天缺兩位同學，解聘了方幹民先生和洪毅然先生。"

《吴宓日記》："訪[湯用]彤，述藝專風潮，託轉告[滕]固之知友等。"

7月5日，將平息藝專學潮處理辦法電呈教育部備案。

據丁天缺回憶：翌日下午，滕固找丁天缺談話："'你來了，很好。我希望你對這次的處理能有所理解，因爲在目前的情形下，我是出於不得已的，至於你今後的打算，我給你作了二個安排：一，如果你想繼續讀書，由學校給你一份轉學證書，你可以到中央大學去就讀；二，如果你想就此工作，給你一張畢業證書，那是由學校名義發的，就像選科生的畢業證書，另外發你壹佰圓生活補貼，在没有解決就業與轉學之前使用。你看如何？'滕校長説這一段話時，我看他非常難受。説完，就把早已準備好的畢業證書、到中大的轉學證書和壹佰元錢親手遞給我，并希望我早日離開安江村，免得引發其他麻煩。我流淚了，我并不是因學校開除我而流淚，我是受滕校長這段話被感動了。我説：'滕校長的話我明白，謝謝滕校長對我的關懷。'我從滕校長手裏接過了文憑、轉學證書和壹佰元錢，我心潮如湧，想不出什麽可説的。退了出來，決定明天就離開安江村。"（《顧鏡遺夢》）

《吴宓日记》："2—3[顧]良來，同步翠湖。良述藝專風潮及解決經過。……3—4 遇姚從吾，告以固已來此。訪彤。"

7月6日，馮至《昆明日記》寫道："至昆華醫院看若渠。"

7月9日，吴宓日記寫道："《吴宓日記》：3—4 函固。……晚，大雷雨。未如約至水宅晤固。"

7月13日，馮至《昆明日記》寫道："晚四叔、四嬸、黄子堅先生、若渠等在家吃包子。"

7月17日，滕固作致教育部呈文，介紹關於該校學潮經過情形。自感"未能防患於未然，用人失察，禍患起於蕭牆，辦理無方，尊嚴墮於嚳舍，撫躬自省，漸疚實深。仰懇鈞部俯准，歌電所請對職撤職處分，俾得避賢補過，無任屏營待命之至"。

《國立藝專校長滕固關於該校學潮經過情形致教育部呈》：

查本校不幸於月初發生風潮，經電呈處理情形，并請派員徹查在案。兹謹將風潮起因、演變、處理等各情形，分別瀝陳如左：

一、風潮起因

此次本校風潮之發生，其原因有遠有近，謹分兩點陳述。

（甲）遠因。前杭校人員蓄意恢復杭校，破壞本校爲其一貫之企圖，職歷次報告校務時，屢指出此點爲本校一大障礙。當本校去春遷至昆明，前杭校人員即有西湖藝社之組織，勾結員生排除異己，職深加防患，未爲所逞。及至去年暑期，改聘教員，職將前杭校搗亂人員李樸園等兩員不予續聘，彼等銜恨，多方唆使學生鬧事，初未得乘，嗣有一女生觸電隕命，彼等以爲有機可乘，即藉口與訓導處爲難。職迅速處理該事，并警告搗亂份子萬一發風潮，不惜玉石俱焚，彼等始斂跡焉。秋間開學後，西湖藝社一方面使廣東同鄉（林風眠、林文錚均廣東人）聯絡粵橋中學，高價挖租本校所租昆華小學房屋，另一方面使學生要求遷移，幸本校早有準備，即於寒假遷至呈貢縣之安江村，是時西湖藝社即擴大而爲杭校同學會，在重慶、昆明均設機關，公開活動，口號爲"時機到來一呼百應"，欲在校内組織分會，職未准許，彼等乃利用方幹民爲校内之活動者，方在杭校本爲較馴良分子，職前經潘天壽、常書鴻之推薦予以提拔，旋選爲校務主任，初尚白愛，及受杭校人員利用後，一反平日態度，忌妒同事，欺騙學生，職屢加警告而該員仍陽奉陰違，故職確認本校基礎之不純潔，爲有杭校復校組織之存在，該勢力之存在爲本校成立以來始終之障礙，該障礙不除，本校風潮必迴圈無已，而爲週期性的，此爲本校風潮之遠因也。

（乙）近因。本校照例於七月一日改聘教員，内有方幹民未接得聘書，即至教員宿舍嚷叫"不好的消息，幹一下子吧"，各教員置之不理，旋密約其平日寵蓄之學生吳藏石、丁善庠等告以"我今因常書鴻之故被學校開除，你們一同跟我來傾覆此學校"。於是由少數學生鼓動開會，推出代表十七人，當晚向職請求續聘方幹民爲教員。職開首即以決絕之態度回答：（一）此種請求，學校絕不加以考慮；（二）學生不得過問學校行政，學校代表亦即答然退去，此其近因也。

二、風潮演變

七月二日晨，學生代表又來請求，職之態度如舊，代表又提出下列要求：（一）停聘常書鴻、夏昌世、王臨乙、秦宣夫、徐梵澄、李瑞年、顧良、陳芝秀九教員；（二）如不答應請求則組護校團，取自由行動。職答以聘請教員爲學校之事，學生不得顧問，學生有不軌行爲則以校規處理，最後職并申言，如有暴力之脅迫，而校長自己改變態度，此種校長是不能盡職之人，本人爲教訓汝輩之人，若可爲暴力左右，則平日教訓於汝輩者，均屬廢話矣。代表聞言退出，是時據報方幹民暨職員洪征厚暗中指揮學生動武，欲使沅陵事件之再現。職召訓導處主任胡一貫詢以有無把握制止風潮，胡表示甚難收拾，職即一面電呈鈞部報告，一面密請地方治安機關於必要時之協助。中午職往教員宿舍吃飯，見學生十餘人來尋教員顧良，似欲尋釁，職即出而厲聲叱散之，學生聞聲避去，同時常書鴻來報告，學生要求彼去說話，問職如何？職告以不必去，是時職所前有學生打鬥，職即親往制止而散，及至午夜，據報唐學詠在夏昌世家被毆，職披衣訪唐慰問，并告以學校必有處理辦法，蓋學生經職制止後潛赴教員宿舍逼教員徐梵澄寫道歉書。又到夏宅尋唐學詠，唐正言勸止便遭毆辱，在此情形下，職惟有勸唐等稍忍，以待學校處理。七月三日晨，據報學生有打職之消息，并發見有二學生監視職行動，職即召胡一貫、潘天壽告以萬一失去行使職權自由，校務請潘先生暫代。下午二時，召學生代表告以"任何暴力加於本人，決不改變固有主張，今見有學生監視本人，是對本人爲極大侮辱，須知真理甚於生命，不自由毋寧死，本人生平未有失去自由之事，有之五卅事件本人散發宣傳品被上海老閘捕房監禁數小時，今不圖被我教訓之學生監視，本人唯有絶食自訟"。自如此宣告後，職即絶食，教員學生紛紛來勸，皆經拒絕，七月四日中午，學生代表秦開祥、淩紹夔、吳藏石持食品來請復食。職告以"在前次集會中本人曾講述明末諸士人反抗異族犧牲生命之壯偉故事，本人從幼受此種高尚教育，惟知有真理，不知有暴力，汝輩既不聽本人命令亦不必以本人健康為憂慮,該代表等聲明絕未有監視行為外,無他言語,涕泣而退。是時地方治安機關派員警十餘人來村,學生紛紛恐懼,代表十七人遞呈悔過書,不再有所舉動。職既恢復行使職權自由,即刻通知員警離村,免起重大事端,此為風潮演變之情形也。

三、初步處理

本校此次風潮有遠因近因,具如上述,姑念大多數學生均被迫參加,且其中祇為歷史遺留之杭校人員個人利益觀念,并非有異黨份子之活動。基於此點,職先當處理其由近因發生之現象,略從寬大,以示是非,癥結之端七月四日下午即發布將主使風潮之教員方幹民解聘(因聘約至七月底止)撤職,為方幹民奔走之職員洪征厚已於先二日停職,學生主犯吳藏石、丁善庠開除學籍。職辦理無方,請鈞部撤職處分,其餘謹候鈞部派員徹查後核示辦理,而風潮表面平息,此項處理,業經歌電呈報鈞部在案。

四、風潮後之觀察及建議

本校風潮歷經三日,職初步處理後即平息而回復常態,然方幹民及杭校同學會份子在昆明大肆活動,收買學生作片面宣傳,實行其所謂一呼百應之活動,故禍患未已,影響所及本校自不能有理想之安寧,所幸鈞部已令派樊際昌、唐英二君查辦風潮,必能迅得徹底之解決。職以待罪之身,神明內疚,本不宜喋喋多言,惟教育為國家命脈所系,職為國家公務人員,不敢稍存怠忽,謹就管見所及,條例陳之:(一)敗類不除,元氣不復。職受事兩載,於困難中推行鈞部所指示之教導方針,培植元氣,頗非易事,今日之教學精神與學校風紀,較前有顯著之進步,為校內同人一致所承認者,職上半年不續聘李樸園等人,本學年不續聘方幹民皆為元氣,除蠹賊,此次風潮主使者計欲消滅學校,但未遂其企圖,亦未始非元氣培植之徵效,為本校亦為國家藝教計,此輩敗類必須剷除。(二)以私害公,此風不可長。查方幹民與杭校同學會人員以個人利益竟欲毀滅學校,此風一長,置國家教育於何地,擬請鈞部對此類逆犯通令全國教育文化機關,永不錄用,以示懲戒。(三)教育尊嚴不可犯,職聘請教員基於一定之教學宗旨,以平實深厚之素養為始基,以崇高偉大之體範為途轍,以期達於新時代之創造,切戒浮華新奇偏頗畸形。本校現有教員均知努力於此宗旨之實踐,以矯正以前藝校之惡習而使藝教有嚴正之軌道可循,不能以一二人之挾嫌攻奸誣衊他人人格,遂其一網打盡之計。在鈞部未指出職之聘請不當以前,職對各教員自應懇切信任,至各教員中亦不免有性行偏至之處,此係另一問題,非短時期所能糾正者。(四)藝教工作人員應予嚴格之精神教育。查藝教工作人員個性強烈,行為偏至為普遍現象。前杭校人員趨於歧途為其中之特別惡劣者,今後欲安定藝教而謀發展,則志願為藝教工作人員者,均須登記受國家嚴格之精神教育訓練，使彼等先具備做人做國民之條件，然後從事藝教，庶幾較可收效。職兩年來與此等人員相處深嘗甘苦，以上所陳述，實出於事實之必要，且欲掃除二十餘年來藝校之積弊，亦惟有勵此項政策。

本校此次不幸事件，職未能防患於未然，用人失察，禍患起於蕭牆，辦理無方，尊嚴墮於黌舍，撫躬自省，漸疚實深。仰懇鈞部俯准，歌電所請對職撤職處分，俾得避賢補過，無任屏營待命之至。謹呈

教育部

國立藝術專科學校校長滕固
中華民國二十九年七月十七日

（收入中國第二歷史檔案館編，《中華民國史檔案資料匯編第五輯第二編教育（一）》，南京：鳳凰出版社，1997年9月第1版，第829—833頁。）

8月22日，與友人到貴陽，一日之間，警報三起。在城外墓林中躲避時口占一首詩云：匹馬馳驅到此城，山河莽蕩起笳聲。何人戰國籌長策，一掃風煙救衆生？

岱西《念滕若渠》："滕若渠先生最近在陪都去世。中國藝術史界從此失掉了一個大人才。我曾經說過，在友曹中，算他的性情是天然屬於斯波蘭格所稱的藝術型了。他也是一個戰國策的熱誠的同情者。記得去年八月廿二日同他到貴陽，一日之間，警報三起。在城外墓林中躲避。他口占一首詩贈我。茲錄如下以紀念其人。（下略）"（《戰國策》1941年17期10頁）

8月31日，赴友人邀約茶叙，吴宓、徐芳、顧良等在座。晚間應余建勳夫婦請晚飯後，參觀中德學會會所，送徐芳歸後，作《不寐》詩。次日寫示吴宓。

《吴宓日記》："雨。5:00至北倉坡，赴水約茶叙。客爲徐芳及滕固、顧良等。余建勳夫婦請晚飯。又進甚精美之西式糕點。大雨，雷電。同參觀中德學會會所。約夜11:00始散。……是夜，固送芳歸後，有《不寐》詩。次日寫示，粘存。"

8月，國立藝術專科學校接教育部的電報：因越南戰局惡化，危及滇邊，國立藝專即遷四川。校長滕固爲"國立藝專學生步行抗日宣傳隊"題詞"腹地長征"以資鼓勵。至12月，宣傳隊安全到達目的地璧山。

陳明等《烽火藝程·抗日時期藝專中共地下黨的活動》："1940年8月，學校突然接到教育部的電報：'因越南戰局惡化，危及滇邊，國立藝專即遷四

川.'這是國民黨頑固派借越南戰局的變化,來逼迫抗戰初期遷至雲南的所有大學搬到四川去的一個電報,他們的目的是企圖控制當時的學生抗日救亡運動。藝專在接到這個電報後,又宣布:'這次遷校,對學生不供車輛,不發旅費,學生一律自費去四川。'這是出自國民黨頑固派藝專的代表人物胡先生的'建議',他們妄想從學校遷川期間去掉'窮學生'中的一批進步青年,爲此不惜將全部'窮學生'都刷掉。爲了粉碎他們的詭計,藝專黨支部針對,立即組織'國立藝專學生步行抗日宣傳隊',并加強了統戰工作,取得了校長滕固和省主席龍雲的支持。滕固校長題詞'腹地長征'以鼓勵我們。龍雲省主席發了文,要沿途縣政府支持步行宣傳隊的抗日宣傳并保證安全。步行宣傳隊9月30日從昆明出發,帶領了占當時在校生近1/4的'窮學生',步行經雲、貴、川三省,行程三千里,過五十多個城鎮,沿途作抗日宣傳,受到當地人民群衆的熱烈歡迎。至12月,宣傳隊安全到達目的地璧山。"

李浴《烽火藝程·難忘的1938年》:"學校搬遷并非易事,計劃分兩步走。第一步先到貴陽。就是這樣,也因交通工具、公路汽車之短缺而日期難料。李霖燦向我提議安步當車,我同意後又有夏明、袁宏偉、徐樹勳、劉魯也、

滕固任國立藝術專科學校校長時與師生合影(1940年)

楊德煒5人參加。這事向校長報告後，他十分贊同，并請行署寫了步行宣傳抗日的證件，路費加倍，每人32元。他還囑咐我們沿途要留意文物古迹，因爲他是一位考古學家，曾在河南安陽縣無意中發現一件不爲人重視的文物古迹。"

9月1日，中德文化協會決議採取通訊手續函選下屆會長理監事各員，并請中央社會部派來任西萍孟建民兩人監選告竣。會長朱家驊，滕固以33票當選理事十五人之一。

  選舉結果清單

  會長 朱家驊—92票

  理事 桂永清—70票 俞大維—69票 蔣復聰—61票 胡霶—56票 曹谷冰—53票 梁穎文—49票 徐培根—46票 沈世華—44票 朱謙—42票 王啓江—40票 谷正綱—39票 陳介生—39票 胡庶華—35票 滕固—33票 李惟果—29票

  候補理事 杜殿英—28票 段錫朋—26票 王家鴻—23票 李景潞—23票 齊焌—21票 朱偰—19票 莊權—19票

  監事 王寵惠—34票 羅家倫—30票 黃伯樵—26票 顧孟餘—24票 張君勱—23票 傅斯年—20票 徐中齊—15票（抽籤當選）

  候補理事 沈怡—15票 陳大齊—13票 汪瀏—11票

  按：原件藏臺灣"中央"研究院近代史研究生檔案館朱家驊檔案（李樂曾先生提供）。編號301—01—17—002—104、106—107。

赴林同濟、何永佶邀晚宴。

  《吳宓日記》："下午……6—10赴林同濟、何永佶邀晚飯西餐於其宅。客爲滕固。沈從文先去，冀朝鼎繼來。暢談林語堂、王際真等。"

9月2日，赴吳宓宴請。

  《吳宓日記》："12—3宓宴胡光煒、固、芳、麟於聚豐園（$25）。宓飲酒甚多，暢談宓對彥之往事，及愛彥之誠心，并及薇等事。煒深爲嗟惜云。3—4偕固步歸。"

馮至《昆明日記》寫道："滕若渠來。"

9月6日，國民政府明令重慶爲陪都。

9月11日，為阻敵沿滇越路侵滇，我國將河口鐵橋炸毀，并拆除河口至芷村百餘公里路軌。

9月18日，吳宓接徐芳自重慶來函并代轉致滕固函。
《吳宓日記》："至玉龍堆，見芳由平彝來函，道阻。託轉固函。即復。重慶林森路四一九號丁宅轉徐芳。"

9月19日，馮至《昆明日記》寫道："若渠來訪。"

9月22日，赴清華大學校長梅貽琦服務母校二十五年慶祝會，會散時，邀吳宓、胡光煒至福照街松鶴樓便宴。
《吳宓日記》："3—6 梅校長任清華25年慶祝會。……會散時，滕固邀同胡光煒至福照街松鶴樓便宴，進醇酒。"
《清華校長梅貽琦服務母校廿五年，各地校友均開會慶祝美大學并贈榮譽學位》："【昆明二十二日下午八時零二分專電】清華大學校長梅貽琦任職母校二十五年，該校校友二十二日午後在昆明舉行公祝會，到來賓計校友共五百餘人，情況熱烈。美國吳士德工程學校（梅氏曾畢業該校）讚佩梅氏二十五年從事教育之精神，特贈予榮譽工程學博士學位，并馳電致賀。此外林主席特頒'育才興邦'四字，陳教長亦親函祝賀；各地校友祝賀函電，如雪片飛來。"（1940年9月23日香港版《大公報》）

9月23日，徐梵澄做東邀滕固、馮至等晚餐。
馮至《昆明日記》："禮吾、聲漢、若渠在家晚飯，季海作主人。"

9月24日，滕固將所作《九日日記》一篇交吳宓。該文記滕與徐芳在昆明最後之晤聚情形，附詩多篇。
《吳宓日記》："5—7 訪固，良在。固亦贊成宓留聯大。且謂書箱不必運往浙大託穌等保管。固授宓《九日日記》。宓宴固、良於香賓（$11），同步歸。"
馮至《昆明日記》："送留聲機與若渠。"

9月25日，吳宓日記寫道："9—11 在小樓讀固之《九日日記》。感嘆固之愛芳，何異宓昔之愛彥。而芳意早已別有所愛。愛情者，在己雖真，而在人不可深究底蘊。大抵如斯也！"

9月27—29日，國立藝專同學合組之淮光畫社，將全部作品國畫百餘件在綏靖路公餘雅集社公開展覽。

9月29日，吳宓日記寫道："3—5偕逵訪固於才盛巷。"
> 按：才盛巷爲西南聯合大學教員宿舍。見《馮至日記》注釋67。

10月1日，吳宓訪滕固轉徐芳函，未遇。
> 《吳宓日記》："[警報]解除後，徐歸葉宅，進粥。已下午2:00矣。宓旋至玉龍堆，獲（一）芳致固函。（二）宏度詞函。4—6至才盛巷訪固，不遇。送（一）函。"

10月2日，吳宓訪滕固，暢談。
> 《吳宓日記》："下午至玉龍堆，遇胡光煒、曾昭燏女士留英，治考古學。同來。見固留片，即往才盛巷途遇燏，同行。訪固，暢談。固出示芳1939夏秋致固各函，并述愛芳之經過及心理。宓以成都空軍軍官徐某爲芳所屬意之事告固。固更述其一生三大愛史。沅陵不與焉。大率固爲各方面之通才。其於愛，亦善用術。多所成功，而不自沉溺痛苦。適可而止，當機即斷絕，有類Goethe也。
>
> 夕晴。固邀宓宴於狀元樓，再至才盛巷叙談。宓述對彥情事。固言，許寶駒現任揚子江水利委員會事。1935年曾任古物保存會科長。時固在其上，爲委員云。固又謂，宓若直接明白與彥接近，彥雖欲迎而必拒。祇有時時去信，盡其我在。而俟他日有便，直到上海突然尋訪，或可望彥回心轉意。然平日不在一地，終易疏遠。云云。10:00始奔歸玉龍堆宿。"

10月6日，吳宓日記寫道："讀滕固所新撰《離開安江村》自傳式小品文。"

10月7日，昆明敵我激烈空戰。馮至將夫人姚可崑翻譯德國阿爾伯特·赫爾曼（Herrmann）著《樓蘭》稿交滕固。該稿係黃文弼委託滕請人翻譯的，姚利用1939、1940年的"待業"期間，將此完成。
> 馮至《昆明日記》："《樓蘭》稿交若渠。若渠帶《狄爾泰》[Dilthey]去。"
> 據姚可崑回憶："還是在1939年，滕固交給我一本德文書請我翻譯，是赫爾曼（Herrmann）寫的《樓蘭》。赫爾曼曾隨同瑞典地理學家斯文·赫定赴新疆考察，挖掘被沙漠埋沒的古城樓蘭，獲得許多珍貴文物，作者根據這些文物描繪當年樓蘭的盛況，讀起來很有趣味。我利用1939年和1940年的'待業'期

間，把這本書譯出來了。據滕固說，是黃文弼委託他請人譯的。譯稿交出後，祇得到二百元的譯費，并未見出版。馮至在8月26日的日記裏有這樣一句'樓蘭工作結束'。想必是我在那時譯完的。"（姚可崑著：《我與馮至》，廣西教育出版社，1994年1月第1版）

按：（德）阿爾伯特·赫爾曼著，姚可崑、高中甫譯：《樓蘭》，新疆人民出版社2006年出版。

10月8日，徐梵澄、吳宓來訪，滕固邀至狀元樓便宴。

《吳宓日記》："6—9分途。宓至才盛巷訪固。固再邀至狀元樓便宴，談固《安江村》一文。宓爲述達之生平，甚悔多言，無益而耗神，後當切戒。在固處，遇徐琥，字梵澄，湘人。云曾在Heidelberg會見。又遇余建勳。歸玉龍堆宿。亦欲撰小説一篇，述宓近情，寄彦達意云。"

10月12日，吳宓接滕固留別函并詩《述懷》《五古》各一首。

《吳宓日記》："接固留別函十月十九日乃飛渝。并詩二首。述懷。五古。"

10月19日，離昆明乘飛機抵重慶。

《吳宓日記》1940年10月18日條："接固函，知十九日始離昆明。"

10月24日，常任俠日記寫道："收滕固函。"

10月25日，滕固、徐梵澄至化龍橋訪朱偰，燈前夜話，各有題詠。

《朱偰日記》："傍晚赴聚興村偕若渠、梵澄歸寓小酌。十年不見，燈前夜話，彌覺多情。各有詩以記其事，夜深始睡，二子留宿，因若渠擬於明日同往青木關故也。"

朱偰《十月二十五日若渠、梵澄枉駕江干草堂秉燭夜話，撫今思昔，慨然留句二首》：不廢江河萬古流，清奇古豔各千秋。深夜把臂看星斗，海闊天空自寡儔。東望家園感慨多，傷心忍覽舊山河。十年夜話滄桑事，聚散從頭細揣摩。（收入朱偰《孤雲汗漫——朱偰紀念文集》第466頁）

朱偰《滕若渠》："是年十月，若渠回行都，偕梵澄來訪，乃宴之於化龍橋寓廬，出所攝天下名山風景及前在柏林時同遊照片。若渠不禁有感於懷，題詩二絕云：大陸龍蛇異地同，昔遊昔夢兩成空。桃花人面春顏色，幻作彌天劫火紅。樽酒論文豈偶然，諸君肝膽照當筵。畫圖人物俱無恙，回首清遊已十年。"（見朱偰《天風海濤樓劄記》第九卷《人海滄桑》）

朱偰《吊若渠》"國難以後，轉徙流難，若渠揚鞭夜郎，余則隨校如蜀遷居昆明，音訊仍通。余方喜其獲展所學，作育多士，乃以若渠擅長社交之故，蜚語橫生，家庭之間，頗多齟齬，若渠乃辭職歸渝。客歲十月，曾偕梵澄訪余，孤燈夜話，各有題詠。若渠展閱余在柏林時爲其女友所攝照片，桃李爭放，倩影窈窕，若渠欣然以喜，愴然以悲，當題二絕，蓋有不勝今昔者之感者矣。（引詩略）

10月26日，馮至《昆明日記》寫道："發若渠、季海、慰堂信。"

10月28日，常任俠日記寫道："往訪若渠不值。"

10月29日，常任俠日記寫道："上午作書寄聚賢、滕若渠、傅振倫、汪綏英。"

11月4日，滕固與行政院同事議論太太問題。
《陳克文日記》："上午九時從龍井灣回曾家岩。方叔章、滕固、張平羣幾個人聚在辦公室內談起太太問題，大家都不滿意他們的太太，都說他們的太太妒性太重，并且說了許多憤激失望的話。天下的配偶根本沒有一對是真正滿意的。"

11月5日，晚赴生生花園蔣復璁請客時，與竺可楨談國立藝專鋼琴轉送事。
《竺可楨日記》："晚在'生生花園'晚膳，到巽甫、孟真、滕若渠、慰堂、洪芬、伯遒及一樵諸人。係慰堂與毅侯請客。余以杭州藝專等已將音樂部門歸音樂院并以鋼琴三隻之二送給音樂院，請滕以所餘一隻送浙大，滕已允，囑向［顧］一樵言之。緣一樵係代理音樂院院長。將來謝壽康將正式院長云。"（《竺可楨日記（1936—1942）》第一册，北京：人民出版社，1984年第1版）
按：1940年12月13日教育部令：國立藝術專科學校音樂系與國立音樂院合併。

11月6日，馮至《昆明日記》寫道："收季海、若渠、興楷信。"

11月8日，常任俠日記寫道："上午作書寄倪健飛、滕若渠、衛聚賢、中蘇文化協會、汪銘竹、傅抱石等人函。"

11月11日，金毓黻晤滕固於行政院。

《靜晤室日記》："抵重慶。……又晤滕若渠於行政院，并遇袁守和、蔣慰堂二君，小談而去。"

11月13日，常任俠日記寫道："收若渠、均室、法恭函。"

11月15日，常任俠陪同滕固至中央大學圖書館。晚間，赴金毓黻邀宴於時與潮社。

常任俠《戰雲紀事》："上午在圖書館借來甲骨文金石考古書十七冊。滕固來，陪同再往。……滕固、黎東方來室談話。滕借去《先史考古學方法論》一冊。……下午上課後，三訪滕君不遇。"

金毓黻《靜晤室日記》："晚間邀樓石庵、郭量宇、高警寒、黎東方、滕若渠、李瓟丞、繆贊虞、歐陽翥、閻鴻生九君，飯於時與潮社。"

按：此期，滕固在中央大學講授古代藝術課程。

11月16日，常任俠與滕固同至小龍坎入城。滕固、方叔章爲陳克文鑒定古代書畫，稍加研究，便知道都是贋品。

常任俠《戰雲紀事》："與滕固同至小龍坎入城。車站遇關良，十八年未見，不能識矣。至天官府七號文化工作會，晤田先生邀余爲編《抗戰藝術》，并約午餐。"

《陳克文日記》："朱大姊送來一個手卷。第一幅是王右軍的墨蹟，以下唐宋元明清許多名人，如王維、顏真卿、蘇軾、米芾、岳飛、董其昌、曾國藩等等，不下二三十人均有手澤。她說這是庚子之役外國兵從清宮搶出來，賣給一個當時在北京做官的人的。現在這人的子弟窮了，打算出賣，輾轉託她找主顧的。我拿這東西給滕若渠、方叔章看，稍加研究，便知道都是贋品。岳飛在政和三年還是小孩子，居然也題跋起來了，這造假的古董商人技術之不高明也可見了。"

11月18日，常任俠日記寫道："上午，赴沙坪壩商務爲滕固買《先史考古學方法論》，已無有。"

11月20日，作致呂斯百函，爲藝專學生吳忠予借讀中央大學及回藝專畢業事。同時附致國立藝專校長呂鳳子一函（已佚）。

斯百吾兄：藝專有一學生吳忠予，擬向中大借讀半年，仍回原校，請予畢

業，此事乞兄鼎力援助，俾得成全，該生書鴻亦知，其有志上進也。匆匆即頌
台安并乞見復

弟固叩十一，廿

附鳳子先生函

　　按：據北京匡時國際拍賣有限公司 2014 春季拍賣會"呂斯百舊藏作品專場收藏品"（編號 1175），原信手跡件見"博寶拍賣網"。拍品介紹文字推斷成

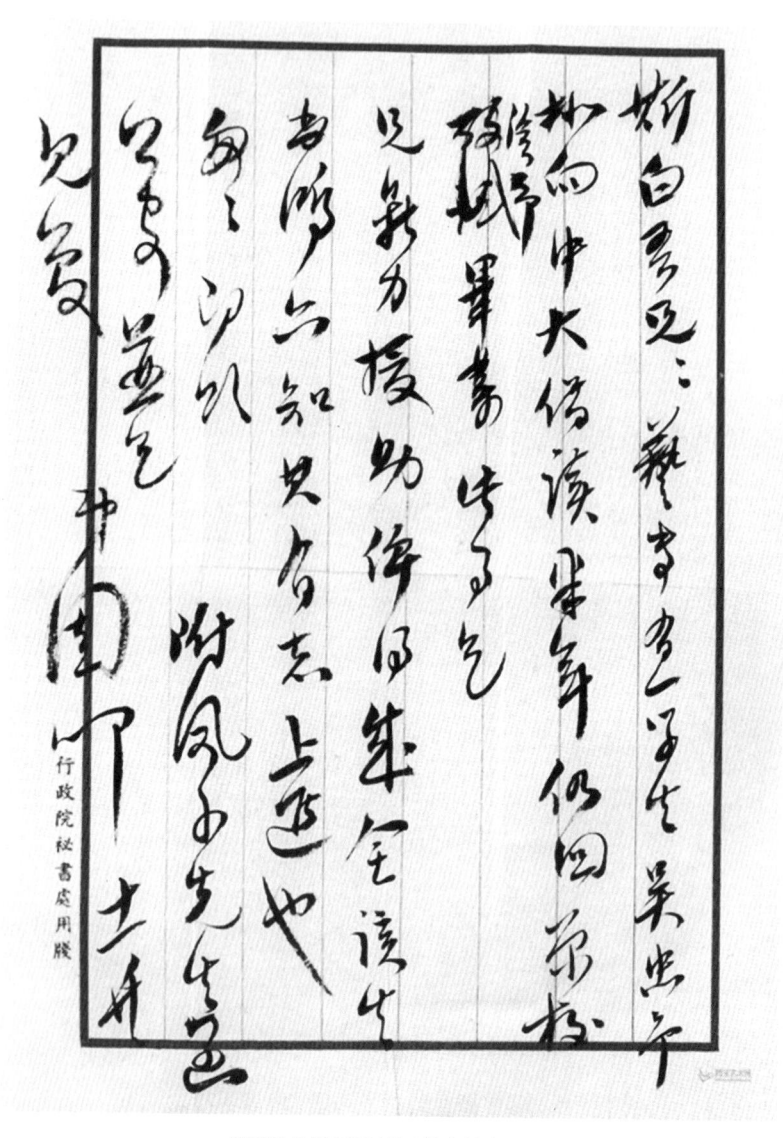

滕固致呂斯百函（據"博寶拍賣網"）

書於 1938—1939 年間。從所託事由及呂斯百、呂鳳子二人當時的身份、使用信箋單位等項綜合分析，確定該信作於 1940 年 11 月 20 日。

呂斯百（1905—1973），江蘇江陰人，美術家。1928 年赴法留學，初在里昂高等美術專科學校，1931 年入巴黎高等美術專科學校，曾遊歷西歐各國，考察美術。1934 年歸國後任中央大學藝術科教授，自 1938 年後出任藝術系主任。

呂鳳子（1886—1959），原名呂濬，字鳳癡，晚以號行。曾任中央大學藝術科教授、正則藝專校長、國立藝專校長等職。

11 月 23 日，常任俠日記寫道："上午滕固來借去《東亞之黎明》一冊，《青銅器時代考》一冊。"

11 月 26 日，朱偰訪病中之滕固。

《朱偰日記》："午後稍事休息，赴巴中理髮室理髮并訪若渠，正在患病，余贈以哀江南賦注一冊。"

按：《哀江南賦注》一卷，（北周）庾信等著，（清）徐樹穀、徐炯輯。《哀江南賦》是作者傷悼梁朝滅亡和哀嘆個人身世，以其獨特格局，陳述梁朝的成敗興亡、梁朝腐朽無能，侯景之亂和江陵之禍的前因後果。文字真實、淒婉而深刻。其格律嚴整而略帶疏放，文筆流暢而親切感人，并如實地記錄了歷史的真相，有"賦史"之稱。

《陳克文日記》："午飯後忽接蔣慰堂電話，滕若渠得急病，囑往請醫生。和鑄秋同去，奔走了半天，纔把他送到武漢療養院去。戰時凡事不方便，無可如何。經醫生診察，大概是急性的胃病。"

12 月 11 日，陳克文至中央醫院看望滕固病情，"說是肺內積水，情勢殊覺不輕。"

《陳克文日記》："回到龍井灣午飯，并到中央醫院看滕若渠的病。說是肺內積水，情勢殊覺不輕。他的夫人當著病人和朋友的面前，大鬧家庭糾紛，說若渠愛上另一個女子。沒有智識的女人真不易對付。這樣的鬧，顯然是若渠病源之一，也同時會加重病勢的。我們簡直不能開口，祇好站了幾分鐘，退了出來。"

阮璞《烽火藝程·滕固老師的生平恨事》："恰恰就在滕先生事業上遭受挫折，失意家居的同一時刻，滕先生的家庭矛盾也接著發生了，並且還日益變本加厲起來。這就是滕先生的夫人出於猜忌而對他進行令人難堪的虐待。雙重不幸的併發，'內外'矛盾的夾攻，致使滕先生招架不住，不久便病倒了。更為嚴重的是，就在滕先生住進醫院治療，病勢轉向沉重的緊要關頭，他的夫人非但不肯給他一點起碼的照顧，相反倒是使出不給衣穿、不給錢用的慣用手段。事業上的心力交瘁，肌體上的病魔困擾，家庭生活上的飽受凌虐，造成了滕先生中年棄世。"

12月15日，陳克文和陳之邁同到龍洞灣中央醫院探滕固病情。據醫院的報告，病勢不輕。

《陳克文日記》："上午和之邁同到龍洞灣中央醫院探滕若渠的病。據醫院的報告，病勢不輕，見面時似乎還不是治不好的樣子。"

馮至《昆明日記》："發若渠、季海信。"

《吳宓日記》："上午8—10作函（長）致固，未完。"

12月，教育部成立美術教育委員會，張道藩任主任委員，滕固及葉恭綽、馬衡、林風眠、呂斯百、汪日章、張書旂為常務委員。

1941年　辛巳　民國三十年　四十一歲

1月5日，教育部美術教育委員會舉行首次全體會議并通過工作計劃及要案。

《美術教育委員會舉行首次全體會議》："【中央社訊】教育部為促進并普及美術教育起見，特設置美術教育委員會。於日昨舉行首次全體委員會議，到張道藩等二十餘人，陳部長、顧次長均出席指導，先後訓詞致畢，由張主任委員致詞，并報告該會成立之意義及使命，繼由各委員發表意見後，即討論提案，通過工作計劃大綱及要案多件，聞第一期工作計劃分下列四事：一、製作及徵求有關發揚民族意識之美術作品的辦法為：甲、由該會專任委員限期設計製作，乙、由該會命題向全國美術界公開給獎徵求；二、設計并調整全國美術教育；三、籌備第三屆全國美術展覽會；四、設計首都忠烈祠以建築繪畫雕刻三部合作云。"（收錄國立中央圖書館編《圖書月刊》第一卷第二期，1941年2月出版）

1月17日，馮至《昆明日記》寫道："發王世模、徐季海（內附若渠）、冬青文藝社信。"

1月21日，行政院任命蔣復璁爲國立中央圖書館館長。(參見《抗戰時期陪都重慶書畫年譜》)

冬春之交，患肋膜炎等症住院。

　　章克標《世紀揮手》："此年冬季寒假期間，留寅學校放假期間曾去醫院伴病父十多天。此時滕固脊髓也發生炎症，也得抽水，直至開春尚不見好轉。"

　　朱家驊《悼滕若渠同志》："不幸他辭了藝專校長不久，那年冬天就病倒在中央醫院。我曾經一再去看他，叮囑他不必擔心，祇顧安心靜養，可是他的病，是從多少年的積勞忍苦而來，病根深入，醫藥沒有什麽效果，經過了半年的時松時緊的病床生活，終於在三十年五月二十日，離開了人間。"

　　朱偰《吊若渠》："余時有成都之行，歸來再訪，則若渠已罹重疾，斗室孤榻，正患絞腸痧，汗出如沈，而形容枯槁，輾轉病榻，余略談即辭，不意一別竟成千古矣！余少負才氣，一往情深，惟若渠深得我真，堪稱同調。"

3月7日，吳宓致滕固函發出。

　　《吳宓日記》："下午，續寫十二月二十二日致固未完長函。詳述近況，即寄出。重慶，上清寺，聚興村，二十二號，蔣慰堂(復璁)轉交固(行政院參事)。"

3月17日，吳宓日記寫道："新來女生陳慶紋代端木愷及滕固候宓。"

　　按：陳慶紋(1918—1996)後改名李伯悌，安徽懷寧(今安慶)人，爲方令孺長女Betty。原在武漢大學就讀，1941年轉入在西南聯大外文系二年級借讀。

3月，寄溫梓川信，備述抗戰生活的艱苦，比之他在柏林吃黑麵包送開水的生活，簡直有過之而無不及，牢騷滿紙，令人感慨。
(參見溫梓川《滕固在伏見丸上》)

4月11日，因病請假，作中央大學教務處函。

　　逕啓者：吾因患瘧疾正在醫治，特請假

滕固請假條手跡(選自方繼孝《舊墨四記·文學家卷·上編》)

二天，即希允准爲荷，此致教務處惠鑒。滕固條　四，十一（鈐"滕固之印"白文方印）（手跡件見方繼孝《舊墨四記》上編，國家圖書館出版社2009年4月出版）

4月15日，金毓黻《靜晤室日記》寫道："午後至中央醫院視傅孟真疾，又詢滕若渠，知已出院。"

4月16日，馮至寄發徐梵澄函，附致滕固函。（參見《馮至日記》）

4月20日，國立藝術專科學校畢業班成績展覽在中央圖書館展出。其中，學生作品、西畫及圖案在中蘇文化協會展出，國畫在實驗劇院展出，教師作品有呂鳳子、潘天壽、李汝華、關良、尹陳九等，共計五百餘件。（參見《抗戰時期陪都重慶書畫藝術年譜》）

5月15日，作致常任俠書："關於中國藝術史學會改組事已分呈教社兩部備案。弟之疾尚未瘥，可請吾兄主持召集理事會議。進行一切爲感，兹奉上呈文稿一紙，即希察閱後存卷是禱。"此爲目前所見滕固最後手跡。

　　按：常任俠《戰雲紀事》1941年5月17日條："收燕如、汪漫鐸、法恭、若渠、杜谷等函。若渠呈報中國藝術史學會改組，舉馬衡、董作賓、滕固、宗白華、胡光煒、陳之佛、常任俠、徐中舒、傅抱石、梁思永、金毓黻十一人爲理事，已請社、教兩部備案。"

5月19日，郝更生到中央醫院訪視滕固。

5月20日，上午七時三十分，因患腦膜炎醫治無效，在重慶中央醫院病逝。

5月21日，朱偰作《吊若渠》二首："一別成千古，才難可奈何。文章驚無健，歲月共蹉跎。滄海歸魂渺，巴山客淚多。相看遺影在，涕泗日滂沱。滄海橫流急，斯人何處尋。十年論道篤，一往倍情深。慷慨澄清志，蒼涼鐵詩心。高山流水意，悽斷伯牙琴。"

　　按：該詩後經修訂錄入《天風海濤樓詩鈔》，收入《孤雲汗漫——朱偰紀念文集》第469頁）

　　章克標《世紀揮手》："一二日後中央通訊社發了電訊稿，不但大後方的報

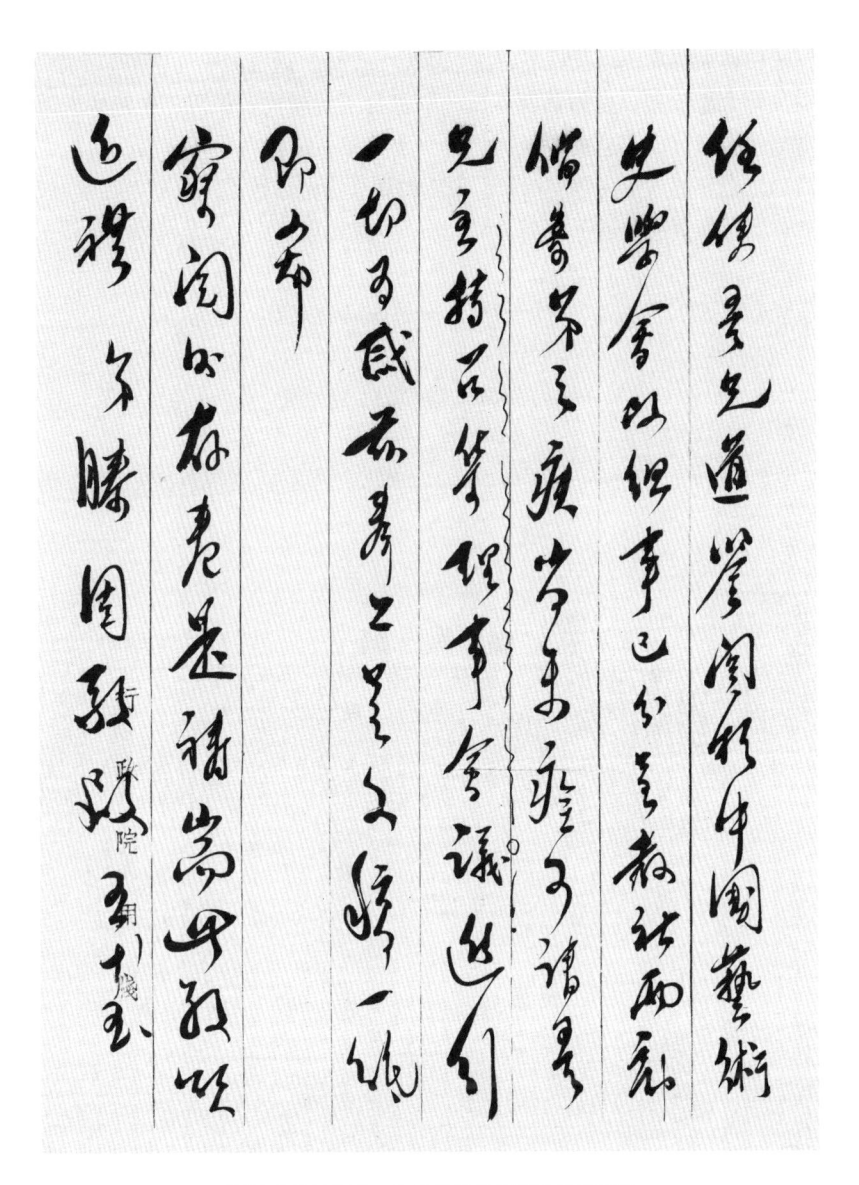

1941年　辛巳　民國三十年　四十一歲　521

滕固致常任俠函，此爲目前所見滕固最後手跡

紙刊登了，淪陷區也有登載的。滕固逝世後，同人及生前好友曾舉行追悼會，教育部長亦來出席。可知在重慶，他是沒有受到歧視或遭到蔣幫迫害的。"

5月23日，重慶《新蜀報》刊登《行政院參事滕固病逝》消息："(中央社)行政院參事滕固，號若渠，二十日晨七時在中央醫院病故。滕氏早歲入德國柏林大學攻理科及哲學，得哲學博士學位，返國後歷任中山、金陵、中央等大學教授，蘇省黨部委員、國際勞工會議代表顧問、教育部學術審議會委員，及國立藝專校長，一生盡瘁革命及教育學術事業，積勞致病，於上年底入中央醫院治療，最近轉腦膜炎，以致不起，享年四十歲，遺有老母與妻及一子三女，子年十五，肄業南開初中，女均年幼。"

重慶《新民報》刊登《"柏林三傑"之一滕固病逝重慶》消息。

《"柏林三傑"之一滕固病逝重慶》："(本報訊)行政院參事滕固感患腦膜炎，二十日晨七時在中央醫院病故，享年四十歲，遺有老母與妻及一子三女，子年十五，肄業南開初中，女均年幼。

若渠滕固，江蘇寶山人，嘗在日本學美術，歸國後，即執教鞭於藝專，講

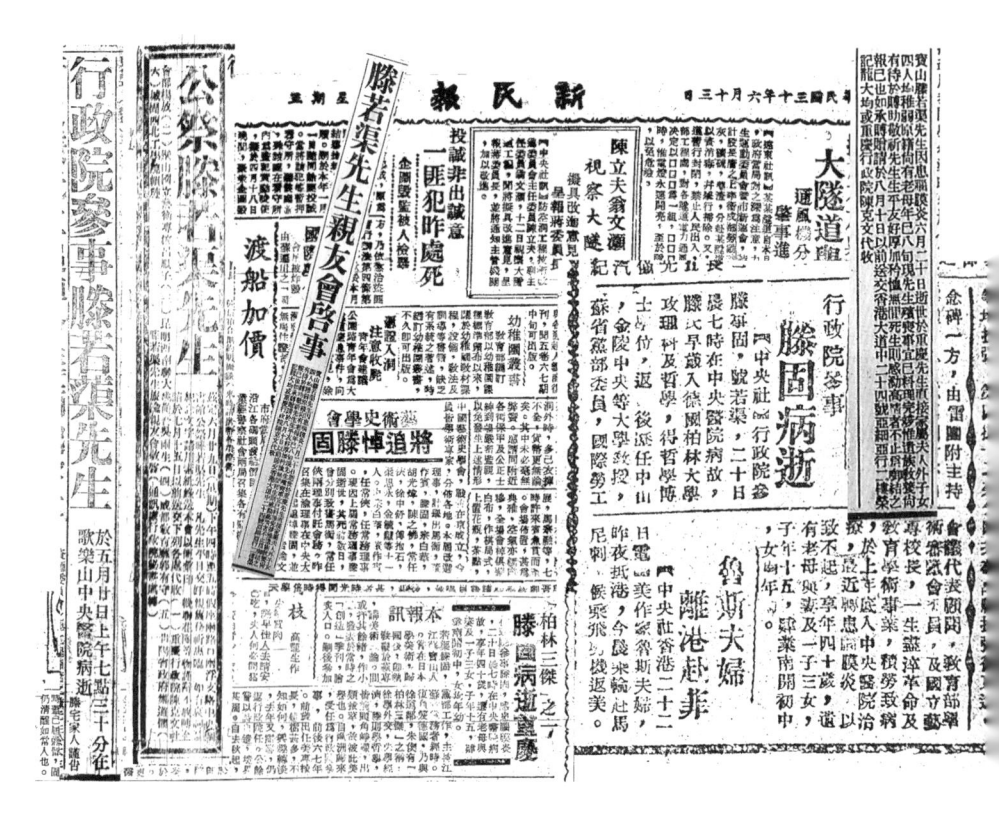

滕固病逝後各地刊登訃告及消息

美術史論，間或抒其餘緒，作小説，發表於當時之《創造》季刊，膾炙人口。嗣後參加黨部工作，主持江蘇省黨務者經時。復負笈德國，乃與徐道鄰、朱偰有'柏林三傑'之稱：徐學外交，朱學經濟，滕則學哲學，皆能頭角崢嶸，出類拔萃，故被此美譽也。自歐洲歸來，受任為行政院參事，前後六七年。前歲出任美專校長，建樹甚多，不知如何，興趣轉淡，去年又辭職，仍返行政院任。公餘嘗以詩自遣，境界甚闊。自去秋起，忽感不適，經醫診視，似有肺疾，即入歌樂山中央醫院，乃以身體羸弱，症候忽轉為腦膜炎。醫告束手，遂於本月二十日逝世。死之前一日，郝更生到院中訪視，醫以腦膜炎易於傳染，拒不使入室，滕在門隙中見郝，即揮手遙呼云：'腦膜炎！腦膜炎！'時蓋已屆彌留，固仍清醒如常人也。"

常任俠日記寫道："報載知友滕固卒於20日。"

馮至《昆明日記》寫道："收27、季海、張孝侁信。從季海信中知若渠於廿日患腦膜炎逝世。"

5月25日，吴宓在日記中追憶與滕固交往及傳聞滕固之死經過。
《吴宓日記》："宓又憶及知友滕固君，去前年在此，毅然犧牲其對徐芳小姐之愛，而與其愚而妒之太太維持始終，顧全道德。去年秋，臨別，以其《九日日記》(記與徐芳在昆明最後之晤聚，附詩多篇)留存宓處，以宓最知其心事也。滕君到渝即病。半載後，甫出院回家。途中復遭其太太預先布置之流氓毒打一頓，受重傷。再進醫院，卒於本月二十日上午7:30逝世矣。(宓近日為此傷心憤極。每告諸友曰：殺滕固者其妻也。……)宓以吴芳吉、滕固為妻犧牲自己而死，與宓昔為愛Helen[海倫，毛彥文英文名]而離婚，作一對比。又以金克木對Sylvie之態度，與宓之對Bella[蓓拉，張爾瓊英文名]作一對比。感痛百端，傷心無限。嗚呼，昔之Helen，今之Bella，安能知此耶？……"
5月30日條："晚偕水送燾歸。以顧良函告固妻遣人毆打致死之情事，水幾於不敢置信云云。"
按：據編著者目前掌握相關資料，滕固"被毆致死"僅此一說，且無佐證。

6月2日，重慶《時事新報·學燈》(渝版第130期)刊登滕固遺作《古代樂教闡微初稿》及朱偰《吊若渠》一文。宗白華作《編輯後語》："滕若渠先生以德國現代藝術哲學方法治中國美術史，卓有建樹。(如《唐代藝術的特徵》，載中央大學《文藝專刊》，《唐宋繪畫史》等書。)不料偶擾疾病，遽爾逝世，實中國藝術界一大損失。這篇《古代樂教闡微初稿》，滕先生本囑不必發表，以待日後之改正。今則僅能以此悼念先生。朱伯商先生之輓詞實代表編者之哀悼也。"

6月3日，昆明《朝報·副刊》刊登[徐]心芹《哭滕若渠君》詩："金屋書成最可兒，不羈天馬露英姿。半生稽古遊於藝，巨眼衡文思獨奇。師表凜然全晚節，弦歌莞爾苦支持。斜橋回首滄桑改，風雨雞鳴哭子期。"

原【注】洵美創金屋書店時，若渠之小說蜚聲京滬。又天馬會老友在滇者，小鶼先逝，若渠繼之。惟[劉]雅農與余獨存，思之愴然。斜橋為余十五年前初識若渠之處。

6月12日，中國藝術史學會召開理事會。在渝理事馬衡、董作賓、宗白華、胡光煒、陳之佛、常任俠、徐中舒、傅抱石、梁思永、金毓黻在中央大學召開緊急會議，決定發起追悼常務理事滕固。

《藝術史學會將追悼滕固》："中國藝術史學會，戰前在京成立，會員皆學術專家，分布各地，本屆改選理事，計舉出馬衡、董作賓、滕固、宗白華、胡光煒、陳之佛、常任俠、徐中舒、傅抱石、梁思永、金毓黻等十一人，由宗白華、董作賓、常任俠任常務理事。現因上屆常務理事滕固逝世，其死前數日曾分別致書馬衡、常任俠兩理事付託會議，昨召集在渝理事在中央大學開緊急會議，決定發起追悼滕固，并定十一月開年會，各會員報告論文。"（1941年6月13日重慶《新民報》）

6月14日，《蘇州新報》發表蔗園《追念滕若渠先生》一文，附滕固手札一通。

6月21日，重慶《中央日報》刊登《公祭滕若渠先生》預告。

《公祭滕若渠先生》："茲定六月廿九日（星期）下午四時至五時假座兩路口兩浮支路中央圖書館公祭滕若渠先生，凡先生平日交好親舊，務祈惠臨，如有哀詞及紀念文字，請用素紙錄送本會以便匯印，挽聯花圈等物謹辭不收，賻金請於七月十五日以前送交下列各處代收：（一）重慶行政院陳克文、社會部楊放；（二）璧山國立藝術專科學校呂鳳子；（三）昆明西南聯大姚從吾、吳雨生[宓]；（四）成都教育廳郭有守；（五）貴陽省政府鄭道儒；（六）城固西北工學院賴璉。滕若渠先生旅渝親友會敬啓（通訊處：行政院秘書處轉）。"

6月27日，重慶《新民報》刊登《公祭滕固》消息：行政院滕故參事若渠，知友陳克文、端木愷等，擇於二十九日下午四時，假兩路口兩浮支路國立中央圖書館舉行公祭。

6月28日，重慶《文化新聞》第61期刊登消息：滕固逝世，文藝獎助金管理委員會特贈賻金千元。

6月29日，午後四時，滕固追悼大會在中央圖書館舉行，由國民黨中央組織部長朱家驊主祭，陳克文報告生前事迹及治學經過，生前友好八十餘人到會。

"【中央社訊】：行政院參事滕固，月前在渝病故，其生前友好，無不悼念，特於二十九日午後四時，假兩浮支路國立中央圖書館舉行公祭，計到滕氏親友暨家屬八十餘人，由朱家驊主祭，領導行禮如儀，繼由陳克文報告滕氏生前事蹟及治學經過，甚為詳盡，旋即奏哀樂，禮成。"（1941年6月30日重慶《中央日報》）

常任俠日記寫道："午有警報。下午乘黃包車入城，赴滕固追悼會，至已六時餘，人皆散去。以挽詩三首交蔣蔚堂。"

《悼滕若渠（固）》

故人從此逝，落塵遮遺編。朗朗山嶽姿，胡不延壽年。憶昔清遊日，北湖荷田田。疏柳夾長路，小車沖野煙。訪書趨古肆，有獲雙眉軒。求書得逸品，拳拳忘睡眠。所集亦既多，寇來盡棄捐。君物與我物，回思空悵牽。前歲晤巴渝，君旋去百滇。為述滇池美，召我往盤桓。去歲君復歸，執教共几筵。樂此數晨夕，妙緒發連娟。送君過龍隱，一別隔人天。今日奠君酒，知否到重泉。（沖改作衡）

君善為文章，鴻筆世所驚。創造擅稗史，早歲享令名。中年遊歐陸，學藝復大成。拓碑登龍門，搜奇更北征。旅途探史跡，研古擷其英。論畫窮流變，吟詩發性情。與君為學會，來集皆宏明。方期揚國華，高舉振八紘。孰意即永別，奄忽歸荒塋。光彩照瀛海，壽命短巫彭。念君更寥落，不覺淚縱橫。

君逝前五日，尚復寄書來。發箋意懇至，作字亦奇瑰。上言臥病久，虛庭生莓苔，肌體雖云損，精神日漸恢。下言藝術會，報部莫遲回。良朋蒞巴渝，嘉集望速催。君情猶如昨，君才未全灰。思君如夢寐，遺箋怕重開。悲風撼堂戶，日暮恨蒿萊。（體改作膚；渝一作蜀；天一作間；鴻一作宏；探一作采。據常任俠日記原件。）

按：是日有敵機63架分兩批空襲重慶，市民死傷百餘人，英駐華使館被毀。

6月30日，國立中央圖書館編《圖書月刊》第一卷第五期刊登特訊《滕固病逝重慶》。

《滕固病逝重慶》："前國立藝專校長滕固，五月二十晨在渝病故，享年四十歲。滕字若渠，江蘇寶山人，早歲留學日本，歸執教鞭於上海藝專及金陵大學，并參加黨務工作，後負笈柏林大學，研藝術史，刻苦勵學，兩年得博士學位。歐遊歸來，任行政院參事，國立藝專校長，并兼中央古物保管委員會常務委員，於從政執教之餘輒潛心考古，撰述甚富，著稱中外，曾被德國東方藝術學會推爲名譽會員，又被選爲教育部中央學術審議會委員，最後在中央大學講授古代藝術。滕初患惡性瘧疾，旋併發肋膜炎、腦膜炎，卒於中央醫院，年僅四十歲，學術界聞之均深悼惜云。"

6月，滕固遺骨安葬於重慶歌樂山。

按：據滕留寅回憶："滕固遺骨葬於重慶歌樂山的新開市公路邊的山坡上，立有墓碑。"（2001年3月1日滕留寅致沈寧函）又據滕雲回憶："滕固死後身無喪葬費，由孔祥熙給了9萬元纔得安葬。"（2001年11月27日滕雲致沈寧函）孔時爲行政院副院長。

據陳克文日記1943年8月13日條："與公琰到本院所購公墓墓地踏看，爲若渠選擇墓地。本院遷渝以來，在任所逝世之職員，屈指數之，已不下十餘人矣！"1944年3月26日條："午飯後與鑄秋、之邁同往附近公墓，察看滕若渠墳塋。黃土一坯，蔓草荒涼，相與太息不置。"

7月15日，吳宓日記寫道："至金城銀行，以錢端升捐助滕固賻款$100免費匯渝交陳克文（行政院參事）收。"

7月18日，吳宓日記寫道："又復《朝報》編輯部主任謝鳴雄（鳴公，紹興）函，投去錚諸短詩，又鈔示宓《夢覺》詩及《記若渠》詩。"

按："錚"爲林文錚。

7月19日，《申報》刊登《滕若渠先生親友會啓事》。

7月20日，《戰國策》1941年11期刊登岱西《念滕若渠》一文。

吳宓日記寫道："3:00錚來，因邀其同到朝報館。如約，訪謝鳴雄（鳴公），請至華山 Hazlewood Café 進糕點。宓略述固事。"

7月23日，吳宓日記寫道："3:00 陰，欲雨。鳴公如約來，邀宓至翠湖中心茶座久談。商定滕若渠購款登報事，述其辦報及閱世經歷。"

7月27日，吳宓日記寫道："3:30—5:00 邀請鳴公及（一）昆明市政府社會局第二課課長徐德暉（心芹，杭州），又（二）《朝報》採訪部主任屠石鳴（浙江吳興）在華山進咖啡、糕點（$25 新增價），敘談。徐君自述身世，出其所鈔古今人詩冊，并與若渠交誼。宓以若渠詩示之，并借鈔。"

8月2日，香港《大公報》刊登《滕若渠先生親友會啓事》。

《滕若渠先生親友會啓事》："寶山滕若渠先生因患腦膜炎六［五］月二十日逝世於重慶，先生直接家屬夫人外子女四人均稚弱，原籍尚有老母年已八旬，現先生殯喪事宜已料理完竣，惟遺族教養尚有待於賻助，敬祈先生生平友好厚加矜恤，無閒死生，則感泐高情者不止爲啣結之報己也，如承賻贈請於八月十日以前送交香港大道中二十四號亞細亞行二樓榮記龍大均或重慶行政院陳克文代收。"

8月25日，上海《申報》發表消息《滕固病逝陪都滬友釀集賻金》。

《滕固病逝陪都滬友釀集賻金》："滕若渠先生固，任職行政院參事多年，學問淵博，辦事勤能，對於文化藝術事業，尤爲熱心提倡，國內同志，無不敬仰，不幸於本年五月間在渝逝世，在滬親友，遽聞噩耗，莫不震悼。先生平時努力國事，不事家人生產，以故身後極爲蕭條，母老妻煢，子女幼弱，皆待撫養，近由在滬親友多人發起釀集賻金，刊登各報，爲之廣徵，現聞捐助此項賻金者頗爲踴躍，唯賻金徵集之期，將屆結束，如有滕先生親友未及捐贈賻金者，可於日内速將賻金送到康腦脱路五二八號曹君收轉，遲恐不及，脱驂贈麥，人有同情，懷念故交，曷勝痛惜，深願滕先生在滬親友加以注意。"

2001年

11月30日，中央美術學院美術史系主辦"紀念滕固百年誕辰暨現代美術史學專題報告會"。李樹聲、薛永年、郎紹君、劉曦林、陳池瑜、余輝、沈寧等作了專題報告。

2016 年

11 月 30 日，上海大學美術學院舉辦 "滕固講堂" 首場講座，邀請中國美術學院范景中教授作了題爲 "'墨緣匯觀' 中的書畫鑒定" 演講。

12 月 22、27 日，中央美術學院研究生院 "藝術與文化" 課程系列講座，邀請北京外國語大學李雪濤教授作題爲 "滕固在德國" 演講。通過對有關滕固博士論文的 9 份德文原始檔案資料的分析，還原了首位中國人在德國獲取美術史專業哲學博士的基本史實。

主要參考文獻

主要參考書目

《中央古物保管委員會議事錄·一》 中央古物保管委員會編　南京：1935年6月

《中央古物保管委員會議事錄·二》 中央古物保管委員會編　南京：1936年

《第三次全國教育會議報告》 國民政府教育部編　重慶：1939年

《五四時期期刊介紹》(第一、二、三集)　中共中央馬克思恩格斯列寧斯大林著作編譯局研究室編　北京：生活·讀書·新知三聯書店 1959—1978年

《王統照研究資料》 馮光廉、劉增人編　銀川：寧夏人民出版社 1983年10月第1版

《竺可楨日記：1936—1942》(第一冊)　竺可楨著　北京：人民出版社 1984年第1版

《鴛鴦蝴蝶派研究資料(上卷)》(史料部分)　魏紹昌編　上海：上海文藝出版社 1984年7月第1版

《創造社資料》 饒鴻競等編　福州：福建人民出版社 1985年1月第1版

《文學研究會資料》 賈植芳等編　鄭州：河南人民出版社 1985年10月第1版

《国民党改组派资料选编》查建瑜編　長沙：湖南人民出版社，1986年1月第1版

《劉海粟藝術文選》 劉海粟著；朱金樓、袁志煌編　上海：上海人民美術出版社 1987年10月第1版

《藝術搖籃·浙江美術學院六十年》 宋忠元主編　杭州：浙江美術學院出版社 1988年3月第1版

《中國現代文學期刊目錄彙編》 唐沅等編　天津：天津人民出版社 1988 年 9 月第 1 版

《邵元冲日記》 邵元冲著；王仰清、許映湖標註　上海：上海人民出版社 1990 年 10 月第 1 版

《劉海粟年譜》 袁志煌、陳祖恩編著　上海：上海人民出版社 1992 年 3 月第 1 版

《静晤室日記》 金毓黼著；《金毓黼文集》編輯整理組校點　沈陽：遼沈書社 1993 年 10 月第 1 版

《中國現代文學總書目》 賈植芳、俞元桂主編　福建：福建教育出版社 1993 年 12 月第 1 版

《中华民国史档案资料汇编第五辑第一编文化（一）》 中国第二历史档案馆编　南京：鳳凰出版社 1994 年 6 月第 1 版

《汪亞塵榮君立年譜合編》 王震編著　北京：民主與建設出版社 1996 年 12 月第 1 版

《中华民国史档案资料汇编第五辑第二编教育（一）》 中国第二历史档案馆编　南京：鳳凰出版社 1997 年 9 月第 1 版

《滕固小說全編》 賈植芳、錢谷融主編；《海派文化長廊》編委會編輯　上海：學林出版社 1997 年 12 月第 1 版

《蔡元培全集》 蔡元培著；中國蔡元培研究會編　杭州：浙江教育出版社 1998 年第 1 版

《吳宓日記》 吳宓著；吳學昭整理　北京：生活·讀書·新知三聯書店 1998 年 3 月第 1 版

《中華民國史檔案資料匯編第五輯第二編文化（二）》 中國第二歷史檔案館編　南京：鳳凰出版社 1998 年 4 月第 1 版

《烽火藝程——國立藝術專科學校校友回憶錄》 吳冠中、李浴、李霖燦等著　杭州：中國美術學院出版社 1998 年 4 月第 1 版

《中國現代小說史》 楊義著　北京：人民出版社 1998 年 11 月第 1 版

《蔡元培年譜長編》 高平叔撰著　北京：人民教育出版社 1999 年 3 月第 1 版

《世紀揮手》 章克標著　深圳：海天出版社 1999 年 7 月第 1 版

《馮至全集》(第十二卷書信自傳年譜) 馮至著；馮姚平編　石家莊：河北教育出版社 1999 年 12 月第 1 版

《顧頡剛日記》 顧頡剛著；顧潮整理　臺北：臺北聯經出版事業公司 2000 年 5 月第 1 版；北京：中華書局 2010 年 12 月第 1 版

《張元濟日記》 張元濟著　石家莊：河北教育出版社 2001 年 1 月版

《花一般的罪惡——獅吼社作品、評論資料選》 張偉編　上海：華東師範大學出版社 2002 年 2 月第 1 版

《吳梅全集‧日記卷》(上下) 吳梅著；王衛民編校　石家莊：河北教育出版社 2002 年 5 月第 1 版

《章克標文集》(上下) 章克標著；陳福康、蔣山青編　上海：上海社會科學院出版社 2003 年 1 月第 1 版

《滕固藝術文集》 滕固著；沈寧編　上海：上海人民美術出版社 2003 年 1 月第 1 版

《挹芬室文存》 滕固著；沈寧編　沈陽：遼寧教育出版社 2003 年 3 月第 1 版

《外遇》 滕固著；陳子善選編　杭州：浙江文藝出版社 2004 年 1 月第 1 版

《封塵的珍書異刊》 張偉著　天津：百花文藝出版社 2004 年 1 月第 1 版

《盛氏家族‧邵洵美與我》 盛佩玉著；邵陽、吳立嵐編注　北京：人民文學出版社 2004 年 6 月第 1 版

《吳湖帆文集》 吳湖帆著；吳元京審訂；梁穎編校　杭州：中國美術學院出版社 2004 年 9 月第 1 版

《吳宓詩集》 吳宓著；吳學昭整理　北京：商務印書館 2004 年 11 月第 1 版

《二十世紀上海美術年表》 王震編著　上海：上海書畫出版社 2005 年 1 月第 1 版

《顧鏡遺夢：丁天缺自傳、繪畫》 丁天缺著　香港：香港天馬出版有限公司 2005 年 3 月第 1 版

《月浦志》 [清]張人鏡纂；魏小虎標點　上海：上海社會科學院出版社 2006 年 1 月第 1 版（本書與"[民國]月浦里志/陳應康總纂；魏小虎標點；[清]楊行志/黃程雲編輯；曹光甫標點；[民國]楊行鄉志/陳亮熙編輯，陳克襄補輯，曹光甫標點"合訂）

《儒林新史》 邵洵美著　上海：上海書店出版社 2008 年 1 月第 1 版

《黃炎培日記》(第 1—16 卷) 黃炎培著　中國社會科學院近代史研究所整理　北京：華文出版社 2008 年 9 月至 2012 年 9 月第 1 版

《常任俠書信集》 常任俠著；沈寧整理　河南：大象出版社 2008 年 12 月第 1 版

《冰廬錦箋：常任俠珍藏友朋書信選》 沈寧編　北京：國家圖書館出版社 2008 年 12 月第 1 版

《王統照全集》(第七卷) 楊洪承主編　北京：中國工人出版社 2009 年 4

月第 1 版

《天風海濤樓札記》 朱偰著　北京：中華書局 2009 年 6 月第 1 版

《劉節日記》(1939—1977)　劉節著；劉顯曾整理　鄭州：大象出版社 2009 年 6 月第 1 版

《翁文灝日記》 翁文灝著；李學通、劉萍、翁心鈞整理　北京：中華書局 2010 年 1 月第 1 版；2014 年第 2 版

《殘園驚夢——奧爾末與圓明園歷史影像》 中華世紀壇世界藝術館、秦風老照片館編著　桂林：廣西師範大學出版社 2010 年 8 月第 1 版

《王一亭年譜長編》 王中秀編著　上海：上海書畫出版社 2010 年 8 月第 1 版

《蔡元培日記》(上下)　蔡元培著；王世儒編　北京：北京大學出版社 2010 年 9 月第 1 版

《國民政府電影管理體制 1927—1937》 顧倩著　北京：中國廣播電視出版社 2010 年 10 月第 1 版

《中國美術小史・唐宋繪畫史》 滕固著；沈寧編　長春：吉林出版集團有限責任公司 2010 年 11 月第 1 版

《朱自清年譜》 姜建、吳爲公編著　北京：光明日報出版社 2010 年 11 月第 1 版

《上海美專研究專輯》 劉偉冬、黃惇主編，夏燕婧執行主編　南京：南京大學出版社 2010 年 12 月第 1 版

《九十春秋——敦煌五十年》 常書鴻著　北京：北京大學出版社 2011 年 1 月第 1 版

《傅雷的人生境界：傅雷誕辰百年紀念總集》 宋學智主編　上海：中西書局 2011 年 5 月第 1 版

《被遺忘的存在：滕固文存》 滕固著；沈寧編　臺北：秀威資訊科技股份有限公司 2011 年 8 月第 1 版

《常任俠日記集・兩京紀事(1932—1936)》 常任俠著；郭淑芬整理，沈寧編註　臺北：秀威資訊科技股份有限公司 2011 年 8 月第 1 版

《滕固美術史論著三種》 滕固著；沈寧編　北京：商務印書館 2011 年 11 月第 1 版

《抗戰時期陪都重慶書畫藝術年譜》 龍紅、廖科編著　重慶：重慶大學出版社 2011 年 11 月第 1 版

《常任俠日記集・戰雲紀事(1937—1945)》 常任俠著；郭淑芬整理，沈寧編註　臺北：秀威資訊科技股份有限公司 2012 年 4 月第 1 版

《朱希祖文集·朱希祖日記》 朱希祖著；朱元曙、朱樂川整理 北京：中華書局 2012 年 8 月第 1 版

《上海美專名人傳略》 馬海平編著 南京：南京大學出版社 2012 年 11 月第 1 版

《國民政府行政院的制度變遷研究(1928—1937)》 劉大禹著 北京：社會科學文獻出版社 2012 年 12 月第 1 版

《陳克文日記(1937—1952)》 陳克文著；陳方正編輯校訂 臺北："中央研究院"近代史研究所 2012 年 11 月出版；北京：社會科學文獻出版社 2014 年 9 月第 1 版

《上海美術專科學校檔案史料叢編，第 6 卷，美專風雲錄，上(1912 年 11 月—1952 年 9 月)》 劉海粟美術館、上海市檔案館編 上海：中西書局 2013 年 12 月第 1 版

《傅斯年遺札》 王汎森、潘光哲、吳正上主編 北京：社會科學文獻出版社 2015 年 1 月第 1 版

《唐宋繪畫史——滕固〈唐宋繪畫史〉自校本及其研究》 陳世強編著 南京：東南大學出版社 2015 年 7 月

主要參考報刊

《申報》(上海、漢口、汪僞版)

《中央日報》(上海、南京、重慶、昆明版)

《時報》(上海版)

《時事新報》(上海、重慶版)

《南京日報》

《新民報》(南京版)

《新蜀報》(重慶版)

《朝報》(昆明版)

《華北日報》(北平版)

《益世報》(天津版)

《大公報》(天津、香港版)

《獅吼》

主要參考篇目

德國柏林大學藏滕固學籍檔案 1931—1932 年

《中德文化協會第一屆會務報告》 中德文化協會編 1936 年；中國第二歷史檔案館編《民國檔案》1999 年第 3 期

《吊若渠》 朱偰 1941 年 6 月 2 日重慶《時事新報·學燈》(渝版第 130 期)

《追念滕若渠先生》 蔗園 1941 年 6 月 14 日《蘇州新報》

《憶滕固》 譚正璧 《萬象》1941 年第 1 卷第 3 期

《悼滕若渠同志》 朱家驊 《文史雜誌》1942 年 5—6 期

《記亡友滕固及其著作》 常任俠 《文化先鋒》1942 年第 10 期

《滕固(1901—1941)》 秦賢次 臺灣《傳記文學》1980 年 36 卷 4 期；《民國人物小傳》第 4 册第 350 頁

《王振鐸流滇日記》 王振鐸 《中國科技史料》1996 年 4 期

《昆明日記》 馮至 《新文學史料》2001 年 4 期

《劉海粟〈西溪草堂圖〉考略》 鄒綿綿 《榮寶齋》2002 年第 2 期

《民國美術史家滕固與梁啓超會面時間考及所涉問題討論》 王洪偉 《解放軍藝術學院學報》2013 年第 3 期

《滕固改名考》 韋昊昱 《美術研究》2014 年第 4 期

《滕固早期文學活動與創作趨向初探》 韋昊昱 第九屆全國高等院校美術史學年會提交論文，2015 年 12 月

人名音序索引

説明

1. 爲便利讀者參考、研究需要，特編撰本索引。

2. 本索引基本涉及了正譜中的所有人名、字號、別署等，以常用名稱爲檢索詞，其他別署歸於其中，按音序排序。

3. 文獻來源各異，同一人名（譯名）或有不同寫法，爲尊重原作者及譯者起見，均按各自原文收入，如"陳垣（援菴、陳援庵）、柯洛斯（貝奈戴托·克羅齊、Benedetto Croce）"等。

4. 對僅有字號別署而可確認姓名者，在別署後加方括號注釋，如"秋君[李秋君]"。

5. 姓名内嵌敬語如"程君海峰"，以"海峰[程海峰]"處理。

6. 外國人名處理方法：凡有中文譯名者放前，原文置後；没有原文者，將能夠確認其姓名及國籍者，在名字後加方括號注釋之，如"比亞詞侣[奥伯利·比亞兹萊（Aubrey Beardsley），英國]"；没有中文譯名，則按原文首字母音序排列。

7. 鑒於大部分原始報刊、檔案的出版、寫作時間不同，魯魚亥豕，手植筆誤，缺損衍奪，辨識失當，加之整理者水平有限，雖經反復校訂，謬誤在所難免，敬希方家指正。

A

阿爾伯特·赫爾曼（Herrmann）[德國] 512，513

阿妹 3，4

艾珂 303

艾廬 7，61，71

安倫坡 57

安維泰 385

B

B.Cioce[意大利] 56

巴內地（Poletti）[意大利] 338
白采 363
白郎都 354
白石道人 288，289
白舒夢 250
白雲悌 208
柏文蔚 210
柏園 464
班禪 438
包文（A. J. Bowen） 174
葆儒鼎 232
鮑爾（Willy Bauer） 463，478
鮑桃來爾（夏爾·皮埃爾·波德賴爾、波賴爾、Charles Pierre Baudelaire）[法國] 63，64，84
賁成武 303
比亞詞侶[奧伯利·比亞茲萊（Aubrey Beardsley），英國] 176
畢斐 306
畢沅 2
邊壽民 2
卞僧慧 415，469
波丁[美國] 240，241
伯朗特[德國] 343
伯希和 306，340
伯遵 514
勃萊克（W. Blake） 49，176
勃朗特 343，344，345
布林克曼（Albert Erich Brinckmann）[德國] 265，266，269

Cesave Lombross[法國] 33
蔡堡（作屏） 299
蔡春德 244
蔡方震 127
蔡光輝 385，386，387，388，393
蔡鴻源 425
蔡吉銘 397
蔡勁軍 421
蔡培 385
蔡師愚 283
蔡威廉（威廉） 419，434，435，445，446，447
蔡蔚挺 283
蔡元培（蔡子民） 27，113，116，127，141，164，171，172，175，181，186，207，248，274，278，279，280，281，284，287，288，291，298，303，304，320，342，356，369，370，372，375，384，385，390，405，419，420，421，427，434，435，439，440，445，446，447，450，480，488，530，532
蔡雲笙 397
蔡哲夫 279，283
蔡振華 302
曹秉乾 273
曹操 443
曹澧蘭 13
曹谷冰 510
曹經沅（曹纕蘅） 280，281，292
曹聚仁 370
曹冕 384
曹墨琴 397
曹汝匡 308

C

Calverton 238

人名音序索引

曹意强　255, 270, 306
曹增明　504
曹振鹭　149
岑德彰　308, 338
曾傅韜　279
曾國藩　515
曾濟寬　447
曾農髯　134, 169
曾虛白　370
曾養慶（曾養甫）　495, 497, 498
曾昭燏　512
曾仲鳴（仲鳴）　338, 418, 419, 429, 442
查光佛　217
查良釗　465, 466, 472
查煙谷　107
常任俠（任俠）　292, 303, 414, 417, 423, 424, 458, 460, 461, 462, 467, 470, 471, 475, 476, 477, 481, 482, 483, 484, 485, 486, 488, 489, 490, 498, 513, 514, 515, 517, 520, 521, 523, 524, 525, 531, 532, 534
常書鴻　410, 411, 419, 433, 435, 454, 458, 466, 498, 503, 505, 506, 532
常文熙　262
常玉　166, 168, 186
陳白塵（白塵）　221, 222, 224
陳百年　290
陳柏心　226, 232, 233, 235, 236
陳寶泉　114
陳抱一　77, 370, 407
陳璧君　397, 418, 425

陳伯衡　283, 421
陳伯奎　427
陳泊庵　428
陳布雷　495
陳長蘅　342
陳池瑜　527
陳大白　391
陳大悲　54
陳大齊　495, 497, 498, 510
陳德徵　217
陳端志　428
陳訪先　200, 201
陳匪石　407
陳復　226, 438
陳伽盦　83
陳幹青　334
陳公博　210, 224, 225, 280, 301, 331, 420, 425
陳公孟　283
陳顧遠　334
陳觀圻（陳起霞、起霞、鴻吉、陳息盦、息盦）　6, 8, 375
陳果夫　186, 201, 207, 208, 209, 228, 231, 419
陳和銑　192, 199, 216, 217
陳鶴鳴　293
陳宏　97, 103, 106, 107, 118, 127, 142, 149, 163, 168
陳瑚（言夏）　5
陳淮生　283
陳輝德　199
陳迦電　403
陳劍脩（寶鍔、陳劍脩、劍脩）　174, 181, 201, 334, 338

陳鑒堂　301
陳傑　62，149
陳傑仙　149
陳介　262，425，510
陳介生（介生）　262，268，510
陳康和　207
陳可忠　272，273，308，338
陳克成　425，426，471，481
陳克文　365，370，396，397，398，
　　399，400，406，417，418，420，
　　425，426，428，429，430，431，
　　432，433，434，436，437，438，
　　441，442，443，444，446，447，
　　448，449，450，451，457，462，
　　471，478，480，481，483，485，
　　486，487，494，514，515，517，
　　518，524，525，526，527，533
陳蘭言　99
陳禮江　394，395，396，404，405，
　　410，411，414，419，441，459，
　　498
陳立夫　207，208，220，231，303，
　　420，427，435，441，445，464，
　　465，480，490，501
陳立人　235，236
陳羅生（陳蘿生）　279，283
陳曼　395
陳夢家　475
陳民耿　381
陳民魂（陳劍鳴、劍鳴）　234，235，
　　236，266，388
陳明　107，125，508
陳銘德　486
陳銘樞　175

陳摩　93
陳念中　354，370，372，376，378，
　　390，391，392，393，394，395，
　　398，399，410
陳佩忍　169
陳品　202
陳其恭　486
陳啓修　71
陳慶紋（李伯悌、Betty）　519
陳秋實　207
陳銓　289，500
陳任中　295
陳瑞志　422
陳潤成　427
陳潤棠　223
陳山山　179
陳紹寬　331，365，397
陳慎候　119
陳施君　302
陳詩　292
陳石泉　207，208
陳世凱　279，283
陳世璋　192
陳受康　203
陳叔諒　428
陳樹人　194，278，292，331，338，
　　365，392，394，396，410，415，
　　419，440
陳頌平　272，301
陳陶遺　122，123，139，370，421，
　　427
陳田鶴　486
陳同叔　276
陳萬里　179，273，410，421

陳望道　90，91，198

陳維崧　2

陳小村　168

陳小蝶　35，406，428

陳曉江　16，68，121

陳曉南　392，498

陳旭輪　397

陳序經　466

陳訓慈　422，427

陳炎公　205

陳衍（石遺）　291，292

陳耀東　308，334

陳耀坦　231

陳掖神　77

陳寅恪　279，283，453，491，499

陳影梅　194

陳應康　321，531

陳郁　193

陳裕光　174

陳垣（援菴、陳援庵）　279，282-283，387，388，389，420，435，439

陳雲閣　300

陳雲柯　89

陳雲松　434

陳釗　376

陳肇宏　102，157

陳肇英　208，231

陳之佛　194，394，396，410，411，424，425，440，445，461，462，475，476，498，520，524

陳之邁　518

陳之頡　477

陳芝秀　445，506

陳忠寰（陳康、忠寰、棄疾）　207，258，262，263，264，266，268

陳仲恕　421

陳子清　13，397，406，407，408，411，413，422，428

陳子彝　397，428

陳祖恩　108，114，137，172，530

陳祥春　196

成仿吾（仿吾）　28，65，73，87，363

成舍我　300

乘之　234，377，435

程滄波　299，300，338，495

程桂蓀　166

程海峰　333

程麗娜　445，451

程霖生　283

程千帆　303

程順元　478

程太阿　214

程天放　356，460，495，497，498

程廷祚　2

程文龍　283

程小青　35，116，403

程演生　369

程仰之　334

程雲岑　422

程瞻廬　35，397，403

程宗潮　109

褚昌言　11

褚民誼　241，297，298，299，306，338，342，365，385，388，394，395，396，397，398，404，410，411，414，415，419，420，435，439，450

褚一飛　334
儲小石　300，302，303
純聲　463
次甫［王次甫］　377
崔寔　443
崔宗塤　334
村静上人［日本］　47

D

笪重光　2
達加克（Zokan de Takacs）［匈牙利］　467
大濂［吴大濂］　110
岱西　508，526
戴傳賢（戴季陶）　175，181，182，198，199，201，213，220，222，228，278，279，283，291，301，303，338，434，438，461，464
戴亮古　397
戴嶽　78
丹尼斯·塞諾　306
但丁（滕 德、Dante）［意大利］　36，47，58，59，60，64，78，493
但丁·加百利·罗塞蒂（Dante Gabriel Rossetti）［英國］　78
島田元磨［日本］　46
德娟　255
德索伊（待索阿、馬克斯·德蘇瓦、Max Dessoir）［德　國］　265，266，269
鄧飛黄　429，430
鄧公玄　380
鄧介松　375

鄧文康　465
鄧孝慈　465，466
鄧以蜇（鄧叔存）　285，394，412，413，415，416，417，468
鄧懿　415，470
狄楚青（狄平子）　274，281，283，369，410，419，421
狄君武　403，421
狄倫次［德國］　389，390
狄膺　183，186，187，188，189，190，191，192，198，201，206，207，209
嫡母　7，56，60
丁福保　369，384
丁輔之　284，421，427，428
丁基實　463，464
丁傑　438
丁慕韓　481
丁乃剛　75
丁南洲　407
丁悚（丁慕琴）　16，91，93，148，159，163，166，168，169，170，180
丁天缺（丁善庠）　445，501，503，504，506，507，531
丁惟汾　175，186，195，209
丁文江　346
丁文淵　398，425
丁衍鏞　164，407
丁月波（丁文淵、月波）　398，442
丁在君　340
丁仲祐　282，284
鼎新　232，234
董康　281

董其昌　76，515
董生禧　288
董壽平　300，302，303
董綬經　421
董聿茂　422
董作賓（董彥堂、彥堂、作仁、平廬）　279，282，284，295，296，297，298，307，309，311，313，314，321，328，330，335，340，342，347，349，352，354，355，357，359，360，361，368，370，372，376，377，378，379，390，392，395，398，405，411，415，419，424，425，459，463，469，473，474，520，524
侗仲　295
獨斯透夫斯基［俄國］　64
堵福曜　232，233
杜甫（杜少陵）　30，34，39，42，245，303
杜剛　421
杜谷　520
杜衡　190
杜詩庭　428
杜錫珪　134
杜月笙　280，421
杜正　475
端木愷（端木鑄秋、鑄秋）　288，334，342，354，365，370，375，428，429，436，437，441，442，444，446，448，449，450，471，481，517，519，525，526
段班級　433
段可情　343，381

段木貞　209，222，226
段平右　440
段書貽　340
段錫朋　200，201，338，385，414，510
段玉裁　2
鈍根　35

E

萼孫（鶴聲）［鄭萼孫］　201，294，389
恩克巴圖　207，208
恩斯特・奧爾末［德國］　252

F

法恭［常法恭］　515，520
法肯豪森維斯曼［德國］　381
法朗士［法國］　77
凡・愛克　241
凡・戴克　241
凡爾倫（保爾・魏爾倫、Paul Verlaine）［法國］　55，64
樊際昌　466，507
樊逵羽　450
樊少雲　403
范冰雪　178
范伯羣　14
范景中　255，270，306，528
范菊高　403
范君博（君博）　14，35，403
范佩荑　403
范壽康　32，33，34，35，37
范煙橋　12，13，82，397，403

范陽　81
范用　338
范予遂　429，430
范源濂　127
梵哈倫　84
方策（定中）　123，315
方東亮（東亮）　88
方東美　263
方幹民（幹民）　273，445，458，503，504，505，506，507
方光燾（曙先、光燾）　67，68，78，83，84，85，87，88，91，100，103，121，151，153，165，186，201，356，363
方國定　465
方繼孝　519，520
方介庵　163，166
方介堪　411
方覺慧　333-334
方令孺　519
方慎厂　403
方叔章　514，515
方元民　207
方樂周　75
方壯猷　476
飛師爾［德國］　355，356，381，383，389，425
費慰梅（Wilma C. Fairbank）［美國］　251
費瑄（Fischer.O.）［德国］　405，406
費禹九　262
芬次爾［德國］　389
封練石　227
鄢悌　208

豐子愷　131，169
馮班　2
馮煥章　392，399
馮君毅　205
馮啓敬　342
馮琴泉　196
馮三味　198
馮四知　411，415
馮文光　205
馮姚平　259，260，530
馮友蘭　465，466，495，497，498
馮至（馮承植、馮君培、君培）　237，239，243，255，256，257，258，259，260，261-262，263，264，266，268，271，273，463，464，465，466，467，471，475，476，478，487，488，490，497，499，501，502，505，510，511，512，513，514，518，520，523，530，534
馮子顒　421
佛克霍仁［德國］　343
佛蘭凱（佛朗凱、Prof. O.Franke）［德國］　345，365
佛朗克　250
福爾希［德國］　345
福珠　3，4
傅抱石　424，475，476，498，514，520，524
傅秉常　388
傅伯良　304
傅疆　123
傅雷　237，270，337，338，340，341，347，352，390，391，392，458，

459，532
傅敏　337，391
傅榮校　329
傅汝霖(傅沐波)　295，296，297，298，299，304，305，306，307，309，310，311，313，321，324，325，326，328，330，331，334，335，337，338，339，340，342，347，349，350，352，353，359，360，439，481
傅斯年(孟真、斯年)　278，282，295，297，298，299，309，313，330，331，340，342，346，356，359，371，372，375，385，394，398，410，435，438，439，358，463-464，475，484，490，495，497，498，499，510，514，520，533
傅鐵年　168
傅彥長　35，186，201，212-213
傅沅叔　421
傅振倫　514
傅築夫　290，294，334
富葆衡　385，387，388
富綱侯　334

G

Goethe[德國]　23，28，512
Gordon Bottamly[戈登·博頓利，英國]　46
蓋大士　83
甘翰臣　369
甘乃光　329，331，349，396，399，425，429，430，481，486

淦女士(馮沅君)　73
岡部長景(岡部)[日本]　126，128，130
高吹萬　397，421，428
高大章　486
高爾基　203
高劍父　169，170，350，388，394，410，411，415，418，419，440
高江邨　408
高警寒　515
高君定　427，428
高君藩　422
高連芬　166
高龍生　440
高其峰　274
高瑞瀛　198
高叔平　369
高廷梓　338
高希舜　394，410
高銑　171，172
高銛　77
高翔　503
高燮　295
高欣木　421
高延梓　308
高野侯　278，282
高樂宜　161，163，166，168，172
高中甫　513
高梓才　206
戈爾特式密德(Adolph Goldschmidt)[德國]　432
戈公振　168
戈提(Gautier)　115
格拉湛(C.Glaser)[德國]　237，238

葛莩爾（Kabir）[印度] 32
葛建時（葛餘德） 1，175，207，209，210，219，220，222，223，224，225，226，227，229，232，233，234，235，236
葛敬猷 342，355
葛康俞 415，469
葛克信 222
葛倫浩 453
葛尚德 226，232，233，234，235，236
葛覃 201
葛廷[建]時 213
葛詠裁 397
耕石 203
耕雲居士 20
賡夔 14，116，118
公超 479
龔賢明 318
龔自知 465，466，499
貢沛誠 246，248
姑母 4，6，8
古應芬 228
谷廬（Gogh）[荷蘭] 34
谷曙吟 227，232，233，235，236
谷正綱 398，400，425，429，430，490，510
顧冰一 422，427，428
顧蒼生（蒼生） 161，174，180，184
顧悼秋 13
顧鼎梅 132，148，149，168，277，278，281，282，284，369，421
顧棟高 2
顧敦詩 91，102

顧鳳城 247
顧谷宜（顧穀宜） 289，290
顧國華 13
顧鶴慶 2
顧景炎 283，428
顧久鴻 91，102
顧了然 392
顧良（顧憲良、獻樑） 395，399，413，466，472，477，478，487，493，494，501，506，508，523
顧良傑 395，399，413
顧林表 498
顧禄宜 290
顧孟餘 210，281，510
顧明道（明道） 13-14，116，403
顧墨畦 403
顧畦人 93
顧慶祥 333
顧樹森（顧蔭亭、蔭亭） 295，356，394，395，396，399，402，403，404，405，406，407，408，410，411，414，415，417，418，419，421，422，427，428，441
顧田熙（轍園） 374
顧維鈞 194，307
顧頡剛（誦坤、銘堅、頡剛） 370，386，387，388，389，394，398，410，421，435，439，463，474，475，487，530
顧學揚 200
顧炎武 2
顧彥平 397
顧翊羣 365
顧毓琇（一樵） 435，501，503，514

顧蔗園　365，366，403，429
顧貞觀　2
顧志剛　428
顧志筠　172，173
顧祝同　199，434
顧子揚　183，186，187，189，191，192，198，201，206，207，208，209，210，211，212，213，214，215，216，219，220，222，223，226，227，232，233，234，235
顧祖禹　2
關百益　277，278，282，284，288，405
關伯勉　481，485
關鼎梅　278
關烱之　421
關良　504，515，520
關頌聲　411
管復初　369
管同　2
桂崇基　175，231
桂永清　257，510
郭寶鈞　391
郭步陶　169，173
郭谷尼　139，163，168
郭郭里［俄國］　41
郭伋　442，443
郭蓮峰　395，399，413
郭量宇　334，515
郭沫若（沫若、郭兄）　28，54，56，58，59，60，65，67，71，73，86，87，88，131，132，135，363，440，474，495
郭任遠　175，495，497，498

郭世五（葆昌）　408，410，411，419
郭廷以　384
郭熙　408
郭心崧　338
郭有守　307，308，327，329，334，338，342，355，356，381，382，389，390，418，419，425，439，524
郭竹書　13
郭子衡（寶鈞）　315，391
郭子雄　380，381
過探先　193

H

Harhnoml［德國］　500
Hilde Wolf　262
哈特曼（Nicolai Hartman）［德國］　263
海爾門　380
海峰［程海峰］　333
韓斌　462，463
韓昌黎　181
韓傳煒　143，149
韓孟鈞　433
杭立武　457，458，462
郝碧霞　227
郝更生　495，520，523
何柄松　370
何淬廉　437
何公敢　119
何海鳴　116
何笠農　11
何民魂　197，227，230，231，232，233，234，235，236，258

何明齋　76，83，103，105，130，149，157
何世楨　421
何菘齡　77
何崧培　149
何遂　292，364
何廷楨　333
何挺然　157
何維凝　290
何畏　73，86，356
何熙曾　119
何香凝　394，396，410，440
何心洙　381
何叙文　421
何續友　205
何燿秋　11
何應欽　201，207，365
何永佶　510
何玉書　189，192，193，194，195，196，199，214，215，216，217，224
何兆清　308，338
賀麟　387
賀其燊　205，207，210
賀天健（何天健）　357，374，376，377，378
賀揚靈　200，201
賀壯予　299
鶴逸　115
黑格兒（Hegle）[德國]　25
洪保爾特（W. von Humboldt）　467
洪都　388
洪芬　514
洪蘭友　490

洪亮吉　2
洪陸東　200，201，435
洪深　148
洪式閭　449
洪爲法　73，207
洪息庵　397
洪煜運　345
洪征厚　506，507
鴻譯　78
侯佩伊　303
侯紹文　328，335，343
胡彬　205
胡長風　13
胡風　495
胡漢民　175，195，199，201，208，209，217，228，231，277
胡厚宣（胡厚軒、厚軒、福林）　424，448，468，470，473
胡懷琛　119，370，422
胡寄塵　174
胡寄廔　428
胡家健　109
胡家傑　109
胡家枚　258
胡健春　214
胡景邈　169
胡夢華　175
胡念倩　205
胡樸安（胡樸庵）　119，370，384，421
胡世澤　259
胡適之（胡適）　29，30，38，123，181，223，384，390
胡庶華（胡春藻）　123，434，435，447，495，510

胡汀鹭　107
胡同光　116
胡霨　510
胡先驌　345，346
胡相荪　205
胡祥麟　246，247
胡小石（光炜、小石）　12，32，33，62，295，300，302，303，389，410，411，415，424，457，458，460，461，462，467，475，476，483，484，498，510，511，512，520，524
胡亚光　10，116，490
胡养吾　302
胡一贯　506
胡毅（胡毅生、毅生）　279，283
胡愈之（愈之）　43，58，59，247，248
胡濬（胡定安）　448，449，468
胡赞平　397
胡肇椿　422
胡仲持　198
胡子咙　160，162
胡宗　364
华蘅芳　2
华鸿毅　205
华林　97，135，164，392，495，498
华吟水　13
怀怡　166
黄宾虹　288，369，411，419
黄伯惠　421
黄伯樵　421，510
黄长霈　387
黄淳浩　87
黄郛（膺白）　331

黄公望　206
黄光之　7
黄季刚　290
黄纪兴　445
黄建中　394，395，396，404，405，414
黄镜　245
黄居素　175
黄玨生　466
黄君璧　498
黄慕松　365
黄念劬　393
黄其起　198
黄启元　163，166
黄清温　368
黄秋岳（黄濬）　280，281，354，365
黄汝成　383
黄绍文　397
黄绍雄　288
黄世光　75
黄颂林　83，103，130
黄体芳　2
黄惕人　281
黄天鹏　277
黄维蘅　428
黄维立　258，262
黄文弼（仲良）　295，297，298，309，311，313，314，315，316，317，318，319，321，325，328，330，340，342，345，349，355，357，358，359，361，368，376，377，378，379，415，424，426，470，476，512，513
黄文初　205

黃文農　116
黃言　168
黃炎培（黃任之）　108，109，110，111，112，113，127，150，151，164，421，428，464，531
黃虞孫　428
黃宇人　206，207
黃宇宙　453
黃元彬　465
黃悼　253，320，364
黃蘊深　422
黃肇培　102，105
黃中（花奴、華傑、黃花奴、黃葉、一華）　6，16，19，62，64，79，82，84，89，90，94，95，153，154，169，172，173，174，183，184，197，199，201，221，222
黃仲則　258
黃主心　83
黃鑄新　79
黃子堅　505
黃宗孝　338
惠紀之　196
惠士奇　2
霍煥明　303
霍去病　318，320，321，350，359

J

吉德梁　312，313
吉江喬松［日本］　63
季小波　304
季英　417
季瀛山　397

紀曉嵐　40
紀于　14
寄生　39，98
冀朝鼎　510
加爾司胡司　48
賈秀英　421
賈植芳　103，529，530
駱繼綱　207
騫五　295
簡又文　384，421
江標　16，482
江端　482
江鶴笙　485
江恒源（江問漁、問漁）　157，212，280
江紅蕉　13，35，403
江康黎　207
江亢虎　98，280，281
江勉　81
江聲　2
江鐵　77
江新（江小鶼、小鶼）　16，35，121，134，146，148，149，151，153，154，156，157，158，159，161，162，163，164，165，166，168，169，170，171，172，173，180，213，273，276，394，396，407，408，410，411，415，419，421，458，459，463，464，477，478，482，524
江翼時　168，171
姜丹書（姜敬廬、敬廬）　102，105，139，143，144，149，163，166，168，171，288，304

姜德明　153

姜豪　300

姜懷素（懷素）　135，136，137，138，139

蔣百里　60，238

蔣碧微（碧微）　308，338

蔣伯言　7

蔣春霖　2

蔣達秋　207

蔣大沂　428

蔣復璁（蔣慰堂、美如、慰堂、未唐、蔣複聰、蔣復聰）　237，238，239，241，242 243，244，245，246，247，248，254，255，256，257，258，259，262，263，264，266，268，289，290，294，295，296，297，298，299，304，306，307，308，309，311，313，321，325，327，328，329，330，332，334，335，337，338，339，340，342，343，344，345，347，349，352，353，354，356，357，359，360，361，362，368，370，371，372，376，377，378，380，381，382，383，385，386，387，388，389，390，393，394，396，398，410，411，415，418，419，425，442，443，458，459，463，470，476，483，488，490，500，501，510，514，515，517，519

蔣穀孫　406

蔣光赤　91

蔣劍人（敦復、劍人）　5，76，182，272，276，280，281，285，353

蔣介石（蔣中正、介石、蔣主席、蔣委員長）　174，195，209，219，222，226，277，287，288，291，299，300，303，313，322，323，330，331，336，374，410，477，479，482，499

蔣鏡寰　422

蔣蘭圃　194

蔣履福　334

蔣梅笙　169

蔣夢麟　375，390，419，420，435，439，460，465-466，494，495，499

蔣少卿　89

蔣慎吾　370

蔣宋美齡　459

蔣廷黻　365，437

蔣廷錫　2

蔣亦同　449

蔣吟秋　397，412，415，428，469

蔣兆和　307，308，338

蔣志方　485，486

蔣仲珊（仲冊）　89

蔣箸超（子旌、抱玄）　173，181，182

蔣子孝　381

蔣作賓　250，281，297，365，375，385，420，433

焦循　2

焦易堂　231

芥川龍之介［日本］　73，81，82，175，176

金道一　428

金鶴午　235

金華　433

金家鳳　207，208，286
金劍花　422，427
金巨山　427，428
金克木　523
金匡山　422
金梁　249
金龍　226
金侶琴　12
金孟遠　13
金夢疇　113
金慶章　203
金聖華　391，458
金士彥　11
金松岑　13，397
金維繫　200，201
金學成　411
金毓黻（金静庵、毓紱、静庵、静晤室、千華山館）　385，388，398，402，404，420，435，438，442，461，476，488，490，515，520，524，530
金原省吾［日本］　253
金嶽霖　480
金咨甫　113
靳鴻聲　200
荊林（荊梅丞、梅丞）　335，343，390，391，392
經亨頤（經子淵、亨頤、經頤淵）　181，288，394，396，410
敬隱漁　73
久保得二［日本］　181
居正　228，301，303
菊高　14，403
玨良　472

均室［易均室］　481，515
鈞任　176，464

K

K，S.　226，229
Keats［約翰·濟慈（John·Keats），英國］　58，59
卡倫辛（Karamzin）［俄國］　25
凱西　203
康南海（康有為）　114，123，127
柯倍（Courber）　328
柯昌泗（柯燕舲、燕舲）　278-279，282，387
柯定盦　200
柯洛斯（貝奈戴托·克羅齊、Benedetto Croce）［意大利］　44，78
柯美爾［德國］　345
柯西那（Gustav Kossina）［德國］　333，401
克法理絡（Cavalierei）［意大利］　338
克立德（Carett）［意大利］　338
克利拜［德國］　343，344，381
克倫佩雷　250
克朴（O.C.Kiep）［德國］　369
克興額　231
孔達　417
孔威廉（Williem Cohn）［德國］　356
孔祥熙　278，280，331，354，365，397，432，433，435，438，441，484，526
孔張悌　113
庫恩　306
庫爾特·布賴西格（Kurt Breysig）［德

國〕265
庫爾特・格拉澤（Curt Glaser）〔德國〕100，306
庫麥爾（Otto Kummel）〔德國〕306

L

Lontag 女士　246
辣非愛爾（Raphael）〔英國〕47，152
萊登梅斯特（萊特馬斯德、Leidmeister）〔德國〕356-357
萊辛（Ferdinand Lessing）306
賴班亞（Lavagna）〔意大利〕338
賴璉　524
郎靜山　179，273，411，415，498
郎魯遜　440
郎紹君　527
郎醒石　175，333
郎應年　159，160，161，162
勞德士〔德國〕343，344，345，425
勞登錫拉格〔德國〕390
雷丞彥　422
雷圭元　445
雷華　447
雷君彥　421，427，428
雷特（赫伯特・里德、Herbert Read）〔英國〕275，276
雷震（儆寰）394，395，404，405，410，411，414，417
冷融　433
冷欣　183，192
黎東方　515
黎琬（公琰）441，526
黎照寰　278

李拔可　369，413，421
李白鳳（白鳳）303，482
李寶泉　412，424，458，466
李寶善　323，324
李寶章　171
李倍曼（Max Liebermam）〔德國〕327，328
李博仁　279
李常覺　35
李超士　68，83，91，93，102，103，106，107，118，127，149
李楚狂　421
李楚我　434
李達　91
李大超　280，369
李迪俊　354
李方桂　340
李方訓　174
李鳳岡　388
李福和　453
李賦寧　477
李孤帆　288
李冠　316，323
李國松　284
李涵秋　35
李洪岩　487
李后主　247
李幻音　99
李季谷　481
李季偉　465，466
李濟（李濟之、濟之、李濟仁）205，279，281，282，283，284，295，296，297，298，304，306，307，309，311，313，315，321，328，

329，330，334，335，337，340，
341，342，345，346，347，349，
352，354，355，356，357，359，
360，361，362，368，369，370，
371，372，376，377，378，379，
385，393，394，410，435，439，
459，475
李繼元　465
李家瑞　312
李健　255，412
李健吾　255
李金髮　104，105，106，107，108，
410
李景潞　510
李景泌　308，338
李凱爾特［德國］　70
李考克［德國］　484
李朗渠　288
李霖燦　452，459，509，530
李麟玉　345
李梅枕　495
李勉仲　114
李明仲　249
李平凡　198
李平衡　333
李樸生　396，437
李樸園（李璞園）　412，419，445，
452，453，505，507
李權（巽孚、博父、郢客）　473，475
李忍濤　246，247
李榮培　113，116
李汝華　520
李瑞年　501，506
李鱓　2

李申耆　383
李石岑（邦藩、石岑）　34，58，119，
239，243，244，245
李世軍　393
李釋堪（宣倜）　280，281，411
李壽雍　175，182，183，186，187，
189，191，192，193，194，195，
198，200，201，202，204，205，
206，207，208，209，216
李書華　342，345，346，375，376，
420，435，439，460，466
李書田　447
李樹聲　527
李思科　163
李松風　354
李頌琛　385，387
李太白　34
李唐　417
李天根　360
李天真　477
李廷安　421
李完用　488
李萬華　433
李惟果（李維果）　258，510
李蔚唐　200
李希霍芬　292
李熙謀　338
李先良　207
李憲之　245，246，247，248
李小緣　312，318，320，325，349，
351，359，364，373，476
李鰓丞　515
李欣榮　427
李雪濤　254，263，268，269，362，

528
李雁晴　421
李毅士　68，83，91，93，100，102，103，105，107，118，127，128，137，143，148，149，157，162，163，166，168，169，171，172，394，410，411，415，419，498
李印泉　283，397
李永清　465，466
李永祥　333
李有行　445
李佑之　421
李漁　306
李浴　452，509，530
李樂曾　321，442，443，499，500，502，510
李兆洛　2
李蒸　345，346，459
李直夫　422
李鍾玉（李鍾珏）　127，151
李子峯　222
李宗侗　311
李宗仁　245，433
李宗武　75，191
李祖韓　107，406，421
李祖寬　288
李祖鳴　113
李祖鴻　92，116
李作人　225
力羣　440
利馬竇［意大利］　2
厲家祥　308，334，338
厲生　191，200，201
勵乃驥　387

酈禾農　283
練爲章　83，130
良謀　475
梁潮楷　11
梁存仁　198
梁鼎銘　389
梁棟　374，400
梁惠成　279
梁龍（梁雲從、雲從）　249，250，348
梁乃賢　400
梁任公（梁启超）　27，68，69，114，127，131，151，453，534
梁實秋　73，441
梁思成　251，282，283，341，349，372，394，410，412，419，424，470
梁思永　315，316，419，424，425，520，524
梁穎　256，289，402，425，510，531
梁穎文　256，289，425，510
梁直輪　334
梁衆異　406，428
梁子青　399，400，437
梁宗岱（宗岱）　201，238，239，243，244，245，246，247，248，266，463，483
廖恩濤　292
廖上炎　175
廖世承　447，495
廖世劭　175
廖味蓉　427，428
林本　75
林大文　235

林東郊　391
林爾卿　397，406，428
林風眠　274，394，396，410，411，
　　415，419，433，435，444，445，
　　461，464，465，495，498，505，
　　518
林庚白　275，277
林徽音　251
林建峰　300
林靈光　119
林履彬　302
林丕基　431
林森　228，231，277，405，409，488，
　　490，511
林世添　149
林是鎮　385，387，393
林同濟　463，510
林文錚（文錚）　274，412，419，435，
　　445，446，447，450，505，526
林希曼（恩斯特·柏石曼、Ernst
　　Boerschmann）〔德　國〕250，251
　　277
林語堂　357，510
林遵雄　77
凌誠身　12
凌龍孫　198
凌夢痕　175
凌紹祖　226
凌敬言　397
凌紹夔　501，506
凌莘子　13
凌藻祥　11
劉半農　278，282
劉伯謙　342

劉東海　421，422，427，428
劉鳳生　35
劉觀光　168
劉貴德　111
劉國鈞（劉衡如）　312，325，364
劉海若　91，93，102，105，106，108，
　　139，149，168
劉海粟（海粟）　5，8，11，68，73，
　　77，83，93，97，99，102，103，
　　104，105，106，107，108，109，
　　111，113，114，115，116，118，
　　119，121，122，123，125，126，
　　127，128，130，131，134，135，
　　136，137，138，139，140，141，
　　142，143，144，146，147，148，
　　149，155，156，157，158，159，
　　160，161，163，164，165，166，
　　168，169，170，171，172，173，
　　181，200，237，241，242，248，
　　249，250，251，253，274，275，
　　277，278，280，281，282，284，
　　287，288，289，364，372，394，
　　396，402，408，410，411，414，
　　415，418，419，421，529，530，
　　533，534
劉行之　205
劉恨我　116，118
劉蘅靜　200，201
劉洪　168
劉洪君　168
劉晦之　283
劉豁公　35
劉季洪　200，201，207，208
劉季平　421

劉紀文　174，175，231
劉繼宣　364
劉家駒　433，438
劉節（翰香、子植）　388，453，457，460，461，462，471，476，532
劉景健　343，344，381
劉靜薇　201
劉厥銘　163
劉開渠　394，410，411，419，445，447，451，498
劉抗　288，391，392，412，458
劉利賓　102，122，139，143，157，163，166
劉麟生　35
劉伶　96
劉廬隱　175
劉魯也　509
劉鳴舞　393
劉墨　253，254
劉奇峰　308，338，384
劉仁航　29
劉榮熙　168
劉瑞恒　331，365
劉森禄　397
劉師舜　338
劉獅　407，412，419，458
劉漱石　206
劉樹梅　98
劉思訓　135，153，168
劉穗九　277
劉台拱　2
劉霆　175
劉文芻　175
劉文輝　433

劉文淇　2
劉文藝　73，74，75，79，81
劉錫榮　486
劉曦林　527
劉湘　434，435
劉新　170
劉雅農（雅農）　16，524
劉衍淮（劉延淮、衍淮、春舫）　239，245，246，247，248，258，268，273，338
劉英士　298
劉映荷　74
劉庸熙　130，139，147，157，163，166，168
劉永文　15
劉友惠　119
劉佑卿　376
劉煜生　223
劉嶽峙　175
劉雲舫　35
劉雲昭　192，194，195
劉藻彬　192，194
劉湛恩　303
劉哲　435，439
劉眞如　200，201
劉質平　83，91，103，105，122，127，139，143，149，150，163，166，168
劉中國　479
劉竹岩　224
劉宗旒　342
柳炳南　13
柳和城　332
柳君然　403

柳醒吾　196
柳興恩　2
柳亞子　277，370，421，427
柳詒徵（柳翼謀）　292，389，411，421
柳原前光［日本］　2
龍四次郎［日本］　236
龍文　410
龍亦鵬　180
龍榆生　397
龍雲　217，451，454，458，484，509
龍詹興（龍大鈞、詹興）　259，304，399
婁子明　207
樓光來　308，338
樓克萊　356
樓石庵　515
盧冠豪　160
盧冀野　461，462
盧錫榮　294，295，296，297，298，304，307，309，311，313，321，330，337，339，340，342，352，355，357，359，361，362，363，368
盧隱善　235，236
盧印泉（盧隱善、盧龍）　207，227，230，231，232-233，234，235，236，258，280，285，286
盧作孚　434
魯本斯［德國］　241
魯德瑪赫（Radermacher）［德國］　365
魯迅　198
魯雅［德國］　501
陸丹林　406，412，422，428
陸高誼　422

陸華深　312
陸建初　458，482
陸禮華　109，111
陸士鈞　176
陸士銘　205
陸象如　234，235，236
陸小曼（小曼女士）　158，166，168
陸耀先　498
陸隱君（慎庵、隱君）　301
陸永森　11
陸遊　34
鹿耳熊　2
路易斯·馮漢娜根（Louise von Hanneken）［德國］　251
羅承烈　486
羅登瓦爾特（Gerhart Rodenwaldt）［德國］　265，269
羅復堪　280，281
羅恒理（Röhreke）［德國］　499
羅寄梅　440，498
羅家倫（羅志希）　175，272，289，290，295，298，300，320，334，340，342，371，372，375，376，385，420，425，434，435，495，497，498，510
羅捷梯　146
羅君強　441，480-481
羅塞蒂（Rossitti）［英國］　146
羅莘田（莘田）　387，475
羅斯脱霍姆［奧國］　345
羅香林　325，328，334，335，343，360，374
羅新璋　337，391
羅益增　376

羅友仁　438
羅玉君（正淑）　243
羅兆修　200，201
羅仲甫　466
呂超　434
呂澂（呂秋逸）　68，78
呂澂叔　78
呂鳳子（呂濬、鳳癡、鳳子）　68，394，410，415，445，469，498，504，515，516，517，520，524
呂斯百（呂斯白）　307，308，338，410，415，498，515，516，517，518
呂霞光（霞光）　481，498
侶璋［俞侶璋］　301

M

Marrgraf 女士　247
馬伯援　75
馬超俊　231，375，380，420，435，439
馬朝霍（Masoch）　92
馬成舉　312
馬達　440
馬公愚　288，304，407，412
馬衡（马叔平）　281，295，297，302，309，313，330，340，342，345，346，352，355，357，358，359，361，369，370，372，376，377，378，385，387，390，393，394，395-396，399，410，411，414，415，417，418，419，420，423，424，425，427，460，461，469，498，518，520，524
馬克思［德國］　87，240，241，529
馬蘭階（馬蘭堦）　160，162
馬梅軒　397
馬孟容　163，166，168
馬紹文　440
馬施德　91，102，107
馬洗繁　299，334
馬相伯　166，421
馬巽　393
馬寅初　114，495
馬元調　302
馬元敬　285
馬約翰　495，497，498
瑪高溫　2
滿谷國四郎［日本］　137
毛冬生　174
毛生甫（嶽生）　182，276，363，375，383
毛彥文（海倫、Helen）　472，479，523
毛子堅　421
毛子水（毛準）　387，477，494，497
毛祖鈞　196
茅以升　495
茅祖權　192
茂華　457
茂實（秀穎）　352，353，402
冒鶴亭（冒廣生）　182，276，280，281
冒懷蘇　276
梅曾亮　2
梅慈納　336
梅邨　417
梅道人　295

梅德林克(梅特林克、梅德林、Materlinck)[比利時] 40,46,47,48,49,50,58,64
梅景修 11
梅汝璈 334
梅貽琦 390,465,466,511
梅原[日本] 372
蒙德留斯(Oscar Montelius)[瑞典] 332,333,400,401
孟廣泰 222
孟建民 501,510
孟龍 62
孟憲承 212
孟心史 435
彌爾敦(Milltou)[英國] 30
米芾 515
米堅白 205
米澤斯(夏德·埃德勒·馮·米澤斯、Richard Edler von Mises)[奧地利] 266
繆斌 192,199,201,205,207,216,224,226,227,233,236
繆鳳林 290,294,384
繆勒(Sophue Mueller)[丹麥] 333,401
繆鉦 205
繆雲台 499
繆贊虞 334,360,515
閔瑞之 421
閔希文 444,501,503,504
銘竹[汪銘竹] 303,482,514
莫泊桑(Maupassant)[法國] 34,244
莫爾[德國] 356,381
莫納(Monet)[法國] 328

莫泮芹 480
莫義樂 205
莫運選 304
墨索里尼[意大利] 307,308
木安 295
木村莊(木村)[日本] 125,127
木工下山太郎[日本] 127
穆木天 77
穆藕初 421

N

納霍德[德國] 389
納蘭容若 7,71,101,144
南山正雄[日本] 47
内田伯爵[日本] 134,135
尼采[Friedrich Wilhelm Nietzsche,德國] 73
倪弻 183,186,187,189,191,192,193,194,195,198,201,202,204,205,206,207,208,209,210,211,216,219,220,222,223,226,227,229,232,233,234,235,236,285
倪波 349
倪健飛 485,486,514
倪貽德(倪啓德) 84,91,102,107,122,131,168,186,270,277,304,363,407,412,440
牛德明 408
鈕長耀 285
鈕師愈 206,207
鈕永建(鈕惕生、鈕永健) 178,192,193,199,207,208,384,421,

427

O

歐蘭　261，262
歐特曼（Wilhelm Othmer）［德國］
　　292，293，320，321
歐陽詢　25
歐陽予倩　54，71，127
歐陽羹　515

P

潘伯英　91，103，105，118，127，
　　133，139，149，150，157，168
潘伯鷹　83
潘博山（博山）　332，369，407，408，
　　412，413，421，428
潘恭壽　2
潘光哲　299，331，340，533
潘鴻鼎　6
潘季儒　397
潘季瞻　397
潘耒　2
潘聖　397
潘天授（潘天壽）　76，83，91，102，
　　103，105，107，115，122，123，
　　127，134，139，149，150，153，
　　156，157，158，159，163，411，
　　498，503，505，506，520
潘仰堯　421
潘吟閣　397
潘玉良　307，308，338，394，396，
　　410，415

槃庵［陳槃］　463
龐京周　12，13
龐萊臣　397，413，421，427
龐松舟　441
龐薰琹　450，451，466
裴存藩　463，464，499
裴德　146
朋史　186，196
彭成慧　276
彭爾康　388
彭恭甫（恭甫）　397，407，408，411，
　　413，417
彭漢懷　411
彭浩徐　428
彭留莘　498
彭沛民　83，91
彭述之　91
彭學沛（彭學霈、浩塗）　289，290，
　　299，300，301，354，360，365，
　　374，396，400，437
彭雲伯　397
彭昭文　486
皮宗石　462
匹夫　227
聘臣　188
蒲良柱　217
蒲松齡　40
濮孟九　285
普特爾斯基　83，102，163
溥侗（溥西園）　394，396，407，408，
　　410，411，415，417，418，419
溥心畬　413

Q

祁崙捷　212
祁錫勇（祁錫魯）　182，183，206，207，209，210，211，213，214，216，220，222，223，227
奇嵐　432
齊白石　394，410
齊燉　510
齊如山　345，410
起潛叔　388
錢承緒　333
錢大鈞　183，187，199
錢大昕　2
錢稻孫　113，116，388
錢鼎銘　3
錢端升　334，464，526
錢鶴孫　75
錢九鼎　300
錢君匋　205
錢穆（賓四）　383，485
錢壽萱　283
錢瘦鐵（錢厓、錢壽鐵）　100，103，107，118，125，127，130，134，161，166，168，169
錢天鶴　212
錢通三　7
錢桐　345，346
錢新之　280
錢選青　421，428
錢允中　205
錢運健　4
錢鍾書（默存）　479，487
錢鍾瑞　216
錢竹汀　17，301
淺野［日本］　372
強化民　205
強鐵城　227
喬大壯（喬曾劬）　407，411
喬公鋒　207
喬寄西　227
喬文壽　168
喬治·桑［法國］　244
橋本關雪（關雪）［日本］　98，127，157，158，159
橋本石川［日本］　134
秦伯未　421，422，427，428
秦德純　385，386，390
秦風　252，532
秦翰才　421
秦蕙田　2
秦檜　488
秦開祥　506
秦賢次　279，534
秦宣夫　364，412，415，416，419，453，469，498，506
秦硯畦　421，427，428
青浦奎吾［日本］　102
邱長康　327，329，343
邱河清　200，201
邱鶴年　198
邱培浤　169
邱祺韜　334
邱望湘　198
邱璽　452
邱有珍　285
秋君［李秋君］　406

裘桂常 198

裘善元 307, 312, 313, 321, 325, 327, 330, 335, 337, 339, 340, 347, 352, 357, 360, 368, 370, 376, 377, 378, 380, 404, 424, 460

裘子厚 462

裘籽原 360

屈伯剛 397, 421

屈梅爾（Otto Kümme）[德國] 250, 265, 266, 269

瞿常 338

瞿良士 397, 421

瞿秋白 59, 70, 91

瞿世瑛（菊農） 57, 59

全增嘏 357

R

R, H, Horie[英國] 57

Röhreke[德國] 499

忍濤 246, 247, 257, 258

任大椿 2

任恒德 113, 114, 116

任鴻雋 466

任乃強 433

任蟠隱 118

任西萍 501, 510

任仲敏 91

容大塊 288

容庚（容希白、希白） 278, 282, 417, 422, 427

容媛 468

容肇祖 282

榮華（Lili）[德國] 96, 478

榮玉立 76, 107

如民[釋] 224

阮璞 517

阮湘 77

阮性存 151

阮毅成 294

阮元 2

芮和師 14

芮沐 381

S

沙輔卿 169

莎士比亞[英國] 58, 59, 238, 500

山宮允[日本] 56

山井格太郎[日本] 123, 126

山下新太郎[日本] 127

商承祖 307, 308, 329, 338, 343, 345, 354, 356, 380, 381, 382, 383, 389, 421, 425, 457, 458

商承祚（錫永、承祚） 278, 364, 389, 411, 421, 424, 458, 476

少倫 268

邵百昌 257

邵曾模（心箴、邵心炯） 6, 7, 61, 67

邵力子 201, 207, 419, 425

邵爽秋 300

邵小松 166

邵洵美 84, 145, 146, 155, 161, 165, 166, 167, 168, 169, 170, 173, 174, 175, 180, 183, 184, 186, 192, 200, 201, 204, 236,

257，274，276，531
邵元沖　231，287，299，300，530
邵月如　166
紹曾［徐紹曾］　475
紹周［祝紹周］　391
申汝揖　11
申士義　397
沈百先　433
沈伯循　283
沈誠　256-257，258
沈傳珍　226
沈從文　463，464，510
沈德潛　2
沈德仁　207
沈定九　295
沈端先（夏衍、宰白）　83，84，85，87，198
沈恩孚　15，107，127，151，421
沈汾　175
沈傳珍　225
沈剛伯　290，308，334，338
沈懷玉　279
沈濟之　205
沈兼士　278，282，345，346，347，421
沈階升　422
沈覬宸　338
沈君匋（君匋）　407
沈君怡　293
沈立之　302，303
沈履　466
沈勉後　224，225
沈銘之　13
沈寧（沈平子）　1，4，265，266，

306，338，425，459，526，527，531，532
沈勤廬　422，428
沈荃　464
沈士華（沈世華）　343，354，356，380，381，510
沈士遠　290
沈壽世　294
沈壽頤　294
沈淑清　91，103
沈思齊　421，428
沈頌華　89
沈體蘭　13
沈維鈞　378
沈文分　397
沈惜粹　12
沈湘子（沈湘之）　422，427，428
沈信卿　143，144，149，150，156，164，421，427，428
沈學淵　302
沈雁冰（雁冰、茅盾）　54，58，59，198
沈怡　421，510
沈頤仙　294
沈挹芝　397
沈逸史　428
沈尹默　278，282，376，483，484
沈禹鍾　35，116，118
沈在鎔　163，166，168
沈藻穉　334
沈澤民　20，42
沈枕綠　12
沈子堅　428
沈子健　226

沈子良　397
沈祖棻　303
沈祖儒　288
盛成　338
盛了庵　440
盛佩玉　166，168，531
盛杏蓀　166
盛澤丞　166
施翀鵬　339，407，412
施存統　198
施蟄存　459
師圖爾（G.A. Stuart）[美國]　174
石川小杉[日本]　134
石川寅治[日本]　126
石井滿吉[日本]　126
石溪　295
史別抱（別抱）　64
史達士　336
史德雷佛（Strewe）[德國]　365
史漢清　205，206，207，212
史劍塵　13
史量才　10，137，278，303
史美特（O.W.Schmidt）[奧國]　361
史尚寬　334
史文朋　146
矢田七太郎[日本]　155
矢田松太郎[日本]　134
世侯[盧世侯]　199
釋太玄　16
守田勘彌[日本]　158
守拙　14
壽勉成　334
壽卿公　274
壽天章　283

叔鄭　300，301
舒楚石　295，296，297，298，304，
　　308，309，311，313，327，340，
　　342，347，355，357，361，372，
　　376，377，378，399
舒舍予　495
舒鐵雲　258
舒新城　370，371，421
司湯達[法國]　244
司徒喬　412
司托賓　149
斯登澤爾（Julius Stenzel）[德國]
　　263
斯都賓[俄國]　100，102，103
斯忒格曼　292
斯文・赫定[Sven Hedin，瑞典]
　　512
松澤[日本]　125
宋邦幹　304
宋春舫　273，338
宋介　24，50，53
宋濂　353，402
宋壽昌　122，145，163
宋維賡　303
宋希尚　388，389
宋學智　337，459，532
宋忠元　459，529
宋子文　277
蘇炳文　13
蘇海若　16
蘇海石　16
蘇鴻銓　205，206
蘇軾（蘇東坡、東坡）　34，58，255，
　　270，515

蘇渭賓　205
粟維銘　381
粟原古城［日本］　48
孫本文　13
孫伯剛　84，85
孫伯恒　283
孫伯文　207
孫鋤雲　172
孫俶仁　421
孫傳芳（馨遠）　138，139，140，141，143，144，147，364
孫次舟（次舟）　426
孫多慈　303
孫福熙　440，498
孫君修　205
孫科　195，201，208，228，231，277，278，360
孫離成　403
孫祿卿　498
孫孟晉　421
孫時哲　12
孫士偉　205
孫淑人　283
孫松鄭　168
孫望　303
孫維棟　388
孫文青　405
孫希文　457
孫希衍　232，234
孫星衍　2
孫以毅　75
孫軼塵　385，386，387，388
孫友蘭　11
孫有光　206

孫淵如　17，301
孫陟甫　421
孫中山　93，188，193，194，199，219，223，503
孫祖蔭　81
梭羅古勃［俄羅斯］　34

T

太戈爾（泰戈兒、台莪爾、太谷兒、Tagore）［印度］　24，28，31，32，34，36，60，158
泰納　276
談佩言　224
譚伯英　478
譚勤餘　75
譚守仁　289，381
譚嗣同　182
譚延闓　195，201，207，208，228，231
譚正璧　131，225，236，237，254，276，299，302，490，534
湯爾和　140，306
湯飛　159，160，162
湯濟滄　303
湯瑪斯·卡萊爾（Thomas Carlyle）［英國］　97
湯少棠　157，159，162，163，166，168
湯夙美　168
湯文聰　394，396，410
湯用彤　263
唐才常　182
唐圭璋　292

唐吉生 107，118，134，173
唐雋 17，18，22，23，26，29，78，304
唐立厂（唐蘭） 412，415，470，497
唐啓宇 175
唐忍菴 13
唐蔚之 421
唐學詠 307，308，338，371，413，414，459，460，506
唐一禾 194，419，440，498
唐義精 194，410，419，440，498
唐英 465，466，507
唐友儂 13
唐藴玉 121，122，123，156，168
陶德曼（O.P.Trautmanm）［德國］ 343，344，359，425
陶晶孫 236，356，363
陶林英 287
陶履謙（陶縷謙） 331，338，359，383，393
陶孟和 372
陶希聖 429，430，442
陶知行（知行） 112，114
滕白也（滕圭） 300，302，303，412
滕鳳飛（鳳飛、傅天、崧甫） 3，4，5，6，302
滕鳳鳴（鳳鳴、梧岡） 3，4，5，280，302
滕剛 84，186，195，201，303
滕固（滕成、滕學成、滕若渠、若渠、藿廬、恨根、挹芬、天馬、焜、鄧若渠、滕校長、滕石渠、石渠、如渠） 1，2，3，4，8，9，10，11，12，14，15，16，17，18，19，

21，22，23，24，27，28，29，30，32，33，34，35，37，38，43，44，45，46，49，50，51，53，54，55，57，59，60，61，62，63，64，66，67，68，69，70，71，72，73，74，75，76，77，78，79，80，81，82，83，84，85，86，87，88，89，90，91，92，93，94，95，97，98，99，100，101，102，103，104，105，106，107，108，109，110，111，112，113，114，115，116，118，119，120，121，122，123，124，125，126，127，128，130，131，132，133，134，137，139，141，142，143，144，146，147，148，149，150，151，153，154，155，156，157，159，160，161，162，163，165，166，167，168，169，170，171，172，173，174，175，176，177，178，180，181，182，183，184，185，186，187，188，189，190，191，192，193，194，195，196，197，198，199，200，201，202，203，204，205，206，207，208，209，210，211，212，213，214，215，216，217，219，220，221，222，223，224，225，226，227，229，230，231，232，233，234，235，236，237，238，239，240，241，242，243，244，245，246，247，248，249，250，251，252，253，254，255，256，257，258，259，260，261，

262、263、264、265、266、267、
268、269、270、271、272、273、
274、275、276、277、278、279、
280、281、282、284、285、286、
287、288、289、290、291、292、
293、294、295、296、297、298、
299、300、301、302、303、304、
305、306、307、308、309、311、
312、313、314、315、316、317、
319、320、321、325、326、327、
328、329、330、331、332、333、
334、335、336、337、338、339、
340、342、343、344、345、347、
348、349、350、351、352、353、
354、355、356、357、358、359、
360、361、362、363、364、365、
366、367、368、369、370、371、
372、373、374、375、376、377、
378、379、380、381、382、383、
384、385、386、387、388、389、
390、391、392、393、394、395、
396、397、398、399、400、401、
402、403、404、405、406、407、
408、410、411、412、414、415、
416、417、418、419、420、421、
422、423、424、425、426、427、
428、429、430、431、432、433、
434、435、436、437、438、439、
440、441、442、443、444、445、
446、447、448、449、450、451、
452、453、454、456、457、458、
459、460、461、462、463、464、
465、466、467、468、469、470、
471、472、473、474、475、476、
477、478、479、480、481、482、
483、484、485、486、487、488、
489、490、491、492、493、494、
495、496、497、498、499、500、
501、502、503、504、505、508、
509、510、511、512、513、514、
515、516、517、518、519、520、
521、522、523、524、525、526、
527、528、530、531、532、533、
534

滕歡利　368

滕敬渠　3，4

滕留寅（留寅）　4，165，485、494、519、526

滕美利（滕雲）　4，230、526

滕文昭　366

滕協　3，4

滕仰文　205

滕仰支　207

滕子項（潤岩）　3，4，263

藤島武二［日本］　73，126

天虛我生（陳栩、栩園、壽嵩、昆叔、陳蝶仙、蝶仙）　8、10、11、12、35、181、182、490

田伯蒼（伯蒼）　471、475

田漢（壽昌）　20、21、28、30、32、33、34、35、36、42、55、62、65、73、122、145、163、356、371、440

田培林　475

田英作［日本］　126

田玉芝　278

田正平　344

童冠賢（啓顔、冠賢）　272、273、

374
童心安　283
涂克超　217
屠伯（G. F. Tupper）［英國］　153
屠方　151
屠模　73
屠石鳴　527
屠孝實　71
托馬司（W. C. Thomas）［英國］　152，153
托瑪斯・查爾德　252
陀夫妥夫斯基［俄羅斯］　34

W

Woltz［德國］　499
萬叔微　288
汪寶瑄　183，189，198，200，201
汪采白　411，415
汪德耀　447
汪典存　403
汪馥泉　198
汪精衛（汪兆銘、精衛、汪主席）
　　195，208，209，210，228，258，
　　259，277，279，280，285，287，
　　291，298，299，300，301，303，
　　304，306，307，313，331，364，
　　396，397，398，399，418，425，
　　429，437，451，479，480，491
汪靜之　198
汪瀏　463，464，477，510
汪漫鐸　520
汪銘竹　303，514
汪辟疆　334

汪日章　439，440，498，518
汪榮寶（袞父）　98，126
汪綏英　486，514
汪琬　2
汪錫鵬　203
汪旭初（汪東）　290，334，407，408，
　　415，418，419
汪亞塵　77，83，91，93，100，102，
　　103，107，113，116，118，122，
　　127，128，131，133，134，137，
　　139，143，149，150，153，154，
　　155，156，158，159，161，162，
　　163，166，168，169，170，171，
　　172，180，304，394，410，419，
　　498，530
汪延熙　338
汪中　2
汪仲山　168
汪竹一　442，481
王柏春　195
王柏齡　199，201，208，216，477，
　　478
王伯羣　231，380
王伯祥　148
王寵惠（王亮疇）　140，141，201，
　　231，437，510
王春山　135，157，163，166，168
王邨山　141，166
王代之　105，106
王道源　73
王德均　2
王德錫　477
王獨清　132
王爾德［Wilde，英國］　21，28，29，

32，33，34，36，73，84，115，
　176，190，192
王法勤　210
王汎森　299，331，340，533
王符　443
王福厂　411，412
王个簃　411，415
王賡　164
王公璵　207
王古魯（鐘麟、古魯、王仲廉）　319，
　373
王固磐　425
王光祈（潤璵、若愚）　238，246，
　247，259，371
王國維　306，453
王赫　11-12
王弘章　113
王洪偉　68，534
王厚之　295
王歡鏞　313
王焕鏞　312
王翬　2
王輯唐　194
王季梅　169
王季遷　406，417
王季銓　422，428
王濟遠　77，83，91，93，100，102，
　103，105，106，107，108，113，
　115，116，118，121，122，123，
　124，125，126，127，128，130，
　132，133-134，137，139，141，
　142，143，146，148，149，150，
　151，154，156，158，159，160，
　161，162，166，168，169，170，

173，179，180，277，278，280，
　281，282，284，288，304，394，
　396，410，419
王家鴻　510
王駕吾　294
王建今　206，207，210，219，220，
　222，223，226，234
王劍虹　175
王鑒　2
王瑾　146，156
王京芳　174
王敬章　116
王靖宇　433
王糾思　108，109，111
王柯平　275
王鯤從　421
王禮錫　277
王良鐳　420
王臨乙　498，506
王陸一　200，425
王録勳（猷丞）　113
王邁羣　175
王懋功　425
王民峯　196
王鳴盛　2
王銘章　451
王乃慎　162
王乃振　83
王訥言　384
王念孫　2
王培蓀　421
王佩静　422
王佩諍　397，428
王平陵　495

王祺　194，394，410

王啓江　510

王秋湄　283，422，428

王人麟　175，334，420

王人鏞　149

王仁涵　176

王榮佳　321，352

王瑞峯　397

王勝之　397

王師子　107

王石谷　30，76，397

王時敏　2

王世杰（王世傑、王雪艇、雪艇）
　289，291，331，338，342，343，
　344，365，369，375，390，396，
　406，407，408，409，414，419，
　420，425，，427　494，495，497，
　498

王世模　518

王世穎　370

王綏珊　397，422，428

王淑英　74

王潄芳　201，380，388，389

王澍　2

王松坡　478

王濤　258

王陶民　102，103，107，288

王天福　12

王天一　16

王統照（劍三、統照）　22，23，24，
　26，28，30，32，34，35，36，
　37，38，41，44，45，46，49，
　50，53，54，55，57，59，60，
　64，352，529，531

王維（王右丞）　255，515

王文華　447

王文漪　342

王文治　2

王西神　35

王錫禮　175

王席珍　283

王霞宙　194

王先謙　2

王獻唐　279，281，283

王曉籟　421

王心梅　163，166

王玄照　408

王遜　415，470

王延松　200，201

王嚴七　397

王一亭（王震、白龍山人）　102，107，
　127，134，169，180，181，273，
　274，283，288，303，369，394，
　410，413，419，421，427，530，
　531，532

王一之　35

王沂仲　397

王易　292

王蔭庭　198

王隱秋　102，163，168

王右軍　515

王毓芳　421

王豫　2

王垣　163

王遠勃　304，412，419

王悦之　113，116

王芸生　495

王雲五　327，384，421

王占元　109
王章　206
王兆傑　197
王兆榮　71
王肇祺　431
王肇裕　432
王振鐸　406，473，534
王振先　206
王正廷　231
王志臣　291
王志華　193
王志仁　227，232，233，234，235，236
王志聖　333
王仲瞿　258
王祝軒　163，166
王子豪　302
王子雲（青路）　449，454
王紫宸　111
王祖畲　291
王祖燮　206
危道豐　137，138，139，143，144，147，364
威爾士（威爾斯、H.G.Wells）［英國］　66，75，77
威蘭（Verlaine）［法國］　55，115
威廉・莫里斯（William Morris）［英國］　97
威廉・科恩（William Cohn）　306
惟志　78
維利・鮑爾（Willy Bauer）［德國］　463，478
維琪　199，201
尾校［日本］　125

偉烈亞力傅蘭雅　2
衛德明［德國］　281，500
衛聚賢　279，281，282，283，369，384，421，514
衛禮賢（Richard Wilhelm）［德國］　268，343，356，500
衛挺生　111
魏道明（魏伯聰）　431，435，437，439
魏建功　387
魏鏡如　384，385，420
魏時珍　371
魏守忠　386
魏遐年（復彝）　109，110
魏以新　293
溫晉城　77
溫景美　83，91
溫源寧　357
溫肇桐　407，412
溫梓川　236，276，519
文木　70
文素松（文舟虛）　279，283，295，369
文元模　71
聞野鶴　169
聞一多　73，194，458
聞亦有　441
翁率平　338
翁同龢　2
翁文灝（翁詠霓、詠霓）　346，365，368，369，370，372，374，375，376，383，385，393，398，420，435，437，439，532
翁誼　11
翁之龍　293，343，381

沃玉塵　11
巫寶三　207
烏密風　445
鄔克昌　412
吳保豐　201，207，209，227，228
吳葆岑　227
吳冰仙　397
吳秉彝　397
吳藏石（吳芷石）　503，504，506，507
吳昌碩　107，127，180
吳朝輪　453
吳承禧　478
吳承燕　149
吳粹倫　176
吳大澂　403
吳待秋　397，403
吳道子　406，466，467
吳鼎昌　365
吳定良　340
吳爾昌　236
吳法鼎（新吾）　68，79，484，485
吳芳吉（碧柳）　493，494，500，523
吳冠中　458，530
吳光傑　356
吳國楨　484
吳和鈴　205，206
吳恒勤　498
吳湖帆（翼燕、遹駿、東莊、醜簃、倩庵）　159，274，281，284，369，394，397，402，403，406，407，408，410，411，413，414，417，418，419，420，422，427，428，531

吳簡齋　489
吳經熊（吳德生）　127，146，147，158，280，357
吳景超　437
吳靜山　370，422，428
吳菊秋　176
吳俊升　442，447，497，498，503
吳郡文　397
吳開先　200，421
吳凱聲　334
吳靈園　35
吳祿貞　111
吳眉孫　421
吳夢非　304
吳宓（吳雨生、雨僧、玉衡、餘生）　270，462，463，470，471，472，476，477，478，479，480，483，484，490，491，492，493，494，496，497，500，503，504，505，508，510，511，512，513，518，519，523，524，526，527，530，531
吳墨井　397
吳南軒　421
吳培德　102
吳佩孚　114
吳其昌　380，476
吳岐　73，75，79，81
吳清玠　171
吳清泰　333
吳瞿安（吳梅）　290，292，295，306，332，364，407，467，468，493，531
吳山子　383

吳善樂　205
吳頌皋　334
吳鐵城　278，280，380
吳鐵翼　452
吳爲公　532
吳偉業　2，291
吳文超　365
吳聞天（聞天）　13，20，285，407，417
吳問潮　397
吳相融　176
吳杏芬　107，173，180
吳修　421
吳學培　149
吳研因　334
吳宜常　283
吳倚滄　175
吳永權　71
吳有訓　495
吳雨蒼　234
吳元京　402，531
吳雲峰　495
吳蘊瑞　411
吳藻華　199
吳正上　299，331，340，533
吳政之　495
吳之翰　463，464，475
吳稚暉　114，175，277，384，434，494，495，498
吳忠予　515
吳子深　397
吳尊爵　478
吳作人　410，411，415，419，440，486

伍純武　465
伍夢蓮　203
伍千里　419，440
伍叔儻　308，338，390
武葆岑　207，209，214，216，222
武元直　469

X

西蒙士（Authur Symons）　115
希淵　388
奚挺筠　428
夏桂徵　77
夏敬觀　292
夏萊蒂　186
夏明　509
夏奇峰　333
夏世昌（夏昌世）　289，445，465，503，506
夏芝（葉芝、W.B.Yeats）[愛爾蘭]　34，36，41，42，43，45，46，48，49，50，51，52，53，55，56，57，58，61，62，63，64，91
相菊潭　175
香孫　276
向傳義　433，438
肖百吉　8
蕭伯逢　13
蕭伯納（蕭百訥）[George Bernard Shaw，愛爾蘭]　41，43，48
蕭佛成　208
蕭漢澄　307，321，330，337，339，340，347
蕭吉珊（吉珊）　232，233，234

蕭雋英　465，466
蕭乾　463
蕭蘧　466
蕭同玆　218，299
蕭友梅　413，414
蕭瑜　307，311
蕭忠貞　429，430
小杉未醒［日本］　125，126，127
謝葆元　333
謝持　228
謝東發　259
謝鄂常　118
謝耿民　441
謝公展　100，102，103，107，133，
　149，150，156，157，163，168，
　304
謝冠玉　338
謝光甫　397
謝國楨（謝剛主、剛主）　290，292，
　294，295
謝海燕　407，412
謝赫　76，253
謝靈運　264
謝六逸　57，198，370
謝鳴雄（鳴公）　526，527
謝青白　211
謝壽康（謝次彭）　241，307，308，
　327，329，338，355，380，381，
　390，425，514
謝淑英　356
謝樹英　327，329，398
謝英伯　279，281，283
謝應徵　206
謝泳　320

謝兆熊　191
謝之光　11
心傳　67
辛君疇　108
辛書法　168
辛樹幟（先濟）　272，273，308，338，
　340，447，495
新華［滕新華］　3，4
邢契莘（學耕）　304
邢秀民　227
興楷　514
熊佛西　326，451
熊連城　113，116
熊慶來　465，466
熊希齡　127，472
秀琳女士　118
徐半梅　35，37，42
徐邦達　406，421，428
徐葆炎　161，163，168
徐悲鴻　276，307，308，338，345，
　371，394，410，440，451，498
徐碧波　403
徐碧金（瑞鈺）　109
徐炳昶（徐旭升）　295，297，309，
　313，340，342，346，355，357，
　358，359，361，463
徐炳成　235，236
徐墀錫　385，386，387
徐醇　393
徐赤子　205
徐大純　78
徐道鄰　250，257，273，289，327，
　329，343，381，429，437，442，
　523

徐梵澄（徐琥、徐詩荃、梵澄、徐季海、季海） 239, 255, 262, 264, 266, 268, 273, 445, 467, 478, 506, 511, 513, 514, 518, 520, 523
徐芳 441, 443, 447, 449, 476, 477, 478, 479, 484, 486, 494, 496, 508, 511, 512, 523
徐桴 421
徐綱 431
徐公美 132
徐公肅（公肅） 338, 406, 407, 417
徐光啓 2
徐寒梅 421
徐鴻賓 346
徐積餘 369, 421
徐紀方 272, 301
徐家寧 252
徐建寅 2
徐晋賢 421
徐敬直 411
徐靖遠 453
徐炯 517
徐俊卿 406
徐朗西 107, 115, 132, 151, 164, 182
徐琳 11
徐勉百（徐冕伯） 290
徐謨 338, 342
徐慕雲 280
徐培根（石城） 245, 441, 494, 510
徐佩璜 421
徐乾學 2, 101
徐瑞紅 109

徐森玉 278, 282
徐世英 490
徐壽 2
徐樹穀 517
徐樹勳 509
徐樹錚 250
徐樹茲 111
徐誦明 390
徐偉士（偉士） 407, 408, 412, 413, 417
徐慰南 201
徐霞村 201, 387
徐象樞（景薇） 288, 329, 349, 368, 400, 429, 430, 432, 439, 441, 442, 451, 481
徐小麟 181, 182
徐小圃 397
徐心芹（徐德暉、心芹） 412, 419, 493, 524, 527
徐萱 494
徐燕謀 403
徐貽叔 102
徐逸樵 321, 330, 336
徐友春 425
徐澐秋 403
徐在瀛（東雲） 109, 110
徐則驤 277, 304
徐楨餘 284
徐振東 477, 478
徐鎮寰 280
徐之音 482
徐志摩（志摩） 118, 119, 131, 146, 147, 158, 166, 168, 181, 238, 479

徐穉穉 12
徐中齊 510
徐中舒 411，414，415，419，424，
　425，470，476，520，524
徐仲年 392，448
徐卓來 116
徐宗澤 428
許寶駒 321，330，334，335，337，
　339，340，347，352，360，512
許崇灝 434，438
許崇清 71
許崇智 228
許盥孚 13
許靜芝 360，434，437
許密德奧特［F.Schmidt-Ott，德國］
　383
許慕蘭 162
許紹棣 200，217，218
許士騏 394，410，498
許世芳 176
許太谷 194
許孝炎 200，201
許修直 331，339，340，342，347，
　352，355，356，357，359，361，
　362，413
許源來 406
許指嚴 35
許徵白 288
許志浩 131
宣古愚 283，369
薛公俠 397
薛銓曾 395，413
薛瑞章 205
薛樹芳 432，433

薛文清 457
薛席儒 102
薛仙舟 175
薛噓雲 12
薛演中 102，122，141，143，149，
　157，159，161，162
薛永年 527
薛　珍 91，107，122，123，124，125，
　128，130
雪萊［Percy Bysshe Shelley，英國］
　70
巽甫［丁西林］ 514

Y

亞爾富第 254
鄢克昌 304，407
言乘萬 453
閻甘園 282，369
閻鴻生 515
顏福慶 495，497，498
顏繼金 418
顏實甫 381
顏文樑 7，394，410，411，498
顏真卿 515
嚴　俶 302
嚴獨鶴 35，148，174，181，182
嚴諤聲 421
嚴芙孫 116
嚴　恭 302
嚴既澄 91
嚴濟慈 465，466
嚴九皋 302
嚴　珍 302

嚴智開　346-347，410
燕如［吴燕如］　520
楊滄白　369
楊昌濟　30
楊昌學　205
楊德煒　510
楊滌羣　334
楊棟林　71
楊放　202，272，284，285，524
楊鳳苞　293
楊公崖　224
楊衡玉　428
楊虎　397
楊華日　437
楊家麟（光宇）　499
楊劍心　282
楊軍益　279
楊寬　428
楊了公　174
楊立本　222
楊縵華　392，394，410
楊鳴孝　431
楊佩玉　13
楊清磬（清磬）　16，107，122，123，124，125，128，130，133，134，149，150，157，180
楊秋人　428
楊維楨（鐵崖）　5，280
楊衛玉　427
楊希慈　73，75，81
楊賢江　109
楊杏佛　284
楊興勤　285
楊秀娟　441

楊仰周　272，301
楊有壬　333
楊在春　368
楊召伯　205
楊振聲（楊今甫、振聲）　327，338，394，395，407，408，410，411，412，413，414，415，417，418，419
楊植之　214
楊子英（子英）　431
楊梓林　71
楊宗炯　207
姚寶賢　485，498
姚成文　234，235
姚從吾（士鼇，占卿、從吾）　239，248，250，255，256，257，266，298，299，387，389，465，471，481，483，491，499，505，524
姚賡夔　116，118
姚鴻治　205
姚際虞　421
姚可崑　255，512，513
姚孟塤　421
姚民哀　13，116，118
姚明煇　428
姚蓬子　495
姚琴友　334
姚石子　397，421，422，427，428
姚蘇鳳　300
姚虞琴　397，427，428
姚兆里　421
姚最　253
藥聾　15
耶格爾（Werner Jaeger）［德國］　263

葉弼亮　385，387
葉昌熾　405
葉楚傖　175，181，182，183，186，
　187，189，191，192，193，194，
　199，201，207，208，209，210，
　211，213，217，218，220，222，
　224，225，228，231，273，280，
　281，342，397，415，419，435
葉鼎洛　198，201
葉鳳鳴　302
葉恭綽（葉公綽、葉譽虎、葉玉甫、葉
　遐庵）274，277，278，279，280，
　281，282，284，288，294，295，
　296，297，298，299，304，305，
　306，309，313，325，342，346，
　347，349，355，356，357，359，
　361，369，380，384，394，397，
　406，410，411，413，417，419，
　421，425，427，428，440，447，
　518
葉華　173
葉揆初　397，421
葉露　421
葉品三　283，421
葉淺予　440，498
葉清　168
葉秋原　201
葉聖陶（葉紹鈞）44，45，59，148
葉守濟（守濟）475，485，486
葉朔中　200
葉頌蕃　169
葉溯中　201
葉小鳳　35
葉秀峰　175，182，183，208，227，
　228，285
葉仲經　312
葉仲亮　397
葉宗鎬　476
易培基（葉培基）207，208，307，311
易漱瑜　30
易象　30
殷汝梗　445
尹陳九　520
印水心　13
膺中［羅庸］475
有島［有島武郎，日本］73
于斌　308，338
于非厂　412
于懷忠　206
于寧　390
于韶九　397
于淑均　300
于右任（于髯子）90，114，186，192，
　195，207，208，277，282，384，
　483
于允鼎　422
于仲篪　428
余壁香　176
余秉鈞　149
余伯陶　428
余大雄　158
余輝　527
余建勳　258，289，478，491，508，
　513
余井塘　175，191，200，207，209，
　231，498
余上沅　459
余世鵬　203

余祥森　77
余一心　175
余越園（紹宋）　407，408，410，411，417，418，419，448，468，469
俞大維（大維）　250，256，257，289，340，381，510
俞法三　76
俞飛鵬　365
俞斐（滕俞斐、滕固夫人、滕夫人、若渠夫人）　99，173，200，483，485，491，493
俞鴻鈞　421，427
俞寄凡　22，23，26，29，32，33，34，68，77，83，91，93，97，100，102，103，105，106，107，108，113，115，116，118，122，127，128，131，133，134，135，137，139，142，143，144，147，148，149，150，154，156，157，158，159，160，162，304
俞平伯　388
俞曲園　181
俞新吾　484，485
俞友清　397
俞元桂　103，530
虞孫　203，428
雨果［法國］　244
禹之鼎　2
庾信　517
郁達夫（達夫）　54，55，67，71，73，131，132，168，363，447
郁風　486
郁華　70
郁仲肥　477，478

喻德輝　395，413
袁道豐　334
袁敦禮　495
袁敷寬　368，370，372，376
袁觀瀾　111，145，164
袁宏偉　509
袁家驊　73
袁浚　381
袁履登　280
袁秋生　397
袁世凱　118
袁思永　421
袁同禮（袁守和）　279，281，283，345-346，357，359，361，370，372，376，378，390，394，410，412，415，422，427，428，459，461，470，500，515
袁希濤　7，127，151
袁志煌　108，114，137，171-172，529，530
岳飛　515
岳黃曉汀　168
惲敬　2
惲南田　30
惲壽平　2
韻籟（韻籟詞史）　157，158

Z

澤民［王澤民］　20，42，391
齋藤貞吉［日本］　81
章伯寅　108，109，143，144
章悔魂　118
章君疇　108，109

章克標（克標） 38，54，67，71，75，83，84，85，90，121，151，183，186，201，204，237，519，520，530，531
章實齋 17，301
章太炎 114，119，371
章天覺 397，421
章鐵民 198
章鐵昭 303
章慰高 151，164
章耀祖（承先） 302，313，327，426
章衣萍 275，277
章益 441
章毅然 394
張安治 486
張邦鐸 288
張邦興 488
張碧梧 35
張冰 227
張伯岸 397，421-422
張伯初 422，427，428
張伯苓 375，420，435，439，495
張辰伯（張邕） 16，102，106，107，115，122，123，124，125，128，130，134，141，142，143，144，148，149，156-157，159，162，163，168，169，170，180，304
張承先 302
張蒓歐 464
張蔥玉 284，369，397，406，413
張大千 410，411，415，421
張道藩（張道範） 145，146，194，200，227，228，338，365，368，370，372，376，378，394，395，396，404，405，407，409，410，414，415，418，419，420，435，439，440，441，444，445，446，481，490，495，497，498，518
張道宗 11
張定璜 356
張東蓀 127，151
張爾瓊（蓓拉、Bella） 523
張發奎 224
張鳳 279，281
張光 445
張貴承 389
張貴雄 398
張貴永 243，244，246，303，334，393
張衡 212
張鴻年 427，428
張鴻圖 257
張華 113，114，116
張華宗 113
張惠言 2
張寄周 108，109
張際高 198，207
張繼（張溥泉） 279，283，342，362，363，422，427，428，435，439
張繼齋 422，427，428
張嘉璈 365，435，439
張嘉謀 279
張嘉蕊 201
張嘉森 127，151
張嘉鑄 201
張見庵 114
張劍鳴 388
張杰蓀 205

張敬　477
張靜江　279，283
張競生　164
張炯　294
張菊生（張元濟）　311，332，384，397，403，405，421，427，428，442，531
張君勱　123，145，164，281，495，499，510
張君謀　175
張勵生　490
張樑任（樑任）　238，239，240，241，242，243，244，245，246，247，248，258，259，261，262，268，289，290，308，333，334，338，343，354，381，425
張亮臣　299
張梅蓀　89，90
張夢醒　203
張敏蓀　82，89，90
張明　176
張銘　205，211
張銘停　211
張乃燕　192，194，199，212，216
張朋園　279
張平羣（秉勳、平羣）　304，327，329，334，356，365，381，399，400，439，462，514
張璞堂　205
張其昀　273，290，294，299，392
張企泰　381
張啓銘　194
張清漣　447
張慶鋒　349

張羣　365，397，398
張人鳳　332
張人傑　420，435，439
張人鏡　5，531
張壬秋　272，301
張銳（伯勉）　329，349，355，357，361，368，375，400，462，481，485
張若谷　183，186，201
張紹華　315
張舍我　35
張叔通　422
張叔馴　283-284，369
張書旂　394，396，410，415，498，518
張水淇（水淇、洗桑）　67，68，71，75，83，84，85，91，92，121，151，168，173，186，196，197，201，273
張太雷　91
張悌　113，114，116
張天方　284，422
張廷灝　132
張廷休　435，442
張偉　87，88，213，531
張文理　75，247，248
張聞天　20
張西林　437
張奚若　326
張錫昌　205
張弦　277
張湘眉　83，91
張向華　21，30
張小樓　158

張小通　203
張曉峰　290，294，360
張修　206，207，219，220，234
張修首　206
張學儒（張雪瑞）　159，160，161，162
張炎　207
張彥遠　253，268
張仰之（蔭祖、荷香館主）　1，431
張堯倫　422
張宜生　139，149
張逸珊　223
張議　168
張蔭麟（張素癡）　426，427
張蔭祖　431
張崟　2
張隱南　397
張瀛曾　206
張映雪　306
張聿光　8，11，131，419，498
張淵揚　205，206，207，227
張澤（張善孖、張善子）　274，369，396，410，411，414，415，418，419，422，418，428，439，440，498
張政烺　424
張政卿（政卿）　17，301
張志澄　175，195，207，220，240，241
張志遠　338
張中孚　405
張種立　478
張仲孚　283
張仲賢　477，478

張鑄秋　441
張資平（資平）　55，65，67，71，73，87，88，363
張子勤　205
趙邦彥　313
趙伯顏　73
趙棣華　175
趙殿成　255
趙幹　417
趙漢威　12，13
趙厚生　123，421，422，427，428
趙畸（趙太侔、趙琦）　394，410，411，412，415，419，433，435，445，459，460
趙吉雲　475，501
趙家璧　356
趙景深　198
趙菊芬　434
趙菊如　437
趙君豪　35，273
趙蘭坪　495
趙梅伯　212
趙孟頫　302
趙眠雲（眠雲）　13，403
趙女淑　397
趙甌北　42
趙起士　397
趙秋帆　116，118
趙人麟　445
趙士卿　308，338，464，465，466，478，499
趙世炎　59
趙叔孺　406
趙叔雍　421

趙樞　485
趙慰祖　304
趙文山　301
趙錫昌　385，387，393
趙閑閑　469
趙學廣　342
趙學南　397
趙雪崖　300
趙翼　2
趙友琴　283
趙雨蘇　13
趙元任　340，413
趙振光　453
趙正平　127
趙治　227
趙子雲　403
振姊　396，426，430，480
正木直彦［日本］　126
鄭伯奇（鄭隆謹、伯奇）　65，71，73，356，363
鄭昶（鄭午昌）　259，273，282，284，407，412
鄭道儒　400，433，524
鄭鶴聲　294
鄭洪年　278，288，384
鄭克塽　360
鄭曼倩　168
鄭鳴之　109
鄭乃奇　212
鄭僑　477
鄭師許　279，282，283
鄭石君　387
鄭壽林　294
鄭太樸　499

鄭王臣　395
鄭武旌　205
鄭湘衡　288
鄭燮　2
鄭心南　119
鄭學弢　14
鄭彦棻　217，218
鄭逸梅　13，116，403
鄭穎蓀　411，412
鄭元素　417
鄭貞文　71，74，75，77，79，81
鄭振鐸（振鐸、西諦）　25，40，43，46，48，54，58，59，60，64，148，173，276，395，406，473，534
鄭子褒　181，182
鍾貢勳　300
鍾子剛　176
仲仁　464
仲粟　257
仲源　53
周愛武　179
周邦道　384
周炳琳　200，201
周伯琛　283
周伯澄　282
周昌壽　71，77
周春濤　387
周大融　212
周澹廬　408
周芳世　246，247
周鳳甸　205
周鳳鏡　205
周鯁生　495

周恭肅　397
周圭　440，498
周還　338
周厚鈞　207，210，212，216，220，
　　223，285
周輝域　283
周寄梅　369
周迦陵　397
周建侯　447
周傑人　207，208，209，210，211，
　　213，216，222，223，285
周珏良　477
周克讓　403
周麗華　172
周蓮潔　175
周履直　207
周淼　357，362，368，370，372，376，
　　377，378
周佩蓮　173
周其勳　308，338
周啓剛　201，207
周慶雲　279
周全平　73，131
周紹成　207，209，216，223，285
周瘦鵑（瘦鵑）　35，116，118，157，
　　158，174，403
周書楷　342
周曙山　175
周頌久　119
周錫保　300，302，303
周錫夔　465
周湘舲　283
周小溪　198
周學昌　433

周養庵　408，413，419
周詒春　375，420
周雍能　421
周越然　397，421，428
周致遠　163，200
周忠介　397，403
周子靜　369
周子佩（茂蘭、子佩）　166，403
周自新　463，464，477，499
周祖高　300
周作民　435，439
周作人　38，49
朱步瀾　145
朱大可　283
朱遯叟　422
朱桂莘　283
朱家驊（朱騮先、騮先）　183，237，
　　274，289，303，307，338，340，
　　343，344，345，354，355，380，
　　381，382，383，419，425，427，
　　435，439，442，443，483，495，
　　497，498，499，500，501，502，
　　510，519，525，534
朱堅白　207，209，210，211，212，
　　213，216，217，220，222，224，
　　225，227
朱健飛　478
朱經農　447
朱敬之　397
朱鈞伯　119
朱愷儔　422，425，426，427，428
朱孔文　3
朱民生　334
朱念祖　77

朱培德　231
朱屺瞻（朱增鈞）　107，149，150，156，157
朱啓鈐　279，345，346，435，439
朱謙　381，510
朱蓉莊　83
朱鋭　469
朱少屏　421
朱世明　501
朱守誠　385
朱守梅　421
朱壽桐　67
朱瘦菊　35
朱松葆　397
朱蘇典　168
朱燾　5
朱天梵　83，91，174
朱庭祐　338
朱通九　273，465，466
朱維琪　201
朱文中　207，208
朱希祖（朱逷先、逷先）　290，291，293，294，295，296，297，298，299，300，303，304，306，307，309，311，312，313，321，324，325，326，327，328，329，330，331，332，334，335，336，337，339，340，342，343，347，349，350，352，353，354，355，356，357，358，359，360，361，363，364，370，371，372，374，375，376，377，378，379，384，388，393，406，408，411，418，419，423，424，425，427，432，434，435，460，476，482，533
朱小蚓　65
朱偰（朱伯商、伯商、紹華）　237，238，239，240，241，242，243，244，245，246，247，248，249，250，252，253，254，255，256，257，258，260，261，262，263，264，266，268，272，273，288，289，290，291，294，295，300，301，312，320，325，334，335，336，343，371，374，446，483，510，513，514，517，519，520，523，524，532，534
朱雪光　200
朱膺　444，504
朱應鵬　131
朱幼清　412
朱毓真　387
朱豫卿（朱預卿、家濟）　407，408，411，417，469
朱鴛雛（孽兒、爾玉、銀簫舊主）　35，61，62
朱元春　238，241
朱雲先　217
朱指微　304
朱稚臣　397
朱竹坨　417
朱子橋　279，283
朱自清（佩弦）　255，263，264，380，381，388，532
諸保時　198
諸聞韻（諸汶韻）　76，77，83，91，93，127，134，149，156，288，410

竺可楨　495，514，529
竺藕舫　340，421
祝平　207，210，219，220，234
祝謙　356
祝業殷　176
祝兆覺　176
莊權　510
資耀華　77
宗孔　114，116
宗維賡　302
鄒秉文　108，109
鄒景叔　421
鄒洒丐　99
鄒魯　228，264
鄒佩珍　166
鄒適廬　282
鄒樹文　334，495，497，498
左賡生　273
左明　225，226
左其鵬　222，223
左舜生　371
左友芬　227
佐爾法　250
佐藤春夫［日本］　81

滄海橫流急，斯人何處尋（編後記）

九十年前的立春那天，滕固藉著日記體小説《舊筆尖與新筆尖》中主人公的口吻，描述了一位新婚不久的年輕人，再次踏上前往日本的郵輪，作了爲時二十二天的遊歷，當他結束旅行回到家中，面對久未整理的凌亂場景，生發出一種屍骸暴露、無人收拾般的悲涼，不禁感慨：

"假如我死了，我的一批辛苦搜集的書籍，將怎樣結局？朋友來收拾去嗎？圖書館來購買去嗎？拍賣店家來經理嗎？收舊貨販，計斤計兩的换去嗎？小販來拿去拆下來，襯油豆腐，熏肚臟，醬雞……嗎？工廠裏來收去爛化嗎？身後的事，何忍想下去呢。"

雖然是文學創作中的場景，但又何嘗不是夫子自道呢？至少幾位用字母指代的人物，在作者的實際生活中都能約略找到原型。滕固在1941年5月20日病逝重慶後，所有書物散盡無存，惟有那些早前出版的著述、編譯的單行本及刊登在報刊中的詩文、報道，留待後人去發掘搜集，正如其好友常任俠在《記亡友滕固及其著作》中所感嘆的："可惜他的散篇，至今尚未集印成册，這正待我們去替他搜集了。"——就是這句感慨吧，觸動了我在二十年前開始了搜集、整理滕固散佚著作和生平資料的工作，陸續編輯出版了《滕固藝術文集》《挹芬室文存》《中國美術小史·唐宋繪畫史》《滕固美術史論著三種》及《被遺忘的存在——滕固文存》五種文選，在不斷提高校訂品質的同時，逐步將滕氏文學創作和學術研究成果豐滿呈現出來。與此同時，《滕固藝術活動年表》也逐步展開，并隨著史料發掘的深度和廣度而逐漸充實，希望能在史料的梳理、辨析和研究基礎之上，盡可能還原滕氏經歷，爲日後的研究者準確把握和評價滕固其人其學，提供一個支撐，避免空疏無當。近年來，隨著對滕固研究的不斷深入，滕固的學術成就及學術史地位得到重新肯定，但囿於史料，深入的個案研究尚難多見，相信年譜的出版將有助於學術研究的推進。

由於滕固病逝於戰亂期間，生平資料和詩書文稿絕大部分散佚，給日後的搜集、整理和考證帶來極大困難，而這些著述又是構成其生活經歷、思想轉變、學術研究的重要部分，通過對它們的解析，能夠大致摸索到譜主生活與學術經歷的主幹綫。除專著和論文之外，透露著譜主真性情的日記、書信、題跋文字等無疑也具有重要價值。滕固有寫日記的習慣，這從已經發表的日記片段和其自述中可以確認。有些即便是以日記體小説的形式發表，其中也有其生活實錄的影子，如《無窮的創痛》雖未指明具體的年份，但經考辨，應是對 1924 年"三角戀愛"風波的記錄；1926 年的《舊筆尖與新筆尖》，顯然閃動著作者自身的影子，在考察譜主之生平事蹟時足資憑藉。在所有的文獻中，書信尤爲難得，因爲它主要是寫信者與收信人之間的資訊傳遞，不易保存和爲他人所知。但其中所表達的思想感情和内心感受往往最深摯，展現修養、爲人、脾氣秉性最直接，體現生活經歷最細緻、最真實，考證人際往還最準確。目前搜集到的書信僅有數十通，其中與王統照探討文藝的書信，是滕固文學創作從傳統詩文轉向新文學實踐的明證；致馮至(君培)的九通明信片，雖文詞簡約，但作爲滕固歐洲遊蹤記錄，也極爲難得；臺灣"中央研究院"近代史研究所檔案館朱家驊檔案所藏中德文化協會内的幾通滕固函件，充實了滕固參與會務的直接證據；與陳克文的通信，彌補了譜主受聘行政院參事及國立藝術專科學校校長時的鮮爲人知的公私内幕；與常任俠的最後通信，直可作爲遺囑來看，并可鉤稽出二人共同創辦中國藝術史學會的珍貴史實。關於圖像資料部分，目前僅見譜主影像十餘幀，書畫作品幾乎無存，唯有藉助信函略窺一斑而已。著述書影的插入，或可更直觀得見譜主學術研究成果之一斑。隨著藝術品拍賣市場的繁榮，越來越多塵封的文物和文獻得以相繼面世，成爲獲取譜主乃至近現代所有學術個案的又一重要途徑，不可小覷，并隨時令人期待。

作爲一位 20 世紀上半葉的重要歷史人物，脱離時代背景地孤立羅列其有限資料，不足以多角度、全方位地揭示譜主跌宕起伏的短暫一生，對相關人、事的展現，也是將譜主置入歷史現場加以考量和評價的必要手段。這包括對相關的檔案、日記、書信、年譜、傳記、報刊、圖像、研究專著等等的參考利用，期冀透過更多親歷者和歷史記錄來輔助還原譜主的生活場景，避免資料使用的片面性和以訛傳訛的誤導。另外，有些零星而難以連綴的歷史碎片，按照歷史脈絡的梳理，也能或多或少地將史事"完全"起來，從而引發研究者的重新審視甚至修正。基於以上認識，本譜大量採用了背景資料，特别摘錄、引用了相關人物日記、書信中的記載，并儘量不做主觀、自以爲是的删節，這不僅是爲彌補譜主資料的欠缺，更是希望體現年譜編撰的客觀性，希望用一種開放的思路爲未知的未來研究提供儘量多的可能性。

年譜的編撰艱辛而漫長，這一點學界盡人皆知，我也自認做好了充分的思想準備，但實際的工作還是出乎意料的艱難：從百十來字的人物條目起手，到對不同時期、不同地域的書刊資料做著"竭澤而漁"直至"去粗取精"的苦功！十數年間，我曾利用假期在北京、上海、南京等地的公共圖書館、檔案館中查閱資料，與國內外相關人士通函訪求資料。北國的酷暑嚴寒，南方的陰冷潮濕，危坐在圖書館、檔案館一隅，翻閱着泛黃乾脆的民國報刊，流覽著令人頭暈眼花的縮微資料，抄錄着由於種種原因不予提供復製的文章、檔案，遠非時下利用網絡數據庫平臺和各種網站快速檢索、輕鬆下載、方便轉換文本所能比擬。在對資料進行整理時，又因這些不同年代的陳舊報刊，往往由於編排失校、紙張粗糙、印刷品質低下等原因，致使文字錯訛奪衍、漫漶不清，給整理、校對帶來意想不到的困擾和煩惱，往往爲了一個字、句的辨認，需要反復斟酌、四處請教；爲查考引文的出處，更是要投入大量的時間與精力……這種處在查找的艱辛、發現的興奮、整理的困難和收穫的喜悅之輪迴狀態中的感覺，伴隨著形自我流放的孤寂與落寞，周而復始，冷暖自知。

紙本文獻的發掘、整理固然重要，對譜主親友的採訪以獲取更多遊離於文字之外的資訊，也是其他史料無法取代的部分。偶然的機會，讀到了百歲老人章克標的回憶錄《世紀揮手》，其中談論早年與滕固共同致力文學活動的情形，正可與常任俠先生的記述在時間上大體相連，勾勒出滕固赴日留學到生命結束的大致脈絡。這一意外發現，使我從單純地局限於文字資料發掘，延伸到尋訪那些與滕固同時代且尚健在的親友上來。通過友人陳子善先生的幫助，與章克標老人通了信，得到老人熱情的鼓勵和積極的協助，并很快如願以償地收到了滕固哲嗣留寅先生的長篇復函，給予此項工作充分的肯定和支援。往來通信一年半的時間中，也正是他身患絕症、診治療養之時，他在去世前一天寫給我的信中，仍然關注著父親著作的編輯出版；而在彌留之前，他已爲我分別聯繫北京、上海及成都等地親友，使得這份關愛得以延續。對常任俠、徐梵澄、程千帆、謝海燕諸前輩的拜謁，得到的鼓勵堅定著我的信心。在與馮至、朱希祖、朱偰、陳克文、劉節諸前輩之後人的接觸中，獲取到更爲直接的熱心幫助：馮姚平女士提供了滕固在德國留學期間寫寄馮至先生的一批未刊明信片；朱元春女士除惠贈整理出版的祖父二人文集外，還將未經刊布的朱偰先生日記中有關與滕固交往內容精心整理、校對、摘錄出來提供給我；朱元曙先生多次應邀代爲復製圖書及資料，提供參考照片等；陳方正先生除惠贈整理出版的《陳克文日記》外，還將珍藏未刊之滕固書信的一批影印件提供出來，用於年譜內容的充實。此外，南京大學圖書館何慶先先生，也曾熱心提供館藏李小緣先生友朋書劄中滕固、常任俠部分，并惠贈翻譯著述，不久聞知竟以車禍罹難，不禁令人歆歔感嘆；學者王中秀先生將多年查閱相關資料無私贈送，熱心指導本譜後期增訂工作；上海同濟大學德國問題研究所李樂曾先生除熱心提供臺灣"中央研究院"近代史研究所檔案館朱家驊檔案内有關中德文化協會資料外，還多次解疑答惑，給我不少啟示；伍慧萍博士主動爲滕固的多篇論文内外文部分做了校訂；北京外國語大學李雪濤先生所作"滕固在德國"講座，披露和分析了譜主獲得博士學位的檔案資料，并熱心提供了有關德國柏林大學資料，增補了年譜的重要内容；胡傳敏、朱聯群、孫原平、王震、陳鋼林、湯立峰、翁連溪、張凌楠、安永欣、常大鵬、劉軍諸師友同好在查閱復製資料上給予幫助；湯池、李樹聲、薛永年、范景中、郎紹君、李維琨、陳平、陳子善、蔡登山、洪再新、葉雋、畢斐、劉新、吴蔚、華天雪、邱孟瑜、倪永娟、曹瑞鋒等專家學者們，在我多年來整理、出版滕固著述和撰寫文章時，以他們的專業水準給予學術指導和評論；此外，近年來撰寫滕固研究論文的學者們，給予我學理上的啟發和資料綫索的探幽……諸如此類令人難以忘懷的情誼和經歷，支撐著我在坎坷路途上努力前行，藉此一併深表謝忱。

　　縱觀滕固短暫而勤奮的一生，在文學理論與創作、藝術史研究等領域所取得的成就，具有開風氣之先的作用，其中尤以藝術史研究爲學界矚目。他有著嚴格、系統的專業訓練，又幸遇名師指點，而得心應手於中西文化比較研究，不僅以良好的學業成績成爲首位以專攻美術史考古學獲得哲學博士學位的中國人，也是最早用西文在國外發表關於中國文人畫的論文的學者，德國法蘭克福約翰·沃爾夫崗·歌德大學中國學院出版發行的其德文專著《中國繪畫史導論》及此時期發表的一系列有關中國美術史的專題論文，代表著他在此領域取得的成就。他運用西方現代藝術哲學、藝術史學的方法進行中國繪畫史的研究，開啓了一代新風，成爲現代中國藝術史學的重要奠基人之一；他的論著更對西方漢學產生了積極的影響，美國著名中國美術史學者高居翰（James Cahill）回憶說：他在20世紀50年代接觸中國藝術史時，能夠從西文讀到中國藝術史家的論著的，衹有滕固。正因如此，滕固曾被德國東方藝術史學會推爲榮譽會員——更有學者稱："滕固先生是把中國美術史放在國際化學術視野中進行研究的先驅"，"在20世紀大部分年代裏，能深入理解德語國家美術史研究的學者，恐怕衹有滕固先生一人，而這一點對於美術史研究來說，可能具有我們意想不到的重大意義"。（范景中語）

　　在滕固從事文藝創作、學術研究和黨務行政工作的二十餘年間，爲世人留下了近二十種專著和編、譯著作以及有待繼續發掘的散佚文字，就目前所見，總數當在百萬字以上。本譜的編纂出版衹是階段性的基礎成果，相信隨著新資料的不斷被發現，必將會有後繼研究者更爲嚴謹、豐富的呈現。鑒於本人學識有限，見聞寡陋，此譜或存不少差誤，疏漏不當之處，祈望方家不吝指正。

　　謹以本譜紀念學貫中西、英年早逝且對中國現代文化事業做出積極貢獻的一代學人——滕固先生。

沈　寧
乙未清明於京城殘墨齋
修訂於丁酉清明節前夕

圖書在版編目（CIP）數據

滕固年譜長編／沈寧編著．—上海：上海書畫出版社，2018
（書畫名家年譜大系）
ISBN 978-7-5479-1903-3

Ⅰ．①滕… Ⅱ．①沈… Ⅲ．①滕固（1901-1941）-年譜 Ⅳ．① K825.72

中國版本圖書館 CIP 數據核字（2018）第 211452 號

本書爲上海文化發展基金會圖書出版資助項目

滕固年譜長編

沈　寧　編著

責任編輯	曹瑞鋒
審　　讀	朱莘莘
責任校對	周倩芸　林　晨
封面設計	王　崢
技術編輯	顧　杰

出版發行	上海世紀出版集團 ❸上海書畫出版社
地址	上海市延安西路 593 號　200050
網址	www.ewen.co www.shshuhua.com
E-mail	shcpph@163.com
制版	上海世紀嘉晋數字信息技術有限公司
印刷	上海文藝大一印刷有限公司
經銷	各地新華書店
開本	965×635　1/16
印張	37.5
版次	2019 年 4 月第 1 版　2019 年 4 月第 1 次印刷
書號	ISBN 978-7-5479-1903-3
定價	**138.00 元**

若有印刷、裝訂質量問題，請與承印廠聯系